EDELSTEINE

EDELSTEINE

EINE HOMMAGE AN DIE SCHÄTZE DER ERDE

DK London / Delhi

Lektorat
Jonathan Metcalf, Liz Wheeler, Anna Fischel, Gareth Jones, Hugo Wilkinson,

Gestaltung und Bildredaktion
Lee Griffiths, Karen Self, Jane Ewart, Gadi Farfour,
Helen Spencer, Stephen Bere, Katie Cavanagh, Renata Latipova,
Clare Joyce, Sarah Smithies, Arunesh Talapatra, Chhaya Sajwan,
Priyansha Tuli, Roshni Kapur, Sudakshina Basu, Neeraj Bhatia,
Jaypal Chauhan, Nityanand Kumar, Taiyaba Khatoon, Sakshi Saluja

Herstellung
Mandy Innes, Andy Hilliard, Pankaj Sharma, Balwant Singh

DK Picture Library Martin Copeland
Fotos Ruth Jenkinson, Gary Ombler, Richard Leeney

Für die deutsche Ausgabe:
Programmleitung Monika Schlitzer
Redaktionsleitung Caren Hummel
Projektbetreuung Sabine Pröschel
Herstellungsleitung Dorothee Whittaker
Herstellungskoordination Katharina Schäfer
Herstellung Stephanie Sarlos
Covergestaltung Stephanie Sarlos

Titel der englischen Originalausgabe:
JEWEL
A CELEBRATION OF EARTH'S TREASURES

© Dorling Kindersley Limited, London, 2016
Ein Unternehmen der Penguin Random House Group
Alle Rechte vorbehalten
Vorwort © by Judith Miller

© der deutschsprachigen Ausgabe by Dorling Kindersley Verlag GmbH,
München, 2017
Ein Unternehmen der Penguin Random House Group
Alle deutschsprachigen Rechte vorbehalten

Jegliche – auch auszugsweise – Verwertung, Wiedergabe, Vervielfältigung
oder Speicherung, ob elektronisch, mechanisch, durch Fotokopie oder
Aufzeichnung, bedarf der vorherigen schriftlichen Genehmigung durch
den Verlag.

Übersetzung Anke Wellner-Kempf
Lektorat Dr. Claudia Wagner

ISBN 978-3-8310-3287-7

Druck und Bindung Leo Paper Products, China

Besuchen Sie uns im Internet
www.dorlingkindersley.de

Hinweis
Die Informationen und Ratschläge in diesem Buch sind von den
Autoren und vom Verlag sorgfältig erwogen und geprüft, dennoch
kann eine Garantie nicht übernommen werden.
Eine Haftung der Autoren bzw. des Verlags und seiner Beauftragten für
Personen-, Sach- und Vermögensschäden ist ausgeschlossen.

Inhalt

Vorwort von Judith Miller　　8

EINFÜHRUNG　10

Schätze der Erde	12
Was ist ein Mineral?	14
Physikalische Merkmale	16
Kristallsysteme und Habitus	18
Was ist ein Edelstein?	20
Optische Eigenschaften	22
Woher kommen die Edelsteine?	24
Einstufen und Bewerten	26
Edelsteinschliffe	28
Der Wert eines Edelsteins	30
Was ist ein Juwel?	32

ELEMENTE　34

Gold	36
Die Reichskrone	40
Silber	42
Platin	44
Marie Antoinettes Diamantohrringe	46
Kupfer	48
Der Gott vom Kap Artemision	50
Diamant	52
Der Koh-i-Noor-Diamant	58
Altes Ägypten	60
Der Hope-Diamant	62

EDEL- UND SCHMUCKSTEINE 64

Pyrit	66
Sphalerit	67
Stuart-Saphir	68
Saphir	70
Dänische Rubin-Parure	74
Rubin	76
Timur-Rubin	78
Spinell	80
Katharina die Große. Spinell der Zarin	82
Chrysoberyll	84
Hämatit	86
Taaffeit	87
Kassiterit	88
Cuprit	89
Maharadscha Bhupinder Singh. Patiala-Halskette	90
Indische Juwelen	92
Rutil	94
Diaspor	95
Fluorit	96
Calcit	98
Aragonit	99
Rhodochrosit	100
Cerussit	101
Byzantinischer Schmuck	102
Variscit	104
Smithsonit	105
Azurit	106
Malachit	107
Königin Desiderias Malachit-Parure	108
Türkis	110
Marie-Louises Diadem	112
Edelsteine zum Geburtstag	114
Brasilianit	116
Amblygonit	117
Apatit	118
Lazulith	119
Baryt	120
Coelestin	121
Alabaster	122
Gipsspat	123
Heilige Steine	124
Scheelit	126
Howlith	127
Königin Elisabeths Pelikan-Brosche	128
Mystik und Medizin	130
Quarz	132
Die Schatzkammern Augusts II.	140
Oberflächenglanz	142
St.-Georgs-Statuette	144
Chalcedon	146
Die Schnupftabakdose Friedrichs II.	150
Achat	152
Onyx	154

Gold und Macht	156	Muster, Textur und Einschlüsse	206
Opal	158	Hiddenit	208
»Halleyscher Komet« Opal	162	Kunzit	209
Mondstein	164	Tutti-Frutti-Halskette	210
Schillernde Farben	166	Jade	212
Sonnenstein	168	Chinesischer Vogelkäfig	214
Labradorit	169	Rhodonit	216
Orthoklas	170	Pektolith	217
Mikroklin	171	Blüte des Designs	218
Albit	172	Dioptas	220
Bytownit	173	Sugilith	221
Lapislazuli	174	Iolith	222
Schmuck aus dem alten Ägypten	178	Benitoit	223
Sodalith	180	Wallis Simpsons Cartier-Flamingo-Brosche	224
Haüyn	181	Turmalin	226
Kiani-Krone	182	Die Krone der Anden	230
Skapolith	184	Smaragd	232
Pollucit	185	Topkapi-Smaragd-Dolch	234
Fluoreszierende Minerale	186	Beryll	236
Indischer Schmuck	188	Dom-Pedro-Aquamarin	242
Serpentin	190	Schnitzen und Gravieren	244
Speckstein	191	Danburit	246
Pezzottait	192	Axinit	247
Sepiolith	193	Schmuckkauf	248
Ludwig II. Die Taschenuhr	194	Vesuvianit	250
Chrysokoll	196	Epidot	251
Petalit	197	Kornerupin	252
Prehnit	198	Zoisit	253
Phosphophyllit	199	Peridot	254
Edelsteinindustrie	200	Shwedagon-Pagode	256
Enstatit	202	Granat	258
Diopsid	203	Der Schatz von Staffordshire	264
Hypersthen	204	Feuer und Brillanz	266
Bronzit	205	Zirkon	268

   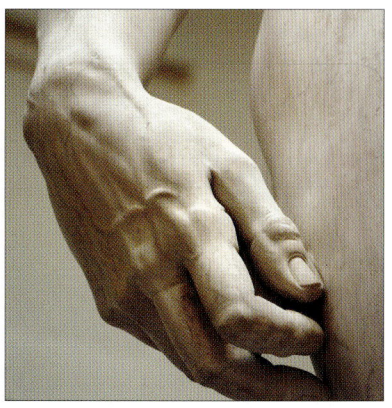

Der schwarze Orlow-Diamant	270
Topas	272
Andalusit	274
Titanit	275
Sillimanit	276
Dumortierit	277
Fabergé-Ostereier	278
Kyanit	280
Staurolith	281
Phenakit	282
Euklas	283
Napoleon-Diamantkette	284
Geburtssteine	286
Agamemnons Goldmaske	288

ORGANISCHE EDELSTEINE 290

Perle	292
Die Perle La Peregrina	296
Muschel	298
Perlmutt	299
Nautiluspokal	300
High Society	302
Perlmutt-Kojote	304
Gagat	306
Kopal	308
Anthrazit	309
Bernstein	310
Das russische Bernsteinzimmer	312
Koralle	314
Diana mit dem Hirsch. Tafelaufsatz	316
Peanut Wood	318
Ammolit	319

VEREDELTE GESTEINE 320

Moldavit	322
Obsidian	323
Kalkstein	324
Sandstein	325
Die spanische Alhambra	326
Marmor	328
Granit	329
Michelangelos David-Skulptur	330
Rekordbrecher	332
Moderne Marken	334

Farbführer	336
Glossar	348
Register	352
Danksagungen	358

Vorwort
von Judith Miller

Die Faszination für wertvolle Steine und Juwelen ist universell – jedes Zeitalter und jede Kultur kennt sie. Von dem Moment an, da der erste Höhlenbewohner das Glitzern eines Minerals erblickte, waren die Menschen gebannt von den Wundern, die die Erde unter ihren Füßen barg. Seither staunen sie darüber, wie unterschiedlich Steine und Kristalle auf Licht reagieren, welche Vielfalt an Eigenschaften und Verwendungsmöglichkeiten ihnen eigen ist und wie magisch sie sich verwandeln, sobald sie geschliffen und poliert sind.

Dieser Reiz geht weit über ihre optische Schönheit hinaus: Im Laufe der Geschichte wurden so manch einem Edelstein und Mineral geheimnisvolle Kräfte zugeschrieben. Heiler glaubten an die medizinische Wirkung bestimmter Steine, andere wiederum dienten Astrologen und Alchimisten für ihre Zwecke. Die heiligen Schriften der großen Religionen erwähnen kostbare Mineralien und Gesteine, und auch in rituellen Praktiken spielten Edelsteine häufig eine Rolle. So wurden chinesische Kaiser in Anzügen aus Jade bestattet, denn man glaubte, dies verleihe eine Art Unsterblichkeit. Ebenso sollten die in den komplexen ägyptischen Bestattungsriten verwendeten wertvollen Steine und Metalle den Pharaonen den Übergang ins Jenseits erleichtern.

Geschichten um Juwelen sind mit dem Stoff von Volksmythen verwoben. In Australien kommt Opalen in bezaubernden Schöpfungsgeschichten, die in der Traumzeit der Aborigines angesiedelt sind, eine wichtige Rolle zu. In Großbritannien rankt sich mittlerweile eine schillernde Legende um einen der ältesten Steine der Kronjuwelen, den St.-Edwards-Saphir. Einer Überlieferung zufolge stammt dieses Juwel aus einem Ring, den Eduard der Bekenner trug und großzügig einem Bettler schenkte. Viele Jahre später soll der Fremde Eduard wieder aufgesucht und sich ihm als Johannes der Evangelist zu erkennen gegeben haben, versprechend, Eduard würde ihm bald ins Paradies folgen.

In manchen Fällen hat sich eine ganze Industrie aus den mit einem Schmuckstein verbundenen Assoziationen entwickelt. Ein typisches Beispiel hierfür ist die Verbindung von Gagat mit Trauer. Das glatte schwarze Material wurde im Bronzezeitalter auf Bestattungsfeuer gestreut. Auch die Römer benutzten es gerne. Eine Zeit lang kam der Stein aus der Mode, wurde aber im 19. Jh. wieder neu entdeckt: Königin Victoria trug während der langen Jahre ihrer Trauer um Prinz Albert Gagatschmuck und viele Witwen in Großbritannien folgten ihrem Beispiel. Eine gewisse Zeit war die Wirtschaft

> »Heute mehr denn je können Juwelen eine einzigartige, persönliche Bedeutung für jeden von uns annehmen.«

von Whitby in North Yorkshire – dem wichtigsten lokalen Gagat-Vorkommen – mit der Herstellung von Gegenständen für diesen düsteren Handel befasst.

Das Werk geschickter Steinschneider und Graveure kann auch in der Ausstattung von Räumen bewundert werden, wie im Fall des geheimnisvollen Bernsteinzimmers – bisher haben Schatzjäger dieses verschwundene Kunstwerk vergebens gesucht. Auch die Alhambra in Spanien und das Tadsch Mahal in Indien sind mit atemberaubenden Steinschnitzarbeiten ausgestattet.

Am häufigsten werden Edelsteine natürlich als Schmuck getragen. In der Geschichte haben die großen Machthaber immer wieder um den Besitz spektakulärer Juwelen rivalisiert. Im Altertum gebot es der Stolz, zusammen mit seinen prestigeträchtigsten Besitztümern begraben zu werden. Archäologen konnten wertvolle Erkenntnisse aus dem Schmuck gewinnen, der in den Gräbern von Herrschern entdeckt wurde. Spätere Regenten haben große Sammlungen zusammengetragen, manchmal eigene Minen gegründet oder Monopole geschaffen, um sich die besten Stücke zu sichern. Sie hatten vor allem Edelsteine von außergewöhnlicher Größe, Seltenheit oder Schönheit im Visier. In der modernen Zeit legen Juwelenliebhaber mehr Wert auf Mode und Design. Die High Society – Filmstars, Hochadel und andere Prominente – will sich am liebsten mit einem exquisiten Stück von einem der großen Namen des modernen Schmuckdesigns ablichten lassen – Fabergé, Cartier, Lalique, Tiffany.

Doch allem voran sind Juwelen Symbole der Liebe: Schon immer wurden sie als Liebesbeweise verschenkt. Die schönsten Exemplare haben eine eigene Geschichte, nachdem sie durch die Hände großer Persönlichkeiten gingen: Eine riesige Perle, *La Peregrina* (Die Pilgerin), wurde Königin Maria von England in den 1550er-Jahren zur Verlobung geschenkt. Später gehörte sie Margarete von Österreich, dann Joseph Bonaparte, König von Neapel und Spanien, bevor Richard Burton sie für Elizabeth Taylor erwarb.

Glücklicherweise kostet nicht jeder Liebesbeweis ein Königreich. Trauringe wurden bereits im alten Ägypten ausgetauscht, aber erst seit Beginn des 20. Jh. ist es Mode geworden, Schmuck auch zur Geburt oder zu anderen besonderen Anlässen zu verschenken. Heute mehr denn je können Edelsteine eine einzigartige, persönliche Bedeutung für jeden einzelnen von uns annehmen.

Einführung

Schätze der Erde

Alle Edelmetalle und Edelsteine, die im Laufe der Geschichte als Schmuck und im Handel Verwendung fanden, stammen aus dem Gestein unserer Erde. Viele entstanden über Jahrtausende durch geologische Veränderungen aus Mineralkristallen. Werden diese abgebaut, geschnitten, facettiert und poliert, eignen sie sich für Schmuck und andere dekorative Gegenstände. Organische Edelsteine entstammen biologischer Materie. Dazu zählen z. B. Perlen, das Produkt von Austern, oder Bernstein, ein fossiles Baumharz. Der finanzielle sowie ideelle Wert dieser kostbaren Materialien kann von Gesellschaft zu Gesellschaft variieren – in manchen Kulturen ist etwa Jade wertvoller als Gold. In der westlichen Welt zählen Rubine zu den begehrtesten Steinen. So wechselte der Rubin »Sunrise Ruby« von 25,6 Karat in einem Ring von Cartier 2015 für rund 27 Mio. Euro den Besitzer.

Drei Arten Gestein
Komponenten der Erde

Man unterscheidet drei große Gesteinsgruppen: magmatisches, sedimentäres und metamorphes Gestein. Magmatisches Gestein entsteht aus unterirdisch erstarrtem Magma (flüssiges Gestein), wie das Intrusivgestein Granit, oder aus auf die Erdkruste oder den Meeresgrund geflossenem Magma, wie das Extrusivgestein Basalt. Sedimentäres Gestein wie Sandstein entsteht durch Einwirkung von Wind, Wasser oder Eis auf Ablagerungen auf der Erde. Metamorphes Gestein ist eine veränderte mineralogische Zusammensetzung bestehenden Gesteins. Quarzit z. B. ist metamorpher Sandstein.

Magmatisches Gestein Granit, ein Beispiel für intrusives magmatisches Gestein, entsteht in der Erdkruste durch Erkaltung von Magma. Winzige Kristalle sind darauf sichtbar.

Sedimentäres Gestein Sandstein enthält gewöhnlich Quarz, oft aber auch andere Minerale. Dieses Beispiel zeigt Eisenoxid-Stellen und Glimmerflitter.

Metamorphes Gestein Die Mineralkomponenten von Gneis – hauptsächlich Quarz und Feldspat – separieren sich zu verschiedenfarbigen Bändern.

Schräger, tafeliger Kristall, typisch für das Mineral Wulfenit

Minerale

Die meisten Schmucksteine sind geschnittene Kristalle aus Mineralen. Ein Mineral ist ein natürlich vorkommender Festkörper mit einer spezifischen chemischen Zusammensetzung und einer typischen kristallinen Struktur (s. S. 14–15). Jedes Mineral hat einen unverwechselbaren Namen, der sich auf diese beiden Kriterien stützt. Ändert sich eines dieser Kriterien, handelt es sich um ein anderes Mineral mit einem anderen Namen.

Roher Marmor

Gesteine

Die Gesteine der Erde (s. Kasten links) bestehen aus natürlich vorkommenden Aggregatzuständen eines oder mehrerer Minerale. Einige wenige Gesteine bestehen auch aus organischen Substanzen wie Vegetationsresten, dem Ursprung von Kohle.

Edelsteine in der Erde

Der Ursprung von Gesteinen, Mineralen und Edelsteinen

Gesteine und Minerale entstehen im Gesteinskreislauf. Alles Gestein ist anfangs magmatisch. Mit der Zeit wird es durch erneute Verflüssigung, Erosion oder Metamorphose verändert – Witterung und Erosion führen zur Bildung von Sedimentgestein, das Temperatur oder Druck in metamorphes Gestein verwandeln können.

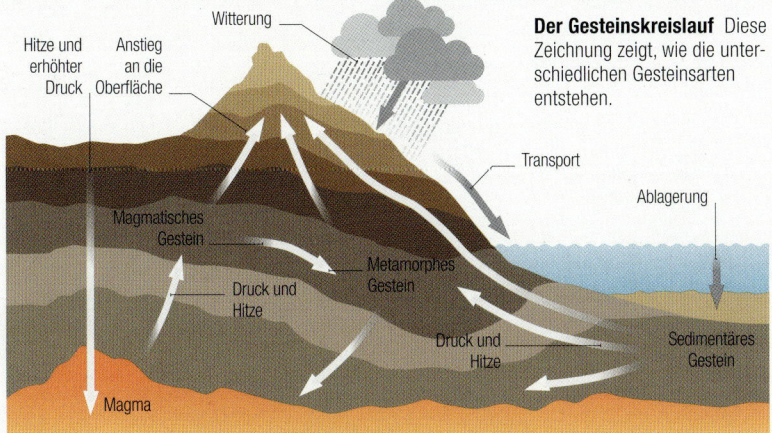

Der Gesteinskreislauf Diese Zeichnung zeigt, wie die unterschiedlichen Gesteinsarten entstehen.

EDELSTEINE IN DER NATUR

Mineralische Edelsteine werden direkt aus dem Gestein gewonnen, in dem sie entstanden sind (s. S. 25). Zu diesen Edelsteinen zählen Diamant, Tansanit, Rubin, Kyanit, Coelestin, Smaragd, Turmalin und Aquamarin. Andere Edelsteinarten, die aufgrund von Witterungseinflüssen ihr Ursprungsgestein verlassen haben, können aus Seifenlagerstätten in Sand- oder Kiessedimenten von Flüssen gewonnen werden. Beispiele dafür sind Topas, Saphir, Chrysoberyll, Granat, Zirkon und Spinell.

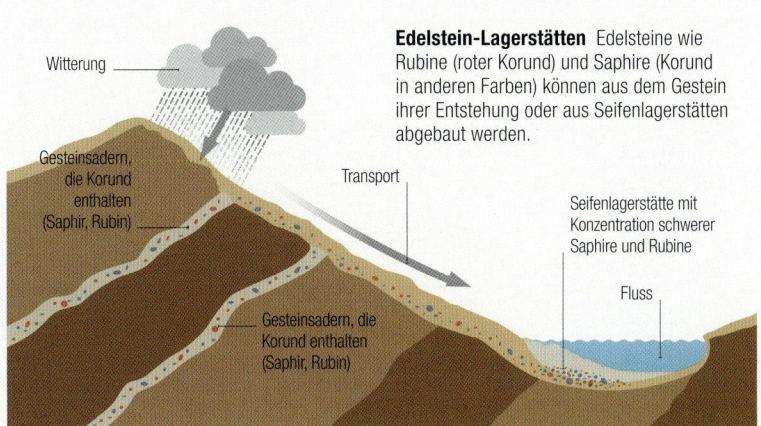

Edelstein-Lagerstätten Edelsteine wie Rubine (roter Korund) und Saphire (Korund in anderen Farben) können aus dem Gestein ihrer Entstehung oder aus Seifenlagerstätten abgebaut werden.

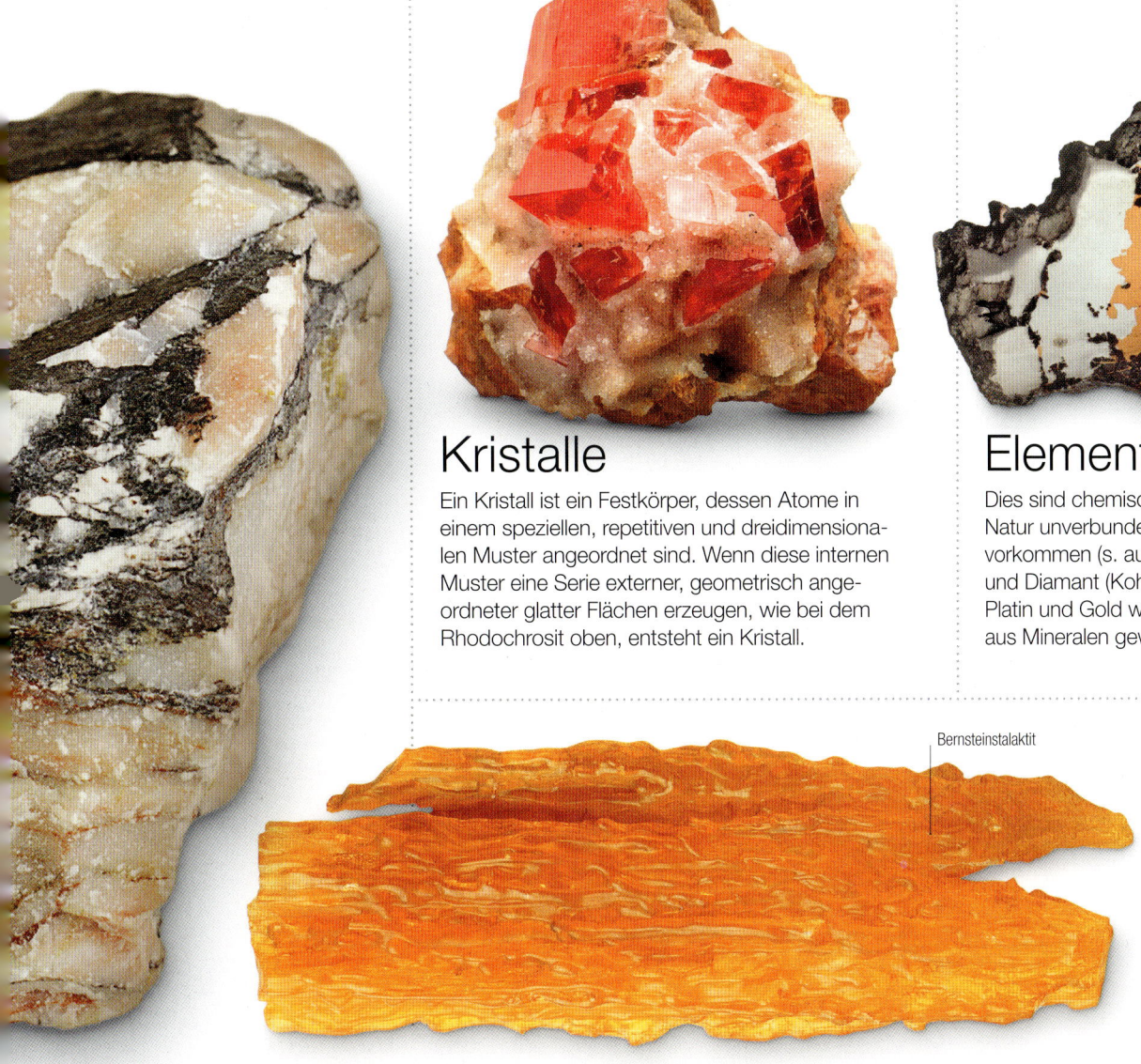

Kristalle

Ein Kristall ist ein Festkörper, dessen Atome in einem speziellen, repetitiven und dreidimensionalen Muster angeordnet sind. Wenn diese internen Muster eine Serie externer, geometrisch angeordneter glatter Flächen erzeugen, wie bei dem Rhodochrosit oben, entsteht ein Kristall.

Poliertes Kupfer und Silber in Muttergestein

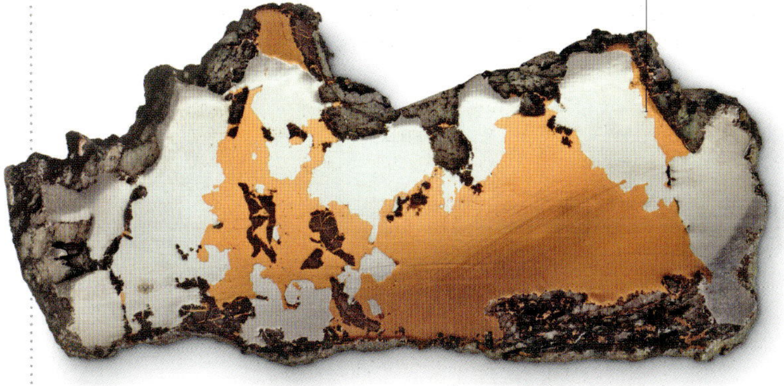

Elemente

Dies sind chemische Elemente, die in der Natur unverbunden mit anderen Elementen vorkommen (s. auch S. 14), wie Gold, Silber und Diamant (Kohlenstoff). Mit Ausnahme von Platin und Gold werden die meisten Metalle aus Mineralen gewonnen, die sie enthalten.

Bernsteinstalaktit

Organische Steine

Durch organische Prozesse entstandene Edelsteine sind meist nicht kristallin. Gagat ist eine Form von Kohle, entstanden aus Pflanzen; Korallen und Muscheln sind die ausgeschiedenen Skelette von Meerestieren, Perlen sind Produkte von Schalenweichtieren und Bernstein und Copal sind fossile bzw. halbfossile Baumharze. Meist sind diese Steine weicher als Minerale und daher leichter zu bearbeiten.

Was ist ein Mineral?

Minerale sind die Bausteine der irdischen Gesteine. Jedes hat eine einzigartige chemische Zusammensetzung und Atomstruktur – tatsächlich wird ein Mineral durch seine chemischen Elemente und die Atomstruktur seiner Kristalle definiert. Minerale entstehen in der Regel durch inorganische Prozesse, wenngleich es auch organische Substanzen wie das Hydroxylapatit in Zähnen und Knochen gibt, das ebenfalls als Mineral gilt. Bestimmte Substanzen, darunter Opal und Glas, ähneln Mineralen in Optik, Chemie und Vorkommen, besitzen aber keine regelmäßig geordnete interne Struktur und weisen daher keine Kristallinität auf: Sie werden Mineraloide genannt.

Einige wenige Minerale treten als ein einziges chemisches Element auf: Sie werden als »Elemente« bezeichnet. Dazu gehören Gold, Silber und Diamanten (s. unten). Die meisten Minerale sind jedoch chemische Verbindungen aus zwei oder mehr chemischen Elementen. Es gibt etwa 100 Mineralienarten, die als häufig vorkommend gelten – von insgesamt über 5100 bekannten Mineralen.

Systematik der Minerale

Minerale werden entsprechend ihrer chemischen Zusammensetzung in Gruppen zusammengefasst. Eine Mineralverbindung besitzt positiv und negativ geladene Atome oder Atomgruppen. Nach den negativ geladenen Atomen wird bestimmt, welcher chemischen Gruppe ein Mineral angehört. Die größte Mineraliengruppe, die Silikate, wird in sieben Untergruppen unterteilt, abhängig von ihren chemischen Strukturen.

Goldklumpen

Fluorit-Kristalle

Blauer Azurit

Roher Chrysokoll mit Azurit

Zartblau gefärbte Kristalle

Coelestin-Kristalle

Elemente

Elemente sind Minerale, die aus Atomen eines einzigen chemischen Elements bestehen. Am geläufigsten sind die Metalle Kupfer, Eisen, Silber, Gold und Platin und die Nichtmetalle Schwefel und Carbon (als Graphit und Diamant). Einige weitere kommen in winzigen Mengen vor, oft als Legierung mit anderen Elementen.

Halogenide

Halogenide bestehen aus verschiedenen Kristallen in Kombination mit einem häufigen Halogen: Fluor, Chlor, Brom oder Jod. Man unterscheidet drei Kategorien von Halogeniden: salzartige, kovalente und komplexe Halogenide. Weil sie weich sind, gibt es kaum Schmuckstein-Varianten, außer von Fluorit.

Carbonate

Minerale der Gruppe der Carbonate besitzen ein Kohlenstoffatom im Zentrum eines Dreiecks von Sauerstoffatomen, was zu einer trigonalen Symmetrie führt (s. S. 18–19). Beispiele für Carbonate als Edelsteine sind Chrysokoll, Calcit, Smithsonit und Malachit.

Sulfate

Minerale in der Gruppe der Sulfate haben eine Kristallstruktur aus vier Sauerstoffatomen, in deren Mitte sich ein Schwefelatom befindet; diese verbinden sich mit einem oder mehreren Metallen oder Halbmetallen. Beispiele sind Baryt, Coelestin und Alabaster (eine Varietät des Sulfat-Minerals Gipsspat).

WAS IST EIN MINERAL? | 015

Sulfide

Sulfid-Minerale kombinieren Schwefel mit einem oder mehreren Metallen. Viele Sulfide haben leuchtende Farben, meist eine geringe Härte und eine hohe relative Dichte. Beispiele für Sulfid-Minerale sind Pyrit, Markasit und Sphalerit.

Oxide

Oxid-Minerale bestehen aus Sauerstoffatomen in Verbindung mit einem Metall oder Halbmetall. Ein Beispiel dafür ist Aluminiumoxid oder Korund – Rubin und Saphir. Weitere Edelstein-Varietäten sind Spinell – der oft für Rubin gehalten wird –, Hämatit und Rutil.

Phosphate

Diese Minerale bilden aufgrund der Ähnlichkeit ihrer Kristallstruktur eine Gruppe – Phosphat-Minerale bestehen aus Phosphor und Sauerstoff im Verhältnis 1:4. Beispiele für Phosphate als Edelsteine sind Amblygonit, Apatit und Türkis.

Sphalerit roh

Tiefblaue Farbe

Saphir roh

Glasglanz bis Perlmuttglanz

Amblygonit roh

Durch Eisen und natürliche Strahlung verursachte violette Farbe

Amethyst roh

Silikate

Alle Silikate bestehen aus Silizium- und Sauerstoffatomen, angeordnet als zentrales Siliziumatom, das in verschiedenen Konfigurationen von Sauerstoffatomen umgeben ist. Silikate sind entsprechend den strukturellen Konfigurationen ihrer Atome in Untergruppen eingeteilt, von denen die Kettensilikate wiederum in zwei Untergruppen aufgespalten werden. Viele Edelsteine wie Quarz und Turmalin sind Silikate.

Gerüstsilikate
Zu den Gerüstsilikaten zählen Lasurit (oben), Opal, Quarzvarietäten wie Amethyst u. a.

Schichtsilikate
Zu dieser Gruppe zählen u. a. Chrysokoll, Speckstein und Tonminerale.

Einfachkettensilikate
Die Einfachkettensilikate umfassen Kunzit (oben), Enstatit, Diposid u. a.

Doppelkettensilikate
Doppelkettensilikate sind u. a. Nephrit (oben) sowie Edenit.

Ringsilikate
Smaragd (oben) ist das bekannteste Mitglied dieser Gruppe, zu der auch Turmalin gehört.

Gruppensilikate
Vesuvian, Zoisit und andere Minerale zählen zu den Gruppensilikaten.

Inselsilikate
Diese Gruppe enthält Olivine (oben), Cyanit, Phenakit und Euklas.

Physikalische Merkmale

Soll ein Edelstein identifiziert oder sein Wert geschätzt werden, wird er an einen zertifizierten Gemmologen geschickt. Der Edelsteinexperte wird den Stein auf verschiedene physikalische und optische Eigenschaften hin untersuchen, um ihn zu bestimmen und seine Qualität zu bewerten. Ein wichtiges Qualitätsmerkmal eines Edelsteins ist dessen Langlebigkeit. Seine physikalischen Eigenschaften bestimmen nicht nur die Qualität seiner Farbe, sondern auch, wie beständig bzw. wie anfällig er für Abnutzung, Bruch und Wertverlust ist. Edelsteine mit guter Spaltbarkeit (s. rechts) können sehr hart sein, aber dennoch leicht brechen.

Härte

Eines der wichtigsten Kriterien für die Langlebigkeit eines Edelsteins ist seine relative Härte bzw. die Eigenschaft, sich von härteren Mineralen ritzen zu lassen. Härte wird nach der Mohs-Skala gemessen und entspricht nicht der Festigkeit, da sehr harte Minerale gleichzeitig brüchig sein können. Edelsteine unter Härtegrad 5 sind zu weich für Schmuck, und selbst Steine der Härtegrade 6 oder 7 können zerkratzen und sich abreiben.

- Talk – Lässt sich sehr leicht mit dem Fingernagel ritzen
- Gips – Lässt sich mit dem Fingernagel ritzen
- Calcit – Lässt sich nicht mit dem Fingernagel, aber problemlos mit einem Messer ritzen
- Apatit – Lässt sich nur mit Mühe mit einem Messer ritzen
- Fluorit – Lässt sich leicht, aber weniger leicht als Calcit, mit einem Messer ritzen
- Orthoklas – Lässt sich nicht mit einem Messer ritzen; hat Mühe, Glas zu ritzen
- Quarz – Ritzt Glas mühelos
- Topas – Ritzt Glas mühelos
- Korund (Saphir) – Schneidet Glas

PHYSIKALISCHE MERKMALE | 017

Aquamarin

Schneidet Glas

Diamant

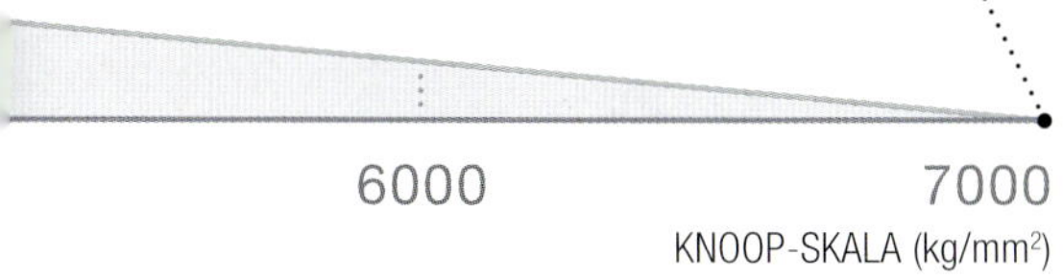

6000　　　　7000
KNOOP-SKALA (kg/mm²)

Relative Dichte

Eine gängige relative Dichte *(d)* misst die Dichte eines Materials im Verhältnis zu der von Wasser. So lässt sich auch die Dichte eines Edelsteins bestimmen. Gemessen wird sie als Verhältnis der Masse des Steins zur Masse desselben Volumens Wasser. Ein Mineral mit einer relativen Dichte von 2 ist also doppelt so schwer wie Wasser. Die relative Dichte lässt sich mit einer speziellen Waage oder mit Flüssigkeiten ermitteln: Minerale unter einer bestimmten relativen Dichte schweben darin, die mit höherer Dichte sinken. Experten können die relative Dichte eines Edelsteins oft auch anhand des Gewichts bestimmen.

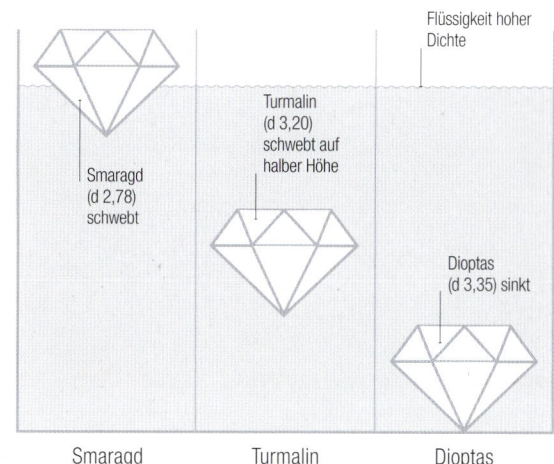

Smaragd (d 2,78) schwebt · Turmalin (d 3,20) schwebt auf halber Höhe · Flüssigkeit hoher Dichte · Dioptas (d 3,35) sinkt

Smaragd　　Turmalin　　Dioptas

Spaltbarkeit

Die Spaltbarkeit eines Minerals entscheidet darüber, wie leicht sich Teile davon entlang seiner Atomschichten, wo die Kohäsionskräfte der Atome am schwächsten sind, abgliedern lassen. Manche Edelsteine lassen sich in mehrere Richtungen spalten, in einige davon sehr leicht, indem man hart auf die Stellen klopft. Weil die Spaltebenen der Atomstruktur der Kristalle folgen, sind sie oft glatt.

Glatte Fläche

Perfekte Spaltbarkeit liegt vor, wenn sich ein Teil eines Minerals entlang einer Atomschicht, an der die Kohäsionskräfte am schwächsten sind, als glatte Fläche abgliedern lässt.

Strichfarbe

Die Strichfarbe bezeichnet die Farbe des pulverisierten Minerals. Um sie zu erhalten, zieht man das Mineral über unglasiertes Porzellan. Der resultierende Farbstreifen kann der Identifizierung eines Minerals dienen, insbesondere bei Mineralen, die in mehreren Farben auftreten.

Die Strichfarbe von Mineralen ist einheitlicher als ihre Farbe – tatsächlich kann ein Mineral, das in verschiedenen Farbvarietäten auftritt, dieselbe Strichfarbe haben. Dieses Beispiel zeigt drei Farbvarietäten des Rohminerals Fluorit. Im Streifentest erzeugen das violette, das orangefarbene und das grüne Fluorit jeweils einen weißen Strich.

Violettes Fluorit zieht einen weißen Strich.

Orangefarbenes Fluorit zieht einen weißen Strich.

Grünes Fluorit zieht einen weißen Strich.

Bruch

Bruch bezeichnet den Vorgang, ein Mineral in unregelmäßige Flächen zu teilen. Er erfolgt, im Gegensatz zur Spaltung, über die Atomschichten des Minerals hinweg und nicht an ihnen entlang, weil es keine offensichtlichen Spaltebenen gibt. Die besondere Art des Bruchs kann bei der Identifizierung behilflich sein.

Obsidian

Chalkopyrit

Gezackte Kanten

Gold

Muscheliger Bruch Das Mineral hat eine muschelförmige Form. Quarz und Gesteinsglas – wie Obsidian – bilden einen muscheligen Bruch.

Glatter Bruch Die Bruchfläche ist grob strukturiert, aber flach.
Unebener Bruch Der Chalkopyrit oben hat eine rauhe, unregelmäßige Fläche.

Hakiger Bruch Eine unebene Oberfläche mit scharfen Kanten und Spitzen ist typisch für gebrochene oder gerissene Metalle und einige weitere Minerale.

Kristallsysteme und Habitus

Ein Kristall ist ein Festkörper, dessen Atome in einem spezifischen, repetitiven, dreidimensionalen Muster angeordnet sind. Wenn dieser innere Aufbau eine Serie äußerer, glatter Flächen hervorbringt, die geometrisch angeordnet sind, entsteht ein Kristall. Diese repetitiven Strukturen sind identische Einheiten von Atomen oder Molekülen, Elementarzellen genannt. Sie wiederholen sich immer wieder in drei Dimensionen, sodass der Kristall in seiner Form der einzelnen Elementarzelle gleicht. Die Kristalle verschiedener Minerale können gleich geformte, aber aus unterschiedlichen chemischen Elementen bestehende Elementarzellen haben. Da ein Kristall aus repetitiven geometrischen Mustern besteht, sind alle Kristalle symmetrisch, entsprechend der Geometrie ihrer Elementarzellen. Diese teilt man in die sieben Hauptgruppen des Kristallsystems ein. Die finale äußere Form eines Kristalls wird Habitus genannt, und die Form, die eine Masse zahlreicher identischer Kristalle bildet, gewachsener Habitus (s. gegenüber).

Minerale und Kristallsysteme

Mineralogen und Kristallografen verfügen über eine komplexe Zusammenstellung von Kriterien, mit der sie bestimmen, welches Mineral, basierend auf Symmetrien, in welches Kristallsystem gehört. Diese Systeme können in der Praxis als eine Gruppe dreidimensionaler Zellen verstanden werden, die mit dem Grundkubus beginnt (unten). Dabei sollte man darauf hinweisen, dass manche Kristallografen hexagonale und trigonale Systeme (rechts) als ein System ansehen.

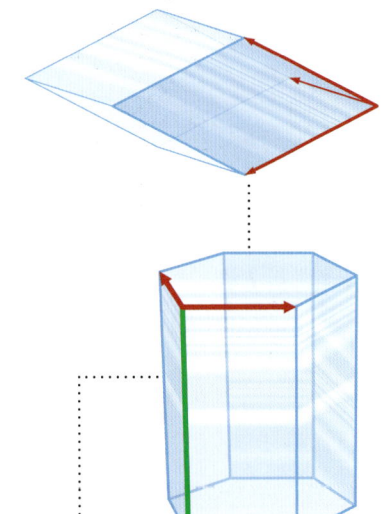

Trigonal a=b≠c Im Unterschied zum hexagonalen System ist der Querschnitt der prismatischen Grundform nicht sechs-, sondern dreieckig. In den USA gilt das trigonale System als Teil des hexagonalen.

Hexagonal a=b≠c Das hexagonale System entsteht, indem zwei gegenüberliegende lange Kanten einer tetragonalen Zelle zusammengedrückt werden. Typische Kristallformen sind sechsseitige Prismen.

> **Wenn zwei Kristalle** derselben **Art** symmetrisch miteinander verwachsen, bezeichnet man sie als **Zwillinge.**

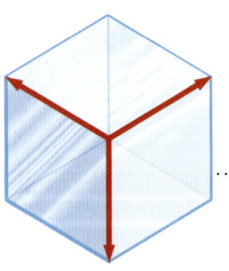

Kubisch a=b=c Die kubische Elementarzelle hat drei rechte Winkel, und ihre Seiten sind alle gleich lang. Das Verhältnis der Länge ihrer Seiten ist a gleich b gleich c.

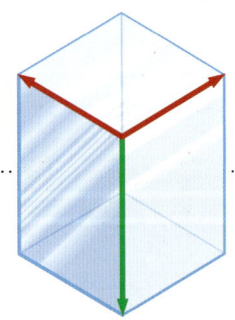

Tetragonal a=b≠c Wird die kubische Zelle vertikal gestreckt, hat sie immer noch drei rechte Winkel, doch die vertikale Seite ist länger als die beiden anderen. Nun gilt a gleich b ungleich c.

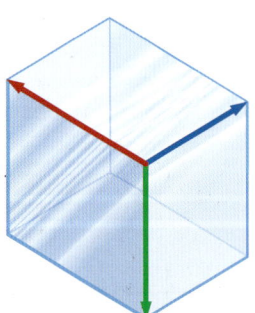

Orthorhombisch a≠b≠c Wird die tetragonale Zelle horizontal gestreckt, bleiben die drei rechten Winkel, aber alle drei Seiten sind unterschiedlich lang. Hier ist a nicht gleich b nicht gleich c.

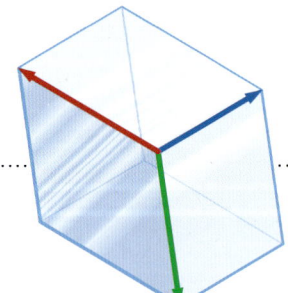

Monoklin a≠b≠c Das monokline System entsteht, wenn sich die orthorhombische Zelle in eine Richtung neigt, nur zwei rechte Winkel bleiben und a nicht gleich b nicht gleich c ist.

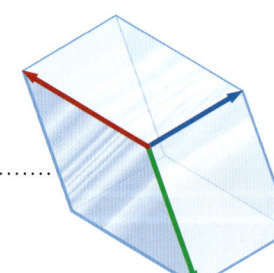

Triklin a≠b≠c Das trikline System entsteht, wenn sich alle Seiten neigen, sodass kein rechter Winkel mehr vorhanden ist und keine der Seitenkanten mehr einer anderen gleicht.

HÖCHSTE SYMMETRIE → GERINGSTE SYMMETRIE

KRISTALLSYSTEME UND HABITUS | 019

Pyramidal

Pyramidale Kristallformen haben buchstäblich die Gestalt einer Pyramide – pyramidale Seiten dominieren die Form des Kristalls. Wenn pyramidale Seiten in zwei Richtungen auftreten und die beiden Pyramiden Grundfläche an Grundfläche liegen, ist der Habitus dipyramidal.

Pyramidale Kristallform

Dipyramidaler Saphir-Kristall

Prismatisch

Prismatische Kristalle bilden lange, bleistiftähnliche Formen, deren Länge das Mehrfache des Durchmessers ist. Manche prismatischen Kristalle, wie Aquamarine, haben sehr regelmäßige, glatte, rechteckige Seitenflächen. Bei anderen Mineralen, wie Turmalinen, können die rechteckigen Seitenflächen gekrümmt sein, sodass ihr Querschnitt einem Dreieck mit gerundeten Kanten gleicht.

Prismatische Kristallform

Prismatischer Aquamarin-Kristall

Nadelig

Nadelige Kristalle sind dünn und nadelförmig. Es gibt nur wenige Edelsteine, die aus nadeligen Kristallen geschnitten wurden, aber wenn die Nadeln parallel und kompakt sind, nehmen sie eine faserige Form an. Marienglas und Tigerauge kommen in solchen Formen vor.

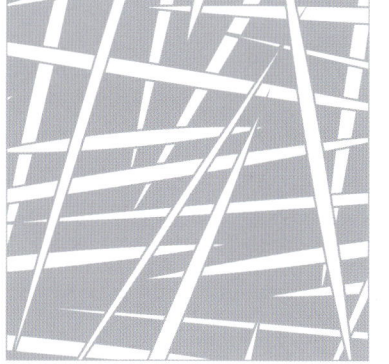

Nadelige Kristallform

Nadelige Thomsonit-Kristalle

Dendritisch

Beim dendritischen Kristallhabitus bilden Aggregate kleiner Kristalle schlanke, divergierende, fast pflanzenartige Zweige. Besonders häufig treten sie bei Kupfer, Silber und Gold auf. Eisen- und Manganoxid dringen gelegentlich in Chalcedon ein und bilden dort dendritisches Achat.

Dendritische Kristallform

Zweigartiges Silber

Traubenförmig

Traubenförmige Mineralaggregate sind kugelförmig und nehmen häufig die Form von Trauben an. Hämatit, Chalcedon und Malachit treten in dieser Form auf. Insbesondere Malachit wird oft quer durch die kugelförmigen Massen geschnitten, um das Kreismuster in seinem Inneren freizulegen.

Traubenförmige Kristallform

Blasenartige Hemimorphit-Kristalle

Massig

Ein Mineral ist massig, wenn seine winzigen Kristalle eine Masse bilden und nicht einzeln sichtbar sind. Viele Edelsteine haben einen massigen Gegenpart; manche gibt es nur in massiger Form. Diese Minerale sind meist opak bis durchscheinend. Sie werden zu Cabochons geschliffen oder für Gravuren verwendet.

Massige Kristallform

Massiger Sugilith (violett) auf Gesteinsgrundmasse

Was ist ein Edelstein?

Ein Edelstein wird generell als ein Mineral definiert, das aufgrund seiner Schönheit, Langlebigkeit und Seltenheit einen hohen Wert besitzt, als Schmuck Verwendung findet und auf bestimmte Weise aufgewertet wurde, indem man seine Form verändert hat – meist durch Schleifen und Polieren. Eine weiter gefasste Definition schließt Gesteine wie Obsidian und organische Materialien wie Bernstein (fossiles Harz) ein. Die große Mehrzahl der Edelsteine ist jedoch aus Kristallen von Mineralen geschnitten. Wertvolle Metalle gelten nicht als Edelsteine, ebenso wenig gravierte Objekte, die nicht als Schmuck dienen, wie Figurinen, Schalen und Vasen.

Schönheit

Schönheit ist die wichtigste Qualität eines Edelsteins. Doch sie ist subjektiv: Während manche das Zusammenspiel von Licht und Farbe begeistert, schwärmen andere für einen komplizierten Schliff. Bei einer fast unendlichen Kombination von Farbe, Form und Feuer (dem Spiel des Lichts) sind Edelsteine ästhetisch sehr vielseitig.

Blauer Saphir, gepriesen für seine Schönheit

Langlebigkeit

Härte oder Festigkeit ist eine wünschenswerte Qualität eines Edelsteins, denn sie lässt auf dauerhaften Wert hoffen. Manche Edelsteine erfordern Pflege. Steine, die nicht splittern oder zerkratzen, können verblassen, wenn man sie lange direktem Licht aussetzt, manche bekommen bei Trockenheit Risse, andere wiederum nehmen durch Säuren Schaden.

Diamant, der härteste Edelstein

Synthetische Steine

Synthetische Edelsteine sind physikalisch, chemisch und optisch mit natürlichen identisch, stammen aber aus dem Labor. Die Herstellung erfolgt entweder durch Schmelzen oder in einer Lösung. Beim Schmelzen wird ein Pulver, chemisch das Äquivalent eines natürlichen Minerals, bei großer Hitze verflüssigt und anschließend in kristalliner Form gefestigt. Bei der Herstellung in einer Lösung werden Substanzen in anderen Substanzen gelöst. Die Anwendung von Hitze bewirkt, dass die Lösung in kristalliner Form ausfällt. Bei beiden Methoden wachsen die Kristalle auf einem Impfkristall, wenn die Temperatur sinkt.

Natürliche Edelsteine als Vergleich

Synthetische Beispiele von Edelsteinen

Große Farbflecken mit Schlangenhautmuster aus der Nähe gesehen

Opal

Synthetischer Opal

Ungewöhnlich makelloser Kristall; in der Natur selten

Diamant

Synthetischer Diamant

Keine sichtbaren Einschlüsse wie bei echten Smaragden

Smaragd

Synthetischer Smaragd

Seltenheit

Ein Edelstein kann aus verschiedenen Gründen selten sein. Das Material selbst kann selten vorkommen, wie beim Smaragd, oder ein häufigeres Material tritt in einer ungewöhnlichen Farbe oder Reinheit auf. Manche besonders weichen oder fragilen Steine sind lediglich in geschliffener Form selten, da nur herausragende Edelsteinschleifer sie bearbeiten können.

Taaffeit, bekannt für seine Seltenheit

Weitere Aspekte

Nicht nur Schönheit, Seltenheit und Langlebigkeit machen einen Edelstein begehrt. In eine Krone gefasst, sind Edelsteine Machtsymbole. Sie können aufgrund ihrer Geschichte oder der Umstände ihrer Herkunft wertvoll sein. Auch Verbindungen zu Astrologie oder Mystik, geologische Zusammenhänge oder Modeaspekte machen sie begehrenswert.

Tansanit, sowohl selten als auch schwierig zu schleifen

Wie sich Qualität definiert

Wert, Qualität und verschiedene Varietäten

Edelsteine werden durch gewisse Qualitäten definiert, die sie so wertvoll machen (s. S. 30–31) – ein Edelstein wäre keiner, besäße er nicht eine gewisse Reinheit und Kunstfertigkeit in der Bearbeitung. Doch nicht alle Edelsteine sind gleichwertig.

Vergleich des Werts von Edelsteinen

Die Tabelle unten vergleicht eine Auswahl beliebter Edelsteine nach ihrem annäherungsweisen Geldwert (s. S. 27 für Informationen über das Bewerten von Diamanten, hier nicht aufgeführt). Varietäten wie Alexandrit, Saphir und Rubin sind selten und begehrt und daher teuer, andere wie Rubin können sehr unterschiedlich teuer sein, von moderat bis unbezahlbar. Generell gilt: Je größer Reinheit, Größe und Schönheit der Farbe, desto teurer sind sie.

Edelstein	Moderat	Bezahlbar	Teuer	Sehr teuer	Unbezahlbar
Tansanit		▬			
Topas – rosa		▬▬			
Königstopas – orangerot		▬▬			
Turmalin – grün		▬▬			
Spinell – blau		▬▬▬			
Spinell – rot		▬▬▬			
Saphir – rosa		▬▬			
Benitoit		▬▬			
Saphir – Padparadscha		▬▬▬▬			
Turmalin – blau		▬▬			
Katzenauge		▬▬▬▬			
Granat – Demantoid		▬▬▬▬			
Opal – schwarz		▬▬▬▬▬▬			
Rubin – Stern	▬▬▬▬▬▬▬				
Saphir – blau		▬▬▬▬▬▬			
Alexandrit			▬▬▬▬▬		
Smaragd		▬▬▬▬▬▬			
Turmalin – Paraiba		▬▬▬▬▬▬			
Rubin		▬▬▬▬▬▬			

Optische Varietäten Jeder Edelstein besitzt eine Vielzahl optischer Eigenschaften, sowohl hinsichtlich der Farbe als auch in Bezug auf die Reinheit. Diese muss ein Gemmologe in Betracht ziehen, wenn er einen Edelstein identifiziert. Weitere Aspekte sind Brechungsindex, relative Dichte, Härte, Glanz und Dichroismus.

Optische Eigenschaften

Das wichtigste Merkmal eines Edelsteins ist die Art und Weise, wie er auf Licht reagiert. Licht ist die Quelle seiner Schönheit, seiner Farbe und seines Glanzes. Es dient auch seiner Identifizierung, da jeder Edelstein spezifische optische Eigenschaften besitzt. Es gibt z. B. mehr als ein Dutzend rote Edelsteinarten, die jeweils in zahlreichen Farbschattierungen auftreten. Die optischen Eigenschaften sind für die Identifizierung eines Edelsteins in der Regel nicht aussagekräftig genug. Eine Kategorie wie der Glanz unterliegt der subjektiven Beobachtung, die Brechungszahl eines Minerals ist hingegen ein objektiver Wert. Ein Gemmologe wird zur Identifizierung eines Steins immer mehrere Methoden und Instrumente anwenden. Die Untersuchung eines oder aller optischer Eigenschaften eines Steins zeigt, wie er Licht überträgt, ablenkt und reflektiert – einer dieser Werte allein kann zur Identifizierung genügen. Manche Steine erfordern jedoch eine komplexe Untersuchung ihrer physikalischen und optischen Eigenschaften.

Farbe

Eine der wichtigsten Eigenschaften eines Edelsteins ist dessen Schönheit, und diese hängt ganz wesentlich von seiner Farbe ab. Diese entsteht, indem der Edelstein Licht absorbiert und ablenkt, sodass es auf dem Weg durch den Stein seine Richtung ändert. Weißes Licht besteht aus vielen Farben, wenn eine oder mehrere davon absorbiert werden, ist das restliche Licht, das aus dem Edelstein austritt, farbig. Die Absorption bestimmter Wellenlängen kann durch die Anwesenheit von Spurenelementen bedingt sein oder ihre Ursache in der chemischen Struktur eines Edelsteins haben (s. unten).

Idiochromatische Edelsteine
Idiochromatische Edelsteine werden auch als »eigenfarbig« bezeichnet, da ihre Farbe durch ihren chemischen Aufbau bedingt ist. Rhodochrosit ist ein Mangancarbonat, dessen Manganatome für eine natürliche rosa bis rote Farbe sorgen. Peridot ist ein Eisen-Magnesium-Silikat, dessen Eisengehalt eine grüne Farbe erzeugt.

Peridot

Rubin

Allochromatische Edelsteine
Allochromatische Edelsteine erhalten ihre Farbe von Fremdatomen, die sich in ihr Kristallgitter eingelagert haben. Amethyst und Rubin sind Beispiele dafür: Amethyst ist farbloser Quarz mit Spuren von Eisen, das ihn rosa färbt. Rubin ist Korund mit Spuren von Chrom.

Mehrfarbige Edelsteine Edelsteine mit verschiedenen Farben innerhalb desselben Steins werden als mehrfarbig bezeichnet. Sie können zwei oder drei Farben aufweisen, in seltenen Fällen sogar zwölf und mehr. Die Farben können separat nebeneinanderstehen oder fließend ineinander übergehen. Die Ursache für Mehrfarbigkeit sind häufig Veränderungen im chemischen Medium, in dem der Kristall gewachsen ist.

Wassermelonen-Turmalin

Cordierit von oben

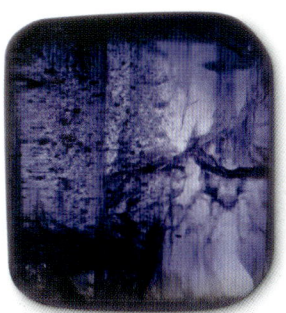
Cordierit von der Seite

Pleochroitische Edelsteine Dringt weißes Licht durch einen Edelstein, werden die Farben in unterschiedliche Richtungen verschieden absorbiert. Infolgedessen kann ein Edelstein je nach Blickwinkel verschiedenfarbig sein. Dieser Pleochroismus genannte Effekt kann zur Identifizierung geschliffener Edelsteine beitragen.

Glanz

Glanz bezeichnet den Effekt, der entsteht, wenn eine Fläche Licht reflektiert. Man unterscheidet zwei Arten von Glanz: metallischen und nichtmetallischen Glanz. Kostbare Metalle haben einen metallischen, Edelsteine bis auf einige wenige wie Hämatit und Pyrit einen nichtmetallischen Glanz. Bei Edelsteinen unterscheidet man u. a. Glas-, Wachs-, Perlmutt-, Seiden-, Harz-, Fett-, Erd-, Metall- und Diamantglanz.

Diamantglanz Edelsteine mit einer außerordentlichen Brillanz haben einen Diamantglanz. Er kommt relativ selten vor und ist typisch für Diamanten, manche Zirkone und sehr wenige weitere Edelsteine.

Diamant

Brechungsindex

Wenn Licht in einen transparenten Edelstein eindringt, ändert es seine Ausbreitungsgeschwindigkeit und seine Richtung. Das nennt sich Brechung. Der Brechungsindex gibt die Veränderung der Geschwindigkeit und den Eintrittswinkel des Lichts in den Edelstein gegenüber der Luft an. Der hohe Brechungsindex des Diamanten verursacht Lichtblitze, wenn man den Edelstein bewegt – sein »Feuer«. Je größer die Streuung von weißem Licht, desto größer das Feuer.

Hoher Brechungsindex

Niedriger Brechungsindex

Doppelbrechung Edelsteinminerale im kubischen System brechen Licht gleichmäßig in alle Richtungen. Kristallsysteme anderer Art brechen Licht in zwei Richtungen, d. h., die Kristallstruktur bedingt, dass Licht in zwei verschiedenen Winkeln abgeleitet wird. Das nennt sich Doppelbrechung.

Spektroskopie

Die Untersuchung der Wellenlänge von Lichtstrahlen heißt Spektroskopie. Spektroskope sind Geräte, die in Edelsteine eintretende Lichtwellen zerlegen. Das Spektroskop hat einen schmalen Spalt für den Lichtdurchtritt. Platziert man einen Edelstein zwischen eine Lichtquelle und den Spalt, entsteht ein Lichtspektrum. Wo bestimmte Wellenlängen vom Stein absorbiert werden, zeigen sich dunkle Streifen. Diese sind charakteristisch für verschiedene Elemente und ermöglichen die Identifizierung der chemischen Zusammensetzung eines Edelsteins. Die drei Spektren rechts verraten viel über die Zusammensetzung der beiden Edelsteine.

Rubin

Almandin (Granat)

Rotes Glas

Spektren Die einfache Struktur des Rubins erzeugt nur wenige dunkle Streifen oder Linien. Almandin mit seiner komplexen Struktur weist zahlreiche Linien auf. Glas besteht nur aus zwei Elementen und zeigt nur zwei Absorptionsbereiche.

Woher kommen die Edelsteine?

Edelsteine kommen weltweit vor, doch manche Länder besitzen besonders ergiebige Fundstätten: Ein Großteil der Rubine weltweit stammt aus Myanmar, während Australien früher den wertvollen Opalmarkt beherrschte – heute liefert auch Äthiopien große Mengen. Die meisten hochwertigen Smaragde stammen aus Kolumbien, während Madagaskar die größten Saphirvorkommen besitzt. Diamanten kamen in den letzten Jahren meist aus Botswana, inzwischen aber auch aus Russland und China.

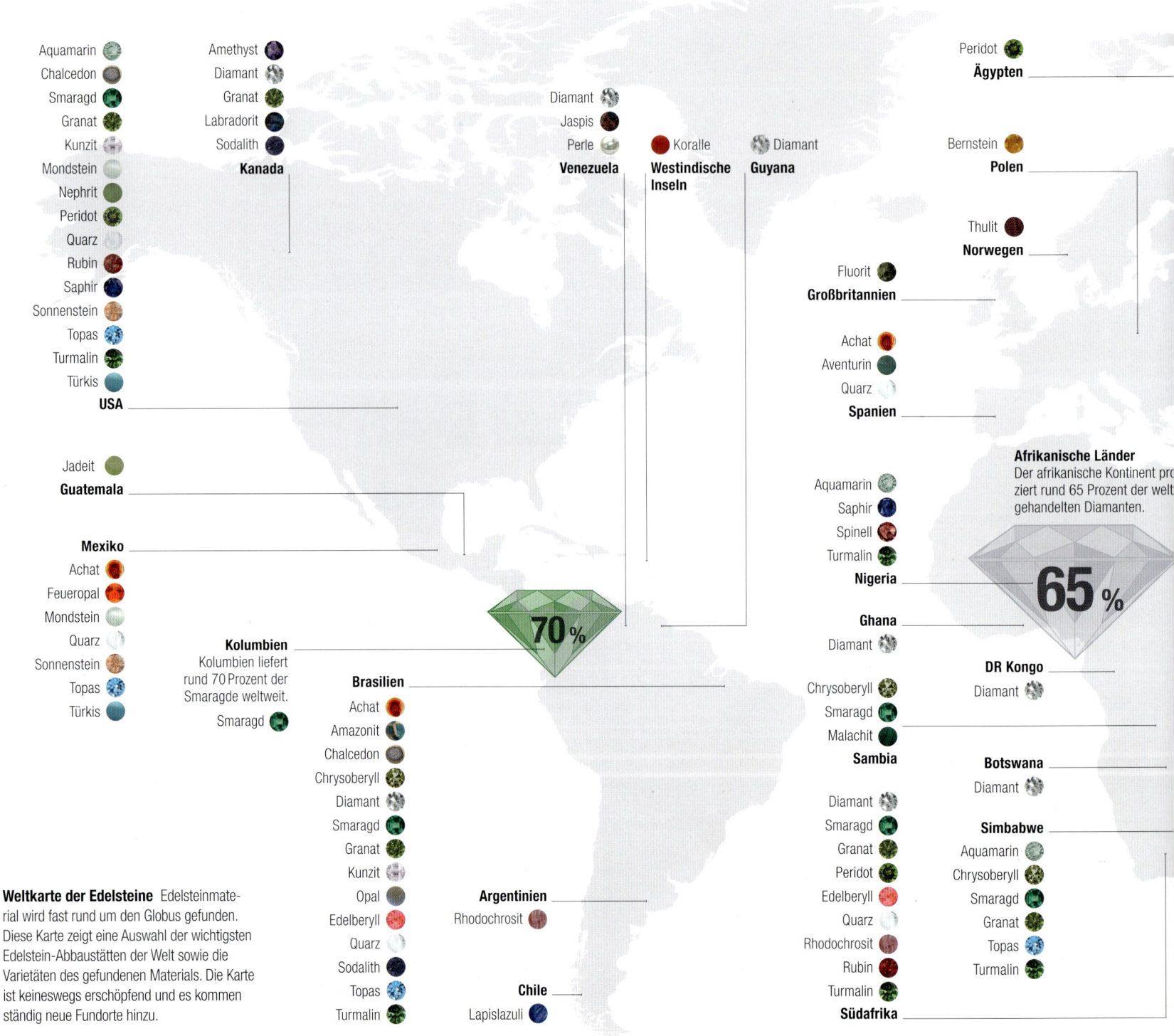

Weltkarte der Edelsteine Edelsteinmaterial wird fast rund um den Globus gefunden. Diese Karte zeigt eine Auswahl der wichtigsten Edelstein-Abbaustätten der Welt sowie die Varietäten des gefundenen Materials. Die Karte ist keineswegs erschöpfend und es kommen ständig neue Fundorte hinzu.

Edelsteinförderung
Die Schätze der Erde bergen

Große Minen zur Förderung wertvoller Materialien sind vorwiegend Gold, Silber und Diamanten sowie weniger kostbaren Rohstoffen, die in der Industrie verarbeitet werden, wie Kupfer, vorbehalten. Manche Minen fördern als Nebenprodukte Material, das sich zur Herstellung von Schmucksteinen eignet, wie Malachit und Türkis. Viele Edelsteinminen sind jedoch relativ klein und oft wird darin mit einfachem Handwerkzeug gearbeitet.

Die Super-Pit-Goldmine Die Super-Pit in Kalgoorlie im Zentrum des Bundesstaates Westaustralien ist Australiens größte offene Goldmine und gleichzeitig eine der größten der Welt.

Kenia
- Amethyst
- Aquamarin
- Granat
- Rubin
- Saphir
- Turmalin

Afghanistan
- Aquamarin
- Lapislazuli
- Rubin
- Spinell
- Turmalin

Pakistan
- Aquamarin
- Smaragd
- Granat
- Rubin
- Spinell
- Topas

Indien
- Aquamarin
- Chalcedon
- Chrysoberyll
- Diamant
- Diopsid
- Smaragd
- Granat
- Jaspis
- Mondstein
- Perle
- Quarz
- Rhodonit
- Rubin
- Saphir
- Sodalith

Russland
- Alexandrit
- Bernstein
- Diamant
- Smaragd
- Granat
- Lapislazuli
- Malachit
- Mondstein
- Nephrit
- Edelberyll
- Quarz
- Rhodonit
- Sonnenstein
- Topas
- Turmalin

Japan
- Koralle
- Jadeit
- Perle
- Quarz
- Rhodonit
- Topas

China
- Bernstein
- Amethyst
- Aquamarin
- Diamant
- Nephrit
- Perle
- Peridot
- Rubin
- Saphir
- Türkis

Tansania
- Aquamarin
- Chrysoberyll
- Diamant
- Smaragd
- Granat
- Rubin
- Saphir
- Tansanit
- Turmalin

Iran
- Türkis

Mosambik
- Rauchquarz
- Turmalin

Thailand
90%
- Granat
- Rubin
- Saphir
- Zirkon

Madagaskar
50%
Auf dem Höhepunkt der Produktion lieferte Madagaskar rund 50 Prozent der Saphire weltweit.
- Achat
- Aquamarin
- Chrysoberyll
- Granat
- Kunzit
- Mondstein
- Edelberyll
- Quarz
- Sonnenstein
- Topas
- Turmalin

Sri Lanka
- Amethyst
- Chrysoberyll
- Granat
- Mondstein
- Rubin
- Saphir
- Spinell
- Topas
- Turmalin
- Zirkon

Australien
95%
Zu seinen besten Zeiten produzierte Australien die meisten Edelopale weltweit – rund 95 Prozent.
- Chrysopras
- Koralle
- Diamant
- Smaragd
- Jaspis
- Nephrit
- Opal
- Perle
- Saphir

Myanmar
Myanmars wichtigster Edelstein ist der Rubin, der rund 90 Prozent der Weltproduktion ausmacht.
- Bernstein
- Chrysoberyll
- Jadeit
- Kunzit
- Mondstein
- Peridot
- Bergkristall
- Rubin
- Saphir
- Spinell
- Topas
- Turmalin
- Zirkon

Indonesien
- Diamant

Neuseeland
- Nephrit

Einstufen und Bewerten

Die Begutachtung und Klassifizierung von Edelsteinen beginnt bereits vor ihrem Abbau. Bei manchen Fundorten weiß man bereits, welche Stellen größere Mengen oder hochwertiges Material liefern, sodass diese bevorzugt ausgebeutet werden. Nur ein kleiner Prozentsatz des gewonnenen Rohmaterials hat tatsächlich Edelsteinqualität, und selbst dieser wird weiter aussortiert. Rohedelsteine werden sorgfältig nach Farbe, Reinheit und Größe bewertet. Zum Schluss wird ein Großteil der Auswahl nicht weiterverarbeitet, da die Steine zu klein, unförmig oder anderweitig für den Handel ungeeignet wären. Das Schleifen von Edelsteinen ist teuer und zeitaufwendig, daher ist eine exakte Begutachtung des Rohsteins wichtig. Die letzte Entscheidung wird in der Werkstatt des Edelsteinschleifers getroffen, doch je früher die Begutachtung erfolgt, desto besser.

Keine Edelsteinqualität

Der hier gezeigte Stein besteht aus gewöhnlichem Zoisit und ist typisch für praktisch alles Zoisit-Material. Es ist opak und selbst wenn es gut kristallisiert ist, besitzt es keine Edelsteinqualität. Bevor man Tansanit entdeckte, die Edelstein-Varietät von Zoisit (s. S. 253), war nur eine winzige Menge Zoisit in Edelsteinqualität bekannt.

Zoisit-Kristall Dieser Zoisit-Rohstein hat keine Edelsteinqualität und ist nur als Mineralprobe von Wert.

Kein Edelsteinmaterial

> Der Edelstein ... ist konzentrierte Brillanz, die Quintessenz von Licht.
>
> Charles **Blanc**
> Schriftsteller, 19. Jh.

Mittlere Edelsteinqualität

Weil Tansanit ein relativ seltener Stein ist, sind selbst Edelsteine von mittlerer Qualität wertvoll genug, um geschliffen zu werden. Häufigere Edelsteine wie Amethyst werden selten in mittlerer Qualität geschliffen, weil die Kosten dafür den Wert des fertig bearbeiteten Steins übersteigen würden.

Blassblauer Tansanit-Rohedelstein Dieser Rohkristall hat Edelsteinqualität, weist aber kleine Unreinheiten und Einschlüsse auf.

Unreinheiten und Einschlüsse

Geschliffener blassblauer Tansanit Facetten können Unregelmäßigkeiten bei Edelsteinen mittlerer Qualität wie diesem kaschieren.

Facetten verbergen Unregelmäßigkeiten

Sehr hohe Qualität

Nur ein relativ kleiner Anteil selbst eines ausgewählten Rohedelsteins ist von herausragender Qualität. Bei dem Beispiel dieses Tansanits sind sowohl der rohe wie auch der geschliffene Stein von sichtbar höherer Qualität als die Exemplare oben.

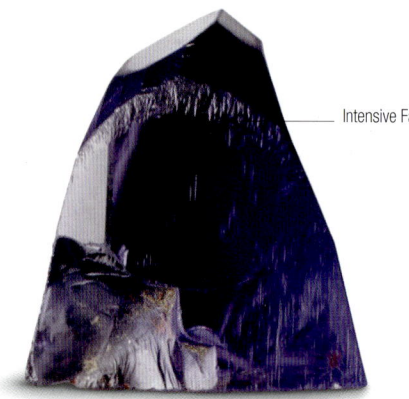

Herausragender Tansanit-Rohedelstein Die tiefe Farbe und die Reinheit lassen die Qualität dieses Tansanits im Rohzustand erkennen.

Intensive Farbe

Geschliffener Tansanit Edelsteine bester Qualität wie dieser kombinieren hochwertiges Material mit großer Handwerkskunst.

Kunstvolle Facettierung

Diamanten kategorisieren und bewerten

Die wertvollsten Edelsteine überhaupt

Diamanten von einer intensiven natürlichen Farbe erzielen sehr hohe Preise. »Farblose« Diamanten haben jedoch meist einen höheren Wert als Farbedelsteine und werden nach einem komplexeren System kategorisiert. Eine einzige Veränderung in der Einstufung kann einen großen Wertunterschied bedeuten. Um starke Wertunterschiede zu vermeiden, die bei einer geringen Anzahl Bewertungsstufen auftreten würden, gibt es zahlreiche Kategorien, die auf den vier Hauptqualitätsmerkmalen (s. S. 30) beruhen. Die Einstufung unten stammt vom Gemological Institute of America (GIA).

Bewertungsskala der Reinheit
Die Reinheitsskala reicht von optisch fehlerfreien Edelsteinen bis zu solchen mit zahlreichen sichtbaren Unreinheiten oder Einschlüssen. Die Bewertung erfolgt stets mithilfe einer Lupe.

IF (»Internally flawless« = intern lupenrein)	VVS1, VVS2 (Minimale Einschlüsse schwer erkennbar)	VS1, VS2 (Sehr kleine Einschlüsse schwer erkennbar)	SI1, SI2 (Kleine Einschlüsse leicht erkennbar)	P1, P2, P3 (Einschlüsse leicht erkennbar)
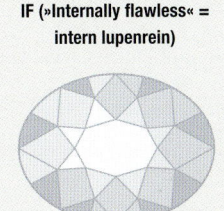	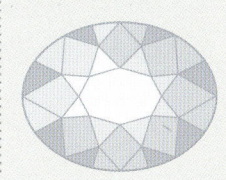	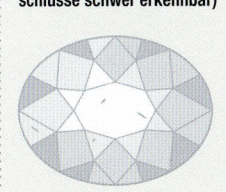	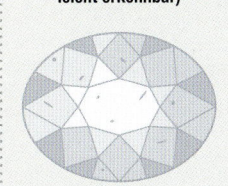	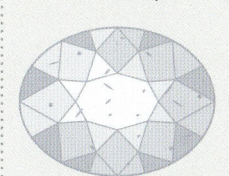

Bewertungsskala der Farbe Der häufigste Farbton bei »weißen« Diamanten ist gelb. Diese Tabelle stuft die Farben entsprechend ihrem Gelbgehalt ein. Sie beginnt mit »D« für farblos und reicht bis »Z« für hellgelbe (auch braune oder graue) Färbungen.

D E F	G H I J	K L M	N O P Q R	S T U V W X Y Z
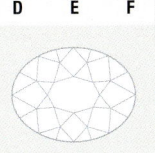	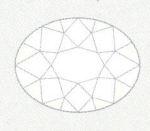	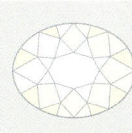	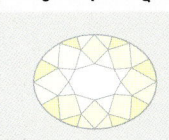	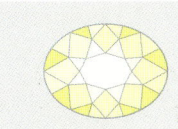
Hochfeines Weiß	Feines Weiß	Getöntes Weiß	Gelblich bis schwach gelb	Gelb

Edelsteine Typ I

Edelsteine vom Typ I sind standardmäßig »augenrein«, ohne sichtbare Einschlüsse. Steine dieser Qualität besitzen in der Regel eine solche Reinheit, dass sie nicht einmal die kleinsten Einschlüsse aufweisen. Bei Edelsteinschleifern, Sammlern und Juwelieren gelten diese Steine als am begehrtesten.

 Aquamarin
 Chrysoberyll, gelb
 Chrysoberyll, grün
 Goldberyll
 Hiddenit
 Kunzit
 Morganit
 Rauchquarz
 Tansanit
 Turmalin, grün
 Zirkon, blau
 Diamant

Edelsteine Typ II

Edelsteine vom Typ II weisen typischerweise einige Einschlüsse auf, die mit bloßem Auge sichtbar sind, aber ihre Attraktivität und Schönheit nicht im Geringsten einschränken. Viele solche Steine mit sichtbaren Einschlüssen werden facettiert und für Schmuck verwendet.

 Andalusit
 Alexandrit
 Granat
 Cordierit
 Peridot
Amethystquarz
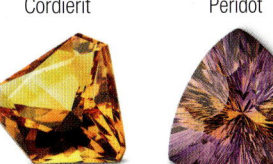 Quarz (Citrin)
 Quarz (Ametrin)
Rubin
 Saphir
Turmalin: alle außer rot, grün und Wassermelone
Zirkon: alle außer blau

Edelsteine Typ III

Die Klassifizierung Typ III wird hauptsächlich auf Edelsteine angewandt, die offensichtliche Einschlüsse oder andere Makel aufweisen. Doch selbst diese Steine mit deutlichen Einschlüssen werden häufig geschliffen und finden in Schmuck Verwendung, denn sie besitzen eine eigene Schönheit.

 Smaragd
Roter Beryll
 Turmalin, nur Wassermelone (oben) sowie durchgehend rot

Nur etwa 30 Prozent der weltweit abgebauten Diamanten werden als Edelsteinqualität eingestuft.

Edelsteinschliffe

Um Steine zu verschönern und ihren Wert zu steigern, werden sie in der Form verändert. Ein bearbeiteter Edelstein besitzt den vielfachen Wert des Rohlings – und lässt sich besser verkaufen. Durch Schleifen werden Makel aus Rohedelsteinen entfernt, wird hochwertiges Material aus einem größeren Stein herausgelöst oder eine Vorform festgelegt. Bis zu seiner endgültigen Form (seinem »Schliff«) durchläuft ein Edelstein mehrere Stufen des Schleifens und Polierens. Welcher Schliff letztlich angewandt wird, hängt von unterschiedlichen Faktoren ab: der Form des Rohlings, der Lage der Fehler, der Spaltbarkeit, der optimalen Präsentation der Farbe (Sternsteine werden z. B. so geschliffen, dass der Stern mittig sitzt) und, bei durchscheinenden oder opaken Steinen, der optimalen Cabochon-Form.

Polierte Steine
Ein als poliert bezeichneter Edelstein kann vieles sein, von einer opaken Edelsteinscheibe für einen Anhänger bis zu einer kunstvollen, detailliert geschnitzten Kamee.

Die Teile eines Edelsteins
Ein wenig Edelstein-Terminologie

Wenngleich sich die Schliffe voneinander unterscheiden, sind allen Edelsteinen bestimmte Grundelemente wie Krone, Pavillon und Tafel gemeinsam. Die weiteren Facetten und die Proportionen von Krone und Pavillon beeinflussen die Brillanz des Edelsteins. Ob beim runden Brillant- oder beim rechteckigen Smaragdschliff – die Facetten tragen dieselben Namen und haben dieselben relativen Positionen inne. Der Brechungsindex bestimmt, in welchem Winkel die Facetten geschliffen werden. Der Schleifer zieht eine ganze Reihe Tabellen zurate, um für jedes Material den geeigneten Facettenwinkel zu finden. Hier werden die Winkel für einen Diamanten gezeigt. Das übliche Verhältnis von Krone zu Pavillon ist 1:3, kann aber je nach Winkel der Hauptfacetten variieren.

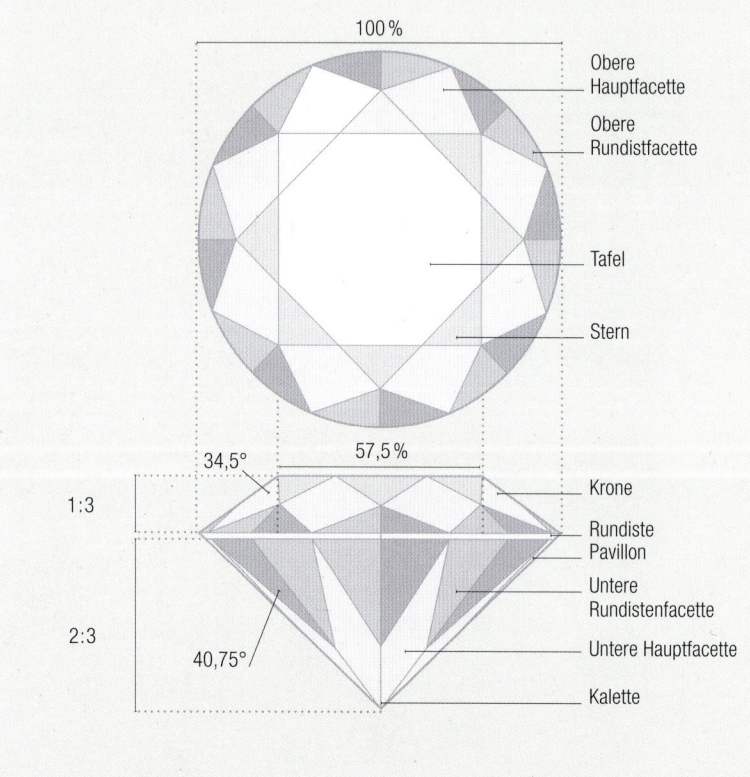

Schleiftechniken

Die grundlegenden Schritte des Schneidens, Schleifens und Polierens sind allen Prozessen der Steinverarbeitung gemeinsam. Jeder davon erfordert besondere Werkzeuge und Fähigkeiten, wobei viele Edelsteinschleifer alle drei Schritte beherrschen.

Auswahl des Rohlings Bei der Auswahl des Rohedelsteins spielen Farbe, Größe, Reinheit, Form und eine möglichst geringe Zahl von Fehlern, Rissen und Einschlüssen eine Rolle. Bei Vorhandensein von Makeln werden diese mithilfe des Schliffs möglichst gut verborgen.

Entscheidung für einen Schliff Der Schliff richtet sich nach der Form des Rohlings sowie der gewünschten Farbe und Brillanz des fertigen Steins. Zunächst wird der Rohling geschnitten, um dem Stein seine Vorform zu geben oder um die Tafelfacette auf der oberen Hälfte, der sogenannten Krone, anzulegen.

Das Facettieren beginnt Die größte Brillanz wird erzielt, wenn die Facetten im richtigen Verhältnis und Winkel zueinander angelegt sind. Große Facetten werden zuerst geschliffen. Beim Brillantschliff sind es acht auf der Ober- und acht auf der Unterseite. Gewöhnlich wird erst der Pavillon facettiert, danach die Krone.

Weiteres Facettieren Weitere kleinere Facetten werden rund um die großen Facetten der Krone oben und des Pavillons unten hinzugefügt. Der moderne Brillantschliff hat mindestens 32 Facetten plus Tafel im Oberteil, mindestens 24 Facetten im Unterteil. Jede Facette dient dazu, die optische Leistung des Steins zu maximieren.

Fertigstellen Wenn die letzten Facetten geschliffen sind, wird der Edelstein poliert, um Kratzer vom Schleifen zu beseitigen und den Glanz zu verbessern. Dieses Stadium kann während des Facettierens stattfinden – was die meisten Edelsteinschleifer bevorzugen – oder auch erst im Anschluss daran.

Brillantschliff

Der Brillantschliff sorgt für maximale Brillanz. Bei Farbsteinen soll er die Farbe intensivieren, Fehler kaschieren und Farbungleichmäßigkeiten ausgleichen. Die Facetten sind annähernd dreieckig oder rhombenförmig und werden vertikal von der Krone zum Pavillon geschliffen. Die Form des Steins kann variieren – von rund über oval oder pendeloqueförmig bis zu einer freien Form –, Hauptsache, die Facetten sind dreieckig.

Demantoid im runden Brillantschliff

Cordierit im ovalen Brillantschliff

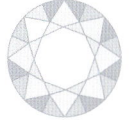
Runder Brillant   Ovaler Brillant

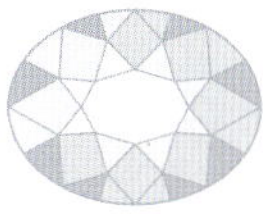

Cabochon

Schmucksteine mit flacher Rückseite und gewölbter Oberseite heißen Cabochons. Die Wölbung kann im Verhältnis zur Größe flach oder hoch sein. Eine hohe Wölbung betont spezielle optische Eigenschaften bestimmter Steine wie Asterismus, Irisieren oder den Katzenaugeneffekt. Die Wölbung ist in der Regel flacher, wenn eine Farbe oder ein Muster als Grundstruktur des Steins optimal zur Geltung gebracht werden soll. Ob oval, rund oder eckig – Cabochons können praktisch jede Form haben.

Ovaler Sodalith-Cabochon

Cabochon

Treppenschliff

Der Treppenschliff intensiviert die Farbe eines Steins, erzeugt aber gleichzeitig weniger Glanz. Diese Schliffe haben rechteckige Facetten in breiten, flachen Ebenen, die an Stufen erinnern. Am verbreitetsten ist der Smaragdschliff, der ursprünglich entwickelt wurde, um möglichst viel des wertvollen Smaragd-Rohmaterials zu bewahren. Dieser Schliff wird vor allem für spröde Steine bevorzugt, weil er keine empfindlichen spitzen Ecken hervorruft.

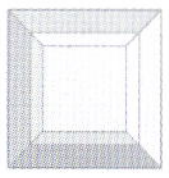

Smaragd im Smaragdschliff

  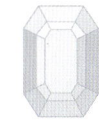
Quadratschliff   Baguetteschliff   Smaragdschliff

Gemischter Schliff

Der gemischte Schliff kombiniert die Facetten des Brillantschliffs mit denen des Treppenschliffs. So optimiert er die Größe und die optischen Eigenschaften eines Farbedelsteins und steigert seine Brillanz, während er gleichzeitig seine Farbe verstärkt. Entweder die Krone oder der Pavillon können im Treppenschliff geschliffen sein. Die äußere Form ist beliebig, entscheidend ist, dass Krone und Pavillon unterschiedlich facettiert sind.

Goldberyll im Kissenschliff

Topas im gemischten Schliff

Gemischter Schliff   Kissenschliff

Fantasieschliffe

Schliffe mit ungewöhnlichen Formen und Facetten bezeichnet man als Fantasieschliffe. Dazu zählen Herzen, freie, unregelmäßige Formen und Standardformen mit ungewöhnlichen Facettierungen – z. B. Facetten auf flachen Ebenen, die ein Schachbrett- oder Zickzackmuster bilden. Bei Edelsteinen mit verlängerter ovaler Form und spitzen Enden spricht man von Marquise-Schliff.

Granatherz

Blauer Diamant im Marquise-Schliff

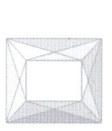  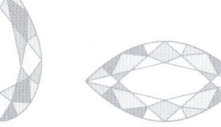
Scherenschliff   Pendeloque   Marquise-Schliff

Gravuren

Durch Gravieren wird ein Rohedelstein zu einem dreidimensionalen Objekt verarbeitet. Diese hohe Kunst der Steinbearbeitung kann unterschiedliche Formen hervorbringen. Dazu zählen Intaglios bzw. Gemmen, bei denen das Motiv in den Stein hineingeschnitten wird; Kameen, die eine Figur oder Szene im Relief vor einem kontrastfarbenen Hintergrund zeigen; und dreidimensionale Figuren, Vögel oder andere Tiere.

Kamee auf Koralle

Kamee

Der Wert eines Edelsteins

Ob als Sammelobjekte, Alltagsschmuck oder Bestandteil wunderschöner Kunstwerke – Edelsteine gelten in vielen, wenn nicht sogar allen Kulturen als Gegenstände von hohem Prestige. Man könnte einwenden, dass ihr Wert allein im menschlichen Ermessen liegt, doch nichtsdestotrotz stellen Edelsteine einen Höhepunkt materieller Qualität, optischer Schönheit und hoher Handwerkskunst dar. Diamanten werden etwas anders eingestuft und bewertet als andere Edelsteine (s. S. 27), die unter dem Begriff »Farbedelsteine« subsummiert werden – wenngleich es auch farbige Diamanten gibt –, doch die Grundprinzipien der Bewertung sind identisch.

Qualitäten

Edelsteine werden nach vier Kriterien beurteilt: Farbe, Reinheit, Schliff und Karat. Noch ein weiterer Faktor spielt eine Rolle – ihre Seltenheit. Generell sind große Steine viel seltener als kleinere. Bei manchen kann das bedeuten, dass ein größeres Gewicht einen unproportionalen Preisanstieg mit sich bringt. Ein Edelstein vom zweifachen des üblichen Gewichts kann also den vier- bis fünffachen Wert haben.

Hoher Reinheitsgrad

Bergkristall in Ringfassung

Karat

Das metrische Karat ist ein Maß für die Masse eines Edelsteins. Es entspricht 0,2 Gramm – nicht zu verwechseln mit der Maßeinheit Karat, die den Feingehalt reinen Goldes an der Gesamtmasse einer Goldlegierung angibt. Gold mit 24 Karat ist reines Gold; Gold mit 18 Karat besteht zu ¾ aus Gold und zu ¼ aus einem anderen Metall, oft Kupfer.

Goshenit von exzellenter Reinheit

Reinheit

Reinheit bedeutet, dass der Stein kein Fremdmaterial – andere Minerale, Kristalle oder Hohlräume – enthält. Die resultierende Auswirkung auf die Schönheit des Edelsteins bestimmt seinen Wert. Allerdings gelten bestimmte Einschlüsse auch als wünschenswert.

Seltenheit
Die fünfte Eigenschaft

Die Seltenheit eines Steins wirkt sich direkt auf seinen Wert aus: Ein herausragender Granat wird niemals denselben Preis erzielen wie ein äquivalenter Rubin, einfach weil Rubin viel seltener ist. Manche Steine sind aufgrund ihrer Chemie meist klein. Dann haben große Exemplare Seltenheitswert.

Exzellente Farbe

Rubin

Aquamarin in einem Rundschliff

Goldtopas von tiefgelber Farbe

Schliff

Der Schliff eines Edelsteins wird entsprechend seiner technischen Perfektion und seiner Brillanz bewertet. Kriterien sind z. B., ob die Spitzen dreieckiger Facetten einander überlappen oder ob die Seiten eines rechteckigen Stufenschliffs parallel sind.

Farbe

Der Wert der Farbe eines Edelsteins wird in der Regel durch ihre Reinheit und Intensität bestimmt. In manchen Fällen spielt auch die Seltenheit einer Farbe eine Rolle. So erzielen z. B. natürliche rote oder blaue Diamanten astronomische Preise.

Edelsteine bearbeiten

Viele Edelsteine werden, zusätzlich zum regulären Schleifen und Polieren durch den Edelsteinschleifer, bearbeitet, um ihre natürlichen Eigenschaften zu verbessern. Von Edelsteinhändlern wird erwartet, dass sie jede Bearbeitung offenlegen – nicht nur weil der Wert eines Edelsteins auf dessen natürlichen Merkmalen beruht, sondern auch weil sich manche Verfahren auf die Langlebigkeit oder Empfindlichkeit eines Steins auswirken. So kann die Beschichtung von Topasen (s. rechts) zerkratzen und sich abnutzen.

Tansanit mit Beschichtung zur Intensivierung der Farbe – voher (links) und nachher (rechts)

Beschichten

Sehr dünne Beschichtungen aus Gold, Silber oder anderen Metallen verändern die Farbe oder den Glanz von Edelsteinen. Beispiele sind Varietäten wie »Mystik«-Topas und »Aqua Aura«-Quarz. Diese Steine sind zwar attraktiv, doch ihre Beschichtung reibt sich sehr schnell ab.

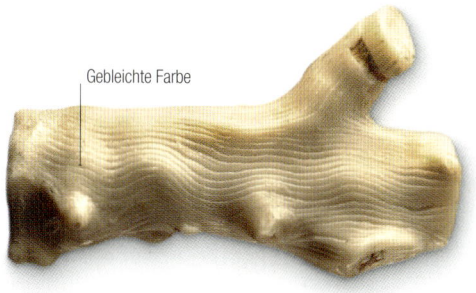

Koralle, gebleicht (oben), dann gefärbt (unten)

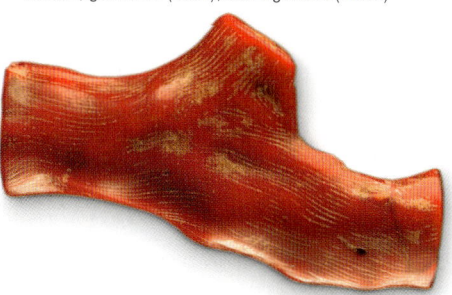

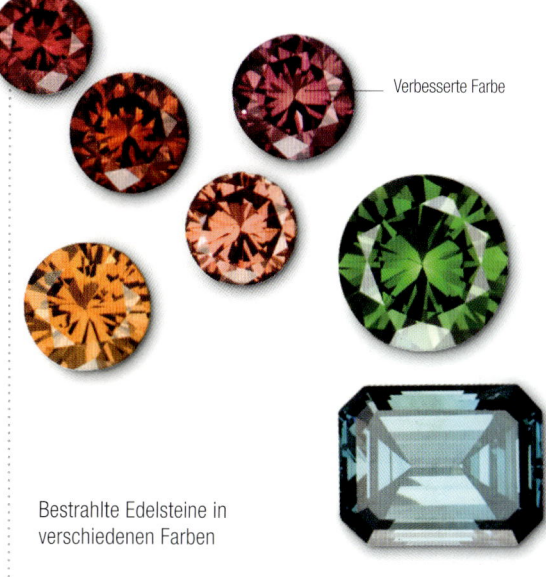

Bestrahlte Edelsteine in verschiedenen Farben

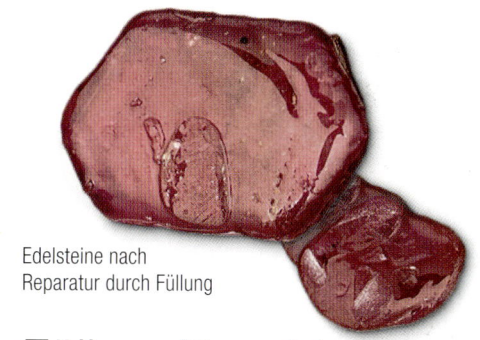

Edelsteine nach Reparatur durch Füllung

Einfärben und Bleichen

Das Einfärben von Edelsteinen ist weit verbreitet. Achatscheiben werden routinemäßig mit kräftigem Blau oder Rot gefärbt. Oft werden dazu einfache Textilfarben benutzt, doch es gibt auch spezielle Steinfarben. Lässt sich die Farbe mit den Händen abreiben, ist das ein Zeichen für schlechte Qualität.

Bestrahlen

Die Bestrahlung von Edelsteinen mit energiereicher Gamma- oder UV-Strahlung oder Elementarteilchen (Elektronen, Neutronen), oft gefolgt von einer Hitzebehandlung, kann starke Farbveränderungen bewirken. Bei blauem Topas handelt es sich meist um bestrahlten und hitzebehandelten farblosen Topas.

Füllen, Beschichten und Rekonstruieren

Manche rissigen Edelsteine werden nicht durch das für den Smaragd beschriebene Ölen behandelt, sondern mit Füllstoffen wie Glas, Harzen, Plastik oder Wachs in zum Edelstein passenden Farben versehen. Kleine Stücke werden durch Hitze, Druck oder Lösungsmittel miteinander verschmolzen.

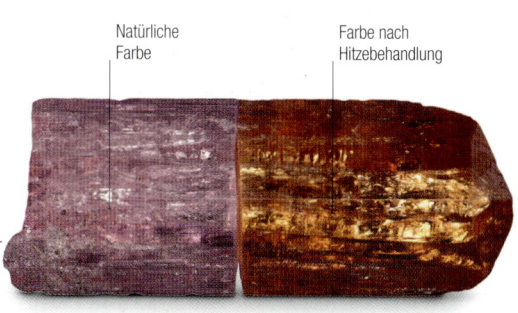

In der Mitte durchgeschnittener Imperial-Topas: Der rechte Kristall wurde erhitzt. Beide Farbvarietäten sind sehr begehrt.

Poröser, mit einer Wachs- oder Polymersubstanz imprägnierter Türkis, die das Material färbt und stabilisiert

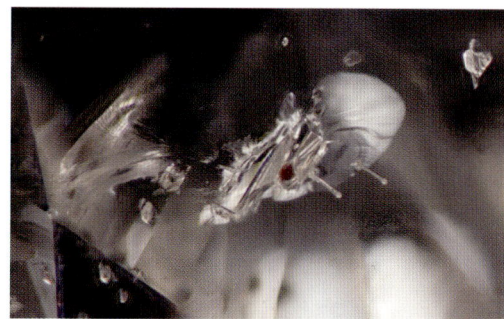

Tafelfacette mit Laserbohrung – die Bohrlöcher haben einen Spaltriss verursacht und den Makel verschlimmert.

Erhitzen

Dies ist eine der ältesten Techniken zur Verschönerung von Edelsteinen – Zirkone werden seit mindestens 1000 Jahren zur Intensivierung ihrer Farbe erhitzt. Auch heute dient das Erhitzen der Farbänderung oder dem Verbergen von Einschlüssen.

Ölen

Bei einer alten Methode zur Behandlung rissiger Smaragde werden diese in Öl getränkt. Das füllt die Risse und lässt den Stein höherwertig wirken, allerdings kann er sich ölig anfühlen. Türkis kann in Polymer getränkt werden, um die Farbe zu verbessern.

Laserbehandlung

Diamant ist brennbar, eine Eigenschaft, die es Infrarotlasern ermöglicht, winzige Löcher in das Material zu bohren, um an Fehler und Einschlüsse zu gelangen. Letztere können aufgelöst, Fehler wie Hohlräume mit Epoxidharz aufgefüllt werden.

Was ist ein Juwel?

Ein Juwel ist ein wertvoller Stein, meist ein einziger Kristall oder Teil eines harten, glänzenden oder lichtdurchlässigen Minerals, das zu dekorativen Zwecken geschliffen oder geformt und oft in Metall oder anderes wertvolles Material gefasst wurde – als Schmuckstück oder ornamentaler Gegenstand. Juwelen und Schmuck werden seit prähistorischer Zeit angefertigt und zählen zu den ältesten bekannten Artefakten. Manche Schmuckstücke gehen auf funktionale Objekte wie Gewandnadeln zurück. Andere dienten als Talismane oder waren in vielen Kulturen ein Mittel, Reichtum anzuhäufen und seinen sozialen Status zu demonstrieren. Die hier gezeigten Objekte stammen von der Vorgeschichte bis in die moderne Zeit und zeugen von der vielfältigen Verwendung von Juwelen.

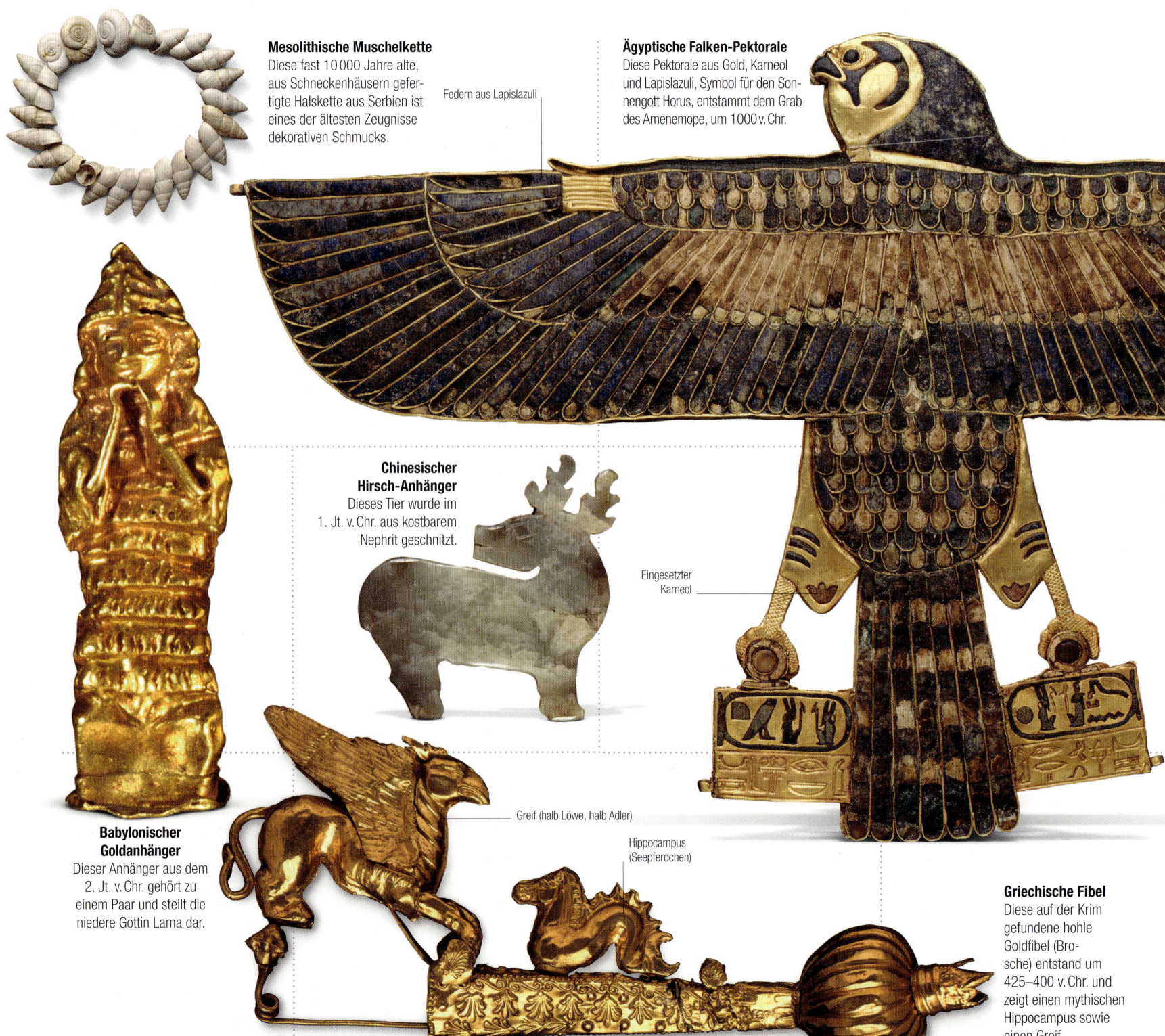

Mesolithische Muschelkette
Diese fast 10 000 Jahre alte, aus Schneckenhäusern gefertigte Halskette aus Serbien ist eines der ältesten Zeugnisse dekorativen Schmucks.

Federn aus Lapislazuli

Ägyptische Falken-Pektorale
Diese Pektorale aus Gold, Karneol und Lapislazuli, Symbol für den Sonnengott Horus, entstammt dem Grab des Amenemope, um 1000 v. Chr.

Chinesischer Hirsch-Anhänger
Dieses Tier wurde im 1. Jt. v. Chr. aus kostbarem Nephrit geschnitzt.

Eingesetzter Karneol

Babylonischer Goldanhänger
Dieser Anhänger aus dem 2. Jt. v. Chr. gehört zu einem Paar und stellt die niedere Göttin Lama dar.

Greif (halb Löwe, halb Adler)

Hippocampus (Seepferdchen)

Griechische Fibel
Diese auf der Krim gefundene hohle Goldfibel (Brosche) entstand um 425–400 v. Chr. und zeigt einen mythischen Hippocampus sowie einen Greif.

WAS IST EIN JUWEL? | 033

Byzantinische Brosche
Die Brosche aus dem 6. Jh. n. Chr. in Form eines griechischen Kreuzes bezeugt die byzantinische Vorliebe für Gold und wertvolle Steine.

Adler-Anhänger
Dieser Renaissance-Anhänger (um 1620) ist emailliert und mit Diamanten, Rubinen und Smaragden besetzt.

Jugendstil-Kamm
1904 wurde dieser mit Mohnblumen verzierte Kamm aus Horn, Silber, Email und Mondsteinen gefertigt.

Elizabeth Taylors Bettelarmband
Elizabeth Taylor erhielt dieses rundgliedrige Goldarmband Mitte des 20. Jh. von ihrem Ehemann Richard Burton als Geschenk.

Transsilvanische Krone
Die mit Türkisen, Rubinen und Perlen besetzte Krone war ein Geschenk des Osmanischen Hofes an Fürst Stephan Bocskai von Siebenbürgen.

Spanische Karavelle
Spaniens Glanzzeit als Seemacht bezeugt dieser Anhänger aus Email, Gold und Malachit (um 1580).

Französische Halskette
Im 18. Jh. entstand diese mit Topasen und Amethysten besetzte silberne Kette. Die Bänder, Blumen und Schleifen werden von runden Zirkonen eingerahmt.

Naga-Armreif
Das Schmuckstück aus dem Jahr 2011 in Form eines mythischen kambodschanischen Ozeanwächters zieren u. a. ein rosa Turmalin von 12,39 Karat, Diamanten und Saphire.

Elemente

036 | ELEMENTE

Brosche in Flügelform | Diese geflügelte goldene Brosche von Verdura aus dem Jahr 1939 ist mit zwei seltenen großen rosaroten Topasen und angrenzenden Diamanten besetzt. Das Stück gehörte der Schauspielerin Joan Fontaine, die die Brosche in Alfred Hitchcocks Film *Verdacht* (1941) trug.

Goldene Flügel

Diamanten

Rosa Topase

> **Gold?** Gelbes, glitzerndes, wertvolles Gold? ... Der gelbe Sklave wird Religionen binden oder brechen, er segnet die Verfluchten ...
>
> William **Shakespeare**
> Timon von Athen

Gold

△ **Kristallines Gold,** bestehend aus oktaedrischen Goldkristallen

Bevor Gold zum Handelsgegenstand der Wirtschaftswelt und zum Grundmaterial modernen Münzgelds wurde, schätzte man es seiner Schönheit und spirituellen Bedeutung wegen. In den Augen der alten Ägypter war Gold das vollkommene Material – es hatte eine schimmernde Oberfläche, war weich genug zur Bearbeitung und doch beständig genug für die Ewigkeit. Tatsächlich war von den drei damals bekannten Metallen nur Gold stabil genug für den Handel. Es korrodierte nicht und reagierte nicht mit anderen Substanzen, wurde nicht stumpf wie Silber und ließ sich, im Gegensatz zu Kupfer mit seinem hohen Schmelzpunkt, problemlos zu Münzen gießen. So wurde es zum begehrtesten Metall der Welt, und indem es über geografische Grenzen hinweg gehandelt wurde, entwickelte es sich zum universellen Machtsymbol – politisch und spirituell.

Die Farbe von Gold

In seiner Reinform ist Gold immer goldgelb, doch zur Verarbeitung für Schmuck ist es so zu weich. Erst als Legierung mit anderen Metallen erhält es die erforderliche Härte. In Verbindung mit Silber, Platin, Nickel oder Zink wird Gold heller bis weiß. Kupfer schenkt ihm eine rote oder rosa Farbe, Eisen lässt es blau schimmern. Die Reinheit einer Goldlegierung wird in Karat angegeben, das die Goldanteile pro 24 Einheiten misst: Bei 18-karätigem Gold z. B. sind 18 von 24 Teilen Gold, 24-karätiges Gold ist rein. Karat ist bei Gold also eine Maßeinheit für den Feingehalt von Gold in einer Legierung. Die Karatangaben bei Edelsteinen sind hingegen eine Maßeinheit für deren Gewicht.

Eigenschaften

Chemischer Name Gold | **Formel** Au | **Farbe** Goldgelb
Struktur Isometrisch | **Härte** 2,5–3 | **Dichte** 19,3
BI -- | **Glanz** Metallglanz

Vorkommen
1 Kanada **2** USA **3** Brasilien **4** Südafrika **5** Russland
6 China **7** Australien (und viele weitere Länder)

Bedeutende Stücke

Antikes Gold | Weil Gold chemisch nicht mit anderen Materialien reagiert, strahlen antike Artefakte aus Gold heute so hell wie am Tag ihrer Entstehung, auch wenn sie Tausende von Jahren vergraben waren. Diese mykenische Brosche enstand um 1600–1100 v. Chr.

Geritzte Hautschuppen

Römisches Gold | Dieser goldene Armreif in Schlangenform aus der Stadt Pompeji, die im 1. Jh. n. Chr. unter Vulkanasche und Lava begraben wurde, ist perfekt erhalten. Die Details auf dem Kopf und die Hautschuppen zeugen von hoher Handwerkskunst.

»Panthère de Cartier«-Ring | Der spektakuläre Unisex-Ring mit offener Form aus der Kollektion *Panthère de Cartier* besteht aus 18-karätigem Gelbgold, Peridot-Augen, einer Onyx-Nase und Lackakzenten. Das offene Maul greift um den Finger.

Roh

Flussgold | Dies ist ein Goldklumpen, der im Kiessediment eines Flusses, einer sogenannten Seifenlagerstätte, gefunden wurde. Typisch ist die unregelmäßige, rundliche Form.

Gold in Quarz | Dieser Stein, der aus einer Erzader stammt, lässt erkennen, in welcher Form Gold natürlich vorkommt – als Einsprengsel in Quarz.

Kleine Körner

Goldkörner | Goldklumpen sind im Kies von Flüssen relativ selten. Flussgold wird meist in Form kleiner Körner oder Flitter gewonnen, wie hier gezeigt.

Goldnugget | Die winklige Form und die raue Oberfläche dieses Nuggets deuten darauf hin, dass die Witterung ihn nicht weit von seinem Fundort entfernt freigelegt hat.

Schmuck

Römisches Gold | Der Delfin war ein verbreitetes Motiv in der Kunst der römischen Antike. Diese delfinförmigen Ohrhänger mit ihren großen Augen entstanden um das 1. Jh. n. Chr.

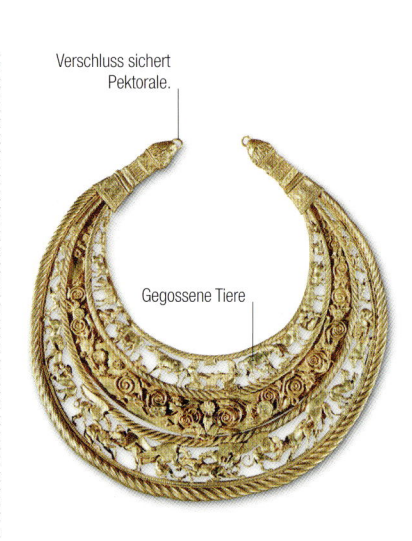

Verschluss sichert Pektorale.

Gegossene Tiere

Skythischer Schatz | Diese aufwendige goldene Pektorale fertigten vermutlich griechische Goldschmiede im 4. Jh. v. Chr. für einen skythischen König im heutigen Kasachstan.

Die Frau in Gold

Die Mona Lisa Österreichs

Dieses Gemälde mit seiner ungewöhnlichen Kombination von realistischem Gesicht und ägyptisch inspirierter Ornamentik verdankt seine intensive Goldfärbung Farbpigmenten und Blattgoldauflagen. Als die Nationalsozialisten das Bild 1940 beschlagnahmten, betitelten sie es *Die Frau in Gold*, um es ohne Namensnennung der porträtierten Jüdin zeigen zu können. Der Film *Die Frau in Gold* von 2015 thematisiert die Rückgabe des Bildes.

Porträt von Adele Bloch-Bauer I
Gustav Klimt, 1907, 138 x 138 cm, Öl und Gold auf Leinwand

Lack

Cartier-Stift | Drei Ansichten des in limitierter Auflage herausgebrachten goldenen Cartier-Stifts von 2008 zeigen den Drachen mit 522 Diamanten, sechs Smaragden und Rubinaugen. Der Schaft ist mit Lack beschichtet.

Wenn Gold plädiert, ist Eloquenz machtlos.

Publilius Syrus
Sprüche, 1. Jh. v. Chr.

Goldene »Schuppen«

Goldene »Blütenblätter«

Goldener Armreif mit Saphir und Diamanten | Dieser antike Armreif aus Frankreich hat die Form einer Schlange. Den Kopf schmückt ein von Diamanten eingefasster Saphir.

Halskette mit Holzmaserung | Die Oberfläche dieser amerikanischen Goldkette ähnelt einer Holzmaserung. Der Verschluss ist in einem der übergroßen Kettenglieder verborgen.

Sonnenblume | Die zarten Blätter dieser Sonnenblume sind aus Gelbgold. Die Blütenblätter wurden mit feinen Linien ziseliert, die ihnen Struktur verleihen. Die Staubgefäße sind mit geschliffenen Edelsteinen verziert.

Stilisierte Ohren

Verschluss mit Stempel

Onyxnase

Smaragdaugen

Roségold

Weißgold

Gelbgold

Inka-Gold | Dieses Lama aus Peru aus dem 14.–15. Jh. wurde aus hochkarätigem Gold gegossen. Der Körper des Tieres ist aus einfachen geometrischen Formen gestaltet.

Bettelarmband | Armbänder wie dieses kommen und gehen mit der Mode, ermöglichen ihrer Trägerin aber, ihre persönlichen Glücksbringer hinzuzufügen.

»Panthère de Cartier«-Ringe aus 18-karätigem Gold | Der obere Ring aus Gelbgold ist mit grünen Granataugen, der untere aus Weißgold mit 158 Diamanten und Smaragdaugen versehen.

Dreifarbiger Goldring von Bulgari | Dieses Stück von Bulgari aus drei farbigen Ringen aus 18-karätigem Gold besteht aus verschiedenen Legierungen – gelb, rosé und weiß.

DIE KRONE KARLS DES GROSSEN

CAROLVS MA: IMP:EL
A°. 800: OB: A°. 814.

Karl der Große mit der Reichskrone | 1512 | Idealporträt von Albrecht Dürer

Die Reichskrone

△ **Vorderansicht** der Krone

Die Krone der Könige und Kaiser des Heiligen Römischen Reiches ist mehr als nur ein juwelenbesetztes Meisterwerk des Hochmittelalters – vom 10. bis zum 19. Jh. symbolisierte sie die Macht dieses riesigen europäischen Herrschaftsgebietes. Später war die Krone ein solch mächtiges Symbol, dass Adolf Hitler sie in den 1930er-Jahren zu Propagandazwecken bei der Schaffung eines neuen, von Deutschland angeführten Reiches benutzte.

Die Reichskrone wurde einst nach Karl dem Großen, König der Franken (um 747–814) und erster westeuropäischer Herrscher, der seit der Antike die Kaiserwürde erlangte, benannt. Doch dieser wichtigste Teil der überlieferten Reichskleinodien wurde wohl erst für Kaiser Otto den Großen (912–973) angefertigt. Karl der Große trug bei seiner Krönung im Jahr 800 vermutlich eine einfachere Version. Als König des Fränkischen Reiches eroberte und einte er erfolgreich einen großen Teil des westlichen Europas, und nachdem er geholfen hatte, einen Aufstand gegen Papst Leo III. niederzuschlagen, krönte dieser ihn aus Dankbarkeit zum Kaiser des Heiligen Römischen Reiches. Diese kaiserliche Tradition endete erst 1806, als der letzte Kaiser des Heiligen Römischen Reiches, Franz II., nach einer militärischen Niederlage gegen Napoleon die Reichskrone niederlegte. Bereits seit 1800 wurden die Reichsinsignien auf Geheiß Franz' II. in Wien verwahrt, um sie vor dem Anmarsch Napoleons auf Nürnberg, ihrem ursprünglichen Aufenthaltsort, zu sichern.

Heute kann man die Reichskrone neben anderen Reichskleinodien in der Schatzkammer der Wiener Hofburg besichtigen. Sie ist achteckig und verdankt ihre Form acht durch Scharniere verbundenen Platten aus 22-karätigem Gold. Diese sind u. a. mit 120 kostbaren Edelsteinen, darunter Saphire, Smaragde, Amethyste, und über 240 Naturperlen besetzt. Wie für byzantinische Kleinode typisch, sind die Steine zu Cabochons geschliffen, weil der Facettenschliff noch nicht erfunden war. Vier Platten zeigen biblische Szenen in Zellenemail-Technik (bei der Farbflächen durch Silber- oder Golddraht eingefasst werden).

Österreichische 100-Euro-Münze mit der Darstellung der Reichskrone

Krönung Karls des Großen durch Papst Leo III. im Jahr 800, dargestellt in den *Grandes Chroniques de France* (1375–1379) mit einer früheren Version der Krone

Wichtige Daten
800–1945

- **800** Karl der Große wird zum ersten Kaiser des Heiligen Römischen Reiches gekrönt.
- **um 960** Die Krone wird in einer Werkstatt in Deutschland am Niederrhein angefertigt.
- **962** Otto II. wird Kaiser des Heiligen Römischen Reiches und trägt als Erster die Reichskrone.
- **1424–1796** Die Krone und weitere Reichsinsignien werden in Nürnberg aufbewahrt.
- **1796** Die Krone wird erst nach Regensburg und dann nach Wien gebracht, um sie vor Napoleon zu retten.
- **1806** Franz II. legt die Reichskrone nieder und dankt als Kaiser des Heiligen Römischen Reiches ab.
- **1871** Das Wappen des Deutschen Reiches wird geschaffen und ist von der Krone inspiriert.
- **1938** Nationalsozialisten dringen in Österreich ein und holen die Krone nach Nürnberg zurück.
- **1945** Nach Ende des Zweiten Weltkriegs geben amerikanische Truppen die Krone an Österreich zurück.

Otto II., Kaiser des Heiligen Römischen Reiches

042 | ELEMENTE

Silber

△ **Art-déco-Taufbecher** Eduards VIII. aus Sterlingsilber

Gold und Silber dienten jahrtausendelang als Zahlungsmittel, und während Gold gleichbedeutend wurde mit Reichtum, steigt der Wert von Silber gegenwärtig aufgrund seiner Verknappung an. Da reines Silber leicht schadhaft wird, arbeiten Juweliere mit dem härteren Sterlingsilber, dem Kupfer beigemengt ist. Die Volkskunde assoziiert Silber oft mit dem Mond – wie auch viele Silberschmiede, darunter der legendäre dänische Designer Georg Jensen Anfang des 20. Jh. Seither ist die Nachfrage nach Silber sowohl für Schmuck als auch für die Industrie gestiegen.

Eigenschaften

Chemischer Name Silber | **Formel** Ag | **Farbe** Silber
Struktur Kubisch | **Härte** 2,5–3 | **Dichte** 10,1–11,1
Strichfarbe Silberweiß | **Vorkommen** Mexiko ist größter Einzelproduzent; ferner Peru, USA, Kanada, Norwegen, Australien, Russland, Kasachstan

Roh

Drahtiges Silber | Das meiste Silber wird aus Silbererzen gewonnen, aber es kann in der Natur auch als grobes, drahtiges Geflecht auftreten. Hier wächst es in Quarz.

Silber und Kupfer miteinander verschmolzen

Polierte Scheibe aus Silber und Kupfer | Gediegenes Kupfer und gediegenes Silber können gemeinsam ein Stück bilden, das in den USA als »halfbreed« bezeichnet wird.

Angelaufene Oberfläche

Angelaufenes Silber | Silber läuft leicht an. Kommt es mit Sauerstoff oder Schwefelwasserstoff in Berührung, legt sich eine trübe Schicht auf seine Oberfläche.

Schmuck

Mondlichtbrosche | Auch Georg Jensen assoziierte Silber mit dem Licht des Mondes. In diesem Jugendstil-Entwurf kombinierte er Sterlingsilber mit Mondsteinen.

Silber in der Industrie

Mehr Nachfrage als Angebot

Silber kommt in der Erdkruste häufiger vor als Gold, doch in den letzten 20 Jahren sind die Vorkommen dramatisch gesunken, weil Silber aufgrund seiner außergewöhnlichen Fähigkeit, sowohl Hitze als auch Elektrizität zu leiten, zu einem begehrten industriellen Rohstoff geworden ist. Silber ist eine wesentliche Komponente von Solarmodulen, ein wachsender Sektor, der die industrielle Nachfrage nach dem Rohstoff noch weiter steigern wird. Außerdem wird Silber für die Produktion fast aller elektronischen Geräte benötigt, von Leiterplatten und Fernsehern über Handy-Akkus bis zu Computerchips. Die Leiterplatte eines Handys enthält etwa 300 mg Silber.

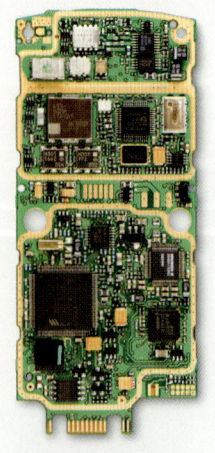

Leiterplatte eines Handys Leiterplatten wie diese benötigen Silber.

Astähnliche Form

Silberdendriten | Manche Silberkristalle wachsen in einer dendritischen (sich verzweigenden) Formation, wodurch dieses Stück eine natürliche Baumstruktur ausgebildet hat.

Amethyst-Cabochons stellen Augen und Blasen dar.

Silberfisch | Dieser Armreif aus Sterlingsilber von Margot de Taxco hat die Form eines Kois. De Taxco hat in Mexiko, dem größten Silberproduzenten der Welt, gelebt und gearbeitet.

SILBER | 043

Man hat Artefakte aus Silber gefunden, die um 4000 v. Chr. angefertigt wurden.

Ahornsamen aus Silber

Realistisch erhöhte Adern

Dreidimensionale Samenform

Hirschhorn

Diamanten von insgesamt 1,55 Karat

Ausgesägte Form

Aquamarinbrosche | Diese Brosche aus dem 18. Jh. mit ihrem 4,80-Karat-Aquamarin folgt mit dem in Silber gefassten bunten Stein und den dekorativen Elementen der Mode der Zeit.

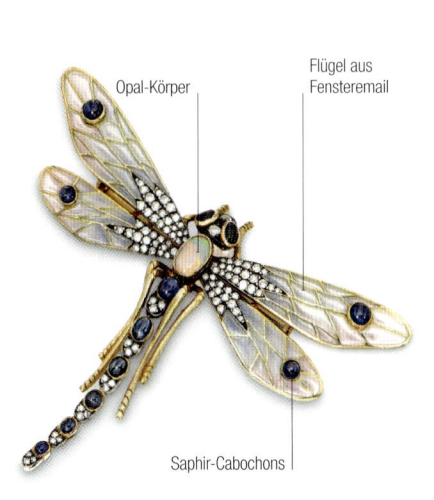

Silberbrosche | Arno Malinowski schuf diese Brosche Ende der 1950er-Jahre für Georg Jensen. Ein realistischer Hirsch – häufiges Motiv bei ihm – kontrastiert mit stilisierten Pflanzen.

Silberne Schweizer Taschenuhr | Seit dem 16. Jh. ersetzten Silber und Gold Stahl als bevorzugtes Metall für Taschenuhren. Diese hat ein Zifferblatt für Sekundenbruchteile.

Opal-Körper

Flügel aus Fensteremail

Saphir-Cabochons

Libellenbrosche | Diese Brosche besteht aus Silber und Edelsteinen. In Silber gefasste Diamanten und in Gold gefasste Saphire bilden die Hinterleibsegmente der Libelle.

Schwingende Ohrhänger | Diese Ohrhänger bestehen außer Barockperlen aus geschwärztem 14-karätigem Gold, Silber und Diamanten im Brillantschliff.

Kamm | Lucien Gaillards Kamm entstand um 1902–1906 und ist ein Beispiel für die Silbermode zu Beginn des 20. Jh. Silber galt als ebenso modern wie funktional.

Stiefmütterchenbrosche | Diese farbenfrohe Vintage-Brosche aus Frankreich wurde aus Silber mit Gold, Amethyst, Diamanten und Email gefertigt.

Platin

△ **Platinklumpen** in seinem natürlichen Zustand

Als spanische Eroberer im 16. Jh. in Kolumbien erstmals Platin entdeckten, nannten sie es *platina*, »kleines Silber«. In ihren Augen war es wertlos, eine Ablenkung auf ihrer Suche nach Gold. Heute zählt Platin aufgrund seiner Knappheit und seiner Eigenschaft als Katalysator – der chemische Reaktionen beschleunigt, selbst aber inaktiv bleibt – zu den wertvollsten Metallen der Erde. Es dient als Schmuck und ist eine wichtige Komponente bei der Umwandlung von Rohöl in Rohbenzin. Außerdem fungiert es als eine Art Filter, der die Emissionen von Autos reduziert (s. Kasten unten).

Eigenschaften

Chemischer Name Platin | **Formel** Pt | **Farben** Weiß, Silbergrau, Stahlgrau | **Struktur** Isometrisch (kubisch) | **Härte** 3,5 | **Dichte** 21,45 | **BI** 2,19 | **Glanz** Metallglanz | **Strichfarbe** -- | **Vorkommen** Südafrika, Russland, Kanada

Roh

Körner von unterschiedlicher Größe

Platinkörner | Platin kommt in der Natur in Form von Körnern vor, doch enthalten diese oft Spuren anderer Metalle wie Eisen, Palladium, Rhodium und Iridium.

Dunkles Silikatgestein

In Gestein gebettet | Findet man Platin als Körner, Flitter oder dünne Schichten in Silikatfelsen, wie z. B. hier, ist es oft mit anderen Mineralen gemischt und muss abgeschieden werden.

Seltener Platinklumpen

Platinklumpen | Platin kommt in der Natur vorwiegend als Körner vor, selten aber auch in Nuggetform. Platinklumpen wie dieser laufen nicht an.

Schmuck

Diamanten in Kanalfassung

Ewigkeitsring | Das Schmuckunternehmen De Beers hatte in den 1960er-Jahren die Idee zu diesem Ewigkeitsring – die Platinversion ist die wertvollste in ihrem Sortiment.

Abgasreduktion
Katalysator als Umwandler

Platin senkt die Autoabgase, indem es giftige Gase in weniger schädliche Substanzen umwandelt. Seit die USA 1974 neue Gesetze zur Luftreinhaltung verabschiedeten, wurden Autos weltweit mit Katalysatoren ausgestattet. Diese reduzieren den Ausstoß giftiger Motorabgase mithilfe von Platin auf ein Minimum – der Platinkatalysator zerstört die giftigen Verbrennungsschadstoffe, die freigesetzten Moleküle setzen sich anschließend in weniger toxischer Form neu zusammen.

Platin im Einsatz Dieser Querschnitt durch einen Katalysator macht die darin enthaltenen Platinkörner sichtbar.

Winklig angeordnete Kristallflächen

Sperrylith-Kristall | Sperrylith ist eine Verbindung von Platin und Arsen. Es wird von Sammlern eher als Mineralstein denn als Platinerz geschätzt.

> Auf etwa **1200 v. Chr.** datierte Spuren von **Platin** wurden in ägyptischen Gräbern gefunden.

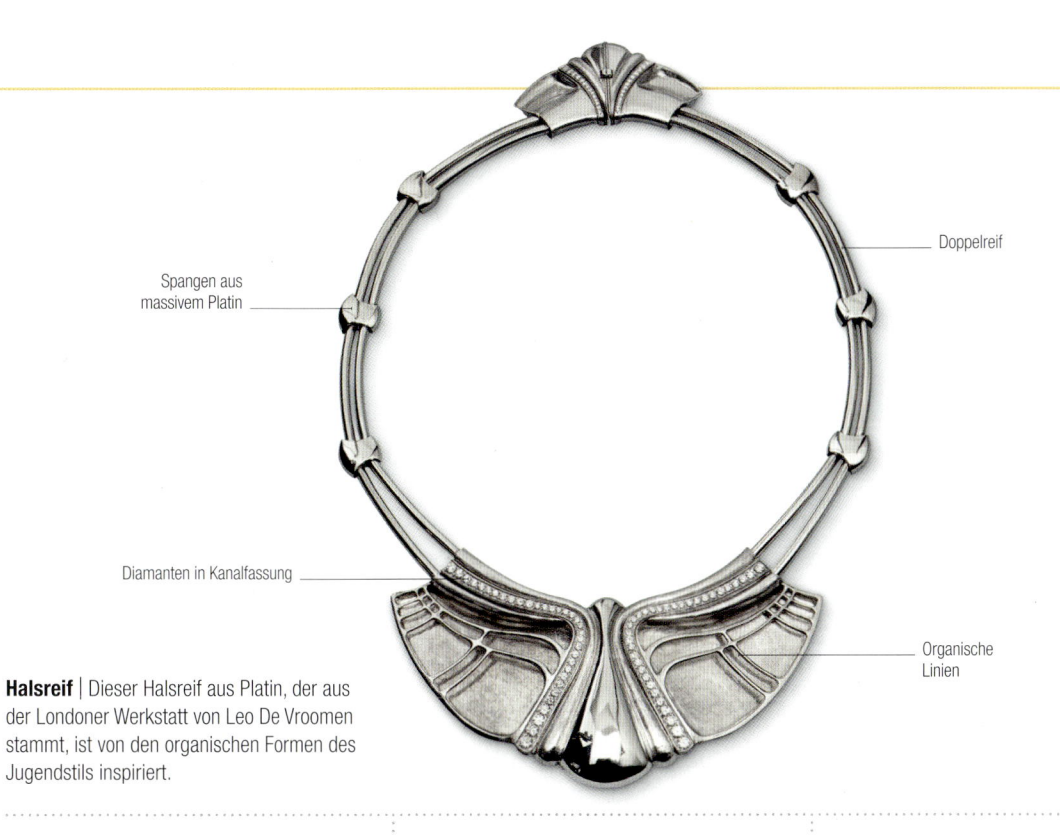

PLATIN | 045

Spangen aus massivem Platin

Doppelreif

Diamanten in Kanalfassung

Organische Linien

Halsreif | Dieser Halsreif aus Platin, der aus der Londoner Werkstatt von Leo De Vroomen stammt, ist von den organischen Formen des Jugendstils inspiriert.

Knoten mit Diamanten in Brillantschliff besetzt

C-förmiges Tourbillon

Krappenfassung

2,9-Karat-Diamant

Knotenring | Dieser diamantbesetzte Platinring aus den 1960er-Jahren mit seiner komplexen Knotenform und dem großen zentralen Stein setzt mehr auf Show als auf Tragbarkeit.

Cartier-Uhr | Die Platinuhr Rotonde de Cartier zu skelettieren, um das Uhrwerk freizulegen, erfordert 200 Stunden Handarbeit. Weitere 200 Stunden dauert das Zusammensetzen.

Solitärring | Cartier brachte den Solitär 1895 heraus. Seither wurden diese Solitärringe aus Platin und Diamant wie dieser zum Maßstab für Verlobungsringe.

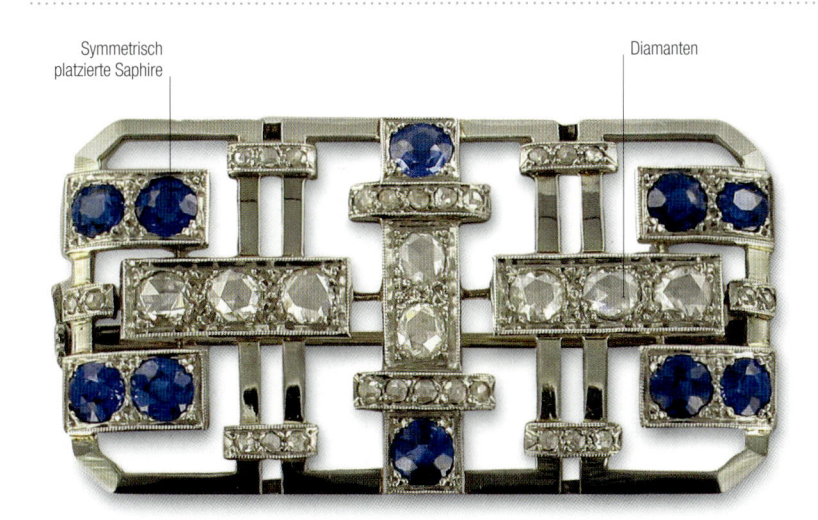

Anhänger in Schlüsselform | Die brillantweiße Farbe von Platin zeigt sich bei diesem Anhänger von Tiffany & Co. neben den weißen Diamanten in Brillantschliff deutlich.

Symmetrisch platzierte Saphire

Diamanten

Diamanten im alteuropäischen Brillantschliff

Platin-Fassung

Art-déco-Brosche | Platin war Anfang des 20. Jh. das bevorzugte Edelmetall der modebewussten Frau. Dieses geometrische Stück ist mit Diamanten und Saphiren besetzt.

Chandelier-Ohrhänger | Diese Art-déco-Ohrhänger aus Platin von Marcus & Co. entstanden um 1915–1920 und sind mit Diamanten im Brillantschliff besetzt.

Durchbrochenes Armband | Dieses gewichtige durchbrochene Armband aus Frankreich ist mit 411 in Platin gefassten Diamanten besetzt. Es entstand um 1935.

046 | MARIE ANTOINETTES DIAMANTOHRRINGE

Birnenförmige Diamantohrringe | um 1770–1780 | 14,25 und 20,34 Karat | Angefertigt in Frankreich, wahrscheinlich von den Hofjuwelieren Boehmer und Bassenge

Marie Antoinettes Diamantohrringe

△ **Marie Antoinette** mit den Ohrringen

Marie Antoinette, als Gattin Ludwigs XVI. von 1774 bis 1792 Königin von Frankreich, war die glamouröseste Frau im Europa des 18. Jh. Sie setzte Trends, denen die modebewussten Damen an den Königshöfen ergeben folgten. Ihre Extravaganzen lieferten den satirischen Zeitungen ihrer Zeit Stoff, und ihre Vorliebe für feine Kleider und Juwelen brachte ihr den Spitznamen »Madame Déficit« ein.

Sie verwöhnte sich mit bis zu 300 Kleidern pro Jahr, unzähligen parfümierten Handschuhen und Unmengen funkelnden Schmucks. Ein Teil davon bestand aus Strass (bleihaltiger Glasfluss), aber das meiste waren echte Juwelen, wie zwei Lieblingsstücke der Königin – ein Paar Diamantohrhänger als birnenförmige Tropfen, der eine von 20,34, der andere von 14,25 Karat. Vermutlich waren sie ein Geschenk Ludwigs XVI., der sie von den Hofjuwelieren Boehmer und Bassenge hatte fertigen lassen. Nach Marie Antoinettes Tod unter der Guillotine im Jahr 1793 während der Französischen Revolution wurden sie wohl in der königlichen Familie weitervererbt. Rund 60 Jahre später tauchten sie als Hochzeitsgeschenk Napoleons III. an Kaiserin Eugénie wieder auf. Diese war fasziniert von Marie Antoinette und imitierte deren Stil. Nachdem Eugénie 1871 ins englische Exil geflohen war, erstand ein russischer Aristokrat die Ohrringe, verkaufte sie aber 1928 wiederum an den Juwelier Pierre Cartier. Im selben Jahr noch wurden sie von der amerikanischen Millionärin Marjorie Merriweather Post erworben. 1964 schenkte deren Tochter sie der Smithsonian Institution in den USA, wo sie heute in der Juwelengalerie besichtigt werden können.

Porträt der Kaiserin Eugénie, die die Ohrringe von Napoleon III. zur Hochzeit bekam und sie nach Napoleons Niederlage im Deutsch-Französischen Krieg von 1871 verkaufte

Wichtige Daten
1755–1964

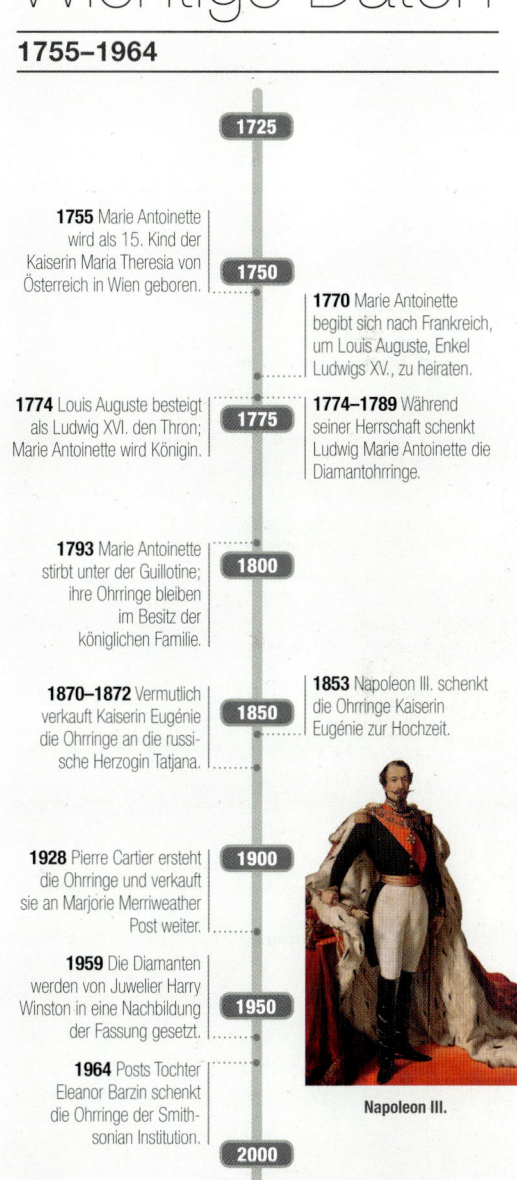

- **1755** Marie Antoinette wird als 15. Kind der Kaiserin Maria Theresia von Österreich in Wien geboren.
- **1770** Marie Antoinette begibt sich nach Frankreich, um Louis Auguste, Enkel Ludwigs XV., zu heiraten.
- **1774** Louis Auguste besteigt als Ludwig XVI. den Thron; Marie Antoinette wird Königin.
- **1774–1789** Während seiner Herrschaft schenkt Ludwig Marie Antoinette die Diamantohrringe.
- **1793** Marie Antoinette stirbt unter der Guillotine; ihre Ohrringe bleiben im Besitz der königlichen Familie.
- **1853** Napoleon III. schenkt die Ohrringe Kaiserin Eugénie zur Hochzeit.
- **1870–1872** Vermutlich verkauft Kaiserin Eugénie die Ohrringe an die russische Herzogin Tatjana.
- **1928** Pierre Cartier ersteht die Ohrringe und verkauft sie an Marjorie Merriweather Post weiter.
- **1959** Die Diamanten werden von Juwelier Harry Winston in eine Nachbildung der Fassung gesetzt.
- **1964** Posts Tochter Eleanor Barzin schenkt die Ohrringe der Smithsonian Institution.

Napoleon III.

> Jede Frau wollte **die Königin nachahmen. Alle besorgten sich** eilends **denselben Schmuck.**
>
> Madame **Campan**
> Erste Kammerfrau Marie Antoinettes

Kupfer

△ **Beispiel für das Mineral Bornit,** ein wichtiges Kupfererz

Kupfer war das erste Metall, das die Menschen benutzten – es kommt in der Natur in Reinform vor und wurde schon früh für Güsse und dekorative Künste genutzt. Kupfer ist auch ein Bestandteil von Bronze, der ersten künstlich hergestellten Legierung. Schmuck aus Kupfer wird seit Jahrtausenden getragen und ist in der alternativen Medizin beliebt. Außerdem ist Kupfer ein sehr guter Stromleiter: Deshalb und weil es äußerst korrosionsresistent ist, wurde das Metall im Industriezeitalter zu dem am häufigsten verwendeten Material in elektrischen Leitungen.

Eigenschaften

Chemischer Name Kupfer | **Formuel** Cu | **Farbe** Orangerot | **Kristallsystem** Kubisch | **Härte** 2,5–3,0 | **Dichte** 8,89 | **BI** 2,43 | **Glanz** Metallglanz | **Strichfarbe** -- | **Vorkommen** Chile, USA, Indonesien

Roh

Zweigartige Auswüchse

Dendriten | Diese höchst eindrucksvolle Form von gediegenem Kupfer entsteht, wenn Kupferkristalle dünne, sich verzweigende, farngleiche Blätter ausbilden.

Kupferschichten

Gediegenes Kupfer | Diese Stufe aus gemischtem Material enthält dünne, blattartige Schichten von gediegenem Kupfer in einer Quarz-Grundmasse.

Gegossen

Gegossene Kugel | Diese Perle aus reinem Kupfer wurde in Kugelform gegossen. Material wie dieses kann ein weiteres Mal geschmolzen und als Guss verarbeitet werden.

Vierseitiger Krug | Dieser vierseitige Bronzekrug oder *fanghu* entstand um 475–221 v. Chr. in China. Er war mit grünem Malachit verziert, das heute verschwunden ist.

Schmuck aus Kupfer soll vor Krankheiten schützen.

Granat-»Auge«

Brosche aus Kupferlegierung | Diese Brosche hat man auf dem angelsächsischen Friedhof von Bekesbourne (Großbritannien) entdeckt. Sie stammt etwa aus dem 5.–8. Jh. n. Chr.

KUPFER | 049

Übergroße Hörner

Etruskische Bronze | Dieses Amulett aus Gussbronze in Form zweier in entgegengesetzte Richtung blickender Ochsen mit einem gemeinsamen Körper entstand um 599–500 v. Chr.

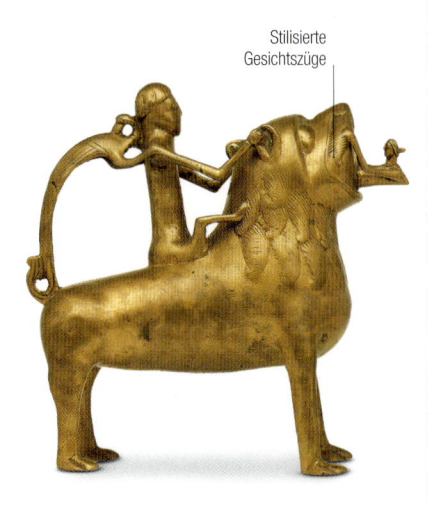

Ring als Aufhängung

Bronze-Rüstung | Diese Rüstung aus dem 3.–2. Jh. v. Chr. wurde aus überlappenden Bronzeplatten gefertigt, die ursprünglich auf ein Lederwams genietet oder genäht waren.

Ineinandergreifende Platten

Stilisierte Gesichtszüge

Anatolische Bronze | Diese vergoldete Bronze-Figurine aus dem 1. Jt. v. Chr. zeigt einen Reiter auf einem Löwen, vielleicht eine Gestalt aus der anatolischen Mythologie.

Öse für Kette

Edo-Bronze | Um 1520–1580 entstand diese hohlgegossene Bronze durch das Volk der Edo (Bini) in Nigeria. Sie stellt einen besiegten König dar.

Römische Brosche | Diese römische, kunstvoll mit Wirbeln verzierte Brosche aus dem 1. Jh. n. Chr. wurde in Großbritannien gefunden und ist Teil eines Paares.

Details aus Gussbronze

Chinesische Bronze | Dieses klassisch verzierte Weingefäß aus Gussbronze mit Deckel stammt aus der Westlichen Zhou-Dynastie, die 771 v. Chr. endete.

Bastet-Statue | Die Ägypter verehrten Katzen als Götter: In Bubastis im Nildelta war ihnen ein Tempel gewidmet. Diese Bronze aus der 22. Dynastie stellt die Katzengöttin Bastet dar.

Freiheitsstatue

Ikone in Kupfer

Die Freiheitsstatue, offiziell *Liberty Enlightening the World*, steht auf Liberty Island in New York (USA). Sie ist ein Werk des französischen Bildhauers Frédéric-Auguste Bartholdi, wurde von Gustave Eiffel gebaut und 1886 eingeweiht. Ihre »Haut« besteht aus rund 90 800 kg Kupfer von 2,4 mm Dicke – damals die größte für einen einzigen Zweck verwendete Kupfermenge der Welt. Ursprünglich war die Statue kupferbraun, doch Oxidierung verlieh ihr eine grüne Patina. Man beschloss, die Patina nicht zu entfernen – sie schützt die Oberfläche.

Freiheitsstatue Die berühmte Statue besteht aus an einem starren Eisenrahmen befestigten Kupferplatten.

Der Gott vom Kap Artemision | um 460–450 v. Chr. | 2,09 m | Hohlgegossene Bronzefigur von Zeus oder Poseidon | Strenger Stil aus der klassischen Periode der griechischen Antike

Der Gott vom Kap Artemision

△ **Kopf der Statue** mit detailliert ausgearbeitetem Haar

Bei dem Gott vom Kap Artemision handelt es sich um eine antike griechische Bronzefigur, die man in der Nähe eines Schiffswracks vor der nordgriechischen Insel Euböa im Mittelmeer fand. Sie stellt entweder den höchsten griechischen Gott Zeus oder den Meeresgott Poseidon dar. Dass ein Großteil der antiken Bronzestatuen heute verschwunden ist oder eingeschmolzen wurde, macht dieses Werk umso wertvoller.

Die auf 460–450 v. Chr. datierte Bronzefigur ist 2,09 m groß. Wie für die klassische Periode typisch, weist sie eine realistische Anatomie auf, wenngleich die Arme überproportional lang sind, um die dramatische Körperhaltung zu übersteigern. Die weit geöffneten Beine und die gestreckten Arme – der eine im Begriff, eine Waffe zu schleudern, der andere das Ziel anvisierend – suggerieren große Kraft. Da der von der rechten Hand einst gehaltene Gegenstand fehlt – Zeus' Blitze oder Poseidons Dreizack –, ist die Identität des Gottes umstritten. Die meisten Gelehrten deuten ihn heute als Zeus. Antike Gefäße zeigen diesen in derselben Haltung Blitze schleudern, während Poseidons Dreizack in der Regel nach unten weist.

Das Schiffswrack und die Statue wurden 1926 von Schwammtauchern entdeckt. Eine Bergung durch die griechische Marine förderte neben weiteren Schätzen die Bronzestatue in zwei Teilen zutage. Die Aktion wurde 1928 nach dem Tod eines Tauchers abgebrochen und niemals zu Ende geführt, obwohl das Wrack nur in 40 m Tiefe liegt. Man vermutet, dass es sich um ein römisches Schiff handelt, das in Griechenland gestohlene Schätze nach Italien bringen sollte. Ironischerweise wurde die Statue gerettet und wird nun für zukünftige Generationen in Athen aufbewahrt.

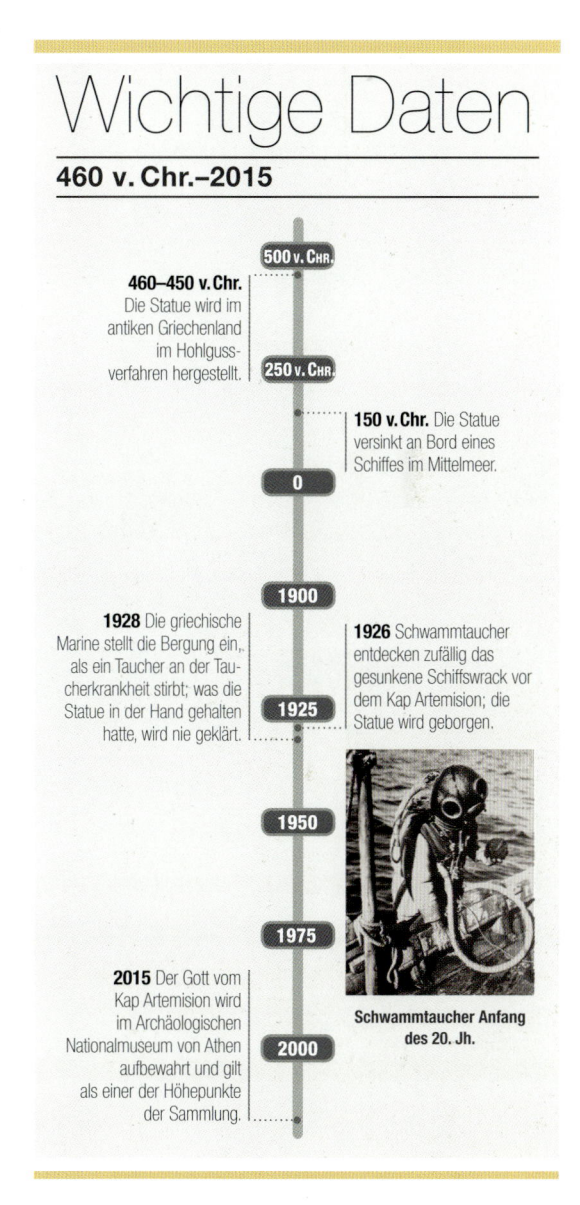

Vorderansicht der Bronzestatue

Darstellung des griechischen Gottes Zeus auf einem Tongefäß, vermutlich um 500 v. Chr., mit einem Speer anstelle des üblichen Blitzbündels in der Hand

Wichtige Daten
460 v. Chr.–2015

- **500 v. Chr.**
- **460–450 v. Chr.** Die Statue wird im antiken Griechenland im Hohlgussverfahren hergestellt.
- **150 v. Chr.** Die Statue versinkt an Bord eines Schiffes im Mittelmeer.
- **1926** Schwammtaucher entdecken zufällig das gesunkene Schiffswrack vor dem Kap Artemision; die Statue wird geborgen.
- **1928** Die griechische Marine stellt die Bergung ein, als ein Taucher an der Taucherkrankheit stirbt; was die Statue in der Hand gehalten hatte, wird nie geklärt.
- **2015** Der Gott vom Kap Artemision wird im Archäologischen Nationalmuseum von Athen aufbewahrt und gilt als einer der Höhepunkte der Sammlung.

Schwammtaucher Anfang des 20. Jh.

> **Der bärtige Gott** schleuderte einst eine Waffe mit seiner rechten Hand, möglicherweise einen Blitz. In diesem Fall ist es Zeus.

Fred S. Kleiner
Autor

»Graff Sunflower«
von 107,46 Karat

Diamant-
Einfassung

»Graff Perfection«
von 100 Karat

Manche **frühen Zivilisationen** ließen **Diamanten** bewusst **ungeschliffen** im **Glauben,** dem Stein so seine **magischen Eigenschaften** zu **bewahren.**

»Royal Star of Paris« | Brosche oder Anhänger – dieses wunderschöne Stück von Graff ist mit einem raffinierten gelben Diamanten von 107,46 Karat und einem makellosen birnenförmigen Diamanten von 100 Karat, Farbe D besetzt. Das Gesamtgewicht aller verarbeiteten Diamanten liegt bei über 2000 Karat.

Diamant

△ **Platinring** mit gelben und farblosen Diamanten

Mit seiner außergewöhnlichen Schönheit und seinem unvergleichlichen Glanz ist der Diamant der beeindruckendste und begehrteste Edelstein überhaupt. Doch wird er nicht nur für Schmuck benutzt. In der Industrie spielen Diamanten eine wichtige Rolle bei Ölbohrungen, in speziellen Skalpellen, bei der Werkzeugherstellung und in vielen anderen Bereichen, die sich die überlegene Härte der Steine in Schneidewerkzeugen und Schleifpulver zunutze machen. Es gibt keine klare Grenze zwischen Edelstein- und Industriediamanten – rund 80 Prozent der jährlich gewonnenen Diamanten sind als Edelsteine ungeeignet und werden industriell genutzt. Andererseits können auch sehr kleine oder weniger hochwertige Exemplare noch zu Edelsteinen verarbeitet werden.

Diamanten entdecken

Über 2000 Jahre lang fand man Diamanten nur als Kristalle in Flussbetten. Bis 1725 war Indien die wichtigste Quelle. Als die Vorkommen dort zur Neige gingen, fand man in Brasilien und 1867 nahe dem Fluss Oranje bei der Stadt Kimberley in Südafrika Diamanten. Untersuchungen brachten dort Vulkanschlote eines zuvor unbekannten Gesteins zutage, das Diamanten enthielt. Man nannte es Kimberlit und erkannte es als Diamant-Muttergestein. Diese Entdeckung schuf die Grundlage für die moderne Diamantenindustrie. Seither hat man viele ähnliche Schlote in anderen Ländern Afrikas, in Sibirien, Australien sowie kürzlich in Kanada, China und den USA entdeckt.

Eigenschaften

Chemischer Name Kohlenstoff | **Formel** C | **Farben** Alle Farben | **Struktur** Kubisch | **Härte** 10
Dichte 3,4–3,5 | **BI** 2,42 | **Glanz** Diamantglanz
Strichfarbe Keine

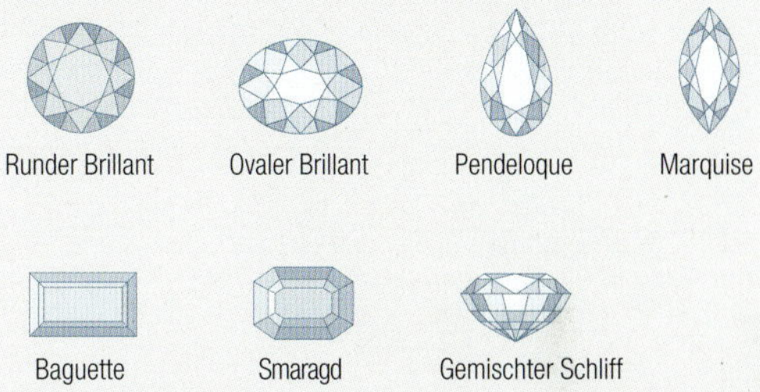

Runder Brillant | Ovaler Brillant | Pendeloque | Marquise

Baguette | Smaragd | Gemischter Schliff

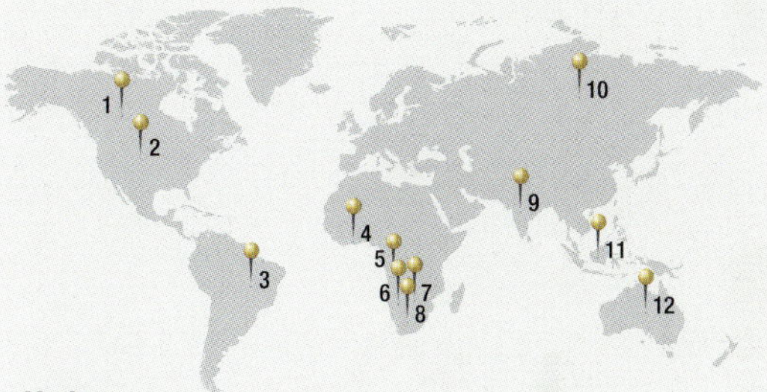

Vorkommen
1 Kanada **2** USA **3** Brasilien **4** Ghana **5** Angola **6** Namibia **7** Botswana **8** Südafrika **9** Indien **10** Russland **11** Borneo **12** Australien

Bedeutende Stücke

Grüner Dresden

Cullinan I

Platin-Fassung

Grüner Dresden | Der berühmte natürlich grüne Diamant von 41 Karat, eventuell aus der Kollur-Mine in Indien, ist nach seinem Aufbewahrungsort Dresden benannt (s. S. 140–141). Er ist Teil einer Agraffe, die eine Hutkrempe schmückte.

Cullinan I | Ursprünglich Teil eines Rohdiamanten von 3106,75 Karat, aus dem mehrere Edelsteine gefertigt wurden (s. S. 54), gehört der Cullinan I zu den britischen Kronjuwelen. Mit 530,2 Karat ist er der größte geschliffene farblose Diamant der Welt.

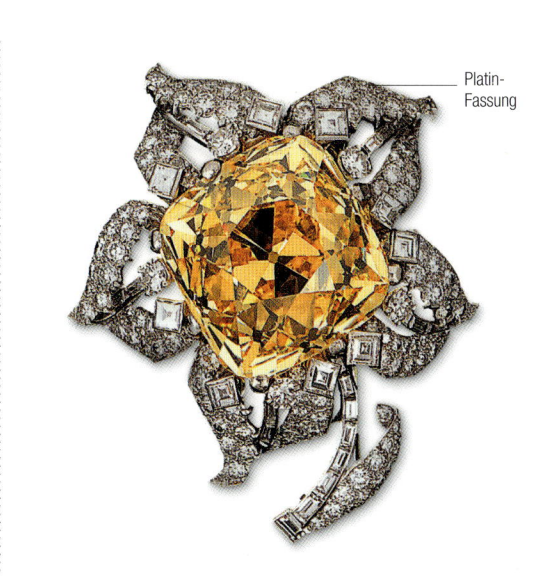

Allnatt-Diamant | Der ungewöhnliche Stein von 101,29 Karat hat eine raffinierte, kräftig gelbe Farbe und ist in eine blumenförmige Platinbrosche gefasst. Er ist nach seinem früheren Eigentümer, dem Unternehmer und Kunstsammler Alfred Ernest Allnatt, benannt.

Roh

Unregelmäßige Oberfläche

Rohdiamanten | Diamant-Kristalle können in verschiedenen Formen auftreten, die alle durch ihre kubische Struktur bedingt sind. Bei diesem Exemplar haben sie grobe Würfel ausgebildet.

Dicke Kohlenstoffeinschlüsse

Carbonado | Dieser Stein besteht aus Carbonado, einer eigenständigen polykristallinen Varietät von Diamant, die in Brasilien und Zentralafrika vorkommt.

Spitze des Oktaeders

Perfekter Oktaeder | Die meisten Diamanten, die man findet, sind zu Oktaedern kristallisiert, wie dieser. Ursprünglich hat man nur die Kristallflächen poliert.

Makelloses Inneres

Modell vom rohen Cullinan | Dies ist ein Modell des größten je gefundenen Diamanten – des Cullinan (s. S. 53). Er wog 3106,75 Karat und hatte die Größe einer Kartoffel.

> Wir hatten gesalzene Vögel dabei … wir legten den Edelstein darauf, sie wurden lebendig und flogen davon.

Bezugnahme auf Diamanten im Babylonischen Talmud

Farben

Natürliche blaue Farbe

Blauer Herzdiamant | Dieser von Natur aus blaue Diamant, der in Herzform geschliffen wurde, stammt von den Diamantenfeldern Südafrikas. Er wiegt 30,62 Karat.

Facetten durch Tafel sichtbar

Brillantschliff | Blickt man durch die Tafel dieses Diamanten mit Diamantschliff, sind seine Klarheit und die Lichtbrechung seiner Facetten deutlich zu erkennen.

Oppenheimer-Diamant | Mit 253,7 Karat einer der größten Rohdiamanten der Welt, ist dieser perfekt ausgeformte gewölbte Oktaeder ein natürlich gelber Edelstein.

Kronenfacetten

Brauner Diamant | Braune Diamanten stammen meist aus Australien und, wie bei diesem pendeloqueförmig facettierten Stein zu sehen, haben oft weniger Glanz als die anderen Farben.

Tafelfacette

Tiefgrün | Dieser grüne Diamant ist pendeloqueförmig facettiert. Sein intensiver Farbton lässt vermuten, dass dieser bearbeitet wurde (s. Kasten, rechts).

Gelbe Farbe

Gewölbte Flächen

Schliff

DIAMANT | 055

Tafelfacette

Rundiste

Klassischer Diamantschliff | Von der Seite sind alle Facetten dieses champagnerfarbenen Diamanten zu sehen, entweder direkt oder durch den Stein hindurch.

Zusätzliche Pavillonfacetten

Facetten im Smaragdschliff

Winzige Pavillonfacetten

Stahlfarbe

Fantasieschliff | Dieser in Dreiecksform geschliffene Diamant ist technisch ein Fantasieschliff, da sein Brillantschliff mehrere zusätzliche Facetten aufweist.

Blauer Diamant im Smaragdschliff | Der Schleifer dieses Diamanten hat einen Smaragdschliff gewählt, der dessen blaue Farbe verstärkt und ihm seine Brillanz bewahrt.

Gemischter Schliff | Der Pavillon dieses Diamanten mit einer Krone im Scherenschliff wurde mit zusätzlichen Facetten versehen, die seinen Glanz intensivieren.

Smaragdschliff | Dieser Edelstein ist zwar klein, doch durch den Smaragdschliff konnte der stählerne Glanz dieses Diamanten gut herausgearbeitet werden.

Fein facettierte Spalte

Herausragendes »Feuer«

Herz | Herzformen sind aufgrund der Facetten in der Spalte am schwierigsten zu schleifen. Der Edelsteinschleifer dieses Steins hat große Kunstfertigkeit bewiesen.

Klassischer Brillant | Dieser Diamant besitzt den klassischen Brillantschliff mit 58 Facetten, der entwickelt wurde, um die Brillanz bzw. das »Feuer« eines Diamanten herauszuarbeiten.

Diamanten aufwerten

Das Beste zum Vorschein bringen

Farbige Diamanten oder *Fancys* sind sehr wertvoll, wenn ihre Farbe eindeutig und intensiv ist. Rote, violette und blaue Diamanten erzielen die höchsten Preise. Doch sie sind nicht immer, was sie scheinen. Heutzutage können die Farben durch Bestrahlung oder Hochdruck-Hochtemperaturverfahren verändert werden. Diamanten werden aufgewertet, indem Einschlüsse mit Laser entfernt und Risse gefüllt werden. Aus diesem Grund kauft man Diamanten am besten von einem zertifizierten und legitimierten Diamantenhändler.

Blauer Diamant im Marquise-Schliff Nur ein Gemmologe erkennt, ob eine Farbe echt ist.

Schmuck

Diamantenbesetztes Collier

Victoria-Transvaal-Diamant

Diamant

»Blätter«

Aquamarin

Victoria-Transvaal-Diamant | Dieser champagnerfarbene, birnenförmige Edelstein von 67,89 Karat war ursprünglich Teil eines Rohdiamanten von 240 Karat, der in Transvaal in Südafrika gefunden wurde. Dieses Diamantcollier ist in einem Tarzan-Film zu sehen.

Diamantohrringe | Diese Diamantohrringe in Blumenform besitzen als Blütenkopf je einen großen Diamanten, der von diamantbesetzten Blättern umgeben ist.

Brosche in Form eines Blumenstraußes | Bei dieser Brosche aus 18-karätigem Gold bilden Aquamarine das Blüteninnere und Diamanten die Blüten- und Pflanzenblätter.

Diamanten in Pavéfassung

Flügel mit großen, nur halb facettierten Diamanten

Schmetterlingsbrosche | Diese Brosche der Schmuckkünstlerin Cindy Chao ist mit 2138 Edelsteinen besetzt, darunter große Diamanten auf den Flügeln, die nur auf einer Seite facettiert sind.

Diamanten in Pavéfassung

Platinbrosche in Eulenform | Diese drollige Eulenbrosche aus Platin hat als Augen gelbe Diamanten, einen Schnabel aus schwarzer Koralle und Klauen aus Gold. Der Körper ist mit Diamanten in Pavéfassung besetzt. Der edle Vogel sitzt auf einem Zweig aus schwarzer Koralle.

Eulenbrosche | Bei dieser Variante des originellen Eulenthemas sind Kopf und Körper kunstvoll mit Diamanten in Pavéfassung besetzt, große Perlen akzentuieren Körper und Ast.

Bei einem alten Diamantentest legte man den Stein auf einen Amboss und schlug mit dem Hammer darauf: Brach er, war er keiner.

DIAMANT | 057

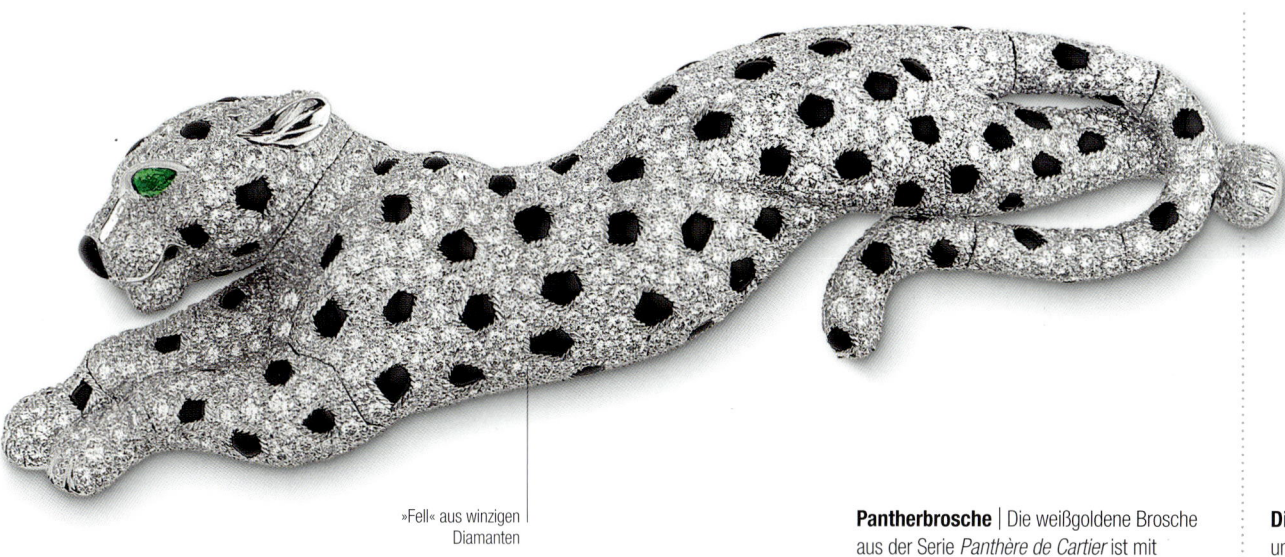

Platinfassung

»Fell« aus winzigen Diamanten

Pantherbrosche | Die weißgoldene Brosche aus der Serie *Panthère de Cartier* ist mit Hunderten kleiner Diamanten besetzt. Die Nase ist aus Onyx, die Flecken sind aus Email.

Diamantring | Ein großer Diamant-Solitär und zahlreiche kleine Diamanten, die sich bis auf den Reif fortsetzen, zieren diesen Ring aus Platin.

18-karätige Weißgoldfassung

Zentraler Diamant

Diamant im Pendeloqueschliff

»Schnallenring« | Der Kopf dieses Rings erinnert an eine Schnalle. Reif und Ringkopf sind mit Diamanten in Rund- und Baguetteschliff besetzt.

»Bänderbrosche« | Diese Brosche in Form eines Rings, durch den zwei Bänder gezogen sind, ist mit einem großen und zahlreichen kleineren Diamanten besetzt.

Diamantbrosche mit Pendeloque | Für Van Cleef & Arpels wurde dieser mit Diamanten und Saphiren besetzte Phoenix entworfen. Im Schnabel trägt er einen Diamanten von 96,62 Karat.

Champagnerfarbener Diamant

Platinfassung

Anstecknadel mit Spinne | Um 1900 entstand diese Jugendstil-Anstecknadel in Form einer Spinne, die ein champagnerfarbener Diamant von 0,80 Karat ziert.

Brosche mit Cullinan III und IV | Die Diamanten dieser Platinbrosche sind zwei kleinere Steine vom größten Diamanten der Welt, dem Cullinan (s. S. 53 und 54).

The Orange

In der Natur eine Rarität

Orangefarbene *Fancy*-Diamanten sind aufgrund ihrer Seltenheit berühmt, zumeist aber nur klein. Daher war es eine Sensation, als dieser Edelstein zum Kauf angeboten wurde. Zur Zeit seiner Auktion soll *The Orange* von geschätzten 14,82 Karat der größte leuchtend orangefarbene *Fancy*-Diamant der Welt gewesen sein. Seine Größe, Schönheit und Seltenheit spiegelten sich in seinem Preis wider: Das Auktionshaus Christie's in Genf verkaufte ihn für über 35 Mio. Dollar.

Natürliche, leuchtende Farbe Die Kombination von reiner Farbe und Größe machen *The Orange* außergewöhnlich.

058 | DER KOH-I-NOOR-DIAMANT

Koh-i-Noor | Ovaler Diamant im Brillantschliff | 105,6 Karat | Hier in der Krone Alexandras von Dänemark (1844–1925), Gattin König Eduards VII., zu sehen

Der Koh-i-Noor-Diamant

△ **Replik des Koh-i-Noor** (Mitte) im Originalschliff und in der Originalfassung

Der Diamant Koh-i-Noor (»Berg des Lichts«) hat, wie viele berühmte Edelsteine, eine turbulente Geschichte. Der aus Südindien stammende Stein wurde erstmals 1304 erwähnt. Er war eine Kriegsbeute und wechselte in den folgenden Jahrhunderten immer wieder seinen königlichen Besitzer – vielleicht brachte ihm das den Ruf ein, verflucht zu sein, denn wer immer ihn besaß, wurde Ziel eines Angriffs.

Als 1843 der fünfjährige Duleep Singh als letzter Herrscher des Reichs der Sikh den Thron bestieg, war der Diamant sein Eigentum, nachdem die vorherigen vier Maharadschas im Besitz des Juwels ermordet worden waren. Nur wenige Jahre später unterwarfen die Briten des Reich der Sikh und der Koh-i-Noor wurde als Teil des Vertrages, der den Punjab in das Britische Weltreich eingliederte, britisches Eigentum. Als der Diamant 1850 Königin Victoria präsentiert wurde, war er angeblich von einem Fluch belegt, der lautete: »Derjenige, der diesen Diamanten besitzt, wird die Welt besitzen, aber auch all ihr Unglück kennenlernen. Nur Gott oder eine Frau kann ihn ungestraft tragen.«

Doch mehr als der angebliche Fluch erregte die Tatsache die Gemüter, dass der 186-karätige Edelstein wegen eines schlechten Schliffs kaum glänzte, sodass Prinz Albert ihn 1852 neu schleifen ließ. Dadurch verringerte sich seine Größe drastisch auf 108,93 Karat, doch es wurden mehrere Makel entfernt und er erhielt einen ovalen Brillantschliff. Seither schmückte der Koh-i-Noor vier Kronen britischer Königinnen, darunter die von Alexandra, Mary und der Königinmutter Elizabeth.

Königin Elizabeth, die Königinmutter, mit dem Koh-i-Noor in einer einfachen Version ihrer Krone

Diamant Koh-i-Noor (Mitte) in der Krone von Königin Elizabeth, der späteren britischen Königinmutter

Nur Gott oder eine Frau kann ihn ungestraft tragen …

Fluch, der dem Koh-i-Noor anhaften soll

Wichtige Daten
1100–2015

Maharadscha Duleep Singh

- **1100–1300** Man glaubt, der Diamant wurde in Südindien geborgen.
- **1526** Der Diamant ist erstmals in den Memoiren des Großmoguls Babur dokumentiert.
- **1850** Duleep Singh, der letzte Maharadscha des Reichs der Sikh, übergibt den Diamanten an Königin Victoria.
- **1851** Der Diamant wird bei der Industrieausstellung in London gezeigt, sein Mangel an Feuer erntet Kritik.
- **1852** Der Koh-i-Noor erhält auf Prinz Alberts Geheiß einen ovalen Schliff.
- **1902** Die Krönungskrone von Königin Alexandra wird mit dem Diamanten geschmückt.
- **1937** Elizabeth (die verstorbene Königinmutter) trägt den Diamanten bei der Krönung ihres Gatten Georg VI.
- **1947** Indien fordert nach Erlangung seiner Unabhängigkeit den Diamanten zurück.
- **1976** Premierminister Zulfikar Ali Bhutto beansprucht den Diamanten für sein Heimatland Pakistan.
- **2015** Eine Gruppe indischer Investoren versucht, den Diamanten auf dem Rechtsweg zurückzuholen.

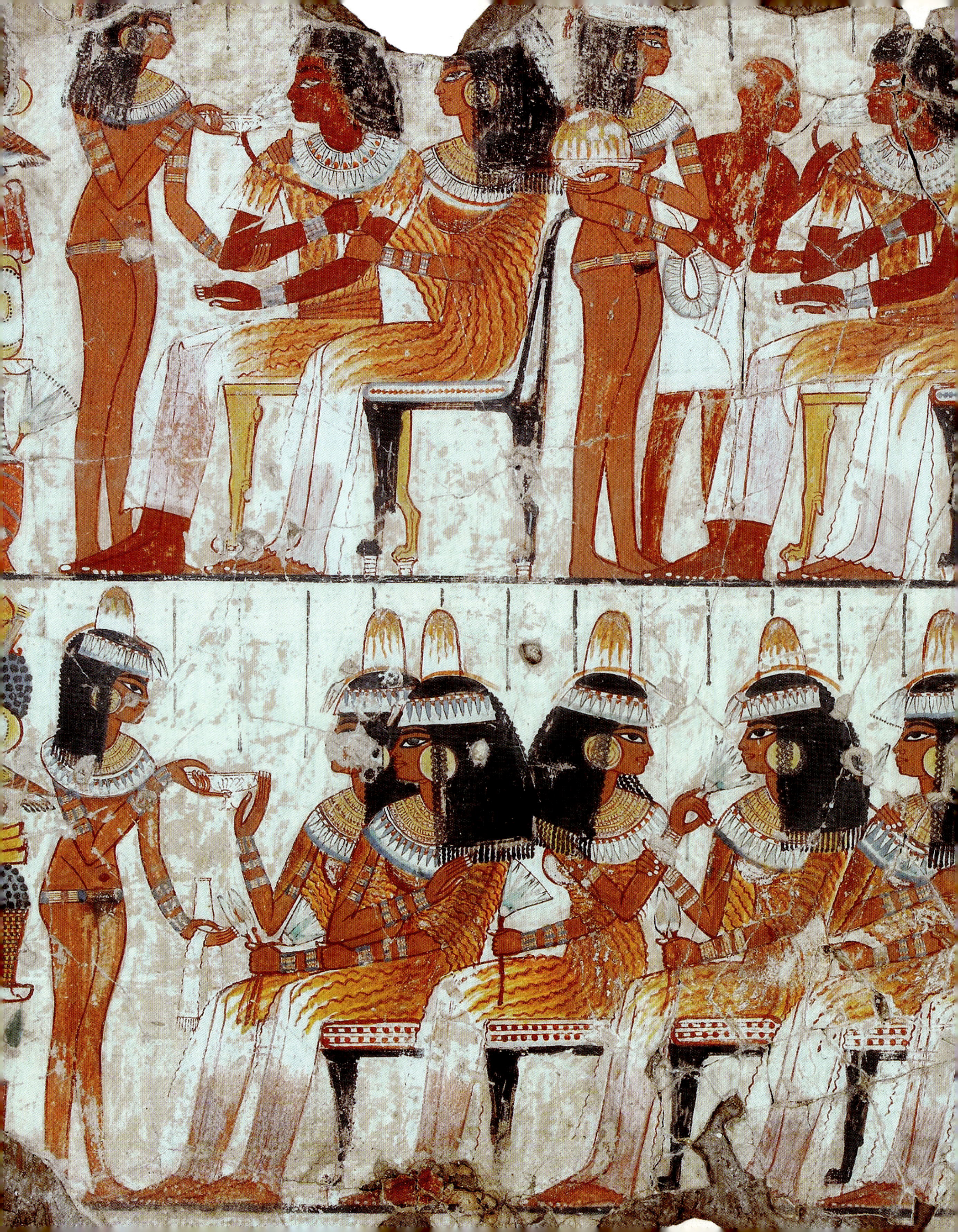

ALTES ÄGYPTEN

Die Kleidung im alten Ägypten präsentiert sich nach modernem Maßstab eintönig: Sie war vorwiegend naturweiß, wie Leinen. So ist es nicht verwunderlich, dass die Ägypter eine Vorliebe für bunten Schmuck aus Steinen wie Türkis, Lapislazuli, Karneol und Bernstein entwickelten. Auch glasierte Keramik, sogenannte ägyptische Fayence, wurde verwendet. Männer wie Frauen trugen die Edelsteine in breiten, halbrunden Colliers zur Schau, die von Gegengewichten auf dem Rücken stabilisiert wurden. Man trug auch Perücken, die von reich verziertem Kopfschmuck und Diademen gehalten wurden. Angehörige aller Klassen verschönerten ihr Erscheinungsbild darüber hinaus mit Ohrringen, Armreifen und Amuletten.

Edelsteine besaßen auch eine spirituelle Bedeutung: Sie sollten schützen, Böses abwenden oder gute Geister anlocken. Roten Steinen wie Karneol und rotem Jaspis schrieb man aufgrund ihrer Assoziation mit Blut, das Leben und Langlebigkeit bedeutete, Macht zu. Blaugrüner Türkis vom Sinai versprach Fruchtbarkeit, Heilung und Wiedergeburt, während dunkelblauer Lapislazuli aus Afghanistan besonders bedeutsam war, weil er für den Himmel, den Tod und das Leben danach stand.

Ägyptisches Collier aus Gold, Karneol und Feldspat, um 1991–1786 v. Chr.

Gäste bei einem Bankett Diese Wandmalerei aus dem Grab des ägyptischen Beamten Nebamun, der um 1380 v. Chr. zur Zeit der 18. Dynastie lebte, zeigt die Gäste eines Banketts. Die Frauen tragen kunstvolle Gewänder und Perücken und sind mit wertvollen Juwelen geschmückt.

062 | HOPE-DIAMANT

Tropfenschliff und alteuropäischer Brillantschliff im Wechsel

Weitere Diamanten umgeben den zentralen Diamanten.

Facettierte Rundiste und zusätzliche Facetten am Pavillon

Spange zur Befestigung der Diamantfassung

Hope-Diamant | 25,6 x 21,78 x 12 mm | 45,52 Karat, antiker Kissenschliff, tiefes Blaugrau mit weißen Strukturmerkmalen

Hope-Diamant

△ **Hope-Diamant,** in den Anhänger einer Halskette gefasst

Der Hope-Diamant ist aufgrund seiner betörenden Farbe und seiner Größe einzigartig. Bis heute ist der 45,52 Karat schwere Edelstein der größte tiefblaue Diamant der Welt. Seine Farbe verdankt er dem chemischen Element Bor: Die meisten naturblauen Diamanten enthalten winzige Spuren Bor, meist unter 0,5 Anteile pro Million (ppm). Der Hope-Diamant weist stellenweise 8 ppm auf. In ultraviolettem Licht schimmert er rot.

Zu seiner Aura des Mysteriösen trägt die Legende um einen Fluch bei, mit dem der Edelstein behaftet sein soll – wer ihn besaß, erlitt häufig ein schlimmes Schicksal, wie Marie Antoinette, die in der Französischen Revolution auf dem Schafott starb, oder die amerikanische Erbin Evalyn Walsh McLean. Sie erwarb den Edelstein 1911 und erlebte eine ganze Serie von Schicksalsschlägen: Todesfälle, Scheidung und Bankrott. Der Juwelier Harry Winston, letzter Privateigentümer des Diamanten, sandte ihn an die Smithsonian Institution, der er noch heute gehört, doch selbst der Postbote, der ihn überbrachte, zog das Unglück an – er wurde von einem Lieferwagen angefahren.

König Ludwig XV. von Frankreich besaß den Diamanten.

Und dennoch, der Hope-Diamant kann eine illustre königliche Provenienz aufweisen. Im 17. Jh. in einer Mine in Indien gefunden, hatte er zunächst sogar 115 Karat und hieß Tavernier-Diamant nach seinem ersten Eigentümer Jean-Baptiste Tavernier. Dieser verkaufte ihn an Ludwig XIV., der ihn zu einem 67,12-karätigen herzförmigen Diamanten, dem *Bleu français*, umschleifen ließ. Ludwig XVI. und Marie Antoinette erbten ihn, doch wurde er während der Französischen Revolution gestohlen, und als er 1830 in London wieder auftauchte, war er kleiner und neu geschliffen. 1839 dokumentierte ihn sein Eigentümer Henry Philip Hope, nach dem er benannt ist – und starb im selben Jahr.

Die amerikanische Erbin Evalyn Walsh McLean, hier mit dem in einen Anhänger gefassten Hope-Diamanten, deren Schicksalsschläge die Gerüchte um einen Fluch befeuerten

> **Brillante Farben ... eingeschlossen in ein Stück reinen Kohlenstoff**
>
> Charles **Blanc**
> Autor

Wichtige Daten
Um 1650–1958

Um 1650 Der französische Händler Jean-Baptiste Tavernier erwirbt in Indien einen grob geschliffenen Diamanten. Er wiegt um 115 Karat.

1668 Tavernier verkauft den Diamanten an den französischen König Ludwig XIV., der ihn zum kleineren *Bleu français* schleifen lässt.

1749 Ludwig XV. lässt den Diamanten, *Rose de Paris* genannt, von Juwelier André Jacquemin in einen Anhänger für den Orden vom Goldenen Vlies einarbeiten.

Anhänger für den Orden vom Goldenen Vlies

1830 Henry Philip Hope kauft den Diamanten in London aus dem Besitz Georgs IV. von England.

1868 Wilkie Collins schreibt, inspiriert vom Hope-Diamanten, den Roman *Der Monddiamant* über einen verfluchten Edelstein.

1887 Henry Hopes Erbe Lord Henry Hope bekommt den Edelstein; er muss ihn 1901 verkaufen, um seine Schulden zu begleichen.

1911 Juwelier Pierre Cartier verkauft den Diamanten an Edward und Evalyn Walsh McLean, nachdem er ihn neu gefasst hat.

1949 Der New Yorker Juwelier Harry Winston kauft den Diamanten mit dem gesamten Schmuck von Evalyn Walsh McLean.

1958 Harry Winston Inc. schenkt den Diamanten der Smithsonian Institution und übersendet ihn per Einschreiben. Er ist bis heute im National Museum of Natural History.

2

Edel- und Schmucksteine

Pyrit

△ **Pyritkristalle** in Form von Pentagondodekaedern

Das seit der Antike bekannte Mineral ist besser unter dem Namen »Katzengold« geläufig. Die Bezeichnung Pyrit leitet sich vom griechischen Wort *pyr* für Feuer ab, denn mit Pyrit können Funken entfacht werden. Pyritknollen hat man in prähistorischen Grabhügeln gefunden: Möglicherweise galt das Mineral aufgrund seiner sonnengelben Farbe als wertvoll. Später wurden Spiegel daraus geschaffen, indem polierte Kristallscheiben Kante an Kante auf eine Holzwand gesetzt wurden. Heute werden aus Pyrit Perlen geschliffen und die hellen Pyritkristalle als Edelsteine gefasst.

Eigenschaften

Chemischer Name Eisendisulfid | **Formel** FeS_2
Farben Helles Messinggelb | **Struktur** Kubisch | **Härte** 6–6,5
Dichte 5,0–5,2 | **BI** 1,81 | **Glanz** Metallglanz | **Strichfarbe** Grünlich schwarz bis bräunlich schwarz | **Vorkommen** Spanien, Südamerika, USA, Japan, Italien, Norwegen, Griechenland, Slowakei

Spanischer Pyrit | **Roh** | Der Herkunftsort dieses Exemplars – Almira (Spanien) – ist berühmt für seine Pyritvorkommen. Die Würfel befinden sich in kalkhaltigem Muttergestein.

Muttergestein Kalk / Pyritwürfel

Pyritkristall | **Roh** | Dieser verblüffende Pyritkristall von fast perfekter Würfelform ist ein gutes Beispiel dafür, wie sich das Mineral in natürlichem Zustand ausformen kann.

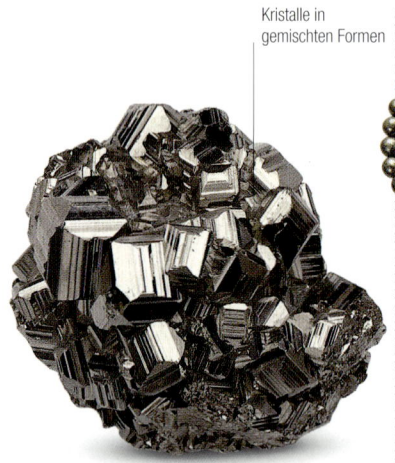

Flache Seiten

Modifizierte Kristalle | **Roh** | Die Pyri-Kristalle dieses herausragenden Exemplars haben Kuben ausgebildet, die durch Oktaeder modifiziert werden.

Kristalle in gemischten Formen

Pyritkette | **Schmuck** | Die runden Perlen dieser Kette bestehen aus hochglanzpoliertem Pyrit, eine hochwertige Arbeit, da Pyrit brüchig und schwierig zu bearbeiten ist.

Pyrit und Quarz | **Roh** | Bei diesem typischen Pyritexemplar wachsen Quarzkristalle auf oktaedrischen Pyritkristallen. Die beiden bilden häufig Mineralvergesellschaftungen.

Oktaedrischer Pyrit / Quarzkristalle

Markasit

Pyrit in anderem Gewand

Markasit ist ein Mineral, das aller Wahrscheinlichkeit nach niemals als Schmuckstein verwendet wurde. Die Namen Markasit und Pyrit wurden allerdings parallel gebraucht. Sogenannter Markasitschmuck, der im viktorianischen Zeitalter beliebt war, bestand hauptsächlich aus Pyrit. Echter Markasit ist chemisch instabil und zerfällt über einen gewissen Zeitraum. Er ist zwar chemisch identisch mit Pyrit, hat aber eine andere Kristallstruktur.

Geschliffene »Markasite« Diese »Markasite« – tatsächlich Pyrite – im Rosenschliff können gefasst werden.

Sphalerit

△ **Rubinblende,** eine rote Varietät von Sphalerit

Sphalerit-Schmuck ist selten. Nicht weil der Stein selten wäre, sondern weil er der vielleicht am schwierigsten zu schleifende Schmuckstein überhaupt ist. Er zerbricht leicht in kleine Stücke und die Fähigkeit, Sphalerit zu facettieren, zeichnet einen meisterhaften Edelsteinschleifer aus. Aus diesem Grund geschieht dies nur für Sammler. Der Name Sphalerit leitet sich vom griechischen *sphaleros*, »heimtückisch«, ab, weil er einem Metallerz zum Verwechseln ähnlich sieht. Meist ist er grünlich bis gelb, kann aber auch von rubinroter Farbe sein.

Eigenschaften

Chemischer Name Zinksulfid | **Formel** ZnS
Farben Gelbgrün, Rot, Braun, Schwarz | **Struktur** Kubisch
Härte 3,5–4 | **Dichte** 3,9–4,1 | **BI** 2,36–2,37 | **Glanz** Fett- bis Diamantglanz | **Strichfarbe** Bräunlich bis hellgelb | **Vorkommen** Russland, Spanien, Mexiko, Kanada, USA

Baryt

Sphalerit-Kristall von Edelsteinqualität

Interne Varietäten

Baryt auf Sphalerit | Roh | Dieses Exemplar besteht aus einer Masse länglicher, flacher Baryt-Kristalle, die auf Sphalerit-Kristallen wachsen.

Edelstein-Sphalerit | Roh | Hier ist ein großer Sphalerit-Kristall von Edelsteinqualität zu sehen, der in kleinere Sphalerit- und Quarzkristalle eingebettet ist.

Feine Facetten

Tafel

Facettiertes Oval | Geschliffen | Der herausragende Schliff dieses ovalen Sphalerit-Edelsteins bringt den ungewöhnlichen Farbton, ein tiefes Rot, bestens zur Geltung.

Smaragdschliff | Geschliffen | Aufgrund der hohen Brüchigkeit von Sphalerit sind Steine mit Ecken jeglicher Art schwierig zu schleifen. Dieser Stein beweist höchste Handwerkskunst.

Scherenschliff | Geschliffen | Der Schleifer dieses Sphalerit-Edelsteins hat die Komplexität eines modifizierten Scherenschliffs genutzt, um interne Farbvarietäten zu verbergen.

Facetten des Scherenschliffs

STUART-SAPHIR

Oktagonaler St.-Edwards-Saphir im Rosenschliff

Samthaube mit Hermelinsaum

Diamanten im Brillantschliff in silberner Pavéfassung

Stuart-Saphir

Stuart-Saphir | um 3,8 × 2,5 cm | 104 Karat, oval geschliffener feiner blauer Saphir

Stuart-Saphir

△ **Eduard I. von England,** der sich den Stein 1296 aneignete

Historiker wissen nichts Genaues über die Herkunft des Stuart-Saphirs oder dessen ersten Eigentümer. Sicher ist jedoch, dass der Edelstein die Macht Schottlands und seiner königlichen Familie jahrhundertelang repräsentierte. Der 104 Karat schwere Saphir im Ovalschliff hat eine feine blaue Farbe und weist an einem Ende eine Bohrung auf, ein Zeichen dafür, dass er als Anhänger getragen worden war. Er wurde nach dem Haus Stuart benannt, das England und Schottland von 1603 bis 1714 in Personalunion regierte. Es existieren Hinweise darauf, dass er davor im Besitz des ersten Königs von Schottland, Alexander II., gewesen war und 1214 in dessen Krönungskrone eingesetzt wurde.

Der Saphir wurde im schottischen Königshaus über Generationen vererbt, und es ist offiziell bekannt, dass er sich im Besitz des Stuart-Königs Jakob II. befand, als dieser England und Schottland regierte. Historiker sind sich einig, dass er den Saphir auf seiner Flucht von England nach Frankreich 1688 mitnahm. Hundert Jahre später befand sich der Stein dann wieder auf englischem Boden, im Besitz König Georgs III.

Als Georgs Enkelin Victoria 1837 den Thron bestieg, war der Saphir bereits das zentrale Stück auf der Imperial State Crown, die sie ein Jahr später zu ihrer Krönung trug. Er prangte auf der Vorderseite der Krone, bis er 1909 nach hinten versetzt wurde, um einem atemberaubenden Neuling Platz zu machen: dem Cullinan II, Teil des größten Diamanten aller Zeiten. Dieser und der Stuart-Saphir befinden sich nun auf demselben, mit acht Smaragden, acht Saphiren und zwei Perlenreihen besetzten Reif.

> **Im Mittelalter trugen Könige [Saphire] um den Hals, um Unheil abzuwenden.**

Beth Bernstein
Autorin

Jakob I. und VI., erster König von England und Schottland, porträtiert um 1620 von Paul van Somer. König James besaß den Saphir während der Zeit seiner Herrschaft.

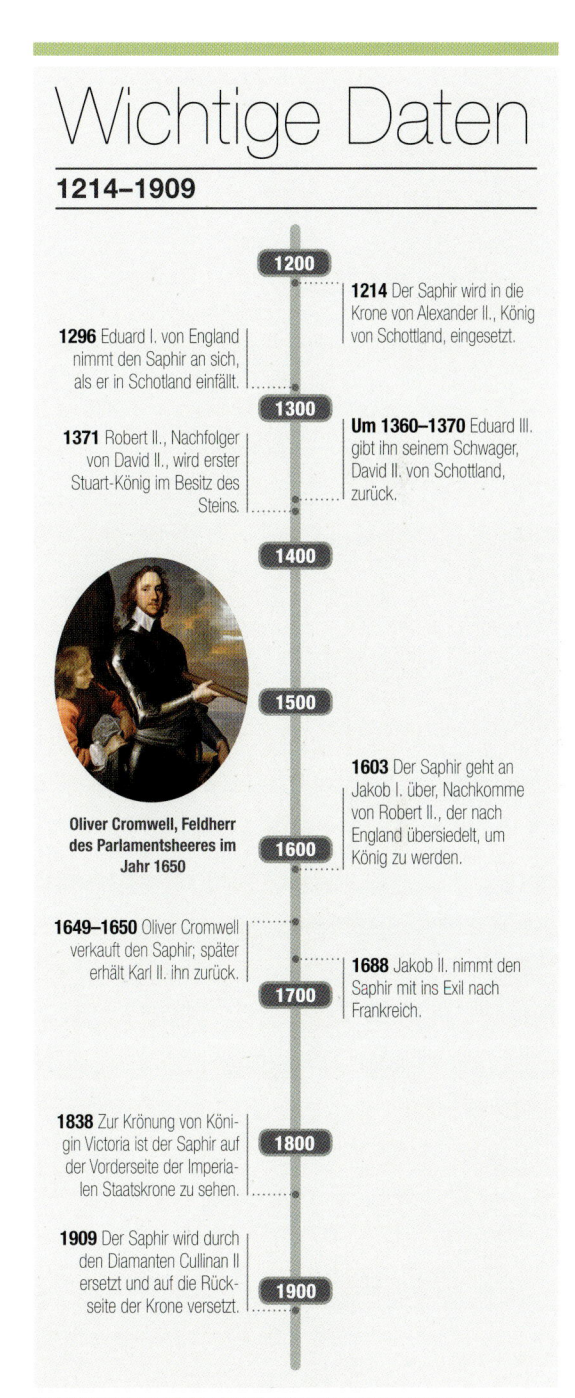

Wichtige Daten
1214–1909

1214 Der Saphir wird in die Krone von Alexander II., König von Schottland, eingesetzt.

1296 Eduard I. von England nimmt den Saphir an sich, als er in Schotland einfällt.

Um 1360–1370 Eduard III. gibt ihn seinem Schwager, David II. von Schottland, zurück.

1371 Robert II., Nachfolger von David II., wird erster Stuart-König im Besitz des Steins.

Oliver Cromwell, Feldherr des Parlamentsheeres im Jahr 1650

1603 Der Saphir geht an Jakob I. über, Nachkomme von Robert II., der nach England übersiedelt, um König zu werden.

1649–1650 Oliver Cromwell verkauft den Saphir; später erhält Karl II. ihn zurück.

1688 Jakob II. nimmt den Saphir mit ins Exil nach Frankreich.

1838 Zur Krönung von Königin Victoria ist der Saphir auf der Vorderseite der Imperialen Staatskrone zu sehen.

1909 Der Saphir wird durch den Diamanten Cullinan II ersetzt und auf die Rückseite der Krone versetzt.

Bismarck-Saphir-Halskette | Dieses Collier entstand 1959. Ursprünglich hatte Cartier 1927 den Saphir auf einen Choker gesetzt. Hier hängt er an einer Kette aus Diamanten in Baguette- und Brillantschliff.

Acht rechteckige Saphire heben den Hauptstein hervor.

Diamanten

Tiefblauer Saphir mit 98,57 Karat von außergewöhnlicher Reinheit

> Die Schönheit von Saphiren gleicht der des himmlischen Throns; sie heben jene hervor … die durch gute Taten und Tugend glänzen.

Marbodius **von Rennes**
Bischof und Dichter, 11. Jh.

Saphir

△ **Roher Saphir** mit Farbabstufungen

Rubin und Saphir sind Edelstein-Varietäten desselben Minerals Korund, einem Aluminiumoxid, das dem Diamanten an Härte am nächsten kommt. Saphir gilt zwar allgemein als blau, doch er kann u. a. auch farblos, grün, gelb, orange, violett und rosafarben sein. Obwohl Geologen im späten 19. Jh. realisierten, dass Saphire aller Farben aus demselben Mineral bestanden, wurde für die Benennung der Edelsteine die seit dem Mittelalter etablierte Terminologie beibehalten: Grüner Saphir hieß Orientalischer Peridot, gelber Saphir wurde Orientalischer Topas genannt. Einer der ältesten, eindeutig als Saphir identifizierten Edelsteine ist der St.-Edwards-Saphir: Man nimmt an, dass er 1042 die Krone des angelsächsischen Königs, Eduard der Bekenner, schmückte.

Fancy-Saphire

Mit wenigen Ausnahmen verwendet man in der modernen Terminologie für entsprechende Minerale einfach die Bezeichnung »Saphir« zusammen mit der Farbe des Steins – z. B. gelber Saphir oder grüner Saphir. Die seltenen rosaorangefarbenen Edelsteine werden hingegen Padparadscha (Sanskrit für »Lotusblüte«) genannt. Eine weitere Ausnahme ist der blaue Saphir, der stets gemeint ist, wenn einfach von »Saphir« die Rede ist. Solche, die eine andere Farbe als Blau haben, heißen auch *Fancy*-Saphire. Saphire aller Farben enthalten oft mikroskopische Rutil-Einschlüsse, die im Cabochon-Schliff einen Stern erzeugen.

Eigenschaften

Chemischer Name Aluminiumoxid | **Formel** Al_2O_3
Farben Fast alle Farben | **Struktur** Hexagonal, trigonal
Härte 9 | **Dichte** 4,0–4,1 | **BI** 1,76–1,77 | **Glanz** Diamant- bis Glasglanz | **Strichfarbe** Weiß

Runder Brillantschliff | Ovaler Brillantschliff  | Kamee
Smaragdschliff 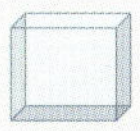 | Platte  | Cabochon 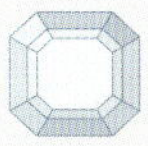

Vorkommen
1 Montana, North Carolina (USA) **2** Kolumbien
3 Brasilien **4** Kenia **5** Malawi **6** Sri Lanka **7** Indien
8 Kaschmir **9** Thailand **10** Vietnam **11** Australien

Wichtige Stücke

Perlenverzierung
Fassung aus Gold und Silber

Russisches Pektoralkreuz | Gefertigt in den Werkstätten des Kremls in Moskau (Russland) in der zweiten Hälfte des 16 Jh., war dieses Kreuz als Brustzier gedacht. In den zentralen Saphir wurde eine Darstellung von Christus am Kreuz graviert.

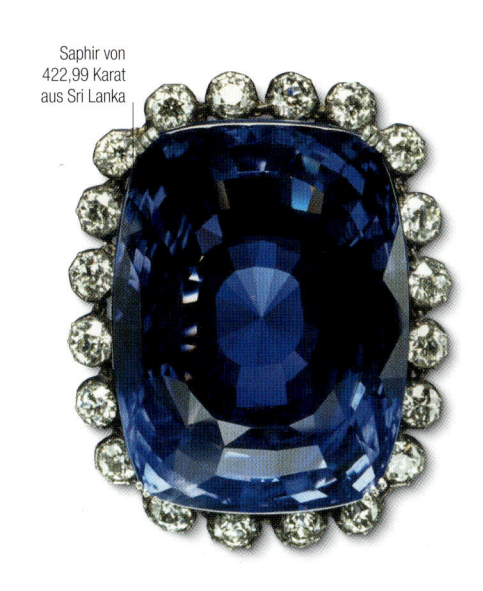

Saphir von 422,99 Karat aus Sri Lanka

Logan-Saphir | Dieser makellose Edelstein ist der zweitgrößte bekannte Saphir. Die große Tafel und der Kissenschliff zeigen ihn in seiner natürlichen Perfektion. Er ist in eine Brosche gefasst und von 20 runden Diamanten im Brillantschliff umgeben.

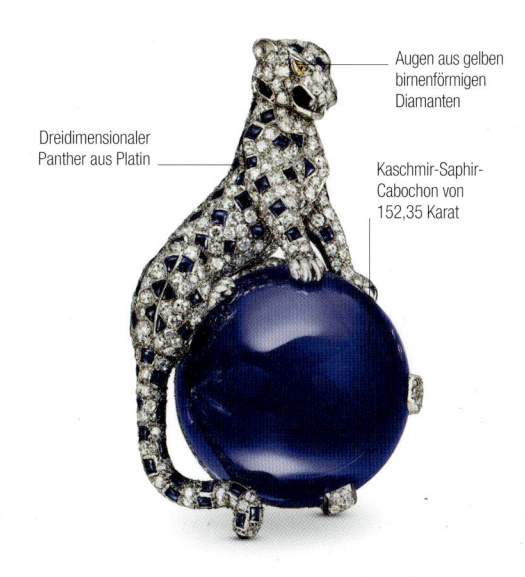

Augen aus gelben birnenförmigen Diamanten
Dreidimensionaler Panther aus Platin
Kaschmir-Saphir-Cabochon von 152,35 Karat

Cartier-Brosche mit Clip | Die Herzogin von Windsor brachte Saphire in den 1950er-Jahren mit dieser Brosche wieder in Mode. Der Saphir ist in Weißgold und Platin gefasst, kleinere Saphir-Cabochons bilden die Flecken des Panthers.

Roh

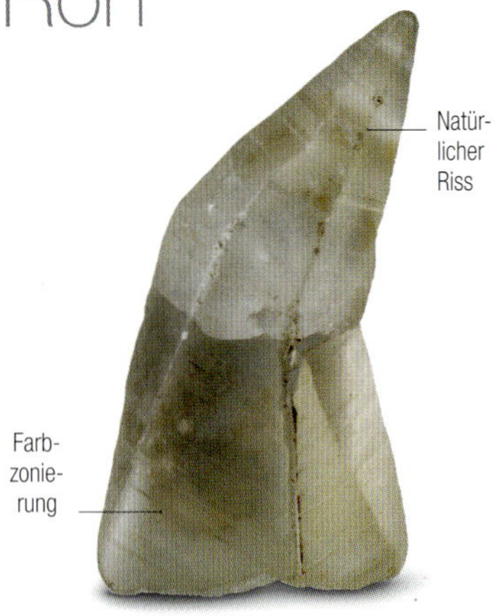

Farbloser Rohkristall | Dieser Kristall hat die klassische prismatische Form des Korunds mit einer dreieckigen Spitze. Farbloser Saphir kann auch als weiß bezeichnet werden.

Natürlicher Riss
Farbzonierung

Saphir roh | Dieser ungewöhnlich große Rohsaphir mit 22 mm Länge ist von feiner tiefblauer Farbe. Er weist eine Reihe von Unreinheiten auf.

Bruchkante

Saphir-Kiesel | Diese ungeschliffenen Saphire stammen aus Philipsburg in Montana (USA). Dem Volumen nach ist der US-Bundesstaat Montana der größte Saphirlieferant der Welt.

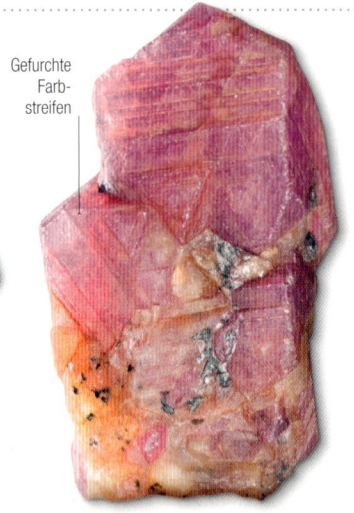

Natürliche Glättung

Padparadscha | Die seltene rosaorangefarbige Varietät wird nicht mit dem Zusatz der Farbe näher bezeichnet, sondern hat einen eigenen Namen. Padparadschas kommen vor allem aus Sri Lanka.

Gefurchte Farbstreifen

Jean Harlow
Saphir auf der Leinwand

Einer Hollywood-Legende zufolge nahm Jean Harlow den Heiratsantrag ihres Filmpartners William Powell 1936 an, lehnte aber seinen Diamantring ab. Die platinblonde Sexbombe fand, ein großer Sternsaphir würde ihrem persönlichen Stil besser entsprechen, und Powell erfüllte ihr den Wunsch. Der Ring ist in der romantischen Komödie *Der Mann mit dem Kuckuck* zu sehen, da Harlow ihn beim Dreh trug – dem letzten ihrer tragisch kurzen Karriere.

Jean Harlow Harlows Saphir-Verlobungsring ist auf diesem Standbild aus *Der Mann mit dem Kuckuck* von 1937, ihrem Todesjahr, zu sehen.

Schliff & Farbe

Smaragdschliff | Eine große Tafel bringt die Farbe des Saphirs gut zur Geltung. Blau ist die wertvollste seiner Farben. Sie entsteht durch Spuren von Titan und Eisen.

Klassische tiefblaue Farbe

Saphir im Ovalschliff | Grüne Farbe entsteht oft durch Lagen gelben und blauen Saphirs; kunstvolles Schleifen ungleichmäßig gefärbter Steine bringt einzigartige Edelsteine hervor.

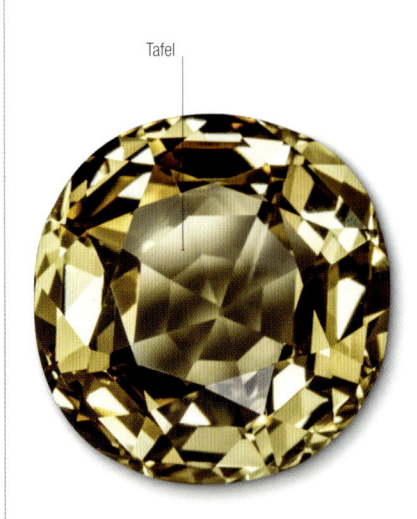

Große Facetten

Saphir im gemischten Schliff | Ein kunstvoller Schliff betont die gleichmäßige gelbe Farbe dieses Steins. Der Brillantschliff erhöht die Transparenz und akzentuiert Licht und Schatten.

Tafel

Farbloser Brillantschliff | Farblose Saphire erhalten im Schliff oft viele Facetten, damit sie das Licht einfangen und ihren Diamant- bzw. Glasglanz optimal zur Geltung bringen.

Kronenfacette

Synthetischer Saphir | Dieser ovale Stein besitzt einen Brillantschliff. Nach dem Schleifen zeigt diese Varietät von synthetischem Saphir alle Farbtöne von Rosa.

Kronenfacette

Stern Asiens | Manche Saphire erzeugen im Cabochonschliff sternförmige Lichtreflexe, Asterismus genannt. Ursache sind winzige in den Stein eingelagerte Rutilnadeln.

Asterismus oder Lichtstern

Der Saphir soll so blau sein wie das weite Meer.

Oscar **Wilde**

Schmuck

Goldfassung

Saphir-Cabochon · Farbbänder

331 Saphire im runden Brillantschliff

Clusterring | Bei diesem dramatischen Ring ist ein zentraler, klassisch blauer Saphir im Ovalschliff von zwei Reihen Diamanten eingerahmt.

Saphir-Schmetterling »Conchita« | Dieses vielseitige Schmuckstück ist Brosche, Anhänger und Schließe zugleich, versehen mit Saphiren in allen Farben aus Montana (USA). Saphire von dort werden meist hitzebehandelt, um ihre Farben zu intensivieren.

Einfassung durch Diamanten · Zentraler Saphir · Zahlreiche Saphire · Gelbe Saphire

Diamanten · Diamanten

Blumenbrosche | Die Blütenblätter dieser markanten Goldbrosche bestehen aus rosafarbenen Saphiren, der Stengel und die Blütenmitte sind mit Diamanten besetzt.

Brosche mit Saphir und Diamanten | Bei dieser durchbrochenen Brosche wird der zentrale 9,32-Karat-Saphir von Diamanten in antikem Schliff bogenförmig umrahmt.

Saphirbesetzer Ring | Bei diesem verschlungenen Silberring legt sich ein mit Saphiren besetzter über einen Diamantring und erzeugt einen Kontrast in Farbe und Glanz.

Gelber Saphirring | Dieser auffällige Cocktailring ist mit 49 gelben Saphiren in einem quadratischen Gittermuster besetzt, die von kleineren Diamanten eingefasst sind.

074 | DÄNISCHE RUBIN-PARURE

Dänische Rubin-Parure | 1804 | Rubine, Diamanten, Gold | Halskette, Diadem, Ohrgehänge, Brosche, Armband, hier um 1960 an Königin Ingrid von Dänemark (Ring später von Kronprinzessin Mary hinzugefügt)

Dänische Rubin-Parure

△ **Rubinring** aus der Parure in seiner gegenwärtigen Form

Die dänische Rubin-Parure ist eine atemberaubend schöne Schmuckkombination mit einem über 200 Jahre alten königlichen Stammbaum. Ihre Geschichte beginnt mit der Krönung Napoleons I. im Jahr 1804. Damit dies auch wirklich ein spektakuläres Ereignis würde, gab der angehende Kaiser all seinen Marschallen Geld, um Schmuck für ihre Gattinnen zu kaufen. Unter ihnen war auch Jean Bernadotte, der für seine Frau Désirée Clary die Parure in Auftrag gab. Beide waren damals noch Bürgerliche, doch Bernadotte wurde später schwedischer Thronerbe und Désirée Königin Desideria von Schweden und Norwegen (s. S. 108–109). Die Parure ging 1869 an das dänische Königshaus, als Hochzeitsgeschenk für Prinzessin Louise. Die Schwedin ehelichte den zukünftigen König Frederik VIII. von Dänemark. Das Geschenk galt als besonders geeignet, da die Diamanten und Rubine die Farben der dänischen Flagge spiegelten. Gegenwärtig gehört die Parure Kronprinzessin Mary von Dänemark.

Das auffälligste Stück der Parure ist das atemberaubende Diadem in Form eines Kranzes mit diamantbesetzten »Blättern« und Rubin-»Beeren«. Die kleinen Rubine wurden geschickt gruppiert, sodass sie größer scheinen. Ihre Farbe ist eher rosa als blutrot, doch lassen sie sich so besser vor allem mit blauer oder violetter Kleidung kombinieren.

Das Aussehen der Parure hat sich im Laufe der Jahre geändert. Ursprünglich waren die Blätter Haarnadeln, die erst 1898 in das Diadem eingefügt wurden. 1947 und 2010 erfolgten zwei weitere Umgestaltungen. Das Diadem wurde kompakter, während Ohrgehänge und Kette so umgearbeitet wurden, dass sie zu verschiedenen Accessoires getragen werden können.

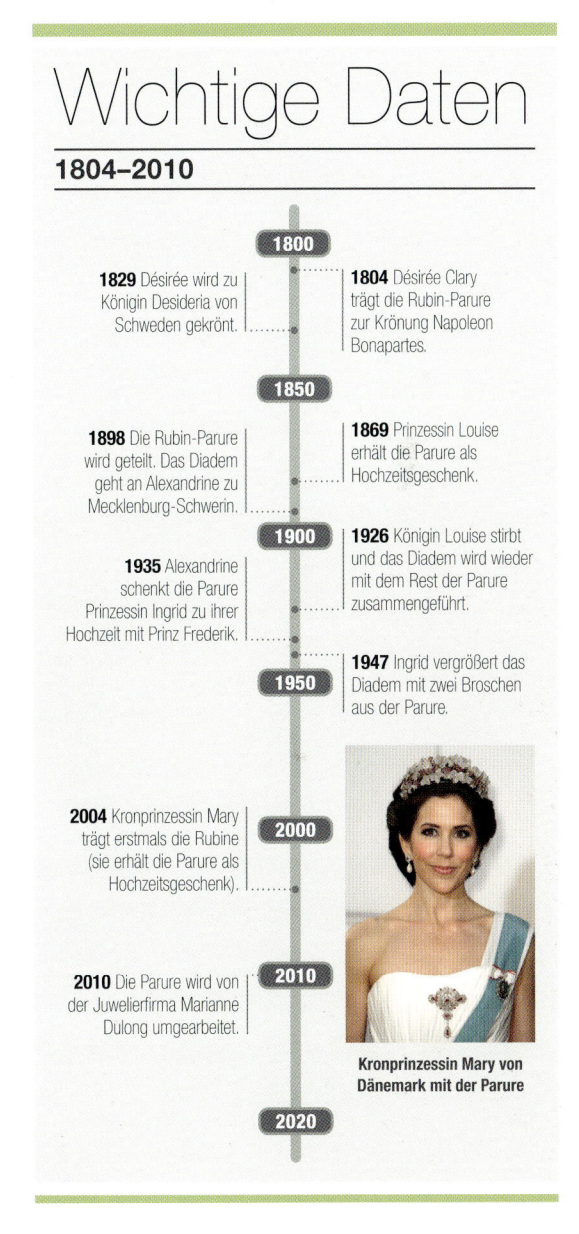

Napoleon I. krönt seine Frau Josephine auf diesem Gemälde von Jacques-Louis David von 1807 zur Kaiserin.

Wichtige Daten
1804–2010

- **1804** Désirée Clary trägt die Rubin-Parure zur Krönung Napoleon Bonapartes.
- **1829** Désirée wird zu Königin Desideria von Schweden gekrönt.
- **1869** Prinzessin Louise erhält die Parure als Hochzeitsgeschenk.
- **1898** Die Rubin-Parure wird geteilt. Das Diadem geht an Alexandrine zu Mecklenburg-Schwerin.
- **1926** Königin Louise stirbt und das Diadem wird wieder mit dem Rest der Parure zusammengeführt.
- **1935** Alexandrine schenkt die Parure Prinzessin Ingrid zu ihrer Hochzeit mit Prinz Frederik.
- **1947** Ingrid vergrößert das Diadem mit zwei Broschen aus der Parure.
- **2004** Kronprinzessin Mary trägt erstmals die Rubine (sie erhält die Parure als Hochzeitsgeschenk).
- **2010** Die Parure wird von der Juwelierfirma Marianne Dulong umgearbeitet.

Kronprinzessin Mary von Dänemark mit der Parure

Diadem aus der Parure mit diamantbesetzten Blattmotiven und in Gruppen angeordneten Rubinen als »Beeren« — Rubine in Gruppen — Mit Diamanten besetzte Blätter

> Ich sehe die **natürliche Schönheit** der Steine … Ich betrachte Farben, Schliff, Glanz.

Per Dirksen
Goldschmied, beim Umarbeiten des Diadems

Rubin

△ **Rubinohrringe,** in Fassung aus 18-karätigem Gold mit Diamanten, um 1950

Rubin ist die rote Varietät des Minerals Korund. Sein Farbspektrum beginnt dort, wo das des rosa Saphirs aufhört. Nur dunklere Steine sind Rubine, wenngleich die Trennlinie vom rosa Saphir zum Rubin strittig sein kann. Manche Rubine schimmern violett, doch als wertvollste Farbe gilt »Taubenblutrot«. Rubine werden mindestens seit dem 8. Jh. v. Chr. in Flussbetten in Sri Lanka gefunden und waren von frühester Zeit an Gegenstand von Spekulationen. In der Antike hielten hinduistische und burmesische Minenarbeiter rosa Saphire für unreife Rubine.

Eigenschaften

Chemischer Name Aluminiumoxid | **Formel** Al_2O_3
Farbe Rot | **Struktur** Trigonal | **Härte** 9 | **Dichte** 4,0–4,1
BI 1,76–1,78 | **Glanz** Glasglanz | **Strichfarbe** Weiß
Vorkommen Myanmar, Sri Lanka, Nigeria, Thailand, Australien, Brasilien, Kaschmir, Kambodscha, Kenia, Malawi, Kolumbien, USA und weitere Länder

Roh

Ende des Kristalls

Transparenter Kristall mit Edelsteinqualität

Matrix (Muttergestein)

Sich verjüngender Kristall | Dieser prismatische Rubin-Kristall mit Edelsteinqualität von guter Farbe besitzt noch ein Stück der Matrix, auf der er an der Basis gewachsen ist.

Rubin-Kristalle

Streifung (parallele Furchen)

Roher Rubin | Die Streifung dieses Kristalls weist auf Veränderungen in seiner Wachstumsumgebung hin. Rubine reichen farblich von Karminrot wie dieser bis zu einem hellen Rosenrot.

Kristalle in Fels | Auf dem felsigen Muttergestein wachsende prismatische Kaschmir-Rubin-Kristalle zeigen den Edelstein in seiner natürlichen Umgebung.

Geschliffen

Sechsstrahliger Asterismus

Brillantschliff | Die Facetten dieses runden Rubins im Brillantschliff demonstrieren eine der Eigenschaften, die die Qualität eines Edelsteins ausmachen – einen perfekten Schliff.

Sternrubin | Mit seinem stark gewölbten Cabochonschliff, einer hochwertigen, intensiven Farbe und einem deutlichen Asterismus ist dieser Rubin einer der besten seiner Art.

> **Rubin** ist das einzelne und glühende Auge, das Drachen und Lindwürmer in der Mitte ihrer Stirn tragen.
>
> Bischof **Marbodius** (11. Jh.)

Schmuck

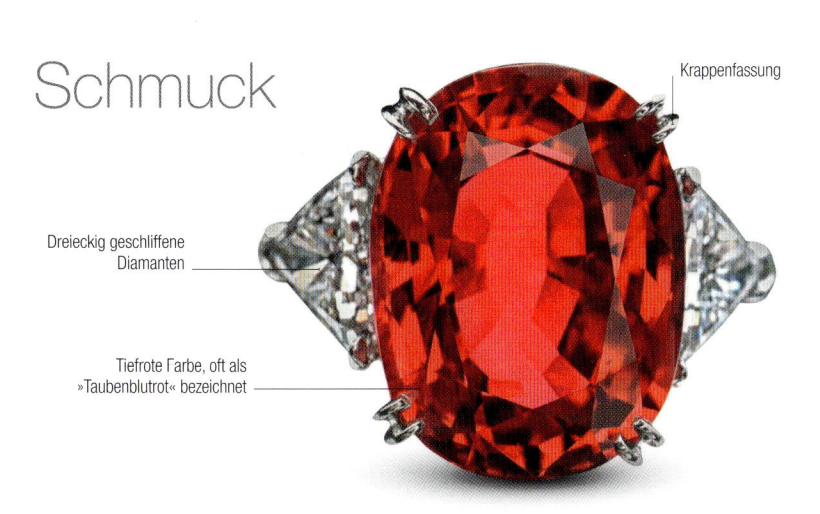

Rubin Carmen Lúcia | Mit 23,10 Karat ist dies der größte facettierte Rubin der Nationalen Juwelensammlung der USA. Er gehört zu den feinsten facettierten großen burmesischen Rubinen. Hochwertige Rubine aus Burma von über 20 Karat sind extrem selten. Dieser wurde in den 1930er-Jahren in der sagenumwobenen Region Mogok in Myanmar gefunden.

Labels: Dreieckig geschliffene Diamanten; Krappenfassung; Tiefrote Farbe, oft als »Taubenblutrot« bezeichnet; 52 quadratische Rubine; 46 runde Diamanten; Diamantbesatz

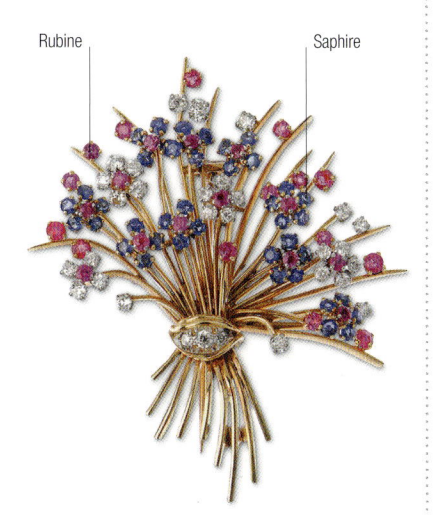

Blumenbrosche | Diese aufwendige Brosche in Form eines Blumenstraußes ist mit Rubinen und Saphiren (beides Varietäten von Korund) sowie Diamanten besetzt.

Labels: Rubine; Saphire

Goldener Ring | Die ungewöhnliche sechseckige Fassung dieses Rings ist mit zwei Reihen Rubinen, zwei Reihen Diamanten und einem großen zentralen Diamanten besetzt.

Labels: Diamanten; Rubine

Ohrringe, 1930er-Jahre | 64 kalibrierte Rubine, zwei zentrale Diamanten im Rundschliff sowie 34 weitere Diamanten in Baguette- und Rundschliff schmücken diese Ohrringe.

Labels: Platinfassung

Navettering | In der Zeit Eduards VIII., um 1910, entstand dieser Ring aus Platin und Gold mit einer diamantbesetzten Blume in einem Feld aus Rubinen mit Diamant-Einfassung.

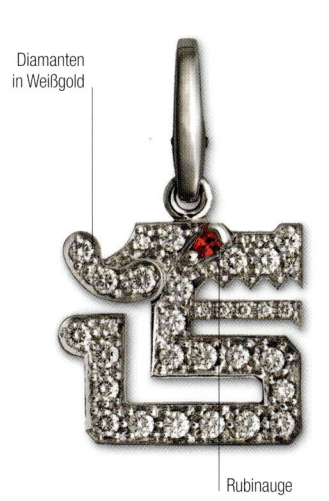

Drachenanhänger | Dieser Anhänger greift das traditionelle Symbol eines Drachens auf und versieht ihn mit einem Rubinauge. Die Weißgoldfassung ist mit Diamanten besetzt.

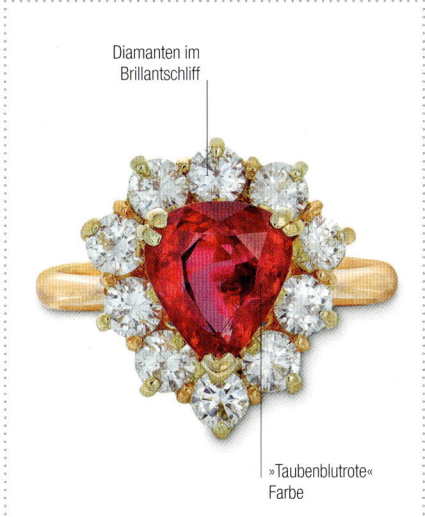

Labels: Diamanten in Weißgold; Rubinauge

Rubin- und Diamantring | Der Rubin im Pendeloque-Schliff ist auf diesem Platinring von zehn Diamanten umgeben. Er weist die leicht violett schimmernde Farbe »Taubenblutrot« auf.

Labels: Diamanten im Brillantschliff; »Taubenblutrote« Farbe

Rote Edelsteine

Was besagt ein Name?

Der Name Rubin wurde im Laufe der Geschichte für verschiedene rote Edelsteine verwendet, u. a. für Granat (s. S. 258–263) und Spinell (s. S. 80–81), der einst Balasrubin genannt wurde. Erst durch die Entdeckungen der Chemie und Mineralogie im 19. Jh. konnten wissenschaftliche Unterscheidungen getroffen werden. Heute werden viele Rubine hitzebehandelt, um ihre Reinheit oder Farbe zu verbessern. Auch synthetische Rubine existieren, doch sie sind nur einen Bruchteil so viel wert wie echte.

Synthetischer Stein im Smaragdschliff Trotz der überzeugenden Farbe und hohen Reinheit ist der Wert gering.

Label: Der für Smaragde entwickelte Smaragdschliff betont die Farbe.

078 | TIMUR-RUBIN

Timur-Rubin | 352,5 Karat | Hier in die Halskette gefasst, auf einem Foto von Königin Elizabeth II. von Cecil Beaton (1953)

Timur-Rubin

△ **Timur-Rubin** in der für Königin Victoria angefertigten Halskette

Unter den britischen Kronjuwelen befindet sich ein außergewöhnlicher Edelstein, der nicht ist, was er scheint, quasi ein Hochstapler, der jahrhundertelang durch die Hände der Reichen und Mächtigen ging. Bis 1851 galt er als der größte bekannte Rubin der Welt, doch zum Zeitpunkt seiner Entdeckung und Hunderte von Jahren danach wusste niemand, dass es sich beim Timur-Rubin tatsächlich um einen Spinell handelte.

Erst in der zweiten Hälfte des 19. Jh. konnten Gemmologen diese Steine unterscheiden. Der Irrtum war nachvollziehbar. Rubine und Spinelle sind optisch fast identisch und besitzen dieselbe chemische Zusammensetzung und Härte. Der Unterschied liegt in ihrer Art der Lichtbrechung – Rubine sind doppelt brechend, Spinelle einfach, will heißen: Rubin teilt einfallendes Licht in zwei Strahlen auf, die sich mit unterschiedlichen Geschwindigkeiten im Kristall ausbreiten. In einen Spinell einfallendes Licht bildet nur einen Strahl – eine ungewöhnliche Eigenschaft, die auch Diamanten und Granate aufweisen.

Trotz seiner geänderten Klassifizierung bleibt der Timur-Rubin ein Höhepunkt der britischen Kronjuwelen. Er trägt den Namen des Mongolenherrschers Timur, der 1398 Delhi eroberte und den Stein bei der Invasion vermutlich an sich nahm. Nachdem Indien ihn 1612 zurückerhalten hatte, vererbten ihn die Mogulkaiser, die ihre Namen in seine Oberfläche einschrieben, über Generationen weiter. Nach der Annexion Indiens durch Großbritannien Ende der 1840er-Jahre wurde der Timur-Rubin mit anderen Spinellen nach England gesandt und Königin Victoria präsentiert, die die »wundervollen Rubine« bewunderte.

Timur, einer der letzten großen Eroberer der eurasischen Steppe, hält auf dieser Abbildung seine Krone in der Hand.

Wichtige Daten
1398–20. Jh.

1398 Der mongolische Sultan Sahib Timur erobert Delhi (Indien) und erbeutet den Stein.

1612 Der indische Mogulkaiser Jahangir erhält den Timur-Rubin von Schah Abbas I. von Persien.

1739 Der persische Herrscher Nadir Schah raubt den Stein während eines Angriffs auf Delhi.

1747 Der Timur-Rubin wird von Nadir Schahs Befehlshaber Ahmad Schah, später Emir von Afghanistan, erbeutet.

1810 Der Stein wird an Indien zurückgegeben, als Ahmad Schahs Enkel Schah Schudscha ins Exil im Pujab gezwungen wird.

1849 Bei der Annexion des Punjabs nimmt Großbritannien den Edelstein aus der Schatzkammer von Lahore.

April 1853 Garrard fasst den Edelstein in eine Halskette für Königin Victoria.

1851 Der Timur-Rubin wird Königin Victoria übergeben und im selben Jahr neu als Spinell klassifiziert.

Juni 1853 Die Halskette wird so umgearbeitet, dass der Edelstein abgenommen und als Brosche getragen werden kann.

Seit dem 20. Jh. Der Edelstein kann zusammen mit den anderen Kronjuwelen von der Öffentlichkeit besichtigt werden.

Porträt des indischen Mogulkaisers Jahangir

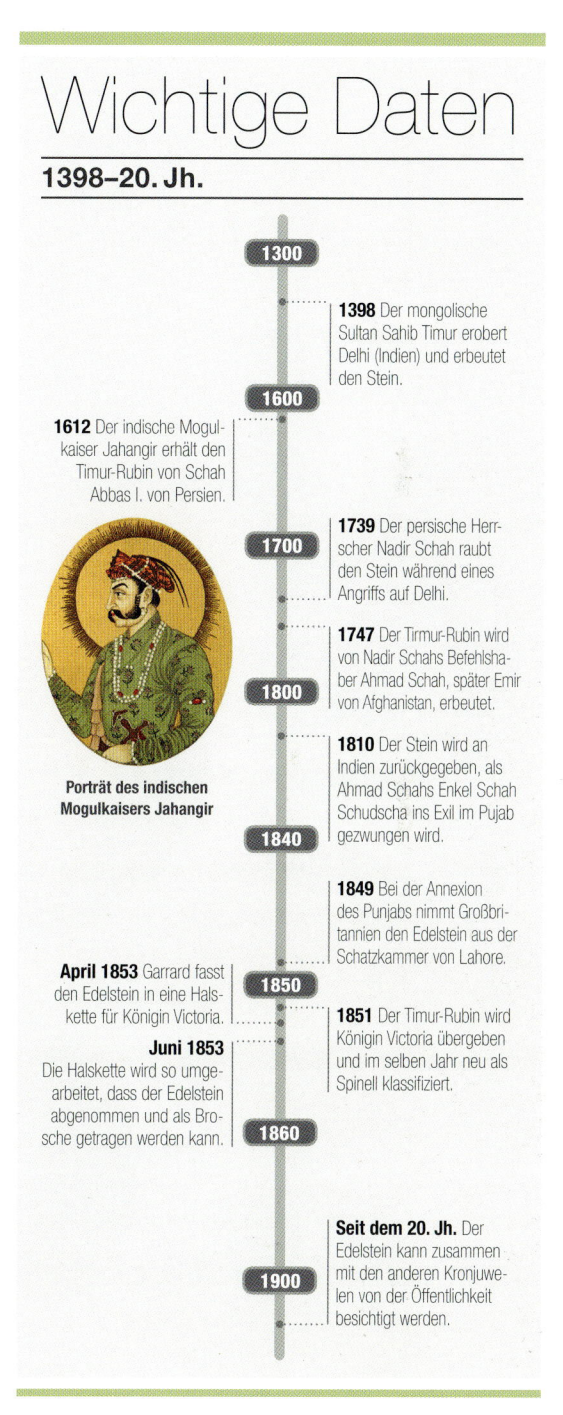

[Er] ist der größte der Welt, deshalb noch bemerkenswerter als der Koh-i-Noor.

Königin Victoria
1851

Spinell

△ **Oktagonaler** rubinroter Spinell im gemischten Schliff

Der Spinell ist ein Magnesium-Aluminium-Oxid, wenngleich der Name auch eine Gruppe Metalloxide bezeichnet, die dieselbe Kristallstruktur haben. Am bekanntesten ist er in Blau, Violett, Rot oder Rosa, doch es gibt noch mehr Farbvarietäten. Seine blutrote Varietät wird auch »Rubinspinell« genannt, während der »Sternspinell« aufgrund natürlicher Lichtreflexe innerhalb des Steins ein Sternmuster aufweist. Die meisten Spinelle stammen aus Flussseifen. Der älteste bekannte Stein datiert auf 100 v. Chr. und wurde in einem buddhistischen Grab gefunden.

Eigenschaften

Chemischer Name Magnesium-Aluminium-Oxid | **Formel** $MgAl_2O_4$ | **Farben** Rot, Gelb, Orange, Violett, Blau, Grün, Schwarz, farblos | **Struktur** Kubisch | **Härte** 8 | **Dichte** 3,6 | **BI** 1,71–1,73 | **Glanz** Glasglanz | **Strichfarbe** Weiß | **Vorkommen** Myanmar, Sri Lanka, Vietnam, Madagaskar, Afghanistan, Tadschikistan, Pakistan, Australien, Tansania

Roh

Verzerrter Oktaeder

Gruppe von Spinellen | Diese Spinelle mit Edelsteinqualität zeigen die Farbvielfalt des Minerals. Manche hat das Wasser rund geschliffen, andere sind perfekte Oktaeder.

Wohldefinierte Kristallfläche

Vom Wasser rund geschliffene Oberfläche

Einzelne Kristalle

Aggregat | Dieser ungeschliffene Stein ist ein Aggregat mit einer Vielzahl kleiner, funkelnder roter Spinell-Kristalle, die natürlich miteinander verwachsen sind.

Oktagonale Kristalle

Magnetit | Das charakteristische, dunkel gefärbte Eisenoxid Magnetit gehört zu den Mineralen der Spinellgruppe, hier als Cluster von schwarzen Oktaedern zu sehen.

Rubin des Schwarzen Prinzen

Ein Fall von falscher Identität

Der herausragende Spinell, »Rubin des Schwarzen Prinzen« genannt, war vermutlich ein Geschenk Peters I. von Kastilien an den Schwarzen Prinzen Edward, Sohn des englischen Königs Eduard III., nach ihrem Sieg in der Schlacht von Nájera im Jahr 1367. Auch der englische König Heinrich V. trug ihn und verlor ihn fast in der Schlacht von Azincourt im Jahr 1415. Später zierte er die britische imperiale Staatskrone. Bis ins 19. Jh. hielt man ihn für einen Rubin.

Der »Rubin« Der Spinell, hier mit seiner diamantbesetzten Fassung zu sehen, ist oben mit einem kleinen Rubin besetzt.

Geschliffen

Kronenfacetten

Fantasieschliff | Dieser lupenreine rote Spinell von 7,27 Karat ist in Herzform geschliffen, eine der größten Herausforderungen für einen Edelsteinschleifer.

Kronenfacetten

Brillantschliff | Dieser feine violette Spinell besitzt einen Brillantschliff mit 52 Facetten, die eine große Menge Licht reflektieren.

Spiegelung des Pavillons

Runder Brillantschliff | Als Variante des Brillantschliffs hat der Schleifer die Zahl der Pavillonfacetten dieses malvenfarbenen Spinells verdoppelt, um seinen Glanz zu verstärken.

Schmuck

Diamanten in Brillantschliff

Diamanten in Baguetteschliff

Spinell in gemischtem Schliff

Spinellring | Ein großer, ovaler roter Spinell im gemischten Schliff ziert diesen spektakulären Ring. Der Stein ist von Brillanten umgeben, die Ringschenkel sind mit Diamanten im Baguetteschliff besetzt.

Spinell im Brillantschliff   Spinell im Rosenschliff

Spinell-Wunderland | Die unterschiedlichen Farbvarietäten des Spinells haben bei diesem Goldring mit 14 Steinen unterschiedlicher Farben, Schliffe und Formen einen betörenden Effekt.

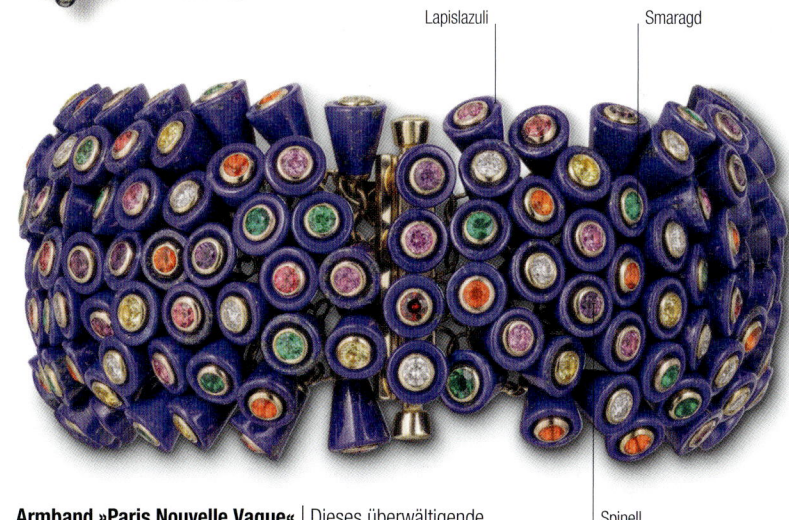

Lapislazuli   Smaragd

Armband »Paris Nouvelle Vague« | Dieses überwältigende 18-karätige Goldarmband von Cartier ist mit Spinellen, Diamanten, rosa und gelben Saphiren, grünen Granaten, Amethysten, Smaragden und Feueropalen in 252 Lapislazuli-Kelchen verziert.

Spinell

Ovaler Spinell im Brillantschliff

Diamant im Brillantschliff

Violetter Spinellring | Die lebhafte Farbe dieses ovalen Spinells im Brillantschliff auf dem Goldring wird durch die kontrastierenden Diamanten rechts und links davon betont.

> **Der Name Spinell leitet sich vom Lateinischen »spinella« ab, was »kleiner Dorn« bedeutet, eine Anspielung auf die scharfen Spitzen seiner Kristalle.**

»Rubin« Katharinas II. von Russland | 398,72 Karat | Einheitliche Farbe und exzellente Transparenz; hier zu sehen auf einem Porträt Katharinas der Großen, um 1762

Katharina die Große
Spinell der Zarin

△ **Porträt von Zar Nikolaus II. am Tag seiner Krönung** mit der russischen Zarenkrone, die der Spinell ziert

Der »Rubin« Katharinas der Großen ist das Prunkstück der russischen Zarenkrone. Er zählt zu den »Sieben Historischen Steinen«, den seltensten und wertvollsten Objekten der königlichen Juwelensammlung Peters des Großen. Die heute Diamantenfonds genannte Sammlung wurde durch spätere Zaren erweitert, war aber stets Staatseigentum.

Tatsächlich ist der »Rubin« ein roter Spinell von 398,72 Karat und damit der zweitgrößte der Welt. Damals hießen Spinelle nach einer berühmten Mine im heutigen Afghanistan »Balasrubine«. Der russische Gesandte Nikolai Spafary erwarb den Edelstein 1676 in China während Handelsgesprächen mit dem Kaiser, wie er berichtete, für »einen sehr hübschen Preis« von 2672 Rubeln.

Der Spinell hatte damals bereits eine wechselvolle Geschichte hinter sich. Einer Legende zufolge hatte Chun Li, chinesischer Söldner in der Armee des türkischen Eroberers Timur, ihn im 14. Jh. in Badachstan gefunden, wohin er wegen Diebstahls von Edelsteinen in Samarkand verbannt worden war. Auf Begnadigung hoffend, wollte Chun Li den Stein dem Kaiser schenken, wurde aber aus Habgier von einer Palastwache ermordet, die nach der Tat exekutiert wurde.

Katharina die Große gab die eindrucksvolle Krönungskrone im Jahr 1762 bei Hofjuwelier Jérémie Pauzié in Auftrag. Er verwendete den Spinell aus einer früheren Fassung sowie weitere Juwelen aus der königlichen Sammlung. Nach der Russischen Revolution wurde die von Katharinas Nachfolgern getragene Krone vor der Öffentlichkeit verborgen.

Spinell Katharinas der Großen

Russische Zarenkrone mit dem Spinell auf der Mitte des Kronenbügels. Die Krone ist außerdem mit 4936 Diamanten und 74 Perlen besetzt.

Zar Paul I. von Russland, Katharinas einziger Sohn, mit der Zarenkrone, um 1800

Der Spinell muss ein extrem unglückseliger Stein gewesen sein.

Diane Morgan
Autorin

Wichtige Daten
1676–1990er-Jahre

1676 Ein russischer Gesandter kauft den »Rubin« in China.

1719 Die Juwelensammlung Peters des Großen bildet das Herz des Diamantenfonds.

Peter der Große, Zar von Russland, um 1717

1762 Katharina die Große gibt die Zarenkrone anlässlich ihrer Krönung in Auftrag.

1896 Nikolaus II., der letzte Zar, trägt die Krone bei seiner Krönung.

1900 Peter Carl Fabergé fertigt eine Miniaturreplik der Zarenkrone und anderer Regalien an.

1906 Die Krone hat ihren letzten offiziellen Auftritt bei der Eröffnung des russischen Parlaments (Legislative).

1914 Bei Kriegsausbruch werden die Juwelen in die Gewölbe des Kreml verlegt.

1926 Der kaiserliche Juwelenschatz wird wiedergefunden, viele Objekte werden verkauft.

1967 Die Schätze des Diamantenfonds werden für ausgewählte hochrangige Beamte ausgestellt.

1990er-Jahre Nach dem Ende der kommunistischen Ära wird die Krone im Museum des Kreml gezeigt.

Chrysoberyll

△ **Chrysoberyll-Katzenauge** im Cabochonschliff

Chrysoberyll-Kristalle sind zwar keine Rarität, doch die Varietät Alexandrit gehört zu den seltensten und teuersten Edelsteinen der Welt. Einzelne Steine haben gewöhnlich nicht mehr als 10 Karat, doch Alexandrit weist die außergewöhnliche optische Eigenschaft auf, dass er im Tageslicht grün, in Kunstlicht jedoch rot schimmert. Weitere Chrysoberyll-Arten treten in Rot, grünlichem Gelb und Gelb auf. Alexandrit wurde 1830 im Ural entdeckt und nach dem russischen Herrscher Alexander I. benannt, an dessen Geburtstag er angeblich gefunden wurde.

Eigenschaften

Chemischer Name Beryllium-Aluminat | **Formel** $BeAl_2O_4$
Farben Grün, Gelb, Braun | **Struktur** Orthorhombisch | **Härte** 8,5
Dichte 3,7 | **BI** 1,74–1,76 | **Glanz** Glasglanz | **Strichfarbe** Weiß | **Vorkommen** Russland, Myanmar, Simbabwe, Tansania, Madagaskar, USA, Brasilien, Sri Lanka

Roh

Abschlussfläche

Zentrum der Zwillingsbildung

Edle Kristalle | Diese großen, für Chrysoberyll typischen keilförmigen Kristalle haben eine gute Farbe. Gut sichtbar ist die zyklische Zwillingsbildung (Gruppe radial gewachsener Kristalle).

Multiple Kristalle

Verwachsungsebene der Zwillinge

Alexandrit-Kristalle | Dieses Alexandrit-Exemplar mit Glimmer stammt aus einer Mine in Sibirien (Russland), weiterhin eine wichtige Quelle für hochwertiges Material.

Zwillingskristalle | Diese beiden von derselben Ebene in »V«-Formation wachsenden Kristalle zeigen die typische Zwillingsbildung von Chrysoberyll.

Farben

Blauer Glanz

Katzenaugen-Chrysoberyll | Dieser semitransparente ovale Cabochon von typischer kräftig honiggelber Farbe besitzt ein deutliches Katzenaugenmuster.

Katzenaugen-Oval | Dieser ovale Katzenaugen-Chrysoberyll im Cabochonschliff hat einen ungewöhnlichen Blauschimmer im Bereich des »Auges« und eine gefleckte Oberfläche.

Geschliffen

Pavillonfacetten sind sichtbar.

Katzenaugen-Cabochon | Der transparente Cabochon zeigt in diffusem Gelb nicht nur das typische »Katzenaugen«-Muster, sondern auch die faserigen Einschlüsse, die es erzeugen.

Grüner Brillantschliff | Die blassgrüne Farbe verleiht diesem Stein einen leuchtenden Glanz, den zehn statt der regulären acht Hauptfacetten des Standardbrillanten hervorheben.

CHRYSOBERYLL | 085

Schmuck

Orangefarbener Saphir
Golddetail
Morganit in Tropfenform
Chrysoberyll-perlen

Cartier-Armband | Mehrere Stränge kleiner Chrysoberyllperlen halten einen Morganit von 32,93 Karat, einen orangefarbenen Saphir von 8,16 Karat und vier farbige Saphire. Außerdem ist das Armband mit Diamanten im Brillantschliff besetzt.

Facettierte Steine
Mondstein
Chrysoberyll
Silber
Saphir

Katzenaugen-Cocktailring | Dieser gelbgoldene Ring aus der Zeit um 1900 besitzt als zentralen Stein einen von Diamanten umgebenen 11,42-karätigen Katzenaugen-Chrysoberyll.

Honiggelbe Katzenaugen | Die elf Steine dieses kreuzförmigen Anhängers sind honig- und grünlich gelb. Katzenaugen sind vor allem im Farbton Honiggelb begehrt.

Halbmondbrosche, Arts and Crafts | Um 1930 fertigte Dorrie Nossiter diese Brosche aus Silber und Gold, die mit einer Mischung von Edelsteinen wie Mondstein, Peridot, Granat, Chrysoberyll, Rubin, Saphir und grünem Zirkon besetzt ist.

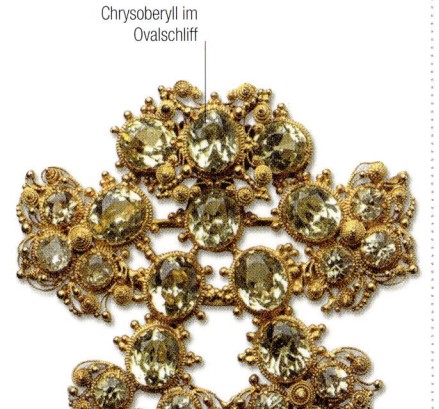

Chrysoberyll im Ovalschliff

Vintagebrosche | Diese viktorianische Brosche ist mit Chrysoberyllen in Ovalschliff besetzt. Die geschwungene Metallfassung erinnert an organische Formen.

Alexandrit

Wechselnde Farben

Die Chrysoberyll-Varietät Alexandrit wechselt die Farbe von grünlich zu rötlich, wenn sich das Licht ändert. Im Tageslicht, also bei vollständigem Lichtspektrum, erscheint Alexandrit grün, in Kunstlicht, das weniger grüne und blaue Töne des Farbspektrums enthält, erscheint er jedoch rot. Der Farbwechsel wird durch Chromatome verursacht, die das Aluminium in der Chrysoberyll-Struktur ersetzen. Sie bewirken eine intensive Lichtabsorption bei einem geringen Wellenlängenbereich.

Alexandrit bei Tageslicht Dieser Alexandrit im Kissenschliff ist bei natürlichem Tageslicht grün.

Alexandrit in Kunstlicht Derselbe Alexandrit im Kissenschliff nimmt bei Kunstlicht eine rote Farbe an.

Hämatit

△ **Hämatit** im Ovalschliff

Hämatit ist ein Eisenoxid und ein relativ häufig vorkommendes Mineral. Sein Name leitet sich vom griechischen Wort für Blut ab, und obwohl es in verschiedenen Farben auftritt, ist die Strichfarbe immer rot. Das rötliche Erscheinungsbild des Mars entsteht durch Hämatitvorkommen auf seiner Oberfläche, daher auch die Bezeichnung »roter Planet«. Als Edelstein ist Hämatit dicht und besitzt einen hohen Brechungsindex. In Pulverform liefert er die Basis für viele Malfarben – Pigmente aus Hämatit hat man schon in 40 000 Jahre alten Höhenmalereien entdeckt.

Eigenschaften

Chemischer Name Eisenoxid | **Formel** Fe_2O_3 | **Farben** Schwarz, Grau, Silber, Rot, Braun | **Struktur** Trigonal | **Härte** 5,5–6,5 | **Dichte** 5,1–5,3 | **BI** 2,94–3,22 | **Glanz** Metallglanz, matt | **Strichfarbe** Rot bis rötlich braun | **Vorkommen** China, Australien, Brasilien, Indien, Russland, Ukraine, Südafrika, Kanada, Venezuela, USA, Großbritannien

Wohlgeformte Hämatit-Kristalle | Roh | Diese Hämatitstufe hat große, wohlgeformte, trigonale Kristalle aus fein schleifbarem Material und einen hellen Metallglanz, der poliertem Silber ähnelt.

Wohlgeformte Kristalle

Quarzkristall

Specularit | Roh | Specularit nannte man früher Hämatit, der flache, helle und glänzende Kristalle ausgebildet hatte, wie dieses Exemplar mit Quarz aus dem britischen Cumbria.

Metallglanz

Hexagonale Stufe | Roh | Dieser Hämatit in Edelsteinqualität ist gut auskristallisiert und weist eine schöne hexagonale Form mit metallisch glänzenden Flächen auf.

Rote Oberflächenfarbe

Ungeschliffener Hämatit | Roh | Dieser blockförmige rohe Hämatit besteht aus zahlreichen nadelförmigen Kristallen und weist eine tiefrote Farbe auf.

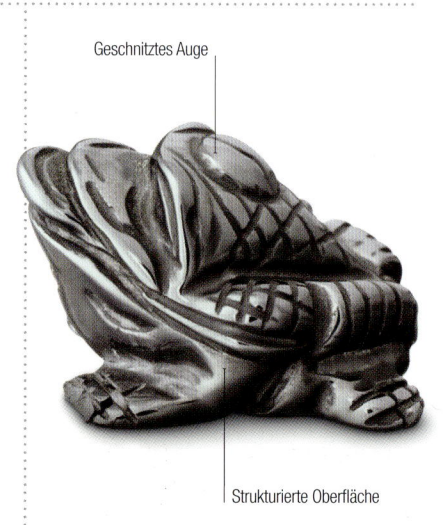

Geschnitztes Auge

Strukturierte Oberfläche

Hämatit-Frosch | Geschnitzt | Hämatit ist ein beliebtes, preisgünstiges Material für das Schnitzen von Objekten wie diesem Frosch. Seit dem 2. Jt. v. Chr. findet er so Verwendung.

Taaffeit

△ **Taaffeit** im Kissenschliff

Wenn ein Mineraloge oder Gemmologe von der Entdeckung eines bisher unbekannten Edelsteins hört, wird er sich als Fundort wohl eine Gesteinsschicht in einer entlegenen Bergkette oder das Geröll eines Flussbettes in einem exotischen Dschungel vorstellen – und kaum ein Juweliergeschäft im irischen Dublin. Doch genau an solch einem Ort wurde der Taaffeit 1945 von Richard Taaffe unter zahlreichen facettierten Edelsteinen aus alten Schmuckstücken entdeckt. Er ist einer der seltensten Edelsteine überhaupt und wird exklusiv für Sammler geschliffen.

Eigenschaften

Chemischer Name Beryllium, Magnesium und Aluminiumoxid | **Formel** $BeMg_3Al_8O_{16}$ | **Farben** Blass malvenfarben, Grün, Saphirblau | **Struktur** Hexagonal | **Härte** 8–8,5 | **Dichte** 3,60–3,62 | **BI** 1,71–1,73 | **Glanz** Glasglanz | **Strichfarbe** Weiß | **Vorkommen** Sri Lanka, Tansania, China

»Fenster«

Unbearbeiteter Edelstein | Roh | Dieser vom Wasser rund geschliffene rohe Taaffeit weist auf einer Seite ein poliertes »Fenster« auf, sodass der Schleifer seine Reinheit beurteilen kann.

Ovaler Brillantschliff

Lavendelfarbe | Farbvarietät | Die helle, fast transparente Malvenfarbe, für die der Edelstein bekannt ist, kommt bei diesem Exemplar im ovalen Brillantschliff bestens zur Geltung.

Intensiver Pflaumenton

Pentagonaler Taaffeit | Geschliffen | Dieser kräftig pflaumenfarbene, mit 8,5 Karat außergewöhnlich große Taaffeit wurde im fünfeckigen Stufenschliff facettiert.

Krone im Brillantschliff

> **Taaffeit ist der einzige Edelstein, der jemals anhand eines bereits facettierten Steins identifiziert wurde.**

Doppelte Brechung

Einfacher Schliff

Taaffeit-Edelstein | Geschliffen | Ein relativ einfacher Brillantschliff erhält durch die doppelte Brechung des Taaffeits noch mehr Glanz und »Feuer«, wie hier zu sehen.

Außerordentliche Farbe | Farbvarietät | Dieser ovale Stein von 1,23 Karat hat eine höchst ungewöhnliche, hell violettrote Farbe und zeichnet sich durch eine Krone im Brillantschliff aus.

Kassiterit

△ **Roher Kassiterit,** auch Zinnoxid genannt

Kassiterit, ein wichtiger Zinnlieferant, ist nach dem griechischen Wort *kassiteros* für das entsprechende Element benannt. Kassiterit ist meist schwarz oder braun und opak. Gelegentlich entdeckt man auch transparente, rötlich braune Kristalle, die für Sammler facettiert werden. Facettierbare Kristalle werden manchmal in Gestein, vorwiegend jedoch in Flussbetten gefunden, wohin sie aufgrund von Verwitterung ihres Ursprungsgesteins gelangen. Insbesondere in Malaysia, Thailand, Indonesien und Bolivien wird Kassiterit auch heute noch zur Zinngewinnung abgebaut.

Eigenschaften

Chemischer Name Zinn(IV)-oxid | **Formel** SnO_2 | **Farben** Mittel- bis Dunkelbraun | **Struktur** Tetragonal | **Härte** 6–7 **Dichte** 6,7–7,1 | **BI** 2,0–2,1 | **Glanz** Diamant- bis Metallglanz **Strichfarbe** Weiß, gräulich, bräunlich | **Vorkommen** Portugal, Italien, Frankreich, Tschechische Republik, Brasilien, Myanmar

Glänzende Kassiteritflächen

Muttergestein Muskovit

Kassiterit in Muttergestein | Roh | Hier wachsen wohlgeformte Kassiterit-Kristalle auf Muskovit-Muttergestein. Ihr schimmernder Glanz gleicht dem von Diamanten.

Transparente Oberfläche

Edelsteinkristalle | Roh | Transparente, rötlich braune Kassiterit-Kristalle in Edelsteinqualität wachsen auf diesem Muttergestein aus massivem Kassiterit.

Wohlgeformte Kristalle

Kassiterit-Kristalle | Roh | Diese Ansammlung scharfer, gut definierter, dunkler Kristalle mit ausgezeichnetem Glanz wächst auf einer massiven Kassiteritstufe nach außen.

Zinn aus Kassiterit

Vom Bronzezeitalter zur Konservendose

Aus Kassiterit gewonnenes Zinn wurde schon seit Beginn des Bronzezeitalters um 3000 v. Chr. im Mittelmeerraum gehandelt. Zinn ist neben Kupfer ein wesentlicher Bestandteil von Bronze, und dank seiner dunklen Farbe ist Kassiterit in Granitgestein, in dem es typischerweise entsteht, gut zu erkennen. In der modernen Zeit hat das Beschichten von Stahl mit ungiftigem und korrosionsbeständigem Zinn die Lebensmittelaufbewahrung revolutioniert – mit der Erfindung der Konservendose.

Konservendosen Zinn aus Kassiterit spielt eine wichtige Rolle bei der Langzeitaufbewahrung von Lebensmitteln.

Facetten ändern mit dem Licht die Farbe.

Ovalschliff | Farbvarietät | Dieser Stein im ovalen Brillantschliff zeigt die für die meisten facettierten Kassiteriten typische gelbbraune Farbe. Er glitzert im Licht wie ein Diamant.

Einschlüsse im Stein

Rundschliff | Farbvarietät | Hier bilden die dunklen Einschlüsse Kontraste zum Weiß des Kassiterits. Der Stein ist in dieser Farbe so selten, dass sich die Facettierung lohnt.

Cuprit

△ **Roher Cuprit,** ein selten vorkommendes Kupfermineral

Das Mineral **Cuprit** ist nach dem Lateinischen *cuprum* für »Kupfer« benannt. Aufgrund seiner karminroten Farbe nannte man es früher auch Rotkupfererz. Fast jeder facettierte Stein mit mehr als einem Karat stammt aus einer einzigen, nun erschöpften Lagerstätte in Namibia – doch diese Steine sind selten. Facettiert sind sie für Schmuck zu weich, ihr Glanz und ihre granatrote Farbe sind jedoch außergewöhlich und bei Sammlern begehrt. Geringe Mengen kleineren Edelsteinmaterials werden heute auch in Australien, Bolivien und Chile gefunden.

Eigenschaften

Chemischer Name Kupferoxid | **Formel** Cu_2O | **Farben** Schattierungen von Rot bis fast Schwarz | **Struktur** Kubisch | **Härte** 3,5–4 | **Dichte** 6,1 | **BI** 2,85 | **Glanz** Diamantglanz, Metallglanz | **Strichfarbe** Braunrot | **Vorkommen** Ursprünglich Namibia; jetzt auch Australien, Bolivien, Chile

Winzige Kristalle

Kleine Cuprit-Kristalle | **Roh** | Diese Ansammlung winziger Cuprit-Kristalle liefert viel Material in Edelsteinqualität – die Flächen schimmern in Diamantglanz.

Kristallflächen von guter Qualität

Kristalle in Edelsteinqualität | **Roh** | Diese deutlich ausgeformten Cuprit-Kristalle sind von guter Transparenz. Jeder davon ließe sich zu einem kleinen, feinen Edelstein verarbeiten.

Lupenreiner Stein

Rechteckiger Treppenschliff | **Geschliffen** | Ein flacher Treppenschliff betont die überragende Reinheit dieses seltenen Cuprit-Edelsteins. Farbe und Glanz sind sehr intensiv.

Leicht eingetrübte Oberfläche

Ovale Form | **Geschliffen** | Dieser Cuprit-Edelstein hat einen leicht metallischen Schimmer auf der Oberfläche entwickelt, höchstwahrscheinlich als Reaktion auf Licht.

Verstreute Cuprit-Kristalle

Cuprit | **Roh** | Diese Cupritstufe weist eine hohe Anzahl winziger Kristalle in seltener nadel- bis haarförmiger Form auf, in dieser Modifikation Chalkotrichit genannt.

Patiala-Halskette | 962,25 Karat (Gesamtgewicht der Diamanten) | Diamanten, Rubine, Platin

Maharadscha Bhupinder Singh
Patiala-Halskette

△ **Patiala-Halskette** in restauriertem Zustand

Die Patiala-Halskette war eine spektakuläre fünfsträngige Diamantenkette einschließlich des berühmten De-Beers-Diamanten, die 1928 von Cartier für den indischen Maharadscha von Patiala, Bhupinder Singh, angefertigt worden war. Nach ihrem Verschwinden wurden Teile wiederentdeckt und restauriert.

Die Platinkette war mit 2930 Diamanten von 962,25 Karat Gesamtgewicht besetzt. Zentraler Stein war der siebtgrößte Diamant der Welt, der blassgelbe »De Beers« von 234,65 Karat. Neben zwei burmeser Rubinen und einem 18-karätigen tabakfarbenen Diamanten, einem von weiteren sieben großen Diamanten zwischen 18 und 73 Karat, bildet er den Höhepunkt des Schmuckstücks.

Yadavindra Singh erbte die Kette 1938 zusammen mit dem Titel seines Vaters. Doch der indische Staat kam finanziell in Bedrängnis und war gezwungen, mehrere Steine aus der Kette zu verkaufen. Nach Indiens Unabhängigkeit im Jahr 1947 verschwand die Platinfassung aus der königlichen Schatzkammer – vermutlich war auch sie verkauft worden. 1998 tauchte der kümmerliche Rest der Kette in London in einer Antiquitätenhandlung wieder auf, wo ein Cartier-Vertreter sie entdeckte und kaufte. Ihre größten Steine jedoch fehlten, darunter auch der »De Beers«.

Uhr mit einem Porträt von Bhupinder Singh, um 1930

Cartier machte sich daran, die Kette zu restaurieren, und ersetzte die fehlenden Diamanten zuerst durch andere Steine wie weiße und gelbe Saphire, weiße Topase und Granate. Doch ihnen fehlte die Brillanz der Diamanten und man entschied sich um – für eine betörende Kombination weißer kubischer Zirkone und synthetischer Diamanten sowie synthetischem Topas, Rubin, Rauchquarz und Zitrin. 2002 lockte Cartier Scharen an, als die Kette – selbst ohne ihre originalen riesigen Edelsteine von unermesslichem Wert noch ein überwältigender Anblick – in seinem New Yorker Geschäft ausgestellt wurde.

> **Ein Wunder natürlicher Schönheit und höchster Kunstfertigkeit**
>
> Richard **Dorment**
> Kunstkritiker

Bhupinder Singhs vergoldetes Tafelservice, angefertigt für den Besuch des zukünftigen Königs Eduard VIII. im Jahr 1922

Wichtige Daten
1888–heute

1888 Der De-Beers-Diamant wird in Südafrika in einer Mine von De Beers entdeckt.

1889 Der Diamant wird geschliffen und in Paris bei der Weltausstellung gezeigt. Rajindar Singh, Maharadscha von Patiala, kauft ihn.

Der De-Beers-Diamant

1925 Bhupinder Singh sucht mit dem Diamanten und unzähligen weiteren Edelsteinen Cartier in Paris auf und bestellt eine Kette – Cartiers größter Auftrag aller Zeiten.

1928 Cartier stellt die Kette fertig und präsentiert sie der Öffentlichkeit, bevor sie nach Indien gesandt wird.

Plakat für die Weltausstellung von 1889

1947 Die Kette verschwindet, nachdem mehrere ihrer Steine, u. a. der De-Beers-Diamant, separat verkauft worden sind.

1982 Der De-Beers-Diamant taucht bei einer Auktion von Sotheby's in Genf wieder auf, wo er unter Mindestpreis verkauft wird.

1998 Der Schweizer Gemmologe Eric Nussbaum, Mitarbeiter von Cartier, entdeckt die Kette in einer Londoner Antiquitätenhandlung.

2002–heute Cartier stellt die restaurierte Kette international aus.

INDISCHE JUWELEN

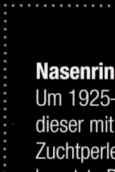

Nasenring
Um 1925–1950 wurde dieser mit Diamanten, Zuchtperlen und Rubinen besetzte Ring aus Gold gefertigt.

Ohrring (zu einem Paar gehörig)
Van Cleef & Arpels schuf diesen Ohrring mit Diamanten im Brillantschliff und Saphiren im Treppenschliff 1935.

Turbanschmuck
Dieser um 1900 gefertigte Turbanschmuck aus Gold und Silber ist mit Smaragden, Diamanten und Perlen besetzt.

Anhänger / Brosche
Das Stück aus Platin mit Perlen, Diamanten, Rubinen, Saphiren und Smaragden ist eine Kreation von Van Cleef & Arpels aus dem Jahr 1924.

Clip »Feuille Persane«
1966 kreierte Van Cleef & Arpels diesen blattförmigen goldenen Clip mit Rubinen und Diamanten.

Turbanschmuck
Aus dem 18. Jh. stammt diese mit Rubinen, Diamanten und Smaragden verzierte *jigha* in Elefantenform.

Brosche
Diese Jadebrosche (um 1650–1750) mit eingelegten Rubinen, Smaragden und Diamanten hat Cartier um 1930 umgearbeitet.

Stirnschmuck
Diese goldene *Tika* (um 1900) ist mit Smaragden und Diamanten besetzt und mit angesetzten Perlen verziert.

INDISCHE JUWELEN | **093**

Pfauenbrosche
Auf etwa 1905 datiert diese goldene, mit Diamanten besetzte und farbig emaillierte Brosche.

Turban-Juwel
Dieses mit Saphir und Diamanten besetzte Platin-Juwel entstand um 1920 und wurde um 1925–1935 umgearbeitet.

Indische Juwelen

Saphire, Rubine, Granate – seit Jahrhunderten ist Indien als Herkunftsland der wertvollsten Edelsteine der Welt berühmt, als Schatzkammer mit ihr ebenbürtigen Goldschmieden. Traditionen und Techniken haben sich von Indien über Europa in die USA und wieder zurück verbreitet und die Juwelierskunst in Ost und West stetig verfeinert. Viele dieser Stücke – neben einigen der seltensten indischen Edelsteine der Welt – entstammen der riesigen Sammlung von Scheich Hamad bin Abdullah Al Thani.

Rutil

△ **Cabochon** von Quarz mit Rutilnadeln

In gewisser Hinsicht ist Rutil bedeutender als Mineral, das anderen Steinen wünschenswerte Eigenschaften verleiht, denn als Edelstein selbst. In der Regel bildet es mikroskopisch kleine, orientierte Einschlüsse in anderen Mineralien und erzeugt den Asterismus in manchen Rubinen und Saphiren. Außerdem tritt Rutil als goldene, nadelartige Kristalle in rutiliertem Quarz auf, ein Material, das bereits seit der Antike ornamental verwendet wird. Manche rötlichen Rutil-Kristalle sind dunkel transparent und werden gelegentlich für Sammler facettiert.

Eigenschaften

Chemischer Name Titandioxid | **Formel** TiO_2 | **Farben** Rötliches Braun bis Rot, Gold | **Struktur** Tetragonal | **Härte** 6–6,5 | **Dichte** 4,2–4,3 | **BI** 2,62–2,90 | **Glanz** Subdiamant- bis Submetallglanz | **Strichfarbe** Hellbraun bis gelblich | **Vorkommen** Schweden, Italien, Frankreich, Österreich, Brasilien, USA

Quarzkristall mit Rutil | Roh | Dieser natürliche, transparente Quarzkristall ist in alle Richtungen von zahlreichen nadelförmigen Rutil-Kristallen durchdrungen.
Rötlich braune Rutil-Kristalle

Goldener Rutil | Farbvarietät | Rutil nimmt oft eine hellgoldene Farbe an, wenn es in Quarz eingeschlossen ist, wie dieses Beispiel mit den garbenartigen Nadeln zeigt.
Zahlreiche Einschlüsse

Cabochon | Geschliffen | Dieser polierte Quarz-Cabochon weist eine Vielzahl von Rutilnadel-Einschlüssen auf, die unter seiner Oberfläche ein dichtes Muster erzeugen.
Rutilnadeln

Parfümflasche | Geschnitzt | Dieser Flakon wurde aus rutiliertem Quarz geschnitzt, das von feinen goldenen Rutilnadeln durchdrungen ist und mit Gold und Onyx verziert wurde.

Intaglio | Geschnitzt | Rutilnadeln sind im Verschluss dieser Parfümflasche sichtbar. Die Flasche selbst besteht aus Quarz mit einem vertieft eingeschnittenen Motiv.

Rutilnadeln
Intaglio mit vertieft geschnittenem Delfinmotiv
Geschnitzter Quarz-Korpus

Titan aus Rutil

Verwendung im Alltag

Rutil ist zwar wenig bekannt, spielt im modernen Leben aber eine zentrale Rolle. Aus Rutil wird Titan gewonnen, und weil dieses nicht mit organischem Material reagiert, dient es zur Herstellung künstlicher Hüft- und Kniegelenke sowie anderer Protesen. Titan ist ferner ein wichtiger Baustoff im Flugzeugbau und überall dort, wo geringe Dichte und hoher Korrosionswiderstand gefordert sind. Titandioxid wiederum ist das wichtigste weiße Pigment in Farben, Plastik und weißem Email.

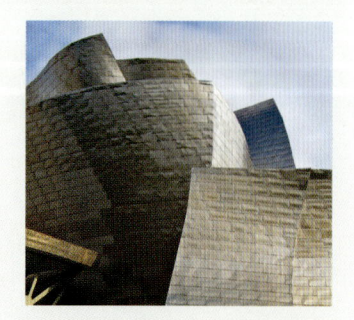

Guggenheim Museum Architekt Frank Gehry versah sein ovales Gebäude in Bilbao (Spanien) mit einer Titanhülle.

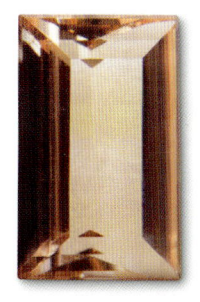

Diaspor

△ **Diaspor-Edelstein** im Smaragdschliff

Der wissenschaftliche Name dieses Edelsteins leitet sich vom griechischen Wort *diaspora* für »zerstreuen« ab – eine Anspielung darauf, dass er unter Hitze zerspringt. Vermarktet wird er unter dem Handelsnamen Zultanit, der der Schönheit des Steins, die er u. a. seinem Pleochroismus (Mehrfarbigkeit) verdankt, eher gerecht wird. Diaspor schimmert in Sonnenlicht hellgrün, in Kerzenlicht erdbeerfarben-violett-rosa und in Kunstlicht champagnerfarben. In gemischtem Licht können Varianten all dieser Töne auftreten.

Eigenschaften

Chemischer Name Aluminiumhydroxid | **Formel** AlO(OH) | **Farben** Weiß, Gelb, Lila, Pink, grünliches Braun, farblos | **Struktur** Orthorhombisch | **Härte** 6,5–7 | **Dichte** 3,3–3,4 | **BI** 1,70–1,75 | **Glanz** Glasglanz | **Strichfarbe** Weiß | **Vorkommen** Türkei, Russland, USA

Diaspor-Kristalle | Roh | Bei diesem Exemplar wachsen Diaspor-Kristalle auf einem Muttergestein aus Schmirgel, einem feinkörnigen Gemenge von Korund.
— Muttergestein Schmirgel

Schimmernder Kristall | Roh | Dieser fast farblose, schimmernde Diaspor-Kristall weist zahlreiche Streifungen parallel zu den langen Seiten des Steins auf.
— Gute Transparenz

Diaspor-Kristall | Roh | Das in diesem facettierbaren Diaspor-Edelsteinkristall enthaltene Material weist einige transparente Stellen auf, die jedoch unter den vielen charakteristischen Streifungen, die sich auf seiner Oberfläche entwickelt haben, kaum sichtbar sind.
— Sichtbare Streifung
— Bruchfläche

Zultanit-Edelstein | Farbvarietät | Dieser herausragende natürliche Edelstein im quadratischen Kissenschliff besitzt die typische Farbe mit Grün-, Blau- und anderen Tönen.
— Vielfarbiges Funkeln

Feiner Edelstein | Geschliffen | Welche Reinheit und Brillanz beim Diaspor-Edelstein möglich sind, zeigen die Facetten und die Lichtbrechung dieses quadratischen Steins im Scherenschliff.
— Schlanke Facetten

Brillantschliff | Geschliffen | Dieser kunstvoll facettierte Diaspor-Edelstein besitzt einen modifizierten ovalen Brillantschliff mit ungewöhnlich vielen Facetten.
— Tafelfacette

> **Diaspor** wurde erstmals 1801 beschrieben, nachdem man es im Ural in Russland gefunden hatte.

Fluorit

△ **Fein kristallisierte,** multiple Ansammlungen einander durchdringender grüner Fluoritwürfel

Fluorit besitzt eines der umfangreichsten Farbspektren aller Minerale, und seine Farben – meist Violett, Grün oder Gelb – sind oft kräftig. Sie treten in der Regel als verschiedene Farbzonen innerhalb ein und desselben Kristalls auf, die der Kontur der Kristallflächen folgen. Fluorit ist leicht spaltbar (entlang seiner atomaren Ebenen) und wird ausschließlich für Sammler facettiert. Dazu wird der Stein sorgfältig ausgerichtet, um seine vier Spaltbarkeitsebenen zu umgehen, anschließend geschnitten und langsam poliert, um Hitze und Vibrationen sorgsam zu vermeiden.

Eigenschaften

Chemischer Name Kalziumfluorid | **Formel** CaF_2
Farben Farblos, Blau, Grün, Violett, Orange | **Struktur** Kubisch
Härte 4 | **Dichte** 3,0–3,3 | **BI** 1,43–1,44 | **Glanz** Glasglanz
Strichfarbe Weiß | **Vorkommen** Kanada, USA, Mexiko, Südafrika, China, Mongolei, Thailand, Peru, Europa, Großbritannien

Roh

Fluoritkuben | Auf einem massiven weißen Fluoritblock sitzt eine Ansammlung violetter Fluoritwürfel, die wiederum von teilweise gelöstem braunem Calcit gekrönt werden.

Kubische Kristalle

Massives Fluorit

Farbschichten

Blue John | Diese ungeschliffene Fluoritstufe, auch »Blue John« genannt, weist die für diese Fluoritvarietät typischen violetten und gelben Farbschichten auf (s. Kasten, gegenüber).

Farbvarietäten von blass bis dunkel

Schatten eingeschlossener Kristalle

Fluoritscheibe | Diese dünne, semitransparente Fluoritscheibe von etwa 5 mm Dicke weist eine Vielzahl von Farbvarietäten sowie eine gut sichtbare Farbzonierung auf.

Farbzonierung

FLUORIT | 097

Farbe

Zwillingskristalle

Einander durchdringende Kristalle | Diese drei eindrucksvollen orangefarbenen Fluorit-Kristalle in Würfelstruktur entwickeln die für diese Art Mineral typischen Zwillinge.

Blaue Fluoreszenz

Fluoreszierendes Fluorit | Fluorit fluoresziert meist, wie hier, unter ultraviolettem Licht, wobei die Farbe der Fluoreszenz von den enthaltenen Spurenelementen abhängt.

> **Opalisierendes Art-déco-Glas von René Lalique und Louis Tiffany entstand durch Beimengung von Fluorit zur Glasschmelze.**

Geschliffen

Zahlreiche Facetten in Kissenschliff

Kissenschliff | Die zahlreichen Facetten und runden Ecken dieses Schliffs intensivieren das kräftige Grün dieses 9,24-karätigen Fluorit-Edelsteins aus Großbritannien.

Spiegelung zahlreicher Facetten

Brillantschliff | Mit diesem Brillantschliff hat der Edelsteinschleifer eine hohe Kunstfertigkeit bewiesen: Die zahlreichen Facetten erzeugen eine vielfache Spiegelung des Pavillons.

Pavillonfacetten

Kissenschliff | Der herausragende Schliff dieses ovalen Fluorits im Kissenschliff betont die Reflektionen und die Blautöne. Blau ist bei Fluorit eine häufige Farbe.

Schmuck

Farbzonierung

Halskette aus Fluorit-Perlen | Diese Halskette besteht aus kreisförmigen, bikonvexen grünen und violetten Fluorit-Perlen, viele mit den typischen Farbschichten. Da Fluorit leicht bricht, eignet er sich kaum für Schmuck, kann aber als Perlen getragen werden.

Geschnitzter Fluorit

Verwendung von massivem Fluorit

Fluorit mit massivem Habitus – mit zahlreichen ineinander verwachsenen statt einzelnen Kristallen – wird schon seit der Antike verarbeitet. Im alten Ägypten schuf man daraus Statuen und Skarabäen. Chinesische Künstler schnitzen Fluorit seit über 300 Jahren, neuerdings auch »New Age«-Objekte wie Kugeln und Obelisken. Blue John, ein massiver englischer Fluorit mit gelben und violetten Farbschichten, wurde bereits zur Zeit der Römer zu kunstvollen Objekten verarbeitet.

Fluoritschale Die dünnen Wände dieser fein gearbeiteten Schale sind Beweis für großes handwerkliches Können.

Calcit

△ **Calcit-Kristalle** von kräftig violetter Farbe

Calcit bildet spektakuläre Kristalle in einer Vielfalt von Formen und praktisch allen Farben aus. Am häufigsten trifft man es als Kalkstein, Marmor und Travertin an, die ornamentalen Zwecken und Steinmetzarbeiten dienen. Travertin ist ein dichtes, gebändertes Gestein, das bei Verdunstung von Fluss- und Quellwasser entsteht, wodurch sich farbige Calcitschichten ablagern. Travertin- und Marmorscheiben wurden im alten Griechenland und Rom extensiv als Gebäudeverkleidung verwendet, und viele altägyptische »Alabaster«-Skulpturen bestehen aus Calcit.

Eigenschaften

Chemischer Name Calciumcarbonat | **Formel** $CaCO_3$ | **Farben** Farblos, Weiß, weitere Farben | **Struktur** Trigonal | **Härte** 3 | **Dichte** 2,7 | **BI** 1,48–1,66 | **Glanz** Glasglanz, Harzglanz | **Strichfarbe** Weiß | **Vorkommen** Island, USA, Deutschland, Tschechische Republik, Mexiko

Calcit und Apatit | Roh | Calcit tritt häufig zusammen mit anderem Edelsteinmaterial auf, das oft eine spätere Ausfüllung bildet, wie diese Apatit-Kristalle.

Eindrucksvolle Kristalle | Roh | Calcit ist das Mineral mit den meisten unterschiedlichen Kristallstrukturen überhaupt, darunter diese perfekt ausgebildeten Skalenoeder.

Skalenoeder | Roh | Skalenoeder, eine Form von Calcit, sind im Grunde steile, hexagonale Pyramiden, wie bei diesem einzelnen, gut definierten Beispiel zu sehen.

Facettierter Stein | Geschliffen | Der Schliff dieses exquisiten Edelsteins aus Tansania ist ein Meisterwerk. Das weiche Calcit ist sehr schwierig zu facettieren, weil es leicht bricht.

Calcit-Alabaster | Geschnitzt | Im alten Ägypten verwendete man Calcit für Objekte wie diesen Kanopenstöpsel aus Tutanchamuns Grab.

Sonnenstein der Wikinger

Kristallkompass

Die Wikinger navigierten auf See mithilfe der Sonne. Bei Bewölkung jedoch erzählen nordische Sagen von der Zuhilfenahme eines »Sonnensteins«, zur Ortung ihrer Position. Wissenschaftler vermuten, es handele sich um Calcit: Ein Calcit-Kristall teilt Licht in zwei ungleiche Strahlen auf. Dreht man ihn, bis beide gleich stark sind, weisen sie zur Sonne. Moderne Calcit-»Detektoren« schaffen dies mit einer Genauigkeit von 99 Prozent.

Wikingerjagd Dieses Felsbild bei Alta in Norwegen zeigt fischende Wikinger – einer wirft ein Netz. Vielleicht navigierten sie mithilfe eines Sonnensteins.

Aragonit

△ **Aragonit-Kristalle** im Muttergestein

Aragonit tritt wie andere Minerale in Gestein auf, entsteht aber auch durch biologische Prozesse: Die Schalen vieler Meeres-Weichtiere sowie Korallen und Perlen bestehen vorwiegend aus Aragonit. Wie alle Carbonate ist es weich, brüchig und sehr schwer zu facettieren. Transparente Kristalle werden in seltenen Fällen für Sammler geschliffen. Facettierbare Qualitäten stammen aus der Tschechischen Republik. Es gibt eindrucksvolle Höhlenformationen in Mexiko, doch seine Typlokalität ist Molina de Aragón in Spanien, wo es 1797 entdeckt und nach dem es benannt wurde.

Eigenschaften

Chemischer Name Calciumcarbonat | **Formel** $CaCO_3$
Farben Farblos, Weiß, Grau, gelblich, rötlich, Grün
Struktur Orthorhombisch | **Härte** 3,5–4 | **Dichte** 2,9
BI 1,53 – 1,68 | **Glanz** Glasglanz mit Neigung zu Fettglanz
Strichfarbe Weiß | **Vorkommen** Spanien, Italien, China

Spanischer Aragonit | Roh | Das violette Aragonit von der klassischen spanischen Lokalität bildet pseudohexagonale Prismen, die hier in einer Ansammlung zu sehen sind.
Pseudohexagonaler Kristall

Aragonit-Sputnik | Roh | Mineraliensammler bezeichnen solche radialen Gruppen orangefarbener pseudohexagonaler Aragonit-Kristalle gelegentlich als Sputniks oder Sterncluster. Die Cluster entstehen durch eine Vielzahl von Zwillingskristallen.
Lebhafte Korallenfarbe
Radiale blütenartige Kristalle

Eisenblüte | Roh | Gelegentlich bildet Aragonit baumartige Kristallgruppen aus. Diese sogenannte »Eisenblüte« ist brüchig und extrem empfindlich.
Gesteinsgrundmasse

Aragonitscheibe | Geschliffen | Gebänderter Aragonit entsteht als Stalaktit in Höhlen. Er wird zu Cabochons verarbeitet, als Schmuck gefasst oder dient, sofern groß genug, als Wandpaneel.
Rostfarbene gebänderte Schichten

Orangefarbener Aragonit | Farbvarietät | Dieser natürlich geschliffene Aragonit-Kiesel besitzt einen besonders kräftigen Orangeton und eine dünne hell gefärbte Schicht.
Dunkelorange Farbe

Türkisfarbener Cabochon | Geschliffen | Mehrschichtiger, gebänderter Aragonit in mehreren Farben wird gelegentlich *en cabochon* geschliffen, wie dieser birnenförmige Stein.
Eisenoxidschicht

Affenfigur | Geschnitzt | Aragonit ist weich und lässt sich leicht schnitzen. Wenn er kompakt genug ist, können daraus dekorative Objekte wie dieser Affe gefertigt werden.
Brauner Aragonit

Rhodochrosit

△ **Transparenter Rhodochrosit** im Brillantschliff von feiner Qualität

Klassischer Rhodochrosit ist rosarot, tritt als durchscheinender Kristall oder als gebändertes Gestein auf und ist weich und sehr zerbrechlich. Facettierte, reine Kristalle sind selten und begehrt, leuchtend kirschrot und von facettierbarer Qualität stammen sie aus Colorado (USA) und Hotazel (Südafrika). Gebänderter Rhodochrosit, »Inkarose« genannt, stammt hauptsächlich aus Argentinien. Er wird *en cabochon* oder zu Perlen geschliffen und zu Kleinskulpturen verarbeitet. Konzentrisch gebänderte Scheiben von Rhodochrosit-Stalaktiten werden poliert und als Anhänger in Silber gefasst.

Eigenschaften

Chemischer Name Mangancarbonat | **Formel** $MnCO_3$ | **Farben** Rosarot, Kirschrot | **Struktur** Trigonal | **Härte** 3,5–4 | **Dichte** 3,6 | **BI** 1,6–1,8 | **Glanz** Glasglanz, Perlmuttglanz | **Strichfarbe** Weiß | **Vorkommen** USA, Südafrika, Rumänien, Gabun, Mexiko, Russland, Japan

Rhodochrosit auf Quarz | Roh | Bei dieser herrlichen Stufe sitzen rhomboedrische Rhodochrosit-Kristalle in facettierbarer Qualität auf einer Gruppe Quarzkristalle.
— Rhomboedrischer Kristall

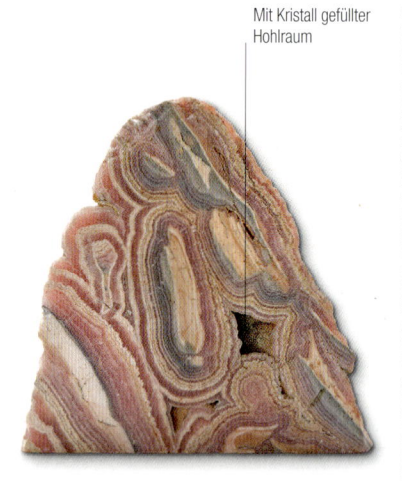

»Inkarose« | Geschliffen | Die charakteristischen Wirbel und Muster dieser massiven Rhodochrositscheibe sind kennzeichnend für die argentinische Varietät »Inkarose«.
— Mit Kristall gefüllter Hohlraum

Ovaler Brillantschliff | Geschliffen | Dieser Brillantschliff ist ein Meisterwerk, denn der weiche Rhodochrosit gehört zu den am schwersten zu facettierenden Edelsteinen.

Cabochon | Geschliffen | Die für massiven Rhodochrosit typischen Wirbel und Schichten werden bei diesem unregelmäßig geformten Rhodochrosit-Cabochon gut sichtbar.

Halskette | Schmuck | Diese grandiose Kette von Tony Duquette (1914–1999) besteht aus Perlen, Bernstein, Rosenquarz, Amethyst, Granat und einem großen Rhodochrosit.
— Rhodochrosit-Tropfen 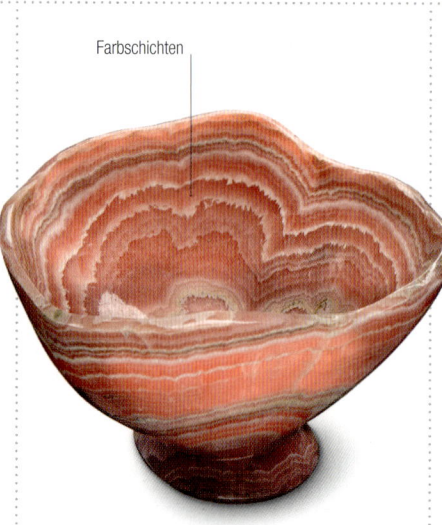

Rhodochrosit-Schale | Geschnitzt | Der Edelsteinschneider hat bei dieser Schale das herrliche Muster des weichen, leicht zu schnitzenden Rhodochrosits herausgearbeitet.
— Farbschichten

Rhodochrosit-Papagei | Geschnitzt | Dieser meisterhafte Papagei wurde Ende des 20. Jh. in Idar-Oberstein gefertigt. Der Schnabel ist aus schwarzem Achat, der Sockel aus Quarz.
— Feine Steinschnitzerei

Cerussit

△ **Gruppe von Cerussit-Kristallen** aus Cumbria (Großbritannien)

Cerussit ist schon seit der Antike bekannt und nach dem Lateinischen *cerussa*, »Bleiweiß«, benannt. Das Bleicarbonat ist nach Galenit das zweithäufigste Bleierz. Im Allgemeinen ist es farblos, kann aber auch blau bis grün gefärbt sein, wenn Verunreinigungen mit Kupfer auftreten. Sein Brechungsindex ist vergleichsweise hoch, weshalb es in facettierter Form eine hohe Brillanz aufweist. Leider sind solche Steine selten und schwer zu facettieren, weil das Mineral sehr spröde und brüchig ist, sowie zu weich, um als Schmuck getragen zu werden.

Eigenschaften

Chemischer Name Bleicarbonat | **Formel** $PbCO_3$
Farben Weiß, Blau bis Grün | **Struktur** Orthorhombisch
Härte 3–3,5 | **Dichte** 6,5 | **BI** 1,8–2,1 | **Glanz** Diamantglanz bis Fettglanz | **Strichfarbe** Weiß | **Vorkommen** Namibia, Marokko, Australien, USA

Prismatischer Edelsteinkristall | Roh | Dieser transparente, wohlgeformte prismatische Einkristall aus weißem Cerussit besteht aus feinem Material in Edelsteinqualität.

Prismatische Fläche
Bruchfläche

Kristalle aus Cumbria | Roh | Die Grafschaft Cumbria in Nordengland produziert Cerussit seit römischer Zeit. Diese Gruppe von Kristallen ist ein schönes Beispiel.

Großer Kristall

Zwillingskristalle | Roh | Cerussit bildet als eines von nur wenigen Mineralen stern- oder kreuzförmige Zwillingskristalle aus, wie dieses ausgezeichnete Exemplar.

Zentrum der Zwillingsbildung

> **Ungewöhnlich lange Cerussit-Kristalle fand man in der Pentire-Glaze-Mine im britischen Cornwall.**

Kronenfacetten

Facettierter Cerussit | Geschliffen | Wie Rhodochrosit ist Cerussit weich und extrem schwer zu facettieren. Seltene Edelsteine wie dieser werden nur für Sammler geschliffen.

Cerussit in Kosmetik

Tödliches Schönheitsprodukt

Ab etwa dem 16. Jh. war Cerussit ein verbreiteter Bestandteil von Kosmetikprodukten, die die Haut aufhellten – eine beliebte Variante war das »Venezianer Weiß«. Aufgrund des Bleigehalts des Minerals war diese Schönheitsbehandlung für die Anwenderin jedoch Gift. Zu den Symptomen gehörten geschwollene Augen, Abszesse und Haarausfall – in diesem Zusammenhang steht eventuell die Mode des 18. Jh., sich den Haaransatz zu rasieren. In schweren Fällen endete eine Bleivergiftung tödlich.

Elizabeth I. Die englische Königin soll Gerüchten zufolge Kosmetik mit »Venezianer Weiß« benutzt haben.

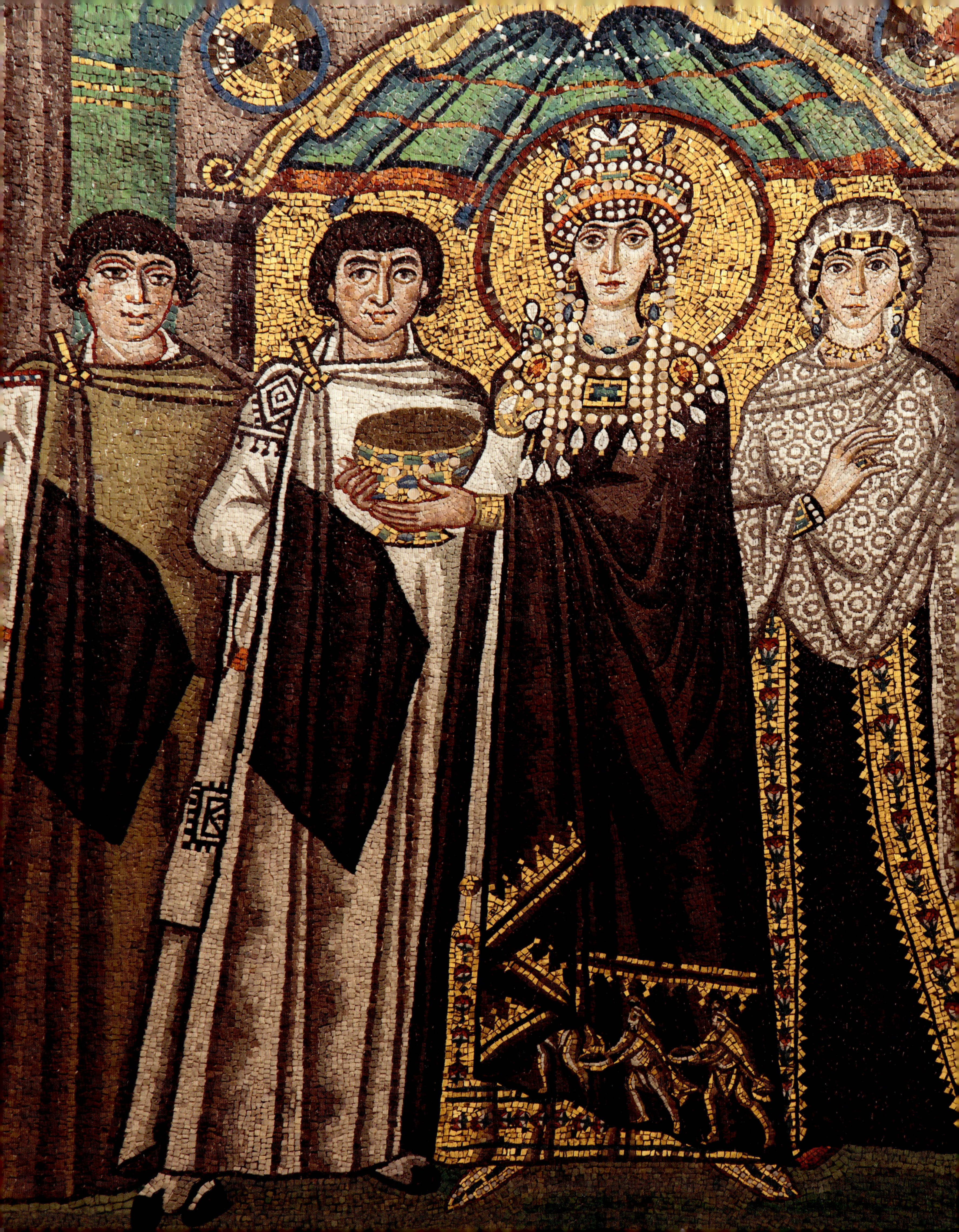

BYZANTINISCHER SCHMUCK

Wie zuvor bei den Römern waren Juwelen auch im Byzantinischen Reich Schmuck, Statussymbol und diplomatisches Geschenk. Vom 4. bis zum 15. Jh. hatten die Juweliere des wohlhabenden Imperiums mit seinem expandierenden Handelsnetz Zugang zu nie dagewesenen Mengen an Gold und Edelsteinen, vor allem Perlen und Granate. Daher ist die byzantinische Ära durch prunkvollen Schmuck geprägt.

Typisch sind prominent in Gold gefasste polierte Cabochons. Farbenfrohe Stücke waren begehrt und Ringe, Armbänder und Halsketten wurden mit Steinen in wechselnden Farben besetzt. Juweliere bezogen Gold aus den Minen des Reiches und verarbeiteten es aufwendig in Durchbruchtechnik, die die Steine zur Geltung brachte. Die Religion spielte bei der Schmuckgestaltung eine wichtige Rolle: Kruzifix-Anhänger, Ohrgehänge und Ringe mit Christus-, Engels- und Heiligenbildern sollten spirituellen Schutz gewähren, Demut ausdrücken – und den Reichtum ihres Trägers zur Schau stellen.

> [Sie trugen] goldene Kragen und durchscheinende Ketten aus glitzernden Edelsteinen und kostbaren Perlen.
>
> Niketas **Choniates**
> Griechisch-byzantinischer Beamter

Kaiserin Theodora, byzantinisches Mosaik, San Vitale, Ravenna, um 6. Jh.
Dieses Mosaik präsentiert die Kaiserin und ihren Hofstaat mit Edelsteinschmuck. Ihr Diadem zeigt Saphire, Smaragde, rote Steine und Perlenstränge, der rechteckige Anhänger Smaragde, Perlen und Saphire.

# Variscit

△ **Diese Scheibe** aus einer Variscit-Knolle macht das innere Muster sichtbar

Gefunden als feinkörnige Massen in Adern, Krusten oder Knollen und gelegentlich als Kristalle, wird Variscit als Schmuckstein für Cabochons, kleine Skulpturen und Ziermaterial geschätzt. Die Matrix des aus Nevada (USA) stammenden Variscits kann von schwarzen Äderchen durchzogen sein und wird oft mit grünem Türkis verwechselt. Solche, dem Türkis ähnliche Variscit-Cabochons werden auch unter dem Namen »Matrix-Türkis« verkauft. Variscit ist porös und kann die Farbe verlieren, wenn er direkt auf der Haut getragen wird.

Eigenschaften

Chemischer Name Aluminiumphosphat | **Formel** $AlPO_4 \cdot 2H_2O$ | **Farben** Hell- bis Apfelgrün | **Struktur** Orthorhombisch | **Härte** 3,5–4,5 | **Dichte** 2,5–2,6 | **BZ** 1,55–1,59 | **Glanz** Glas- bis Wachsglanz | **Strichfarbe** Weiß | **Vorkommen** Österreich, Tschechische Republik, Australien, Venezuela, USA, insbesondere Utah

Kristalliner Variscit | Roh | Bei dieser Stufe hat sich eine kristalline Variscit-Kruste auf einem großen massiven Stück Variscit ohne klar definierte Form gebildet.

- Massive Form
- Kristalline Form

Gewachsener Edelstein | Roh | Ein Ende dieses rohen Variscits wurde poliert, um seine Farbe und Solidität sichtbar zu machen. Er hat einen halbmatten Wachsglanz.

- Poliertes Ende

Trommelstein | Geschliffen | Als Cabochons ungeeignete Variscite werden oft in Trommeln geschliffen, um interessante Muster freizulegen, und als Dekorationsobjekte verkauft.

- Adern
- Grundfarbe

> Variscit ist nach **Variscia** benannt, dem lateinischen Namen der Region **Vogtland**, wo der Stein 1837 erstmals entdeckt wurde.

Ovaler Cabochon | Geschliffen | Variscite von gleichmäßiger Farbe und Dichte wie dieser ergeben attraktive Cabochons. Eine Politur hebt den Glasglanz des Steins hervor.

- Hohe Wölbung

Smithsonit

△ **Rechteckiger** Smithsonit-Cabochon

Smithsonit tritt in vielen Farben, einschließlich Gelb und Rosa, auf, doch am höchsten wird die blaugrüne Varietät gehandelt. Gelegentlich findet man kristalline Formen – spektakuläre Exemplare stammen aus Tsumeb (Namibia) –, die hin und wieder für Sammler facettiert werden. Das meiste Edelsteinmaterial wird *en cabochon* geschliffen oder zu Ziergegenständen verarbeitet, für Schmuck ist es oft zu weich. Darüber hinaus ist Smithsonit ein wichtiges Zinkerz. In der frühen Metallverarbeitung lieferte es vermutlich den Zinkanteil von Messing. Einer der Hauptfundorte ist Kelly in New Mexico (USA).

Eigenschaften

Chemischer Name Zinkcarbonat | **Formel** $ZnCO_3$ | **Farben** Weiß, Blau, Grün, Gelb, Braun, Rosa, Lila, farblos | **Struktur** Trigonal **Härte** 4–4,5 | **Dichte** 4,3–4,5 | **BI** 1,62–1,85 **Glanz** Glasglanz bis Perlmuttglanz | **Strichfarbe** Weiß | **Vorkommen** Namibia, Sambia, Australien, Mexiko, Deutschland, Italien, USA

Smithsonit auf Gesteinsmasse | Roh | Dieses Smithsonit-Exemplar bildet intensive Farbschichten auf einer Grundmasse aus Eisenoxiden. Sein traubenförmiger Habitus ist gut sichtbar.

Runde Massen bilden traubenförmigen Habitus aus.
Eisenoxide

Griechisches Exemplar | Roh | Dieser Smithsonit aus dem attischen Avron (Griechenland) weist keinen der häufigen blaugrünen Farbtöne, sondern eine gelbe Färbung auf.

Smithsonitschicht
Grundmasse für Smithsonit-Wachstum

Cabochon | Geschliffen | Smithsonit ist brüchig, weich und stößt leicht ab, wie unten an diesem Exemplar zu sehen, doch das intensive Blau macht diesen Cabochon attraktiv.

Selten intensive Farbe

Kelly-Exemplar | Geschliffen | Dieser seltene, facettierte Smithsonit zeigt beispielhaft, welch hochwertiges Material die Mine in Kelly in New Mexico (USA) lieferte.

Durchscheinende Oberfläche

Ovaler Cabochon | Geschliffen | Bei diesem soliden, durchscheinenden ovalen Cabochon kommt der traditionell mit Smithsonit assoziierte blaugrüne Farbton perfekt zur Geltung.

Einheitliche Farbe

Namensänderung

Von Kalamin zu Smithsonit

Smithsonit trug zunächst den übergeordneten Namen Kalamin – wie das Mittel zur Behandlung von Juckreiz, das das Mineral in Pulverform enthält. Der englische Chemiker und Mineraloge John Smithson entdeckte, dass Kalamin aus drei verschiedenen Mineralen besteht, und so erhielt 1832 eines davon ihm zu Ehren den Namen Smithsonit. Die anderen zwei wurden Hemimorphit und Hydrozinkit genannt. Mit Smithsons Nachlass wurde die Smithsonian Institution gegründet.

James Smithson (1765–1829) Der Mineraloge, der Smithsonit entdeckte, gab dem Stein seinen Namen.

Azurit

△ **Kugel** aus radial angeordneten Azurit-Kristallen

Azurit wurde im alten Ägypten vermutlich für blaue Glasur verwendet und in der Kunst der Renaissance benutzte man es als blaues Pigment. Sein Name leitet sich vom persischen *lazhuward* für »blau« ab. Azurit wird *en cabochon* geschliffen und in seltenen Fällen für Sammler facettiert. Kugeln aus radial angeordneten Azurit-Kristallen von mehr als 2,5 cm Durchmesser werden als Schmuck getragen, Scheiben als Anhänger in Silber gefasst. Gebänderter Azurit und Malachit, der ornamentalen Zwecken dient, heißt nach seinem französischen Fundort Chessy Chessylith.

Eigenschaften

Chemischer Name Kupfercarbonat | **Formel** $Cu_3(CO_3)_2(OH)_2$
Farben Azurblau bis Tiefblau | **Struktur** Monoklin | **Härte** 3,5–4
Dichte 3,7–3,9 | **BI** 1,72–1,85 | **Glanz** Glasglanz, Wachsglanz bis Erdglanz | **Strichfarbe** Blau | **Vorkommen** Frankreich, Mexiko, Australien, Chile, Russland, Marokko, Namibia, China

Große Kristalle

Große Kristalle | Roh | Diese eindrucksvolle gemischte Stufe besitzt eine Ansammlung ungewöhnlich großer und fein kristallisierter Azurite, die auf einer Goethit-Grundmasse, einer Form von Eisenhydroxid, gewachsen sind.

Chrysokoll

Grundmasse Goethit

Mineralmix | Roh | Azurit tritt oft zusammen mit anderen Kupfermineralen auf. Bei diesem Exemplar sind es Azurit und Chrysokoll auf einer Gesteinsgrundmasse.

Feine Kristalle

Australischer Azurit | Roh | Australien ist reich an Mineralen. Verschiedene Fundorte liefern Azurit und bergen gleichzeitig große Mengen Kupfer.

Blaues Pigment
Ein alternativer Rohstoff für Farben

Maler der Renaissance verwendeten gewöhnlich Lapislazuli als blaues Pigment. Doch dieser war teuer, und Azurit bot eine billige und reichlich vorhandene Alternative. Unglücklicherweise ist freigelegter Azurit allerdings instabil: Bei Feuchtigkeit wandelt er sich durch Wasseraufnahme in grünen Malachit. Deshalb haben sich manche alten Gemälde mit der Zeit grün verfärbt, darunter Giottos Freskenzyklus in Padua (Italien), der Anfang des 14. Jh. entstand.

Giottos Beweinung Christi Einzelne mit Azurit gefärbte Stellen haben ihre originale blaue Farbe eingebüßt.

Malachitband

Herz aus Azurit | Geschliffen | Azurit verwächst häufig mit Malachit und kann beeindruckende Cabochons ergeben, wie dieser in Herzform geschliffene Stein.

Azuritblumen

Gemischter Cabochon | Geschliffen | Erfolgt der Schliff in die richtige Richtung, können die Verwachsungen von Malachit und Azurit spektakuläre Muster erzeugen.

Malachit

△ **Faseriger** Malachit

Malachit wurde bereits vor 5000 Jahren im alten Ägypten als Lidschatten, Pigment für Wandmalerei, in Glasuren und für farbiges Glas benutzt. Auch war und ist es ein bedeutender Kupferlieferant. Die alten Griechen fertigten mit Malachit Amulette für Kinder, die Römer wendeten mit ihm den »bösen Blick« ab und die Chinesen dekorierten mit Malachit Vasen. Im 19. Jh. baute man im Ural in Russland riesige Mengen des Gesteins ab und schmückte eine ganze Kathedrale damit aus. Der bedeutende Schmuckstein wird heute für Cabochons, polierte Platten und Schnitzereien verwendet.

Eigenschaften

Chemischer Name Kupfercarbonat | **Formel** $Cu_2CO_3(OH)_2$ | **Farben** Hell- bis Dunkelgrün | **Struktur** Monoklin | **Härte** 3,5–4 | **Dichte** 3,2–4,1 | **BZ** 1,65–1,91 | **Glanz** Diamantglanz, Seidenglanz | **Strichfarbe** Blassgrün | **Vorkommen** Demokratische Republik Kongo, Australien, Marokko, USA, Frankreich

Malachit-Schmuckstein | Roh | Wenn man die »Blasen« quer durchschneidet, kommt in diesem rohen Malachit ein fantastisches »Ochsenaugen«-Muster zutage.
— Traubenförmige Oberfläche

Malachit aus Chile | Roh | Diese Stufe aus der Atacama-Wüste in Chile besitzt Malachit-Kristalle, die auf einem Atacamit-Bett gewachsen sind.
— Malachit-Kristalle 

Malachit mit stalaktitischem Habitus | Roh | Malachit tritt nicht selten in stalaktitischer Form auf. Manchmal nimmt es eine unregelmäßige Gestalt wie diese an.
— Raue Kanten

Spektakuläre Muster | Geschliffen | Ein Schnitt durch die blasenförmige Struktur von Malachit legt ein eindrucksvolles Muster frei, wie diese polierte Scheibe zeigt.
— »Ochsenaugen«-Muster

Malachit-Anhänger | Schmuck | Dieser polierte Malachit, ein Querschnitt durch die Schichten, besitzt im Kontrast zu den beliebten »Ochsenaugen« ein eindrucksvolles lineares Muster. Er ist in einen ungewöhnlichen Silberanhänger mit Diamanten gefasst.
— Öse
— Lineare Textur
— Silberfassung mit Diamanten

> … ein Feld reifen Kohls im vorherrschenden Farbton Malachitgrün …
>
> Walt **Whitman**
> Schriftsteller

108 | KÖNIGIN DESIDERIAS MALACHIT-PARÜRE

Porträt von Königin Desideria von Schweden und Norwegen, 19. Jh. | Besitzerin der Malachit-Parure

Königin Desiderias Malachit-Parure

△ **Einer der Malachite** mit eingravierten antiken Szenen

Anders als viele Kostbarkeiten im Besitz europäischer Königshäuser wurde die Parure von Königin Desideria von Schweden und Norwegen im 19. Jh. aus einem recht verbreiteten Material gefertigt – einem preiswerten grünen Stein namens Malachit.

Obwohl nur ein gemeiner Schmuckstein, wurde Malachit Anfang des 19. Jh., als man von geologischen Erkenntnissen besessen war, hochmodern. Er diente als Schmuck und sogar zur Auskleidung ganzer Räume. Malachit ist nicht transparent und wird nicht wie Diamant facettiert, sondern zu glatten Cabochons geschliffen oder geschnitzt.

Königin Desiderias Parure gibt Rätsel auf. Sie erscheint zwar auf einer offiziellen Liste der Juwelen der Königin, nirgends ist jedoch belegt, dass sie sie je getragen hätte. Allerdings gibt es Hinweise auf ihre Herkunft. Die Rückseite des Diadems weist die Initialen »SP« und das französische Prüfzeichen 1819–1839 auf, ein fast sicheres Zeichen dafür, dass Simon Petiteau, Juwelier der feinen Pariser Gesellschaft, es angefertigt hat, vermutlich in den 1820er- oder 1830er-Jahren, als die Königin in Paris lebte. Jahrzehnte zuvor war Désirée Clary – wie sie vor ihrer Ehe hieß –, Tochter eines reichen französischen Kaufmanns, mit Napoleon Bonaparte verlobt gewesen, der sie verließ, um Josephine de Beauharnais zu heiraten. Zwei Jahre danach ehelichte Désirée General Jean-Baptiste Bernadotte, der, möglicherweise auf Napoleons Vorschlag hin, zum Kronprinzen von Schweden ernannt wurde.

Während Bernadotte die meiste Zeit militärisch aktiv war, lebte die Königin hauptsächlich in Paris, wo sie wohl die Parure erstand. Interessanterweise besaß auch Napoleons Gattin Josephine eine Malachit-Parure mit Kameen.

Malachitsaal, Winterpalast, St. Petersburg (Russland), um 1830 von Architekt Alexander Brjullow entworfen und nach den Säulen und dem Kamin aus Malachit benannt

In Gold gefasste Malachit-Kameen

Königin Desiderias Parure mit Malachit-Kameen, auf denen antike Szenen dargestellt sind

Wichtige Daten
1777–1954

1777 Désirée Clary kommt in Marseille (Frankreich) als zweites Kind des Kaufmanns François Clary und seiner zweiten Frau zur Welt.

1795 Napoleon Bonaparte verlobt sich mit Désirée, löst das Verlöbnis aber bald wieder.

1798 Désirée heiratet Jean-Baptiste Bernadotte, Napoleons erfolgreichsten General.

1810 Jean-Baptiste Bernadotte wird zum Kronprinzen von Schweden ernannt; Désirée wird Kronprinzessin.

1820–1830 Der Pariser Juwelier Simon Petiteau fertigt die Malachit-Parure für die Königin an.

1829 Désirée wird zu Königin Desideria von Schweden und Norwegen gekrönt.

1860 Nach Desiderias Tod erbt Josephine, Gattin von Desiderias einzigem Sohn, Oscar I., die Parure.

1871 Sofia, Gattin von Oscar II., erbt die Halskette nach Josephines Tod.

1913 Nach Sofias Tod schenkt ihre Familie die Halskette dem Nordischen Museum in Stockholm.

1954 Jean Simmons spielt Désirée Clary neben Marlon Brando in der Filmbiografie *Désirée*.

Der Film *Désirée* nach dem Bestseller von Annemarie Selinko

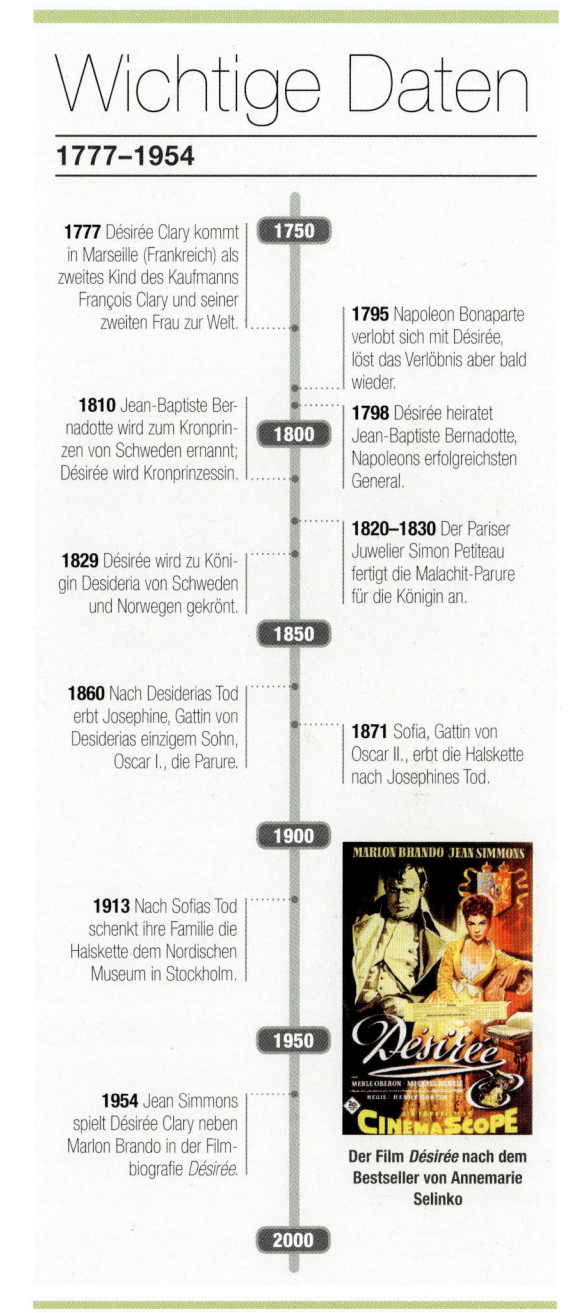

Es war mein Schicksal, Helden anzuziehen.

Königin **Desideria**

Türkis

△ **Cabochon** mit den typischen spinnenwebartigen Adern

n Mesopotamien (dem heutigen Irak) hat man Türkisperlen gefunden, die auf etwa 5000 v. Chr. datiert wurden. Damit zählt Türkis zu den am längsten abgebauten und verarbeiteten Schmucksteinen überhaupt. Der Stein ist relativ weich und leicht zu bearbeiten, lässt sich polieren und eignet sich für Perlen, Schnitzereien und Kameen. Am häufigsten wird er *en cabochon* geschliffen. Seine Farbe variiert von Himmelblau bis Grün, je nach enthaltener Eisen- und Kupfermenge. Türkis ist porös und seine Farbe kann leiden, wenn er häufig auf der Haut getragen wird.

Eigenschaften

Chemischer Name Kupfer-Aluminium-Phosphat | **Formel** $CuAl_6(PO_4)_4(OH)_8 \cdot 4H_2O$ | **Farben** Blau, Grün | **Struktur** Triklin | **Härte** 5–6 | **Dichte** 2,4–2,9 | **BI** 1,61–1,65 | **Glanz** Wachsglanz | **Strichfarbe** Blassgrün | **Vorkommen** Iran, China, USA, Mexiko, Chile, Afrika, Australien, Sibirien, England, Belgien, Frankreich, Polen

Roh

Roher Bisbee | Dieses schöne Exemplar aus Bisbee in Arizona (USA) weist die spinnenwebartigen Adern auf, die typisch für den blauen Türkis von diesem Fundort sind.

- Gesteinsreste als spinnenwebartige Adern
- Wertvolle reine Farbe

Roher Türkis | Bei diesem massiven Türkis, bei dem Mineral und Matrix einander in dünnen Schichten durchdringen, muss der Schmuckstein durch kunstvollen Schliff freigelegt werden.

- Matrix (Muttergestein)
- Dünne Schichten

Geschliffen

Cabochon in Tropfenform | Der stark gewölbte, tropfenförmige Cabochon bringt die attraktive dunkle Äderung in diesem klassischen Bisbee-Türkis perfekt zur Geltung.

- Spinnenwebartige Äderung

Persisch Blau

Spitzenqualität

Das heutige Neyschabur (Iran, vormals Persien) gilt als Fundort des hochwertigsten Türkisgesteins überhaupt. Es wird dort seit Jahrhunderten abgebaut. Der sogenannte persische Türkis ist in der Regel härter und von gleichmäßigerer Farbe als der nordamerikanische Türkis und immer himmelblau, niemals grün. Türkis hat im Laufe der Jahrhunderte Throne, Schwertgriffe, Pferdegeschirre, Dolche, Schalen, Tassen und anderes verschönert und wurde schon immer extensiv für Schmuck genutzt.

Persisches Ornament Dieses gravierte Ornament mit Goldintarsien ist Ausdruck höchster Edelsteinkunst.

Bisbee-Stein | Der ovale Stein mit einem natürlichen, durch Eisenoxide erzeugten Muster stammt von derselben Türkisart wie der rohe Bisbee (oben links).

- Eisenoxide

Imitierter Stein | Dieser ovale Cabochon besteht aus synthetischem Türkis. Ihm fehlen die Farbe und die Textur des Natursteins; der gleichmäßige Farbton kann von Vorteil sein.

- Farbe wirkt »schlammig«

Schmuck

Vintage-Ohrgehänge | Diese Türkisohrgehänge in Goldfassung entstammen der britischen Arts-and-Crafts-Bewegung des frühen 20. Jh.

Goldabhängung in Tropfenform mit Türkis

Goldring | Die Einfachheit dieses Rings hebt den kissenförmigen persischen Türkis-Cabochon hervor. Die gedrehte Fassung bildet den Hintergrund dieses glatten, opaken Steins.

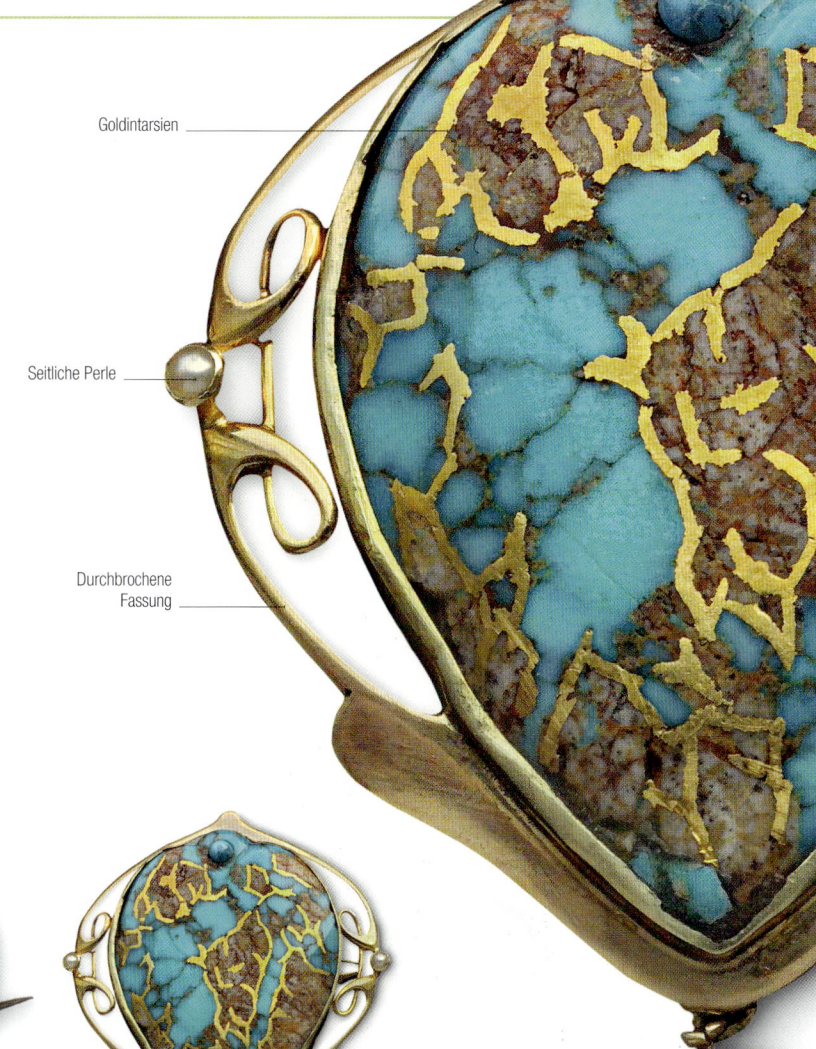

Gedrehte Goldfassung

Goldintarsien

Seitliche Perle

Durchbrochene Fassung

Navajo-Armband | Dieses große, mit Türkisen besetzte Silberarmband aus Morenci in Arizona (USA) ist typisch für den bei den Navajo beliebten kühnen Schmuck.

Cabochons gleicher Größe

Silberfassung für 88 Türkis-Cabochons

Jugendstil-Anhänger | Ende des 19. Jh. entstand dieser seltene Broschenanhänger aus Gold mit Türkis aus Arizona. Neben beidseitigen Perlen besitzt er eine Abhängung in Form einer ovalen Perle und Goldintarsien.

Perlentropfen

Halskette aus Türkisen und Gold | Bei dieser Halskette wechseln sich unregelmäßige, polierte Türkise mit goldenen Kugeln und Konen ab.

Bikonische goldene Glieder

Gedenkbrosche, Ende des 19. Jh. | Diese Silberbrosche mit Türkisen sowie Herz- und Kreuzabhängung besitzt auf der Rückseite des Herzens ein Fach für Haar.

Perlen aus persischem Türkis

Türkise gelangten erstmals über die Türkei nach Europa, wodurch dieser Stein vermutlich seinen Namen erhielt.

112 | MARIE-LOUISES DIADEM

Marie-Louises Diadem | um 1810 | Ursprünglich mit Smaragden, danach mit Türkis-Cabochons besetzt | Gezeigt auf einem Porträt von Giovanni Battista Borghesi – der Künstler hat die Steine in Rot gegeben.

Marie-Louises Diadem

△ **Marie-Louises Diadem,** neu mit Türkis-Cabochons besetzt

Kaum ein historisches Schmuckstück war solch dramatischen Umarbeitungen ausgesetzt wie Marie-Louises Diadem. Aus dem Jahr 1810 stammend, war es ursprünglich mit 79 tiefgrünen kolumbianischen Smaragden von insgesamt 700 Karat besetzt und ist nach Kaiserin Marie-Louise von Frankreich benannt, die den Kopfschmuck von ihrem Gatten Napoleon I. zur Hochzeit bekam. Das Diadem war in Paris von François-Regnault Nitot von Etienne Nitot et Fils (später Juwelier Chaumet) angefertigt worden und Teil einer Parure mit Smaragden und Diamanten, zu der eine Halskette, ein Kamm, eine Gürtelschnalle und Ohrringe gehörten.

Als Napoleons Imperium bröckelte, floh Marie-Louise nach Österreich und hinterließ die Parure nach ihrem Tod ihrer Tante Erzherzogin Elise. Um 1950 kaufte das Juwelierhaus Van Cleef & Arpels das Diadem von einem Nachfahren Elises, entfernte die Smaragde und verkaufte sie bei einer Auktion. Das Unternehmen warb dafür mit den Worten: »Ein Smaragd für Sie aus der historischen napoleonischen Tiara …« Die Edelsteine bestanden aus einem zentralen Smaragd von 12 Karat, weiteren 21 großen und 57 kleineren Smaragden. Van Cleef & Arpels ersetzte diese durch 79 Türkis-Cabochons – eine Veränderung, die manche entsetzte, anderen aber gefiel. Zu Letzteren zählte die amerikanische Frühstücksflocken-Erbin und Multimillionärin Marjorie Merriweather Post. Sie erstand das Diadem 1971 für ihre außerordentliche Schmucksammlung, zu der auch ein Diamantcollier von 263 Karat gehörte, das Napoleon als Geschenk für Marie-Louise anlässlich der Geburt ihres Sohnes im Jahr 1811 (s. S. 284–285) hatte anfertigen lassen. Merriweather Post trug das Diadem einige Male und schenkte es dann dem amerikanischen Smithsonian Institute, wo es heute ausgestellt wird.

Replik der Smaragd-Kette aus der Parure

Wichtige Daten
1810–1971

1810 Napoleon gibt das Diadem als Geschenk für seine zweite Frau Marie-Louise in Auftrag.

1814 Marie-Louise kehrt zu ihrer Familie nach Wien zurück und nimmt ihren Schmuck mit.

1847 Marie-Louise vermacht das Diadem ihrer Tante Erzherzogin Elise.

Napoleon I., Kaiser der Franzosen

1953–1956 Van Cleef & Arpels kauft das Diadem; die Smaragde werden entfernt und verkauft.

1956–1962 Die Smaragde werden durch Türkise ersetzt.

1971 Die Erbin Marjorie Merriweather Post kauft das Diadem und schenkt es der Smithsonian Institution.

Marjorie Merriweather Post

1962 Die Parure wird in Paris im Louvre ausgestellt.

1967 Der größte Smaragd aus der Kette wird für die amerikanische Philanthropin Sybil Harrington in eine Brosche gefasst.

Ein mit Liebe geschenkter Türkis bringt Zufriedenheit und Glück.

Arabisches Sprichwort

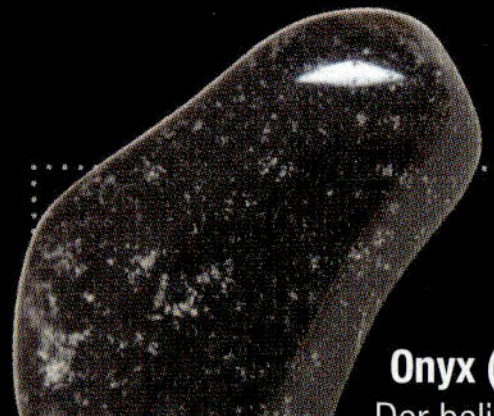

114 | EDELSTEINE ZUM GEBURTSTAG

Onyx (7. Jahr)
Der beliebte Onyx ziert Damen- und Herrenschmuck gleichermaßen.

Turmalin (8. Jahr)
Mit seinem außerordentlichen Farbspektrum ist der Turmalin ein wunderbarer Geburtstagsstein.

Lapislazuli (9. Jahr)
Der wegen seiner eindrucksvollen blauen Farbe gepriesene Lapislazuli markiert häufig das 9. Jahr.

Diamant (10. Jahr)
Die Verbindung des Diamanten mit dem 10. Jahr ist ein moderner, von Juwelieren verbreiteter Gedanke.

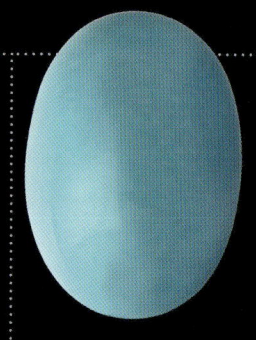

Türkis (11. Jahr)
Die Historie des Türkises reicht bis ins alte Ägypten zurück – kaum ein Schmuckstein ist älter.

Amethyst (6. Jahr)
In ärmeren Zeiten schenkte man zum 6. Geburtstag Eisen. Heute nimmt man stattdessen gern Amethyst.

Saphir (5. Jahr)
Außer zum 5. Geburtstag verschenkt man Saphir auch gern zur Vollendung des 23. Lebensjahrs.

Edelsteine zum
Geburtstag

Steine wurden im Laufe der Geschichte mit Planeten, Wochentagen und in der modernen Zeit am beständigsten mit Geburtstagen in Verbindung gebracht. Viele bekannte Edelsteine und Edelmetalle symbolisieren Jubiläen wie 50 (Gold) oder 60 Jahre (Diamant), werden aber oft auch mit Geburtstagen in den ersten 20 Lebensjahren in Verbindung gebracht. Wie die meisten Edelsteindefinitionen können auch diese Zuweisungen und Interpretationen von Land zu Land und von Händler zu Händler abweichen.

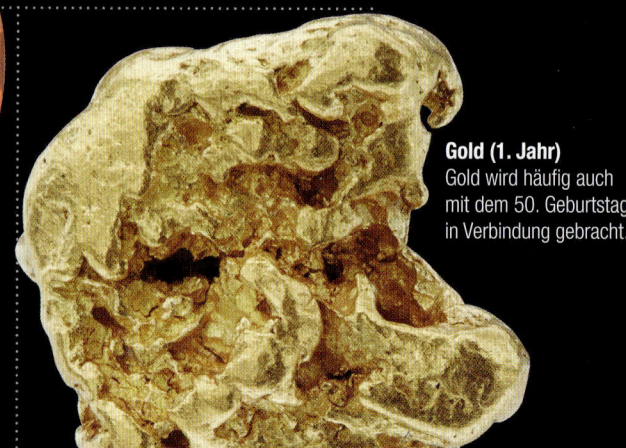

Gold (1. Jahr)
Gold wird häufig auch mit dem 50. Geburtstag in Verbindung gebracht.

Blauer Topas (4. Jahr)
Blauer Topas war früher selten, doch moderne Verfahren wie die Bestrahlung haben das geändert.

Perle (3. Jahr)
Ehedem ein Geschenk zum 30. Geburtstag, sind Perlen heute die häufigste Wahl für das 3. Lebensjahr.

Granat (2. Jahr)
Als beliebtes modernes Geschenk für das 2. Lebensjahr ersetzt Granat das traditionelle Papier.

EDELSTEINE ZUM GEBURTSTAG | 115

Jade (12. Jahr)
Jade ist sehr vielseitig und lässt sich zu einer Vielzahl von Objekten schnitzen.

Gold (50. Jahr)
Im Heiligen Römischen Reich wurden Ehefrauen an ihrem 50. Geburtstag mit Goldkränzen geschmückt.

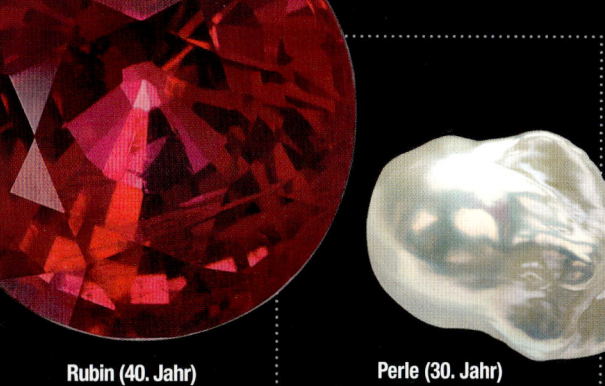

Rubin (40. Jahr)
Wie Gold und Diamanten gehört der Rubin zu den traditionelleren Geschenken.

Perle (30. Jahr)
Die wegen ihrer Seltenheit begehrten Perlen werden traditionell zum 30. Geburtstag verschenkt.

Citrin (13. Jahr)
Der Goldton des nach dem französischen Wort für »Zitrone« benannten Steins wird oft durch Hitze intensiviert.

Silber (25. Jahr)
Im mittelalterlichen Deutschland verschenkte man silberne Kränze zum 25. Hochzeitstag.

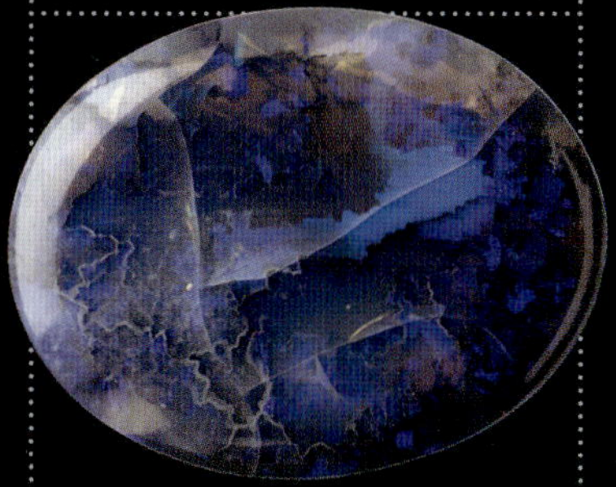

Opal (14. Jahr)
Früher schenkte man zum 14. Geburtstag Elfenbein, doch Opale sind leichter zu pflegen.

Diamant (60. Jahr)
Die Bedeutung des griechischen Wortes *adamas*, »unbezwingbar«, macht den Diamanten zu einem geeigneten Präsent für diesen Geburtstag.

Smaragd (20. Jahr)
Heute ist ein Smaragd das Standardgeschenk zum 20. Geburtstag, anstelle von Porzellan.

Rubin (15. Jahr)
Früher ein Geschenk zum 40. Hochzeitstag, werden Rubine heute zum 15. Geburtstag verschenkt.

Peridot (16. Jahr)
Peridots wurden schon in Meteoriten gefunden und haben entsprechend exotische Assoziationen.

Quarz (17. Jahr)
Zum 17. Geburtstag schenkte man früher eine Uhr: Die moderne Wahl eines Quarzsteins lässt vielleicht an eine Quarzuhr denken.

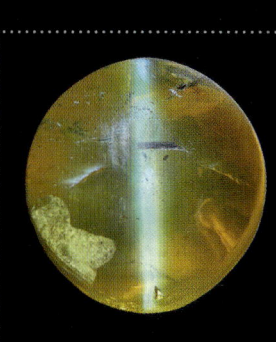

Chrysoberyll (18. Jahr)
Das attraktive Chrysoberyll-Katzenauge ist der offizielle Schmuckstein für den 18. Geburtstag.

Aquamarin (19. Jahr)
Ein herrlich meerblauer Aquamarin ist ein wunderbares Geschenk zum 19. Geburtstag.

Brasilianit

△ **Blassgelber** roher Brasilianit

Brasilianit wurde erst 1945 entdeckt und nach dem Land seines südamerikanischen Fundorts benannt. Somit handelt es sich um einen relativ »jungen« Edelstein. Brasilianit ist meist von zitronengelber bis blassgelber Farbe und für ein Phosphatmineral relativ hart. Außerdem ist der Stein brüchig und selten, jedes Jahr wird nur wenig Material in Edelsteinqualität gefunden. Daher wird er nur für Sammler facettiert. Seit der Identifizierung von Brasilianit als eigenständiges Mineral hat man kleine Mengen davon auch in Maine und New Hampshire (USA) entdeckt.

Eigenschaften

Chemischer Name Natriumaluminiumphosphat | **Formel** $NaAl_3(PO_4)_2(OH)_4$ | **Farben** Gelb, Grün | **Struktur** Monoklin | **Härte** 5,5 | **Dichte** 3,0 | **BI** 1,60–1,62 | **Glanz** Glasglanz | **Strichfarbe** Weiß | **Vorkommen** Brasilien; Maine und New Hampshire (USA)

Prismatische Kristalle | Roh | Diese Gruppe wohlgeformter prismatischer Brasilianit-Kristalle in Vergesellschaftung mit Apatit stammt aus dem Bundesstaat Minas Gerais in Brasilien.

- Brasilianit-Kristalle
- Vergesellschafteter Apatit

- Gute Transparenz

Kristall | Roh | Der auffällig limonengrüne Brasilianit-Kristall stammt aus dem brasilianischen Minas Gerais. Er befindet sich in der Edelstein- und Mineraliensammlung der Smithsonian Institution.

- Facetten der Rückseite gut sichtbar

Smaragdschliff | Geschliffen | Die feine Farbe und Transparenz dieses Steins werden mit dem Smaragdschliff, einer Treppenschliff-Variante, gut sichtbar gemacht.

Brasilianit schleifen

Mit Sorgfalt handhaben

Der kräftig gelbe Brasilianit könnte ein beliebter Edelstein sein, stünden dem nicht zwei Faktoren im Wege – seine Brüchigkeit und seine spröde Textur. Zur Bearbeitung befestigt der Edelsteinschleifer den Stein mit leicht entfernbarem Klebstoff an einer Halterung und vermeidet jeden Stoß. Auch eine geringe Vibration während des Schleifens und Polierens kann den brüchigen Stein ruinieren. Weil das Schleifen dieses Minerals eine echte Kunst ist, sind facettierte Brasilianite relativ selten.

Edelsteine schleifen Brasilianit erfordert höchste Vorsicht beim Schleifen. Aufgrund seiner Brüchigkeit zerspringt er leicht.

- Sternfacette

Fantasieschliff | Geschliffen | Dieser gelbe Brasilianit im traditionellen dreieckigen Treppenschliff ist ein klassisches Beispiel für einen Fantasieschliff.

- Tafelfacette

Brillantschliff | Geschliffen | Dieser grünliche Brasilianit besitzt einen Standard-Brillantschliff mit 52 Facetten, im Gegensatz zur häufigeren Version mit 58 Facetten.

Amblygonit

△ **Transparenter, farbiger** Amblygonit-Rohedelstein

Der Name des Amblygonits geht auf die griechischen Wörter *amblus* (stumpf) und *gouia* (Winkel) zurück – eine Anspielung auf die Form seiner Kristalle. Amblygonit wird vor allem als große, weiße, durchscheinende Masse gefunden und ist ein ergiebiger Lithium-Lieferant. Weniger häufig findet man Amblygonit in Edelsteinqualität, der meist transparent und von gelber, gelbgrüner oder lila Farbe ist. Er lässt sich zwar facettieren und als Schmuckstein verwenden, ist aber anfällig für Bruch oder Abrieb und wird in erster Linie für Sammler geschliffen.

Eigenschaften

Chemischer Name Lithium, Natriumaluminiumphosphat
Formel $(Li,Na)AlPO_4(F,OH)$ | **Farben** Weiß, Gelb, Lila | **Struktur** Triklin | **Härte** 5,5–6 | **Dichte** 3,0–3,1 | **BI** 1,57–1,64
Glanz Glasglanz bis Fett- oder Perlmuttglanz | **Strichfarbe** Weiß
Vorkommen Frankreich, Brasilien, Kalifornien (USA)

Unregelmäßige Oberfläche

Roher Amblygonit | Roh | Die Transparenz dieser rohen Amblygonitstufe ist aufgrund der Reflexionen von seiner unebenen Oberfläche vermindert.

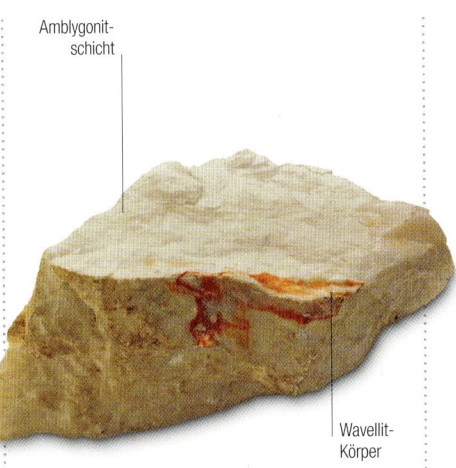

Amblygonit-schicht

Wavellit-Körper

Amblygonit mit Wavellit | Roh | Bei diesem Exemplar überzieht der rohe Amblygonit als durchscheinende Schicht Wavellit, ein anderes Mineral aus der Klasse der Phosphate.

Stein ohne Makel

Ovaler Brillantschliff | Geschliffen | Ein einfacher, aber effektiver ovaler Brillantschliff bringt die Reinheit und Makellosigkeit dieses farblosen Amblygonits bestens zur Geltung.

Winkel fangen das Licht ein.

> **Der größte dokumentierte einzelne Amblygonit-Kristall maß 15 m³.**

Hintergrundfacetten sichtbar

Smaragdschliff | Geschliffen | Der klassische Smaragschliff betont die extrem seltene blaugrüne Farbe dieses Amblygonit-Edelsteins.

Zusätzliche Facetten

Gelbgrüne Transparenz | Farbvarietät | Der Edelsteinschleifer dieses ovalen Amblygoniten hat dem Brillantschliff zusätzliche Facetten hinzugefügt, um das Lichtspiel zu maximieren und die subtile Farbe zu verstärken.

Apatit

△ **Feiner, mittelblauer ovaler Apatit** im Treppenschliff

Der Name Apatit leitet sich vom Griechischen *apate*, »Täuschung«, her, denn er ähnelt häufig Kristallen anderer Minerale wie Aquamarin, Amethyst und Peridot. Apatit kann intensiv gefärbt sein und in kräftigen Grün-, Blau-, Violettblau-, Dunkel- und Rosarottönen auftreten, doch als relativ weicher Kristall wird er nicht oft als Schmuckstein verwendet. Zwar wird transparenter Apatit gelegentlich facettiert und in Schmuck gefasst, doch man muss ihn mit Vorsicht tragen, da er leicht zerkratzt. Einige der größten Apatitkristalle wurden in Kanada gefunden – mit bis zu 200 kg Gewicht.

Eigenschaften

Chemischer Name Fluorapatit, Chlorapatit, Hydroxylapatit
Formel $Ca_5(PO4)_3(F,OH,Cl)$ | **Farben** Verschiedene | **Struktur** Hexagonal oder monoklin | **Härte** 5 | **Dichte** 3,1–3,2
BI 1,63–1,64 | **Glanz** Glasglanz, Wachsglanz | **Strichfarbe** Weiß
Vorkommen Madagaskar, Brasilien, Myanmar, Mexiko

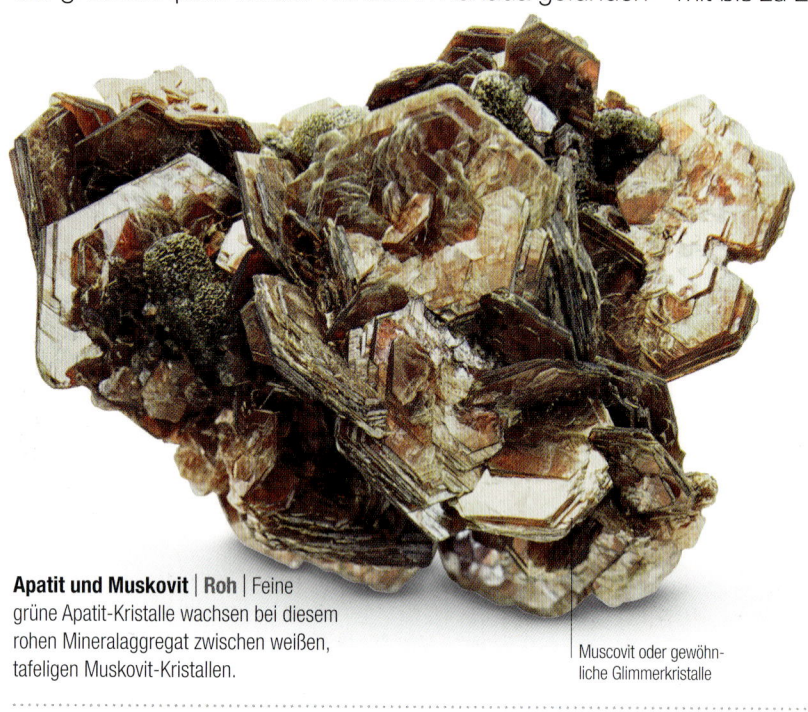

Apatit und Muskovit | Roh | Feine grüne Apatit-Kristalle wachsen bei diesem rohen Mineralaggregat zwischen weißen, tafeligen Muskovit-Kristallen.

Muscovit oder gewöhnliche Glimmerkristalle

Apatit in Calcit | Roh | Apatit wird in verschiedenen geologischen Umgebungen gefunden. Hier bildet er grüne Kristalle innerhalb einer Calcit-Grundmasse.

Prismatische Kristalle | Roh | Apatit kann anderen Kristallen täuschend ähnlich sehen. Ein Amateur könnte die blauen Kristalle hier fälschlicherweise für Aquamarin halten.

Mexikanischer Apatit | Roh | Gelbe Apatit-Kristalle wie dieser aus Mexiko mit einem pyramidalen Ende und einem hexagonalen Prisma sind bei Sammlern und Goldschmieden beliebt.

Apatit-Cabochon | Geschliffen | Dieses attraktive dunkelblaue Apatit-Exemplar wurde *en cabochon* geschliffen und besitzt einen Katzenaugen-Effekt.

Apatit im Treppenschliff | Geschliffen | Gelbe Apatit-Kristalle aus Durango (Mexiko) wurden oft facettiert, wie dieser rechteckige Edelstein im Treppenschliff.

Ovaler Brillant | Farbvarietät | Apatit-Edelsteine von feiner blauer Farbe wie dieser 6,16 Karat schwere ovale Stein im Brillantschliff zählen zu den beliebtesten Varietäten.

Lazulith

△ **Einzelner, dipyramidaler Lazulith-Kristall** aus Afghanistan

Die Bezeichnung Lazulith stammt aus dem arabischen Sprachraum und wird mit »Himmel« übersetzt. In der Regel ist Lazulith azurblau, himmelblau, blauweiß oder blaugrün. Selten wird facettierbares Material gefunden, das je nach Betrachtungswinkel blau oder weiß ist. Körniger Lazulith wird *en cabochon* geschliffen und kann trommelpoliert werden. Gelegentlich wird er zu Perlen oder Artefakten verarbeitet. Er kann Lapislazuli ähneln (s. S. 174–177) und wird manchmal mit Lazurit (dem Hauptbestandteil von Lapislazuli) oder Azurit verwechselt.

Eigenschaften

Chemischer Name Magnesiumaluminiumphosphat | **Formel** $(Mg,Fe)Al_2(PO_4)_2(OH)_2$ | **Farben** Verschiedene Blautöne | **Struktur** Monoklin | **Härte** 5–6 | **Dichte** 3,1 | **BI** 1,61–1,64 | **Glanz** Glasglanz | **Strichfarbe** Weiß | **Vorkommen** Schweden, Österreich, Schweiz, Kanada, USA, Afghanistan

Lazulith auf Muskovit | Roh | Dieses Exemplar besitzt eine Kruste tiefblauer Lazulith-Kristalle auf Muskovit-Feldspat in Begleitung von rosa Feldspat.

Marmorierung

Eindrucksvolle blaue Kristalle

Lazulith in Quarzmasse

Kristalle in Matrix | Roh | Afghanistan hat einige der schönsten Lazulith-Kristalle hervorgebracht, die man je gefunden hat, wie diese Exemplare in einer Quarzmatrix.

Ein einziger Kristall | Roh | Dieser wohlgeformte einzelne Lazulith-Kristall in Quarz aus Afghanistan besitzt eine perfekte dipyramidale Form.

Lazurit | Roh | Die intensive blaue Farbe dieser Lazuritstufe aus Chile macht ersichtlich, wie leicht dieser Stein mit Lazulith verwechselt werden kann.

Cabochon | Geschliffen | Die typische Marmorierung sowie der Glasglanz des Steins kommen durch den Schliff *en cabochon* mit flacher Wölbung sehr gut zur Geltung.

Baryt

△ **Roher Baryt** auf Sphalerit

Der Name Baryt leitet sich vom griechischen Wort *barys* für »schwer« ab, eine Anspielung auf die hohe Dichte des Minerals. Jedoch ist es sehr weich, zerbricht in mehrere Richtungen und lässt sich nur schwer facettieren, einzig und allein als Sammlerstück. Goldener Baryt aus Colorado (USA) ist die am höchsten gehandelte Farbe, doch auch blauer Baryt wird für Sammler facettiert. Man findet dieses Mineral ebenfalls in Form von Stalaktiten, wovon runde, gebänderte Teile poliert und als Anhänger in Silber gefasst werden. Baryt ist die wichtigste Quelle für Barium (s. Kasten, unten).

Eigenschaften

Chemischer Name Bariumsulfat | **Formel** BaSO$_4$ | **Farben** Farblos, Gold, bläulich, grünliches Beige | **Struktur** Orthorhombisch | **Härte** 3–3,5 | **Dichte** 4,5 | **BI** 1,63–1,65 | **Glanz** Glas-, Harz-, Perlmuttglanz | **Strichfarbe** Weiß | **Vorkommen** England, Italien, Tschechische Republik, Deutschland, Rumänien, USA

Prismatische Kristalle | **Roh** | Die hier gezeigte Gruppe Baryt-Kristalle hat eine prismatische Form ausgebildet und besitzt den für das Mineral charakteristischen Harzglanz.
Goldene Farbe

Goldene Baryt-Kristalle | **Roh** | Das goldene Baryt-Material, das in der Nähe von Canyon City in Colorado (USA) abgebaut wurde, ist wegen seiner Kristallformen und -farben, die bei diesem intensiv gefärbten Exemplar deutlich zu sehen sind, weltberühmt.
Tafelige Kristalle

Baryt-Kristalle | **Roh** | Aus der Wet Grooves Mine in Yorkshire (Großbritannien) stammt dieses Mineral-Aggregat, das aus einer großen Gruppe tafeliger Baryt-Kristalle besteht.
Blättrige Formen

Medizin und Industrie

Baryt und Barium

Baryt-Pulver wird in der Medizin in Kontrastmitteln zur Darstellung von Magen und Darm eingesetzt. Auch in der Öl- und Gasproduktion spielt Baryt eine wichtige Rolle: Als Bohrschlamm versiegelt es Bohrlöcher und verhindert Öl- oder Gasaustritt, wozu etwa 70 Prozent der industriellen Baryt-Produktion dienen. Auch verwendet man es als Füllmaterial bei der Papier- und Stoffproduktion und als inertes Pigment in Farben.

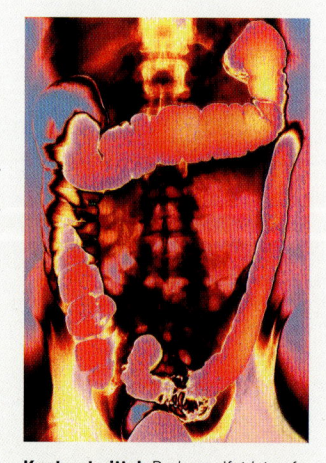

Kontrastmittel Bariumsulfat ist auf Röntgenaufnahmen sichtbar, nachdem der Patient es geschluckt hat.

Baryt-Kristall | **Roh** | Dieser tafelförmige, sich an beiden Enden verjüngende Kristall ist auf der linken Seite beschädigt. Wachstumszonen sind unten als helle Bänderung zu sehen.

Edelstein im gemischten Schliff | **Geschliffen** | Baryt gehört zu den Sammlersteinen, die am schwierigsten zu schleifen sind. Dieser Schliff ist eine fantastische Arbeit.
Rechteckige Tafelfacette

Coelestin

△ **Kristallisierter** blauer Coelestin

Coelestin bildet schöne, transparente, hell- bis mittelblaue Kristalle aus – wäre er härter und langlebiger, würde er zu den begehrtesten Edelsteinen überhaupt zählen. Sein Name leitet sich vom Lateinischen *coelestis* für »himmlisch« ab, eine Anspielung auf seine himmelblauen Kristalle. Aufgrund seiner hohen Spaltneigung wird Coelestin von geschickten Edelsteinschleifern nur für Sammler und Museen facettiert. Einzelne Kristalle werden gelegentlich als Anhänger verkauft, doch sind sie sehr empfindlich. Facettierbares Material findet man in Namibia und Madagaskar.

Eigenschaften

Chemischer Name Strontiumsulfat | **Formel** $SrSO_4$
Farben Farblos, Rot, Grün, Blau | **Struktur** Orthorhombisch
Härte 3–3,5 | **Dichte** 4,0 | **BI** 1,62–1,64 | **Glanz** Glasglanz, Perlmuttglanz auf Spaltflächen | **Strichfarbe** Weiß
Vorkommen USA, Namibia, Madagaskar

Kristalle auf Schwefel-Grundmasse | Roh | Diese Gruppe Coelestin-Kristalle wächst auf einer Schwefel-Grundmasse in alle Richtungen.

Schwefel-Grundmasse

Feine Kristalle | Roh | Diese kleinen, aber perfekt kristallisierten Coelestin-Kristalle haben sich auf einer Schicht des Eisenoxid-Minerals Limonit gebildet.

Eisenoxid

»Himmlische« Kristalle | Roh | Betörend dunkelblau sind diese Kristalle aus Madagaskar, die ihrem Namen »Coelestin« nach dem lateinischen »himmlisch« alle Ehre machen.

Prismenfläche

Kristall mit zwei Enden | Roh | Das Ungewöhnliche an diesem Coelestin-Kristall sind seine zwei Enden, was bedeutet, dass er zwei Abschlussflächen hat.

Farbe wird durchsichtig.

Edelstein im gemischten Schliff | Geschliffen | Auch Coelestin gehört zu den schwer facettierbaren Sammlersteinen – dieser gemischte Schliff ist ein Kunstwerk.

Zahlreiche kleine Facetten

Gebändertes Barium-Coelestin | Roh | Die Varietät Barium-Coelestin ist reich an Barium (s. Kasten, links). Hier ist sie zusammen mit Sphalerit und Calcit gewachsen.

Prismenfläche

Coelestin-Kristalle

Calcitbänderung

Alabaster

△ **Aggregat** von rohem Alabaster

Feinkörnige Massen Gipsspat werden Alabaster genannt. Möglicherweise stammt das Wort aus dem Mittelenglischen, doch letztlich leitet es sich vom griechischen *alabastos* her, einer Bezeichnung für eine Vase aus Alabaster. *A-labaste* genannte Gefäße waren im alten Ägypten bei Anhängern der Göttin Bast verbreitet, worin ebenfalls ein Ursprung des Namens liegen kann. Alabaster wird seit Jahrtausenden für Ornamente, Gefäße und Gebrauchsgegenstände benutzt. Manchmal wird es mit Hitze behandelt, damit es weniger durchscheinend ist und Marmor ähnelt.

Eigenschaften

Chemischer Name Calciumsulfat-Dihydrat | **Formel** $CaSO_4 \cdot 2H_2O$ | **Farben** Farblos, Weiß, Gelb, Hellbraun
Struktur Monoklin | **Härte** 2 | **Dichte** 2,3 | **BI** 1,52–1,53
Glanz Subglasglanz bis Perlmuttglanz | **Strichfarbe** Weiß
Vorkommen Ägypten, Italien

Wachsartige Oberflächentextur

Italienischer Alabaster | Roh | Während italienischer Marmor Weltruhm genießt, ist Italiens feiner Alabaster weniger bekannt. Diese Stücke rohen italienischen Alabasters haben eine fast wachsähnliche Erscheinung.

Farbvarietäten

Gefäß aus Calcit-Alabaster | Gemeißelt | Calcit-Alabaster war im alten Ägypten verbreitet (s. Kasten). Diese Kanope von Psammetich-Padineith stammt aus der 26. Dynastie, um 600 v. Chr.

Alabasterbüste | Gemeißelt | Diese vergoldete Alabasterbüste aus Italien entstand um 1900. Die junge Frau ist im Stil der Renaissance dargestellt.

Calcit-Alabaster

Alabaster in Tutanchamuns Grab

Auch heute noch bezeichnet man den zu Objekten verarbeiteten gebänderten Calcit als »Calcit-Alabaster«. Ein berühmter Fundort dafür war Hattsub in Ägypten. Von dort stammt vermutlich auch das Rohmaterial für einige Alabaster-Objekte aus Tutanchamuns Grab, vor allem Vasen und Kanopengefäße, die seine inneren Organe enthielten. Der Stein wurde auch für Gebäude, Schalen, das Augenweiß von Statuen und anderes verwendet.

Ägyptisches Boot Diese kunstvoll verzierte altägyptische Urne wurde aus Calcit-Alabaster gemeißelt.

Antike Vase | Gemeißelt | Diese frühe Vase wurde in der antiken Stadt Ur (heute im Irak) im 2. Jt. v. Chr. aus Alabaster gemeißelt.

Alabasterbüste | Gemeißelt | Diese Büste aus italienischem Alabaster von Giovanni Battista Cipriani aus dem 18. Jh. zeigt, welche delikaten Farben und feinen Details Alabaster ermöglicht.

Gipsspat

△ **Beispiel** für die Gipsspat-Varietät Seidenspat

Transparente Gipsspat-Kristalle weden Selenit genannt, nach der griechischen Mondgöttin Selene. Der Name geht vielleicht auf den alten Glauben zurück, dass manche transparenten Kristalle mit dem Mond zu- und abnehmen. So ist der Kristall bei spirituellen Anhängern von Edelsteinen immer noch beliebt. Eine faserige Selenit-Varietät mit Seidenglanz ist unter dem Namen »Seidenspat« bekannt. Im Cabochon-Schliff produziert der faserige Gipsspat einen Katzenaugeneffekt, aber um als Schmuckstück getragen zu werden, ist er zu weich.

Eigenschaften

Chemischer Name Calciumsulfat-Dihydrat | **Formel** $CaSO_4 \cdot 2H_2O$ | **Farben** Farblos, Weiß | **Struktur** Monoklin | **Härte** 2 | **Dichte** 2,3 | **BI** 1,52–1,53 | **Glanz** Subglasglanz bis Perlmuttglanz | **Strichfarbe** Weiß | **Vorkommen** Mexiko, USA

Fischschwanzzwillinge | **Roh** | Gipsspat-Zwillingskristalle, die wie diese spiegelbildlich entlang einer Mittellinie wachsen, werden als Fischschwanzzwillinge bezeichnet.

Gipsspat-Kristalle

Gipsspat-Kristalle | **Roh** | Die Flächen dieser auf einer Gesteinsgrundmasse wachsenden Gipsspatkristalle werden durch eine Eisenoxidschicht hervorgehoben.

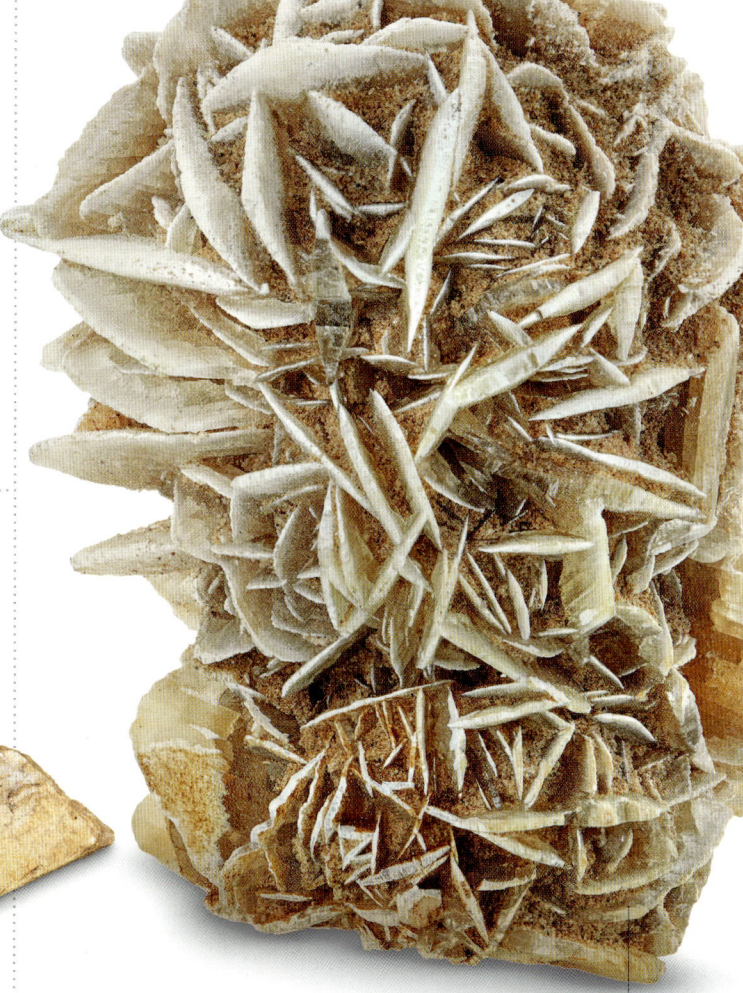

Gesteinsgrundmasse

Wüstenrose | **Roh** | Solche kugelförmigen Aggregate von Gipsspat-Kristallen, die in relativ trockenen Klimazonen entstehen, werden »Wüstenrosen« genannt, eine Anspielung auf ihr blütenähnliches Aussehen.

Tafelige Kristalle

Innere Unvollkommenheiten

Selenit-Kristall | **Roh** | Transparenter oder stark durchscheinender Gipsspat wird Selenit genannt. Er tritt in verschiedenen Kristallformen auf, u.a. der hier gezeigten.

Seidenspat | **Geschliffen** | Gelegentlich bildet Gipsspat Massen langer, paralleler Kristalle aus, Seidenspat genannt, und zeigt im Cabochon-Schliff wie hier ein »Auge«.

HEILIGE STEINE

Die Bibel ist voller Anspielungen auf kostbare Edelsteine – insbesondere Saphire, Diamanten, Rubine und Perlen. Im Alten wie im Neuen Testament versinnbildlichen Juwelen die Herrlichkeit des Himmelreichs. Konsequenterweise kamen in den Insignien der frühmittelalterlichen Kirchen häufig Edelsteine zum Einsatz: Sie schmückten Altäre sowie die Gefäße und Gewänder, die bei Gottesdiensten und Prozessionen zum Einsatz kamen. Manche größeren Klöster Europas beschäftigten eigene Goldschmiede. Auch säkulare Handwerker wurden mit der Anfertigung heiliger juwelenbesetzter Schätze betraut.

Juwelen spielten zudem eine Rolle in der christlichen Reliquienverehrung der Gebeine einer heiligen Person oder der Dinge, die sie berührt hatte – dem Glauben nach ein Bindglied zwischen Himmel und Erde und die wertvollsten Besitztümer der Kirche. Gebeine Heiliger wurden mit Gold, Silber und kostbaren Steinen verziert, kleinere Reliquien bewahrte man in reich geschmückten Reliquiaren auf (s. S. 144–145). Diese Behälter aus wertvollen Metallen und Juwelen waren häufig ein Geschenk frommer Anbeter und Pilger. Die Artefakte galten als physischer Beweis für den spirituellen Reichtum des Lebens nach dem Tod.

> **Ich will ... deine Zinnen aus Kristallen machen und deine Tore von Rubinen und all deine Grenzen von erlesenen Steinen.**
>
> Die **Bibel,** Jesaja 54,11–12

Verehrung des Lammes Gottes von Hubert und Jan van Eyck
Die 1432 von den Brüdern van Eyck für den Altar der St.-Bavo-Kathedrale in Gent (Belgien) gemalte Tafel zeigt die mit schimmernden Edelsteinen besetzten Insignien der Kleriker.

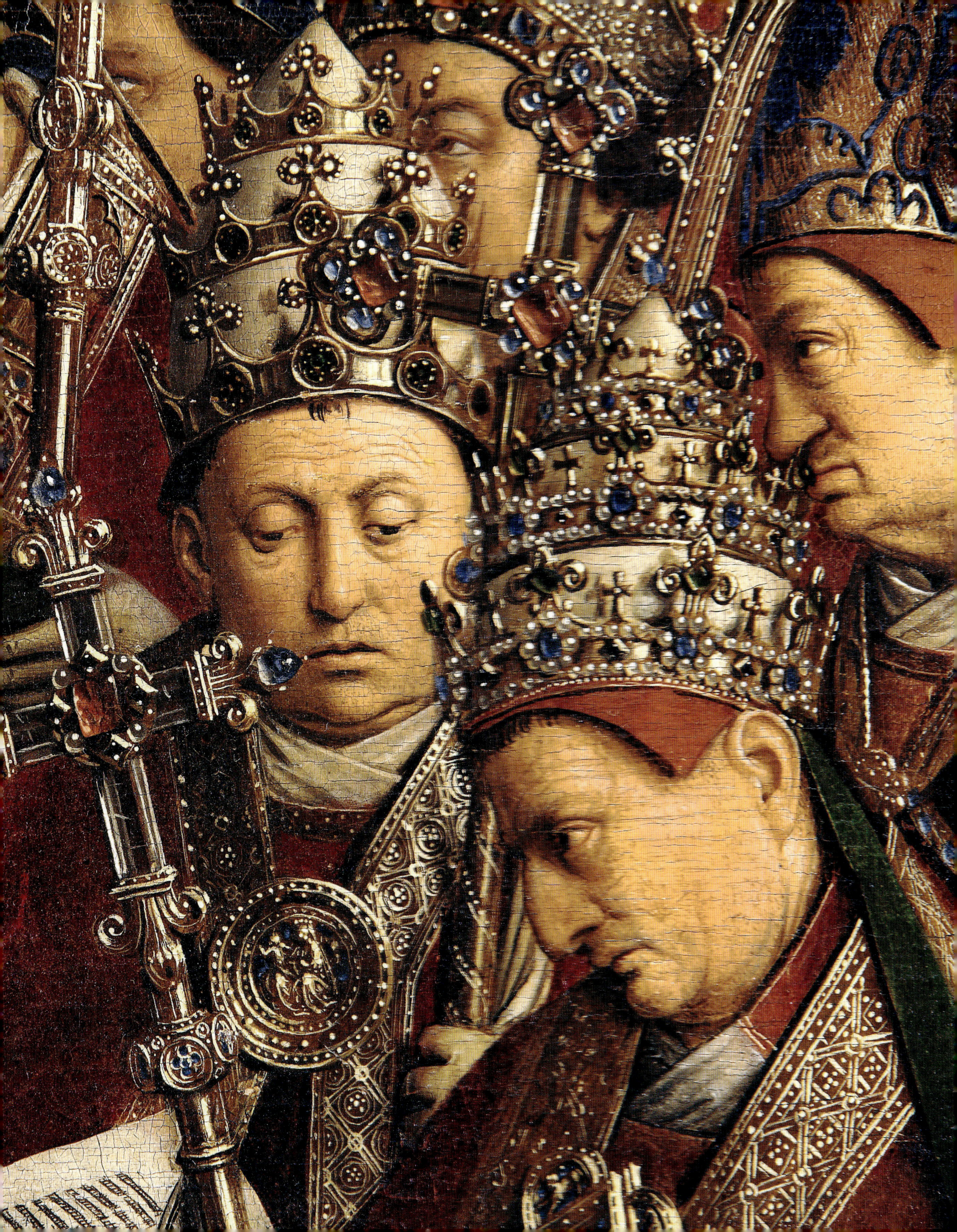

Scheelit

△ **Scheelit-Exemplar** in Gesteinsgrundmasse

Scheelit-Kristalle können opak oder transparent sein. Letzere werden gelegentlich für Sammler geschliffen und können fast genauso viel Feuer besitzen wie Diamant. Daher wird synthetischer farbloser Scheelit hin und wieder als Diamant-Ersatz verwendet, wenngleich er für Schmuck zu weich ist. Synthetischer Scheelit, mit Spurenelementen gefärbt, wird auch als Imitat anderer Edelsteine genutzt. Opake Kristalle können sehr groß werden: Aus Arizona (USA) stammen Exemplare von 7 kg Gewicht. Die meisten Scheelit-Kristalle fluoreszieren unter ultraviolettem Licht.

Eigenschaften

Chemischer Name Calciumwolframat | **Formel** $CaWO_4$
Farben Gelb, Weiß, Hellgrün, Orange | **Struktur** Tetragonal
Härte 4,5–5 | **Dichte** 5,9–6,3 | **BI** 1,92–1,94 | **Glanz** Glasglanz bis Fettglanz | **Strichfarbe** Weiß | **Vorkommen** Österreich, Italien, Brasilien, Ruanda, USA, Großbritannien, China

Scheelit auf Muskovit | Roh | Bei diesem Aggregat aus China befindet sich ein großer Scheelit-Kristall auf einer Muskovit-Grundmasse, eine häufig vorkommende Glimmer-Varietät.
— Muskovit
— Scheelit-Kristall

Kristalle in Matrix | Roh | Diese Stufe besteht aus Scheelit-Kristallen auf einer Magnetit-Grundmasse. Die Kristalle haben eine bipyramidale Form.
— Bipyramidaler Kristall

Edelsteinkristall | Roh | Dieser wohlgeformte, glänzende Scheelit-Kristall stammt aus einer großen Scheelit-Lagerstätte in China. Solche Steine lassen sich zu Edelsteinen schleifen.
— Gute Transparenz

Wolfram

Hohe Temperaturen bevorzugt

Scheelit ist ein wichtiger Lieferant von Wolfram, der den höchsten Schmelzpunkt aller Elemente besitzt und aus der modernen Industrie nicht wegzudenken ist. Die Fäden von Glühbirnen sind aus reinem Wolfram, Wolframcarbid härtet Bohrerspitzen, Pressformen und Metallschneidewerkzeuge. Kobalt-Chrom-Wolfram-Legierungen schützen Ventile, Triebwerke, Antriebswellen und Schneidewerkzeuge vor Verschleiß, Wolframstahl sorgt bei Bauteilen wie Raketendüsen für Hitzeresistenz.

Raketendüse Solche Raketendüsen aus hitzeresistenten Legierungen enthalten aus Scheelit gewonnenen Wolfram.

Orangefarbiger Kristall | Farbvarietät | Dieser große, fein transparente Kristall ist aufgrund seines Orangetons bemerkenswert. Ein solcher Stein fluoresziert unter ultraviolettem Licht.
— Transparenter Kern

Brillantschliff | Geschliffen | Der Brillantschliff dieses feinen, gelbbraunen Scheelits steigert die hohe Lichtbrechung, die man mit dieser Art von Mineral assoziiert.
— Kronenfacetten

SCHEELIT–HOWLITH | **127**

Howlith

△ **Knolliger Howlith** auf einer Gesteinsgrundmasse

Der bei Sammlern beliebte Howlith tritt meist in Knollen mit weißen Adern aus anderen Mineralen auf. Er ist relativ porös und absorbiert insbesondere blaue Farbe gut: So verändert, ähnelt er Türkis und wird manchmal fälschlicherweise als solcher verkauft. Aufgrund seines geringeren Gewichts lässt er sich aber gut von Türkis unterscheiden. Er kann auch geschliffen werden. In größeren Mengen findet man Howlith im Death Valley in Kalifornien (USA). Benannt ist er nach dem kanadischen Chemiker Henry How, der ihn 1868 entdeckte.

Eigenschaften

Chemischer Name Calcium-Borosilikat | **Formel** $Ca_2B_5SiO_9(OH)_5$ | **Farbe** Weiß | **Struktur** Monoklin | **Härte** 3,5 | **Dichte** 2,6 | **BI** 1,58–1,61 | **Glanz** Subglasglanz | **Strichfarbe** Weiß | **Vorkommen** USA, Kanada, Mexiko, Deutschland, Russland, Türkei

Natürliche rauhe Oberfläche

Howlithknolle | Roh | Roher Howlith tritt gelegentlich in blumenkohlartigen Knollen auf, wie dieser, der sich färben lässt und dann einem Türkis ähnelt (s. ganz rechts).

Eisenoxid-Adern

Polierter Kiesel | Geschliffen | Bei dem trommelgeschliffenen Exemplar eines natürlichen, ungefärbten Howliths sind die für diesen Stein typischen Adern gut sichtbar.

Türkise Färbung

Gefärbt und getrommelt | Geschliffen | In getrommelter und blaugrün gefärbter Form ähnelt Howlith dem Türkis und ist ein beliebter Sammlerstein.

Polierte Oberfläche

Gefärbter Howlith | Geschliffen | Dieser trommelgeschliffene Howlith wurde in einem etwas anderen Türkiston gefärbt und erhielt eine stärker polierte Oberfläche.

Onyx

Howlith-Anhänger | Geschliffen | Dieser fein gearbeitete Pferdekopf aus geädertem Howlith mit Onyx-Augen ist von 18-karätigem Gold eingefasst.

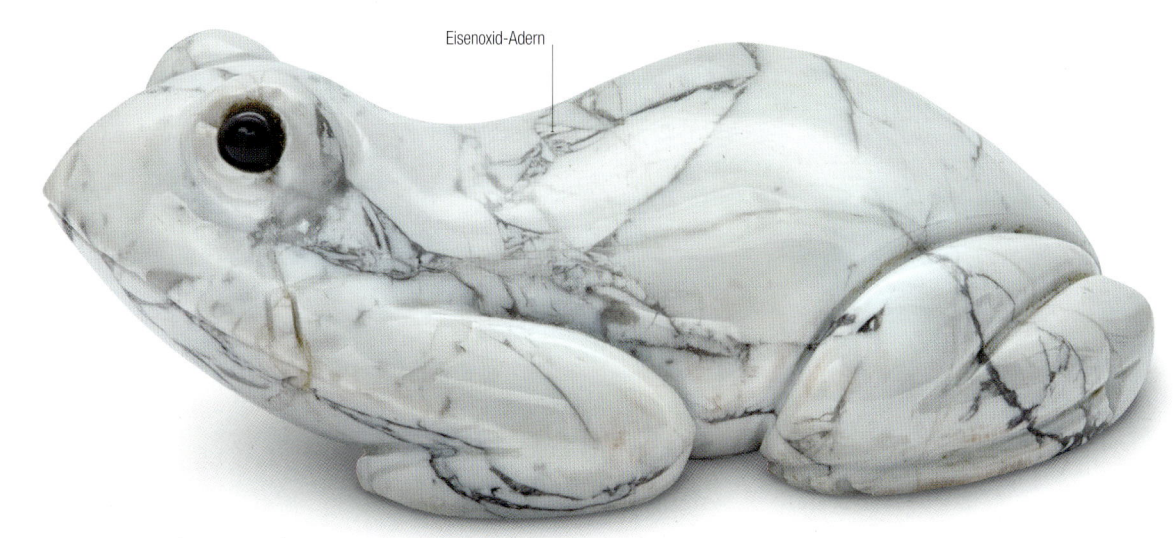

Eisenoxid-Adern

Geschnitzter Frosch | Geschnitzt | Howlith ist weich, aber nicht brüchig. Daher eignet er sich ausgezeichnet für Steinschnitzarbeiten. Dieser hübsche Frosch aus geädertem Howlith hat eine glatte Oberfläche. Onyxcabochons bilden die Augen.

KÖNIGIN ELISABETHS PELIKAN-BROSCHE

Emailpelikan auf rechteckigem Rubin | Auf diesem Porträt Elisabeths I. hängt der Pelikan über Perlen von einem in Gold gefassten Diamanten herab | Nicholas Hilliard zugeschrieben, um 1573–1575

Königin Elisabeths Pelikan-Brosche

△ **Pelikan aus Email,** Emblem Elisabeths I. von England

Während über die Symbolik der Pelikan-Brosche von Königin Elisabeth I. viel bekannt ist, weiß man über das Stück selbst wenig. Die letzte bekannte Darstellung ist das Nicholas Hilliard zugeschriebene Porträt Königin Elisabeths I. mit dem Schmuckstück. Das Gemälde entstand etwa in der Mitte von Elisabeths Herrschaft, als sie rund 40 Jahre alt war, zu einer Zeit, als religiöse Ikonografie in ihrer öffentlichen Darstellung bedeutsam wurde. Auf dem Gemälde ist die Brosche an Elisabeths reich geschmücktem Kleid befestigt. Sie zeigt einen Pelikan mit blutiger Brust, von Jungtieren umgeben. Der Email-Pelikan hängt von einem quadratischen, in Gold gefassten Diamanten herab und sitzt auf einem rechteckigen Rubin.

Elisabeth bevorzugte bekanntermaßen zwei Symbole – den Phönix und den Pelikan. Während Ersterer Beständigkeit und lange Herrschaft symbolisierte, stand der Pelikan für ihre Ergebenheit gegenüber ihren Untertanen. Einer alten Legende zufolge pickte sich ein Mutterpelikan in die Brust, um seine Jungtiere mit seinem eigenen Blut zu nähren – vielleicht aufgrund der Art, wie Pelikane ihre Schnäbel gegen die Brust drücken, um ihren Kehlsack vollständig von Nahrung zu leeren. Diese Legende, die älter ist als das Christentum, symbolisierte im Frühchristentum den Opfertod Christi und die Darbringung seines Körpers und Blutes in der Eucharistie. Manchmal wurde der Erlöser selbst als »der Pelikan« bezeichnet.

Elisabeth präsentierte sich mit dem Symbol als selbstlose Mutter ihres Volkes, für die das Wohl ihrer Untertanen Priorität hatte. Ihre Höflinge, die ihre Interpretation dieser Embleme kannten, schenkten ihr Pelikan- und Phönix-Schmuck, wie auf diesem und dem entsprechenden Porträt mit Phönix zu sehen.

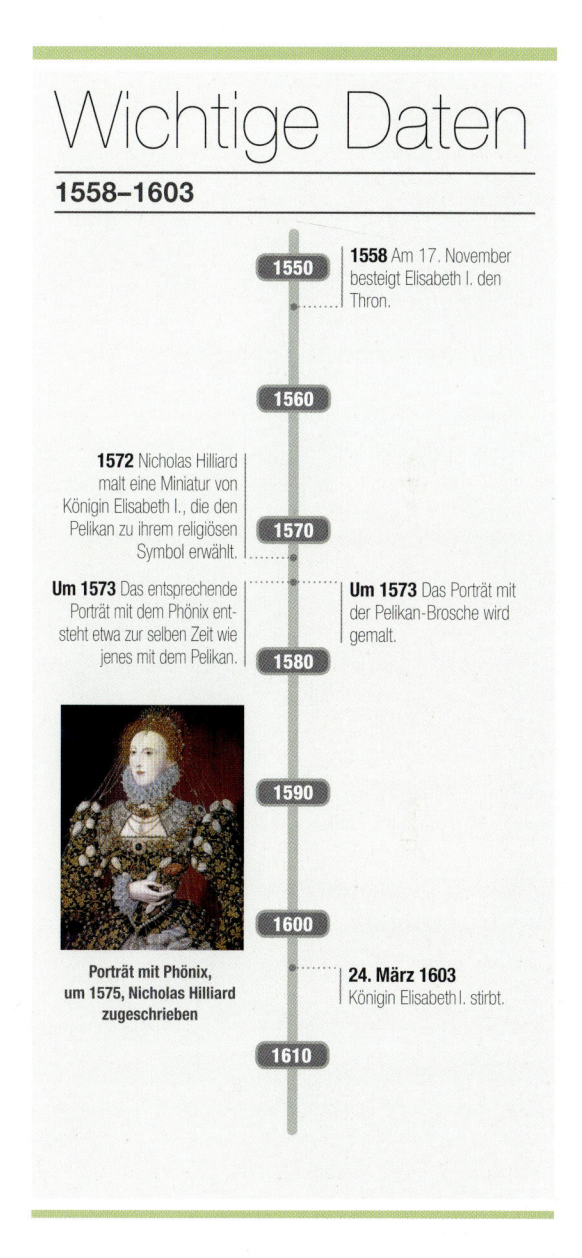

Clip von Van Cleef & Arpel mit dem Pelikanmotiv

Wichtige Daten

1558–1603

- **1558** Am 17. November besteigt Elisabeth I. den Thron.
- **1572** Nicholas Hilliard malt eine Miniatur von Königin Elisabeth I., die den Pelikan zu ihrem religiösen Symbol erwählt.
- **Um 1573** Das entsprechende Porträt mit dem Phönix entsteht etwa zur selben Zeit wie jenes mit dem Pelikan.
- **Um 1573** Das Porträt mit der Pelikan-Brosche wird gemalt.
- **24. März 1603** Königin Elisabeth I. stirbt.

Porträt mit Phönix, um 1575, Nicholas Hilliard zugeschrieben

Der Künstler Nicholas Hilliard (1547–1619), berühmt für seine Porträts Elisabeths I.

> ... jener gute Pelikan, der, um sein Volk zu nähren, sich gar selbst zerfleischt

John Lyly
Englischer Schriftsteller, um 1553–1606, über Königin Elisabeth I.

Mystik und Medizin

Seit dem Altertum galten Edelsteine als Talismane, die Böses abwehrten und ihren Träger vor Krankheiten schützten. Im Mittelalter schrieben Alchemisten Edelsteinen Heilkräfte zu und reichen Patienten wurden zermahlene Steine als Medizin verabreicht. Heute glauben New-Age-Anhänger, dass auf den Körper gelegte Kristalle heilend wirken – wenngleich der medizinische Nachweis dafür fehlt.

Diamant
Für die Griechen waren Diamanten die Tränen der Götter, für die Römer Splitter herabgefallener Sterne.

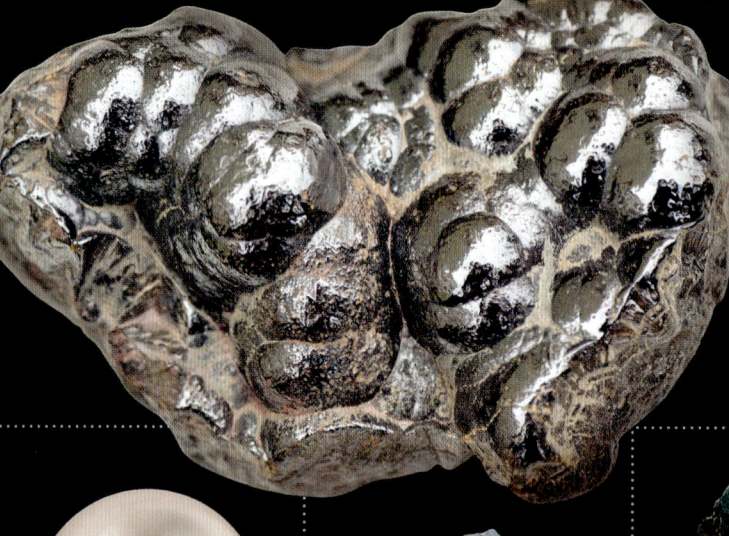

Hämatit
Einem verbreiteten Volksglauben zufolge entstand Hämatit auf Schlachtfeldern, die mit dem Blut von Soldaten getränkt waren.

Rubin
In alten Sagen galten Rubine als versteinerte Tropfen von Drachenblut.

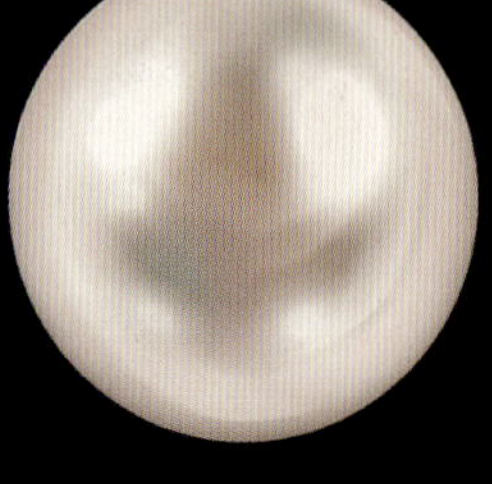

Perle
Auch heute noch verwendet man Perlen in der Medizin: zu Pulver vermahlen als Calciumlieferanten.

Blauer Saphir
Im alten Ägypten diente der blaue Saphir als Gegengift und heilte Augenkrankheiten.

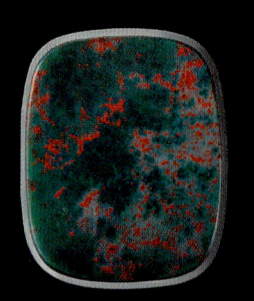

Blutjaspis
Mittelalterlichen Legenden zufolge entstand der Blutjaspis, als Tropfen von Christi Blut zu Boden fielen.

Gelber Saphir
Gelber Saphir soll Beziehungen mit Energie aufladen und den Willen seines Trägers stärken.

Smaragd
Römische Mythen erzählten, ein Smaragd würde bei untreuer Liebe seine Farbe ändern.

Chrysoberyll
Der Chrysoberyll-Heilstein verspricht Stärkung von Konzentration und Selbstvertrauen.

Katzenauge
Der Katzenaugen-Chrysoberyll soll gegen Kopfschmerzen helfen und die Sicht bei Nacht bessern.

Hessonit
In der vedischen Astrologie versprach der Hessonit Langlebigkeit und Erfolg.

Koralle
In Griechenland trugen Kinder traditionell Korallenketten als Schutz vor Krankheiten.

Zirkon
Im Osten war der Zirkon ein Talismann, der Reisende vor wilden Tieren und Schlangenbissen schützte.

Malachit
In verschiedenen Kulturen sagte man Malachit die Kraft nach, Böses abzuwenden. Außerdem schütze er bei Schwangerschaft und Geburt.

Philipp II. von Spanien erhielt den **höchst noblen Heiltrank aus Zirkon** – einen Cocktail aus **Edelsteinen.** Zwei Tage später **starb er.**

132 | SILIKATE

Edwardianische Amethystbrosche | Bei dieser herrlichen Brosche mit einer Fassung aus Gold und Platin wird ein 96-karätiger herzförmiger Amethyst aus Brasilien von Diamanten eingefasst.

Einfassung aus Diamanten

Amethyst

Amethyst verscheucht böse Gedanken und beschleunigt das Denken.

Leonardo **da Vinci**
Künstler und Universalgenie

# Quarz

△ **Brasilianischer Amethyst-Kristall,** mit Bruchfläche auf der Unterseite

Quarz ist das dritthäufigste Mineral in der Erdkruste, nach Eis und Feldspat. Von allen Mineralen besitzt es die größte Anzahl von Varietäten – dazu zählen so begehrte Edelsteine wie Amethyst, Chalcedon und Achat. Quarz tritt in zwei Formen auf: kristallin (als deutlich sichtbare Kristalle) und kryptokristallin (in Gestalt mikroskopischer kristalliner Partikel). Aufgrund seiner optischen und elektrischen Eigenschaften wird farbloser, transparenter Quarz extensiv für Linsen und Prismen verwendet und dient als Oszillator in elektronischen Geräten wie Armbanduhren.

Wunderstein

Das Wort »Quarz« stammt aus dem Althochdeutschen. Erstmals erscheint es 1530 in den Schriften von Georgius Agricola. Doch schon lange zuvor hielt der römische Naturforscher Plinius der Ältere (23–79 n. Chr.) Quarz für Eis, das nach langer Zeit dauerhaft gefroren war. Als Beweis sah er an, dass das Mineral in den Alpen in Gletschernähe gefunden wird, nicht aber in vulkanischem Gebirge. Quarzsteine von der Größe eines Eies findet man in bronzezeitlichen Gräbern in Europa und in frühchristlichen Kirchen und Kapellen in Irland und dem Norden Englands. Bis heute gilt Bergkristall – transparenter, farbloser Quarz – in der schamanischen Praxis als »Lichtstein«, ein Kommunikationsmittel zwischen dem Sichtbaren und dem Unsichtbaren. Den australischen Aborigines diente der Bergkristall als Talisman und zur Erzeugung von Visionen, während die Navajo glaubten, dass er die Sonne veranlasst hatte, erstmals ihr Licht auf die Welt zu werfen.

Eigenschaften

Chemischer Name Siliciumdioxid | **Formel** SiO$_2$ | **Farben** Alle Farben | **Struktur** Trigonal | **Härte** 7 | **Dichte** 2,65 | **BI** 1,54–1,55 | **Glanz** Glasglanz | **Strichfarbe** Weiß

Cabochon · Gemischter Schliff · Treppenschliff
Pendeloque · Kamee

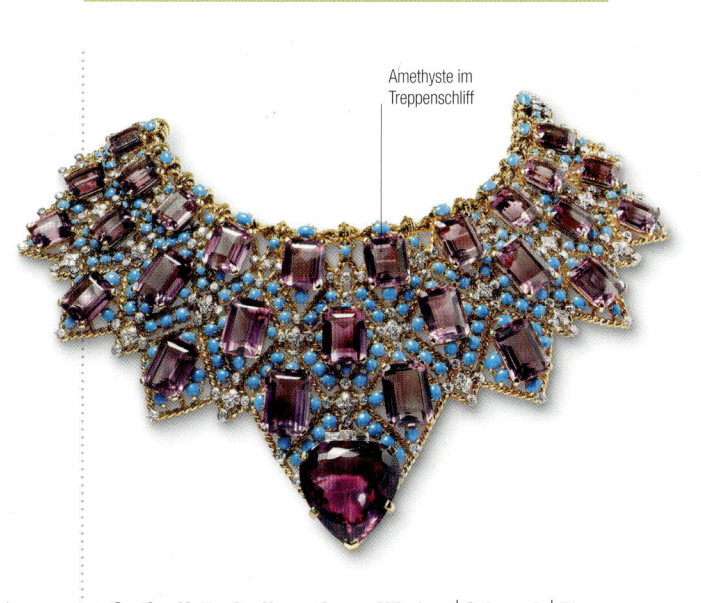

Vorkommen
1 Brasilien **2** Schottland **3** Spanien **4** Frankreich **5** Schweizer Alpen **6** Russland **7** Sri Lanka **8** Madagaskar

Schmuck

Amulettanhänger | Schmuck | Dieses antike Amulett aus dem ägyptischen Neuen Reich zeigt einen in Amethyst gravierten Löwenkopf auf einem goldenen Sockel aus Pavianfiguren. Es entstand um 700 v. Chr.

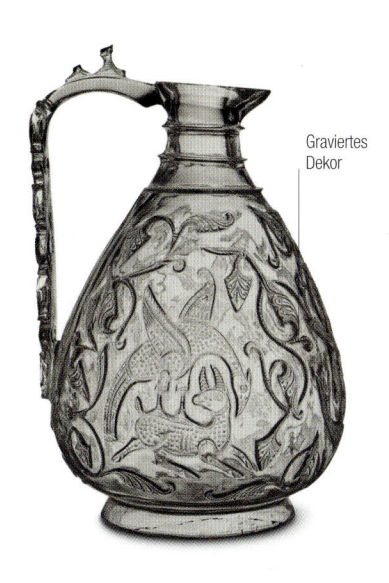

Kristallkrug | Geschnitzt | Dieser eindrucksvolle Wasserkrug wurde in Ägypten während der Fatimidenzeit (909–1171 n. Chr.) aus einem einzigen Stück Bergkristall gearbeitet. In jener Zeit entstanden eine Reihe kostbarer Artefakte aus Bergkristall.

Graviertes Dekor

Cartier-Kette der Herzogin von Windsor | Schmuck | Diese Kette ist mit 29 kleineren Amethysten im Treppenschliff und einem großen herzförmigen Amethyst-Edelstein besetzt. Türkise und Diamanten setzen farbliche Kontraste.

Amethyste im Treppenschliff

Roh

Bergkristallschicht

Bergkristall auf Achat | Dieser Querschnitt durch eine Mineralscheibe macht zweierlei Quarz sichtbar – eine Grundschicht aus kryptokristallinem Achat und und eine darauf gewachsene Schicht Bergkristall.

Achatgeode | Diese Geode – entstanden durch eine schnell abgekühlte Gasblase in Lava – wurde erst von Achat eingefasst, auf dem später winzige Quarzkristalle gewachsen sind.

»Pyramiden«-Abschluss

Amethyst-Kristalle | Die Kristalle mit pyramidenförmigen Abschlüssen sind Teil einer mit Amethyst ausgekleideten Geode. Diese können mehrere Meter Durchmesser haben.

Achat

Bergkristall

Amethyst

Glimmerflitter

Roher Aventurin | Die mit winzigem Glimmer- oder Hämatitflitter gesprenkelte Quarzvarietät Aventurin tritt in verschiedenen Farben auf und ist als Cabochon oder Trommelstein beliebt.

Quarz mit zwei Abschlüssen

Amethystgeode | Diese herrliche Amethystgeode zeigt zarte Schichten zuerst entstandenen Achats, später gewachsener Amethystkristallschichten und einer braunen Calcitgruppe.

Rauchquarz | Dieser wunderschön kristallisierte Rauchquarz mit zwei Abschlüssen wächst in einer Grundmasse aus Milchquarz. Schwarzer Quarz wird auch Morion genannt.

Abschluss-
fläche

Milchquarz | Der wegen mangelnder Klarheit lange missachtete durchscheinende bis opake Milchquarz ist neuerdings bei Edelsteinschleifern und New-Age-Sammlern sehr begehrt.

Namibischer Quarz | Quarze von verschiedenen Fundorten besitzen alle dieselbe charakteristische interne Struktur. Dieses Stück stammt aus Namibia.

Prismenfläche

Farb-
abstufung

Parallele
Einschlüsse

Rosenquarz-Kristalle | Kristalle von Rosenquarz sind extrem selten. Hier krönt eine Gruppe bis zu 1 cm langer Kristalle massiven Rosenquarz.

Roher Katzenaugenquarz | Die parallelen Nadeln des anderen Minerals, die den Augeneffekt im Cabochonschliff erzeugen, sind bei diesem rohen Katzenaugenquarz gut sichtbar.

Bergkristall | Diese betörend schöne Gruppe perfekt ausgeformter Bergkristall-Kristalle stammt aus dem Bundesstaat Arkansas (USA). Das Aggregat ist 13 cm hoch und besitzt auch einen Sockel aus winzigen Quarzkristallen.

Kleine Kristalle

Makelloses Inneres

Natürlicher Citrin | Der Großteil der gehandelten Quarzvarietät Citrin ist hitzebehandelter Amethyst. Dieser Naturkristall aus Brasilien zeigt leichte Abriebspuren durch Wasser.

Roher Falkenauge | Falkenauge ist eine Varietät des Quarzes mit Einlagerungen von Krokydolith. Bei dieser Varietät ist Krokydolith nicht oxidiert; die oxidierte Varietät wird als Tigerauge bezeichnet.

Rutilierter Quarz | Dieser Quarzkristall ist von nadelähnlichen Kristallen des Titanminerals Rutil durchdrungen. Quarz kann auch schwarzgrüne Turmalinnadeln enthalten.

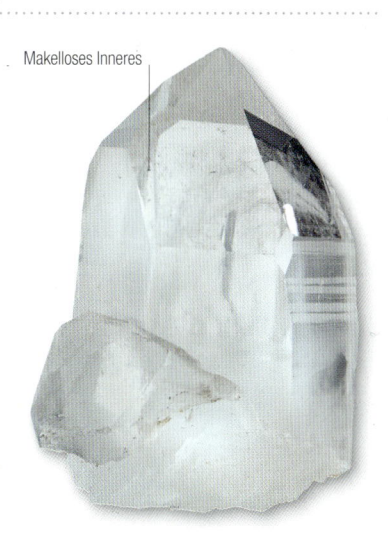

Roher Bergkristall | Dieser wohlgeformte Kristall besitzt ein makelloses Inneres. Er eignet sich als Edelstein, für Kleinskulpturen oder als Oszillatorplatten für Elektronik.

SILIKATE

Schliff & Farbe

Abgerundete Ecken

Amethyst im gemischten Schliff | Der Schliff dieses hexagonalen Edelsteins ist eine ungewöhnliche Mischung aus facettiertem Pavillon und einer Krone im Cabochonschliff.

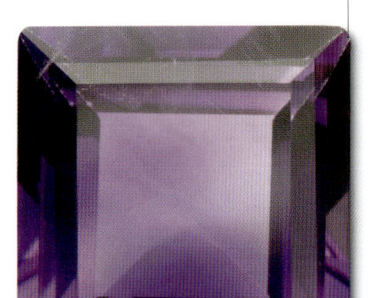

Treppenschliff | Der Edelsteinschleifer dieses makellosen Amethysts im quadratischen Treppenschliff hat klugerweise die Ecken abgerundet, um zu verhindern, dass sie absplittern.

Gemischter Schliff | Der ovale Amethyst mit einer Krone im Brillant- und einem Pavillon im Treppenschliff besitzt viele winzige Facetten, die Farbvarianten in seinem Inneren verbergen.

Milchquarz | Milchquarz wird selten facettiert, doch dieser Stein mit seinem trüben Inneren erhält durch den komplexen, ovalen Brillantschliff eine geheimnisvolle Aura.

Amethyst im Fantasieschliff | Schliffe wie der dieses 40,3-Karat-Amethysts werden als Fantasieschliffe bezeichnet: Die Platzierung der Facetten erfolgt nicht nach Standardmustern.

»Stahlartiges« Inneres

Dreieckige Facetten

Rundistenfacette

Bergkristall | Facettierte Bergkristalle waren die ursprünglichen »Rheinkiesel« – aus im Rhein gefundenem Quarz. Dieser brillante Kissenschliff zeigt die »Stählernheit« mancher Steine.

Rosenquarz | Facettierbarer Rosenquarz ist recht selten. Das Detail dieses Briolette-Schliffs verbessert zusätzlich die außergewöhnliche Qualität des gewöhnlich trüben Materials.

Amethyst in Mythen

Ursprung und Aberglaube

Einem Mythos zufolge hatte Bacchus, der griechische Gott des Weines, den Amethyst geschaffen. Er verfolgte eine Frau namens Amethyste, die seine Liebe zurückwies und die Götter um Bewahrung ihrer Keuschheit anflehte. Die Göttin Diana erhörte sie und verwandelte sie in einen weißen Stein. Beschämt goss Bacchus einen Kelch Opferwein darüber, wodurch sich dessen Kristalle violett färbten. Nach einer griechischen Legende wehrt Amethyst auch Trunkenheit ab. Im Mittelalter trugen Soldaten ihn wegen angeblicher Heilkräfte auf dem Schlachtfeld. Dagegen soll auf dem Heron-Allen-Amethyst (rechts) ein Fluch lasten.

Heron-Allen-Amethyst Dieser Stein brachte angeblich allen Unglück, die ihn berührten.

QUARZ | 137

Ungewöhnliche Facettierung

Große Tafelfacette

Gemischte Flächen

Citrin in freier Form | Der Schliff dieses 60,29-Karat-Citrins gilt eher als freie Form denn als Fantasieschliff, da er Facetten in allen Winkeln und Positionen aufweist.

Pendeloque-Schliff | Der Edelsteinschleifer dieses herrlich gefärbten Citrin-Pendeloques präsentiert die Farbe des Inneren mit einer großen Tafelfacette optimal.

Bohrung

Rutilnadeln

Kissenschliff | Kleine und große Facetten, die das Licht brechen und das Innere dieses Rauchquarzes aufhellen, werden bei diesem Fantasieschliff clever kombiniert.

Brauner Rauchquarz | Der Briolette-Schliff dieses Edelsteins, der zu einem für Ohrhänger vorgesehenen Paar gehört, ist ein perfektes Beispiel für diese Art von Schliff.

Rutilierter Quarz | Dieses zu einer eindrucksvollen, abstrakten Form mit abgewinkelten Flächen geschliffene Quarz-Exemplar ist von Dutzenden goldener Nadeln des Titanminerals Rutil durchdrungen.

Trübes Inneres

Zahlreiche »Augen«

Rosenquarz | Trüber Rosenquarz in facettierbarer Qualität: Der rechteckige Kissenschliff mit großen Facetten arbeitet statt des Glanzes die Farbe dieses 16,34-Karäters heraus.

Falkenauge | Die tiefblaue Farbe des Falkenaugenquarzes wird durch die zahlreichen parallelen Fasern des darin eingeschlossenen Minerals Krokydolith hervorgerufen.

Tigerauge | Genauso wie beim Falkenauge sind beim Tigerauge Krokydolithfasern eingeschlossen, doch sind sie oxidiert und haben eine goldene Farbe angenommen.

Katzenauge | Beim Katzenaugenquarz ist das Auge weniger deutlich ausgeprägt als bei anderen Mineralen, doch der Cabochonschliff arbeitet es gut heraus.

Schmuck

Ametrin ultramodern | Dieser Ametrin zeigt einen neuen Trend: Durch eine Kombination von Facettieren und Schneiden entstehen optische Illusionen und ungewöhnliche Formen.

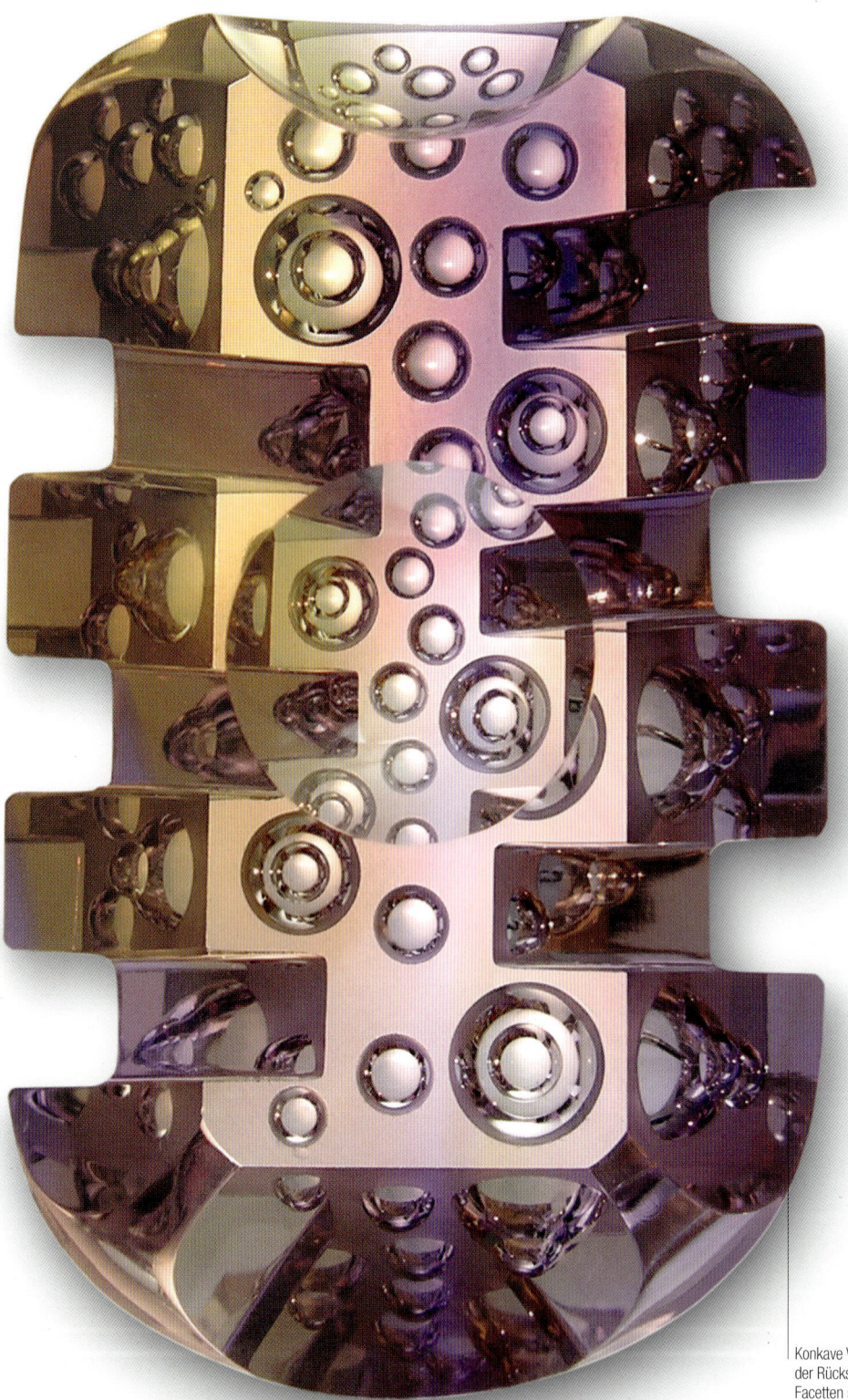

Konkave Vertiefungen auf der Rückseite durch die Facetten sichtbar

Römische Kamee | Im alten Rom lebte die hellenistische Mode der Kameen weiter. Diese um das 1.–2. Jh. n. Chr. gefertigte Amethyst-Kamee zeigt den Kopf einer römischen Göttin.

Jugendstil-Brosche | Um 1910 schuf der deutsche Stahlgraveur Theodor Fahrner diese Brosche mit silbernem Blattmuster und einem zentralen Amethyst im Smaragdschliff.

Steine im Treppenschliff

Amethyst- und Perlenbrosche | Bei dieser Brosche mit goldenem Blattmotiv bilden facettierte Amethyste die »Blütenblätter« und Saatperlen das Blüteninnere.

> Ihr silbern Halskreuz war **wie Amethyst**, Ihr Haar von **mildem Heiligenschein** umgeben.
>
> John **Keats**
> Dichter der Romantik

QUARZ | 139

Bergkristall-Anhänger | Aus dem 19. Jh. stammt dieser herzförmige Anhänger aus Bergkristall, der von einer Schleife aus Gold und blauem Email herabhängt.

Bergkristallbrosche | Im 19. Jh. bewahrte man in goldenen Broschen wie dieser mit einem »Fenster« aus Bergkristall eine Locke vom Haar des Geliebten auf.

Schützende Halterung

Kronenfacetten

Fassung aus Weißgold

Facettiertes Ei | Hunderte perfekt aneinandergrenzender Facetten legen bei diesem lebensgroßen Ei aus Bergkristall Zeugnis höchster Edelsteinschleifkunst ab.

Bergkristallbrosche | Diese ungewöhnliche abstrakte Brosche aus 18-karätigem Gold, Saphir und Bergkristall entstand 1972 in Birmingham (Großbritannien).

Bergkristallring | Dieser umwerfende rautenförmige Bergkristall im Fantasieschliff erhielt eine durchdachte Weißgoldfassung, die seine spitzen Ecken vor dem Absplittern schützt.

Turmalisierter Quarz | Das Material dieser herausragenden chinesischen Riechflasche ist geschnitzter Bergkristall mit Hunderten eingeschlossener Turmalinnadeln.

Citrin und Amethyst | Der oval geschliffene Citrin im Zentrum dieser kunstvollen Brosche ist von goldenen Blättern und Amethysten im Brillantschliff umgeben.

Kristallschädel

Altes Geheimnis oder Betrug?

Den angeblich von mittel- oder südamerikanischen Hochkulturen stammenden Kristallschädeln werden mystische Eigenschaften nachgesagt, was ihnen große Beliebtheit einbrachte. Für keines der Artefakte konnte allerdings ein präkolumbianischer Ursprung belegt werden. Alle zeigen Spuren von Werkzeugen des 19. Jh. und alle bestehen aus einer Quarzvarietät aus Madagaskar. Viele scheinen auch durch die Hände desselben Antikenhändlers des 19. Jh. gegangen zu sein – Eugène Boban.

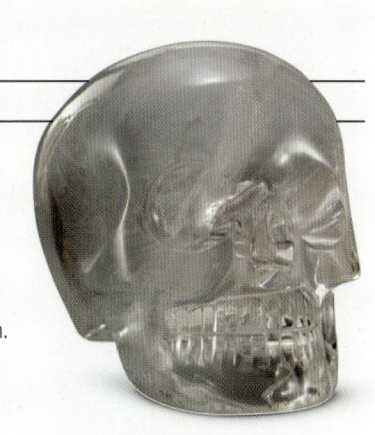

Geschnitzter Schädel Dieses aus Bergkristall gefertigte Artefakt hat eine Höhe von 25 cm.

Hofstaat zu Delhi am Geburtstag des Großmoguls Aurangzeb | um 1701–1708 | 58 x 142 x 114 cm | Gold, Silber, Email, verschiedene Edelsteine und Lack

Die Schatzkammern Augusts II.

△ **Orden des polnischen Weißen Adlers** aus der Sammlung

Das Grüne Gewölbe im Residenzschloss in Dresden beherbergt die größte Schatzsammlung Europas. 1730 wurde die königliche Juwelensammlung von August II. (1670–1733) gegründet, die über 3000 einzigartige Objekte umfasst. August der Starke, wie er genannt wurde, öffnete die Barockräume für die Allgemeinheit und schuf so eines der ersten öffentlichen Museen Europas.

Unter den gezeigten Kostbarkeiten befindet sich die außerordentliche Miniaturdarstellung *Hofstaat zu Delhi am Geburtstag des Großmoguls Aurangzeb.* Sie zeigt den sechsten Großmogul von Indien Aurangzeb (1618–1707) unter einem Baldachin sitzend, umgeben von 137 emaillierten Personen und zusätzlichen Tieren und Artefakten aus Gold, Elfenbein, Silber und Edelsteinen. Das Originalmodell verfügte über 5223 Diamanten, 189 Rubine, 175 Smaragde, 53 Perlen, zwei Kameen und einen Saphir – heute fehlen 391 kostbare Steine und Perlen.

Das Stück wurde um 1701–1708 von Johann Melchior Dinglinger, einem der besten Goldschmiede Europas, geschaffen. Er war dazu nicht beauftragt worden, doch August II., den die fabelhaften Details begeisterten, bezahlte ihm schließlich dafür mehr, als er für den Bau von Schloss Moritzburg aufwenden musste.

Die Miniatur ist Ausdruck von Europas Faszination durch indische Paläste und ihre Reichtümer. Wohlstand und Macht des Mogulreichs erreichten unter Aurangzeb ihren Höhepunkt. In dem Modell erhält er 32 Geburtstagsgeschenke von den mächtigsten Prinzen seines Reiches. Diese spielen auf andere Werke Dinglingers sowie auf Objekte und Symbole aus dem alten Ägypten, China, Griechenland und Deutschland an, deren Bedeutung in einer begleitenden Abhandlung erläutert wurde.

Elefant mit Howdah, der zeigt, wie fein detailliert das Miniaturmodell gearbeitet ist

Das Foto zeigt die Zerstörung Dresdens im Jahr 1945. Die Schätze waren vor dem Zweiten Weltkrieg ausgelagert worden und überstanden so die Bombardierung der Alliierten.

Der Vorhang des Todes fällt auch für Großmoguln.

Großmogul **Aurangzeb**

Wichtige Daten
1658–1959

1658 Aurangzeb wird der sechste Großmogul.

1694 Beginn der Herrschaft Augusts II., auch »der Starke«, »sächsischer Herkules« und »eiserne Hand« genannt.

1698 August II. ernennt Johann Melchior Dinglinger zum Hofjuwelier.

1701–1708 Johann Dinglinger und Brüder erschaffen die Aurangzeb-Miniaturdarstellung

1723 Das Grüne Gewölbe in Dresden wird durch August II. gegründet

1723–1730 August II. erbaut eine Barockkammer für die Schätze im Grünen Gewölbe, darunter das Aurangzeb-Modell.

August II., König von Sachsen

1930er-Jahre Werke aus dem Grünen Gewölbe werden in die Festung Königstein außerhalb Dresdens verbracht.

1945 Die verbliebenen Schätze werden von der Roten Armee geplündert.

13. Februar 1945 Bei der Bombardierung Dresdens wird das Grüne Gewölbe wie die gesamte Stadt fast vollständig zerstört.

1958 Die Sowjetregierung gibt die Stücke an Dresden zurück.

1959 Teile der Sammlung werden im Dresdner Albertinum, Museum für Kunst der Moderne, ausgestellt.

Oberflächen-glanz

Die meisten Edelsteine verfügen über einen Glasglanz – ihre Oberfläche reflektiert Licht wie Glas. Manche weisen einen Metall- oder Diamantglanz auf. In seltenen Fällen schimmern Edelsteine auch wie Seide oder sind matt, nicht glänzend. Manche fühlen sich fettig oder wachsartig an, während organische Steine oft harzig oder perlmuttartig sind. Glanz ist subjektiv – und wird mehr anhand von Optik und Haptik statt anhand wissenschaftlicher Kriterien beurteilt.

Diamant
Polierte Steine besitzen einen Diamantglanz, während Rohsteine einen Fettglanz aufweisen können.

Gold
Gold hat einen metallischen Glanz, ist opak und reflektiert das Licht. Es läuft nicht an und verfärbt sich nicht.

Jadeit
Jadeit hat einen fettigen bis öligen Glanz, ein Zeichen für eine große Anzahl mikroskopischer Einschlüsse.

Tsavorit
Der extrem seltene Edelstein Tsavorit hat einen Glasglanz, der fast an Diamantglanz grenzt.

Citrin
Citrin als Form von kristallinem Quarz weist einen klassischen Glasglanz auf.

Amethyst
Wie die meisten Silikate besitzt auch Amethyst einen Glasglanz.

Howlith
Howlith hat einen Subglasglanz – nicht ganz oder nur teilweise glasig.

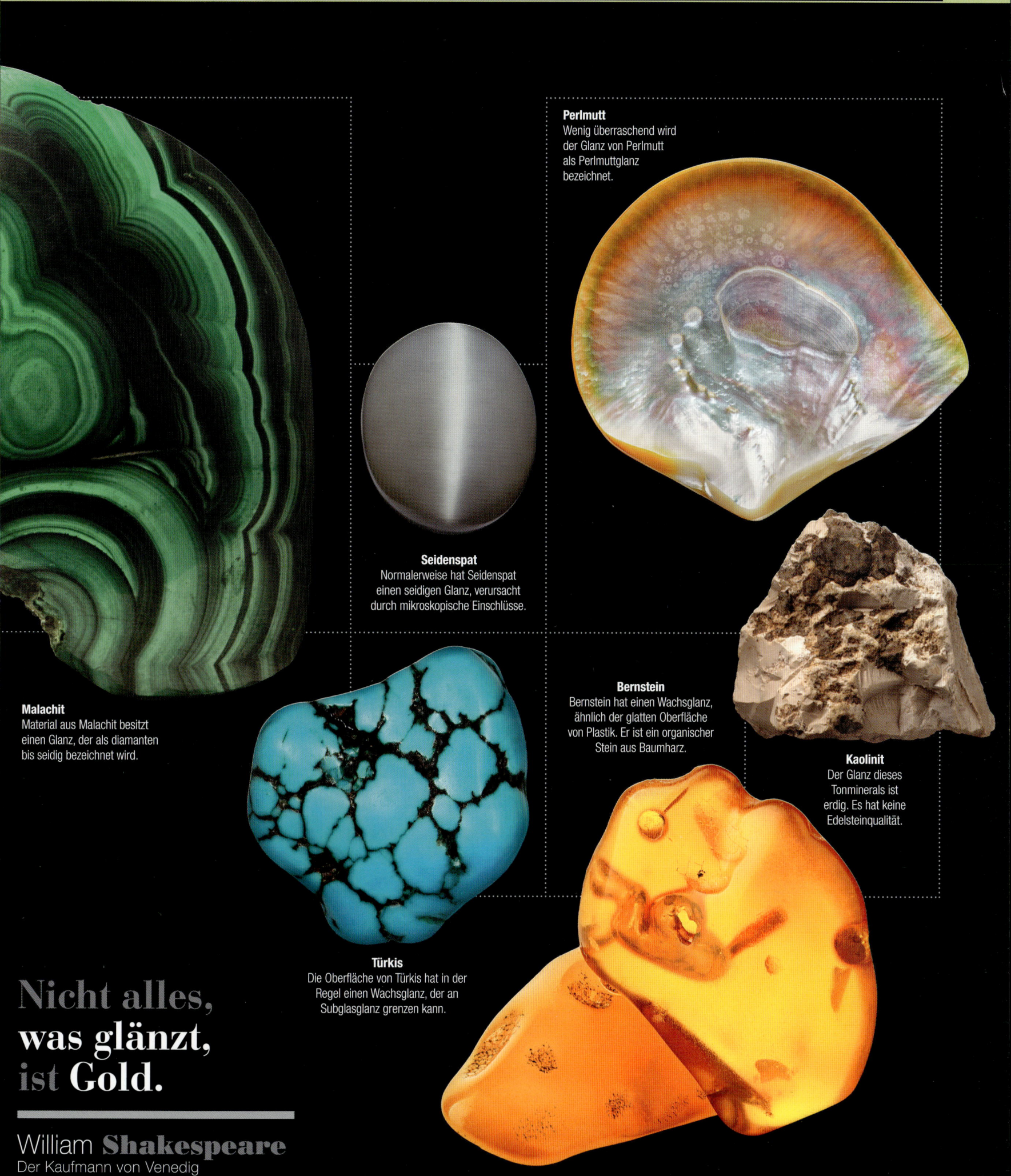

OBERFLÄCHENGLANZ | 143

Perlmutt
Wenig überraschend wird der Glanz von Perlmutt als Perlmuttglanz bezeichnet.

Seidenspat
Normalerweise hat Seidenspat einen seidigen Glanz, verursacht durch mikroskopische Einschlüsse.

Malachit
Material aus Malachit besitzt einen Glanz, der als diamanten bis seidig bezeichnet wird.

Bernstein
Bernstein hat einen Wachsglanz, ähnlich der glatten Oberfläche von Plastik. Er ist ein organischer Stein aus Baumharz.

Kaolinit
Der Glanz dieses Tonminerals ist erdig. Es hat keine Edelsteinqualität.

Türkis
Die Oberfläche von Türkis hat in der Regel einen Wachsglanz, der an Subglasglanz grenzen kann.

Nicht alles, was glänzt, ist Gold.

William Shakespeare
Der Kaufmann von Venedig

144 | ST.-GEORGS-STATUETTE

Augen aus Opal

Perlen als Federn an Pferd und Helm

Pferd aus Chalcedon

Mit Smaragden und Rubinen besetzter Drache

Rauten auf bayerischem Wappen aus Saphir und weißem Email

Sockel aus Gold und vergoldetem Silber

St.-Georgs-Statuette | 1586–1597 | 50 cm hoch | Gold, Silber vergoldet, Diamanten, Rubine, Smaragde, Opale, Achat, Chalcedon, Bergkristall und weitere Edelsteine, Perlen und Email

St.-Georgs-Statuette

△ **Der hl. Georg** tötet den Drachen, Gemälde von Raphael, Anfang des 16. Jh.

Dieses überwältigende Reliquiar zeigt Bayerns Schutzheiligen St. Georg auf dem Pferd. Dieses schreitet über den Drachen, den der hl. Georg der berühmten Legende nach tötete. Das Pferd aus Chalcedon ist mit einer juwelengeschmückten und mit Rubinen und Perlen verzierten Email-Schabracke bekleidet. Ebenfalls aus Email ist der weiße Bauch des Drachen, der mit Schuppen aus Smaragden und Details aus Rubinen verziert ist. Die Rüstung des hl. Georg ist minuziös ausgeführt – öffnet man das Visier des Helms, wird das Gesicht sichtbar, das dem Auftraggeber des Werkes, Herzog Wilhelm V. von Bayern, ähnelt. Der goldene Sockel, der Ritter, Pferd und Drachen trägt, ist reich mit Diamanten, Rubinen, Smaragden, Perlen, Achaten, Opalen und weiteren Edelsteinen geschmückt. Die Lade mit dem bayerischen Wappen aus Email und Saphir war für eine Reliquie des hl. Georg bestimmt.

Die St.-Georgs-Legende wurde von den Kreuzrittern aus dem Orient nach Europa überliefert und adaptiert. Es gibt verschiedene Versionen der Geschichte. Während sie sich als reine Fiktion oder als Allegorie des Triumphes des Christentums über das Heidentum deuten lässt, ist St. Georg selbst eine historische Gestalt. Er war römischer Soldat und wurde gefoltert und exekutiert, nachdem er sich Kaiser Diokletian nicht gebeugt hatte und sich weigerte, seinen christlichen Glauben abzulegen. Davon beeindruckt, konvertierte Kaiserin Alexandra, Gattin von Diokletian, zum Christentum und wurde ebenfalls exekutiert. Möglicherweise ist sie die »Prinzessin«, die der Ritter in der Legende rettet. Georgs Grab befindet sich in Lydda (Palästina). Relikte seiner Gebeine werden weltweit an heiligen Stätten aufbewahrt.

St. Alexandra – Märtyrerin, römische Kaiserin und Gattin Diokletians

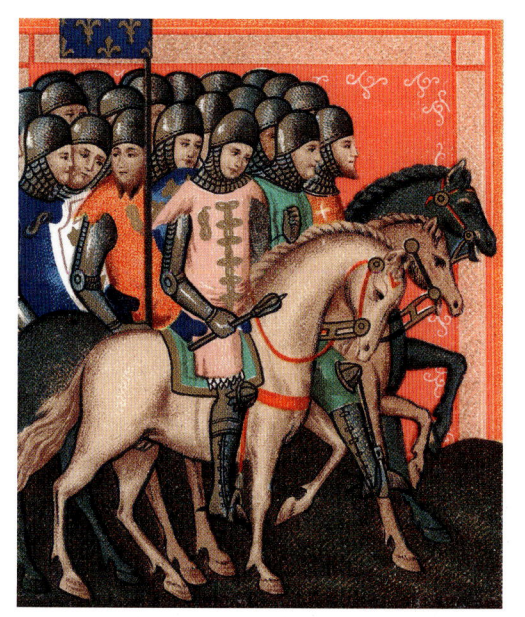

Bewaffnete Kreuzritter auf dem Weg ins Heilige Land, Ursprung der St.-Georgs-Legende. Darstellung in einer illuminierten Handschrift der *Statuten des Ordens vom Heiligen Geist*.

> *Es ist kein unreines Idol, es ist ein frommes Denkmal.*
>
> Bernard von **Angers**
> Chronist des 11. Jh.

Wichtige Daten
275 n. Chr.–um 2000

um 275–285 n. Chr. St. Georg wird als Kind einer Adelsfamilie in Lydda (heute Palästina) geboren. Später schließt er sich in Nikomedia Kaiser Diokletians Armee an.

24. Februar 303 n. Chr. Diokletian erlässt ein Edikt, demzufolge alle christlichen Soldaten verhaftet werden sollen. St. Georg wehrt sich öffentlich dagegen.

23. April 303 n. Chr. St. Georg wird auf einem Rad aus Schwertern gefoltert und enthauptet. Schon bald gilt er als Märtyrer.

494 n. Chr. Papst Gelasius I. spricht Georg heilig.

St. Georg auf dem Folterrad

1586 Der Kölner Erzbischof Ernst von Bayern (1554–1612) schenkt seinem Bruder, Herzog Wilhelm V. von Bayern (1548–1626), Reliquien des hl. Georg.

1590 Herzog Wilhelm V. gibt die Statuette in Auftrag. Der Entwurf stammt vermutlich von Friedrich Sustris, die Ausführung von verschiedenen Münchner Meistern.

17. Jh. Die Statuette wird an bedeutenden Feiertagen auf dem Altar der Reichen Kapelle in der Münchner Residenz ausgestellt.

2000 Die Reliquienlade befindet sich in der Schatzkammer der Münchner Residenz.

| SILIKATE

Schlangenarmreif | Der umwerfende Armreif aus 18-karätigem Gold hat blaue Email-Schuppen auf beweglichen Segmenten, Rubinaugen und auf dem Kopf Diamanten und einen Chrysopras-Cabochon.

Emailschuppen

Chrysopras-Cabochon

Rubinauge

Chalcedon vertreibt Phantome und Visionen der Nacht.

Josephi **Gonnelli**
Arzt des 18. Jh.

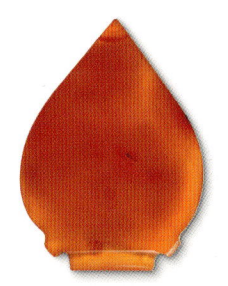

Chalcedon

△ **Blattförmiger** Karneol-Cabochon

Chalcedon ist eine kompakte Quarzvarietät, bestehend aus mikroskopischen (mikrokristallinen) oder kryptokristallinen Kristallen, die selbst für ein Standard-Lichtmikroskop zu klein sind. Er entsteht in Hohlräumen, Spalten und in Lösungen, wenn siliciumdioxidreiches Wasser von niedriger Temperatur durch Gestein, insbesondere vulkanischen Ursprungs, sickert. Chalcedon ist relativ porös. Im Handel wurde er oft gebleicht, um ihn künstlich zu färben. Chalcedone aller Art werden seit Jahrtausenden für Edelsteine, Perlen, Kunstobjekte und Siegel verwendet. Die frühesten Steinhocker wurden meist aus einer Art Chalcedon hergestellt.

Varietäten

Reiner Chalcedon ist weiß. Sind jedoch Spurenelemente oder mikroskopische Einschlüsse anderer Minerale vorhanden, kann er die verschiedensten Farben annehmen. Viele davon sind Varietäten mit eigenen Namen: Deutlich gebänderter Chalcedon wird Achat genannt, blutrot bis rötlich orangefarbener, durchscheinender Chalcedon, der seine Farbe Eisenoxideinschlüssen verdankt, heißt Karneol, Blutjaspis ist dank Eisensilikaten dunkelgrün und opak, mit leuchtend roten Jaspiseinsprengseln. Chrysopras ist eine durchscheinende apfelgrüne Varietät, durch Nickel gefärbt, Sarder ist hell- bis dunkelbrauner Chalcedon, Sardonyx farblich gebänderter Sarder. Jaspis, Hornstein und Flint sind opake, feinkörnige oder dichte, unreine Varietäten von kryptokristallinem Quarz.

Eigenschaften

Chemischer Name Siliciumdioxid | **Formel** SiO_2 |
Farben Alle Farben | **Struktur** Hexagonal/trigonal | **Härte** 7
Dichte 2,65 | **BI** 1,54–1,55 | **Glanz** Glasglanz

Cabochon | Kamee | Platten

Vorkommen
1 USA **2** Peru **3** Marokko **4** Schottland **5** Niederlande
6 Tschechische Republik **7** Polen **8** Madagaskar **9** Sri Lanka
10 Myanmar **11** Russland

Wichtige Stücke

Feinkörnige Flint-Klinge

Türkise Mosaiksteine

Gold mit Email

Grauer Chalcedon

Goldene Pektorale aus dem alten Ägypten | Verschwenderisch mit Gold gestaltet ist diese mit Einlegearbeiten aus rotem Jaspis und Lapislazuli dekorierte Pektorale von Pharao Psusennes I. (3. Pharao, 21. Dynastie, um 1040–996 v. Chr.).

Aztekenmesser | Die Klinge dieses aufwendig dekorierten Opfermessers der Azteken wurde aus feinem Flint geschnitzt, den Mosaikgriff schmücken Türkis, Koralle und Gagat. Man vermutet, dass es aus dem 15.–16. Jh. stammt.

Chalcedon-Tasse | Herausragende Edelstein- und Emailkunst wirken bei dieser antiken Tasse zusammen. Sie wurde aus wachsigem, grauem Chalcedon gearbeitet und mit Goldrändern versehen. Besonders fein ist die Emaildekoration an den Griffen.

SILIKATE

Roh

Roter Jaspis | Diese Varietät von rotem Jaspis aus Arizona (USA) weist eine Marmorierung auf, die bunte, interessante Cabochons ergibt.

Farbvarianten

Einschlüsse

Bruchkanten

Gute Lichtdurchlässigkeit

Farbe durch Eisenoxid verursacht

Rohedelstein | Dieser feine, massive Karneol in Edelsteinqualität hat eine durchgehend schöne Farbe und exzellente Lichtdurchlässigkeit. Er ist mit Eisenoxid natürlich gefärbt.

Gebänderter Jaspis | Die dramatische Bänderung dieses rohen Jaspis-Exemplars macht deutlich, warum der Stein seit der Antike für Schmuck und Steinschnittobjekte begehrt war.

Tiefgrüne Farbe

Querschnitt durch das Innere

Roher Blutjaspis | Dieses Exemplar ist ein Blutjaspis (bzw. Heliotrop), eine grüne Chalcedon-Varietät mit roten Einsprengseln aus Eisenoxid – daher der Name Blutjaspis.

Wasserstein | An einem einzigen Fundort in Brasilien findet man diesen Achat – tatsächlich handelt es sich um hohle Geoden, die mit konserviertem Wasser gefüllt sind. Schleift man ein »Fenster« in den Stein, wird das Innere sichtbar.

Mit Wasser gefülltes Inneres

Chrysopras | Dieses Exemplar eines Chrysopras-Edelsteins besitzt eine wunderschöne tiefgrüne Farbe. Chrysopras bleibt eine der gesuchtesten Chalcedon-Varietäten.

Schmuck

CHALCEDON | 149

Achatblätter

Der Name Chalcedon leitet sich vermutlich von dem antiken Hafen Kalkedon in Kleinasien (heutige Türkei) her.

Chalcedon-Ring | Einheitlich blauer Chalcedon ist relativ selten. Dieser subtil pastellblaue Cabochon wurde in einen Ring aus 14-karätigem Gold gefasst.

Diamanten

Geschnitzte Blätter

Russische Urne | Ein Zeugnis meisterhafter Steinschneidekunst des 19. Jh. ist diese spektakuläre mehrfarbige Urne aus einem einzigen Jaspis, der im Ural gefunden wurde.

Anhänger und Brosche | Diamanten verleihen dieser wunderschönen Goldbrosche mit Chrysoprasblättern und einer Achatblüte von E. Paltscho edlen Glanz.

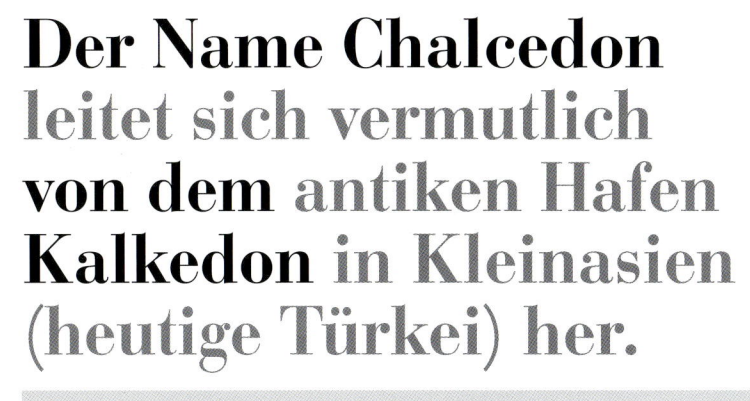

Giardinetto-Brosche | Die mit Diamanten und Smaragden akzentuierten Blüten dieser fabelhaften Giardinetto-Brosche bestehen aus Amethyst, Chrysopras, Karneol, Türkis und Koralle.

Uhrengehäuse aus Blutjaspis | Dies ist die aus Blutjaspis gefertigte Rückseite einer Taschenuhr mit Intarsien aus 18-karätigem Gold und einer Einfassung aus Saatperlen.

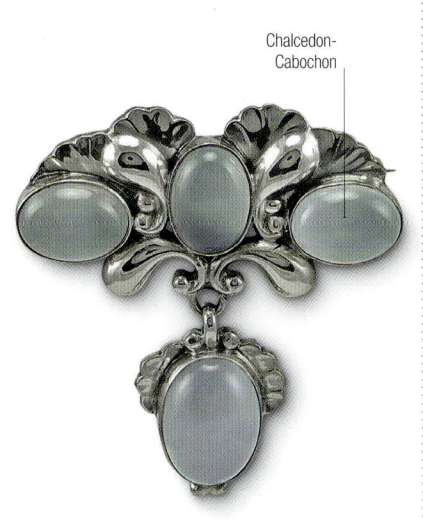

Chalcedon-Cabochon

Chrysopras-Cabochon

Granate

Emaildekor

Silbernadel | Vier rauchig-graue Chalcedon-Cabochons zieren eine silberne Brosche des einflussreichen dänischen Silberschmieds Georg Jensen.

Van-Cleef-&-Arpels-Anhänger | Neben Cabochons aus Chrysopras und Lapislazuli ist dieser goldene Anhänger mit Diamanten in einem Bandmotiv besetzt.

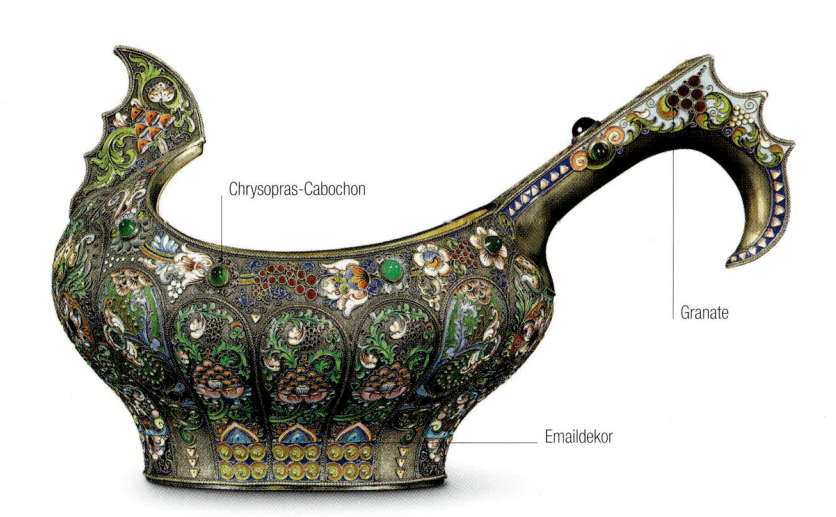

Kovsh aus vergoldetem Silber | Dieser herrliche Kovsh (zeremonielles Trinkgefäß) aus dem zaristischen Russland mit feinstem Zellenemail sowie Chrysopras- und Granat-Cabochons war höchstwahrscheinlich ein Geschenk für einen König.

150 | DIE SCHNUPFTABAKDOSE FRIEDRICHS II.

Ansicht von oben

von der Seite

von unten

Chrysopras

Edelsteine durch hinterlegte Folie farblich verändert

Mehrfarbige Golddetails

Schnupftabakdose | um 1765 | Chrysopras, Gold, Edelsteine, mit Folie hinterlegte Diamanten

Die Schnupftabakdose Friedrichs II.

◁ **Detailansicht der gefärbten Diamanten** in mehrfarbiger Goldfassung

Friedrich II., genannt »der Große«, von Preußen (reg. 1740–1786) hatte eine Vorliebe für Schnupftabakdosen, und angeblich enthielt seine Sammlung für jeden Tag des Jahres eine. Auch liebte er den grünen Chrysopras, und so gab er acht Schnupftabakdosen aus diesem Mineral in Auftrag. Abgebildetes Exemplar ist nach einem Entwurf des in London ausgebildeten Künstlers Jean Guillaume George Krüger um 1765 angefertigt. Die ovale Dose wie auch ihr Deckel bestehen jeweils aus einem einzigen Stück Chrysopras, einer grünen Chalcedon-Varietät (s. S. 146–149). Diamanten und andere Edelsteine sind in mehrfarbige goldene Schnörkel, Ranken und Blumen gefasst. Die Diamanten wurden mit hellrosa, grüner und zitronengelber Folie hinterlegt, die sie farblich verändern. Das Deckelinnere ist mit einem mit Blumen und Ranken verzierten Goldrahmen eingefasst.

Juwelenbesetzte Schnupftabakdose aus Perlmutt, von Friedrich dem Großen beauftragt

Friedrich II. wurde nicht nur wegen seiner militärischen Erfolge, sondern auch als Förderer der Künste gerühmt. Er liebte edle Materialien und insbesondere Chrysopras. Gegen Ende seines Lebens besaß er zahlreiche Objekte aus diesem Mineral, die neben seinen Dosen und Schmuckstücken aufgereiht waren, sodass er sie stets betrachten konnte. Schon seine Mutter Sophie Dorothea hatte elegante Dosen gesammelt. Friedrich trug stets eine Schnupftabakdose bei sich. Das soll sich 1759 während des Siebenjährigen Krieges in der Schlacht bei Kunersdorf als Glücksfall erwiesen haben: Eine russische Kugel traf ihn – und prallte an der Schnupftabakdose in seiner Tasche ab. Das rettete ihm der Legende nach das Leben.

> Seine Annäherung an **ästhetische Qualität** ... war **robust**.
>
> Tim **Blanning**
> Autor, über Friedrich den Großen

Friedrich der Große von Preußen bei der Schlacht bei Kunersdorf im Jahr 1759, wo seine Schnupftabakdose eine russische Kugel abwehrte und ihm das Leben rettete

Wichtige Daten
1712–1786

- **1712** Geburt Friedrichs II.
- **1740** Friedrich II. besteigt den Thron und erobert im Ersten Schlesischen Krieg Schlesien (heute zum Großteil in Polen), wo Chrysopras abgebaut wird.
- **1753** Jean Guillaume George Krüger, in London ausgebildeter Künstler, zieht nach Berlin und entwirft eine Reihe von Schnupftabakdosen für die Sammlung des Königs.
- **1756** Friedrich eröffnet den Siebenjährigen Krieg, an dem die Großmächte seiner Zeit beteiligt sind.
- **1759** Eine Schnupftabakdose rettet in der Schlacht bei Kunersdorf Friedrichs Leben, indem sie eine Kugel abwehrt.
- **1763** Ende des Siebenjährigen Krieges. Preußen geht als Großmacht daraus hervor.
- **Um 1765** Die Chrysopras-Schnupftabakdose wird nach einem Entwurf Krügers gefertigt.
- **1786** Friedrich der Große stirbt.

Achat

△ **Feuerachat** mit ungewöhnlich feinem Farbenspiel

Die mikrokristalline kompakte Quarzvarietät Achat ist eine häufig vorkommende gebänderte Varietät von Chalcedon. Achat ist vor allem an seinen farbigen konzentrischen Streifen zu erkennen, seltener auch an moosartigen Einschlüssen – dann wird er Moosachat genannt. Andere Namen wie Feuerachat oder Uruguay-Achat beziehen sich entweder auf ein bestimmtes Aussehen bzw. eine Färbung oder den Fundort. Achate werden fast immer *en cabochon* geschliffen, zu Objekten verarbeitet oder als Perlen oder Ornament verwendet.

Eigenschaften

Chemischer Name Siliciumdioxid | **Formel** SiO_2 | **Farben** Alle
Struktur Trigonal | **Härte** 7 | **Dichte** 2,6 | **BI** 1,53–1,54
Glanz Glasglanz | **Strichfarbe** Weiß | **Vorkommen** Weltweit, insbesondere Brasilien, Botswana, Südafrika, Ägypten, Mexiko, China und Schottland; Feuerachat nur in Nordmexiko und Südwest-USA.

Roh

Achatscheibe | Diese Achatscheibe mit ihren leuchtenden, vielfältigen Farbkreisen, ein Querschnitt durch eine Knolle, lässt erkennen, dass diese anfänglich aus Karneolschichten bestand, die von zahlreichen Chalcedonschichten in unterschiedlichen Farben überlagert wurden.

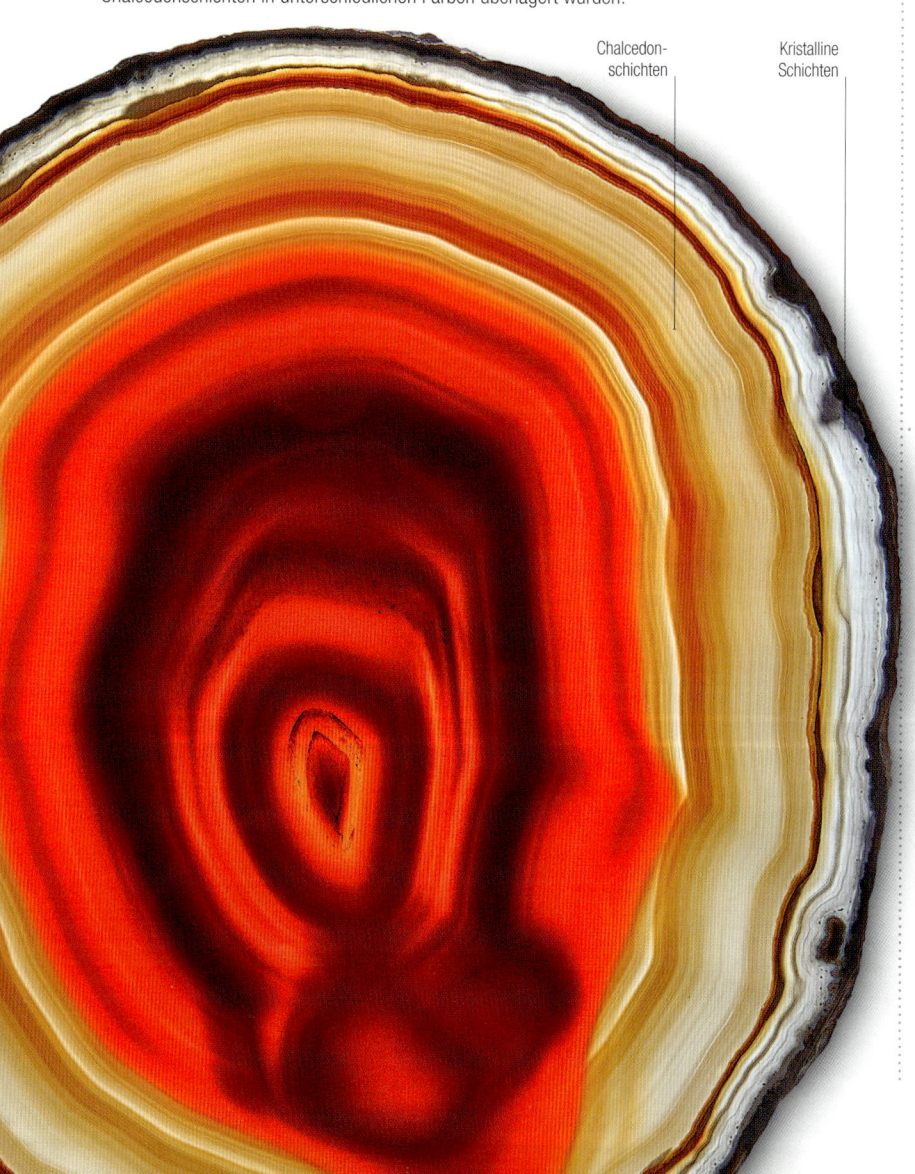

Chalcedonschichten

Kristalline Schichten

Mitte aus Karneol

Brasilianischer Achat | Diese Scheibe zeigt die Entstehungsstadien des Achats: Kristalliner Quarz hat eine Lavablase ausgekleidet, Chalcedonschichten haben den Hohlraum gefüllt.

Farbbeugung

Irisachat | Die Chalcedonschichten sind bei dieser Achatscheibe extrem dünn. Sie wirken als Beugungsgitter, das entsprechend ihrer geringen Dicke das Licht regenbogenartig reflektiert.

Klassische traubenförmige Oberfläche

Roher Achat | Die Oberfläche dieses Aggregats ist traubenförmig – sie erscheint als Masse runder, traubenähnlicher Formen. Die für viele Achatarten typische Schichtung ist ebenfalls sichtbar.

Karneol mit Zwischenschichten Chalcedon

ACHAT | 153

Geschliffen

Moosartige Mineraleinschlüsse

Helles Relief sticht hervor

Chlorit

Zusammengesetzte Kamee | Die Schichtungen von Achat sind ideal für Kameen. Dieses Beispiel zeigt eine Figur im Relief vor einem Hintergrund aus Moosachat.

Cabochon aus Moosachat | Der Cabochonschliff bringt die Mineraleinschlüsse – oft wie hier Chlorit, der aussieht, als würde Moos im Achatstein wachsen – schön zur Geltung.

Schmuck & Objekte

Mineraleinschlüsse ähneln Moos

Achat-Schale | Die polierte Oberfläche dieser flachen Schale aus Moosachat macht die Vielfältigkeit des Steins sichtbar. Die unregelmäßige Form des Stückes passt hervorragend zu der natürlichen Musterung des Edelsteins.

Farbe

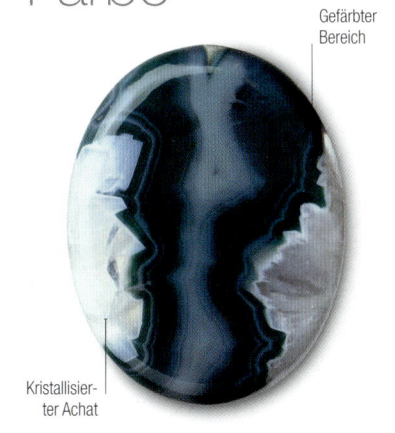

Gefärbter Bereich

Eisenoxideinschlüsse

Rosenquarz

Natürliche Bänderung

Bergkristall

Achat

Kristallisierter Achat

Gefärbter Achat | Achat ist relativ porös und lässt sich leicht färben. Typisch ist blau, aber auch rot und lila. Künstlich gefärbter Achat kann schwer von natürlichem zu unterscheiden sein.

Cabochon aus Feuerachat | Der Cabochonschliff dieses Feuerachats betont dessen natürliches Schillern. Eisenoxideinschlüsse bewirken das blasenförmige, ölige Aussehen.

Bunte Halskette | Perlen aus verschiedenen Quarzmineralien, darunter Achat, Rosenquarz und Bergkristall, vereinen sich hier zu einer vielfarbigen Halskette.

In Silber gefasste Brosche | Wie für Stücke des 19. Jh. im keltischen Stil üblich, stammt der hier verwendete Achat von den Stränden Nordschottlands.

> Im Mittelalter glaubte man, Achatschmuck würde Schlaflosigkeit kurieren und süße Träume bringen.

Manganverunreinigung

Moosachat | Bei dem »Moos« im Inneren dieses Cabochons handelt es sich tatsächlich um Verunreinigung durch ein Eisen- oder Manganoxid, das in den Stein eingedrungen ist.

Achat-Arten

Band und Feuer

Feuerachat ist eine ungewöhnliche Varietät mit irisierenden Regenbogenfarben auf braunem bis honigfarbenem Material. Der Schliff muss präzise sein, damit nur so viel Stein entfernt wird, dass das »Feuer« sichtbar wird. Festungsachat ist eckig gebänderter Achat. Brasilianischer Achat ist Festungsachat mit winklig konzentrischer Bänderung, und mexikanischer »Crazy-Lace-Achat« ist vielfarbiger Festungsachat mit einer skurril verschlungenen Zeichnung.

Roher Crazy-Lace-Achat Dieser ungeschliffene Crazy-Lace-Achat zeigt die typische verschlungene Zeichnung.

Onyx

△ **Karneol-Cabochon** mit zahlreichen gebänderten Schichten

Onyx ist eine schwarz-weiß geschichtete Schmucksteinvarietät der Quarzvarietät Chalcedon. Onyxvarietäten sind wiederum der weiß-rot gebänderte Karneol und der weiß-braun gebänderte Sardonyx. Korrekterweise bezeichnet Onyx nur die Minerale mit schwarz-weißen Lagen, informell wird der Name jedoch für alle Varietäten verwendet. Onyx ist ein beliebtes Material für Kameen und Gemmen, weil die einzelnen Schichten sich so bearbeiten lassen, dass ein Farbkontrast entsteht. Ein Teil des modernen Onyx auf dem Markt ist gefärbter heller mehrschichtiger Chalcedon.

Eigenschaften

Chemischer Name Siliciumdioxid | **Formel** SiO_2 | **Farben** Weiß, farbig gebändert | **Struktur** Trigonal | **Härte** 7 | **Dichte** 2,65 | **BI** 1,54–1,55 | **Glanz** Glasglanz | **Strichfarbe** Weiß **Vorkommen** Indien, Südamerika (Onyx); Sri Lanka, Indien, Brasilien, Uruguay (Sarder und Sardonyx)

Roh

Zahlreiche Schichten

Roher Onyx | Dies ist ein Stück Rohonyx von hoher Qualität. Es weist eine reiche mehrfarbige Bänderung auf, vor allem in Weiß, Grau, Braun und Violett. Solche Farbschichten sind für Onyx-Objekte sehr begehrt. Kameen erhalten dadurch ihre charakteristischen Farbkontraste (s. unten).

Farbschichten

Polierte Platte | Diese exzellente Onyxplatte weist eine charakteristische dramatische Farbbänderung auf. Daraus ließe sich ein herausragender Cabochon schleifen.

Geschliffen

Untere Schicht

Schildform | Dieser schildförmige Onyx-Cabochon könnte zu einer Kamee verarbeitet werden: Die obere Schicht würde das Motiv, die untere den Hintergrund bilden.

Helle Schichten

Dunkles Mittelband

Platte mit heller Bänderung | Onyx ist auch mit weniger kontraststarker Bänderung attraktiv. Dieses hell gestreifte Material ist für Gemmen und Kameen exzellent geeignet.

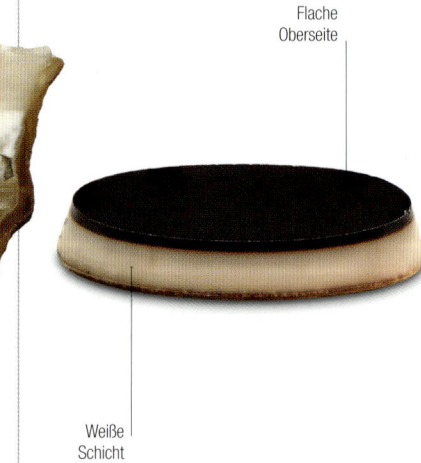

Flache Oberseite

Weiße Schicht

Cabochon | Die starke Bänderung des Onyx, wie bei diesem Cabochon mit seiner flachen Oberseite und den klaren Kontrasten, bietet dem Steinschneider zahlreiche Möglichkeiten.

Römische Kameen

Schichten und Kontraste

Kameen aus dem alten Rom gehören zu den schönsten aller Zeiten. Bevorzugt wurden sie aus Sardonyx in verschiedenen Farben und Schattierungen gefertigt. Die römische Steinschneidekunst und die Nutzung der Farbkontraste der Schichten ist unübertroffen. Eine besonders herausragende Gruppe Kameen, oft »Staatskameen« genannt, gehörte Kaiser Augustus und zeigt ihn mit verschiedenen göttlichen Attributen. Besonders eindrucksvolle Exemplare befinden sich heute im British Museum.

Römische Kamee Onyx war das bevorzugte Material römischer Kameenschneider – diese stellt eine Kaiserin dar.

ONYX | 155

Schmuck

Platinfassung

Onyxkappe

Onyxbrosche | Diese wunderbare Brosche kombiniert einen mit Diamanten besetzten schwarzen Onyxring mit zwei seitlichen Korallenstäben, die mit Diamanten geschmückt sind.

Diamant im Brillantschliff

Onyx-zifferblatt

Uhr »Dragon Mystérieux« | Das Onyx-Zifferblatt dieser Cartier-Uhr in Form eines stilisierten Drachen wird von 18-karätigem Weißgold, Feueropal, Diamanten und Koralle umrahmt.

Facettierter Onyx   Zentraler Diamant   Goldrahmen

Onyxring | Hier rahmen dreieckige schwarze Onyxsteine einen zentralen Diamanten. Auch die Platinstreben sind mit zahlreichen kleinen Diamanten besetzt.

Goldanhänger mit Onyx | Diesen Anhänger schmückt ein Onyx mit einem in die zweite Schicht gravierten Monogramm. Die obere Schicht wirkt vor dem roten Hintergrund rosa.

Sardonyx-Kamee | Diese Kamee mit einer in mehrlagigen Sardonyx geschnittenen klassischen Figur ist ein Meisterwerk. Die farbige Bänderung wirkt wie Schatten auf der Figur.

Ungewöhnlich facettierter Onyx

Georgianisches Siegel | Der Griff dieses Siegels arbeitet kunstvoll die kontrastreiche Bänderung des Onyx heraus: ein schönes Beispiel georgianischer Steinschneidekunst.

Anhänger mit Onyx und Diamanten | Ein Goldanhänger hält in Krallenfassung diesen ungewöhnlichen schwarzen Onyxstein, der opulent von 21 Diamanten umgeben ist.

> Es hieß, **Onyx**, am Hals getragen, würde die **Glut** der Liebe kühlen.

George Frederick **Kunz**
Mineraloge

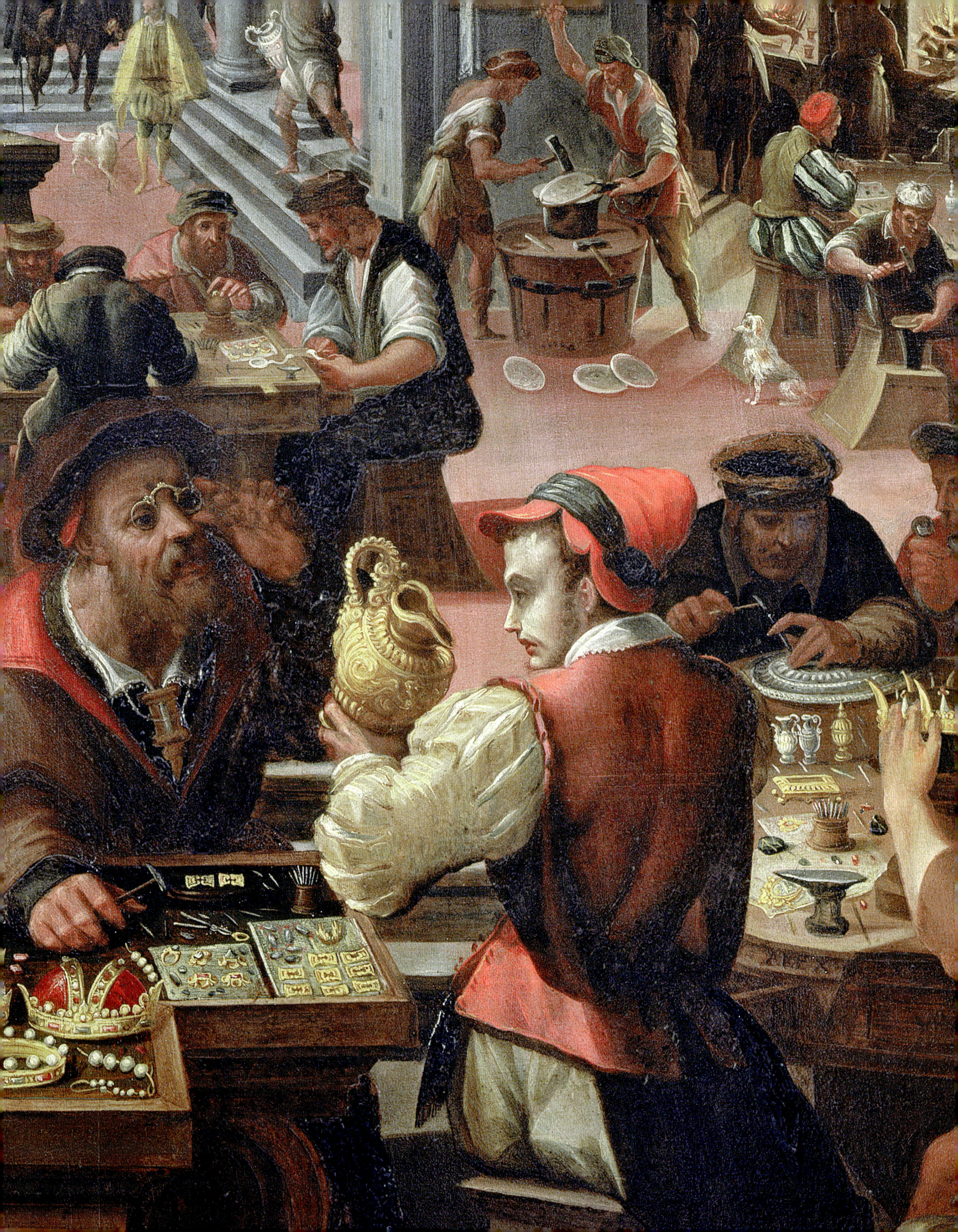

GOLD UND MACHT

Die Goldschmiede und Juweliere im Italien der Renaissance erhoben ihr Handwerk unter dem Mäzenat der mächtigen Familie de' Medici zur Kunst. Im 15. Jh. begründete Cosimo der Ältere die Dynastie der Bankiers- und Politikerdynastie, die Florenz vom 15. bis Anfang des 18. Jh. regierte. In der Zunft der Goldschmiede waren auch die Maler und Bildhauer organisiert, und viele große Renaissancekünstler wie Filippo Brunelleschi, Sandro Botticelli und Benvenuto Cellini gingen aus Werkstätten der Medici hervor. Francesco I. de' Medici, Sohn von Cosimo I. und Großherzog der Toskana, hatte großes Interesse an Metallarbeiten und Schmuck. Er ließ in den Uffizien eine Werkstatt einrichten, um die Techniken der Schmuckherstellung und die Kunstfertigkeit der Handwerker zu fördern.

So verwundert es kaum, dass die Juwelen der Medici in ganz Europa berühmt waren. Caterina de' Medici brachte in ihre Ehe mit König Heinrich II. von Frankreich birnenförmige Perlen ein, die zu den größten Europas zählten, sowie eine Schatulle mit einem Bergkristall, den Edelsteinschleifer Valerio Belli graviert hatte. Dessen Mäzen war Giovanni de' Medici, der Renaissance-Papst Leo X.

> **Gold ist ein Schatz, und wer es besitzt, tut in dieser Welt alles, was er sich wünscht.**
>
> Christoph **Kolumbus**
> Entdecker des 15. Jh.

***Die Goldschmiedewerkstatt**, Alessandro (Il Barbiere) Fei, 1572*
Großherzog der Toskana und Mäzen der Künstler Francesco I. de' Medici (ganz links) inspiziert in einer Florentiner Goldschmiedewerkstatt die Krone seines Vaters und andere Objekte.

> **Nun, der schwermütige Gott beschirme dich, und der Schneider mache dir ein Wams von Schillertaft,** denn dein Gemüt ist ein Opal.

William **Shakespeare**
Was ihr wollt

Australischer Opal

Diamant-»Schuppen«

Drachenbrosche | Diese betörende Platinbrosche von Cartier zeigt einen Drachen mit diamantbesetztem Körper und Smaragdaugen, der sich um einen großen australischen Opal windet und eine Smaragdkugel hält.

Opal

△ **Äthiopischer Opal** mit einem Farbenspiel im vollen Spektrum auf heller Basis

Man unterscheidet drei Kategorien von Opal: Edelopal, Feueropal und Gemeinen Opal. Ersterer weist das kostbare irisierende Farbenspiel mit einer weißen bis dunklen Grundfarbe auf, Letzterer verfügt über eine kräftige, attraktive Farbe ohne Farbreflexe. Beide Arten bestehen aus gehärtetem Kieselgel und enthalten rund 5–10 Prozent Wasser in submikroskopischen Poren. Edelopal setzt sich aus regelmäßig angeordneten, winzigen transparenten Kieselgelkugeln zusammen. Das Schillern entsteht, wenn diese Kugeln die richtige Größe haben: Dann beugen sie das Licht und zerlegen es in die Spektralfarben. Welche Farben auftreten, hängt von der Größe der Kugeln ab. Opal entsteht bei niedrigen Temperaturen durch Ablagerungen von kieselsäurehaltigem Wasser, in der Regel in Sedimentgestein. In der Antike befanden sich die wichtigsten Fundorte in der heutigen Slowakei, in jüngerer Vergangenheit war Australien der Hauptlieferant. Hier werden auch opalisierte fossile Knochen und Muscheln gefunden. Heute ist Äthiopien die Hauptquelle für Edelopal.

Feueropal

Feueropal ist transparent bis durchscheinend und weist in der Regel kein opalisierendes Farbenspiel auf. Feueropale in kräftigen Farben – Gelb, Orange, Orangegelb oder Rot – sind begehrt und haben ihren Preis. Transparente Feueropale werden gerne facettiert und oft in moderat teuren Silberschmuck gefasst. Der Gemeine Opal ist gewöhnlich undurchsichtig, selten durchscheinend und weist ebenfalls kein Farbenspiel auf.

Eigenschaften

Chemischer Name Hydratisiertes Siliciumdioxid | **Formel** $SiO_2 \cdot nH_2O$ | **Farben** Farblos, Weiß, Gelb, Orange, Rosarot, Schwarz, Dunkelblau | **Struktur** Amorph | **Härte** 5–6 | **Dichte** 1,9–2,5 | **BI** 1,37–1,52 | **Glanz** Glasglanz | **Strichfarbe** Weiß

Runder Brillantschliff   Cabochon

Vorkommen
1 USA 2 Mexiko 3 Honduras 4 Äthiopien 5 Indien
6 Australien 7 Neuseeland

Wichtige Stücke

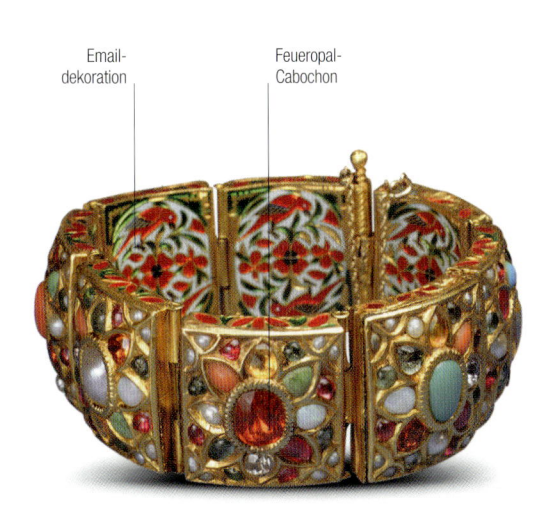

Emaildekoration — Feueropal-Cabochon

Armreif, 19. Jh. | Bei diesem aufwendig gearbeiteten Armreif aus Jaipur in Indien sind Feueropale, Türkise und andere Edel- und Schmucksteine in Gold gefasst. Darüber hinaus weist er dekorative Emailplättchen auf.

Barockperle

Pfauenbrosche | Um 1900 entwarf der französische Goldschmied Georges Fouquet diese goldene, mit Opal, Granat, Perlen und Email gestaltete Brosche. Ihre zarte, geradezu organische Form ist typisch für den Jugendstil.

Blaues und grünes Feuer — Kleine rot schimmernde Stellen

Der Roebling-Opal | Ein Fundstück aus Virgin Valley in Nevada (USA) ist dieser riesige schwarze Rohopal von 2585 Karat mit kräftigen blauen und grünen Lichtreflexen. Ingenieur John A. Roebling schenkte ihn 1926 der Smithsonian Institution.

SILIKATE

Roh

Gemeiner Opal | Opal ist meist »Gemeiner« Opal – Material, das weder Transparenz noch Feuer besitzt. Hier ist rosafarbener Gemeiner Opal auf Gesteinsgrundmasse zu sehen.

Opalmaterial

Opalknolle | Australischer Edelopal wird oft in Knollen gefunden, gelegentlich sind es opalisierte Fossilien. Diese Knolle mit weißer Basisfarbe stammt aus Cooper Pede (Australien).

Opal in Eisenstein | Australischer Edelopal entstand gelegentlich gleichzeitig mit Eisenstein und ist davon durchdrungen, wie bei diesem Exemplar.

Muscheliger Bruch

Feueropal | Opal in transparentem oder durchscheinendem Rot oder Orange wird »Feueropal« genannt. Dieser Rohopal besitzt eine herrliche, tiefe Farbe.

Gelber Gemeiner Opal

Eisensteinmatrix | Dieses Aggregat ist ein farbenreiches Exemplar australischen Opals. Es ist in einem Muttergestein aus Eisenstein entstanden und besteht aus einer Mischung aus Edelopal und gelbem Gemeinem Opal, in Australien »potch« genannt.

Edelopal

Geschliffen

Boulderopal | Dünne Schichten Opal in Gemeinschaft mit Muttergestein aus Eisenstein bilden diesen Cabochon. Diese Gesteinsmischung nennt sich »Boulderopal«.

Facettierter Opal | Manchmal ist Feueropal ausreichend transparent, um facettiert zu werden. Dieser brillante mexikanische Feueropal erhielt einen Kissenschliff.

Blasse Musterung

Opal »Island Sunset« | Dieser herrliche schwarze Opal von 28,10 Karat aus Lightning Ridge (Australien, s. S. 162–163) wurde zu einem breiten Tropfen geschliffen.

Äthiopischer Opal | In den letzten Jahren wurde Äthiopien durch die Entdeckung neuer Vorkommen zu einem bedeutenden Lieferanten von Edelopalen wie diesem Cabochon.

Schmuck

Der seit der Antike bekannte Opal leitet seinen Namen vom lateinischen Wort »opalus«, »wertvoller Stein«, ab.

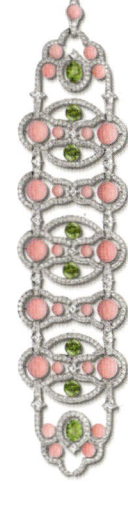

Armband mit rosa Opalen | Van Cleef & Arpels schuf dieses zarte Armband, das mit 29 rosafarbenen Opal-Cabochons aus der äthiopischen Provinz Wollo besetzt ist.

Ring mit Opal und Granat | Granat als Perlen oder andere Formen sowie Brillanten sind auf diesem aufwendigen Ring rund um einen 4,18-karätigen Opal-Cabochon gruppiert.

Rosa Opalring | Ein rosa Opal und ein Diamant sind bei diesem verspielten Cartier-Ring in 18-karätiges Rotgold gefasst – in der Serie Amulette de Cartier ein wiederkehrendes Motiv.

Opal-Anhänger von Louis Comfort Tiffany | Mancher Opal ist so wertvoll, dass der Rohstein kaum geschliffen wird. Das ist der Fall bei diesem unregelmäßigen schwarzen Opal.

Feueropale

Opal-Ohrhänger | Bei diesen goldenen Ohrhängern sind beidseitig gewölbte Feueropale von diamantbesetzten Blätterkränzen umgeben. Diamanten schmücken auch die Bügel.

Arts-and-Crafts-Halskette | Anfang des 20. Jh. schufen Georgie und Arthur Gaskin diese Halskette mit blauen Opal-Cabochons, Smaragden und rosa Turmalinen.

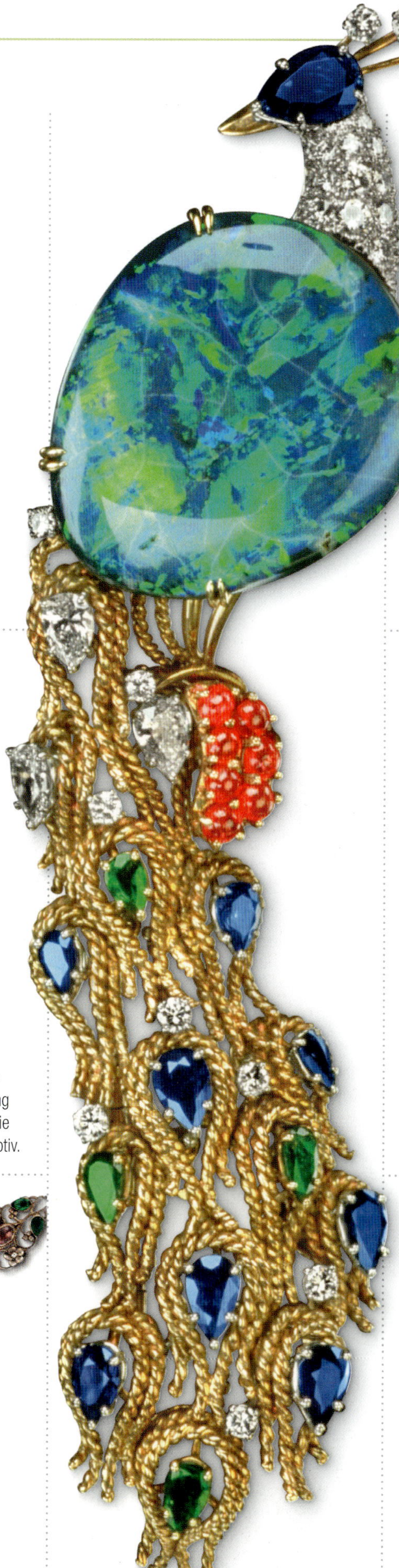

Pfauenbrosche mit Opal | Harry Winston schuf mit einem 32-karätigen schwarzen Opal aus Lightning Ridge (Australien), Saphiren, Rubinen, Smaragden und Diamanten diese Brosche.

Ohrhänger | Bei diesen modernen Ohrhängern sind vier Opale in 18-karätiges Weißgold gefasst und von insgesamt 1,82-Karat-Diamanten eingerahmt.

162 | »HALLEYSCHER KOMET« OPAL

Opal »Halleyscher Komet« | Entdeckt 1986 | 1982,5 Karat

»Halleyscher Komet« Opal

△ **Vollständige Ansicht** des Opals »Halleyscher Komet«

Dem *Guinnessbuch der Rekorde* zufolge ist dieser eindrucksvolle Stein von der Größe einer männlichen Faust der größte ungeschliffene schwarze Opal der Welt. Er wurde im November 1986 von fünf australischen Minenarbeitern gefunden, die als »Lunatic Hill Syndicate« bekannt sind. Sie benannten ihn nach dem Kometen, der zur Zeit der Entdeckung den südlichen Himmel durchquerte und nur alle 76 Jahre von der Erde aus zu sehen ist.

Die Knolle wurde in einer offenen Mine nahe der entlegenen Stadt Lightning Ridge in New South Wales (Australien) gefunden, die sich der weltweit größten Vorkommen schwarzer Opale rühmt. Die Gruppe bestand aus zwei Brüdern und einem kleinen Unternehmen, das die Finanzierung und die Grabungsgeräte bereitstellte. Sie arbeitete am Learning Tree Claim auf dem Lunatic Hill (»Berg der Verrückten«). Der kuriose Spitzname des Berges stammt aus der Anfangszeit des dortigen Bergbaus. Die erfahrensten Edelsteinsucher waren auf der flachen Ebene am Fuße des Berges tätig und wurden wenige Zentimeter unter der Erde fündig. Nur ein Verrückter würde oben auf dem Hügel beginnen, scherzten sie, da er bis zu einem Fund sehr lange graben müsste. Trotzdem versuchte es ein einsamer Minenarbeiter und machte die wertvollste Entdeckung überhaupt. Ebenso wurden die Mühen der Gruppe schließlich von Erfolg gekrönt, als sie den Opal »Halleyscher Komet« 20 m tief im Boden entdeckten.

Bei den Australiern kommt dem Opal als nationalem Symbol eine besondere Stellung zu. Er spielt in vielen Legenden aus der Zeit vor der Ankunft der Europäer eine Rolle. In der Mythologie der Aborigines kam der Schöpfer in der Traumzeit auf einem Regenbogen auf die Erde und verkündete seine Friedensbotschaft. Wo sein Fuß den Boden berührte, verwandelten sich die Steine in Opale, die in allen Regenbogenfarben schillerten.

Opal »Halleyscher Komet« bei der Auktion bei Bonhams, Los Angeles (USA)

Wichtige Daten
1705–2013

- **1705** Der Astronom Edmond Halley identifiziert den Kometen, der heute seinen Namen trägt.
- **Um 1900** Australische Schürfer beginnen mit dem Tagebau am Lunatic Hill.
- **1986** Der Opal wird am 3. November in Lightning Ridge in New South Wales (Australien) ausgegraben.
- **1991** Die Knolle wird als größter ungeschliffener schwarzer Opal ins *Guinness Buch der Rekorde* aufgenommen.
- **1992–1995** Der Opal »Halleyscher Komet« wird im Mineralienmuseum in Sydney ausgestellt.
- **2013** Der Opal wird bei Bonhams in Los Angeles (USA) versteigert.

Der englische Astronom Edmond Halley

Opalmine im ländlichen Australien, in der typischen offenen Form, bei der das Material nahe der Oberfläche und nicht in größerer Tiefe in unterirdischen Minen gefunden wird

> ... Opal gleicht einem Stück Regenbogen unter einer milchigen Wolke.

Charles **Blanc**
Schriftsteller

Mondstein

△ **Kamee mit Porträt** auf deutlich blauem Schimmer

Mondstein, eine opalisierende Varietät von Orthoklas und anderen Feldspaten, wird seit Jahrhunderten als Schmuckstein verwendet. Die alten Römer hielten ihn für geronnene Mondstrahlen und setzten ihn in Bezug zu ihren Mondgöttern. Mondstein besteht typischerweise aus kaliumreichen Feldspatschichten und schimmert blau oder weiß – das Resultat der Streuung und Brechung von Licht durch winzige Mineral-Lamellen. Der als »Regenbogen-Mondstein« vermarktete Edelstein ist tatsächlich farbloser Labradorit.

Eigenschaften

Chemischer Name Kalium-Aluminium-Silikat (Orthoklas)
Formel $K[AlSi_3O_8]$ | **Farbe** Farblos, Weiß | **Struktur** Monoklin
Härte 6–6,5 | **Dichte** 2,6 | **BI** 1,50 | **Glanz** Glasglanz
Strichfarbe Weiß | **Vorkommen** Indien, Sri Lanka, Tansania, Kenia, Neuseeland, Australien, Norwegen

Roh

Von Strömung rund geschliffen

Runder Kieselstein | Die gefurchte Oberfläche dieses vom Wasser geschliffenen Mondsteinkiesels ähnelt Milchglas. In dieser Form findet man oft das beste Edelsteinmaterial.

Zarter Glanz verursacht durch Interferenz von Lichtstrahlen

Schimmernder Stein | Bei diesem Exemplar reflektiert jede Feldspatschicht Licht, wodurch der Stein mit sanftem Glanz oder kräftigem Schimmern geradezu ätherisch glimmt.

Geschliffen

Im Inneren reflektiertes Licht

Ovaler Cabochon | Von exquisiter Qualität ist dieser stark gewölbte, subtil schillernde Mondstein. Mondstein wird oft en cabochon geschliffen, um seinen Schimmer herauszuarbeiten.

Detaillierte Schnitzarbeit

Kameenkunst | Das Schimmern des Mondsteins erzeugt bei Steinschneidearbeiten Licht und Schatten und damit den Eindruck von Tiefe, wie bei diesem Beispiel.

Natürliche Bruchstellen

Roher Mondstein | Dieser große ungeschliffene Mondstein besitzt das typische Schillern, das entsteht, wenn feine Zwischenschichten im Gestein den Lichtstrahl ablenken.

Farbe

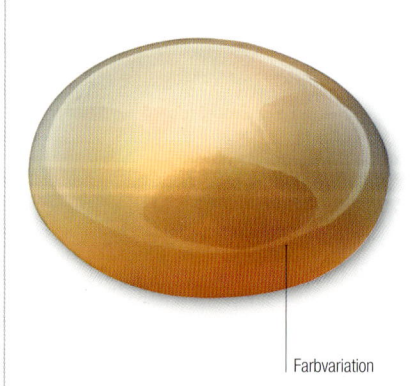

Farbvariation

Ungewöhnlicher Farbton | Das Basismaterial dieses Cabochons ist an einer Stelle dunkel honigfarben gefärbt, kombiniert mit dem typischen mondscheinartigen Irisieren.

Blaue Transparenz | Dieser ungewöhnlich feine Mondstein-Cabochon aus fast transparentem Rohmaterial irisiert bläulich, sodass der Stein schimmert.

Schmuck

Grüner Diamant

Pinker Spinell

Mondstein-Cabochon

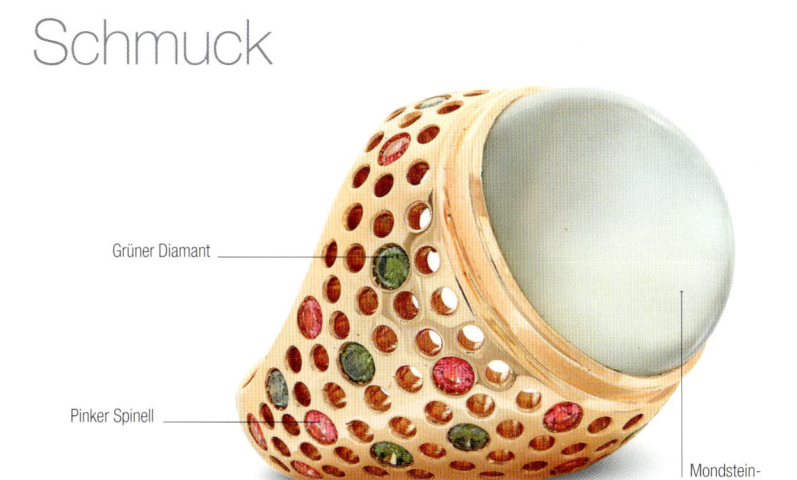

Innovativer Ring | Dieser hohe Ring enthält eine Reihe runder Edelsteine, die in die Seiten gesetzt sind. Den Kopf dominiert ein stark gewölbter Mondstein-Cabochon.

Goldrand mit Diamanten im Brillantschliff

Lotosblumen in Relief

Mondstein

Intensiv weiße, stark gewölbte Cabochons

Hintergrundschimmern durch Mondstein

»Nouvelle Vague«-Ring von Cartier Paris | Neben einem großen Mondstein schmücken diesen Goldring Saphire, Diamanten, Chalcedon, Türkise, Lapislazuli und Aquamarine.

Goldenes Kreuz | Dieses Kreuz ist mit sechs Mondstein-Cabochons besetzt, die aufgrund ihres einheitlichen Weißtons ausgewählt wurden und sich von dem Gold deutlich abheben.

Cartier-Uhr und Brosche | Die abnehmbare Brosche wird auf einen Garten mit Lotosblumen und Fischen gesteckt, die auf edelsteinbesetztem Mondstein emailliert sind.

> **Mondstein** ist der offizielle Stein des US-Bundesstaates Florida, wo die **Mondflüge** starteten – doch **in der Natur** kommt er dort nicht vor.

Grüne Farbe wirkt naturalistisch

Mondsteine ähneln Tautropfen.

Kämme | Um 1906 schuf Ella Naper diese zwei Kämme im Stil der britischen Arts-and-Crafts-Bewegung. Sie bestehen aus gefärbtem Horn und sind mit Mondsteinen besetzt.

Schillernde Farben

Durch die Interaktion von Licht mit Edelsteinmaterial entsteht ein Farbenspiel. Abhängig von der inneren Struktur des Edelsteins werden Lichtwellen von unterschiedlichen Schichten zurückgeworfen, sodass eine Interferenz entsteht. Als Ergebnis schillert die Oberfläche oder die Farbe im Inneren des Steins.

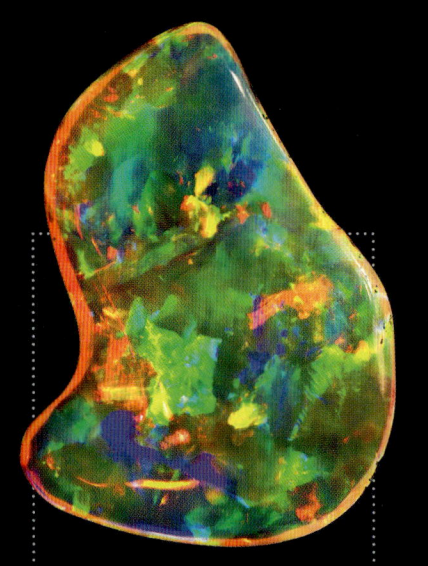

Edelopal
Das Farbenspiel des Edelopals entsteht durch winzige Kieselgelkugeln, die das Licht beugen und reflektieren.

Aquamarin
Die Facetten dieses hellblauen Aquamarins maximieren die Lichtreflexion in seinem transparenten Inneren.

Mystik-Topas
Dieser Edelstein ist eine Erfindung der späten 1990er-Jahren. Die Farbeffekte werden durch eine dünne chemische Schicht auf weißem Topas künstlich erzeugt. Neigt man den Stein, verändern sich die Farben.

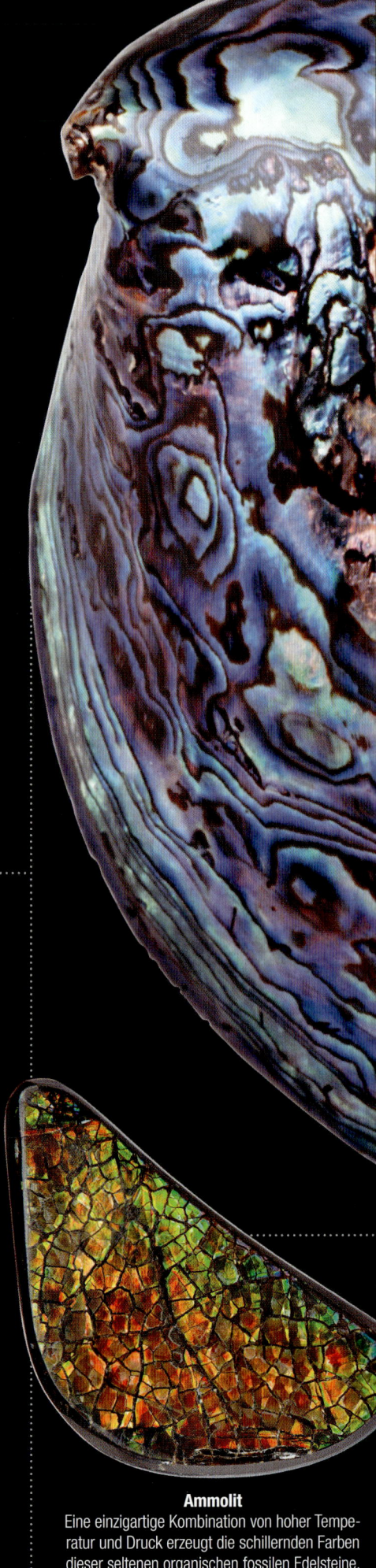

Ammolit
Eine einzigartige Kombination von hoher Temperatur und Druck erzeugt die schillernden Farben dieser seltenen organischen fossilen Edelsteine.

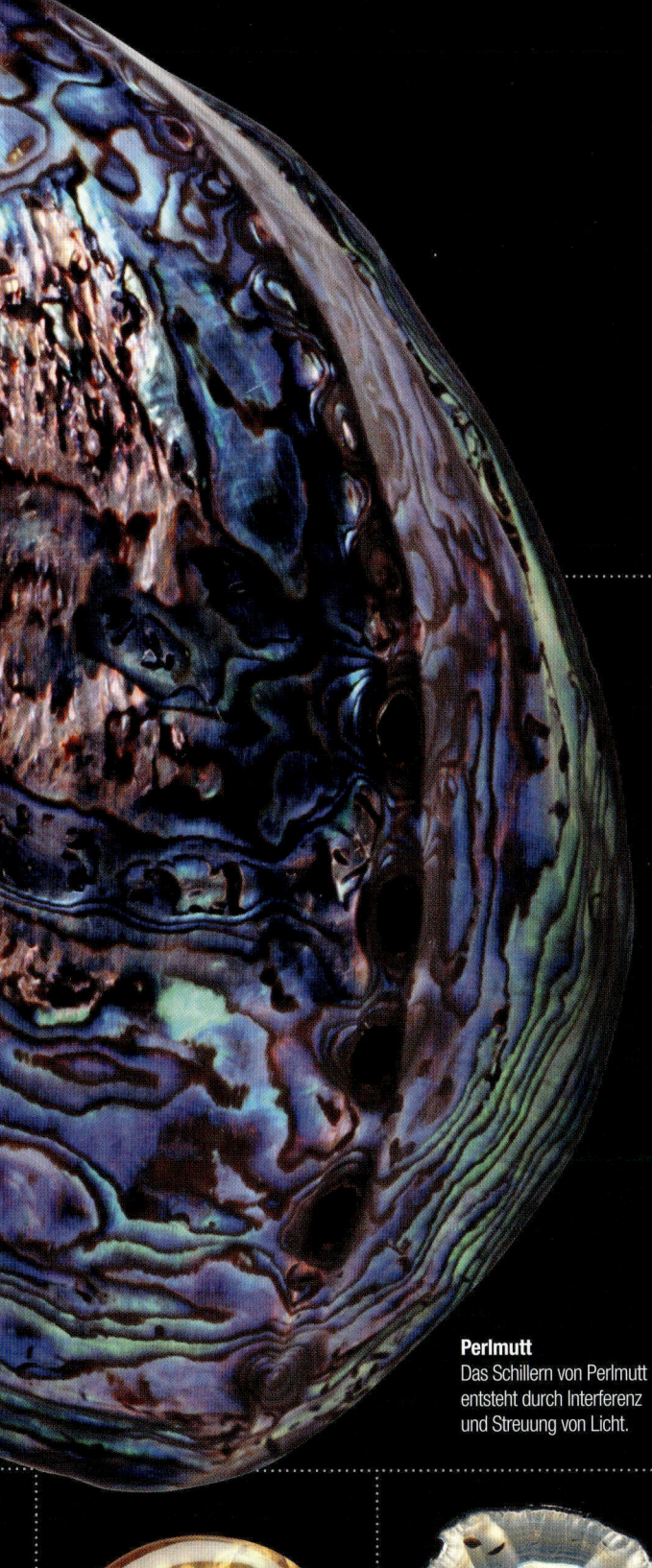

SCHILLERNDE FARBEN | 167

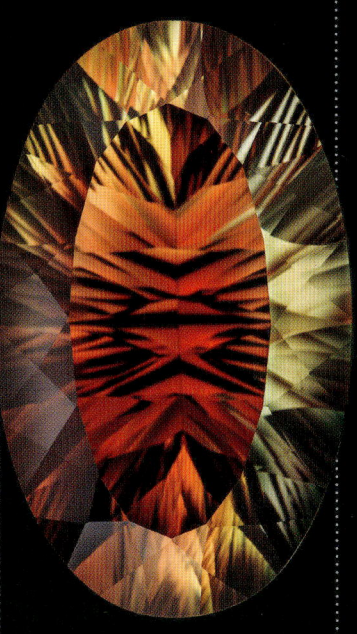

Sonnenstein
Winzige Rotkupfer- oder Hämatit-einschlüsse lassen diesen Stein glitzern, auch Aventureszenz genannt.

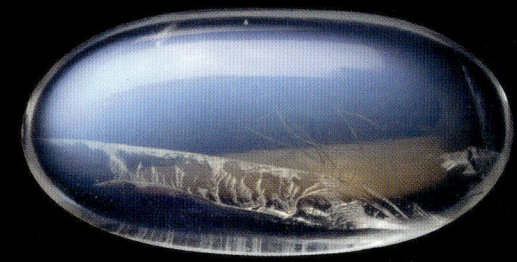

Gemeiner Opal
Gemeiner Opal kann sehr schön gefärbt sein, auch wenn er weniger begehrt ist als Edelopal (ganz links).

Mondstein
Mondstein besitzt einen Adulareszenz genannten Effekt, verursacht durch die ungewöhnliche Lamellenstruktur des Minerals, die Licht bricht und streut.

Perlmutt
Das Schillern von Perlmutt entsteht durch Interferenz und Streuung von Licht.

Labradorit
Aus bestimmten Winkeln betrachtet, zeigt dieses Feldspat-Mineral einen irisierenden Glanz, der allgemein als Schillereffekt bezeichnet wird.

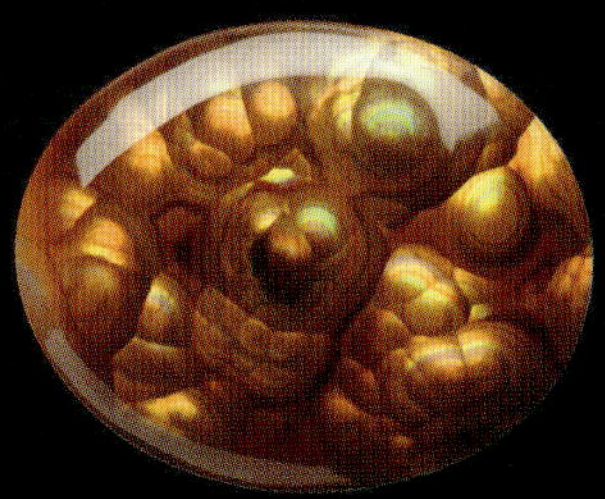

Feuerachat
Schichten Limonit oder Eisenoxid und Kieselsäure innerhalb dieses Minerals erzeugen die leuchtende Farbe.

Irisachat
Der Iris- oder Regenbogeneffekt wird bei Achat mit feiner Farbbänderung durch Licht von hinten sichtbar.

Sonnenstein

△ **Sonnenstein im Marquise-Schliff,** Glitzern von Hämatiteinschlüssen verursacht

Sonnenstein ist nach seinem Aussehen benannt und nicht nach einem Mineral, aus dem er besteht. Alle Arten zeichnen sich durch winzige, plattenartige Einschlüsse aus Hämatit und anderen Eisenoxiden aus, die parallel angeordnet sind. Dadurch erhält der Stein ein paillettenartiges Aussehen und oft einen rötlichen Schimmer. Sonnenstein wird mineralisch entweder als Oligoklas (ein Plagioklas-Feldspat) oder als Orthoklas (ein Alkalifeldspat) eingeordnet. Auch andere Feldspate produzieren kleine Mengen Sonnenstein. Am verbreitetsten ist der Oligoklas-Sonnenstein.

Eigenschaften

Chemischer Name | Calcium-Natrium-Aluminium-Silikat (Oligoklas)
Formel $(Na,Ca)Al_2Si_2O_8$ | **Farben** Grau, Weiß, Orangebraun, Gelb
Struktur Triklin | **Härte** 6,0–6,5 | **Dichte** 2,62–2,65
BI 1,53–1,55 | **Glanz** Glasglanz | **Strichfarbe** Weiß
Vorkommen USA, Norwegen, Indien, Kanada, Russland

Glasglanz — Hämatitflitter

Oligoklas | Roh | Bei diesem ungeschliffenen Oligoklas-Sonnenstein sind die parallelen flachen Hämatiteinschlüsse, die dem Stein seinen warmen Schimmer verleihen, gut sichtbar.

Facetten im Brillantschliff

Fantasieschliff | Geschliffen | Die preisgekrönten Schleifer Darryl Alexander und Aivan Pham gaben diesem Oregon-Sonnenstein aus dem Smithsonian National Museum (USA) seine Form.

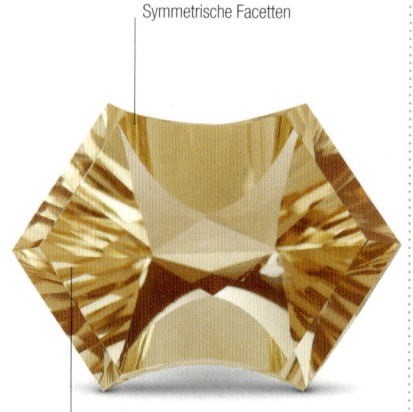

Symmetrische Facetten — Zahlreiche Facetten fangen das Licht ein und maximieren den Glanz.

Virtuoses Stück | Geschliffen | Welche Vielseitigkeit im Sonnenstein steckt, zeigt Darryl Alexander, ein Meister der Edelsteinschleifkunst, mit diesem »Schneeflocke« betitelten Stück.

Mannigfaltige kleine Facetten — Spiel mit Licht und Schatten erzeugt Tiefenwirkung.

Fantasieschliff | Geschliffen | Oregon (USA) bringt viel Oligoklas in Edelsteinqualität hervor. Diesen Sonnenstein hat der herausragende Larry Winn geschliffen.

Sonnenstein | Geschliffen | Dieses facettierte Oval zeigt das paillettenartige Aussehen, das durch zahlreiche Einschlüsse entsteht und dem Mineral Edelsteinqualität verleiht.

Einschlüsse in dichten Clustern

Transparente Fläche zwischen Einschlüssen

Kontraste von Farben und Schattierungen

Herzform | Geschnitten | Die auf Skulpturen aus Edelsteinmaterial spezialisierte Amerikanerin Naomi Sarna hat diesen Sonnenstein aus Oregon zu einem Herz verarbeitet.

SONNENSTEIN–LABRADORIT | 169

Labradorit

△ **Roher Labradorit** in der typischen Grundfarbe der Edelsteinqualität

Die Feldspatart Labradorit ist nach der kanadischen Provinz Labrador benannt, wo sie erstmals 1770 identifiziert wurde. Edelsteinlabradorit zeichnet sich gemeinhin durch ein reiches Spiel irisierender Farben, hauptsächlich Blautöne, auf gebrochenen Oberflächen aus. Kristalle mit diesem Effekt werden *en cabochon* geschliffen oder für Objekte verwendet. Fast transparentes Material mit schönem Schiller stammt aus Südindien. Gelegentlich wird vollständig transparenter Labradorit in Gelb, Orange, Rot oder Grün entdeckt.

Eigenschaften

Chemischer Name Natrium-Calcium-Aluminium-Silikat | **Formel** $NaAlSi_3O_8 - CaAl_2Si_2O_8$ | **Farben** Blau, Grau, Weiß | **Struktur** Triklin | **Härte** 6–6,5 | **Dichte** 2,65–2,75 | **BI** 1,56–1,57 | **Glanz** Glasglanz | **Strichfarbe** Weiß | **Vorkommen** Madagaskar, Finnland, Russland, Mexiko, USA, Labrador (Kanada)

Labradorit-Kombination | Roh | Blauer Labradorit in Edelsteinqualität ist bei diesem Labradorit mit einer anderen Feldspatart durchwachsen.

Quadratischer Cabochon | Geschnitten | Dieser Labradorit-Cabochon schillert fein in Blau, Gold und Grün. Material wie dieses findet man in Mexiko und den USA.

Tierdarstellung | Geschnitten | Der Schiller des Labradorits, sofern richtig ausgerichtet, verleiht Steinobjekten wie diesem Tiefe und Leben. In Kombination mit dem Glasglanz des Minerals entsteht eine schimmernde grüne Fläche, die der schleimigen Froschhaut ähnelt.

Subtiler Schiller

Tief geschnitten

Labradorit

Vielfarbiges Spiel von Licht und Farbe

Orthoklasschicht

Diamanten

Labradorit-Cabochon

Kamee mit Porträt | Geschnitten | Kunstvolles Schneiden der Labradoritschichten lässt den Stein blau, grün, gelb und rot schimmern, je nach Ausrichtung.

Ohrhänger | Schmuck | Die Randeinfassungen der unregelmäßigen Rundformen dieser irisierenden Ohrhänger sind mit winzigen Diamanten besetzt.

Schiller

Ein Leuchten von innen

Das Irisieren des Labradorits wird technisch als Schiller bezeichnet. Er entsteht durch Streuung des Lichts durch dünne Schichten einer zweiten Feldspatart, die während des Abkühlens durch chemische Abtrennung aus ursprünglich einer einzigen Feldspatart entstanden sind. Diese Schichten wirken als Beugungsgitter, das das Licht in seine Farbbestandteile zerlegt. Welche Farbe entsteht, hängt von der Dicke der Schichten ab, wenngleich die Grundfarbe von Labradorit in der Regel blau, dunkelgrau, farblos oder weiß ist. Hochwertiger Labradorit aus Finnland wird auch Spektrolith genannt.

Dramatische Farbe Dieser Labradorit besitzt einen herausragenden Schiller.

Orthoklas

△ **Seltener 250-karätiger** gelber Orthoklas-Edelstein von ungewöhnlicher Größe und Klarheit

Die pinkfarbenen Orthoklas-Kristalle geben dem Granit seine charakteristische rosa Farbe. Orthoklas ist auch ein wichtiges gesteinsbildendes Mineral, das Edelsteine hervorbringt. Gelber und farbloser Orthoklas wird für Sammler facettiert, wenn er transparent ist, und manchmal produziert er Sonnenstein genannte Edelsteine (s. S. 168). Werden gelbe und weiße Exemplare *en cabochon* geschliffen, kann ein Katzenaugeneffekt auftreten. Mondstein ist eine Orthoklasvarietät mit Adulareszenz – diese resultiert aus eingelagerten Albitschichten (s. S. 172).

Eigenschaften

Chemischer Name Kalium-Aluminium-Silikat | **Formel** $KAlSi_3O_8$ | **Farben** Farblos, Weiß, cremefarben, Gelb, Pink, Braunrot | **Struktur** Monoklin | **Härte** 6–6,5 | **Dichte** 2,5–2,6 | **BI** 1,51–1,53 | **Glanz** Glasglanz | **Strichfarbe** Weiß | **Vorkommen** Myanmar, Sri Lanka, Indien, Brasilien, Tansania, USA, Mexiko

Orthoklas-Kristall | Roh | Bei diesem Orthoklas-Kristall ist die klassische Blockform des Minerals in seinem natürlichen Zustand sehr gut zu sehen.
— Blockartige Kanten

Orthoklas-Edelstein | Roh | Diesem von Wasser glatt geschliffenen gelblichen Orthoklas ist anzusehen, dass er über ein hohes Maß an Transparenz verfügt.
— Von Wasser glatt geschliffen

Cabochon | Farbvarietät | Pinkfarbener Orthoklas, der eher durchscheinend als transparent ist, wird meist zu attraktiven Cabochons geschliffen, wie dieser Stein.
— Oberflächentextur

Mondstein | Geschliffen | Dieser Edelstein ist ein Mondstein im Kissenschliff (s. Kasten, links) mit einer charakteristischen silbrig weißen Textur, betont durch zahlreiche Facetten.
— Rauchige Textur
— Tafelfacette

Heiliger Mondstein

Glaube und Legenden

Orthoklas ist einer von mehreren Feldspaten, die als Cabochon eine weiße oder silbrige Adulareszenz aufweisen und so Mondstein genannt werden. Mondsteinähnlichen Schimmer bilden auch Anorthoklas, Sanidin, Albit und Oligoklas (s. S. 164, S. 172, S. 168). In Indien war Mondstein heilig, denn es hieß, er würde Leidenschaften entfachen. Liebenden, die ihn sich bei Vollmond in den Mund legten, würde die Zukunft offenbart. Im Europa des 11. Jh. glaubte man, er könnte Liebende versöhnen, und ein Mondstein, der im 16. Jh. König Eduard VI. gewidmet wurde, nahm angeblich mit dem Mond zu und ab.

Mondstein-Cabochon Dieser polierte Cabochon besitzt die charakteristische Adulareszenz.

Gelber Edelstein | Geschliffen | Ein Edelsteinschleifer hat für diesen gelben Orthoklas den rechteckigen Treppenschliff gewählt, der seine feine Farbe und Transparenz betont.
— Hintergrundfacetten sichtbar
— Licht wird durch Schliff gebrochen.
— Tafelfacette

Mikroklin

◁ **Rohes Aggregat** Amazonit

Mikroklin ist eines der verbreitetsten Feldspatminerale aus Kalium-Aluminium-Silikat. Blaugrüner bis grüner Mikroklin wird Amazonenstein oder Amazonit genannt. Tiefes Blaugrün ist die begehrteste Farbe, das Mineral variiert jedoch von gelbgrün bis blaugrün und kann weiße Adern aufweisen. Edelsteinmaterial ist in der Regel opak und wird *en cabochon* geschliffen. Als relativ brüchiges Mineral wird es selten für Objekte oder Perlen verwendet. Amazonit in Edelsteinqualität wird in Minas Gerais (Brasilien), Colorado (USA) und dem Uralgebirge in Russland gefunden.

Eigenschaften

Chemischer Name Kalium-Aluminium-Silikat | **Formel** $KAlSi_3O_8$ | **Farben** Weiß, Blassgelb, Grün, Blaugrün | **Struktur** Triklin | **Härte** 6–6,5 | **Dichte** 2,6 | **BI** 1,52–1,53 | **Glanz** Glasglanz | **Strichfarbe** Weiß | **Vorkommen** Russland, USA, Brasilien

Gesteinsgrundmasse

Mikroklin-Kristalle | **Roh** | Eine Gruppe blockförmiger Kristalle von heller Farbe ragt hier aus einer Gesteinsgrundmasse hervor.

Rosafarbener Mikroklin

Amazonit-Kristall | **Roh** | Dieser herausragend geformte blaugrüne rohe Amazonit-Kristall ist mit kontrastierenden Schichten rosafarbenen Mikroklins durchwachsen.

> Der Name »Mikroklin« hat seinen Ursprung im griechischen Wort für »kleine Neigung«.

Aquamarin

Kristall mit feiner Transparenz

Feine blaugrüne Färbung

Amazonitscheibe | **Farbvarietät** | Der tief blaugrüne Farbton dieser rohen Amazonitscheibe gilt gemeinhin als begehrteste Farbe für seine Verwendung als Edelstein.

Innere Strukturen

Cabochon | **Farbvarietät** | Dieser polierte Amazonit-Cabochon demonstriert die Textur und die feine Türkisfarbe von Material in exzellenter Edelsteinqualität.

Kristallgruppe | **Roh** | Diese Dreiergruppe von Mineralen aus einem Pegmatit zeigt die klassische Zusammensetzung von blauem Aquamarin und Quarz auf einem Mikroklinkristall.

Quarz

Mikroklin

Albit

△ **Albit-Kristalle** in Edelsteinqualität mit herausragendem Brookit

Albit ist vor allem als gesteinsbildendes Mineral bedeutsam, wird aber gelegentlich auch als Edelstein verarbeitet. Es wird in Gestalt wohlgeformter glasiger, spröder Kristalle gefunden, die oft transparent sind und Edelsteinqualität aufweisen. Da Albit jedoch relativ weich und brüchig ist, wird er nur für Sammler facettiert. Die Varietät Peristerit erzeugt als Cabochon einen schönen bläulichen, mondsteinartigen Schimmer. Das Mineral ist meist farblos, kann aber auch in Gelblich, Rosa oder Grün auftreten.

Eigenschaften

Chemischer Name Natrium-Aluminium-Silikat | **Formel** $NaAlSi_3O_8$ | **Farben** Weiß, farblos, Gelb, Grün | **Struktur** Triklin | **Härte** 6–6,5 | **Dichte** 2,6–2,7 | **BI** 1,53–1,54 | **Glanz** Glasglanz bis Perlmuttglanz | **Strichfarbe** Weiß
Vorkommen Kanada, Brasilien, Norwegen

Elbait-Turmalin, Quarz und Albit | Roh | Bei diesem Aggregat aus verschiedenen Mineralen ist Albit Wirt eindrucksvoller pinkvioletter Turmalin- und klarer Quarzkristalle.

Albit und Turmalin | Roh | Dieses spektakuläre Aggregat besteht aus prismatischen Elbait-Turmalin-Kristallen, die auf Albit und Quarz wachsen.

Albit und Topas | Roh | Aus Afghanistan stammt dieser eindrucksvolle schneeweiße Albit in Edelsteinqualität, der Grundmasse für einen Topas von rund 0,5 kg Gewicht ist.

Albitgruppe | Roh | Die weißen Albit-Kristalle dieser dramatischen Kristallgruppe besitzen die charakteristische blockartige Kristallform von Albit. Viele zeigen Zwillingsbildung.

Albit im gemischten Schliff | Geschliffen | Dieser makellose bläuliche Albit-Edelstein hat einen gemischten Schliff mit einer Krone im Brillant- und einem Pavillon im Treppenschliff.

ALBIT–BYTOWNIT | 173

Bytownit

△ **Bytownit-Edelstein** im Marquise-Schliff

Bytownit ist das seltenste Zwischenglied der Feldspatgruppe der Plagioklase. Andere Minerale dieser Gruppe mit Edelsteinvarietäten sind Labradorit und Oligoklas. Bytownit wird selten in wohlgeformten Kristallen gefunden, doch wenn dies der Fall ist, können sie Edelsteinqualität haben. Diese werden meist facettiert, wobei die Farbe der transparenten Steine von blassem Strohgelb bis Hellbraun variieren kann. Eine Varietät aus Mexiko wird unter dem Namen »Goldener Sonnenstein« vermarktet, doch sie unterscheidet sich von den anderen Feldspat-Sonnensteinen.

Eigenschaften

Chemischer Name Natrium, Calcium, Aluminium, Silicium
Formel $NaAlSi_3O_8 - CaAl_2Si_2O_8$ | **Farben** Weiß, Grau, Gelb, Braun
Struktur Triklin | **Härte** 6–6,5 | **Dichte** 2,7 | **BI** 1,56–1,57
Glanz Glasglanz bis Perlmuttglanz | **Strichfarbe** Weiß
Vorkommen Mexiko, Schottland, Grönland, USA, Kanada

Bytownit in Gesteinsgrundmasse | Roh | Bytownit bildet selten deutliche Kristalle aus. Öfter findet man ihn eingewachsen in andere Plagioklase, wie hier.

Kleine Edelsteinstellen

Plagioklase | Roh | Dieses Plagioklaseaggregat weist an der Oberfläche eine Streifung auf, das Hauptmerkmal aller Plagioklase einschließlich Bytownit.

Streifung

Polierter Bytownit | Geschliffen | Bytownit in Basalt, hier in trommelpolierter Form, gehört zu den ungewöhnlicheren Bytownitformen und wird regional auch »Lakelandit« genannt.

Basalt — Bytownit

Feiner Bytownit | Geschliffen | Das Bytownitmaterial dieses Steins ist ungewöhnlich makellos. Es wurde kissenförmig im Treppenschliff bearbeitet.

Pavillonfacetten durch Tafel sichtbar

Bytownit-Exemplar | Roh | Aus Ottawa (Kanada) stammt dieser Bytownit-Rohkristall, der eine bemerkenswerte Reinheit und Transparenz aufweist.

Hohe Transparenz

Treppenschliff | Geschliffen | Der Edelsteinschleifer dieses Bytownits hat einen ungewöhnlich langen Rohstein zu einem markanten Edelstein im Smaragdschliff verarbeitet.

Tafelfacette

> Es ist bekannt, dass das Mineral Bytownit in Meteoriten vorkommt.

| SILIKATE

David Webb, Löwenarmreif | Dieser verschlungene Armreif in Löwengestalt mit Goldeinlagen, Lapislazuli und Diamanten ist eine Kreation des modernen amerikanischen Schmuckdesigners David Webb.

Schwanz aus Lapislazuli geschnitzt

Details der Mähne aus Gold

Diamantaugen

Aufwendig geschnitzter Kopf

Mir gehört mein Herz im Haus des Herzens, mir gehört meine Brust im Haus der Brust, mir gehört mein Herz und ist zufrieden mit mir.

Aus dem Ägyptischen Totenbuch, Kapitel 26, um 1550 v. Chr., in Lapislazuli graviert

Lapislazuli

△ **Feiner, tiefblauer** Lapislazuli-Rohstein

Seit mehr als 6000 Jahren sind die Menschen fasziniert von dem intensiven Blau des Lapislazuli. Oft ist er mit goldenen Funken durchsetzt, die schimmern wie nächtliche Sterne. Er ist relativ selten und bildet sich in der Regel durch Gesteinsmetamorphosen infolge von Hitze und Druck. Das Mineral Lasurit sorgt für die kräftig blaue Farbe. Lapislazuli enthält aber auch Pyrit und Calcit, gewöhnlich zudem etwas Sodalith und Haüyn. Das hochwertigste Material ist von tiefem, dunklem Blau, mit kleinen Einsprengseln von weißem Calcit und messinggelbem Pyrit. Moderner Lapislazuli kommt vorwiegend aus Minen in Afghanistan, seinem ursprünglichen Fundort (s. unten). Material von hellerem Blau wird in Chile gefunden, geringere Mengen stammen aus Italien, Argentinien, Russland und den USA.

Lapislazuli in der Geschichte

Jahrhundertelang kam Lapislazuli einzig aus Sar-é Sang in einem entlegenen Bergtal Afghanistans. Von dort aus wurde er in die ganze antike Welt verkauft. Altägyptische Lapislazuli-Objekte wie Skarabäen, Anhänger, Intarsien in Gold und Silber sowie Perlen entstanden bereits um 3100 v. Chr. oder früher. Lapislazuli-Pulver diente als Kosmetik – der erste Lidschatten (neben Malachit) –, als blaues Pigment und als Medizin. Außerhalb Ägyptens enthielt das Grab der sumerischen Königin Puabi (2500 v. Chr.) reich mit Lapislazuli verzierten Gold- und Silberschmuck, und die Chinesen und Griechen schnitzten schon im 4. Jh. v. Chr. Objekte aus dem Stein.

Eigenschaften

Chemischer Name Natrium-Calcium-Alumosilikat (Lasurit) | **Formel** $Na_3Ca(Al_3Si_3O_{12})S$ | **Farbe** Blau | **Struktur** Kubisch | **Härte** 5–5,5 | **Dichte** 2,4 | **BI** 1,5 | **Glanz** Matt bis Glasglanz | **Strichfarbe** Blau

Vorkommen
1 USA 2 Chile 3 Argentinien 4 Italien 5 Afghanistan 6 Russland

Wichtige Stücke

Altägyptische goldene Pektorale | In Tanis (Ägypten) fand man diese für den Pharao Amenemope der 21. Dynastie geschaffene Pektorale, auf der ein zentraler Skarabäus aus Lapislazuli eine goldene Scheibe trägt.

Kanne, 17. Jh. | Diese Kanne entstand um 1608 in der Miseroni-Werkstatt und wurde aus zwei Lapislazuli-Stücken angefertigt. Fuß, Hals und Henkel sind aus Gold, der Henkel hat die Form eines Cherubs.

Goldener Cherub

Ring »Paris Nouvelle Vague« | Cartier in Paris schuf diesen Ring aus 18-karätigem Gelbgold, der, neben 112 Diamanten im Brillantschliff, mit neun Lapislazuli- und neun Chrysopras-Cabochons besetzt ist.

Brillanten *Lapislazuli-Cabochons*

176 | SILIKATE

Roh

Roher Lapislazuli | Dieser Lapislazuli-Rohstein weist tiefblau gefärbte Bereiche auf, neben breiten, quer verlaufenden Calcitadern und einigen größeren Pyriteinschlüssen. Dieses Material könnte zu interessanten Cabochons verarbeitet werden.

Calcitadern

Tiefblaues Material

Roher Lapislazuli | Das intensive Blau dieses etwas mehr als faustgroßen Lapislazuli-Rohsteins wird durch Streifen und Flitter aus goldenem Pyrit noch betont.

Roher Lapislazuli | Mancher Rohlapislazuli enthält fast kein Pyrit, wie dieses Exemplar. Solcher Stein wird bevorzugt für Intarsien und kleine Cabochons verwendet.

Der therapeutische Stein

Lapislazuli in alten Schriften

Der griechische Arzt Dioscurides notierte um 55 n. Chr., dass Lapislazuli ein Mittel gegen Schlangengift sei. Bereits zuvor kurierten die Assyrer damit die Melancholie. Einem in der Antike verbreiteten Glauben zufolge schützte Lapislazuli seinen Träger vor Bösem, weil er dem Nachthimmel, der Wohnstatt Gottes, glich. Eine mittelalterliche Schrift konstatierte, dass »Meditation über Stein die Seele zu himmlischer Kontemplation erhebt«, während in historischer Zeit Lapislazuli Buddhisten einen ruhigen Geist schenkte.

Antikes Heilmittel Gemahlener Lapislazuli wurde gelegentlich als »Medikament« verabreicht.

Geschliffen

Polierter Lapislazuli | Auch ohne Schmuckfassung ist unregelmäßig geformter, polierter Lapislazuli wie dieses keilförmige Stück als dekoratives Objekt begehrt.

Imitierter Lapislazuli | Diesen Cabochon hat Gilson aus Lapislazuli-Imitat geschaffen. Künstlicher Lapislazuli ist an der einheitlichen Farbe und der unnatürlichen Pyritverteilung erkennbar.

Cabochon aus Chile | Während in der Antike Lapislazuli aus Afghanistan kam, bezieht die Neue Welt ihn aus Chile. Oft ist das Material heller, wie bei diesem Cabochon.

Schmuck

Lapislazuli-Ring | Der rechteckige Cabochon dieses Rings aus 18-karätigem Gold hat eine feine Farbe und enthält schöne, golden schimmernde Pyriteinschlüsse.

Antiker löwenköpfiger Adler | Ein Zeugnis der sumerischen Kultur um 2650 v. Chr. ist dieser löwenköpfige Adler aus Lapislazuli mit Gold, Kupfer und Bitumen.

Kupfergehörn

Büste von Mehurt | Aus dem Neuen Reich des alten Ägypten (um 1539–1075 v. Chr.) stammt dieser Kopf von Mehurt, der himmlischen Mutter, aus Lapislazuli, Kupfer und Gold.

Das lateinische Wort »sapphirus« bezog sich möglicherweise auf Lapislazuli, der moderne Begriff leitete sich vom Arabischen »lazaward«, »Himmel«, ab.

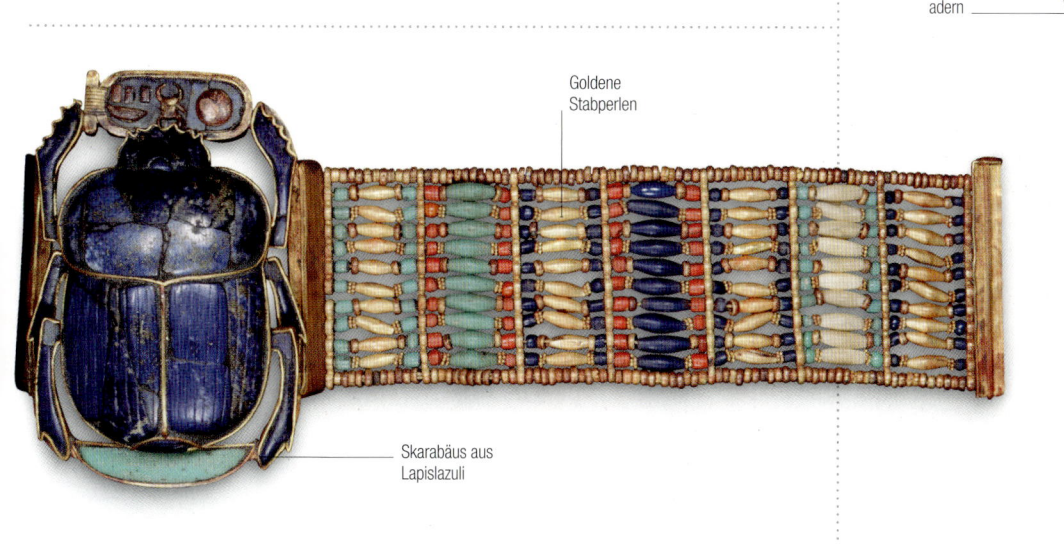

Goldene Henkel

Calcit-adern

Goldene Stabperlen

Skarabäus aus Lapislazuli

Altägyptisches Armband | Im Grab Tutanchamuns fand man dieses Perlenarmband mit einem aus afghanischem Lapislazuli geschnitzten Skarabäus und einer Einlage aus Türkis.

Vase | Diese elegante Vase aus gedrehtem Lapislazuli ist mit Gold gefasst und am Fuß und auf dem Deckel mit Granaten besetzt.

Polierter Lapislazuli

18-karätiges Gold

Manschettenknöpfe | Von Bulgari stammen diese Manschettenknöpfe aus Gold und Lapislazuli. Die Lapislazuli-Einsätze sind mit glitzerndem Pyrit gemustert.

Viktorianisches Meisterwerk | Mitte des 19. Jh. kreiert, präsentiert dieser goldene Anhänger Lapislazuli- und Halbperlen in Kombination.

Tiffany-Armreif | Dieser Armreif aus 18-karätigem Weißgold von Tiffany & Co. ist mit unregelmäßig geformten Lapislazuli-Intarsien besetzt. Er entstand um 1980.

Schachbrett-Armreif | Um 1980 wurde auch dieser wellenförmige Armreif aus 18-karätigem Gold mit Einlagen aus Perlmutt, schwarzem Onyx und Lapislazuli für Tiffany & Co. gestaltet.

Schmuck aus dem alten Ägypten

Als der Archäologe Howard Carter 1923 den Sarg Tutanchamuns aus reinem Gold öffnete, lüftete er den Deckel und das Geheimnis der Kultur der alten Ägypter, die bis 5000 v. Chr. zurückreicht. Die königlichen Grabkammern waren zu Ehren der Götter mit Gold befrachtet, die Leichname mit Schmuck und Juwelen bedeckt. Diese hatten häufig die Form eines Udjats, des symbolischen Auges des Gottes Horus, oder die Gestalt von Tieren mit religiöser Symbolik.

Geierkragen
Dieser goldene Geier (um 1550–1298 v. Chr.) hält in der Kralle einen Schenring (einen Ring mit einem kurzen Stab), das Symbol für die Ewigkeit.

Totenmaske Tutanchamuns
Diese goldene Maske mit Lapislazuli- und Obsidianeinlagen (um 1336–1327 v. Chr.) sollte den Pharao beschützen, damit seine Seele wiedergeboren werden konnte.

Schwenkbarer Ring
In diesen schwenkbaren Ring sind eine Sphinx und Symbole eingraviert, die Schutz bieten sollen.

Skarabäus-Pektorale
Die Mitte dieser goldenen Pektorale mit Lapislazuli-, Karneol- und Türkiseinlagen (um 1361–1352 v. Chr.) ziert ein Skarabäus.

SCHMUCK AUS DEM ALTEN ÄGYPTEN | 179

Skarabäus
Solch ein Amulett aus Fayence (Quarzkeramik, um 644–322 v. Chr.) wurde üblicherweise auf das Herz eines geliebten Verstorbenen gelegt.

Udjat-Pektorale
Dieser schützende Talisman wurde auf Tutanchamuns Mumie gefunden. Er besteht aus Gold und Glaspaste (um 1370–1352 v. Chr.).

Udjat-Amulett
Dieses aus Jaspis geschnitzte Schutzamulett ist eine grobe, stilisierte Form des Udjat-Auges.

Goldamulett von Anhor
Den ägyptischen Kriegsgott Anhor stellt dieses Amulett (um 570–526 v. Chr.) dar.

Falkenkragen
In Ägypten war der Falke das Symbol des Gottes Horus. Diese Halskette aus Fayenceperlen entstand um 1980–1630 v. Chr.

Uschebti-Dienerfiguren
Fayence-Statuetten wie diese (um 1292–1190 v. Chr.) waren Grabbeigaben der Wohlhabenden.

Stierkopf
Dieser in Gold gefasste Stierkopf aus Lapislazuli (um 1070–656 v. Chr.) stellt den Stiergott Apis dar.

Sodalith

△ **Facettierter ovaler Cabochon** aus semitransparentem Sodalith

Sodalith ist das Mineral, das manchmal mit Lapislazuli (s. S. 174–177) verwechselt wird. Es kann Bestandteil von Lapislazuli sein, sieht aber anders aus, da Letzerer kleine Pyritkristalle enthält. Sodalith gehört zu einer Handvoll Minerale, die nur als Schmuckstein verwendet werden. Da er oft von Calcitadern durchzogen ist, gefällt Edelsteinschleifern seine interessante Musterung. Gewöhnlich wird er *en cabochon* geschliffen. Seltenes transparentes Material aus Mont-Saint-Hilaire (Kanada) wird für Sammler facettiert. Einzelstücke können viele Kilogramm wiegen.

Eigenschaften

Chemischer Name Natrium-Alumosilikat mit Chlorionen | **Formel** $Na_4Al_3Si_3O_{12}Cl$ | **Farben** Grau, Weiß, Blau | **Struktur** Kubisch | **Härte** 5,5–6 | **Dichte** 2,1–2,4 | **BI** 1,48 | **Glanz** Glasglanz bis Fettglanz | **Strichfarbe** Weiß | **Vorkommen** Russland, Deutschland, Indien, USA

Ungeschliffener Sodalith | Roh | Dieses feine Sodalith-Exemplar besitzt eine schöne blaue Farbe mit einem Minimum der für das Mineral charakteristischen Adern.
Weiße Adern

Sodalith in Gestein | Roh | Bei diesem Aggregat ist lebhaft blauer Sodalith über die Gesteinsgrundmasse eines anderen, weißen Feldspatoids verteilt.
Weiße Grundmasse

Fluoreszierender Sodalith | Farbvarietät | In ultraviolettem Licht fluoreszieren viele Sodalithe (s. S. 186–187), wie dieses Exemplar aus Indien zeigt.
Pinkfarbene Fluoreszenz

Gelb fluoreszierender Sodalith | Farbvarietät | In ultraviolettem Licht fluoreszieren Sodalithe verschiedener Herkunft verschiedenfarbig (s. S.186–187). Dieser ist aus Russland.
Gelbe Fluoreszenz

> **Der Name Sodalith spielt auf den hohen Natriumgehalt des Minerals an.**

Cabochon | Geschliffen | Sodalith wird meist *en cabochon* geschliffen. Dabei richtet der Schleifer den Stein so aus, dass er die beste Farbe oder Musterung herausarbeitet, wie hier.

Sodalith-Skulptur | Geschnitzt | Sodalith ist recht spröde, doch in den Händen eines geschickten Steinschneiders kann er Formen annehmen, die ebenso attraktiv wie amüsant sind, wie dieses Schwein aus einem Material mit außergewöhnlicher Musterung.
Geflecktes Muster

Haüyn

△ **Facettierter Haüyn** in einem modifizierten Brillantschliff

Haüyn ist einer der Bestandteile von Lapislazuli, neben Pyrit, Lasurit, Calcit und Sodalith. Blau, die häufigste Farbe, tritt beim Lapislazuli auf, jedoch gibt es Haüyn auch in Weiß, Grau, Gelb, Grün und Pink. Manchmal werden einzelne Kristalle gefunden, die sich, mit Schwierigkeiten, facettieren lassen – das Mineral besitzt eine vollkommene Spaltbarkeit und zerbricht daher beim Schleifen leicht. Facettierbare Haüyn-Kristalle sind meist klein, und die fertig facettierten Steine wiegen in der Regel fünf Karat oder weniger.

Eigenschaften

Chemischer Name Natrium-Calcium-Alumosilikat mit Sulfat | **Formel** $Na_3Ca(Al_3Si_3O_{12})(SO_4)$ | **Farben** Blau, Weiß, Grau, Gelb, Grün, Pink **Struktur** Kubisch | **Härte** 5,5–6 | **Dichte** 2,4–2,5 | **BI** 1,49–1,51 **Glanz** Glas- bis Fettglanz | **Strichfarbe** Blau bis weiß | **Vorkommen** Deutschland, Italien, USA, Serbien, Russland, Marokko, China

Kristalle in Muttergestein | Roh | Dieser große Fels enthält eine Reihe kleiner, aber hochwertiger transparenter Stellen aus Haüyn-Kristallen.
— Muttergestein

Edelsteinkristalle | Roh | Bei diesem Exemplar ist eine Gruppe kleiner, intensiv gefärbter Haüyn-Edelsteinkristalle in einer Gesteinsgrundmasse gewachsen.
— Edelsteinkristall
— Gesteinsgrundmasse

Edelstein mit Makeln | Geschliffen | Haüyn von Edelsteinqualität mit über einem Karat Gewicht ist so selten, dass sogar Rohsteine mit leichten Makeln geschliffen werden.

> **René Haüys Name ist als einer von nur 72 auf dem Eiffelturm verewigt.**

Herausragende Farbe | Farbvarietät | Die betörende Farbe macht diesen 0,82-karätigen birnenförmigen Edelstein trotz zahlreicher Makel zu einem begehrten Stück.

— Innere Makel
— Kronenfacette

Napoleons Professor

Der Vater der Kristallografie

Haüyn ist nach René-Just Haüy (1743–1822) benannt, dessen Interesse für Kristallografie geweckt war, als er entdeckte, dass sich Calcitkristalle entlang gerader Linien spalteten, die sich in konstanten Winkeln trafen. Er zeigte als Erster, dass ein Kristall aus winzigen identischen Einheiten besteht. 1802 (nach Gefangenschaft während der Französischen Revolution) wurde Haüy Professor für Mineralogie am Museum für Naturgeschichte in Paris. Auf Bitten Napoleons schrieb er ein Buch über Kristallografie.

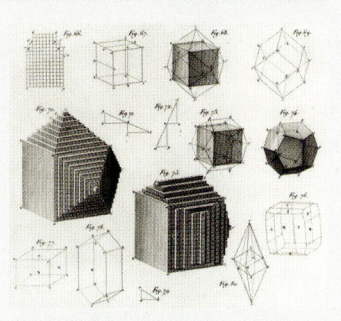

Illustrierte Kristalle Diese Platte ist René-Just Haüys *Traité de cristallographie* von 1822 entnommen.

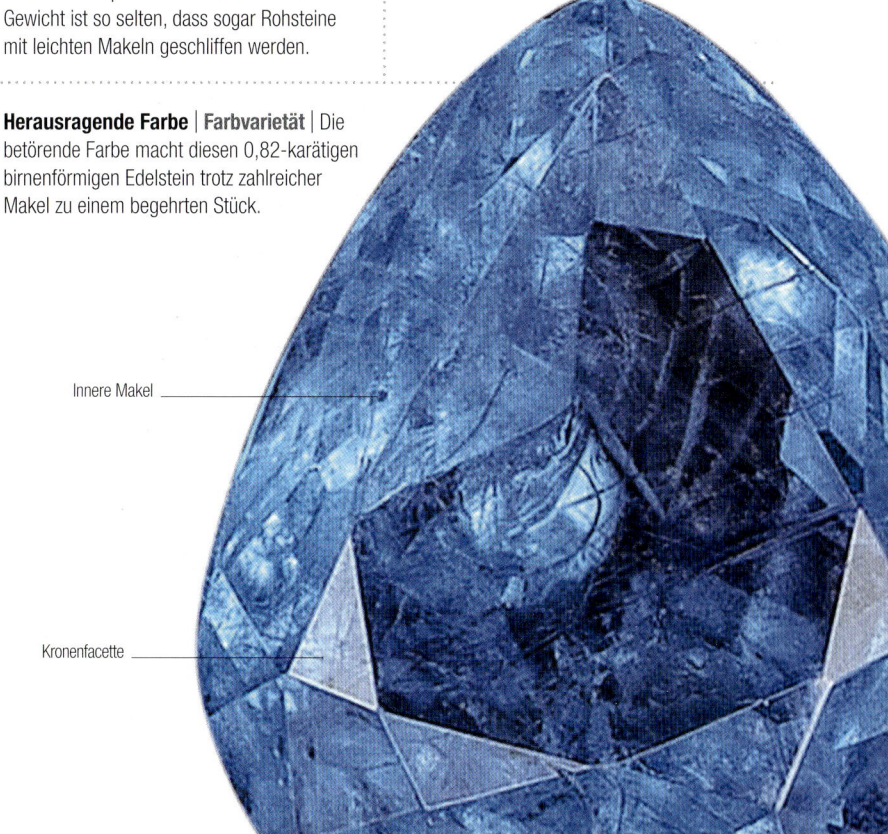

182 | KIANI-KRONE

Kiani-Krone | 32,5 x 19,5 cm | Perlen, Rubine, Smaragde, Spinelle, Diamanten | Hier auf einem Porträt von Fath Ali Schah (um 1771–1834), um 1805, zu sehen

Kiani-Krone

△ **Aga Mohammed Khan,** der die Kiani-Krone 1796 anfertigen ließ (hier um 1820)

Die Kiani-Krone ist ein Juwel, das unter den königlichen Schätzen seinesgleichen sucht. Sie war die persische Krönungskrone während der Kadscharen-Dynastie (1796–1925), ein mächtiges Symbol königlicher Autorität und einzigartig in ihrer verschwenderischen Pracht sowie der schieren Anzahl verarbeiteter Perlen.

Ohne die abnehmbare Aigrette (Feder) ist die Krone 32 cm hoch und 19,5 cm breit. Das Innere besteht aus rotem Samt. Er ist mit 1800 kleinen Perlen von 7–9 mm Durchmesser bestickt; 300 Smaragde, vor allem auf der Aigrette – der größte von 80 Karat Gewicht –, ferner rund 1800 Rubine und Spinelle, deren größter rund 120 Karat wiegt, schmücken die Krone. Zu zahllosen kleinen kommt ein zentraler Diamant von 23 Karat.

Die Kiani-Krone wurde für Aga Mohammed Khan, den Begründer der Kadscharen-Dynastie, 1796 angefertigt und unter dem zweiten Kadscharenherrscher Fath Ali Schah (der von 1797–1834 regierte) umgearbeitet. Fath Ali Schah wurde wegen seiner Förderung der persischen Kunst gerühmt – wie auch wegen seiner 1000 Ehefrauen und über 100 Kinder.

Fünf weitere Herrscher trugen die Krone bei ihrer Krönung. Auch bei jener Reza Schahs im Jahr 1926 war sie präsent, wenngleich er sie nicht trug. Reza Schah war in einem Staatsstreich an die Macht gekommen und hatte der Kadscharen-Dynastie ein Ende gesetzt. Ihr letzter Vertreter, Achmed Schah, floh nach Europa. Reza Schah gab eine neue Krone in Auftrag, und die Kiani-Krone wurde zum Museumsstück.

Mohammed Ali Schah (1872–1925) mit der Krone

Spinell von 120 Karat
Diamant von 23 Karat

Die Kiani-Krone, 130 Jahre lang Persiens Symbol königlicher und religiöser Macht, befindet sich heute in der Staatsbank in Teheran.

Wichtige Daten
1796–1926

1790
- **1796** Aga Mohammed Khan (Regierungszeit 1789–1797) gibt die Kiani-Krone in Auftrag.
- **Um 1797** Fath Ali Schah (reg. 1797–1834) ließ die Krone umarbeiten und trug sie möglicherweise bei seiner Krönung.
- **1797** Aga Mohammed Khan wird ermordet.

1800

1850
- **1834** Die Kiani-Krone wird die Krönungskrone von fünf aufeinanderfolgenden Königen der Kadscharen-Dynastie.

1900

1950
- **1926** Die Kiani-Krone ist bei der Krönung Reza Schahs, mit der die Kadscharen-Dynastie endet, präsent, wird aber nicht getragen. Anschließend wird sie in der Staatsbank von Teheran (Iran) untergebracht und dort bis heute ausgestellt.

2000

Reza Schah mit der neuen Krone

> Sie war zur Gänze so komponiert ... dass sie eine Mischung der schönsten Farben bot.

Robert Ker Porter
Reiseschriftsteller, über die Krone

Skapolith

△ **Feiner gelber Skapolith-Edelstein** im ovalen Brillantschliff

Skapolith wurde ursprünglich für ein einziges Mineral gehalten, ist aber heute der Name einer Gruppe von Mineralen mit ähnlicher Struktur. Im Edelsteinhandel bezeichnet Skapolith jeden Stein dieser Gruppe, der zum Edelstein geschliffen wurde. Diese Minerale weisen einen deutlichen Pleochroismus auf: Aus verschiedenen Winkeln betrachtet, variieren sie farblich, sodass violette Steine dunkel- oder hellblau erscheinen, violettgelbe dagegen hellgelb und farblos. Manche Skapolith-Cabochons zeigen Anzeichen von Chatoyance, einem hellen Strich in Katzenaugenform.

Eigenschaften

Chemischer Name Natrium-Calcium-Aluminium-Silikat
Formel $Na_4(Al_3Si_9O_{24})Cl - Ca_4(Al_6Si_6O_{24})(CO_3SO_4)$ | **Farben** Farblos, Weiß, Grau, Gelb, Orange, Pink | **Struktur** Tetragonal
Härte 5–6 | **Dichte** 2,5–2,7 | **BI** 1,54–1,58 | **Glanz** Glasglanz
Strichfarbe Weiß | **Vorkommen** Myanmar, Kanada, USA, Tansania

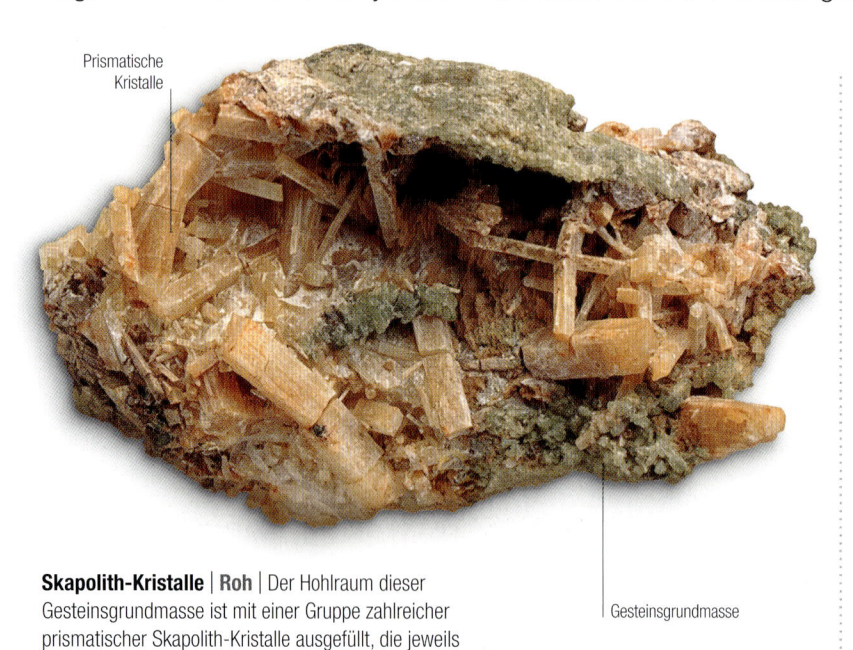

Skapolith-Kristalle | Roh | Der Hohlraum dieser Gesteinsgrundmasse ist mit einer Gruppe zahlreicher prismatischer Skapolith-Kristalle ausgefüllt, die jeweils vier Seiten gleicher Länge besitzen.

Blaue Kristalle | Roh | Skapolith kommt in vielen Farben vor und entsteht in der Regel in metamorphem Gestein. Diese hellen, fast durchscheinend blauen Kristalle sind prismatisch.

Skapolith-Cabochon | Geschliffen | Dieser hochglanzpolierte Cabochon besitzt eine diffus violette Farbe mit sichtbaren Mineraleinschlüssen.

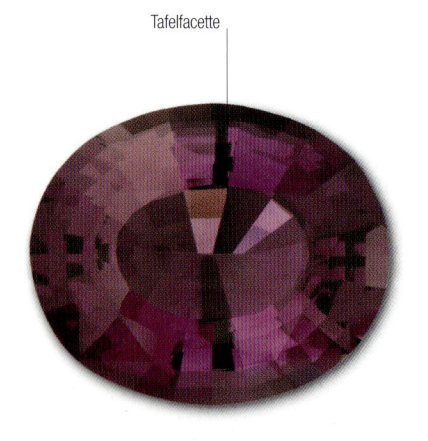

Edelstein im Kissenschliff | Farbvarietät | Dieser Skapolith im Kissenschliff ist vor allem wegen seiner tiefen braunvioletten Farbe bemerkenswert. Er wiegt 2,95 Karat.

Skapolith im gemischten Schliff | Geschliffen | Die vielen Facetten des ungewöhnlichen Schliffs verleihen diesem wunderbar reinen, farblosen Skapolith eine herrliche Brillanz.

Museumsqualität | Geschliffen | Jedes Museum könnte stolz sein auf diesen außerordentlich reinen, 113-karätigen gelben Skapolith in Tropfenform (Abbildung in Echtgröße).

Skapolith-Ohrhänger | Schmuck | Tropfenförmig facettierte blaue Skapolithe setzen bei diesen feinen Ohrhängern aus 18-karätigem Gold und mattiertem Bergkristall Farbakzente.

Pollucit

△ **Runder Pollucit-Edelstein** im gemischten Schliff

Entdeckt im Jahr 1846, ist Pollucit eines von zwei Mineralen, die nach den Zwillingen der griechischen Mythologie Castor und Pollux benannt sind (s. Kasten, unten). Das zweite Mineral, Castorit, wurde inzwischen in Petalit umbenannt (s. S. 196). Pollucit wird nur in seltenen elementhaltigen Ablagerungen gefunden, vergesellschaftet mit Edelsteinmineralen wie Spodumen, Petalit, Quarz und Apatit. Facettierbares Material ist häufig sehr klein, jedoch stammen aus Kamdesh (Afghanistan) auch Kristalle von 60 cm Durchmesser. Pollucit kommt zudem in Italien und den USA vor.

Eigenschaften

Chemischer Name Caesium-Aluminium-Silikat
Formel $(Cs,Na)(AlSi_2)O_6H_2O$ | **Farben** Farblos, Weiß, Pink, Blau, Violett | **Struktur** Kubisch | **Härte** 6,5–7 | **Dichte** 2,85–2,94 | **BI** 1,51–1,525 | **Glanz** Glasglanz bis Fettglanz | **Strichfarbe** Weiß | **Vorkommen** Afghanistan, Elba, Italien, USA

Roher Pollucit | Roh | Nur ein erfahrener Edelsteinschleifer kann unter dem rauhen, vom Wasser glatt geschliffenen Äußeren das feine Edelsteinmaterial im Inneren erahnen.
— Kristall von Edelsteinqualität

Massiver Pollucit | Roh | Dieser massive Pollucitbrocken ist ein Fund aus Buckfield in Maine (USA). Es handelt sich um ein Fragment. Wohlgeformte Kristalle sind selten und erzielen im Juwelenhandel besonders hohe Preise.
— Goldgelbe Kristalle

Gemischter Schliff | Geschliffen | Dieser Pollucit-Pendeloque besitzt eine Krone mit dreieckigen Facetten und einen Pavillon mit rechteckigen Facetten im Treppenschliff.
— Dreieckige Facetten
— Abgeschliffene runde Kanten

Achteckiger Treppenschliff | Geschliffen | Der rechteckige Treppenschliff bringt den Glasglanz dieses Pollucit-Edelsteins und seine blassblaue Farbe bestens zur Geltung.
— Facetten im Treppenschliff

Ungewöhnlicher Schliff | Geschliffen | Ein ungewöhnlicher Schliff arbeitet den Glanz und den exquisiten Pfirsichton dieses 2,69-karätigen ovalen Pollucits optimal heraus.

Castor und Pollux

Mythologische Krieger

In der griechischen und römischen Mythologie waren Castor und Pollux Zwillingsbrüder und berühmte Reiter. Die Römer glaubten, dass sie ihren Sieg in der Schlacht am Regillus lacus den mythologischen Brüdern verdankten, und errichteten ihnen zu Ehren den Dioskuren-Tempel im Forum Romanum. Jedes Jahr am 15. Juli ritten die 1800 Angehörigen der römischen Elitekavallerie durch die Stadt, um dieses Sieges zu gedenken.

Castor und Pollux Diese römischen Statuetten aus dem 3. Jh. v. Chr. stellen die beiden Brüder dar.

186 | FLUORESZIERENDE MINERALE

Benitoit
Dieses Exemplar aus Kalifornien (USA) wird unter kurzwelligem UV-Licht blau, wie hier zu sehen.

Gipsspat auf Gesteinsgrundmasse
Fluoreszenz tritt bei Gipsspat häufig auf. Dieses Exemplar aus Paris (Frankreich) fluoresziert kräftig gelb.

Aragonit
Aus Sizilien (Italien) stammt dieses Aggregat, das pinkfarben fluoresziert. Aragonit kann auch gelb, blau oder grün fluoreszieren.

Zinkerz
Dieses Willemit, Franklinit und Calcit enthaltende Exemplar leuchtet entsprechend grün, schwarz und pink. Außerdem enthält es Zink, das nicht fluoresziert.

Skapolith
Dieser Stein aus Kanada fluoresziert, doch nicht jeder Skapolith hat diese Eigenschaft.

Calcit
Die säulenförmigen Kristalle dieses Aggregats fluoreszieren blauweiß. Spurenelemente in Calcit können andere fluoreszierende Farben hervorrufen.

Manganocalcit
Viele Calcit-Arten fluoreszieren, so auch diese aus Arizona (USA).

Fluoreszierende Minerale

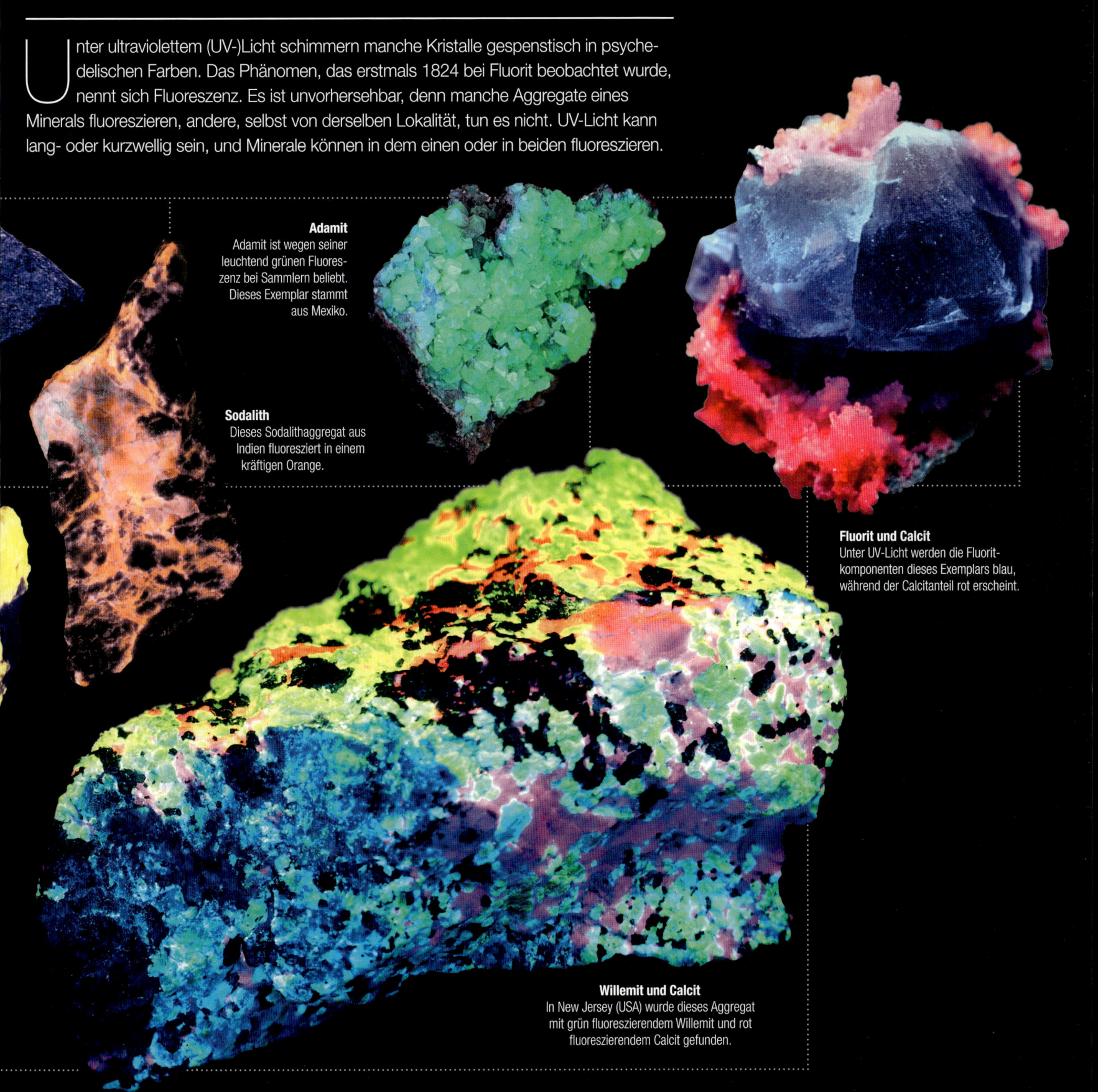

Unter ultraviolettem (UV-)Licht schimmern manche Kristalle gespenstisch in psychedelischen Farben. Das Phänomen, das erstmals 1824 bei Fluorit beobachtet wurde, nennt sich Fluoreszenz. Es ist unvorhersehbar, denn manche Aggregate eines Minerals fluoreszieren, andere, selbst von derselben Lokalität, tun es nicht. UV-Licht kann lang- oder kurzwellig sein, und Minerale können in dem einen oder in beiden fluoreszieren.

Adamit
Adamit ist wegen seiner leuchtend grünen Fluoreszenz bei Sammlern beliebt. Dieses Exemplar stammt aus Mexiko.

Sodalith
Dieses Sodalithaggregat aus Indien fluoresziert in einem kräftigen Orange.

Fluorit und Calcit
Unter UV-Licht werden die Fluoritkomponenten dieses Exemplars blau, während der Calcitanteil rot erscheint.

Willemit und Calcit
In New Jersey (USA) wurde dieses Aggregat mit grün fluoreszierendem Willemit und rot fluoreszierendem Calcit gefunden.

INDISCHER SCHMUCK

Jahrtausendelang haben Juwelen in der Geschichte Indiens eine wichtige Rolle gespielt, als Kunstwerke, aber auch als Talismane, zur Kennzeichnung einer sozialen Stellung und als Mittel diplomatischen Einflusses. Sie gaben ebenfalls Anlass zu politischen und militärischen Konflikten, insbesondere im Zeitalter der Großmoguln (1526–1707). Der älteste Schmuck wurde aus Steinperlen gefertigt, doch Hindutexte aus dem 1. Jh. v. Chr. erwähnen bereits den magischen Edelstein Syamantaka, der ursprünglich dem Sonnengott Surya gehört haben soll. Seine angebliche Fähigkeit, Gold zu erschaffen und seinen Eigentümer zu schützen, führte zu Kämpfen zwischen Adligen, die ihn in ihren Besitz bringen wollten. Historiker spekulieren, dass es sich um einen Diamanten gehandelt haben könnte, vielleicht den Koh-i-Noor, heute Teil der britischen Kronjuwelen (s. S. 58–59).

Diamanten zählten in der indischen Kultur lange zu den begehrtesten Edelsteinen. Der Hindu-Gott Krishna soll seiner Geliebten Radha einen geschenkt haben, damit er ihre Schönheit im Mondlicht spiegele. Diamanten, so hieß es, entstünden, wenn Blitz auf Fels trifft, und besäßen Heilkräfte – Reiche streuten sich Diamantstaub auf die Zähne, um Blitzschlag und Zahnverfall abzuwenden.

> **Es gibt nichts Höheres als mich ... alles ist aufgereiht in mir wie die Perlen auf einer Schnur.**
>
> **Krishna**
> Bhagavad Gita, 5.–2. Jh. v. Chr.

Detail eines Gemäldes, das Krishnas Jugend darstellt, 19. Jh.
Dieses Gemälde zeigt den jungen Krishna Flöte spielend und mit Juwelen behängt, obwohl er nur ein einfacher Kuhhirte ist. Der kunstvolle Schmuck erhebt ihn in göttlichen Rang, der Glanz seiner Juwelen überstrahlt die Sonne.

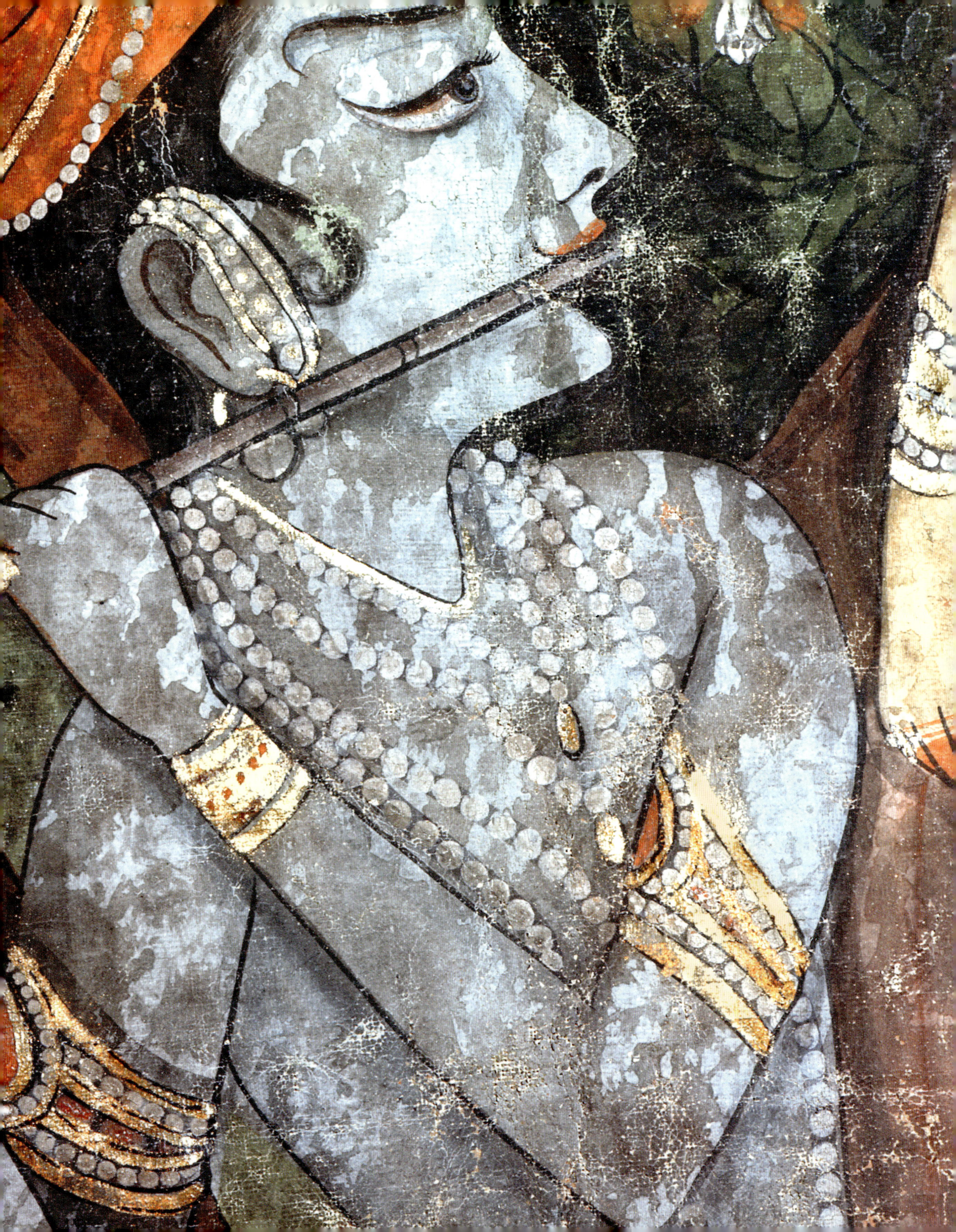

Serpentin

△ **Serpentin** aus Lowell in Vermont (USA)

Serpentin bezeichnet nicht ein Mineral, sondern eine ganze Gruppe von mindestens 16 weißen, gelblichen, grünen oder graugrünen Magnesiummineralen mit einer komplexen Chemie und großer Ähnlichkeit. Serpentinminerale treten meist als Massen winziger, verwachsener Kristalle auf. Der Name spielt auf ihr geflecktes, schlangenhautartiges Aussehen an. Serpentin-Edelstein, oft jadeähnlich, wird *en cabochon* geschliffen. Der relativ weiche Stein eignet sich auch für Steinschneidearbeiten. Er ist weit verbreitet und wird weltweit in großen Steinbrüchen abgebaut.

Eigenschaften

Chemischer Name Magnesium-Silikat | **Formel** $(Mg, Fe, Ni)_3 Si_2O_5(OH)_4$ | **Farben** Weiß, Grau, Gelb, Grün, Blaugrün | **Struktur** Monoklin | **Härte** 2,5–5,5 | **Dichte** 2,5–2,6 | **BI** 1,56–1,57 | **Glanz** Subglasglanz bis Fettglanz, Harzglanz, Erdglanz, matt | **Strichfarbe** Weiß | **Vorkommen** Weltweit

Hochwertiger Serpentin | Roh | Dieses feine grüne Serpentin-Exemplar ist durchscheinend und daher leicht mit Jade zu verwechseln.

Innere Brüche

Gesteinsgrundmasse

Serpentin mit weißem Chrysotil | Roh | Chrysotil ist eines der Serpentinminerale und gehört einer Gruppe an, die als Asbestminerale bezeichnet werden.

Williamsit-Cabochon | Geschliffen | Williamsit ist eine Serpentinvarietät, die für Schmuck verwendet wird. Er ergibt interessante Cabochons, wie dieses Beispiel zeigt.

Neolithisches Steinobjekt | Gemeißelt | Solche geheimnisvollen, 4500 Jahre alten Serpentin-Objekte werden in Nordengland an archäologischen Stätten gefunden.

Geschnitzte, muschelartige Rillen

Geschnitzte Muschel | Farbvarietät | Serpentin gibt es in vielen Farben, so auch in dem Hellgrün dieser fein in Stein gearbeiteten Muschel.

Für dekorative Zwecke genutzter Serpentin wird auch grüner Marmor genannt.

Feine Details

Bowenit-Anhänger | Geschnitzt | Bowenit ist eine Antigoritvarietät, eine Serpentinart. Gleich vielen Serpentinarten lässt es sich mit feinen Details, wie bei diesem Stück, bearbeiten.

SERPENTIN–SPECKSTEIN | 191

Speckstein

△ **Speckstein-Siegel** aus Korea

Bereits in vorgeschichtlicher Zeit wurde Speckstein zu Objekten, Ornamenten und Werkzeugen verarbeitet. Abgesehen von Feuerstein ist er wohl der älteste vom Menschen verwendete Stein. Heute werden Objekte aus durchscheinendem hellgrünem Speckstein in ganz China verkauft, zuvor mit Lack gehärtet und farblich aufgebessert, damit sie Jade ähneln. Der Name Speckstein bezeichnet kompakte Massen verschiedener Minerale, die sich seifig oder fettig anfühlen und deren häufigstes Talk ist. Steatit – dichter, sehr reiner Speckstein – wird gern für Objekte verwendet.

Eigenschaften

Chemischer Name Magnesiumsilikathydrat | **Formel** $Mg_3Si_4O_{10}(OH)_2$ | **Farben** Weiß, farblos, Grün, Gelb bis Braun | **Struktur** Triklin oder monoklin | **Härte** 1 | **Dichte** 2,8 | **BI** 1,54–1,59 | **Glanz** Perlmuttglanz bis Fettglanz | **Strichfarbe** Weiß | **Vorkommen** USA, Kanada, Deutschland, China

Schieferung (blättrige Felsschichten)

Reliefarbeit

Auf Drehbank geschaffene Form

Ungeschliffener Steatit | Roh | Steatit ist eine kompakte Form des Minerals Talk. Die besten Exemplare sind farbig und durchscheinend, wie dieser Rohstein.

Talk | Roh | Dieser ungeschliffene Speckstein aus Roxbury in Connecticut (USA) besitzt Stellen mit kompakten Mineralanteilen, die sich für die Herstellung von Objekten eignen.

Steatit-Becher | Geritzt | Dieser Steatitbecher aus der antiken Stadt Ur wurde im 3. Jt. v. Chr. angefertigt. Er ist mit Skorpionen in Reliefdarstellung verziert.

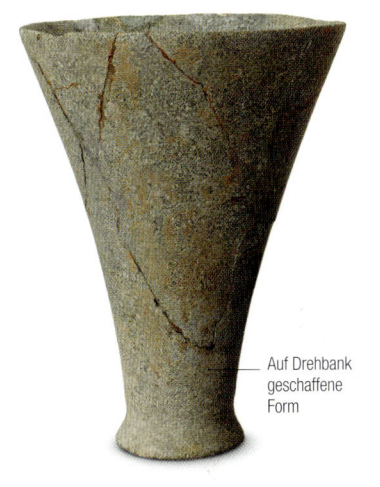

Becher | Gedreht | Dieses antike Trinkgefäß wurde auf der Drehbank aus einer der vielen Steatitarten angefertigt, die Handwerker in Ur im 3. Jt. v. Chr. verwendeten.

Von antik bis modern

Steatit in der Geschichte

In der Antike fertigte man im Nahen Osten aus Steatit Schüsseln, Töpfe, Siegel, Reliquiare und Statuen an. Steatit absorbiert und verteilt Wärme gleichmäßig und eignete sich daher gut für Kochgeschirr und Tabakpfeifen. Man fertigte auch Formen für den Metallguss in Steatit an. Bis heute wird das Mineral von den Inuit in Kanada und Alaska zu Tierfiguren verarbeitet.

Tierfigur der Inuit Diese Eule aus Steatit und Elfenbein ist ein Werk von Inuit-Künstlern aus Cape Dorset in Nordkanada.

Eingeritztes Maul

Nashorn | Geschnitzt | Speckstein ist bis heute in der modernen Stammeskunst ein beliebtes Material, wie diese polierte Tierfigur aus Kenia zeigt, denn er lässt sich mit einfachen Werkzeugen problemlos bearbeiten.

Pezzottait

△ **Ungewöhnlicher Pezzottait-Kristall** mit räderartiger Struktur

Pezzottait wurde erst 2003 offiziell als neues Mineral anerkannt. Zuvor galt er als Varietät des Roten Berylls (s. S. 236–241). Zwar ähnelt er den in Utah (USA) gefundenen Kristallen, unterscheidet sich aber durch seine chemischen Elemente und kristallisiert anders als Beryll im trigonalen Kristallsystem. Seine Farben reichen von Himberrot über Orangerot bis Pink. Die meisten Pezzottait-Edelsteine sind klein, mit 1–2 Karat. Etwa 10 Prozent der Steine weisen Chatoyance auf, den Katzenaugeneffekt.

Eigenschaften

Chemischer Name Caesium, Lithium, Beryllium-Silikat
Formel $Cs(Be_2Li)Al_2Si_6O_{18}$ | **Farben** Himbeerrot, Orangerot, Pink
Struktur Hexagonal, trigonal | **Härte** 8 | **Dichte** 3,1
BI 1,601–1,62 | **Glanz** Glasglanz | **Strichfarbe** Weiß
Vorkommen Afghanistan, Madagaskar

Klassische hexagonale Form

Transparente Oberfläche

Roher Pezzottait | **Roh** | Dieser feine Pezzottait-Kristall in Edelsteinqualität von 8,4 Karat wurde in Ambatovy (Madagaskar) gefunden. Er besitzt eine hexagonale Form.

Farbe an der Basis dunkler

Pezzottait-Kristall | **Roh** | Die markante Form dieses Pezzottait-Kristalls wird als »Sanduhrform« bezeichnet. Er ist von attraktiver himbeerroter Farbe.

Smaragdschliff | **Geschliffen** | Ein rosa-lavendelfarbener Pezzottait von 0,71 Karat im Smaragdschliff. Aufgrund der Seltenheit von Pezzottait sind geschliffene Steine meist klein.

Neue Entdeckungen

Ein Mineral, viele Namen

Pezzottait ist eine von zahlreichen Edelstein- und Mineralentdeckungen der jüngeren Vergangenheit. Bei diesen kann es sich um einen neuen Typ eines schon bekannten Edelsteins handeln, wie die transparente blaue Zoisitvarietät Tansanit (s. S. 253), oder um ein vollkommen neues Mineral wie Pezzottait. Andere Entdeckungen haben sich als zuvor unbekannte Modifikationen existierender Materialien herausgestellt. So besteht die Turmalingruppe aus etlichen verschiedenen Varietäten, die als Turmalin gehandelt werden.

Rutilnadeln Bei dem Einschluss tief im Inneren dieses rosafarbenen Pezzottait-Kristalls handelt es sich um ein Bündel Rutilnadeln.

Katzenauge | **Farbvarietät** | Dieser intensiv gefärbte Cabochon von 3,46 Karat aus Madagaskar besitzt dank eingelagerter Fasern exzellente Chatoyance – einen Katzenaugeneffekt.

Pezzottait aus Madagaskar | **Geschliffen** | Aus Ambatovy, Provinz Fianarantosa (Madagaskar), einem der wenigen Pezzottait-Abbauorte, stammt dieser ovale 4,15-Karäter.

Sepiolith

△ **Rohstein** aus Sepiolith (Meerschaum)

Sepiolith ist wohl vor allem unter dem volkstümlichen Namen Meerschaum bekannt. Er ist kompakt, erdig, tonartig und oft porös. Weil er in der Regel in knolligen Massen ineinander verschränkter Fasern gefunden wird, besitzt er eine Festigkeit, die seine geringe mineralogische Härte Lügen straft. Aus Sepiolith lassen sich demnach aufwendige Objekte herstellen, meist Tabakpfeifen. Frisch abgebaut, ist das Mineral weich und leicht zu bearbeiten, wird aber beim Trocknen hart. Das kommerziell bedeutendste Depot befindet sich in der Nähe von Eskişehir (Türkei), wo Sepiolith in Form unregelmäßiger Knollen gefunden wird.

Eigenschaften

Chemischer Name Magnesiumsilikathydrat
Formel $Mg_4Si_6O_{15}(OH)_2 \cdot 6H_2O$ | **Farben** Weiß, Grau, leichtes Rosa
Struktur Orthorhombisch | **Härte** 2–2,5 | **Dichte** 2,1–2,3
BI 1,53 | **Glanz** Matt bis Erdglanz | **Strichfarbe** Weiß
Vorkommen Türkei, USA, Italien, Tschechische Republik, Spanien

Rissige Oberfläche

Roher Sepiolith | Roh | Dieses Sepiolith-(Meerschaum)-Exemplar mit seiner kompakten Oberfläche aus mikroskopischen Nadeln ist so leicht, dass es auf Wasser schwimmt.

Abrieb an der Oberfläche

Roher Meerschaum | Roh | Die kompakte, tonartige Natur des leichten, porösen Meerschaums (Sepioliths) ist bei diesem grauen Rohstein gut zu erkennen.

Detailliert ausgearbeitetes Haar

In Silber gefasste Öffnung

Klauenfüße

Fein graviert

Meerschaumperlen | Graviert | Meerschaum wird vorwiegend zu Pfeifen verarbeitet, eignet sich aber für praktisch alles einschließlich Schmuck, wie diese schönen Perlen belegen.

Texturiertes Haar

Holm aus Bernstein

Meerschaumpfeife | Gemeißelt | Diese klassische Meerschaumpfeife mit dem kunstvollen Kopf eines bärtigen Edelmannes mit Turban hat einen Pfeifenholm aus Bernstein.

Zigarrenhalter | Gemeißelt | Ein herausragendes Beispiel für eine Meerschaumarbeit ist dieser aufwendig gearbeitete Zigarrenhalter mit Klauenfüßen und Silbereinfassungen. Der poröse Meerschaum erhält mit der Zeit eine braune Patina.

194 | LUDWIG II. DIE TASCHENUHR

Das goldene T-Endstück mit Türkisen und Diamanten wurde durch ein Knopfloch geschoben.

Mit Diamanten besetzte goldene Krone

Anhängsel mit springendem Pferd in Gold

Goldene Kette aus knotenförmigen Gliedern mit strukturierter Oberfläche und fassförmigen Gliedern mit Türkisen und Diamanten

Krone mit Eichel- und Blattdekor

Pferdekopf mit Diamanten in Pavéfassung auf Hintergrund in bayerischem Blau

> Ein ewig Rätsel will ich bleiben mir und anderen.
>
> König **Ludwig II.** von Bayern

Taschenuhr Ludwigs II. | um 1880 | Gold, Diamanten, Rubine, Türkis, Email

Ludwig II.
Die Taschenuhr

△ **Der Deckel des Uhrengehäuses** mit dem Monogramm des Königs

Diese Taschenuhr aus dem 19. Jh. mit Krone und Monogramm auf dem Deckel sowie einem Pferdekopf auf der Rückseite wurde höchstwahrscheinlich für König Ludwig II. von Bayern gefertigt, ein exzentrischer und umstrittener Herrscher, der unter ungeklärten Umständen starb.

Die Taschenuhr entstand um 1880 und besteht aus Gold, Email, Diamanten und Rubinen, einer Kette und einem Anhängsel. Den Deckel ziert ein appliziertes, mit Diamanten besetztes verschlungenes Monogramm des Königs aus Gold, die Rückseite ein silberner Pferdekopf mit Diamanten in Pavéfassung und einem Rubinauge – ein kunstvoller Tribut an Ludwigs Leidenschaft für Pferde. Die goldene Kette mit knotenförmigen und fassförmigen Gliedern, Letztere orientiert am bayerischen Wappen mit Türkisen und Diamanten besetzt, endet in einem Anhängsel mit einem goldenen Pferd im Sprung über einem Türkis-Cabochon.

Ludwig II. war gerade einmal 18 Jahre alt, als er den Thron bestieg. Er war jung, gut aussehend und in Bayern beliebt, kümmerte sich später jedoch wenig um die Regierungsgeschäfte und ließ lieber märchenhafte Bauten wie Schloss Neuschwanstein errichten. Seine Minister setzten ihn 1886 ab, indem sie ihn für geisteskrank erklärten, und ließen ihn am 12. Juni nach Schloss Berg am Starnberger See bringen. Am nächsten Tag fand man seine Leiche in flachem Gewässer, neben der seines Arztes Dr. von Gudden, seine Uhr war um 18.54 Uhr stehen geblieben. Zwar wurde Ertrinken als Todesursache angegeben, doch in seiner Lunge fand man kaum Wasser. Die Todesumstände sind bis heute ungeklärt. Die hier gezeigte Uhr – nicht die, die er bei seinem Tod trug – wurde 2007 versteigert.

Ludwig II. von Bayern, der von 1864 bis zu seinem Tod im Jahr 1886 regierte

Der Sängersaal in Schloss Neuschwanstein, dem opulenten Bau aus dem 19. Jh., einem der Lieblingsprojekte Ludwigs II., wo er sich vor der Öffentlichkeit verbarg. Es ist heute für Besichtigungen öffentlich zugänglich.

Wichtige Daten
1806–2007

1806 Bayern wird Königreich.

1835 Ein neues Wappen wird für Bayern geschaffen.

1845 Ludwig Otto Friedrich Wilhelm wird am 25. August geboren.

1864 Maximilian II. stirbt und Ludwig II. folgt mit 18 Jahren auf den Thron.

1869 Baubeginn des Märchenschlosses Neuschwanstein, eines zukünftigen Rückzugsorts des scheuen Königs.

Um 1880 Die repräsentative Taschenuhr Ludwigs II. wird angefertigt

1886 Am 12. Juni wird Ludwig II. durch seine Minister für geisteskrank erklärt und nach Schloss Berg am Starnberger See gebracht. Am nächsten Tag werden Ludwig und sein Arzt Dr. von Gudden in flachem Gewässer tot aufgefunden. Die Todesumstände sind bis heute ungeklärt.

Schloss Neuschwanstein in Bayern

2007 Ludwigs Taschenuhr wird bei Christie's in der Schweiz versteigert.

Chrysokoll

△ **Opalisierter** Chrysokoll-Cabochon

Den **Namen Chrysokoll** hat erstmals der griechische Philosoph Theophrast im Jahr 315 v. Chr. (s. Kasten, unten) für Materialien verwendet, die zum Goldlöten verwendet wurden, abgeleitet vom griechischen *chrysos* für »Gold« und *kolla* für »kleben«. Chrysokoll entsteht vor allem in trockenen Regionen durch Umwandlung anderer Kupfermineralien. Oft ist er mit härteren Mineralen wie Quarz, Chalcedon oder Opal verwachsen und bildet eine robustere Edelsteinvarietät. Gemeinhin wird er *en cabochon* geschliffen. Besonders wertvoll ist durchscheinender, tief blaugrüner Chrysokoll.

Eigenschaften

Chemischer Name Kupferhydrosilikat | **Formel** $Cu_2H_2(Si_2O_5)(OH)_4 \cdot nH_2O$ | **Farben** Blau, Blaugrün | **Struktur** Orthorhombisch | **Härte** 2–4 | **Dichte** 2,0–2,4 | **BI** 1,46–1,57 | **Glanz** Glas- bis Erdglanz | **Strichfarbe** Grünlich weiß | **Vorkommen** Großbritannien, Israel, Mexiko, Tschechische Republik, Australien, Kongo, USA

Blockartige Gestalt

Roher Chrysokoll | **Roh** | Unter der körnigen Oberfläche dieses frisch abgebauten Rohchrysokolls verbirgt sich möglicherweise feines Edelsteinmaterial.

Eiform | **Gemeißelt** | Dieser Ziergegenstand aus Chrysokoll ist 44,5 cm hoch und damit wahrscheinlich das größte aus diesem Material angefertigte Ei der Welt.

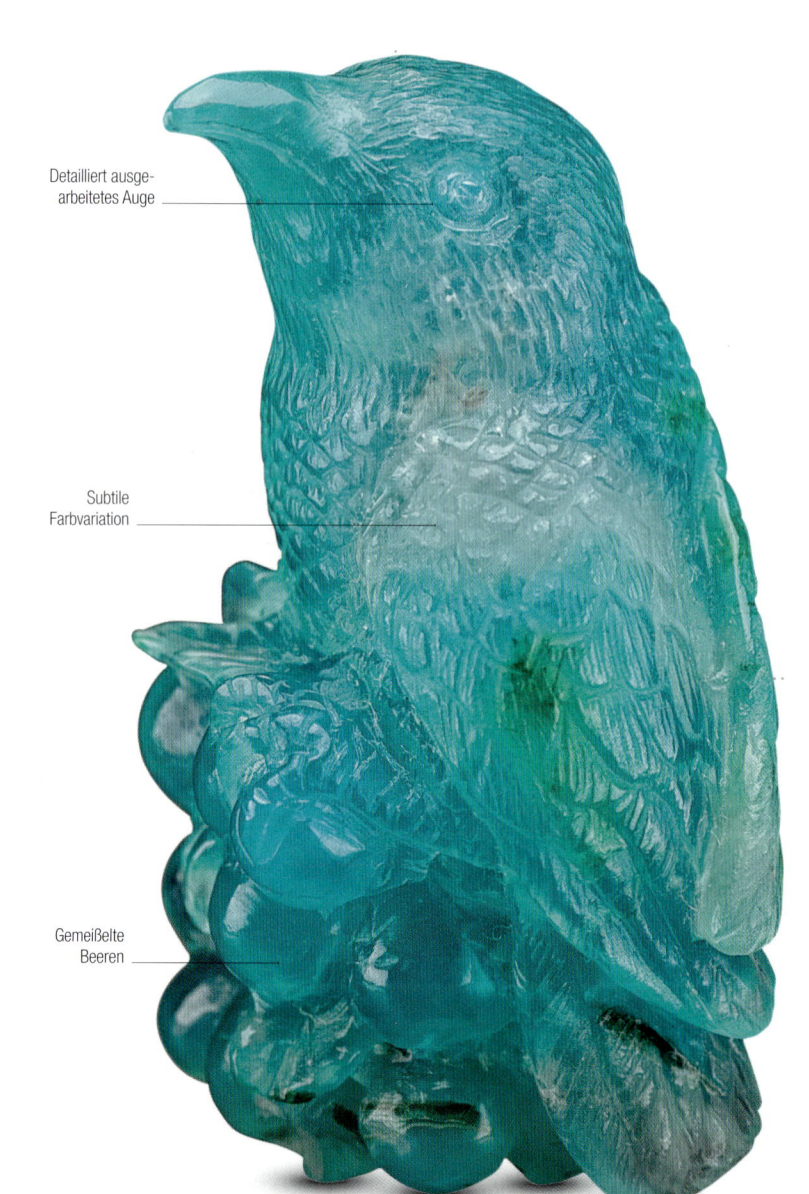

Detailliert ausgearbeitetes Auge

Subtile Farbvariation

Gemeißelte Beeren

Ziervogel | **Gemeißelt** | Mit einem Gewicht von 69 Karat zählt dieser auf Beeren sitzende Vogel aus Chrysokoll von Ronald Stevens zu den schönsten Chrysokoll-Objekten überhaupt.

Theophrast

Der Mann, der erstmals Chrysokoll beschrieb

Theophrast kam in jungen Jahren nach Athen und studierte bei Aristoteles. Aufgrund seines Werks über Pflanzen gilt er oft als Vater der Botanik, doch er führte ebenso bedeutsame Studien über Minerale durch. Seine Abhandlung *Über die Steine* wurde bis in die Renaissance von Mineralogen verwendet. Als erster Gelehrter klassifizierte er Edelsteine und Minerale systematisch. Wenngleich sein Werk heute als überholt gilt, kann er als Vorläufer der modernen wissenschaftlichen Mineralogie gelten.

Theophrast Der Aristoteles-Schüler schrieb als Erster in der westlichen Welt über Minerale und Gesteine.

CHRYSOKOLL–PETALIT | 197

Petalit

△ **Feiner Petalit** im gemischten Kissenschliff

Der Name Petalit geht auf das griechische Wort für »Blatt« zurück, eine Anspielung auf seine Neigung, in dünne, blättrige Schichten zu zerbrechen. Meist findet man ihn als Massen kleiner Kristalle, selten auch als Einzelkristalle. In massiver Form wird er *en cabochon* geschliffen – seine farblos-transparenten Kristalle werden ausschließlich für Sammler facettiert. Weil er spröde ist und leicht zerspringt, muss beim Facettieren extreme Sorgfalt walten. Für Schmuck ist er zu zerbrechlich. Facettierbarer Petalit stammt vorrangig aus Brasilien, als Sammleredelstein von bis zu 50 Karat.

Eigenschaften

Chemischer Name Lithium-Aluminium-Silikat | **Formel** $LiAlSi_4O_{10}$
Farben Farblos bis Grauweiß, Rosa, gelblich | **Struktur** Monoklin
Härte 6–6,5 | **Dichte** 2,4 | **BI** 1,50–1,52 | **Glanz** Glasglanz
Strichfarbe Weiß | **Vorkommen** Brasilien, Schweden, Italien, Russland, Australien, Simbabwe, Kanada

Unregelmäßige Oberfläche

Ungewöhnliche Form | Roh | Diese markante Gruppierung besteht aus mehreren Petalit-Kristallen, natürlich durch Säure geätzt, mit etwas verbliebenem Edelsteinmaterial.

Für ein Cabochon geeignet | Roh | Dieser Rohstein wird zu Cabochons geschnitten und poliert. Zum Facettieren muss das Rohmaterial eine höhere Qualität besitzen.

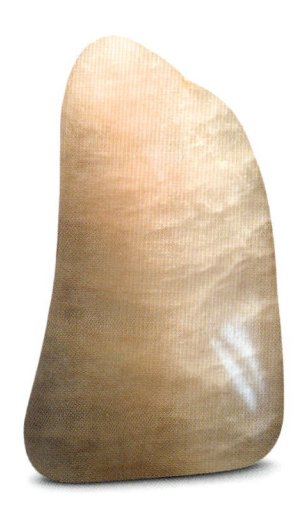

Polierter Petalit | Gemeißelt | Als Ergebnis einer ungewöhnlichen Entscheidung hat ein Edelsteinschleifer diesem Petalit eine Barockform gegeben und ihn glatt geschliffen.

Ecken rechteckig abgeschrägt

Gemischte Facetten

Gerundete Kanten

> Das chemische Element **Lithium** wurde zuerst in **Petalit** entdeckt, das bis heute **eine wichtige Quelle für dieses Element ist.**

Tafelfacette

Farbänderung | Farbvarietät | Dieser seltene 6,22-karätige Stein aus Myanmar verändert sich von Olivgrün in Sonnenlicht zu feurigem Rot unter dem Licht einer Glühlampe.

Petalit aus Burma | Geschliffen | Dieser makellose, 25,20-karätige, rauchbraune Petalit im gemischten Kissenschliff gehört der Edelsteinsammlung der Smithsonian Institution an.

Gemischter Schliff | Geschliffen | Die Ecken dieses dreieckigen gelben Petalits im gemischten Schliff wurden abgeschrägt, um ein Absplittern des spröden Materials zu verhindern.

Prehnit

△ **Traubiges Prehnitkristall-Aggregat** auf Gesteinsgrundmasse

Prehnit tritt meist in Form fein- bis grobkristalliner kugeliger, traubiger oder stalaktitischer Aggregate auf. Seltene Einzelkristalle sind meist kurze Stümpfe mit quadratischem Querschnitt. Blass gelbbraunes faseriges Material kann im Cabochon-Schliff einen Katzenaugeneffekt ergeben. Gelegentlich wird Prehnit facettiert, jedoch ist er meist nur durchscheinend und nicht transparent. Facettierte Steine sind häufig klein und werden nur für Sammler oder Museen angefertigt. Aus Australien und Schottland stammt semitransparenter Prehnit, der selten sogar fast transparent ist.

Eigenschaften

Chemischer Name Calcium-Aluminium-Silikat | **Formel** $Ca_2Al_2Si_3O_{10}(OH)_2$ | **Farben** Grün, Gelb, Hellbraun, Weiß | **Struktur** Orthorhombisch | **Härte** 6–6,5 | **Dichte** 2,8–2,9 | **BI** 1,61–1,67 | **Glanz** Glasglanz | **Strichfarbe** Weiß | **Vorkommen** Kanada, Portugal, Deutschland, Japan, USA, Australien, Schottland

---

Edelsteinkristalle

Prehnit-Kristalle | Roh | Dieses Aggregat besteht aus mehreren einzelnen Prehnit-Kristallen von gelblicher Farbe, die auf einer Gesteinsgrundmasse sitzen.

Flache Wölbung

Quadratischer Cabochon | Farbvarietät | Prehnit in Hellblau ist selten, doch kann er wie dieser durchscheinende quadratische Cabochon eine subtile Pastellfarbe aufweisen.

Farbabstufung

Treppenschliff | Geschliffen | Prehnit in facettierbarer Qualität ist relativ selten und nach dem Schliff immer noch recht trüb, wie dieser Stein im Treppenschliff zeigt.

Tafelfacette mit abgerundeten Ecken

Quadratisches Kissen | Geschliffen | Die diffus grüne Farbe verleiht diesem quadratisch facettierten Prehnit-Edelstein eine geheimnisvolle Aura.

Colonel Hendrik von Prehn

Der Mann, der Prehnit entdeckte

Prehnit ist nach Colonel Hendrik von Prehn (1733–1785) benannt und wurde erstmals 1788 in Cradock in der Provinz Ostkap (Südafrika) beschrieben. Über Colonel von Prehn ist nur wenig bekannt. Von 1768 bis 1780 war er Militärkommandant der niederländischen Kolonie am Kap der Guten Hoffnung und Gouverneur der Kapkolonie. Außerdem gilt er als Entdecker des Minerals, das seinen Namen trägt.

Schlacht am Kap der Guten Hoffnung Südafrika war im 17. und 18. Jh. Schauplatz der Rivalität zwischen England und den Niederlanden.

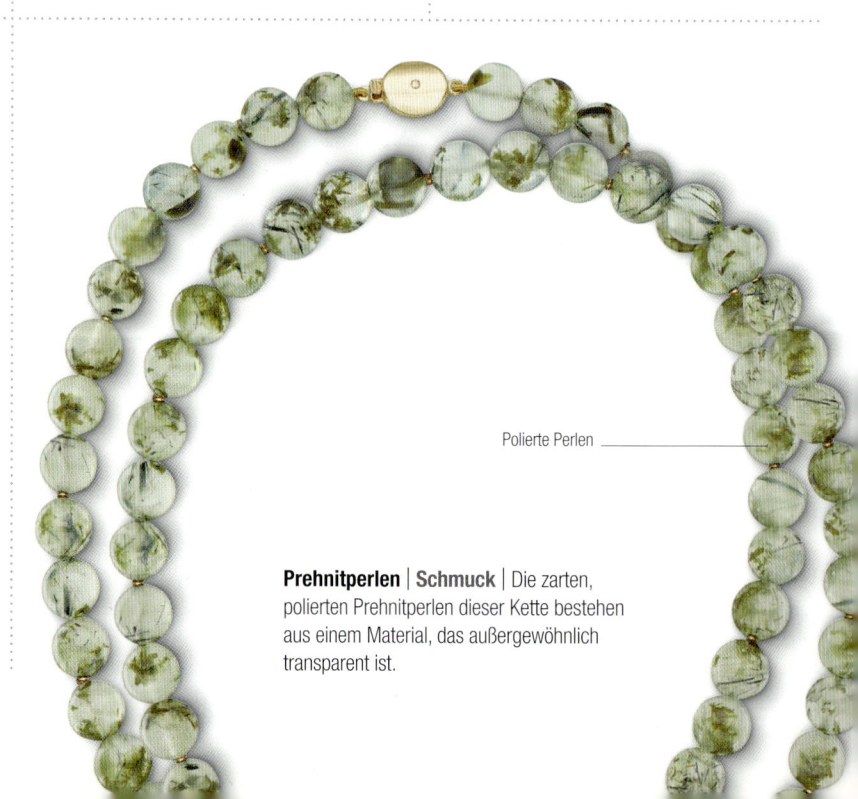

Polierte Perlen

Prehnitperlen | Schmuck | Die zarten, polierten Prehnitperlen dieser Kette bestehen aus einem Material, das außergewöhnlich transparent ist.

Phosphophyllit

△ **Phosphophyllit-Rohstein** von herausragender Farbe in facettierbarer Qualität

Phosphophyllit ist ein seltenes Mineral, als Edelstein noch seltener, und bei Museen und Sammlern begehrt. Kristalle von zartem Blaugrün sind am gesuchtesten. Phosphophyllit ist spröde und brüchig und lässt sich nur unter größten Schwierigkeiten facettieren. Dass er als bearbeiteter Edelstein selten ist, liegt auch daran, dass Kristalle, die für einen Schliff groß genug wären, gleichzeitig zu wertvoll sind, um verkleinert zu werden. Die feinsten Kristalle stammen aus einer Lagerstätte in Potosí (Bolivien), aus der auch die meisten facettierten Steine kommen. Sie ist heute erschöpft.

Eigenschaften

Chemischer Name Zinkphosphathydrat | **Formel** $Zn_2(Fe^{2+}+Mn^{3+})(PO_4)_2·4H_2O$ | **Farben** Farblos bis tief bläulich grün | **Struktur** Monoklin | **Härte** 3–3,5 | **Dichte** 3,08–3,10 | **BI** 1,59–1,62 | **Glanz** Glasglanz | **Strichfarbe** Weiß | **Vorkommen** USA, Australien, Deutschland, Bolivien

Kristalle | Roh | Bei diesem Exemplar ist eine Gruppe hellblauer Phosphophyllit-Kristalle auf einer Pyritgrundmasse zu sehen. Die Edelsteinkristalle sind von sehr guter Qualität und würden Material ergeben, das sich gut zum Facettieren eignet.

Pyritgrundmasse
Edelsteinkristalle
Bruchebene

Hochwertiger Phosphophyllit | Roh | Facettierbarer Phosphophyllit von einer solchen Transparenz und türkisen Farbe ist selten. Er wäre ein erstklassiger Sammler-Edelstein.

Außerordentliche Farbe | Farbvarietät | Diese parallel gewachsenen Phosphophyllit-Kristalle besitzen eine herrliche, seltene Farbe – bei Edelsteinschleifern ein begehrter Stein.

Kronenfacetten

Smaragdschliff | Geschliffen | Dieser hell blaugrüne Phosphophyllit-Edelstein im Smaragdschliff besitzt eine ungewöhnliche Reinheit, die seinen Wert noch steigert.

Smaragdschliff | Geschliffen | Ein außergewöhnlich transparenter Phosphophyllit erhielt hier einen Smaragdschliff, der seine Farbe und große Reinheit hervorhebt.

> »Phosphophyllit« enthält die griechischen Wörter für »Phosphat enthaltend« und »spaltbar«.

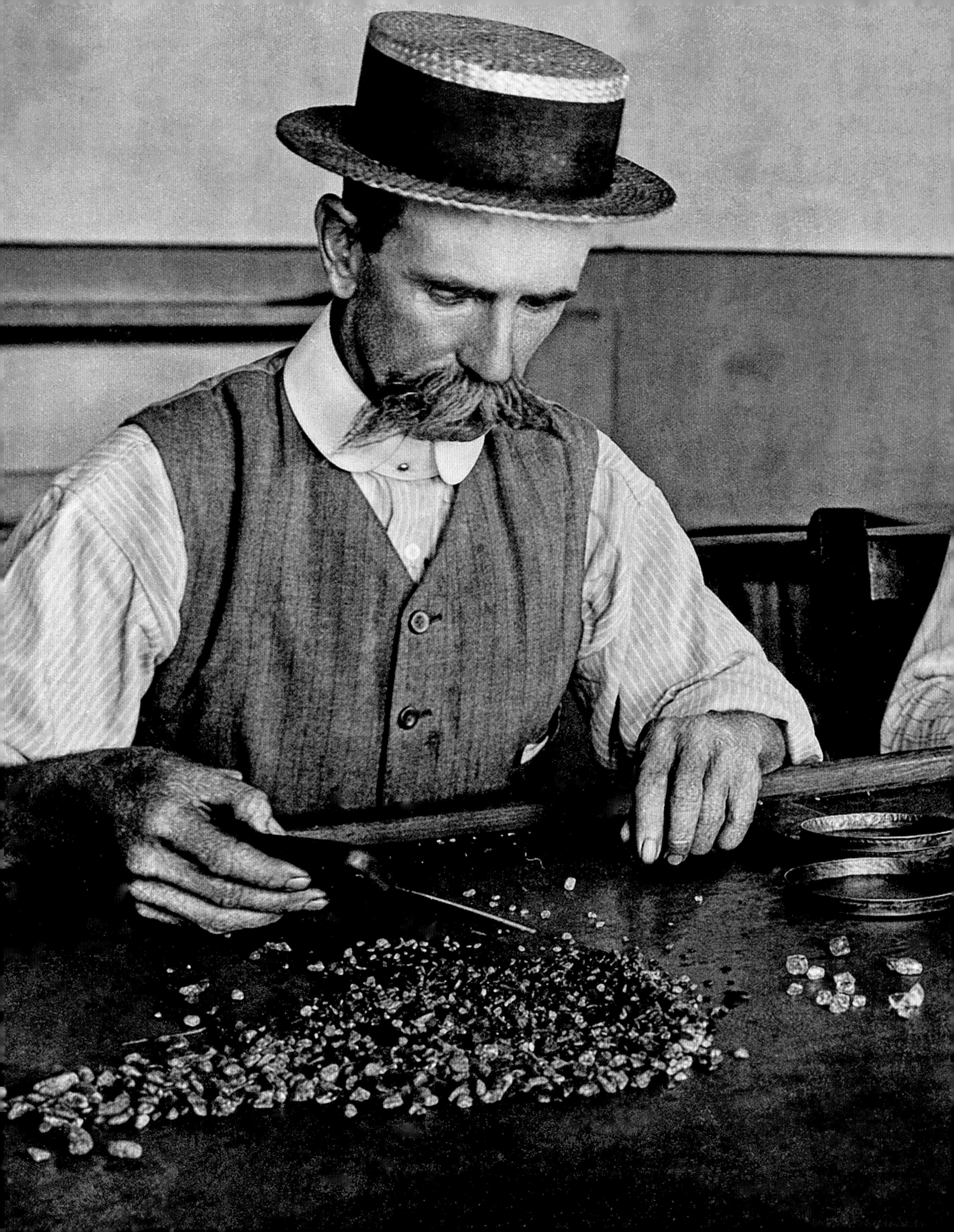

EDELSTEIN-INDUSTRIE

Jahrtausendelang waren Diamanten äußerst selten, doch die Entdeckung und der Abbau riesiger Vorkommen in Südafrika ab dem Jahr 1870 änderte nicht nur die Verfügbarkeit des begehrten Steins, sondern markiert auch den Anfang der modernen Edelsteinindustrie. Dank dieser Minen überstieg die jährliche Diamantenproduktion 1871 erstmals 1 Mio. Karat; 1970 lag sie bei 5 Mio. Karat und im Jahr 2000 erreichte sie sage und schreibe 126 Mio. Karat. Das Angebot wuchs weiter, als neue Minen in Angola, der Demokratischen Republik Kongo, Westafrika, Botswana, Russland, Australien und Kanada hinzukamen.

Ein derart reiches Angebot hätte normalerweise die Preise gedrückt, doch die Diamantenproduzenten handelten schnell, um den Wert ihrer Ware zu erhalten. Das britische Syndikat hinter den südafrikanischen Minen formte 1888 das De-Beers-Kartell, um jeden Schritt des neuen Diamantenhandels zu kontrollieren, von der Produktion bis zur Vermarktung. Das war die Geburt des Edelsteinhandels in seiner heutigen Form. Die Marktpreise wurden durch strenge Kontrolle von Angebot und Nachfrage reguliert – und De Beers' Slogan, »Ein Diamant ist unvergänglich«, machte den Stein zum Synonym von Liebe und Heirat.

> **Es gab keinen Markennamen, den man der Öffentlichkeit hätte einprägen können. Es gab nur eine Idee.**
>
> N. W. **Ayer**
> Werbeagentur von De Beers

Arbeiter sortieren Diamanten in der De-Beers-Mine in Südafrika Vor 1870 kamen Diamanten aus Lagerstätten in Flussbetten, vor allem in Indien, Indonesien und Brasilien. Die De-Beers-Minen bauten Primärvorkommen ab, die Diamanten stammten also direkt von ihrem Entstehungsort in der Erde.

Enstatit

△ **Massiver Enstatit,** geeignet zum Trommelpolieren

Während **Enstatit** ein bedeutendes gesteinsbildendes Mineral ist, ist es kommerziell vor allem als farbloser, blassgelber oder blassgrüner Edelstein bedeutsam. Am beliebtesten ist die smaragdgrüne Varietät, bekannt als Chrom-Enstatit. Chromspuren rufen seine grüne Farbe hervor – daher der Name. Alle Farben sind relativ selten. Edelsteine werden facettiert oder *en cabochon* geschliffen. Aus Mysore (Indien) stammt Stern-Enstatit, Kanada produziert irisierenden Enstatit, und Lagerstätten in Myanmar und Sri Lanka liefern facettierbares Material von guter Qualität.

Eigenschaften

Chemischer Name Magnesiumsilikat | **Formel** $Mg_2Si_2O_6$ | **Farben** Farblos, Gelb, Grün, Braun, Schwarz | **Struktur** Orthorhombisch | **Härte** 5–6 | **Dichte** 3,2–3,3 | **BI** 1,66–1,67 | **Glanz** Glasglanz | **Strichfarbe** Grau bis weiß | **Vorkommen** Indien, Kanada, Myanmar, Sri Lanka

Enstatit-Kristall | Roh | Enstatit wird selten in wohlgeformten Kristallen wie diesem gefunden, ein großes Exemplar, das die prismatische Form des Minerals aufweist.

Rohexemplar | Roh | Dieser Enstatit demonstriert sein Vorkommen als gesteinsbildendes Mineral. Er könnte zugeschnitten und poliert werden, wäre aber kein Edelstein.

Bruchebene

Ineinander verwachsene Enstatit-Kristalle

Polierte Oberfläche

Polierter Enstatitkiesel | Geschliffen | Dieser trommelpolierte Enstatitstein besitzt eine vielfarbige Musterung – in diesem Fall eine patchworkartige Formation –, die sich gelegentlich bildet, wenn Enstatit in Vergesellschaftung mit anderen Mineralen auftritt.

Enstatit im Weltraum

Minerale des frühen Sonnensystems

Das Vorkommen von Enstatit in bestimmten Meteoriten lässt darauf schließen, dass es zu den frühesten Silikatmineralen im Sonnennebel gehörte, aus dem die Erde und das Sonnensystem entstanden. Es tritt in etwa 10 Prozent der Chondrite genannten Meteoriten auf. Diese sind Agglomerate von Mineralkörnern, die stets zu klein waren, um zu schmelzen und neu zu kristallisieren. Vermutlich entstanden sie nahe des Zentrums des Sonnensystems.

Steinmeteorit mit Eisen Die als Chondrite bezeichneten Eisenmeteorite können in bestimmten Fällen Enstatit enthalten.

Katzenaugen-Cabochon | Geschliffen | Enstatit gehört zu den Mineralen, die wie dieses Beispiel im Cabochonschliff gelegentlich einen Stern oder ein »Katzenauge« ausbilden.

Ovaler Edelstein | Farbvarietät | Dieser qualitativ hochwertige, sehr transparente gelbe Enstatit-Edelstein erhielt einen modifizierten ovalen Brillantschliff.

Diopsid

◁ **Diopsid-Edelstein** im Smaragdschliff

Diopsid ist eines der Minerale, die man zusammen mit Diamanten in dem Vulkangestein Kimberlit findet. Generell tritt er in dunklem Flaschengrün, Hellgrün, Braun, Blau oder farblos auf. Tiefgrüner Diopsid, von Chrom gefärbt und deshalb Chromdiopsid genannt, wird als hochwertiger Sammleredelstein facettiert. Wäre er härter, stünde er dem Smaragd an Beliebtheit sicher um nichts nach. Steine eines anderen kräftigen Farbtons, eines von Mangan hervorgerufenen Violettblaus, kommen aus Italien und den USA – sie werden auch Violan genannt und sind teure Sammleredelsteine.

Eigenschaften

Chemischer Name Calcium-Magnesium-Silikat | **Formel** $CaMg(Si_2O_6)$ | **Farben** Weiß, Blass- bis Dunkelgrün, Violettblau | **Struktur** Monoklin | **Härte** 5–6 | **Dichte** 3,2–3,4 | **BI** 1,66–1,72 | **Glanz** Glasglanz | **Strichfarbe** Weiß bis blassgrün | **Vorkommen** Italien, USA, Myanmar, Österreich, Kanada, Pakistan, Sri Lanka

Diopsid-Kristalle | **Roh** | Dieses Exemplar besteht aus einer Vielzahl prismatischer grüner Diopsid-Kristalle, die in eine Quarzgrundmasse gebettet sind.

Violan | **Roh** | Tiefvioletter Diopsid wird gelegentlich Violan genannt. Hier ist er in massiver Form zu sehen, die sich für die Verarbeitung zu Cabochons eignet.

Modifizierter Brillantschliff | **Geschliffen** | Von der Seite ist sichtbar, dass dieser tiefgrüne Diopsid modifizierte Rundistenfacetten an der Krone und Hauptfacetten am Pavillon besitzt.

Modifizierte Rundistenfacette

Chromdiopsid | **Farbvarietät** | Dieser tiefgrüne Chromdiopsid-Edelstein besitzt eine besonders feine Farbe, die der perfekte Smaragdschliff optimal herausarbeitet.

> **Faseriges Diopsid-Material kann als Cabochon ein Katzenauge aufweisen.**

Interessante Makel | **Geschliffen** | Zwar weist dieser lange, rechteckige Diopsid im Treppenschliff eine Reihe von Makeln auf, doch sie verleihen dem Edelstein Charakter.

Weißgoldfassung

Ring | **Schmuck** | Dunkelgrün gilt bei Diopsid als die begehrenswerteste Farbe, doch in hellerem Grün, wie bei diesem Ring, besitzt der Stein eine ganz eigene Schönheit.

Hypersthen

△ **Gebänderter Hypersthen-Rohstein** mit kristalliner Streifung

Der Name Hypersthen wird weiterhin für eine Edelsteinvarietät benutzt, als Mineralname jedoch fast nicht mehr verwendet (das Mineral gilt heute als Mitglied einer Reihe verwandter Silikate, der Pyroxene). Hypersthen ist meist grau, braun oder grün. Als Edelstein besitzt er ein bemerkenswertes kupferrotes Schillern, das teilweise durch Einschlüsse der Minerale Hämatit und Goethit verursacht wird. Weil er zum Facettieren zu dunkel ist, wird er vorwiegend *en cabochon* geschliffen. Facettierte Steine sind oft trübe, jedoch von intensiver Farbe.

Eigenschaften

Chemischer Name Magnesium-Eisen-Silikat | **Formel** (Mg,Fe)(Si_2O_6) | **Farben** Grau, Braun, Grün | **Struktur** Orthorhombisch | **Härte** 5,5 | **Dichte** 3,35 | **BI** 1,65–1,67 | **Glanz** Glasglanz | **Strichfarbe** Weiß | **Vorkommen** Indien, Deutschland, Norwegen, Grönland

Seltener hochwertiger Kristall | Roh | Hypersthen bildet gelegentlich wohlgeformte Kristalle wie diesen Doppelender aus, der auf einer Gesteinsgrundmasse ruht.

Doppelendiger Kristall

Hypersthengestein | Roh | Hypersthen in Rohform wie hier ähnelt dem Mineral Hornblende, weshalb die beiden oft verwechselt werden. Hypersthen ist das härtere Mineral.

Gestreifte Oberfläche

Trommelpoliert | Geschliffen | Hypersthen gibt es wie alle Edelsteine in verschiedenen Qualitätsstufen. Geringerwertiges Material wird oft trommelpoliert, wie in diesem Beispiel.

Edelstein bleibt Edelstein

Pyroxen oder Hypersthen?

Durch die Weiterentwicklung wissenschaftlicher Instrumente werden neue chemische Details über die Minerale bekannt. Das kann sich auf ihre Benennung auswirken, die bestimmten Konventionen folgt und die Anforderungen von Wissenschaft und Handel erfüllt. So ist z. B. heute bekannt, dass Hypersthen ein Mitglied der Pyroxengruppe ist und keinen eigenen Namen benötigt. Im Handel ist »Hypersthen« jedoch ein bekannter Edelstein und so bleibt der Name in Gebrauch.

Wissenschaftliche Analyse Nach einer genauen Analyse wurde Hypersthen mineralogisch neu klassifiziert.

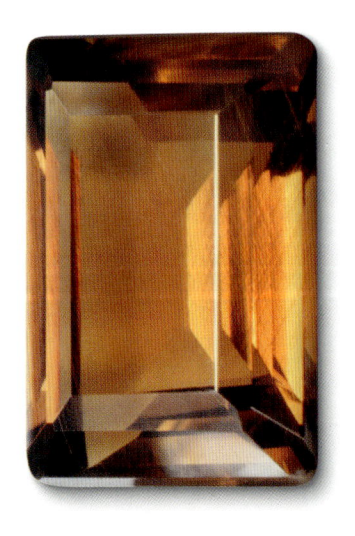

Facettierter Hypersthen | Geschliffen | Dieser seltene Hypersthen im Treppenschliff hat eine gute Farbe und Reinheit, aber kaum Glanz. Die Ecken sind abgerundet, damit sie nicht splittern.

Geformter Cabochon | Geschnitten | Bei diesem Blatt aus Bronzit, einer Hypersthenvarietät, erzeugen flache, dünne Mineralkristalleinschlüsse einen subtilen metallischen Glanz.

Bronzit

△ **Trommelpolierter Bronzit** mit typischer Bronzefärbung

Bronzit gehört derselben mineralogischen chemischen Reihe an wie Hypersthen. Er ist grün oder braun und besitzt einen Schiller (einen metallischen Glanz), der ihm ein bronzeähnliches Aussehen verleiht. Für die Verwendung als Schmuckstein wird er in der Regel *en cabochon* geschliffen. Auch kleine Zierobjekte werden daraus gefertigt. Mancher Bronzit hat eine deutliche faserige Struktur, und wenn diese herausgearbeitet wird, kann sich ein Katzenauge einstellen (s. S. 84–85). Als Schmuckstein wird Bronzit seltener verwendet als sein mineralogischer Verwandter Hypersthen.

Eigenschaften

Chemischer Name Magnesium-Eisen-Silikat | **Formel** $(Mg,Fe)(Si_2O_6)$ | **Farben** Grün, Braun, bronzefarben | **Struktur** Orthorhombisch | **Härte** 5,5 | **Dichte** 3,35 | **BI** 1,65–1,67 | **Glanz** Glasglanz | **Strichfarbe** Weiß bis grau | **Vorkommen** Indien, Deutschland, Norwegen, Grönland

Bronzefarbe

Bronzitstein | Roh | Der charakteristische Bronzeschimmer, der dem Stein seinen Namen gibt, ist auf der Oberfläche dieses rohen Bronzitsteins zu sehen.

Trommelpolierter Bronzit | Geschliffen | Trommelpolieren ist eine beliebte Technik, um das bronzeartige Aussehen des Steins freizulegen, wie bei diesem Stück zu sehen.

Bronzit ist nach seiner Farbe benannt, die polierter Bronze gleicht.

Glatter Kiesel | Geschliffen | Einem Bronzit-Rohstein ist nicht unbedingt anzusehen, ob er eine schöne Farbe hat. Die Politur dieses Steins förderte eine herrliche, satte Farbe zutage.

Bronzit-Cabochon | Geschliffen | Bei diesem rechteckigen Bronzit-Cabochon wurden die Ecken abgerundet, damit sie nicht absplittern. Die hohe Wölbung und die glatte Oberfläche bringen den bronzeartigen Charakter und die Lichtdurchlässigkeit des Materials gut zur Geltung.

Abgerundete Ecken

Muster, Textur und Einschlüsse

Manche Edelsteine wachsen in Mustern, die eine natürliche Schönheit besitzen und von einem geschickten Edelsteinschleifer perfekt zur Geltung gebracht werden können. Besonders berühmt sind die dekorativen Qualitäten der zahlreichen Quarzvarietäten, darunter Achate und Chalcedone wie Jaspis. Andere Edelsteinarten besitzen eine ungewöhnliche Oberflächentextur oder Einschlüsse, die dem Stein Schönheit verleihen.

Apatit-Kristall
Dieser große Apatit-Kristall besitzt zahlreiche kleine Einschlüsse, die ihm ein brüchiges Aussehen geben.

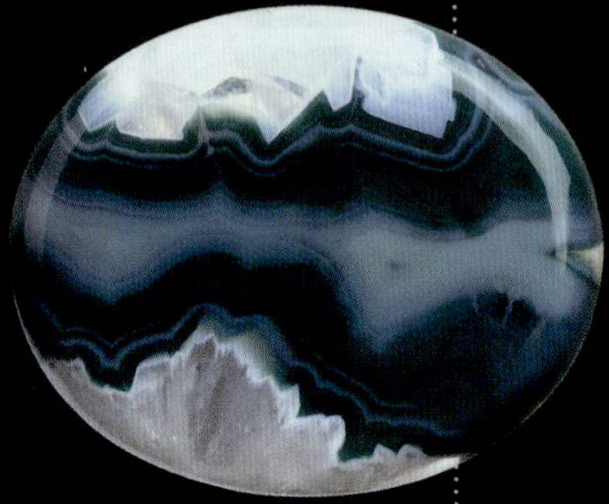

Gebeizter Achat
Dieser Achat-Cabochon wurde gebeizt, um das durch Mineraleinschlüsse geschaffene Muster hervorzuheben.

Baryt-Kristalle
Eine Gruppe tafeliger Baryt-Kristalle bildet ein zerklüftetes Muster mit einer wächsernen Oberflächentextur.

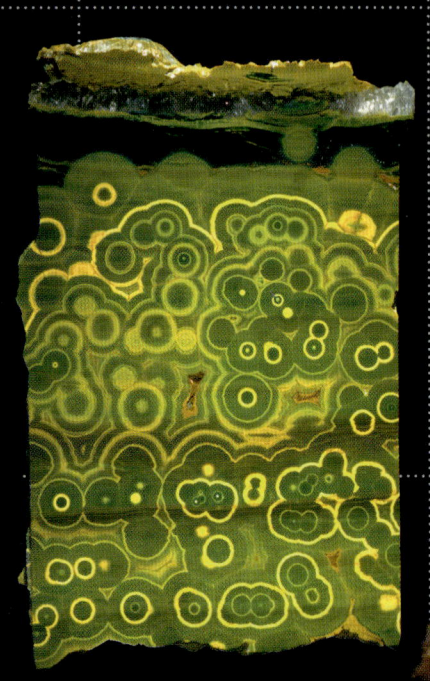

Augenachat
Das eindrucksvolle Muster dieser bunten, polierten Querschnittscheibe aus Achat besitzt in der Mitte jedes kleinen Kreises ein »Auge«.

Landschaftsachat
Ein solches außergewöhnliches, natürliches Muster, das einem Landschaftsporträt gleicht, wird durch Eisenoxiddendriten erzeugt.

MUSTER, TEXTUR UND EINSCHLÜSSE | 207

Muschel
Ein Spiralmuster von perfekter Geometrie erzeugen die konzentrischen Kreise dieser Muschel.

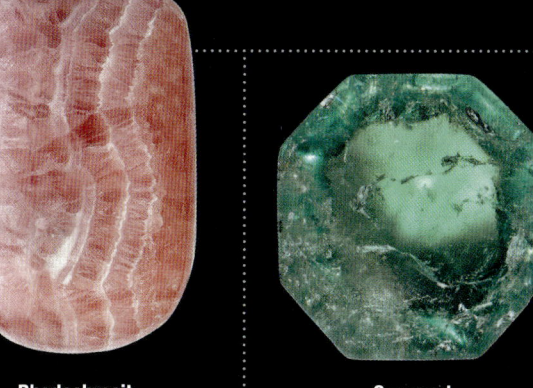

Rhodochrosit
Die natürliche Bänderung dieses Kiesels verleiht diesem Stein ein gestreiftes Erscheinungsbild.

Smaragd
Dieser geschliffene Stein besitzt die für Smaragd typischen kleinen Einschlüsse und internen Risse.

Jaspis
Das rötliche Muster dieses Exemplars wird durch Einschlüsse unterschiedlicher Mengen Hämatit verursacht.

Copal
In Copal sind oft kleine Pflanzen oder Tiere, in der Regel Insekten oder Blätter, eingeschlossen.

Rutilierter Quarz
Zahlreiche feine Rutilnadeln sind als Einschlüsse in diesem transparenten Quarz-Cabochon zu sehen, dessen Äußeres glatt poliert ist.

Apache-Achat
Der einzige Fundort dieser Achatvarietät mit dynamischen Wirbeln und lebhaften Farbkontrasten ist Rancho La Vinata (Mexiko).

Hiddenit

△ **Edelstein im Smaragdschliff** der Spodumenvarietät Hiddenit

Diese grüne Varietät des Lithium-Minerals Spodumen wurde von einem Geologen entdeckt, den der Erfinder Thomas Edison beauftragt hatte, Platinvorkommen in North Carolina (USA) zu suchen. In den 1890er-Jahren wurde mit dem Bergbau an der Fundstelle begonnen, wo neben Hiddenit auch Smaragd vorkam. Eine Zeitlang wurde dieser »Lithiumsmaragd« genannt. Hiddenit-Kristalle sind klein, selten über 25 mm lang und stark pleochroitisch: Je nach Betrachtungswinkel sind sie grün, blau- oder gelbgrün.

Eigenschaften

Chemischer Name Lithium-Aluminium-Silikat | **Formel** $LiAl(Si_2O_6)$ | **Farben** Grün, Blaugrün, Gelbgrün | **Struktur** Monoklin | **Härte** 6,5–7 | **Dichte** 3,0–3,2 | **BI** 1,66–1,68 | **Glanz** Glasglanz | **Strichfarbe** Weiß | **Vorkommen** USA, Brasilien, China, Madagaskar

Lang gezogener Kristall | Roh | Zwar ist Hiddenit in Smaragdgrün am begehrtesten, doch Kristalle von hellerem Grün wie dieser können ebenfalls für Schmuck facettiert werden.

Hiddenit in Gneis | Roh | Hier sind Kristalle in Gneis-Muttergestein gewachsen. In der Regel findet man Hiddenit jedoch in Pegmatiten (grobkörnigen Quarz-Feldspat-Mischungen).

Glasglanz

Kristall von Edelsteinqualität | Roh | Dieser Hiddenit-Rohstein ist transparent und von hellgrüner Farbe. Vermutlich wird er zu einem länglichen Stein verarbeitet (s. rechts).

Spitze Ovalform, Navette genannt

Navetteschliff | Geschliffen | Die meist länglichen Hiddenit-Kristalle laden zu Fantasieschliffen ein, wie dieser 4,96-Karäter im Navetteschliff mit dreieckigen und rechteckigen Facetten.

> **Die winzige Siedlung White Plains in North Carolina wurde zu Hiddenite umbenannt, als man das Mineral dort entdeckte.**

Länglicher Edelstein | Geschliffen | Die klaren Linien der Facetten betonen das blasse Blaugrün dieses rechteckigen Hiddenit-Edelsteins im Treppenschliff.

Facettiertes Rechteck | Geschliffen | Der 31,60-karätige Stein mit abgerundeten Ecken aus Afghanistan ist von exzellentem Glanz und ungewöhnlicher Reinheit und Größe.

Kunzit

△ **Scherenschliff,** 17-karätiger Edelstein der Spodumenvarietät Kunzit

Kunzit ist die rosafarbene Varietät des Minerals Spodumen und nach dem US-Gemmologen G. F. Kunz benannt, der ihn 1902 erstmals beschrieb. Facettierbarer Kunzit besitzt mit zwei verschiedenen Farbschattierungen aus unterschiedlichen Blickwinkeln einen ausgeprägten Pleochroismus. Die Edelsteine müssen sorgfältig ausgerichtet werden, damit ihre Farbe durch die Tafelfacette in bestem Licht erscheint – und damit sie beim Schleifen nicht splittern. Kunzit wird wie andere Spodumen-Edelsteine fast immer facettiert.

Eigenschaften

Chemischer Name Lithium-Aluminium-Silikat | **Formel** $LiAl(Si_2O_6)$ | **Farbe** Rosarot | **Struktur** Monoklin | **Härte** 6,5–7 | **Dichte** 3,0–3,2 | **BI** 1,66–1,68 | **Glanz** Glasglanz | **Strichfarbe** Weiß | **Vorkommen** Afghanistan, Brasilien, Madagaskar, USA

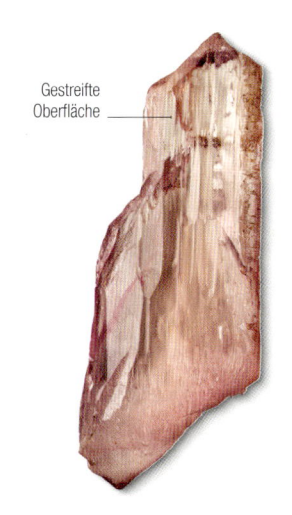

Gestreifte Oberfläche

Kunzit-Kristall in Edelsteinqualität | **Roh** | Dieser Rohkunzit ist von exzellenter Farbe und Transparenz und kann zu einem feinen, wertvollen Edelstein verarbeitet werden.

Länglicher Kristall | **Roh** | 11 cm lang ist dieser Kristall, der zu einem begehrenswerten Stein geschliffen werden kann. Seine Farbe ist hell und zart.

Treppenschliff

Herzform | **Geschliffen** | Ein herausragender Edelsteinschleifer verarbeitet Kunzit von bester Qualität zu den schönsten Edelsteinen, wie dieses Exemplar beweist.

Diamanteinfassung

Kunzitring | **Schmuck** | Kunzit-Edelsteine werden oft von Diamanten eingerahmt, die ihre Farbe hervorheben. Hier umgeben Weißgold und Diamanten den facettierten Stein.

Kunzit-Ohrhänger | **Schmuck** | Je zwei Kunzite im Ovalschliff sind bei diesen Ohrhängern aus 18-karätigem Weißgold mit kleinen rosa Saphiren der Blickfang.

Picasso-Halskette | **Schmuck** | Paloma Picasso entwarf diese Kette mit Barockperlen und einem betörenden, in Gold gefassten Kunzit von 396,3 Karat aus Afghanistan, der von Diamanten akzentuiert wird.

Barockperlen

18-karätiges Gold

210 | TUTTI-FRUTTI-HALSKETTE

Zwei daumengroße Saphire, einer von 50,8 Karat, der andere von 42,45 Karat, bilden die Schließe.

Eine Stilikone, die ... so viele Juwelen trug, dass sie ihren kleinen Körper nach unten zogen

Daily **Mail** über Daisy Fellowes

Dreizehn blaue Saphire im Briolette-Schliff bilden den Rahmen der Kette.

Aus Diamant-»Stengeln« sprießen »Blätter« und »Früchte« aus Smaragden, Saphiren und Rubinen.

Collier in Halbmondform

Tutti-Frutti-Halskette von Cartier | 1936 | Länge (offen) 43 cm | Saphire im Briolette-Schliff, Diamanten, Smaragde, Rubine, Platin, Weißgold

Tutti-Frutti-Halskette

△ **Detail** eines Saphirs im Briolette-Schliff aus der Kette

Diese Halskette gehört zu den spektakulärsten, von Indien inspirierten Schmuckstücken, die Cartier je angefertigt hat. Farbenfroh und exotisch verkündete die Kette, die das Juwelierhaus 1936 für Daisy Fellowes, frankoamerikanische Erbin und Dame der Gesellschaft, entwarf, einen aufregenden neuen Look, der den Glamour und die Opulenz des Jazz-Zeitalters versinnbildlichte. Damals nannte man Ketten dieses Stils *Collier hindou* (Hindu-Kette). In den 1970er-Jahren legte Cartier die Serie als »Tutti Frutti« (»Alle Früchte«) neu auf, um die Ähnlichkeit der bunten Edelsteine mit Beeren, Blättern und Blüten zu betonen.

Cartiers Verbindung zu Indien entstand im Jahr 1901, als Königin Alexandra (Gattin König Eduards VII.) bei Pierre Cartier eine Kette zu drei indischen Kleidern bestellte, die sie als Geschenk erhalten hatte. Ein Jahrzehnt später reiste Cartiers Bruder Jacques auf den indischen Subkontinent, um an der Krönung König Georgs V. teilzunehmen, aber auch um Kontakte zu Maharadschas zu knüpfen, die ihren Schmuck mit Pariser Flair versehen wollten.

Sarpech-Clip im indischen Stil von Van Cleef & Arpels

Im Westen sorgte dieser »indische« Schmuck für eine Sensation. Die Kunden standen bei Cartier Schlange, um ähnliche Stücke zu erwerben. Daisy Fellowes' Kette basierte entfernt auf einer, die Cartier für den Maharadscha von Patna entworfen hatte. Die Dame war damals Society-Star, und Klatschkolumnisten weideten sich in Details über ihre Skandalaffären und ihren extravaganten Lebensstil. Aber sie wurde auch als echte Modeikone bewundert. Für ihr *Collier hindou* verwendete Cartier 785 Edelsteine von einer Kette und zwei Armbändern aus ihrem Besitz, die durch weitere 238 Diamanten und acht Rubine ergänzt wurden. 1936 war sie fertiggestellt – ein einzigartiger Triumph.

Daisy Fellowes im Jahr 1951 mit der Tutti-Frutti-Kette bei einem berühmten Kostümball in Venedig, verkleidet als »Königin von Afrika«

Wichtige Daten
Um 1900–1990

- **1901** Pierre Cartier fertigt seine erste von Indien inspirierte Halskette an.
- **1911** Jacques Cartier reist erstmals nach Indien.
- **1936** Cartier stellt die Kette für Daisy Fellowes fertig.
- **1937** Fotos von Fellowes mit der Halskette erscheinen in der *Vogue*.
- **1951** Fellowes trägt die Kette bei einem glanzvollen Kostümball in Venedig.
- **1962** Fellowes' Tochter erbt die Kette und lässt Veränderungen vornehmen.
- **1970** Cartier prägt den Begriff »Tutti Frutti« für seinen Schmuck im indischen Stil.
- **1990** Die Kette wird in Genf versteigert. Cartier kauft sie für den Rekordpreis von 2 655 172 US-Dollar.

Cartiers Geschäft in New York, fotografiert von Alfred Eisenstaedt

Juwelen, die vor verruchten Erinnerungen glitzern

New York Times über die Tutti-Frutti-Kette

Jade

△ **Polierter Jadeit** in seiner typischsten Farbe

Zwei verschiedene Minerale werden Jade genannt – Nephrit und Jadeit. Sie besitzen eine sehr unterschiedliche Textur: Jadeit besteht aus verfilzten, blockartigen, granularen Kristallen, während Nephrit faserig erscheint. Nephrit gibt es nur in Creme und Grüntönen, während Jadeit auch in vielen anderen Farben auftritt, in seiner Reinform in Weiß. Am wertvollsten ist er in Smaragdgrün, Kaiser-Jade genannt, das seine Farbe Chrom verdankt. Der Name Jade leitet sich vom spanischen *piedra de hijada*, »Lendenstein«, ab – man glaubte, er könnte Nierenerkrankungen heilen.

Eigenschaften (Jadeit)

Chemischer Name Natrium-Aluminium-Silikat | **Formel** $Na(Al,Fe)Si_2O_6$ | **Farben** Weiß, Grün, Lavendel, Rosa, Braun, Orange, Gelb, Rot, Blau, Schwarz | **Struktur** Monoklin | **Härte** 6–7 | **Dichte** 3,2–3,4 | **BI** 1,66–1,68 | **Glanz** Glasglanz bis Fettglanz | **Strichfarbe** Weiß | **Vorkommen** Myanmar, Japan

Roh

Klassische Marmorierung

Gesägter Block | Dieser Jadeitblock ist durchscheinend, besitzt ein schönes inneres Farbmuster und eine typische zuckrige, granulare Textur. In der Regel eignet sich ein Block von diesem Zustand dafür, von einem Edelsteinschleifer zu dekorativen Objekten oder Cabochons verarbeitet zu werden.

Adern aus hellerem Material

Jadeitscheibe mit Äderung | Die weißen Adern in diesem dunklen Jadeit erzeugen einen interessanten Kontrast. Die grüne Farbe verdankt sich der Anwesenheit von Eisen.

Geschliffen

Ovaler Jadeit-Cabochon | Die längliche Form und die sanfte Wölbung dieses ovalen Cabochons betonen seine Lichtdurchlässigkeit und seinen blaugrünen Farbstich.

Olmeken-Jade

Jadeit oder Nephrit

Die Olmeken waren die ersten Mesoamerikaner (Völker in Mexiko, Mittel- und Südamerika), die Jadeit entdeckten und bearbeiteten. In Europa war bis Ende des 16. Jh. Jade stets Nephrit. Die Spanier sahen, dass die Azteken in Mexiko einen wertvollen grünen Stein besaßen, den sie für denselben hielten. Als man 1863 ein Jadeobjekt analysierte, stellte man Unterschiede fest und nannte den Stein Jadeit. Für die Mesoamerikaner hatte Jadeit einen ähnlichen kulturellen Wert wie Nephrit in China und war teurer als Gold.

Votiv-Axtkopf Dieser Jadeit-Axtkopf der Olmeken entstand zwischen 1200 und 400 v. Chr.

Braune Schicht durch Witterung verursacht

Polierte Jadeitscheibe | Lavendel (durch Mangan hervorgerufen) gehört zu den wertvollsten Jadeitfarben. Die braune Schicht kann in Zierobjekte eingearbeitet werden.

Große Farbähnlichkeit

Nephrit-Cabochons | Die runden Cabochons dieser Gruppe sind in Größe und Farbe gut aufeinander abgestimmt und können zusammen in ein Schmuckstück gefasst werden.

Schmuck

JADE | 213

Goldene Schwalbe

Nephritherz

Perle

Saphir

Goldene Brosche | Diese goldene Schwalbe im Flug trägt ein Nephritherz. Sie versinnbildlicht, dass das Herz der Geliebten, die die Brosche trägt, wie Schwalben stets zurückkehrt.

Einander zugewandte Drachen

Jadeit-Cabochon

Symbol für langes Leben

Bi-Scheibe | Die traditionelle chinesische Bi-Scheibe – ein dicker Jadeitkreis mit einem Loch in der Mitte – soll die Kommunikation mit dem Himmel ermöglichen.

Ring »Kosmische Venusmuschel« | Kent Raible entwarf 2006 diese granulierte goldene Muschel, die einen mit Jadeit, Perlen und Diamanten besetzten Goldring umschließt.

Kettenanhänger | Um 1925 fertigte Dorrie Nossiter diesen Anhänger aus Gold, Silber, Saphiren, Turmalinen, Perlen und einer Jaderose in der Mitte.

Silber

Ovaler Cabochon

Marmorierung in klassischer Farbe

Diamanten

Durchscheinendes Material

Nephritring | Der zentrale Cabochon in mittlerem Farbton wird bei diesem Herrenring aus Weißgold von diamantbesetzten Schultern eingerahmt.

Nephrit-Schale | Bei dieser dünnwandigen Schale ist die für Nephrit typische Marmorierung in einem begrenzten Farbspektrum – meist Grüntöne – gut zu sehen.

> **Es ist besser, zerbrochene Jade als ein vollständiges Tongefäß zu sein.**
>
> Chinesisches Sprichwort

214 | CHINESISCHER VOGELKÄFIG

Porträt einer Frau mit Kindern, Haustieren und Vogelkäfig | um 1700, Qing-Dynastie (1644–1912)

Chinesischer Vogelkäfig

△ **Qianlong,** Kaiser von China im 18. Jh.

Dieser kunstvoll verzierte antike Vogelkäfig aus China ist mit kostbaren Materialien gestaltet – und hat mehr dekorativen als praktischen Wert. Mit seinen feinen Schnitzarbeiten und Edelsteinen würde er ein wohlhabendes Heim durch eine luftige Ästhetik bereichern.

Der Käfig ist 63 cm hoch, 33 cm beit und aus Holz. Der Sockel aus lackiertem Ebenholz hat Knochen- und Elfenbeinintarsien. Elfenbeindetails, Wasser- und Futterschälchen aus Porzellan sowie Bernstein- und Jade-Elemente zieren auch den Aufbau des Käfigs. Angefertigt wurde er zur Regierungszeit des chinesischen Kaisers Qianlong (reg. 1735–1796) und um 1880–1910 ergänzt.

Die Vogelhaltung kam im 17. Jh. in Mode, und im 18. Jh. hatten sich Vogelkäfige zu opulenten Einrichtungsstücken entwickelt, die Reichtum und Status versinnbildlichten.

Vogelbesitzer in Peking (China), der mit seinem Vogelkäfig spazieren geht, 1930er–1940er-Jahre, fotografiert von der deutschen Dokumentarfotografin Hedda Morrison

In China hielt man sich bereits seit der Zeit um 300 v. Chr. Vögel – für den Adel ein beliebter Zeitvertreib. Besonders schätzte man Singvögel, die ihre Besitzer mit ihrem Gesang erfreuten und im Käfig durch das Haus begleiteten – wie eine moderne Musikanlage. Manche Vogelbesitzer nahmen die verzierten Vogelkäfige sogar auf Spaziergänge mit, eine Sitte, die bis heute existiert. Dabei wird der Käfig leicht geschwungen, damit sich der Vogel an seine Stange klammert – eine Übung, durch die er sich sein Federkleid bewahrt.

In China nannte man eine faule Person geringschätzig »Vogelkäfighalter«.

Vogelkäfig aus der Qing-Dynastie, vermutlich um 1735–1796 gebaut und mit Bernstein, Jade, Elfenbein, Knochen und lackiertem Ebenholz verziert

- Elfenbeindetails
- Jadeperlen
- Stangen aus Holz geschnitzt
- Lackierter Ebenholzsockel

Wichtige Daten
1735–1916

- **1735–1796** Der Käfig wird in der Ära des chinesischen Kaisers Qianlong, dessen Interesse für die Künste bekannt ist, gebaut. 
- **Eleanor Garnier Hewitt, Kunstsammlerin**
- **1880–1910** Der Käfig erhält neue Details.
- **1890er-Jahre** Eleanor und Sarah Hewitt reisen um die Welt und sammeln interessante Artefakte.
- **1897** Die Hewitt-Schwestern gründen das CooperHewitt Museum in New York City. Gezeigt werden Einrichtungsobjekte wie auch der ausgefallene Vogelkäfig.
- **Um 1900** Thomas F. Ryan, US-Großindustrieller, erwirbt zahlreiche Kunstwerke und Sammlerobjekte, darunter auch den Vogelkäfig.
- **1916** Thomas F. Ryan schenkt den Vogelkäfig dem CooperHewitt Smithsonian Design Museum.

Rhodonit

△ **Trommelpolierter** Rhodonit

Der Name Rhodonit leitet sich vom griechischen *rhodon* für »Rose« ab. Der Manganlieferant ist relativ verbreitet, wird jedoch vorwiegend als Schmuck- und Ornamentstein verwendet. Typisch ist seine kräftige Rosafarbe. Edelsteinschleifer und Bildhauer verwenden gerne schwarz geädertes Material. Massiver Rhodonit ist relativ fest und daher ausgezeichnet für Skulpturen und Objekte geeignet. Meist wird er für Schmuck und Perlen *en cabochon* geschliffen. Gelegentlich findet man transparente Kristalle, die mit größter Vorsicht facettiert werden können und Sammlern vorbehalten sind.

Eigenschaften

Chemischer Name Calcium-Mangan-Silikat | **Formel** $(Mn,Fe,Mg,Ca)SiO_3$ | **Farben** Pink bis Rosenrot | **Struktur** Triklin | **Härte** 5,5–6,5 | **Dichte** 3,4–3,7 | **BI** 1,72–1,76 | **Glanz** Glasglanz | **Strichfarbe** Weiß | **Vorkommen** Brasilien, Kanada, Schweden, Russland, England, USA

Rhodonit-Kristalle | Roh | Bei diesem Exemplar sitzen gut entwickelte Rhodonit-Kristalle auf einer Gesteinsgrundmasse. Kristalle wie diese findet man sehr selten.

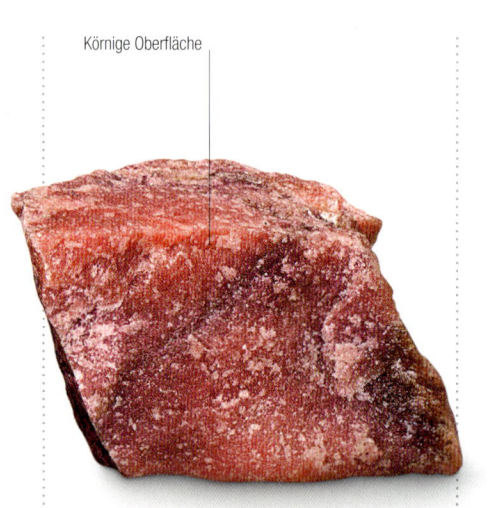

Körnige Oberfläche

Roher Rhodonit | Farbvarietät | Dieser Rhodonit-Rohstein von feinster Qualität besitzt die für den Stein typische körnige Oberfläche und eine herausragende Farbe.

Rhodonit-Cabochon | Farbvarietät | Manche Edelsteinschleifer ziehen Material wie dieses, das von schwarzen Adern und Streifen durchzogen ist, einheitlich rosafarbenem vor.

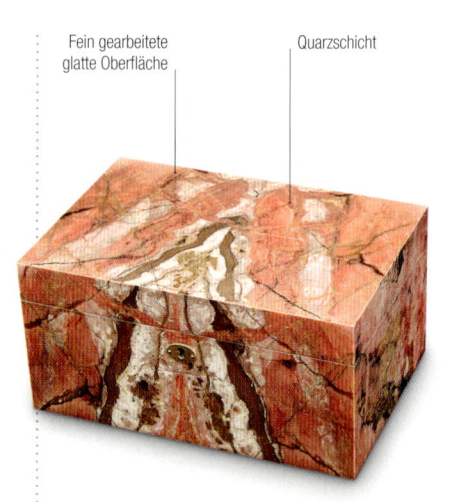

Fein gearbeitete glatte Oberfläche · Quarzschicht

Rhodonit-Kästchen | Gemeißelt | Dieses spektakuläre dekorative Kästchen wurde aus Rhodonit mit schwarzen Adern und eingeschlossenen Quarzschichten angefertigt.

Rhodonit-Bär | Gemeißelt | Diese Skulptur eines fischenden Bären aus schwarz geädertem Rhodonit entstand in Deutschland in einem Zentrum der Edelsteinschleifkunst.

Schwarze Adern

> Ungewöhnlich große **Rhodonit-Kristalle** wurden in **Franklin in New Jersey (USA)** entdeckt.

Knauf eines Gehstocks | Gemeißelt | Dieser Gehstockknauf wurde aus feinstem Rhodonit gemeißelt. Das fürstliche Monogramm aus Platin ist mit Diamanten besetzt.

Pektolith

△ **Trommelpolierter** Larimar (Pektolith)

Pektolith-Vorkommen sind in Kanada, England und den USA verbreitet, aber Kristalle in Edelsteinqualität relativ rar. Die seltenen facettierten Steine sind oft trübe, eine gebänderte Varietät aus Peru wird gelegentlich *en cabochon* geschliffen. Die häufigste Edelsteinart ist als Larimar bekannt, eine blau bis blaugrüne Varietät, die es nur in der Karibik gibt. Andere Pektolithvarietäten kommen an vielen Orten vor, doch keine hat die einzigartige Farbe von Larimar (s. Kasten, unten). Meistens wird für Pektolith-Schmuck Silber verwendet, nur hochwertiger Larimar wird in Gold gefasst.

Eigenschaften

Chemischer Name Calcium-Natrium-Silikat | **Formel** $NaCa_2(Si_3O_8)(OH)$ | **Farben** Farblos, Weiß, bläulich, grünlich | **Struktur** Triklin | **Härte** 4,5–5 | **Dichte** 2,8–2,9 | **BI** 1,59–1,64 | **Glanz** Glasglanz bis Seidenglanz | **Strichfarbe** Weiß | **Vorkommen** Dominikanische Republik, Kanada, England, USA, Grönland, Russland

Larimarstufe | **Roh** | Bei diesem Stück sind das Wirbelmuster und die intensiv gefärbte Bänderung, die typisch für rohes Larimarmaterial sind, deutlich sichtbar.

Larimar-Cabochon von 51,31 Karat

Eingefasste Diamanten und Saphire

Polierter Larimar | **Geschliffen** | Dieser trommelpolierte Larimar weist intensiv gefärbte Stellen und interessante rechteckige Muster auf.

Larimar-Statuette | **Gemeißelt** | Das Larimar Museum in Santo Domingo (Dominikanische Republik, s. Kasten, unten) beherbergt rohe und bearbeitete Stücke wie dieses.

Polierte Perlen

Halskette | **Schmuck** | Diese exquisite Perlenkette besitzt die subtile, pastellblaue Farbe, die Larimar so einzigartig macht und einer der Gründe für die Beliebtheit dieses Steins ist.

Lotosblumenbrosche | **Schmuck** | Diamanten, Saphire und zwei Larimare – einer von 51,31 Karat, der andere von 19,72 Karat – zieren diese Brosche.

Der Ursprung von Larimar

Zentralamerikanischer Meeresstein

Die Bewohner der Dominikanischen Republik nannten den Stein »blauen Stein« im Glauben, er käme aus dem Meer. Seinen modernen Namen erhielt er 1974 von Miguel Méndez, der den Namen seiner Tochter Larissa mit dem spanischen *mar* für »Meer« zu »Larimar« kombinierte. Zuerst fanden Méndez und sein Begleiter einige Steine am Strand, angeschwemmt vom Fluss Baoruco. Sie folgten der Larimar-Spur stromaufwärts und entdeckten zutage getretenes Mineral, die Grundlage für die erste Mine.

Zentralamerika Eine Karte aus dem 17. Jh. zeigt die Dominikanische Republik, wo Larimar erstmals entdeckt wurde.

BLÜTE DES DESIGNS

Gegen Ende des 19. Jh. entfaltete sich in der Welt des Juwelen- und Schmuckdesigns eine Kreativität, die in den 1930er-Jahren ihren Höhepunkt erreichte. Eine Ursache lag im überreichen Angebot an großen Edelsteinen aus neu eröffneten Minen in Südafrika. Diese großen Juwelen erforderten leichtere Fassungen und stellten Juweliere vor die Herausforderung, neue Stile zu entwickeln. Eine weitere Rolle spielte die englische Königin Alexandra, die bereits untertags extravaganten Schmuck trug und zum Inbegriff der *Belle Époque* wurde, einer Ära ausgefallener, frivoler Mode und passender Juwelen – für Schmuckdesigner eine perfekte Zeit.

Zu jenen, die sich in den 1930er-Jahren einen Namen machten, zählten die Franzosen René Lalique, Cartier, Mauboussin und Boivin, bald die begehrtesten Häuser der Welt. René Boivin gründete seine Pariser Werkstatt 1890, doch erst in den 1930er-Jahren wurde sein Unternehmen unter seiner Frau Jeanne bekannt für kühne, originelle Stücke. Zu jener Zeit trug auch Hollywood zum Ruhm von Juwelen bei. Marlene Dietrich bestellte bei Mauboussin zwei Armbänder mit Smaragden und Diamanten, von denen sie eines 1936 in dem Film *Perlen zum Glück* trug. Das Glück des Hauses Mauboussin war damit besiegelt.

> **Ich knobelte, ob ich nach Diamanten streben oder im Chor singen sollte. Der Chor verlor.**
>
> Mae **West**
> Hollywood-Schauspielerin

Illustration von Georges Lepape für *Vogue*, 1933 Diese Illustration zeigt Stücke einiger führender Schmuckhäuser der 1930er-Jahre – Cartier, Mauboussin und René Boivin. Sie existierten alle bereits seit dem 19. Jh., wurden aber erst in den 1930er-Jahre mithilfe Hollywoods berühmt.

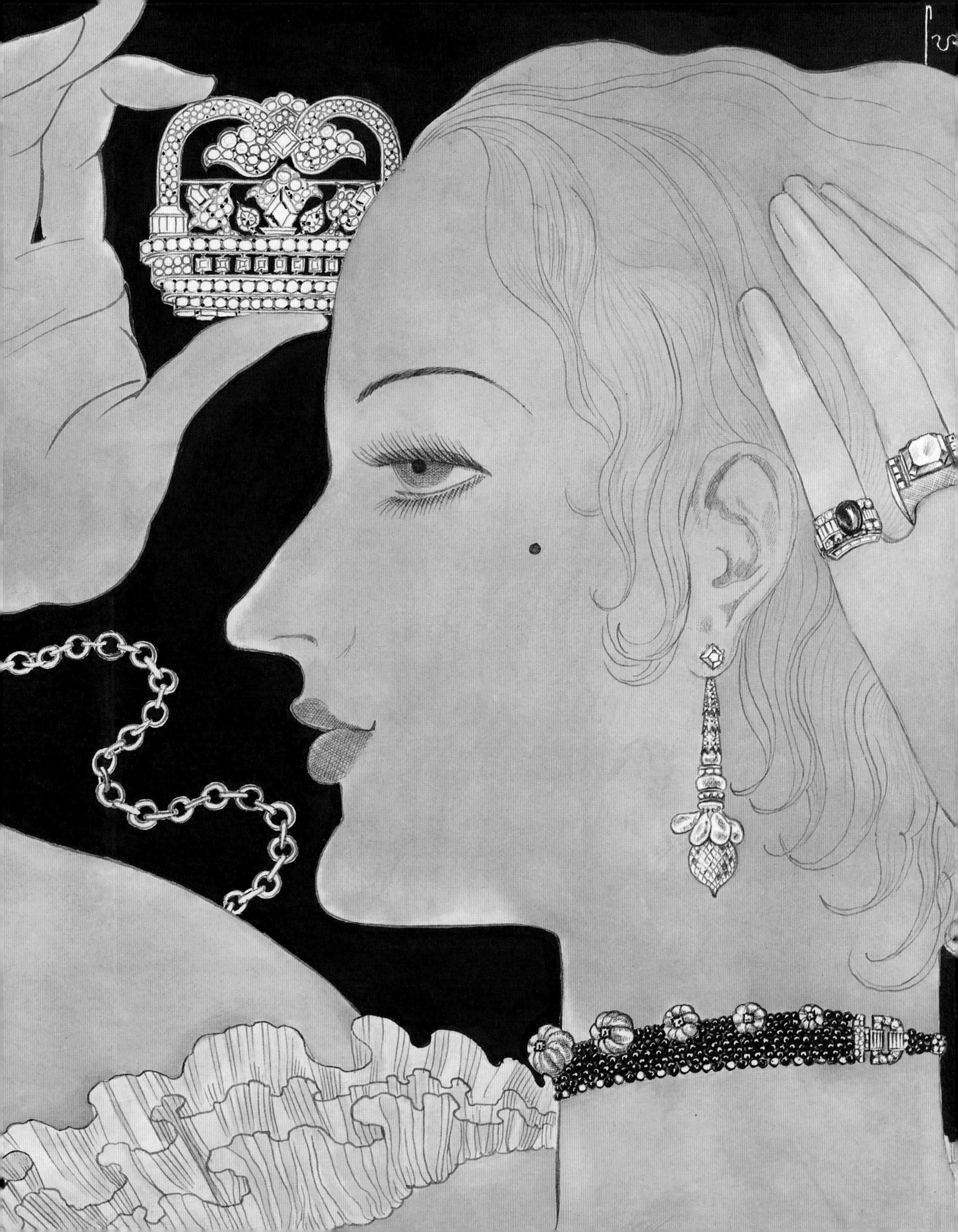

Dioptas

△ **Feine Dioptas-Kristalle** auf einer Gesteinsgrundmasse

Leuchtend grüner Dioptas wäre ein herausragender Edelstein und könnte farblich mit Smaragd konkurrieren, wäre er nicht so weich und leicht spaltbar. Bei Mineralsammlern ist er sehr beliebt und lässt sich zu Sammlersteinen verarbeiten, doch aufgrund seiner extremen Brüchigkeit ist er sehr stoßempfindlich und zerbirst bei Ultraschallreinigung. Selbst Dioptas-Mineralstufen müssen sorgfältig gehandhabt und gelagert werden. Der Name Dioptas spielt auf die hochtransparenten Kristalle des Minerals an und bedeutet auf Griechisch »Durchsicht«.

Eigenschaften

Chemischer Name Kupfersilikat | **Formel** $CuSiO_2(OH_2)$
Farben Smaragd- bis Blaugrün | **Struktur** Hexagonal / trigonal |
Härte 5 | **Dichte** 3,3 | **BI** 1,67–1,72 | **Glanz** Glasglanz bis Fettglanz | **Strichfarbe** Blass grünlich blau | **Vorkommen** Kasachstan, Iran, Namibia, Kongo, Argentinien, Chile, USA

Dioptas-Kristalle

Dioptas auf Quarz | **Roh** | Diese spektakulären Dioptas-Kristalle auf Quarz machen deutlich, warum Dioptas bei Mineralsammlern und Gemmologen gleichermaßen beliebt ist.

Große Kristalle auf Quarz | **Roh** | Bei dieser Stufe bilden Überwachsungen des Minerals Plancheit einen lebhaften Kontrast zu bemerkenswert geformten Dioptas-Kristallen.

Diamanten

Herausragende Kristalle | **Farbvarietät** | Diese wunderbare Gruppe von Dioptas-Kristallen weist eine ungewöhnlich feine Kristallisierung und eine tiefe blaugrüne Farbe auf.

Edelstein mit Einschlüssen | **Geschliffen** | Zwar hat dieser Dioptas-Edelstein zahlreiche Einschlüsse, der kunstvolle Schliff und die satte Farbe verleihen ihm jedoch einen hohen Wert.

> **Dioptas-Kristalle, irrtümlich als Smaragd identifiziert, wurden 1797 Zar Paul I. geschenkt.**

Goldfassung

Brosche/Anhänger | **Schmuck** | Dieses Stück ist Brosche und Anhänger zugleich. Natürliche Dioptas-Kristalle in einer 14-karätigen Goldfassung werden von Diamanten veredelt.

Vogelnest-Anhänger | **Schmuck** | Eine Gruppe natürlicher Dioptas-Kristalle bildet den Mittelpunkt dieses aufwendigen goldenen Anhängers in Form eines Vogelnests.

Sugilith

△ **Gruppe von Sugilith-Rohkristallen** bester Qualität

Sugilith wurde 1944 entdeckt, aber erst 1976 als Mineral anerkannt. Am häufigsten wird es in massiver oder granularer Form gefunden, selten in Kristallform. Treten Kristalle auf, sind sie klein – mit weniger als 2 cm Durchmesser. Ihre Farben reichen von Blass- bis kräftigem Rosa über bräunliches Gelb bis Violett. Die tiefvioletten Farbtöne erzielen die höchsten Preise. Schmucksteine werden stets *en cabochon* geschliffen, Kiesel gelegentlich auch trommelpoliert. Sugilith ist nach seinem Entdecker, dem japanischen Gesteinskundler Ken-ichi Sugi, benannt.

Eigenschaften

Chemischer Name Kalium-Natrium-Eisen-Lithium-Silikat
Formel $KNa_2(Fe,Mn,Al)_2Li_3Si_{12}O_{30} \cdot H_2O$ | **Farben** Pink, Braungelb, Violett | **Struktur** Hexagonal | **Härte** 5,5–6,5
Dichte 2,73–2,79 | **BZ** 1,60–1,61 | **Glanz** Glasglanz
Strichfarbe Weiß | **Vorkommen** Kanada, Japan, Südafrika, Italien

Sugilith in Gestein | Roh | Im Inneren dieser Stufe befindet sich eine Schicht Sugilith von kräftiger Farbe in Edelsteinqualität zwischen zwei Gesteinsschichten.
(Gesteinsgrundmasse)

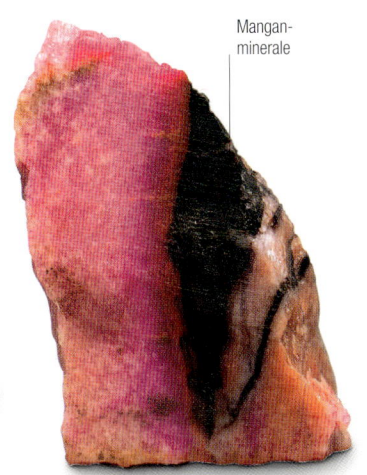

Sugilithscheibe | Roh | Hier liegen schön gefärbte Sugilith-Kristalle neben schwarzen Manganmineralen. Der Schleifer wird die beste Stelle für einen Cabochon auswählen.
(Manganminerale)

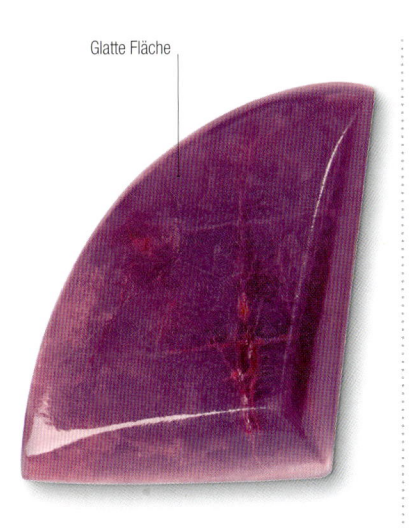

Polierter Stein | Geschliffen | Dieser polierte hochwertige Sugilith kann als Cabochon verwendet werden oder einfach als schönes Mineral einen Sammler beglücken.
(Glatte Fläche)

Cabochon | Geschliffen | Sugilith von bester Edelsteinqualität wird meist zu Cabochons geschliffen, wie dieses lange, stark gewölbte Oval. Es hat zahlreiche kleine Einschlüsse.

Seltenes Objekt | Gemeißelt | In Idar-Oberstein (Deutschland) entstanden diese Reiher aus südafrikanischem Sugilith bester Qualität mit Jaspisschnäbeln. Der Sockel ist aus Calcit.
(Jaspisschnabel)
(Beine aus Silber)

Vergessener Stein

Der lange Weg des Sugiliths zur Anerkennung

Mehrere Jahrzehnte verstrichen zwischen der Entdeckung von Sugilith im Jahr 1944 durch Professor Sugi und der Auffindung von Edelsteinmaterial. Sugis Fund bestand aus winzigen gelben Kristallen ohne Edelsteinqualität. 1955 wurden einige dunkelrosa Kristalle in Indien gefunden und ebenfalls als Sugilith identifiziert, aber sie ließen sich nicht schleifen. Schließlich fand man 1975 eine tiefrosa Sugilithschicht in einer Manganmine in Südafrika, der erste kommerziell genutzte Fund.

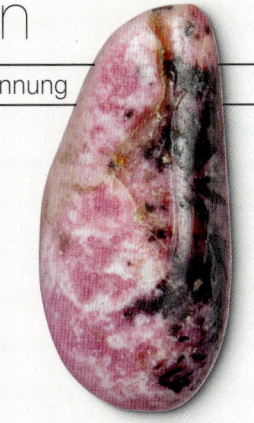

Trommelpolierter Schmuckstein Der beste Sugilith kann zu exquisiten Cabochons und Objekten verarbeitet werden.

Iolith

△ **Ungewöhnlicher runder** Iolith-Edelstein im Treppenschliff

Cordierit in Edelsteinqualität wird auch als Iolith bezeichnet, abgeleitet vom griechischen Wort für »Veilchen« als Verweis auf seine Farbe. Als Edelstein wird er vor allem wegen seines Pleochroismus geschätzt: Je nach Blickwinkel erscheint er intensiv blau oder gelblich grau bis blau bzw. aus einer dritten Blickrichtung fast farblos. Er wird fast immer facettiert, wobei der Stein für den Schliff sorgfältig ausgerichtet werden muss, damit seine Farbe optimal wirkt. Ein weiterer informeller Name des Ioliths ist »Wassersaphir«, ebenfalls eine Anspielung auf seine Farbe.

Eigenschaften

Chemischer Name Magnesium-Aluminium-Silikat | **Formel** $(Mg,Fe)_2Al_4Si_5O_{18}$ | **Farbe** Blau | **Struktur** Orthorhombisch | **Härte** 7–7,5 | **Dichte** 2,6 | **BI** 1,53–1,55 | **Glanz** Glasglanz bis Fettglanz | **Strichfarbe** Weiß | **Vorkommen** Sri Lanka, Indien, Kanada, Myanmar, Madagaskar

Iolith in Muttergestein | Roh | Dieses Muttergestein enthält zahlreiche dunkle Iolith-Kristalle in Edelsteinqualität, die versprenkelt in einer Quarzgrundmasse sitzen.

Ovaler Brillantschliff | Geschliffen | Das feine Saphirblau des Ioliths kommt bei diesem ovalen Brillantschliff wunderschön zur Geltung. Der »Wassersaphir« macht dem Namen Ehre.

Fein gearbeitetes Auge

Iolith-Cabochon | Geschliffen | Zwar ist Iolith kein typisches Cabochonmaterial, doch dieser tiefblaue Stein beweist, wie überwältigend Iolith *en cabochon* sein kann.

Gemustertes Inneres

Die vielen Namen des Ioliths

Veraltet und gebräuchlich

Iolith ist ein gutes Beispiel dafür, wie Edelsteinnamen entstehen. »Wassersaphir« wurde er vermutlich genannt, weil der Stein in Wasser gefunden wurde, z. B. in Edelsteinseifen von Sri Lanka und Myanmar. Ein weiterer alter Name ist Dichroit, »zweifarbiger Stein«, ein Verweis auf seinen Pleochroismus. Ebenfalls veraltet ist der Name Steinheilite nach Fabian Steinheil, dem russischen Militärgouverneur in Finnland, der erstmals feststellte, dass sich das Mineral von Quarz unterschied.

Landschaft in Sri Lanka Dieser Druck zeigt den Fluss Kelani in Sri Lanka, wo man Iolith in Edelsteinqualität fand.

Iolith-Skulptur | Gemeißelt | Iolith wird selten für Objekte verwendet. Dieser charmante Hund wiegt 39,16 Karat und ist Teil eines Sets mit verschiedenen Tieren aus Schmuckstein.

Oberfläche leicht eingekerbt

Iolith-Ohrringe | Schmuck | Bei diesen Blumenohrringen aus 18-karätigem Gold wird ein zentraler Iolith im Treppenschliff von rosa Turmalin-»Blütenblättern« umrahmt.

»Blütenblätter« aus Turmalin

Benitoit

△ **Tiefblauer** Benitoit-Edelstein

Benitoit wurde 1906 in der Nähe des San Benito River in Kalifornien (USA) entdeckt, der ihm seinen Namen gab. Angeblich fand ein Schürfer auf der Suche nach Quecksilber- und Kupferlagern blaue, glitzernde Kristalle, die er irrtümlich für Saphire hielt. Benitoit zeigt sein bestes Blau, wenn man seitlich durch seine Kristalle sieht. Aus diesem Grund ist die Größe geschliffener Steine limitiert und übersteigt selten 3 Karat. Benitoit hat eine außergewöhnlich starke Dispersion: Sein »Feuer« entspricht dem des Diamanten, wird aber oft durch die intensive Farbe überlagert.

Eigenschaften

Chemischer Name Barium-Titan-Silikat | **Formel** $BaTiSi_3O_9$ | **Farben** Blau, farblos, Rosa | **Struktur** Hexagonal | **Härte** 6,5 | **Dichte** 3,7 | **BI** 1,76–1,80 | **Glanz** Glasglanz | **Strichfarbe** Weiß | **Vorkommen** USA, Belgien, Japan

Ungeschliffener Benitoit | **Roh** | Roher Benitoit wird selten mit einem Gewicht von über 5 Karat gefunden – dieses ungewöhnlich schöne Stück wiegt 7 Karat.

Benitoit-Kristalle | **Roh** | Die Benitoit-Kristalle dieser Stufe haben keine Edelsteinqualität. Sie sind mit Calcit vergesellschaftet, was typisch ist für das Mineral.

Tafelfacette

Edelstein | **Geschliffen** | Die kräftige Farbe und das natürliche Feuer dieses Benitoit-Edelsteins wurden durch einen Schliff intensiviert, der aus zahlreichen Facetten besteht.

Schmetterlingsbrosche | **Schmuck** | Diese Brosche mit blauen und farblosen Benitoiten huldigt dem Nationalstein Kaliforniens. Die Augen sind hitzebehandelte orange Benitoite.

Hitzebehandelter Benitoit

Farbloser Benitoit

224 | WALLIS SIMPSONS CARTIER-FLAMINGO-BROSCHE

Citrin-Cabochon

Saphir-Cabochon

Quadratisch geschliffene Rubine

Quadratisch geschliffene Saphire

Quadratisch geschliffene Smaragde

Platinfassung

Brillanten in Pavéfassung

[Die Flamingo-Brosche] wurde schnell zum Mittelpunkt der Auktion.

David Bennett
Chef der Juwelenabteilung bei Sotheby's über den Verkauf 1987

Flamingo-Brosche von Cartier | um 1940 | 96,5 x 95,9 mm | Diamanten, Smaragde, Rubine, Saphire, Citrin, Gold, Platin

Wallis Simpsons Cartier-Flamingo-Brosche

△ **Wallis Simpson,** die spätere Herzogin von Windsor, 1936

Der Herzog von Windsor hatte diese Brosche für Wallis Simpson in Auftrag gegeben, die Frau, für die er den britischen Thron aufgab. Sie gehört zu den berühmtesten Schmuckstücken, die er ihr zum Geschenk machte.

Kalibrierte (einheitlich große) Brillanten in einer Pavéfassung aus Platin und Gelbgold lassen Körper und Beine des Flamingos glitzern. Gefieder und Schwanz sind aus Smaragden, Rubinen und Saphiren im Treppenschliff komponiert. Das Auge ist ein einzelner Saphir-Cabochon (ein polierter, kein facettierter Stein), den Schnabel bilden Citrin- und Saphir-Cabochons.

Wallis Simpson, Angehörige der feinen amerikanischen Gesellschaft, war bereits zweimal geschieden, als sie 1934 die Gunst des britischen Thronfolgers Eduard VIII. gewann. Der Prinz war entschlossen, sie um jeden Preis zu heiraten. Das beschwor beim Tod des herrschenden Monarchen Georg V. eine Krise herauf.

Eduard war nun das Oberhaupt der anglikanischen Kirche, die Geschiedenen die Wiederheirat verbot. Nicht bereit, auf Simpson zu verzichten, dankte Eduard 1936 ab. Sein jüngerer Bruder bestieg als König Georg VI. den Thron und verlieh Eduard den Titel des »Herzogs von Windsor«.

Drei Jahre nach ihrer Heirat gab Eduard die Flamingo-Brosche für seine Frau in Auftrag. Als Material überließ er Jeanne Toussaint, Direktorin von Cartier in Paris, eine Kette und vier Armbänder aus dem Besitz seiner Frau. Toussaint verwendete die Edelsteine daraus und fertigte gemeinsam mit ihrem Schmuckdesigner Peter Lemarchand 1940 die Flamingo-Brosche an.

Der Herzog schenkte das Schmuckstück seiner Frau, nun Herzogin von Windsor, in jenem Jahr zum Geburtstag. Diese zählte die Brosche bald zu ihren meistgeschätzten Stücken. Nach ihrem Tod gelangte sie in Privatbesitz und wurde 2013 von Cartier ausgestellt.

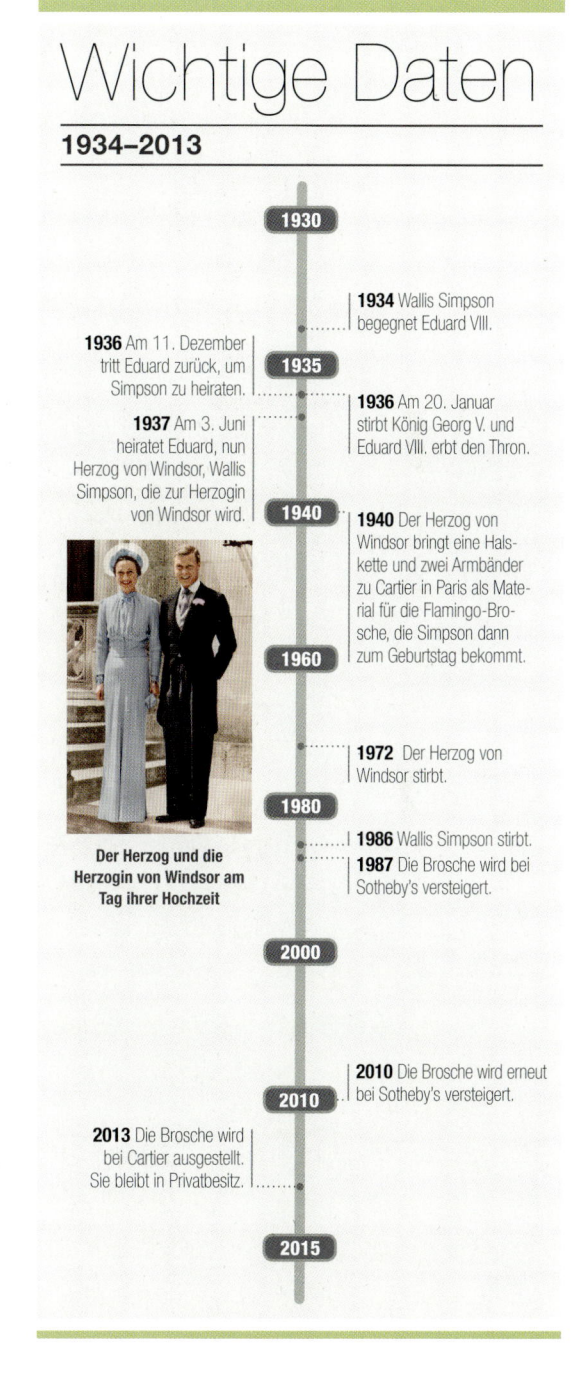

Smaragd- und Rubinbrosche der Herzogin von Windsor, gefertigt zum 20. Jahrestag von Cartier

Diamant- und Edelsteinarmband der Herzogin von Windsor, von Cartier

Wichtige Daten
1934–2013

1934 Wallis Simpson begegnet Eduard VIII.

1936 Am 20. Januar stirbt König Georg V. und Eduard VIII. erbt den Thron.

1936 Am 11. Dezember tritt Eduard zurück, um Simpson zu heiraten.

1937 Am 3. Juni heiratet Eduard, nun Herzog von Windsor, Wallis Simpson, die zur Herzogin von Windsor wird.

1940 Der Herzog von Windsor bringt eine Halskette und zwei Armbänder zu Cartier in Paris als Material für die Flamingo-Brosche, die Simpson dann zum Geburtstag bekommt.

1972 Der Herzog von Windsor stirbt.

1986 Wallis Simpson stirbt.
1987 Die Brosche wird bei Sotheby's versteigert.

2010 Die Brosche wird erneut bei Sotheby's versteigert.

2013 Die Brosche wird bei Cartier ausgestellt. Sie bleibt in Privatbesitz.

Der Herzog und die Herzogin von Windsor am Tag ihrer Hochzeit

| SILIKATE

Uhr »Gemma« von Bulgari | Diese extravagante juwelenbesetzte Armbanduhr aus 18-karätigem Roségold findet wohl kaum ihresgleichen. Die Uhr selbst zieren Turmaline, Diamanten und Amethyste, das Armband Smaragdperlen und Diamanten im Brillantschliff.

Goldfassung

Diamanten

Roségold

Den Ureinwohnern Amerikas dienten rosa und grüne Turmaline jahrhundertelang als Bestattungsgaben.

Pinkfarbene und grüne Turmalinperlen

Turmalin

△ **Facettierter 7,79-karätiger** Indigolith-Turmalin, Seitenansicht

Turmalin bezeichnet eine Familie von Borosilikat-Mineralen variabler Zusammensetzung, die alle dieselbe grundlegende Kristallstruktur aufweisen. Die Turmalingruppe umfasst über 30 Mineralarten, darunter Elbait, Dravit und Schörl. Während die Namen der Minerale auf ihrer Chemie basieren, beruhen die Edelsteinnamen auf der Farbe, ohne Rücksicht auf die Turmalinart. Beispiele sind Indigolith (blau), Achroit (farblos) und Rubellit (rosa oder rot). Die Kristalle bilden im Allgemeinen bleistiftartige Prismen mit einem abgerundeten Dreiecks-Querschnitt. Anders als ihr Ursprungsgestein sind Turmalinminerale witterungsbeständig. Infolgedessen neigen sie dazu, sich in Lagerstätten anzusammeln – der Ursprung ihres Namens ist das singhalesische Wort *thuramali:* »Edelsteinkiesel«.

Farbvarietäten

Es gibt keine einfache Korrelation zwischen chemischer Zusammensetzung und Farbe. Turmalin-Edelsteinmaterial besteht meistens aus Elbait, der gewöhnlich grün ist, aber auch in vielen anderen Farben auftritt. Smaragdgrün ist eher selten und daher wertvoll; bis ins 18. Jh. wurde er auch oft mit Smaragd verwechselt. Am dramatischsten sind sogenannte Wassermelonenturmaline mit Farbzonierung. Im Querschnitt zeigen Kristalle dieser Varietät eine rote oder rosa Mitte mit einem grünen Rand. Am intensivsten ist die Farbe, wenn man längs durch den Kristall blickt. Daher muss das Rohmaterial korrekt ausgerichtet werden, bevor es zum Edelstein geschliffen wird.

Eigenschaften

Chemischer Name Komplexes Borosilikat | **Formel** Na(Li$_{1,5}$Al$_{1,5}$)Al$_6$(BO$_3$)$_3$[Si$_6$O$_{18}$](OH)$_3$(OH) (Elbait) | **Farben** Verschiedene | **Struktur** Trigonal | **Härte** 7–7,5 | **Dichte** 2,8–3,3 | **BI** 1,61–1,67 | **Glanz** Glasglanz | **Strichfarbe** Weiß

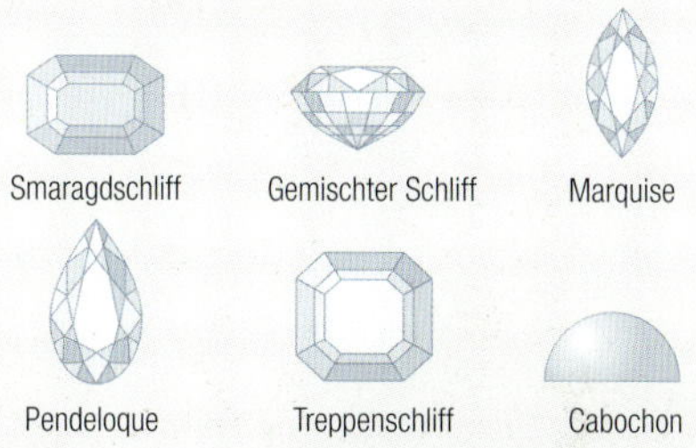

Smaragdschliff · Gemischter Schliff · Marquise
Pendeloque · Treppenschliff · Cabochon

Vorkommen

1 USA **2** Brasilien **3** Tschechische Republik **4** Italien
5 Nigeria **6** Namibia **7** Südostafrika **8** Madagaskar
9 Afghanistan **10** Pakistan **11** Sri Lanka **12** Australien

Wichtige Stücke

Goldene Halskette mit Turmalinen | Diese 18-karätige Goldkette ist mit tropfenförmigen Turmalinen besetzt, die im Ganzen annähernd 100 Karat wiegen und von Diamanten im Brillantschliff akzentuiert werden.

Tiffany-Brosche | Jean Schlumberger schuf diese 18-karätige Goldbrosche mit Oberflächentextur in Salamanderform für Tiffany & Co. Sie ist mit rechteckigen grünen Turmalinen besetzt, Diamanten bilden die Füße und Türkis-Cabochons die Augen.

Turmalinflecken

Cartier-Ohrhänger | Diese verspielten Orchideenohrhänger aus 18-karätigem Gold sind dicht mit facettierten rosa Turmalinen und rosa Saphiren, Rhodolit-Granaten und 24 Diamanten besetzt. Ein Rosenquarztropfen im Briolette-Schliff bildet den Abschluss.

Roh

Varietäten

Gelbgrüner Rohstein | Gelbgrün ist bei Turmalin die häufigste Farbe. Das Exemplar oben, ein Rohedelstein, hat jedoch einen größeren Gelbanteil als die meisten Steine.

Achroit | Achroit ist der Name von farblosem Turmalin. Dieses Exemplar ist ein 12,24-karätiger, rechteckiger, kissenförmiger Turmalin im Brillantschliff.

Indigolith | Blauer Turmalin heißt Indigolith. Ohne jegliche Makel ist dieser Indigolith-Edelstein von 7,79 Karat mit einem sechseckigen gemischten Schliff.

Paraibaít | Paraibaít ist eine auf dem Markt relativ neue Turmalinart. Er enthält Kupfer und hat einen »Neon-Look«. Ein grünes Exemplar ist hier zu sehen.

Roher Indigolith | Blau ist bei Turmalin seltener und wird Indigolith genannt. Der Farbton kann von Hell- bis Tiefblau variieren. Dieser Rohstein hat eine besonders gute Farbe.

Dravit | Brauner Turmalin heißt Dravit. Facettierbares Material kommt nur selten vor. Dieser kissenförmige Dravit im gemischten Schliff ist von besonders guter Qualität.

Rubellit | Roter oder rosaroter Turmalin wird Rubellit genannt. Die Farbschattierungen reichen von Blassrosa bis Knallrot. Dieser Rubellit im Smaragdschliff hat eine klassische Farbe.

Gelbgrüner Turmalin | Seltsamerweise gibt es keinen Namen für gelbgrünen Turmalin. Dennoch ist dieses Exemplar im Trillion-Schliff ein exquisiter Edelstein.

Konzentrische Farbzonierung

Natürliche Makel auf der Oberseite

Farbzonierung | Turmalin kann eine konzentrische Farbzonierung aufweisen. Wenn die Mitte pink bis rosa und der Rand grün ist, spricht man von Wassermelonenturmalin.

Gelbgrüner Turmalin | Dieser 4,20-karätige Edelstein im Brillantschliff hat eine Farbe, die mehr ins Grünliche als ins Gelbliche tendiert, und weist einige natürliche Makel auf.

Wassermelonenturmalin | Gelegentlich ist ein Wassermelonenturmalin wie dieser im Smaragdschliff so breit, dass ein Edelstein über die Farbzonen hinweg geschliffen werden kann.

Schörl | Schörl ist schwarzer Turmalin und immer opak. Es handelt sich um die häufigste Turmalinart. Bei diesem Exemplar liegt ein trommelpolierter Stein vor.

Schmuck

Bulgari-Ohrhänger »Cerchi« | Betörend ist dieses Paar 18-karätiger Ohrhänger aus Gold mit Turmalin, Peridot, blauem Topas, Rhodolit-Granat, Citrin und Diamanten.

Weißgold

Eidechsenbrosche | Diese Brosche, eines der von Tieren inspirierten Cartier-Stücke, stellt neben Saphiren und Diamanten einen Katzenaugenturmalin von 13,71 Karat zur Schau.

18-karätiges Gold

Rosa Turmalin

Diamanten

Gelbgoldene Ohrringe | Diese schönen Ohrringe stellen ein Paar tiefroter Turmaline im Ovalschliff in den Mittelpunkt. Die Fassung aus Gelbgold ist mit Diamanten besetzt.

Goldring | Die Zargenfassung dieses ungewöhnlichen Rings aus 19-karätigem Gold hält einen individuell in Dreiecksform geschliffenen blassrosa Turmalin-Cabochon.

Cartier-Halskette | Diese aufwendige 18-karätige Roségold-Halskette der Serie »Paris Nouvelle Vague« ist mit Steinen in Pastelltönen besetzt, u. a. 15 Turmalinen, 14 Aquamarinen, 12 Amethysten, 9 Spinellen und 27 Diamanten im Brillantschliff.

Aquamarin

Bulgari-Armband | Aus dem Haus Bulgari stammt dieses extravagante Armband mit Diamanten, Smaragd-Cabochons, Rubinen, Amethysten und pinkfarbenen Turmalinen.

Arts-and-Crafts-Brosche | 1912 schufen Georgie und Arthur Gaskin diese Brosche mit blauen Opalen, rosa Turmalinen sowie Elementen aus Silber und Gold.

> **Die Chemie von [Turmalin] ähnelt eher dem Rezept eines mittelalterlichen Arztes als der Zusammensetzung eines respektablen Minerals.**
>
> John **Ruskin**
> Künstler und Kunstkritiker

230 | DIE KRONE DER ANDEN

Kreuz

Weltkugel

Bögen

Vollständig eingefasste Smaragde

Atahualpa-Smaragd

Gold

Krone der Anden | um 1590 | 34,5 cm hoch, 52 cm Umfang, 2,18 kg, Atahualpa-Smaragd: 15,8 x 16,15 mm | 18–22-karätiges Gold, über 450 Smaragde

Die Krone der Anden

△ **Atahualpa-Smaragd,** der Mittelpunkt der Krone

Die Krone der Anden ist ein spektakuläres religiöses Objekt mit der ältesten Smaragdsammlung der Welt auf einem einzigen Artefakt. Sie wurde im 16. Jh. von spanischen Kunsthandwerkern in Popayán (im heutigen Kolumbien) angefertigt. Als die Konquistadore einfielen und das Inkagold plünderten, verbreiteten sie europäische Krankheiten, die 1590 zu einer verheerenden Pockenepidemie in der Region führten. Die Gläubigen in Popayán flehten die Jungfrau Maria um Rettung an, und wundersamerweise wurden sie verschont. Dankbar schufen sie diese herrliche Krone für die Marienstatue ihrer Kathedrale.

Atahualpa, letzter Inka-Herrscher und Hüter des Atahualpa-Smaragds

Die ältesten Teile der Krone sind die Weltkugel und das Kreuz. Der Rest wurde Jahr für Jahr mithilfe von Schenkungen der Kirchengemeinde ergänzt. Mittelpunkt ist der nach dem letzten Inka-Herrscher benannte Atahualpa-Smaragd, der wohl nach dessen Niederlage unter dem spanischen Eroberer Francisco Pizarro gestohlen wurde. Die Krone wurde einmal jährlich während der Prozessionen in der Karwoche gezeigt. Doch bald verbreitete sich die Kunde von ihrer Pracht, und so berief die Kirche Adlige aus der Region in die geheime Bruderschaft der unbefleckten Empfängnis, die sie vor Schatzjägern hüten sollte. Bei Gefahr sollte die Krone zerlegt und im Dschungel versteckt werden.

Die Bruderschaft bewahrte die Krone, bis die Kirche sie 1936 verkaufte, um ein Kranken- und ein Waisenhaus zu finanzieren. Die Käufer, ein Syndikat von US-Juwelenhändlern, wollte sie zerlegen und die Edelsteine verkaufen. Doch die Krone war solch eine Attraktion, u. a. bei der Weltausstellung von 1939, dass diese Entscheidung revidiert wurde. Heute wird sie im Metropolitan Museum of Art in New York (USA) ausgestellt.

Die Jungfrau Maria, hier auf einem Gemälde aus Peru, um 1680, spielte nach der spanischen Eroberung in den Anden eine wichtige Rolle bei der Verbreitung des christlichen Glaubens.

Wichtige Daten
1532–2015

- **1532** Francisco Pizarro nimmt den Inka-Herrscher Atahualpa gefangen und kommt in den Besitz des Atahualpa-Smaragds.
- **1590** Einwohner von Popayán beten die Jungfrau während einer Pockenepidemie um Rettung an.
- **1593** 24 Goldschmiede nehmen die Arbeit an der Krone auf.
- **1599** Die Statue der Jungfrau in der Kathedrale von Popayán wird »gekrönt«.
- **1650** Engländer stehlen die Krone, aber sie wird kurze Zeit später nach einem blutigen Kampf zurückgeholt.
- **Um 1770** Die Krone wird um die letzten Teile – die Bögen – ergänzt.
- **1812** Simón Bolívar raubt die Krone, gibt sie aber an Popayán zurück.
- **1914** Papst Pius X. genehmigt den Verkauf der Krone.
- **1936** Die Krone wird an ein Syndikat amerikanischer Händler verkauft.
- **1939** Die Krone der Anden wird in New York bei der Weltausstellung gezeigt.
- **2015** Die Krone wird an das Metropolitan Museum of Art in New York verkauft.

Simón Bolívar, Befreiungskämpfer in Venezuela, 19. Jh.

[Die Krone ist] von außerordentlicher Seltenheit und Pracht.

Ronda **Kasl**
Kuratorin, Metropolitan Museum of Art

Smaragd

△ **Smaragd** in dem nach ihm benannten Smaragdschliff

Smaragd, einer der begehrtesten Edelsteine, ist die tiefgrüne Varietät des Minerals Beryll, das man in vulkanischem, metamorphem und sedimentärem Gestein findet. Smaragde haben oft zahlreiche Einschlüsse und innere Makel, die bei jedem Stein einzigartig sind. Für Schmuck wird der zerbrechliche Edelstein meist im Smaragdschliff facettiert, einem Treppen- bzw. Achtkantschliff, der eine rechteckige Form mit kurzen Eckfacetten kombiniert. Er betont die einzigartige grüne Farbe des Smaragds und schützt ihn vor Beschädigung von außen und Druck von innen.

Eigenschaften

Chemischer Name Beryllium-Aluminium-Silikat | **Formel** $Be_3Al_2(SiO_3)_6$ | **Farben** Smaragdgrün bis Grün, Gelbgrün bis Blau | **Struktur** Hexagonal | **Härte** 7,5–8 | **Dichte** 2,7–2,8 | **BI** 1,565–1,602 | **Glanz** Glasglanz | **Strichfarbe** Weiß | **Vorkommen** Kolumbien, Sambia, Brasilien, Simbabwe

Roh

Smaragd aus Kolumbien | Dieser wundervolle, tiefgrüne hexagonale Smaragd-Kristall hat die Größe einer Walnuss. Er stammt aus Santa Fe de Bogotá in Kolumbien.

Innere Risse

Roher Smaragd | Die rötlichen Flecken dieses Smaragd-Rohsteins folgen den Linien innerer Risse und helfen dem Edelsteinschleifer, seine Eignung zu bewerten.

Geschliffen

Zusätzliche Facette | Der Pavillon dieses oktagonalen Smaragds im Treppenschliff wurde mit einer zusätzlichen Facette versehen und so ein besonders starker Makel entfernt.

Durchscheinende Oberfläche

Synthetischer Smaragd | Dieser synthetische Pendeloque hat dieselbe Kristallstruktur wie natürlicher Smaragd, ist aber zu einem viel geringeren Preis erhältlich.

Innere Makel

Smaragdschliff | Zwar weist dieser oktagonale Smaragd relativ viele Makel auf, dennoch wurde er in der spezifischen Form geschliffen, um für einen minimalen Materialverlust zu sorgen.

Smaragdschliff

Schmuck

Weißgoldfassung

Saum aus Diamanten

Smaragde

Ballerina | Dieser wunderschöne Ballerina-Clip aus Weißgold mit einem Rock aus Smaragden und Diamantsaum stammt aus dem berühmten Haus Van Cleef & Arpels.

Demantoid-Granate

Platinfassung

Smaragd-Kreuz | Eindrucksvoll ist dieses Kreuz aus Weißgold mit elf Smaragden von insgesamt 24 Karat, die von Diamanten und Demantoid-Granaten eingefasst sind.

Der Hooker-Smaragd | Mit 75,47 Karat gehört dieser Smaragd zu den größten, die man kennt. Tiffany & Co. erwarb ihn 1911 und setzte ihn erst in eine Tiara, dann in diese Platinbrosche.

Diamanten im Baguette-Schliff

Smaragdaugen

Diamanten im Brillantschliff

Design-Ikone | Cartier schuf 1914 diesen Panther-Ring aus Weißgold, der, mit Smaragden und 545 Diamanten im Brillantschliff besetzt, inzwischen ein Designklassiker ist.

Reiner Beryll ist farblos. Spuren von Chrom oder Vanadium verleihen ihm eine grüne Farbe und machen ihn zum Smaragd.

234 | TOPKAPI-SMARAGD-DOLCH

Gemälde des persischen Herrschers Nadir Schah, um 1740 | Er sollte den Dolch als Geschenk erhalten.

Topkapi-Smaragd-Dolch

△ **Sultan Mahmud I.,** der den Dolch in Auftrag gab

Dieser berühmte Dolch ist die größte Attraktion des Museums im Topkapi-Palast in Istanbul (Türkei) und der schönste seiner Art, doch an seinem Ursprung stehen Blutvergießen und Verrat.

Mitte des 18. Jh. wurde der Dolch vom königlichen Kunsthandwerker des Osmanenherrschers Sultan Mahmud I. angefertigt, wohl als diplomatisches Geschenk für den Persischen Herrscher Nadir Schah. Der später als »Napoleon von Persien« bekannte Nadir Schah war der mächtigste Militärführer der Region, der kurz zuvor einen erbitterten Krieg gegen die Osmanen geführt hatte.

1746 schlossen die beiden Länder Frieden und tauschten Geschenke aus. Zu Mahmuds Gaben gehörte der spektakuläre Dolch – eine kluge Wahl, denn Nadirs Schwäche für Edelsteine war bekannt: Bei seinen Feldzügen in Indien hatte er viele erbeutet, darunter auch den Koh-i-Noor-Diamanten (s. S. 58–59).

Der Topkapi-Dolch, u. a. aus Gold mit Smaragden und Diamanten

Der Dolch wird von riesigen Smaragden auf seinem Griff dominiert. In der islamischen Welt waren Smaragde kostbar und exotisch. Diese stammen vermutlich aus den Muzo-Minen in Kolumbien. Die großen Smaragde oben und unten sind tropfenförmig, der mittlere hat einen rechteckigen Kissenschliff. Unter einem weiteren, oktagonalen Smaragd auf der Oberseite des Griffs befindet sich eine Uhr. Griff und Scheide sind aus Gold, mit Diamanten, Email und Perlmutt verziert.

Nadir Schah hielt den Dolch nie in den Händen: Noch während sich die Geschenke auf dem Weg befanden, wurde er in seinem Bett ermordet. Als die Gesandtschaft das erfuhr, machte sie kehrt, und der Dolch wurde im Topkapi-Palast untergebracht, wo er bis heute ausgestellt wird. 1964 machte ihn die Filmkomödie *Topkapi*, die Peter Ustinov einen Oscar einbrachte, weltberühmt.

Wichtige Daten
1739–1964

- **1739** Nadir Schah entführt den Koh-i-Noor-Diamanten nach Persien.
- **1743–1746** Persien führt Krieg gegen das Osmanische Reich.
- **1746** Nach Unterzeichnung des Friedensvertrags im September lässt Nadir Schah Mahmud I. kostbare Geschenke zukommen.
- **1747** Im Mai revanchiert sich Sultan Mahmud I. und sendet Nadir Schah den Dolch und andere Geschenke.
- **1747** Nadir Schah wird am 20. Juni durch eigene Wachen ermordet.
- **1924** Der Topkapi-Palast wird zum Museum.
- **1964** Der Dolch steht im Mittelpunkt des Hollywoodfilms *Topkapi* nach einem Thriller von Eric Ambler.

Plakat für den Film, in dem der Dolch gezeigt wird

Der Topkapi-Palast, wo der Dolch ausgestellt wird

Unter dem smaragdbesetzten Deckel auf der Oberseite des Griffs verbirgt sich eine goldene Uhr.

… auf dem berühmten Istanbuler Dolch befinden sich die teuersten Smaragde der Welt.

Topkapi, Film
1964

236 | SILIKATE

Smaragd in Kartusche gefasst

Perle in goldenem Kettenglied

Im alten Ägypten symbolisierten Smaragde Leben und Fruchtbarkeit.

Große Smaragd-Cabochons

Anhänger | Dieser spanische Anhänger aus dem 19. Jh. zeigt einen Hippocampus mit einer weiblichen Figur. Der Körper mit Smaragd-Cabochons hängt an einer Kette mit vier Perlen. Unter der Kartusche mit Smaragd hängt eine weitere Perle.

Beryll

△ **Feiner oktagonaler Aquamarin** von exzellenter Reinheit im Treppenschliff

Beryll bringt einige der schönsten Edelsteine der Natur hervor. In reiner Form ist er farblos, am bekanntesten sind jedoch seine Farbvarietäten, zu denen Aquamarin und Smaragd zählen – tatsächlich leitet sich sein Name vom griechischen *beryllos*, »grüner Stein«, ab. Die farblose Form von Beryll ist unter dem Namen Goshenit bekannt. Er ist so rein, dass man daraus im späten Mittelalter Linsen für die ersten Brillen herstellte.

Die Farben von Beryll

Wo Beryll in Farben auftritt, werden diese durch geringfügige chemische Unreinheiten hervorgerufen, was der Name der Varietät gelegentlich reflektiert. Die grüne Farbe des Smaragds entsteht beispielsweise durch Spuren von Chrom. Morganit ist rosa, lila, pfirsichfarben, orange oder pinkgelb aufgrund von Mangan. Gelegentlich sind seine Kristalle farbig gebändert in einer Abfolge von blau nahe der Basis über fast farblos in der Mitte bis pfirsichfarben bzw. rosa an der Spitze. Er wird fast immer facettiert. Steine von gelbem oder orangefarbenem Ton werden manchmal hitzebehandelt, um den Rosaton zu intensivieren. Mangan ist auch der Farbgeber des selten roten Berylls, gelegentlich auch roter Smaragd genannt. Die Farben des blauen und grünen Aquamarins (»Meerwasser«) und des gelben bis goldenen Heliodors (vom griechischen *helios* für »Sonne«) sind das Resultat von Eisenspuren. Grünlich blauer Aquamarin wird oft erhitzt, damit er eine intensiv blaue Farbe bekommt, die bei modernem Schmuck beliebt ist.

Eigenschaften

Chemischer Name Beryllium-Aluminium-Silikat | **Formel** $Be_3Al_2Si_6O_{18}$ | **Farben** Farblos, Rot, Blau, Grün, Gelb
Struktur Hexagonal | **Härte** 7,5–8 | **Dichte** 2,6–2,8
BI 1,57–1,60 | **Glanz** Glasglanz | **Strichfarbe** Weiß

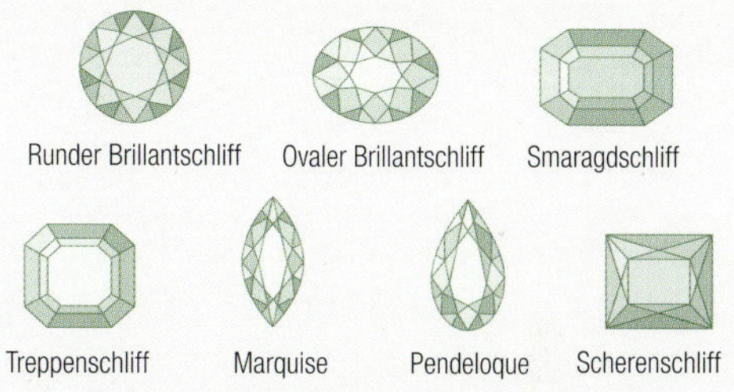

Runder Brillantschliff | Ovaler Brillantschliff | Smaragdschliff
Treppenschliff | Marquise | Pendeloque | Scherenschliff

Vorkommen
1 USA **2** Kolumbien **3** Brasilien **4** Irland **5** Norwegen **6** Schweden **7** Deutschland **8** Österreich **9** Südafrika **10** Sambia **11** Mosambik **12** Madagaskar **13** Russland

Wichtige Stücke

Fabergé-Ei | Dieses fabelhafte Ei hat Carl Fabergé angefertigt (s. S. 278–279). Es besteht aus Gold, Platin und Silber, ist mit Aquamarinen und Diamanten besetzt und enthält das goldene Modell eines Segelschiffes.

Clipbrosche von Cartier | 1935 von Cartier entworfen, hält die diamantbesetzte Platinfassung dieser Brosche einen ungewöhnlichen gravierten indischen Smaragd in Form einer Blume. Er stammt vom Ende des 17. oder Anfang des 18. Jh.

Goldröhrchen

Aquamarinbrosche | 1967 schuf der britische Juwelier und Goldschmied John Donald diese Brosche mit einem extravagant geschliffenen Aquamarin – teils facettiert, teils Cabochon. Die goldene Fassung hat die Form kleiner Röhren.

238 | SILIKATE

Roh

Aquamarin-Kristalle

Prismatische Kristalle | Diese herausragende Mineralstufe weist zahlreiche prismatische Aquamarin-Kristalle auf einer Gesteinsgrundmasse auf.

Aquamarin-Kristall | Im Allgemeinen haben Beryll-Kristalle aller Farben recht flache Enden. Die Endflächen dieses Kristalls sind außergewöhnlich groß.

Wirtsgestein

Klassischer Kristall | Dieser Aquamarin-Kristall in Edelsteinqualität weist an seiner Basis noch etwas Wirtsgestein auf. Er hat eine klassische prismatische Form mit flachen Enden.

Hexagonale Form

Wohlgeformte Flächen

Wohlgeformte Flächen

Aquamarin-Kristall

Goshenit-Kristall | Dieser blockartige, hexagonale Goshenit-Kristall besitzt eine hohe Reinheit, ein typisches farbloses Innenleben und eine schöne geometrische Form.

Morganit-Kristall | Morganit ist die rosafarbene Varietät von Beryll. Gleich den anderen Beryllen bildet er wohlgeformte Kristalle, wie dieses Exemplar zeigt.

Roter Beryll-Kristall

Hexagonale Fläche

Kristall in Edelsteinqualität

Roter Beryll | Roten Beryll findet man selten in geschliffener Form, denn seine Kristalle sind ebenso rar wie klein. Dieser Kristall aus Utah (USA) sitzt auf einer Rhyolith-Grundmasse.

Smaragd-Kristall | Dieser große, schöne Smaragd-Kristall zeigt die klassische hexagonale Form und die typisch grüne Farbe des Smaragds. Er ist ungefähr walnussgroß.

Heliodor | Gelber Beryll heißt Heliodor. Die hohe Reinheit dieses Kristalls wird besonders im Kontrast zur Gesteinsgrundmasse deutlich, die durch den Kristall zu sehen ist.

BERYLL | 239

Schliffe und Farben

Große Tafelfacette

Rundiste

Man hat schon brasilianische Morganit-Kristalle mit einem Gewicht von bis zu 25 kg gefunden.

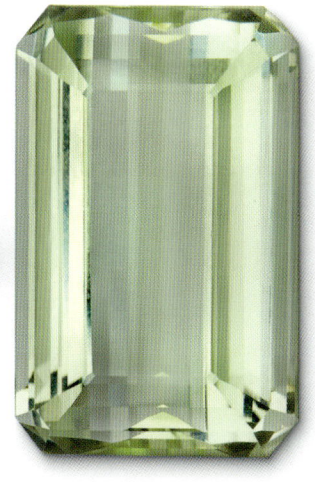

Makel im Inneren

Facettierter Aquamarin | Bestimmte nicht standardisierte Schliffe werden bei großen Steinen angewendet, um deren Brillanz zu steigern. Der Schliff dieses beachtlichen Aquamarins von 25,70 Karat wird »Portugiesischer Schliff« genannt.

Aquamarin im Smaragdschliff | Aquamarin kann eine blaue oder eine grüne Farbe haben, wie dieser ätherisch-blassgelbe Stein im Smaragdschliff beweist.

Smaragd | Der Schliff dieses oktagonalen Smaragds kombiniert eine Cabochon-Rundung mit flachen Facetten. Er betont die Mitte – den Bereich mit den wenigsten Makeln.

Zusätzliche Pavillonfacetten

Farbloses Inneres

Pavillon durch Tafelfacette sichtbar

Geringfügige Einschlüsse

Facettierter Heliodor | Der Edelsteinschleifer dieses quadratischen Heliodor-Kissens hat verschiedene Facettierungen gemischt, um seine Farbe und seine Brillanz zu steigern.

Goshenit | Dieser feine Goshenit-Edelstein weist einen modifizierten Smaragdschliff auf. Er ist vollständig farblos, wenngleich solche Steine auf Fotos oft blau wirken.

Morganit | Das zarte Rosa dieses Morganit-Edelsteins gehört zu den helleren Schattierungen dieses Materials, das zumeist in rosenroten bis pinkroten Tönen auftritt.

Roter Beryll | Dieser rote Beryll wiegt ungefähr 1 Karat, was für diesen seltenen Edelstein noch relativ viel ist. Er hat einen Brillantschliff und nur wenige Einschlüsse.

Schmuck

Diamantglieder

Aquamarin

Goldberyll

Morganit

Hohe Transparenz

Halskette mit vielen Edelsteinen | Diese verschwenderisch bestückte Weißgoldkette ist überreich mit facettierten Beryllen, Aquamarinen, Peridoten und Diamanten geschmückt. Die diamantbesetzten Kettenglieder ähneln gekreuzten Fäden.

Beryll- und Amethyst-Ohrringe | Bei diesen fröhlichen Ohrringen von Colleen B. Rosenblat sind facettierte Amethyste und Goldberylle in Weißgold gefasst. Die Goldberylle haben zusammen ein Gewicht von 7,15 Karat.

Halskette »Paris Nouvelle Vague« | Von dem Morganit in einer Kartusche hängen Perlenstränge und 66 facettierte Spinelle in 18-karätiger Goldfassung herab.

Ohrhänger | Diese aufwendig in Silber und Gold gearbeiteten dreieckigen Ohrhänger sind mit Morganiten, Rubinen und Diamanten besetzt.

Halskette mit blauer Quaste | Ungewöhnlich diese Quaste facettierter Aquamarine, die aus einem mit runden Aquamarinen und gelben Diamanten besetzten Goldtrichter quellen.

Ring mit grünem Beryll | Der hellgrüne, oktagonal geschliffene Beryll von 22,35 Karat auf diesem Ring wird zu beiden Seiten von fünf Diamanten im Brillantschliff flankiert.

Aquamarin-Ohrhänger | Dieses Paar Ohrhänger aus 18-karätigem Gelbgold ist mit vier Aquamarin-Cabochons, 28 ovalen Saphiren und 38 Diamanten im Brillantschliff besetzt.

Maximilian-Smaragd | Der 21,04-Karat-Smaragd in diesem modernen Platinring war früher Teil eines Rings, der dem Habsburger Kaiser Maximilian von Mexiko gehörte.

BERYLL | 241

Ring | Rund um einen zentralen Morganit im Kissenschliff ist dieser Goldring mit Perlen und Spinellen in zur Peripherie hin zunehmender Größe besetzt.

Betörende Brosche | Diese Brosche in Form eines Palmwedels besteht aus 18-karätigem Gold. Ihre spitzen Blätter sind mit Diamanten im Brillantschliff besetzt, die Basis bildet ein großer, abnehmbarer Heliodor im Fantasieschliff.

Spitze goldene Blätter

Diamanten im Brillantschliff

Tafelfacette

Großer Heliodor im Fantasieschliff

Goldberyllring | Ein 28,15-karätiger Goldberyll, der im Smaragdschliff facettiert wurde, schmückt bei diesem großen Ring eine Ringschiene aus Platin.

Goldberyll-Ohrhänger | Die Schnörkel dieser Ohrhänger aus 18-karätigem Gold sind mit Diamanten besetzt, und die Goldberyll-Abhängung wiegt jeweils rund 8 Karat.

Aquamarin- und Diamantring | Atemberaubend ist dieser Ring aus 14-karätigem Weißgold mit einem Aquamarin von 7,32 Karat inmitten von 2,20-Karat-Diamanten.

Papageienbrosche | Der diamantbesetzte Papagei aus Cartiers Flora-und-Fauna-Kollektion sitzt auf einem Turmalin-Edelstein. Außerdem hat der Papagei »Smaragdaugen«.

Beryll-Ohrringe | Diese Ohrringe von etwa 1940 lassen sich auch als Clipbroschen tragen. Sie sind mit Diamanten, Rubinen und je einem gelben Beryll im Rechteckschliff besetzt.

Das Mineral Beryll ist der Lieferant für eines der wichtigsten Metalle der modernen Welt – Beryllium.

242 | DOM-PEDRO-AQUAMARIN

Dom-Pedro-Aquamarin | Um 1980 | 35 cm hoch; 10 cm Durchmesser an der Basis | 10 363 Karat, Obeliskenform

Dom-Pedro-Aquamarin

△ **Edelsteingestalter** Bernd Munsteiner, der Schleifer des Aquamarins

Der Dom Pedro ist der größte bekannte Aquamarin-Edelstein der Welt. Er entstammt einem riesigen Kristall, den drei *Garimpeiros* (unabhängige Edelsteinsucher) in Pedra Azul in der Bergbauregion Minas Gerais in Brasilien fanden. Bevor die *Garimpeiros* jedoch entscheiden konnten, was damit geschehen sollte, fiel er zu Boden und zerbrach in drei Stücke. Das größte – von rund 60 cm Länge und etwa 27 kg Gewicht – wurde schließlich zum Dom Pedro.

Von Beginn an gab es ein Ringen um den Erhalt des Kristalls. Aus rein kommerzieller Sicht wäre es am profitabelsten gewesen, ihn in kleine Edelsteine zu zerlegen und diese zu verkaufen – was der ursprüngliche brasilianische Eigentümer vorhatte. Doch als der deutsche Edelsteinhändler Jürgen Henn den Kristall sah, war er von dessen außerordentlicher Größe, Reinheit und Farbe überwältigt und brachte ein Konsortium von Investoren zusammen, das ihn kaufte und nach Idar-Oberstein, ein berühmtes Edelsteinzentrum in Rheinland-Pfalz, brachte. Dort übergab Henn den Kristall seinem Freund, dem Edelsteinkünstler Bernd Munsteiner, da er wusste, dass dieser ihn in etwas wahrhaft Bemerkenswertes verwandeln konnte.

Munsteiner, dessen Vorfahren seit Generationen Edelsteinschleifer gewesen waren, gilt als »Vater des Fantasieschliffs«. Statt mit traditionellen flachen arbeitet er mit durchdacht gerundeten Facetten und Kerben. Munsteiner bearbeitete den Aquamarin über sechs Monate lang von Hand und schuf eine Serie spitz zulaufender, rautenförmiger Gravuren. Ergebnis ist diese herrliche Edelsteinskulptur in Obeliskenform, die das Licht so reflektiert, dass sie von innen zu glühen scheint. Als Tribut an die brasilianische Herkunft des Steins nannte er ihn Dom Pedro nach den beiden brasilianischen Kaisern im 19. Jh.

Vollständige Ansicht des Dom-Pedro-Aquamarins

Wichtige Daten
1822–2012

- **1822** Dom Pedro I. (1798–1834) wird erster Kaiser von Brasilien.
- **1831** Dom Pedro II. (1825–1891) wird zum zweiten und letzten Kaiser von Brasilien gekrönt.

Dom Pedro I.

- **Um 1960** Bernd Munsteiner gilt als Erfinder des »Fantasieschliffs«, eine neue Art des Edelsteinschliffs.
- **Späte 1980er-Jahre** Drei Edelsteinsucher entdecken den riesigen Kristall in Pedra Azul (Brasilien).
- **1991** Jürgen Henn, deutscher Edelsteinhändler, untersucht und fotografiert den Kristall.
- **1992** Ein Konsortium organisiert den Kauf des Kristalls und transportiert ihn nach Deutschland.
- **1992–1993** Bernd Munsteiner verarbeitet den Kristall zu einem spekulären Obelisken, das »Projekt seines Lebens«.
- **1993** Der Dom Pedro wird in Basel (Schweiz) bei einer Edelsteinmesse gezeigt.
- **1996** Jane Mitchell bringt den Obelisken in die USA und stellt ihn in Palm Beach aus.
- **1999** Jane Mitchell und Jeffery Bland kaufen den Dom Pedro.
- **2011** Die Smithsonian Institution in Washington, D.C. (USA) erhält den Obelisken als Geschenk.
- **2012** Der Dom Pedro wird dauerhaft in der Galerie der Nationalen Edelsteinsammlung der Smithsonian Institution ausgestellt.

> ## Was **Mutter Natur groß** und **schön** gemacht hat, sollten wir nicht klein machen.
>
> Jürgen **Henn**
> Edelsteinhändler

Schnitzen und Gravieren

Beim Schnitzen eines Edelsteins geht man noch einen Schritt weiter als beim Facettieren – man verleiht ihm eine dreidimensionale Gestalt. Außerdem können Edelsteine mit dekorativen Linien graviert werden. Zuvor muss jedoch ein Rohedelstein ausgewählt werden, der hochwertig und groß genug ist, um trotz des Materialverlusts durch das Schnitzen seine Stabilität zu bewahren. Geschnitzte Edelsteine können eigenständige Skulpturen ergeben oder als Schmucksteine dienen.

Flakon aus Bergkristall
Der Stöpsel aus Amethyst und Gold stammt von Tom Munsteiner, Sohn von Bernd Munsteiner (s. S. 243).

Kristallskulptur
Edelsteinkünstler Tom Munsteiner schuf auch diese kühne Bergkristallskulptur.

Ohrringe »Sommerschnee«
Die Ohrringe mit geschnitzten Edelsteinen von Alice Cicolini vereinen Gold, Pavé-Diamanten, Amethyst, Bergkristall und Rosenquarz.

Turmalin-Ring
Dieser Munsteiner-Ring inszeniert einen in Gelbgold gefassten gravierten Turmalin von 9,11 Karat.

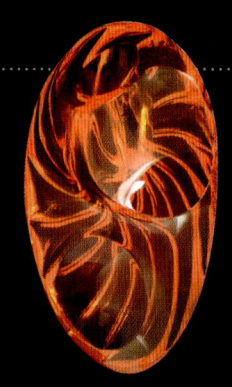

Strudel, Mexikanischer Opal
Diese Edelsteinskulptur von Michael Dyber ist ein 299,45-karätiger Opal in einem freien Schliff.

SCHNITZEN UND GRAVIEREN | 245

Pushkar-Ring
Dieser Ring von Cartier präsentiert gravierte Mandarin- und Tsavorit-Granate, Tansanite, Opal-Cabochons und Diamanten im Brillantschliff.

»Southwest Sunset«
Mit geschnitztem Ametrin in Rosenquarz vereint dieses 443-Karat-Stück von Sherris Cottier Shank zwei in der Natur vergesellschaftete Edelsteine.

18-karätige Goldnadel
Der in Gold gefasste, ungewöhnlich gefärbte bolivianische Ametrin dieser Nadel ist mit Diamanten besetzt.

Palmenskulptur
Bolivianischer Ametrin mit einem Gewicht von 287,68 Karat ist das Material dieses Stücks mit einem Mix aus geometrischen und organischen Formen.

Obelisk
Dyber arbeitet bei diesem Ametrin-Obelisken mit optischen Illusionen auf Vorder- und Rückseite, indem er die Lichtbrechung des Materials nutzt.

Danburit

△ **Einzelner** transparenter Danburit-Kristall

Danburit-Kristalle sind glasartige Prismen, die Topas ähneln, allerdings sind die Rohsteine an ihrer schlechten Spaltbarkeit gut erkennbar. Das Mineral ist nach der Stadt Danbury in Connecticut (USA) benannt, wo es als eigene Art 1839 erstmals entdeckt wurde. Gewöhnlich ist Danburit farblos, kann aber in Bernsteinfarben, Gelb, Grau, Pink oder Gelbbraun auftreten. Er wird als Edelstein geschliffen, sowohl facettiert als auch *en cabochon*, gilt aber gemeinhin als Sammlerstein. Große Danburit-Edelsteine von bis zu 30 cm Länge wurden in Dalnegorsk (Russland) gefunden.

Eigenschaften

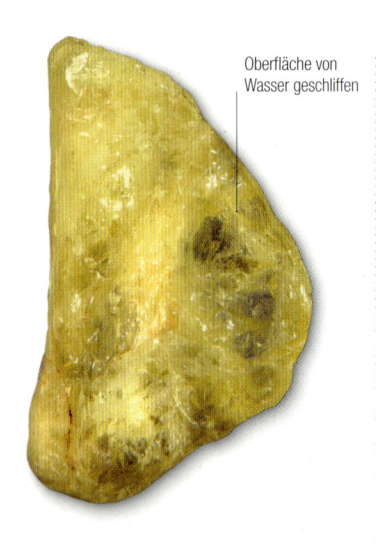

Chemischer Name Calcium-Bor-Silikat | **Formel** $CaB_2Si_2O_8$ | **Farben** Farblos, Gelb, Pink, Gelbbraun | **Struktur** Orthorhombisch | **Härte** 7–7,5 | **Dichte** 3 | **BI** 1,63–1,64 | **Glanz** Glasglanz bis Fettglanz | **Strichfarbe** Weiß | **Vorkommen** Schweiz, Russland, Myanmar, Slowakei, USA, Mexiko, Madagaskar

Gelber Rohstein | **Roh** | Dieser von Flusswasser rund geschliffene Rohstein wiegt um 23 Karat. Er kommt aus Tansania, wo große Mengen des gelben Steins gefunden wurden.

Oberfläche von Wasser geschliffen

Mexikanischer Danburit | **Roh** | Die weißen Kristalle aus San Luis Potosi (Mexiko) sind parallel gewachsen, besitzen eine perfekte Prismenform und klassische Enden.

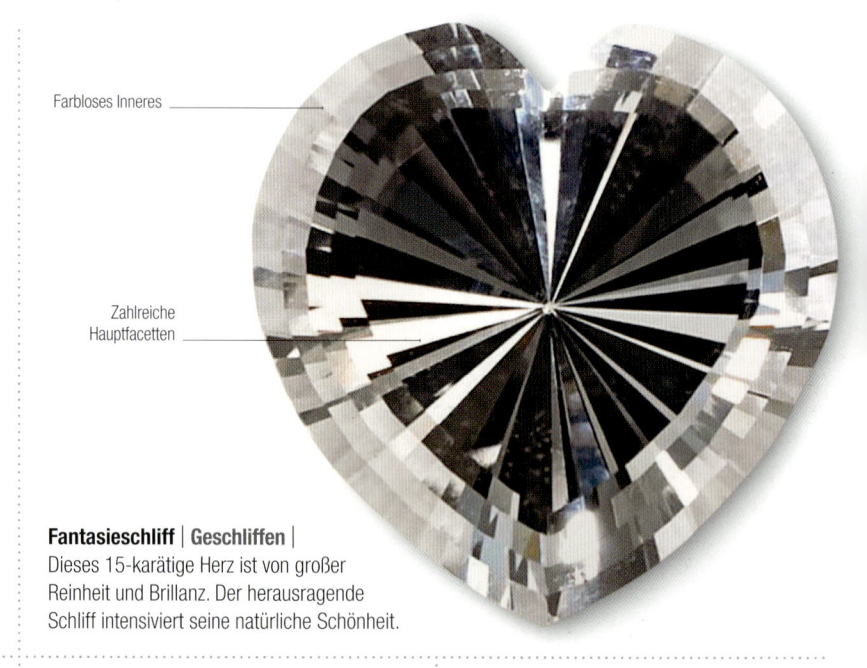

Paralleles Wachstum

Fantasieschliff | **Geschliffen** | Dieses 15-karätige Herz ist von großer Reinheit und Brillanz. Der herausragende Schliff intensiviert seine natürliche Schönheit.

Farbloses Inneres

Zahlreiche Hauptfacetten

Danburys mineralisierte Zone

Ein Edelsteingürtel in Neuengland

Die Stadt Danbury in Fairfax County (Connecticut, USA) ist das Zentrum einer mineralisierten Zone, die sich über mehrere Kilometer erstreckt und mehr als 50 Mineralarten hervorgebracht hat. Diese Region besitzt eine komplexe geologische Struktur, mit Falten, Verwerfungen und Metamorphismus, in der sich dieser Mineralreichtum entwickeln konnte. Neben Danburit existieren hier bedeutende Vorkommen von Zirkon, Baryt, Coelestin, Mondstein, Sphen, Diopsid, Rutil, Granat, Quarz und Pyrit.

Danburit-Kristall Die Stadt Danbury in Connecticut (USA) ist Namensgeber des Minerals, das dort entdeckt wurde.

Runder Brillant | **Geschliffen** | In puncto Brillanz und Reinheit rivalisiert Danburit oft mit Topas, wie dieser makellose runde Edelstein im Brillantschliff ersichtlich macht.

Komplexe Facetten

Edelstein-Mix | **Schmuck** | Das Paar facettierter Danburite aus Mexiko bildet bei diesen Ohrhängern einen Kontrast zu pinkfarbenen Turmalin-Cabochons aus Myanmar.

Axinit

△ **Axinit im Smaragdschliff** aus Mexiko

Axinit umfasst eine Gruppe von Mineralen, die sich in Rohform nicht voneinander unterscheiden und strukturell identisch sind. Der Name leitet sich vom griechischen *axine* (»Axt«) ab, eine Anspielung auf die scharfen, harten Kristalle. Die häufigste Farbe ist Nelkenbraun, Varietäten können grau bis blaugrau, honig-, grau- oder goldbraun, auch pink, veilchenblau, gelb, orange oder rot sein. Die Edelsteine splittern leicht und werden daher nur für Sammler facettiert. Axinit ist piezo- und pyroelektrisch, d.h., dass er unter Druck bzw. bei schnellem Erhitzen oder Abkühlen Elektrizität erzeugt.

Eigenschaften

Chemischer Name Calcium-Eisen/Magnesium/Mangan-Silikate
Formel $(Ca_2Fe, Mn,Al_2)(BSi_4O_{15})(OH)$ | **Farben** Verschiedene
Struktur Triklin | **Härte** 6,5–7 | **Dichte** 3,2–3,3 | **BI** 1,67–1,70
Glanz Glasglanz | **Strichfarbe** Weiß | **Vorkommen** USA, Russland, Australien, Mexiko, Frankreich, Sri Lanka

Exzellente Reinheit

Roher Axinit | **Roh** | Dieser Axinit-Rohstein in facettierbarer Qualität ist von guter Farbe und Reinheit, von seiner Kristallform ist noch ein Rest sichtbar. Typisch ist die tafelige Stuktur.

Axinit in Muttergestein | **Roh** | In diesem Muttergestein ist eine Vielzahl rotbrauner Axinit-Kristalle mit der klassischen Axtkopf-Kristallform zu sehen.

Klassische Kristallform

Axinit-Kristalle | **Roh** | Jeder dieser zwei Kristalle weist eine perfekte klassische Axinitform auf. An einer Seitenkante sind sie ineinander verwachsen.

Prismatischer Kristall | **Roh** | Typischerweise tritt Axinit in dünnen, harten, axtkopfförmigen Kristallen auf, er kann aber auch eine Blockform annehmen, wie dieses Exemplar.

Abschlussfläche

Ovales Kissen | **Geschliffen** | Trotz einiger natürlicher Einschlüsse an einem Ende ist dieses ovale Kissen im Treppenschliff ein attraktiver Edelstein.

Blaues Oval | **Farbvarietät** | Von ungewöhnlich schöner Reinheit und Farbe ist dieser ovale Brillantschliff: Axinit ist meist gold- oder rötlich braun, diese Farbe ist relativ selten.

Mexikanischer Axinit | **Farbvarietät** | Dieser Axinit-Edelstein im Kissenschliff ist von recht typischer orangerötlicher Farbe. Bei 4,29 Karat ist er von guter Transparenz.

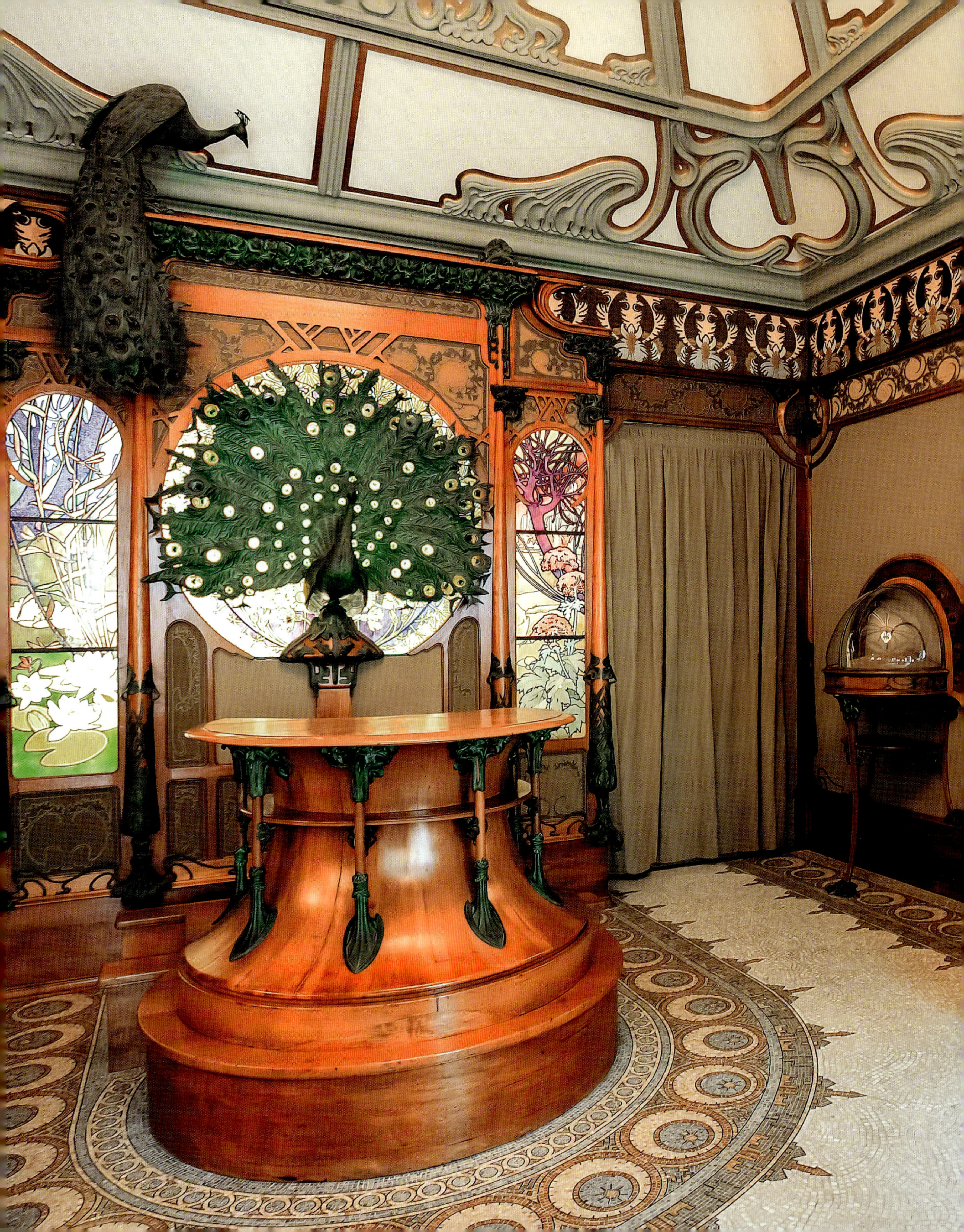

SCHMUCK-KAUF

Die industrielle Revolution veränderte die Art, wie man Juwelen kaufte. Zwar wurden weiterhin viele Stücke von Hand gefertigt, doch die zunehmende Massenproduktion machte Schmuck für die neue Mittelklasse erschwinglich. Viele Schmuckgestalter eröffneten Geschäfte, um ihre Stücke einem breiten Publikum anzubieten. Da der Jugendstil Schmucksteine aufgrund ihrer Ästhetik, nicht wegen ihres Wertes auswählte, wurde Schmuck bezahlbar.

Der Pariser Designer Georges Fouquet, dessen spektakuläres Geschäft in der Rue Royale seinen Kunden ein luxuriöses Einkaufserlebnis bot, reflektierte diese Entwicklung. Das aufwendige Interieur, kreiert von Alfons Mucha, harmonierte perfekt mit Fouquets Stücken. Der Schmuck wurde in blasenförmigen Schaukästen präsentiert und Mucha komponierte den Raum gekonnt mit kräftigen, opaken Farben, um die Edelsteine hervorzuheben.

Nimbus aus Smaragd und Gold

Brosche von Georges Fouquet und Alphonse Mucha, um 1900

Runde Rubine

Geschnitzter Chalcedon

Anhänger entworfen von Georges Fouquet, Ende des 19. Jh.

Die Geschäftseinrichtung von Alfons Mucha zelebrierte die Schönheit der Natur. Buntglaspaneele schmückten die Wände und zwei spektakuläre Pfauenskulpturen wachten über den Raum. Die geschwungenen Linien und Edelsteinfarben ergänzten Fouquets Stücke perfekt.

Vesuvianit

△ **Vesuvianitkissen** im Brillantschliff

Vesuvianit ist der neue Name eines Minerals, das zuvor Idokras hieß – doch wird transparenter Vesuvianit-Edelstein gelegentlich noch immer als Idokras bezeichnet. Seine Kristalle sind in der Regel grün oder hellgrün, treten aber auch in anderen Farben auf. Vesuvianit kann verschiedene Elemente in seine Struktur einbauen; so ist beispielsweise ein ungewöhnlicher, Bismut enthaltender Vesuvianit aus Långban (Schweden) leuchtend rot, während ein grünlich blauer Vesuvianit Kupfer enthält und Cyprin genannt wird.

Eigenschaften

Chemischer Name Komplexe Silikatverbindung | **Formel** $Ca_{10}(Mg,Fe)_2Al_4(SiO_4)_5(Si_2O_7)_2(OH,F)_4$ | **Farben** Gelb, Braun, Grün, Rot, Schwarz, Blau, Purpur | **Struktur** Tetragonal | **Härte** 6,5 | **Dichte** 3,3–3,4 | **BI** 1,70–1,72 | **Glanz** Glasglanz bis Harzglanz | **Strichfarbe** Weiß | **Vorkommen** Italien, Russland, USA

Vesuvianit-Kristalle | Roh | Diese Gruppe beachtlicher, transparenter gelbgrüner Vesuvianit-Kristalle in Edelsteinqualität ist zum Facettieren geeignetes Material.
Wohlgeformter Kristall

Trommelpoliert | Geschliffen | Vesuvianit und mit Grossular-Granat gemischter Vesuvianit sind in trommelpolierter Form, wie dieses Exemplar, beliebt.

Durchscheinender Vesuvianit | Geschliffen | Vesuvianit, der nicht transparent genug ist, um facettiert zu werden, wird zu attraktiven Cabochons verarbeitet, wie hier gezeigt.

Massiver, jadeartiger Vesuvianit wird unter dem Handelsnamen »Californit« verkauft.

Dunkelgrüner Cabochon | Farbvarietät | Vesuvianit wie dieses dunkelgrüne opake Exemplar wurde in der Vergangenheit als kalifornische Jade vermarktet.
Dunkelgrünes Inneres

Halskette | Schmuck | Diese goldene Halskette ist mit Vesuvianit-Cabochons besetzt. Blaue Mondstein-Cabochons setzen farbliche Akzente.
Vesuvianit · *Mondstein-Cabochon*

Dunkelbrauner Vesuvianit | Geschliffen | Der dramatische Stein im Smaragdschliff hat mehrere Einschlüsse, die in Kombination mit der Farbe sehr geheimnisvoll wirken.

Epidot

△ **Hochtransparenter** ovaler Epidot-Edelstein im Treppenschliff

Epidot ist zwar weit verbreitet und kommt in metamorphem und granitischem Gestein häufig vor, ist aber als Edelstein weniger bekannt. Er bildet vielfach wohlgeformte transparente Kristalle mit starkem Pleochroismus aus, meist mit verschiedenen Grüntönen, aus unterschiedlichen Winkeln betrachtet. Ein Edelsteinschleifer muss also die Ausrichtung eines Epidot-Kristalls berücksichtigen, wenn er ihn facettiert. Das Mineral ist recht brüchig mit ausgeprägter Spaltbarkeit. Facettierte Steine sind daher für Schmuck ungeeignet und nur für Sammler vorgesehen.

Eigenschaften

Chemischer Name Calcium-Aluminium-Eisen-Silikat | **Formel** $Ca_2(Fe,Al)_3(SiO_4)_3(OH)$ | **Farben** Pistaziengrün, rosa-grün marmoriert (Unakit) | **Struktur** Monoklin | **Härte** 6–7 | **Dichte** 3,3–3,5 | **BI** 1,73–1,77 | **Glanz** Glasglanz | **Strichfarbe** Farblos oder gräulich | **Vorkommen** Myanmar, Frankreich, Norwegen, Peru, USA, Pakistan

Epidot in Muttergestein | **Roh** | Dieses längliche Exemplar besteht aus einer Reihe langer, dünner Epidot-Kristalle, die in einem Quarz-Muttergestein gewachsen sind.

Mehrere Kristalle

Pistazit | **Roh** | Diese Gruppe langer, prismatischer, pistaziengrüner Epidot-Kristalle stammt aus Peru, wo dieses Mineral in großen Mengen vorkommt.

Prismatischer Kristall

Edelsteinkristalle | **Roh** | Die wohlgeformten Epidot-Kristalle dieser Gruppe sind transparent und würden exzellentes Material in Edelsteinqualität zum Facettieren ergeben.

Paralleles Wachstum

Marmorierter Unakit | **Farbvarietät** | Steine, die vorwiegend aus Epidot bestehen, wie diese Epidot-Feldspat-Mischung, können poliert oder trommelpoliert als Unakit verkauft werden.

Epidot

Brauner Epidot | **Farbvarietät** | Braun ist bei Epidot eine seltene Farbe. Noch seltener ist sie bei facettierten Edelsteinen wie diesem im rechteckigen Treppenschliff.

Unakit

Eine bunte Varietät

Unakit ist ein veränderter Granit, bestehend aus rosafarbenem Orthoklas-Feldspat, grünem Epidot und meist farblosem Quarz. Er wird auch als epidotisierter Granit bezeichnet. Meist hat er ein marmoriertes Aussehen in verschiedenen Grün- und Rosatönen. Gut poliert, wird er zu Perlen oder Cabochons, Eiern, Kugeln und Tierskulpturen verarbeitet. Fehlt Unakit der Feldspat, wird er Episosit genannt. Dieser wird ebenfalls zu Perlen und Cabochons verarbeitet.

Bunte Perlen Perlenstränge aus bunten Steinen in einem Geschäft, darunter oben Mitte auch welche aus Unakit.

Kornerupin

△ **Feiner grünlich brauner** Kornerupin im rechteckigen Treppenschliff

Kornerupin ist ein seltenes Borosilikatmineral, benannt zu Ehren des dänischen Geologen Andreas Nikolaus Kornerup. Seine Kristalle können Turmalinprismen ähneln und in Braun-, Grün- und Gelbtönen sowie farblos auftreten. Den höchsten Wert haben die smaragdgrüne und die blaue Varietät. In facettierter Form ist er immer noch relativ selten. Zum Facettieren muss der Steinschleifer den Stein sorgfältig ausrichten, um die beste Farbe zu erhalten: Die Tafelfacette sollte parallel zu den Prismenflächen des Kristalls liegen.

Eigenschaften

Chemischer Name Magnesium-Aluminium-Borosilikat | **Formel** $Mg_3Al_6(Si,Al,B)_5O_{21}(OH)$ | **Farben** Grün, Weiß, Blau | **Struktur** Orthorhombisch | **Härte** 6,5–7 | **Dichte** 3,3–3,5 | **BI** 1,66–1,69 | **Glanz** Glasglanz | **Strichfarbe** Weiß | **Vorkommen** Madagaskar, Sri Lanka, Kanada, Grönland, Norwegen, Russland

Streifung

Prismatischer Kristall

Kornerupinstufe | **Roh** | Dieses Kornerupin-Exemplar ist zwar klein, aber von herausragender Qualität. Es wurde in Mogok (Myanmar) gefunden.

Kornerupin-Kristalle | **Roh** | Eine Vielzahl prismatischer Kornerupin-Kristalle sitzt bei diesem Exemplar gemeinsam in einer Gesteinsgrundmasse.

Blauer Cabochon | **Geschliffen** | Aus einem Rohstein aus Tansania wurde dieser 4,38-karätige blaue Cabochon geschliffen, trotz einiger Makel ein attraktiver Stein.

Kornerupin aus Kenia | **Geschliffen** | Der tiefgrüne Kornerupin aus Kenia ist alles andere als makellos, doch sein kühner Smaragdschliff macht das wieder wett.

> Kornerupin wurde 1884 erstmals beschrieben und benannt, doch es dauerte 30 Jahre, bis man erstmals Edelsteinmaterial entdeckte.

Scherenschliff | **Geschliffen** | Dieser makellose Kornerupin-Edelstein hat einen Scherenschliff, der seine Reinheit ebenso wie seine Brillanz hervorhebt.

Tafelfacette

Ovaler Brillantschliff | **Geschliffen** | Kornerupin-Edelstein ist so selten, dass einige Makel wie die verheilten Brüche in diesem 7,43-Karäter aus Sri Lanka akzeptabel sind.

Zoisit

△ **Tansanit-Edelstein** im gemischten Schliff

Der Mineralname Zoisit ist vermutlich wenig bekannt, aber seine Edelsteinvarietät Tansanit bei Sammlern durchaus begehrt. Der lila- bis saphirblaue Stein wurde nach seinem Fundort Tansania benannt. Tansanit-Kristalle sind stark pleochroitisch und erscheinen je nach Betrachtungswinkel grau, purpur oder blau. Eine weitere, pinkfarbene Varietät heißt Thulit nach Thule, dem Namen einer mythischen Insel, von der man heute glaubt, dass sie Norwegen bezeichnet. Gewöhnlicher Zoisit ist massiv und kann zu Dekorsteinen, Perlen oder Cabochons verarbeitet werden.

Eigenschaften

Chemischer Name Calcium-Aluminium-Silikat | **Formel** $Ca_2Al_3(SiO_4)_3(OH)$ | **Farben** Blau, Pink, Weiß, Hellbraun, Grün, Grau | **Struktur** Orthorhombisch | **Härte** 6,5–7 | **Dichte** 3,2–3,4 | **BI** 1,69–1,70 | **Glanz** Glasglanz | **Strichfarbe** Weiß | **Vorkommen** Tansania, Norwegen, Italien, Spanien, Deutschland, Schottland, Japan

Unregelmäßige Bruchfläche mit Einschlüssen

Bruchkanten

Ungeschliffener Thulit | Roh | Mit seiner hellen Pinkfarbe und der dichten Textur wäre dieser Thulit-Rohstein geeignet für ein dekoratives Objekt oder Cabochons.

Kristallform

Roher Tansanit | Roh | Von exzellenter Farbe und Transparenz ist dieser Tansanit-Rohstein, dessen originale Kristallform noch weitgehend erhalten ist.

Thulit-Cabochon | Geschliffen | Die Farbe von Thulit ist oft subtil und zurückhaltend. Dieser Thulit-Cabochon mit flacher Wölbung hat einen zarten Rosaton.

Rundistenfacette

Riesiger Tansanit | Geschliffen | Tansanit-Edelsteine mit über 5 Karat sind selten. Dieser betörende Stein im Brillantschliff mit abgerundeter Dreiecksform wiegt 15,34-Karat.

Tansanit im Kissenschliff

Diamanten im Brillantschliff

Cocktailring | Schmuck | Zentraler Stein dieses Rings ist ein Tansanit im Kissenschliff von 5,46 Karat, umgeben von Diamanten im Brillantschliff. Diamanten im Baguette-Schliff zieren die durchbrochen gearbeitete Ringschiene.

Rubin in Zoisit

Natürliche Muster

Anyolit ist der Name einer leuchtend grünen Zoisitvarietät, die mit Rubin durchsetzt ist. Die kräftig roten Rubine sind oft verzerrt und unregelmäßig im massiven grünen Zoisit verteilt. Ihre Größe kann von einigen Millimetern bis zu mehreren Zentimetern reichen. Die Rubine haben keine Edelsteinqualität, aber ihre Farbe erzeugt einen augenfälligen Kontrast zum grünen Zoisit. Das Material wird gern für Objekte und Ornamente verwendet, denen die Rubine einen besonderen ästhetischen Wert verleihen.

Rot auf Grün Der Kontrast des leuchtend roten Rubins zu dem grünen Zoisit ist bei diesem Stein gut zu sehen.

Peridot

△ **Polierter** Peridot-Kiesel

Der Name Peridot ist französisch, möglicherweise abgeleitet vom arabischen Wort *faridat* für »Edelstein«. Diese Varietät von Olivin in Edelsteinqualität wird seit über 3500 Jahren abgebaut – die Insel Zabargad (heute St.-Johannes-Insel, Ägypten) war die wichtigste Peridot-Quelle der antiken mediterranen Zivilisationen. Die Griechen und Römer nannten die Insel Topazios – und den Stein »Topas«, der allerdings mit dem gleichnamigen Edelstein nichts zu tun hat. Peridot kann blass goldgrün bis bräunlich grün gefärbt sein. Am wertvollsten ist er in Tiefgrün.

Eigenschaften

Chemischer Name Magnesium-Eisen-Silikat | **Formel** $(Mg,Fe)_2SiO_4$
Farben Blassgrün bis bräunliches Grün | **Struktur** Orthorhombisch
Härte 6,5–7 | **Dichte** 3,32–3,37 | **BI** 1,64–1,69 | **Glanz** Glas- bis Fettglanz | **Strichfarbe** Weiß bis grünlich | **Vorkommen** China, Myanmar, Norwegen, USA, Kanarische Inseln, Australien, Sierra Leone

Roh

Kristall | Dieser Kristall stammt aus Sapat nahe Naran (Pakistan), der wichtigsten Quelle für Peridot. Meist findet man ihn in trockenen Klimazonen oder neu entstandenem Gestein.

Reiner Peridot

Natürlicher Bruch

Geschliffen

Form mit einer Vielzahl von Facetten

Gemischter Schliff | Mit einem gemischten Schliff – Krone im Scherenschliff, Pavillon im Treppenschliff – hat der Schleifer diesem dunkelgrünen Peridot maximale Brillanz verliehen.

Facettierter Tropfen | Peridot von hellerem Grün wie dieser wird öfter mit einer Vielzahl von Facetten geschliffen, die seine Farbe und Transparenz optimal zur Geltung bringen.

Polierte Oberfläche

Markante flaschengrüne Farbe

Facetten wirken gedoppelt.

Facettierter Rundschliff | Weil Peridot doppelt brechend ist, wirken die hinteren Facetten beim Blick durch den Stein gedoppelt und verleihen dem Stein große Farbtiefe.

Schmuck

Goldfassung

Perlen

Ovaler Peridot im Brillantschliff

Edwardianischer Anhänger | Dieser goldene Anhänger vom Anfang des 20. Jh. in der Form von Blättern und Blumen ist mit zahlreichen Perlen und Diamanten besetzt. Den Mittelpunkt bilden zwei Peridote im ovalen Brillantschliff.

Hintere Facetten doppelt brechend

Diamanten im Brillantschliff

Kontrastierende Koralle

Makelloser Stein

Siegelring | Die Mitte dieses atemberaubenden Goldrings ziert ein großer, heller Peridot, der von einem Kreis aus kleineren Diamanten eingefasst ist.

Ring | Asymmetrie ist das Thema dieses ungewöhnlichen Rings. Drei Peridotsegmente kontrastieren mit einem durch Goldstege abgesetzten Diamantsegment.

Raupenbrosche | Diese eigenwillige Brosche maximiert den Kontrast von Komplementärfarben, indem sie Koralle mit Peridot paart und spielerisch Diamanten als Augen einsetzt.

Goldanhänger | Hier ist ein makelloser flaschengrüner Peridot im oktagonalen Treppenschliff nicht nur von Diamanten umrandet, auch der Aufhänger ist diamantbesetzt.

Der August-Geborene ohne diesen Stein muss leben, so heißt es, ohne Liebe, allein.

Traditioneller Reim für den Peridot-Geburtsstein

Gedrehte Peridot-Perlenstränge

Halskette | Unzählige Peridotperlen wurden zu Perlensträngen aufgefädelt, zu dieser dicken, texturierten Kette gedreht und mit einer Goldschließe versehen.

Peridot und Smaragd

Grüne Edelsteine in der Vergangenheit

Peridot wurde lange mit dem berühmtesten grünen Edelstein, dem Smaragd, verwechselt. Heute glaubt man, bei Kleopatras Smaragdsammlung habe es sich um Peridot gehandelt. Die alten Römer bezeichneten den Stein als »Smaragd des Abends« aufgrund der Art, wie er selbst schwaches Licht einfängt. Jahrhundertelang galten auch die 200-Karat-Peridote auf dem prunkvollen Dreikönigenschrein in Köln als Smaragde.

Dreikönigenschrein Die fünf riesigen Peridote auf dem First dieses Schreins in Form einer Basilika galten früher als kostbare Smaragde.

Shwedagon-Pagode, Rangun, Myanmar | um 6.–10. Jh. | Mit Goldplatten belegt und mit Diamanten, Rubinen, Saphiren und anderen Edelsteinen besetzt

Shwedagon-Pagode

△ **Buddha-Statue** in der Shwedagon-Pagode (Myanmar)

Die Shwedagon-Pagode in Rangun, Haupt- und größte Stadt Myanmars, ist ein Stupa (buddhistisches Bauwerk mit Reliquienschatz), der errichtet wurde, um acht Haare Buddhas und weitere Reliquien zu beherbergen. Er zählt zu den heiligsten buddhistischen Pagoden und mit seiner Vergoldung und den Edelsteinen auch zu den prachtvollsten.

Die Pagode ragt auf einem Hügel in der Stadt 99 m in die Höhe. Der untere Teil ist mit 8688 Goldplatten bedeckt, der obere mit 13153. Die Spitze in einer Höhe, die man vom Boden aus kaum sieht, ist mit 5448 Diamanten, 2317 Rubinen, Saphiren und anderen Edelsteinen sowie 1065 goldenen Glöckchen verziert. Ihren Abschluss bildet ein riesiger Diamant von 76 Karat.

Im Licht der Sonne ist der Stupa überwältigend, bei nächtlicher Beleuchtung geht von ihm ein goldenes Schimmern aus. Der Legende nach ist er 2600 Jahre alt und damit der älteste Stupa der Welt. Hinweise deuten jedoch eher darauf hin, dass er im 6.–10. Jh. n. Chr. entstand. Eine Legende erzählt, dass zwei Brüder, Händler aus Balkhin (heute Afghanistan), Buddha Gautama begegneten und von ihm acht Kopfhaare als Geschenk erhielten, die sie nach Birma brachten. Unterstützt durch den dortigen König Okkalapa, reisten sie zum Singuttara-Berg, wo auch drei Reliquien weiterer Buddhas vor Gautama in einen Schrein gegeben wurden. Sie wurden in einer knietief mit Juwelen gefüllten Kammer untergebracht, mit einer Steinplatte bedeckt und mit dem Stupa überbaut. Seither wurde der Stupa neu errichtet, geplündert und restauriert, blieb aber stets ein bedeutender Ort religiöser Verehrung.

Pagode mit der großen Dhammazedi-Glocke im Vordergrund, die einst als größte Glocke der Welt galt. Sie versank in der Vergangenheit beim Versuch, diese zu rauben.

Spitze des Stupa, mit Diamanten, Rubinen, Saphiren und anderen Edelsteinen besetzt

— Goldbelag

Shwedagon dominiert die Stadt physisch, ästhetisch und spirituell.

Win Pe
Autor und Künstler

Wichtige Daten
6. Jh.–2012

- **6.–10. Jh.** Die Pagode wird vom Volk der Mon, einer ethnischen Gruppe in Birma, errichtet.
- **Um 1300** König Binnya U lässt die verfallene Pagode neu bauen, nun 18 m hoch.
- **Um 1400** Königin Binnya Thau baut die Pagode 40 m hoch und ordnet Land und Sklaven zu ihrer Erhaltung an.
- **1485** König Dhammazedi stiftet eine Glocke von 275 Tonnen Gewicht.
- **1608** Der portugiesische Abenteurer Filipe de Brito e Nicote stiehlt die Glocke, sie versinkt beim Transport.
- **1768** Ein Erdbeben lässt die Spitze des Stupa herabfallen. König Hsinbyushin baut sie später 99 m hoch.
- **1824** Plünderung und Zerstörung im Ersten Anglo-Birmanischen Krieg, als die Briten die Pagode besetzen.
- **1852** Die Briten besetzen die Pagode erneut im Zweiten Anglo-Birmanischen Krieg.
- **1946** General Aung San wendet sich am Stupa an die Menge und fordert Unabhängigkeit von den Briten.
- **1988** General Aungs Tochter Aung San Suu Kyi spricht am Stupa zu 500 000 Menschen und fordert Demokratie.
- **2012** Gläubige feiern erstmals seit 1988 wieder das jährliche Shwedagon-Fest.

General Aung San, Politiker und Revolutionär

258 | SILIKATE

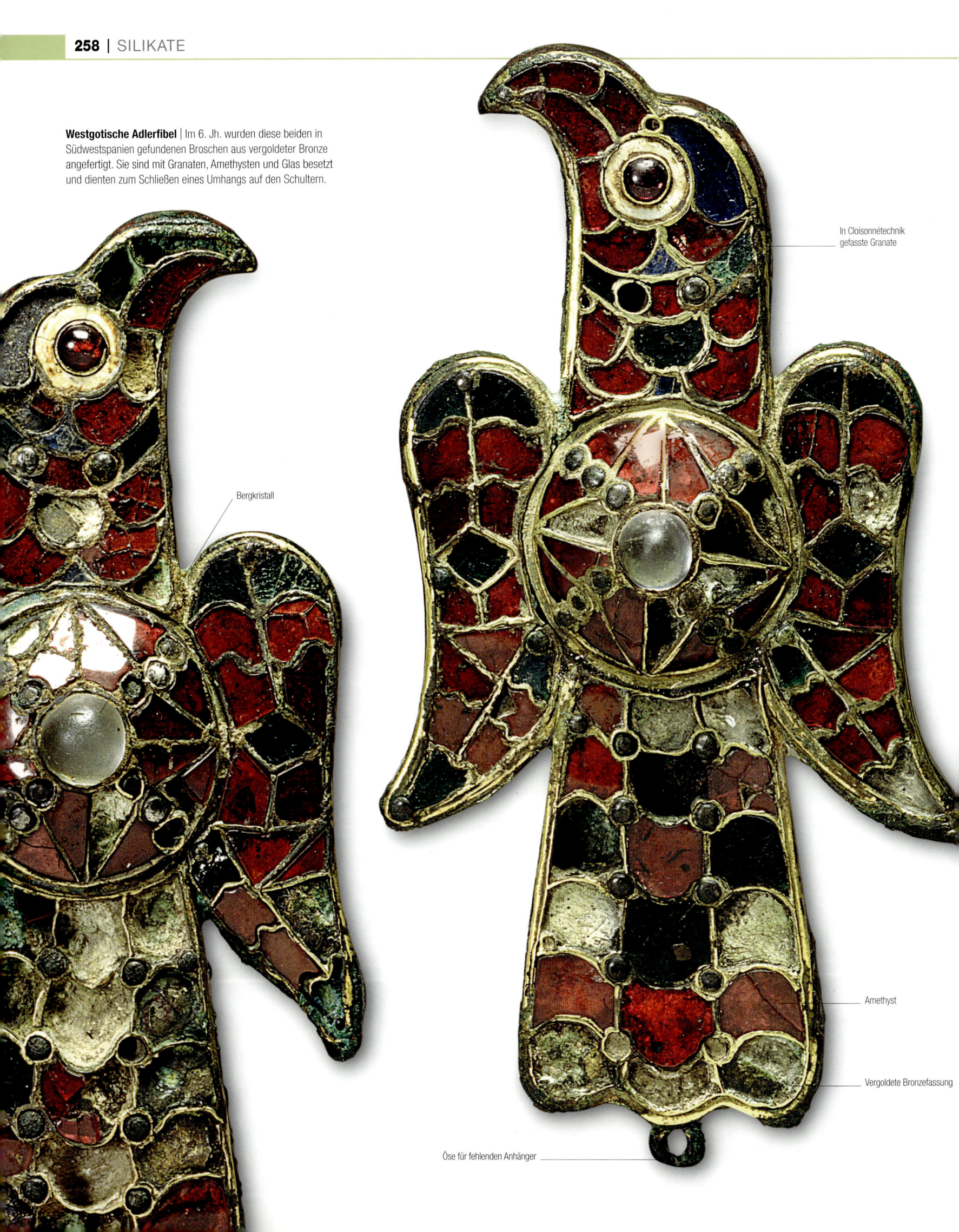

Westgotische Adlerfibel | Im 6. Jh. wurden diese beiden in Südwestspanien gefundenen Broschen aus vergoldeter Bronze angefertigt. Sie sind mit Granaten, Amethysten und Glas besetzt und dienten zum Schließen eines Umhangs auf den Schultern.

In Cloisonnétechnik gefasste Granate

Bergkristall

Amethyst

Vergoldete Bronzefassung

Öse für fehlenden Anhänger

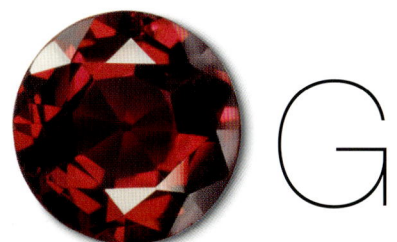

Granat

△ **Runder Almandin-Granat** im Brillantschliff

Granate werden meist mit der Farbe Rot in Verbindung gebracht, doch sie können auch orange, pink, grün, schwarz und honigbraun sein. Alle Granatarten besitzen die gleichen physikalischen Eigenschaften und Kristallformen, verfügen allerdings über eine unterschiedliche chemische Zusammensetzung. Von den über 15 Granatarten werden sechs Varietäten am häufigsten als Edelsteine verwendet: Pyrop, Almandin, Spessartin, Grossular (einschließlich Hessonit und Tsavolith), Andradit (einschließlich Demantoid) und Uwarowit. Zwar treten Granate in vielen Farben und Zusammensetzungen auf, doch erkennt man sie leicht, weil man sie meist als wohlgeformte Kristalle mit einem Dodekaeder als Grundform antrifft, wenngleich diese manchmal modifiziert ist. Der Name Granat leitet sich vom lateinischen *granatus* bzw. *granum* (Korn, Samen) ab, möglicherweise eine Anspielung auf die kräftig roten Samenkörner des Granatapfels, die manchen Granat-Kristallen in Form, Größe und Farbe ähneln.

Eine Tradition von Einlegearbeit

Granate werden spätestens seit dem Bronzezeitalter als Schmucksteine verwendet. Oft wurden sie in Cloisonnétechnik in Zellen aus Gold eingelegt, was auch Granatcloisonné genannt wird. Vielen gelten die Funde von Sutton Hoo aus dem angelsächsischen England und der Schatz von Staffordshire (s. S. 264–265) als Höhepunkt dieser Technik. Weniger bekannt ist, dass Granat statt Quarzsand als Schleifmittel beim Sandstrahlen dient. Auch beim Wasserstrahlschneiden u. a. von Stahl wird Granatsand eingesetzt. Möbelschreiner bearbeiten rohes Holz gerne mit Granat-Schleifpapier.

Eigenschaften

Chemischer Name (A)Ca/Fe/Mg/Mn (B)Al/Cr/Si/Ti/Zr/Vn-Silikate
Formel $A_3B_2(SiO_4)_3$ | **Farben** Schwarz, Braun, Gelb, Grün, Rot, Violett, Orange, Pink | **Struktur** Kubisch | **Härte** 7–7,5 | **Dichte** 3,6–4,3 | **BI** 1,73–1,94 | **Glanz** Glasglanz | **Strichfarbe** Weiß

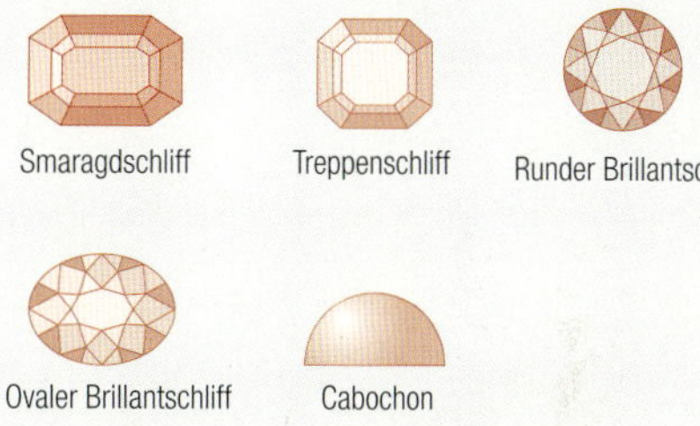

Smaragdschliff   Treppenschliff   Runder Brillantschliff

Ovaler Brillantschliff   Cabochon

Vorkommen
1 Kanada **2** USA **3** Mexiko **4** Deutschland **5** Tschechische Republik **6** Italien **7** Namibia **8** Südafrika **9** Kenia **10** Tansania **11** Madagaskar **12** Sri Lanka

Wichtige Stücke

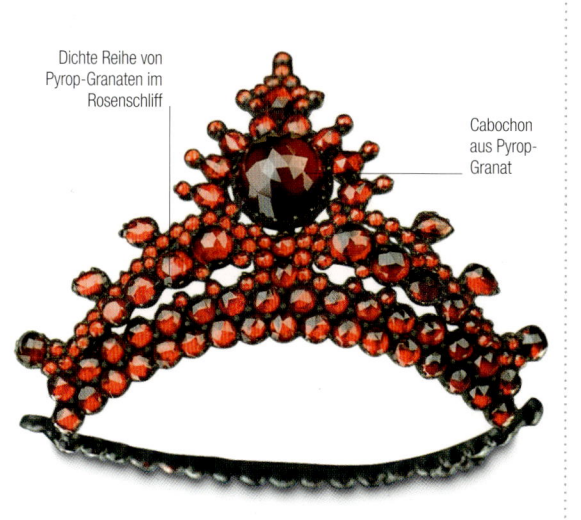

Dichte Reihe von Pyrop-Granaten im Rosenschliff

Cabochon aus Pyrop-Granat

Antike Haarnadel | Möglicherweise im Viktorianischen Zeitalter entstand diese goldene Haarnadel mit Pyropen aus Böhmen (heute Teil der Tschechischen Republik). Pyrop, abgeleitet vom griechischen *pyropos*, bedeutet »feuergleich«.

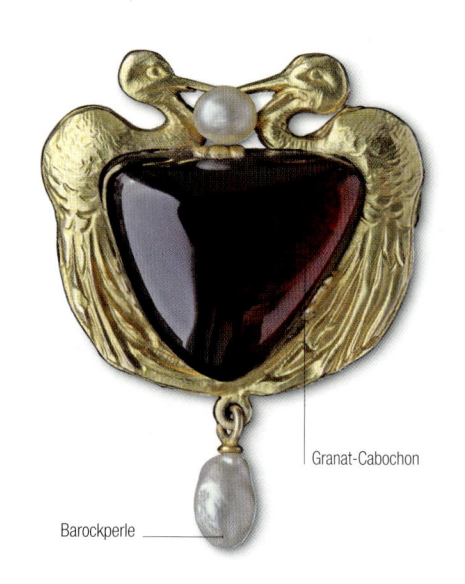

Granat-Cabochon

Barockperle

Storchenanhänger | Um 1900 entstand dieser goldene Anhänger mit einander zugewandten Störchen, der mit einem großen, luxuriösen Granat-Cabochon besetzt und mit Barockperlen verziert ist. Störche symbolisieren oft Reinheit und Erneuerung.

Weiße Diamanten

Violette Saphire

Seepferdchenbrosche von Fabergé | Dieses von Algen umschlungene Seepferdchen ist mit grünen Demantoid-Granaten, Tsavolith-Granaten, Alexandriten, Turmalinen, Saphiren und Diamanten besetzt.

Roh

Almandin in Muttergestein | Dieses Exemplar weist eine Reihe klassischer Almandin-Granat-Dodekaeder auf, eingebettet in eine Grundmasse aus Glimmerschiefer.
- Almandin-Granat-Kristalle
- Glimmerschiefer

Melanit-Granat | Dieser schöne Melanit-Kristall, eine Andraditvarietät, hat die Form eines Dodekaeders, der durch einen Oktaeder modifiziert ist.

Grossular-Granat | Grossular-Granate sind häufig pink oder grün, kommen aber auch in anderen Farben vor. Dieser Kristall in einer Grundmasse ist von kräftigem Pink.
- Grossular-Granat

Uwarowit | Grüner Uwarowit-Granat gehört zu den seltensten Varietäten des Minerals. Hier bilden Uwarowit-Kristalle eine Kruste auf einer Gesteinsgrundmasse.
- Uwarowitkristalle

Hessonit-Granate | Hessonit, informell auch »Zimtstein« genannt, ist ein orangebrauner Granat und eine Varietät von Grossular-Granat. Diese Stufe besteht aus einer Gruppe kräftig gefärbter Kristalle.
- Hessonit-Kristalle in Dodekaederform

Varietäten

Grossular im Brillantschliff | Makellos ist dieser hellgrüne Grossular im klassischen runden Brillantschliff. Sein Rohmaterial stammt aus einer Mine in Mali.

Demantoid-Granat | Demantoid bedeutet »diamantartig«, bezogen auf die Brillanz. Dieser Stein ist eine grüne Andraditvarietät und oval in einem gemischten Schliff facettiert.

Demantoid-Granat | Facettiert in einem runden Standard-Brillantschliff, zeigt diese Andraditvarietät einen gelblichen Farbton in einer ansonsten grünen Farbe.

Grossular-Granat | Grossular-Granate werden in einer Vielzahl von Farben gefunden. Dieses Beispiel, ein Kissen im gemischten Schliff, ist fast farblos mit grünlichem Ton.

Grüner Demantoid | Das Grün des Demantoid-Andradit-Granats variiert von Gelbgrün bis zu dem tiefen, kräftigen Grün dieses dreieckigen Steins im Fantasieschliff.

Farbwechselnder Granat | Erst 1990 wurde dieser Granat in Madagaskar entdeckt. Er ist eine Mischung aus Pyrop und Spessartin und wechselt von Blaugrün zu Purpur.

GRANAT | 261

Manche asiatischen Volksstämme benutzten Granate als Musketenkugeln, im Glauben, ihre blutrote Farbe mache sie zu einem tödlicheren Geschoss.

Einschlüsse machen den Stein interessant.

Spessartin-Granat | Geschliffener Spessartin wird manchmal fälschlich für Hessonit gehalten. Dank neuer reichlicher Funde ist er heute weniger selten als in der Vergangenheit. Hier wird er als ovaler Edelstein im Brillantschliff gezeigt.

Zimtherz | Dieses Herz aus Hessonit bzw. »Zimtstein« ist im gemischten Schliff facettiert. Es hat zahlreiche Einschlüsse oder mit Gas gefüllte Blasen, die alle durch die Facettierung attraktiv vergrößert wurden.

Hessonit-Granat | Facettiert in einem runden gemischten Schliff, zeichnet sich dieser Hessonit, eine Grossularvarietät, durch eine ungewöhnlich tiefe und satte Farbe aus.

Pyrop-Granat | Aufgrund seiner tiefroten Farbe wird Pyrop manchmal fälschlich für Rubin gehalten. Dieses Exemplar wurde im Pendeloque-Schliff facettiert.

Malaya-Granat | Dieser Granat ist eine Mischung aus Pryrop und Spessartin. Oft hat er eine kräftige Farbe, wie dieses Kissen im Brillantschliff zeigt.

Almandin-Granat | Satt purpurrot gefärbte Granate gelten als die besten Alamandin-Granate in Edelsteinqualität, wie dieses rechteckige Kissen im gemischten Schliff.

Schmuck

Almandinring | Der Almandin-Granat dieses Weißgoldrings wurde in einem ungewöhnlichen Schachbrettmuster facettiert und von Citrinen eingefasst.

Tsavolith-Granat

Weißer Saphir

Ring mit Tsavolith und Saphiren | Der zentrale Stein dieses 14-karätigen Goldrings ist ein Tsavolith-Granat im ovalen Schliff, flankiert von zwei weißen Saphiren.

Tropfenförmiger Tsavolith-Granat

Abhängung mit Tsavolith-Granat im Pendeloque-Schliff

Tsavolith-Kette | Diese spektakuläre Halskette ist aus 14 großen, tropfenförmigen Tsavolith-Granaten unterschiedlicher Größe mit einem Gesamtgewicht von 30,79 Karat komponiert. Tsavolith gehört zu den seltensten und teuersten Varietäten von Granat.

Antike Ohrhänger | Um 1890 entstanden diese Ohrhänger mit Hessonit-Granaten im Kissen- bzw. Pendeloque-Schliff, jeweils von Diamanten eingefasst.

Diamantgruppe

Cartier-Ring | Aus der Kollektion »Paris Nouvelle Vague« stammt dieser 18-karätige Weißgoldring mit Chalcedonen, Granaten, Turmalinen, Aquamarinen und Diamanten.

Kleine Granate im Rosenschliff

Flügel mit Bergkristall eingefasst

Tsavolith-Granat

Trio-Brosche | Diese Brosche besteht aus drei Elementen, jeweils mit einem ovalen Granat im Mittelpunkt, der von Rubinen eingefasst und von Diamant-»Blättern« umgeben ist.

Cocktailring | Von Nahem erkennt man, dass auf diesem spektakulären Cocktailring aus Weißgold Dutzende Granate im Rosenschliff dicht in Blumenform arrangiert sind.

Schmetterling-Clipbrosche | Den Körper dieser ungewöhnlicherweise aus Titan gefertigten zarten Schmetterlingsbrosche zieren ein Tsavolith-Granat und gelbe Diamanten.

Granat-Medaillon | 1852 in England gefertigt, besteht dieses antike Medaillon aus einem fein gemusterten goldenen Herzen, das einen polierten Granat-Cabochon umfasst.

GRANAT | 263

Antikes Kreuz | Zehn größere Granate im Rosenschliff werden auf diesem viktorianischen Silberkreuz von zahlreichen kleineren Granaten im Rosenschliff begleitet.

Granate im Rosenschliff

Brosche mit Rhodolithen und Diamanten | Um 1930 entstand diese Art-déco-Brosche, deren blutrote rechteckige Rhodolith-Granate eine dramatische Wirkung entfalten.

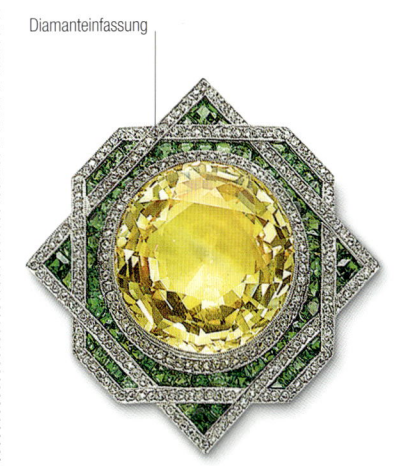

Belle-Époque-Anhänger/-Brosche | Ein gelber Saphir, umgeben von grünen Demantoid-Granaten, bildet den Mittelpunkt dieser Brosche von etwa 1910.

Diamanteinfassung

Demantoid-Krabbe | Diese farbenfrohe 18-karätige Goldbrosche in Krabbenform ist neben Demantoid-Granaten in Pavéfassung mit Diamanten im alten Schliff besetzt.

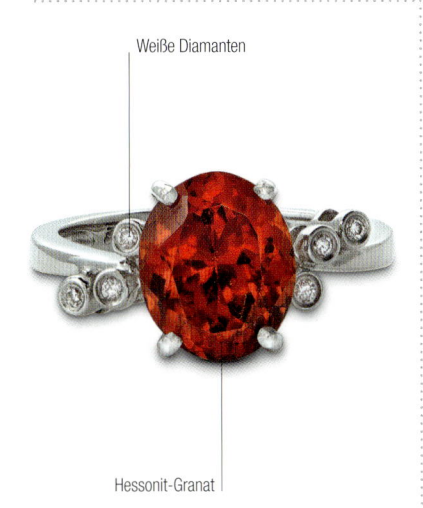

Platinring mit Hessonit | Dieser Platinring präsentiert einen Hessonit-Granat im ovalen Schliff, flankiert von Diamanten, die in Knotenform arrangiert sind.

Weiße Diamanten
Hessonit-Granat

Cartier-Ring | Aus der Kollektion »Paris Nouvelle Vague« stammt der oben gezeigte Ring aus 18-karätigem Gold, den 120 gelbe Granate und gelbe Saphire schmücken.

Diamanten im Brillantschliff

Chrysopras

Spessartin-Anhänger | Im Zentrum dieses Platinanhängers befindet sich ein Spessartin im ovalen Schliff, umgeben von 14 Diamanten im Rundschliff und einer Diamantabhängung.

Spessartin-Granat

Bulgari-Uhr | Drei mit Diamanten besetzte Kreise mit Amethyst, Aquamarin, Chrysopras, Turmalin und zwei Hessonit-Granaten zieren diese Armbanduhr aus 18-karätigem Gold.

Hessonit-Granat

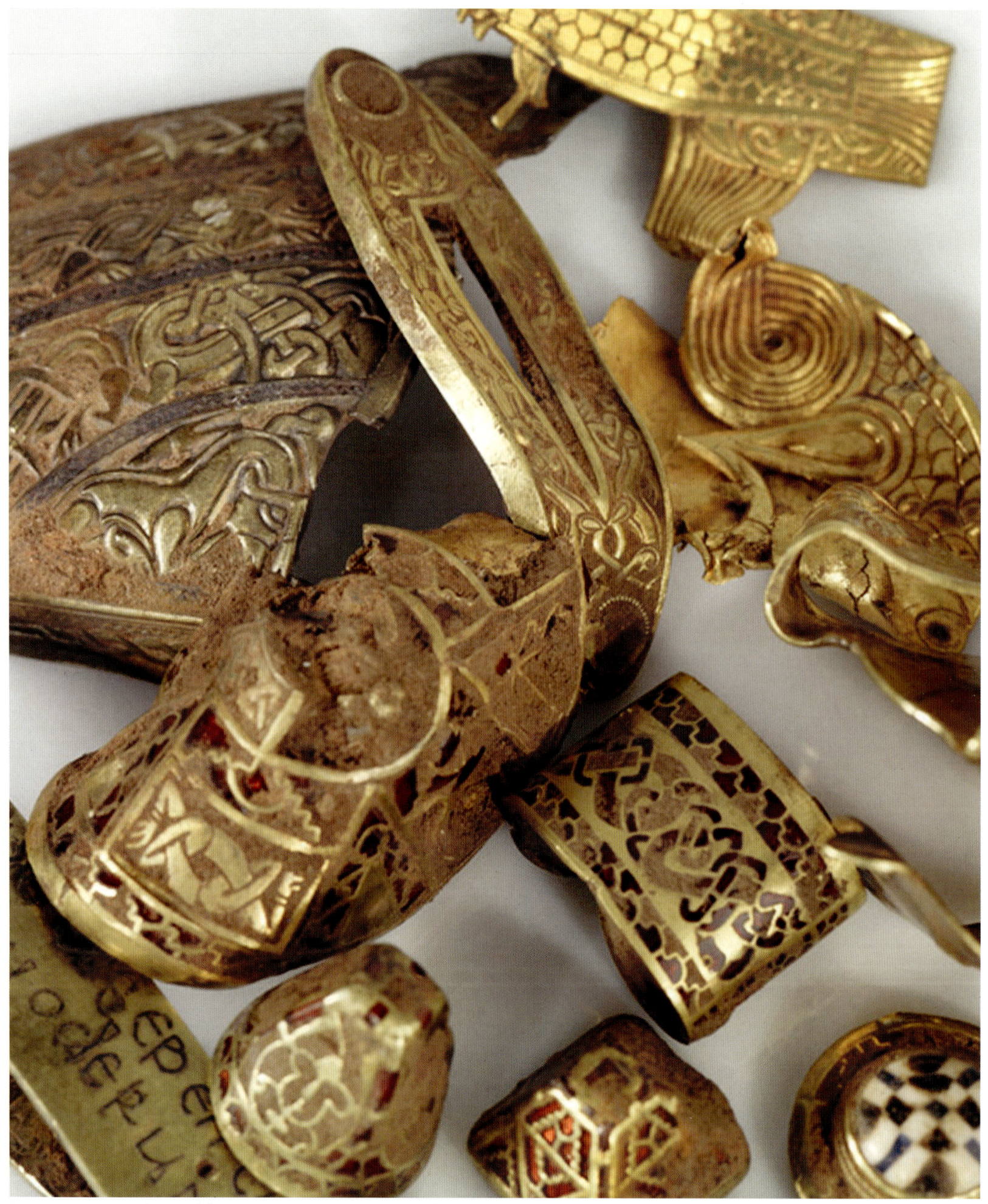

Schatz von Staffordshire | um 6. Jh. | Über 5 kg Gold, 1,4 kg Silber und 3500 Granate | Entdeckt in einem Feld in England nahe einer alten römischen Straße

Der Schatz von Staffordshire

△ **Gold- und Granat-Verzierung** eines größeren Objekts

An einem Sommerabend im Juli 2009 untersuchte der Sondengänger Terry Herbert in Staffordshire nahe Hammerwich (Großbritannien) ein Feld des befreundeten Bauern Fred Johnson. Am Ende jenes Tages hatte Herbert Tausende reich dekorierte Gold- und Silbergegenstände entdeckt.

Die kaum fingertief von Erde bedeckten, fein bearbeiteten Metallstücke wurden später von Archäologen der Universität von Birmingham als weltgrößter Fund von angelsächsischem Gold identifiziert. Herbert und Johnson verkauften den Schatz für 3,3 Mio. Pfund an Museen in Birmingham und Stoke-on-Trent und teilten sich den Erlös. Ausgrabungen am selben Fundort im Jahr 2012 förderten weitere Stücke zutage: Insgesamt umfassen die Gegenstände nun 4000 Relikte angelsächsischer Rüstungen, Waffen und Kampfanzüge, darunter allein mehr als 80 Schwertknäufe.

Goldene Verkleidung eines Schwertgriffs, verziert mit feinem Golddraht, der zu Spiralen gedreht und in einem Knotenmuster auf dem Goldluntergrund aufgebracht wurde

Zu den bedeutendsten Objekten des Schatzes zählt der silberne Helm eines angelsächsischen Kriegers, einer von nur fünf derartigen Objekten in England. Für seine Wiederherstellung wurden über 1500 silbervergoldete Folienreste, viele unter 1 cm lang, zusammengesetzt. Der Fund von Staffordshire lässt eine außerordentliche Handwerkskunst erkennen. Feine Goldfäden wurden fest aufgewickelt und zu filigranen Wirbelmustern verarbeitet. Andere Stücke weisen Einlegearbeiten mit rotem Granat und blauem römischem und sächsischem Glas auf. Museumskonservatoren nennen den Schatz scherzhaft »Kriegerklunker«.

Goldenes Relikt aus dem Schatz mit Granatcloisonné-Dekoration

Steh auf, Herr, dann zerstreuen sich deine Feinde, dann fliehen deine Gegner vor dir.

Biblische **Inschrift**
Auf einem Goldstreifen des Schatzes (übersetzt aus dem Lateinischen)

Wichtige Daten
5. Jh.–2013

- **400** — **5. Jh.** Angelsachsen aus Nordwest-Europa fallen in Großbritannien ein und lassen sich dort nieder.
- **700** — **7.–8. Jh.** Angelsächsisches Handwerk bringt schön dekorierte Rüstungen und Waffen hervor.
- **800** — **Angelsächsischer Helm, um 7. Jh.**
- **2000** — **Birmingham Museum and Art Gallery**
- **2009** — **Juli–August 2009** Terry Herbert findet nahe Hammerwich (England) Gold- und Silberfragmente. Archäologen der Universität von Birmingham führen hier Ausgrabungen durch.
- **September 2009** Teile des Schatzes werden im Birmingham Museum and Art Gallery ausgestellt.
- **November 2009** Der Fund wird ans British Museum geschickt.
- **2010** — **Januar 2010** Ein landesweiter Appell ruft zu Spenden für den Kauf des Schatzes für das Land auf.
- **March 2010** Die Spendensammlung ist beendet, der Schatz wird Herbert und Johnson abgekauft.
- **2012** — **November 2012** Ein zweiter Fund wird in der Nähe des ersten Fundorts gemacht.
- **2013** Beginn einer dreijährigen Wanderausstellung durch die West Midlands
- **2015**

Feuer und Brillanz

Der Begriff »Feuer« bezeichnet das Glitzern, das ein Edelstein erzeugt, wenn man ihn bewegt. Wie ein Prisma zerlegt er das einfallende Licht in seine Farbbestandteile: Je größer diese sogenannte Dispersion, desto größer ist das Feuer. Der Brechungsindex (BI, s. S. 23) ist ein Maß für die Dispersion. Diamanten haben eine hohe Dispersion und werden aufgrund ihrer Brillanz geschätzt. Edelsteine mit einem niedrigen Brechungsindex können jedoch aufgrund anderer Eigenschaften begehrt sein.

Diamant BI 2,42
Geschliffene Diamanten haben einen sehr hohen BI und eine hohe Dispersion, was ihre spezielle Brillanz bewirkt.

Sphalerit BI 2,36–2,37
Sphalerit ist extrem schwer zu facettieren. Ist dies gelungen, hat er einen hohen BI und gutes Feuer.

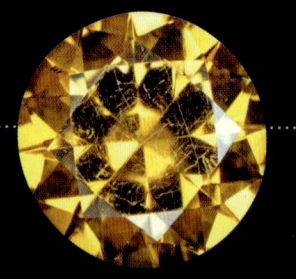

Kassiterit BI 2,00–2,10
Kassiterite sind dichroitisch, d. h. verschiedenfarbig je nach Richtung.

Scheelit BI 1,92–1,93
Facettierter Scheelit ist rar, weist aber eine hohe Lichtstreuung auf.

Demantoid-Granat BI 1,85–1,89
Bei dieser Varietät handelt es sich um die begehrteste aller Andradit-Granatarten. Sie hat eine stärkere Farbstreuung als Diamant.

Zirkon BI 1,81–2,02
Mit hoher BZ und exzellenter Dispersion kommt Zirkon in Feuer und Brillanz fast dem Diamanten gleich.

Sphen BI 1,84–2,11
Transparente Sphen-Kristalle kommen nicht oft vor, haben aber gutes Feuer und eine hohe Brillanz.

FEUER UND BRILLANZ | 267

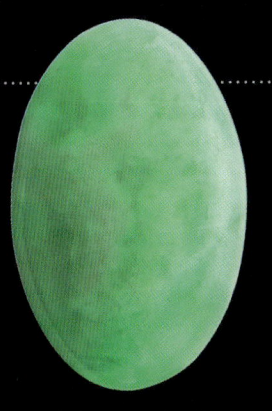

Jadeit BI 1,65–1,68
Jadeit variiert farblich, in Reinform ist er weiß. Er verfügt über eine moderate Lichtbrechung.

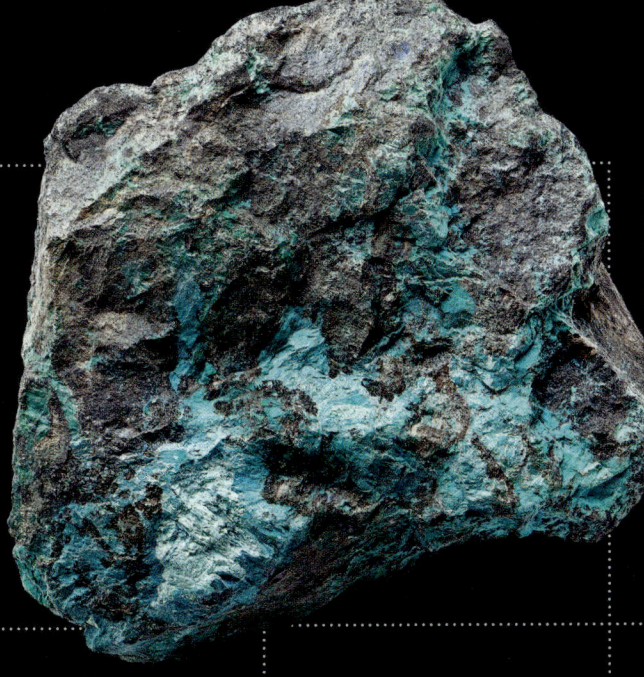

Chrysokoll BI 1,46–1,57
Chrysokoll ist meist blaugrün und massiv. Sein Feuer ist wie seine Brillanz relativ beschränkt.

Rubin BI 1,76–1,78
Das beste Rubinmaterial verfügt über eine exzellente Brillanz und eine überwältigende rote Farbe.

Onyx BI 1,54–1,55
Onyx tritt in Schwarz und Braun mit weißer Farbbänderung auf, die ihm eine begrenzte Dispersion verleiht.

Sodalith BI 1,48
Transparenter Sodalith ist rar, sein BI ist niedrig, doch Edelsteine von guter Qualität lassen sich facettieren.

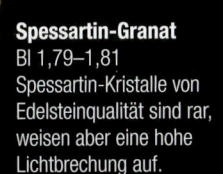

Spessartin-Granat BI 1,79–1,81
Spessartin-Kristalle von Edelsteinqualität sind rar, weisen aber eine hohe Lichtbrechung auf.

Obsidian BI 1,45–1,55
Trotz seiner tiefschwarzen Farbe hat Obsidian eine höhere Brechung als mancher Edelstein.

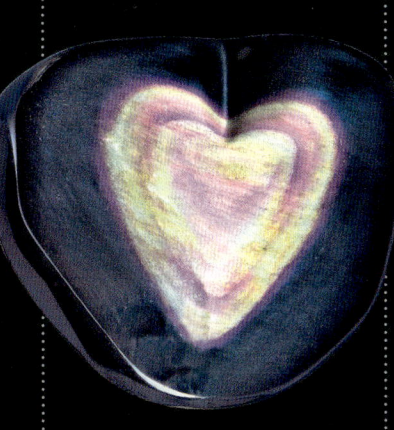

Opal BI 1,37–1,52
Opal besitzt ein ganz spezielles Farbenspiel, hervorgerufen durch die Diffraktion winziger Kieselgelkügelchen.

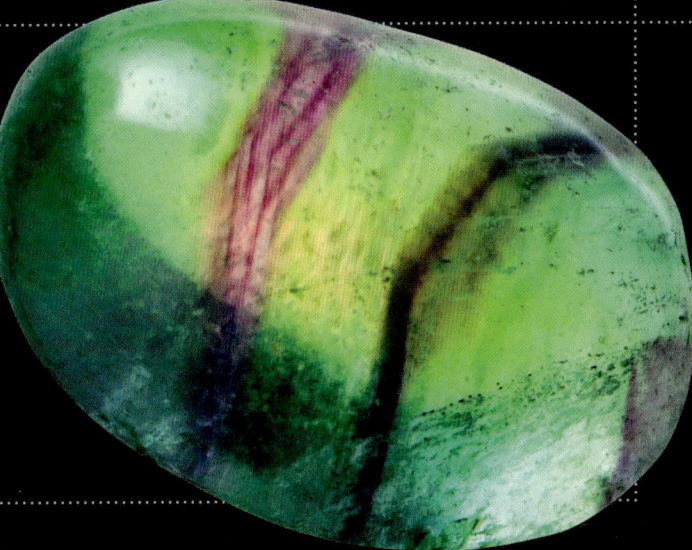

Fluorit BI 1,43
Fluorit mit seiner unter den Mineralen außergewöhnlich breiten Farbpalette ist von moderater Brillanz.

Zirkon

△ **10-karätiger Zirkon** im Kissenschliff aus Myanmar

Manches Zirkonmaterial ist 4,4 Mrd. Jahre alt – und damit das älteste bekannte Mineral der Erde. Zirkon ist ein vielfarbiges Mineral mit hohem Brechungsindex und starkem Feuer. Farbloser Zirkon ist für Lumineszenz und vielfarbiges Glitzern bekannt und ersetzt bei Schmuck oft Diamant. Leuchtend blaue Zirkone werden durch Hitzebehandlung der häufigeren braunen Steine hergestellt. Enthält das Mineral Uran- und Thoriumspuren, kann diese natürliche Radioaktivität die Kristallstruktur stören und Farbe, Dichte, BI und Doppelbrechung verändern.

Eigenschaften

Chemischer Name Zirkoniumsilikat | **Formel** $ZrSiO_4$
Farben Rötliches Braun, Gelb, Grün, Blau, Grau, farblos | **Struktur** Tetragonal | **Härte** 6,5–7,5 | **Dichte** 3,9–4,7 | **BI** 1,81–2,02
Glanz Glasglanz bis Diamantglanz | **Strichfarbe** Weiß
Vorkommen Australien, Myanmar, Kambodscha, Tansania

Roh

Zirkon-Kristalle | Zirkon-Kristalle können sich in vielen Gesteinsarten ausbilden. Dieses Exemplar sitzt auf einer Pegmatitgrundmasse, eine häufige Umgebung von Zirkon.

Klassischer Kristall | Dieses rötlich braune Exemplar ist ein typisches Beispiel für ein tetragonales Prisma mit zwei schönen, pyramidenförmigen Enden.

Naturfarben | Diese von Wasser rund geschliffenen gelben bis rotbraunen Zirkone zeigen, welche Farbvielfalt verschiedene Exemplare in ihrem natürlichen Zustand aufweisen.

Von Wasser rund geschliffen

Farben und Schliffe

Sternfacette der Krone

Pavillonfacetten mit Doppelbrechung

Blauer Pendeloque | Durch Hitzebehandlung erhielt dieser herrliche 15-karätige Zirkon seine intensive blaue Farbe. Er weist einen Pendeloque-Schliff und eine überragende Dispersion auf.

Schmuck

Seitenansicht | In der Seitenansicht zeigt dieser weiße 7,29-Karäter einen klassischen Brillantschliff. Die zahlreichen Facetten und die hohe Brechung des Minerals sind gut zu sehen.

Tafelfacette
Hauptfacette des Pavillons
Hauptfacette der Krone

Blauer Zirkonring | Mittelpunkt dieses Rings, eine Kreation von Karina Brez, ist ein 10,60-karätiger blauer Zirkon, der von Diamanten umgeben und in Weißgold gefasst ist.

Weißgoldfassung
Blauer Zirkon

Champagnerfarbe | Die sanfte Farbe dieses Edelsteins im Brillantschliff ist äußerst ungewöhnlich – höchstwahrscheinlich eine unerwartete Reaktion auf eine Hitzebehandlung.

Farbwechsel | Nicht jeder hitzebehandelte braune Zirkon wird leuchtend dunkelblau – manch einer nimmt wie dieses Exemplar ein schönes, fast transparentes Mittelblau an.

Durchbrochene Brosche | Eine Gruppe blassblauer Zirkone im runden Schliff bildet das Zentrum dieser schneckenförmigen Brosche. Rubine und Diamanten setzen Akzente.

Betörende Ohrhänger | Gelbe Saphire sind bei diesen attraktiven Ohrhängern eine harmonische Ergänzung zu den leuchtend blauen, in Weißgold gefassten Zirkonen.

Blaue Juwelen | Diese Gruppe feiner blauer Zirkone im Treppenschliff mit tiefen Pavillons weist die für eine Hitzebehandlung charakteristische blaue Farbe auf.

Naturzustand | Manche Zirkone werden nicht hitzebehandelt. Dieser schöne Stein im Smaragdschliff durfte seine natürliche rotbraune Farbe behalten.

> **Reiner Zirkon ähnelt Diamant, aber es gibt einen Unterschied: Zirkon ist doppelt brechend, Diamant nicht.**

Porträt der Prinzessin Leonilla Barjatinskaja, 1843 | Anfang des 20. Jh. Besitzerin des schwarzen Orlow-Diamanten und wohl Teil der Legende um den Fluch des Diamanten

Der schwarze Orlow-Diamant

△ **Nadeschda Petrowna Orlowa,** eine ehemalige Besitzerin des Diamanten

Der schwarze Orlow-Diamant, auch »Auge Brahmas« genannt, ist aufgrund seiner ungewöhnlichen Farbe berühmt – und wegen des auf ihm lastenden Fluches berüchtigt.

Der Orlow-Diamant ist nicht schwarz, sondern von metallischem Dunkelgrau. Der 67,50-Karäter im Kissenschliff entstammt einem Rohstein von 195 Karat. Gegenwärtig ist er Teil eines Anhängers, umrahmt von einer Blattgirlande aus 800 kleineren weißen Diamanten. Er ziert eine mit 124 kleinen weißen Diamanten besetzte Platinkette.

Die Vergangenheit des Diamanten liegt im Dunkeln. Er soll das Auge einer Statue des Gottes Brahma in Indien gewesen und verflucht worden sein, als ein Wandermönch ihn stahl. Vermutlich erwarb der US-Diamantenhändler J. W. Paris ihn 1932, verkaufte ihn wieder und sprang bald danach von einem New Yorker Wolkenkratzer in den Tod. Später, so erzählt die Legende, starb die russische Prinzessin Leonilla Barjatinskaja, nun Besitzerin des Steins, in Rom infolge eines Sturzes – und einen Monat später stürzte ihre Nachfolgerin Prinzessin Nadja Vyegin-Orlowa von einem Gebäude in Rom in den Tod.

Wie bei vielen »verfluchten« Edelsteinen ist die Wahrheit fragwürdig. Die Geschichte seiner Herkunft ähnelt der des weißen Orlow-Diamanten, der einer indischen Gottheit gestohlen wurde und den Fürsten Orlow gehörte, auffallend. Der Sturz von Paris ist nicht belegt, eine historische »Prinzessin Nadja Vyegin-Orlowa« nicht bekannt. Von den echten Prinzessinnen, die den Stein besaßen, starb Prinzessin Leonilla 1918 mit 101 Jahren, Nadeschda Petrowna Orlowa, deren Namen der Diamant trägt, starb 1988 mit rund 90 Jahren. Der Fluch mag substanzlos sein, umgab den schwarzen Orlow aber mit einer mystischen Aura.

Der schwarze Orlow-Diamant, umrahmt von Hunderten weißer Diamanten

> ## Ich bin mir ziemlich sicher, dass der Fluch gebrochen ist.
>
> **J. Dennis Petimezas**
> Besitzerin, 2004–2006

Der Hindu-Gott Brahma, der das »Auge Brahmas« angeblich mit einem schrecklichen Fluch belegte, nachdem ein Wandermönch ihn von der Götterstatue gestohlen hatte

Wichtige Daten
Vor 1800–2006

Unbekannt Der Diamant wird der Legende zufolge vom Auge einer Brahma-Statue in einem Schrein in Puducherry (Indien) von einem Mönch gestohlen und verflucht.

1800

1900

Um 1900 Die Halskette mit dem schwarzen Orlow gelangt nach Russland und geht durch die Hände von »Prinzessin Nadja Vyegin-Orlowa« und Prinzessin Leonilla Barjatinskaja.

1910

Hindu-Pagode in Puducherry, um 1867

1918 Prinzessin Leonilla Barjatinskaja stirbt in Frankreich mit 101 Jahren.

1920

1932 J. W. Paris kauft und verkauft den Diamanten und stürzt sich kurz danach von einem New Yorker Wolkenkratzer.

1947 »Prinzessin Vyegin-Orlowa« and Prinzessin Leonilla Barjatinskaja stürzen sich angeblich beide innerhalb eines Monats in den Tod.

1950

Um 1950 Charles F. Winson, New Yorker Edelsteinhändler, kauft den Stein von unbekannt. Später wird er in einen Anhänger gefasst.

1980

1988 Die echte Prinzessin Nadeschda Petrowna Orlowa, auf der Prinzessin Nadja vielleicht basiert, stirbt mit etwa 90 Jahren in der Schweiz.

1990

1995 Ein anonymer Käufer ersteigert den Diamanten für 1,5 Mio. Dollar.

2000

2004 Juwelier und Edelsteinhändler J. Dennis Petimezas kauft den Stein von einem anonymen Sammler.

2006 Die Diamantenausstellung mit dem Orlow-Diamanten im Natural History Museum in London wird wegen Diebstahlgefahr vorzeitig beendet.

Topas

△ **Wohlgeformte** Topas-Kristalle

Einst glaubte man, jeder gelbe Edelstein wäre ein Topas und jeder Topas wäre gelb – doch weder das eine noch das andere trifft zu. Mancher Topas ist gelb, er kann aber ebenso farblos, blau, grün, sherryfarben und, in der wertvollsten Farbvarietät, pink sein. Aufgrund seiner hohen Brechung zerlegt er das Licht in seine konstituierenden Farben, und farbloser Topas ähnelt Diamant, mit dem er oft verwechselt wurde. Manch ein blauer Topas ist kaum von Aquamarin zu unterscheiden. Ein gewisser Anteil Topas auf dem Markt wurde durch Hitzebehandlung und Bestrahlung farblich verändert.

Eigenschaften

Chemischer Name Aluminium-Fluor-Silikat | **Formel** $Al_2SiO_4(F,OH)_2$ | **Farben** Gelb, golden, Orange, Pink, Grün, Blau, farblos | **Struktur** Orthorhombisch | **Härte** 8 | **Dichte** 3,5–3,6 | **BI** 1,62–1,63 | **Glanz** Glasglanz | **Strichfarbe** Weiß | **Vorkommen** Brasilien, Russland, Deutschland, Nigeria, Afghanistan, USA, Pakistan, Japan

Roh

Sherryfarbe

Raue Oberfläche

Topas-Kristall

Hoher Grad von Transparenz

Pegmatit

Rohkristalle | Diese Topas-Rohkristalle in Edelsteinqualität zeigen eine deutliche Farbabstufung von Gelb über Sherryfarben bis zu einem dunklen, fast roten Farbton. Die äußere Textur dieser Kristalle verdeckt ihr transparentes Inneres.

Topas in Pegmatit-Muttergestein | Auf einer Grundmasse aus Pegmatit ruht dieser fein kristallisierte hellblaue Topas, der häufig auf diesem Wirtsmineral anzutreffen ist.

Topas als Riesenjuwel

Das Schwergewicht unter den Edelsteinen

Topas wird in wohlgeformten, prismatischen Kristallen mit rautenförmigem Querschnitt gefunden. Das meiste Edelsteinmaterial stammt aus Flussseifen und hat die Form vom Wasser rund geschliffener Kiesel, doch eine Reihe sehr großer Kristalle wurde auch an ihrem Entstehungsort entdeckt. Der größte erhaltene Topas-Kristall wiegt 271 kg, und ein in den 1980er-Jahren facettierter Stein von 22 892,5 Karat – 4,6 kg – war Teil eines brasilianischen Gesteinsfragments.

Sherryfarbener Topas Dieser prismatische Kristall von guter Form und Farbe stammt aus der Lagerstätte Ouro Preto in Minas Gerais (Brasilien), dem größten Fundort von sherryfarbenem Topas.

Abschlussflächen am Kristallende

Brauner Topas | Einen ungewöhnlichen braunen Schimmer hat dieser feine Rohtopas in Edelsteinqualität. Seine Helligkeit und Transparenz machen innere Verfärbungen sichtbar.

Brasilianischer Topas | Mit seiner satten rotbraunen Farbe und herausragenden Transparenz ist dieser exzellente Topas-Kristall aus Brasilien der Traum jedes Edelsteinschleifers.

Geschliffen | Schmuck

Fantasieschliff | Der herzförmige Brillantschliff dieses 12,77-karätigen blauen Topases – mit der schwierigste Schliff – beweist höchste Handwerkskunst.

Pavillonfacetten reflektieren durch die Tafelfacette.

Halskette

Armband mit Steinen im Ovalschliff

Komplexe Facetten

Bearbeitete Farbe

Ohrhänger

Anhänger, auch als Brosche tragbar

Königstopas | Der gemischte Schliff mit Dreiecksfacetten in der Krone und rechteckigen Facetten im Pavillon entfaltet bei diesem ovalen Königstopas eine spektakuläre Wirkung.

Smaragdschliff | Der Smaragdschliff bringt die intensive Farbe dieses 55,68-Karäters, die höchstwahrscheinlich durch Hitzebehandlung und Bestrahlung erzielt wurde, zur Geltung.

Antikes Schmuckset | Dieses Schmuckset, um 1830 gefertigt, umfasst eine Halskette mit Anhänger, Armband und Ohrringen. Bei den Steinen handelt es sich um farblich aufeinander abgestimmte ovale Topase und Citrine. Der Anhänger fungiert auch als Brosche.

Flache Krone mit tiefem Pavillon

Gute Transparenz

Komplex facettierte Seite

Korbfassung

Brilliantschliff | Der meisterhafte Brillantschliff dieses 81,30-karätigen Kissens und die Überlagerung der seitlichen Facetten ist besonders in Seitenansicht gut erkennbar.

Blauer Ovalring | Der blaue Topas in dieser weißgoldenen Ringfassung wurde im ovalen Brillantschliff facettiert und in eine außergewöhnlich tiefe Korbfassung gesetzt.

In der Antike verwendete man den Namen »Topas« irrtümlich für Peridot-Kristalle.

Andalusit

△ **Blockförmige** Andalusit-Kristalle in Muttergestein

Andalusit-Kristalle sind pleochroitisch, was bedeutet, dass sie, aus verschiedenen Winkeln betrachtet, mehrfarbig wirken. Das Mineral wurde nach der spanischen Region Andalusien benannt, wo es erstmals entdeckt wurde. Es ist ein Aluminium-Silikat, das aufgrund einer übereinstimmenden chemischen Zusammensetzung mit Sillimanit und Kyanit eng verwandt ist, unterscheidet sich aber durch seine Kristallstruktur. Der auffallend schöne, aber relativ unbekannte Edelstein ist zumeist opak oder durchscheinend, sehr selten gibt es auch transparente Exemplare.

Eigenschaften

Chemischer Name Aluminium-Silikat | **Formel** $Al_2(SiO_4)O$
Farben Pink, Braun, Weiß, Grau, Violett, Gelb, Grün, Blau | **Struktur** Orthorhombisch | **Härte** 7,5 | **Dichte** 3–3,2 | **BZ** 1,63–1,64
Glanz Glasglanz | **Strichfarbe** Weiß | **Vorkommen** Belgien, Australien, Russland, Deutschland, USA

Querschnitt | Roh | Diese Gruppe länglicher, spitz zulaufender Andalusit-Kristalle der Varietät Chiastolith bildet die charakteristische Kreuzform.
— Vier Chiastolith-Kristalle

Glatte Cabochons | Geschliffen | Chiastolith wird oft zu runden Schmucksteinen trommelpoliert. Diese schönen Exemplare zeigen die typische kreuzförmige Zwillingsbildung.
— Polierte Querschnitte

Oktagonaler Treppenschliff | Geschliffen | Die schöne Verbindung von Gelb- und Brauntönen in diesem schönen Oktagon kommt durch den Treppenschliff bestens zur Geltung.
— Gelbbraune Farbe

Facettiertes Oval | Geschliffen | Der ovale Treppenschliff dieses Andalusit-Edelsteins in Gelbtönen hebt die außerordentliche Reinheit und Brillanz dieses Steins hervor.
— Facetten zeigen die vielen Farben.

Andalusitscheibe | Roh | Dieses Exemplar ist ein weiteres Beispiel für Chiastolith-Andalusit, der kreuzförmige Muster ausbildet.

— Einzelner Kristall
— Dunkle Graphiteinschlüsse

Andalusit wird der »sehende Stein« genannt.

Ring mit Andalusit | Schmuck | Den Mittelpunkt dieses betont asymmetrischen Rings bildet ein Andalusit-Edelstein im Ovalschliff, umgeben von einem Diamantenwirbel.
— Facettiertes Oval

ANDALUSIT–TITANIT | 275

Titanit

△ **Klassische** keilförmige Titanit-Kristalle auf Muttergestein

Der zuvor unter dem Namen Sphen (griechisch für »Keil«) bekannte Titanit ist in vulkanischem und metamorphem Gestein wie Gneis und Schiefer verbreitet. Er tritt in Gestalt durchscheinender oder transparenter Kristalle auf, wird an vielen Orten gefunden und bildet rötlich braune, graue, rote, gelbe oder grüne monokline Kristalle aus. Seine »feurige« Farbe resultiert aus einer starken Lichtstreuung und einer hohen Brechungszahl. Er dient als Edelstein und darüber hinaus als Lieferant von Titandioxid, das zur Herstellung von Pigmenten verwendet wird.

Eigenschaften

Chemischer Name Calcium-Titan-Silikat | **Formel** $CaTiSiO_5$ | **Farben** Gelb, Grün, Braun, Schwarz, Pink, Blau | **Struktur** Monoklin | **Härte** 5–5,5 | **Dichte** 3,5–3,6 | **BI** 1,84–2,11 | **Glanz** Glas- bis Fettglanz | **Strichfarbe** Weiß | **Vorkommen** Europa, Madagaskar, Kanada, USA, Brasilien, Russland, Pakistan

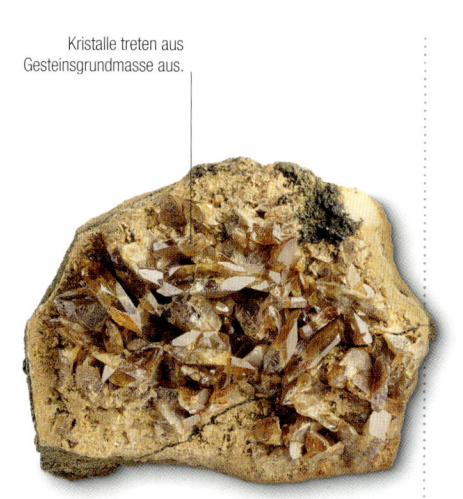

Kristalle treten aus Gesteinsgrundmasse aus.

Facetten mit starker Lichtbrechung

Kristalle auf Gesteinsgrundmasse | Roh | Rautenförmige Titanit-Kristalle überziehen bei diesem herausragenden Sammlerstein die Oberschicht der Gesteinsgrundmasse.

Facettiertes Oval | Geschliffen | Dieser ovale Titanit im Brillantschliff wurde von einem Könner facettiert. Seine natürliche dunkelgelbe Farbe lässt den Schliff sehr kompakt wirken.

Zarte Fühler

18-karätiges Gold

Natürliche Titanit-Edelsteinkugeln

Rechteckiger Titanit | Farbvarietät | Einem geringeren Eisengehalt verdankt dieser rechteckige Edelstein im Treppenschliff seine klare, gelbgrüne Farbe.

Schmetterling mit Titanit | Schmuck | Aus Madagaskar stammen die elf qualitativ hochwertigen Titanit-Edelsteine im Brillantschliff, die diese 18-karätige goldene Schmetterlingsbrosche mit Saphiraugen zum Glitzern bringen.

Sillimanit

△ **Fantastisch transparentes** Sillimanitkissen im gemischten Schliff

Sillimanit ist zwar vor allem industriell genutztes Material, transparenter Sillimanit ergibt aber auch attraktive facettierte Edelsteine. Cabochons werden aus dem Sillimanitaggregat Fibrolit geschliffen, das, wie der Name sagt, verdrehten Faserbündeln ähnelt. Die Kristalle sind lang, schlank und glasartig oder blockartige Prismen. Edelsteine in Blau und Violett erzielen die höchsten Preise. Sillimanit ist stark pleochroitisch: Gelbliches Grün, Dunkelgrün und Blau sind im selben Stein aus verschiedenen Blickwinkeln zu sehen. In manchen metamorphen Gesteinen ist er ein verbreitetes Mineral.

Eigenschaften

Chemischer Name Aluminium-Silikat | **Formel** Al_2OSiO_5 | **Farben** Farblos, Blau, Gelb, Grün, Violett | **Struktur** Orthorhombisch | **Härte** 7 | **Dichte** 3,2–3,3 | **BI** 1,66–1,68 | **Glanz** Glas- oder Seidenglanz | **Strichfarbe** Weiß | **Vorkommen** Myanmar, Indien, Tschechische Republik, Sri Lanka, Italien, Deutschland, Brasilien, USA

Faseriger Fels | Roh | Dieses faserige Sillimanit-Exemplar ist typisch für seine natürlich vorkommende Gestalt – nur selten findet man das Mineral in Edelsteinqualität.

Sillimanit-Kristalle in Gestein | Roh | Diese lang gezogenen prismatischen Sillimanit-Kristalle befinden sich in einem Muttergestein aus Muscovit-Glimmer.
Nadelige Kristalle

Facettierter Sillimanit | Farbvarietät | Dieser Edelstein aus Burma mit einer Krone im Brillantschliff und bläulich violetten sowie blassgelben Farben ist deutlich pleochroitisch.

Großer Oval | Geschliffen | Knapp über 21 Karat wiegt dieses außergewöhnliche Fundstück aus Brasilien, dessen Facettierung seine gelblich grüne Farbe intensiviert.

Kissen im gemischten Schliff | Geschliffen | Der kunstvolle Schliff dieses Fibrolith-Sillimanit-Edelsteins betont dessen besonders schöne Reinheit, Transparenz und Farbe.
Pavillonfacetten durch Tafelfacette sichtbar

Cabochon, Smaragd- und Scherenschliff sind die häufigsten Schliffe für Sillimanit.

Deutliche Faserung mit Katzenaugeneffekt

Katzenaugencabochon | Geschliffen | Aufgrund der faserigen Natur des Sillimanits besitzen Cabochons oft einen Katzenaugeneffekt, wie dieser Stein illustriert.

SILLIMANIT–DUMORTIERIT | **277**

Dumortierit

△ **Trommelpolierter** Dumortierit von tiefem Blau

Die teuersten Farben von Dumortierit sind ein intensives Tiefblau bis Violett. Man findet zwar gelegentlich kleine Kristalle dieses Minerals, am bekanntesten ist er jedoch in massiver Form, die für Schmucksteine, als Cabochons oder Zierobjekte verwendet wird. Kristalle besitzen einen Pleochroismus von Rot über Blau bis Violett und werden, selten, für Sammler facettiert. Dumortierit tritt in Pegmatiten, aluminiumreichem metamorphem Gestein sowie in Gestein auf, das borhaltiger Dunst aus eindringenden Granitkörpern verändert hat.

Eigenschaften

Chemischer Name Aluminium-Borosilikat | **Formel** $Al_7(BO_3)(SiO_4)_3O_3$ | **Farben** Blau, Violett, Braun, Grün | **Struktur** Orthorhombisch | **Härte** 7–8,5 | **Dichte** 3,2–3,4 | **BI** 1,68–1,69 | **Glanz** Glasglanz | **Strichfarbe** Weiß | **Vorkommen** USA, Madagaskar, Japan, Kanada, Sri Lanka, Südafrika, Italien

Blaue Kristalle

Satte Farbe

Dumortierit in Muttergestein | Roh | Die intensiv blauen, nadeligen Dumortierit-Kristalle kontrastieren hier mit dem weiß-braunen Muttergestein.

Dumortieritgestein | Roh | Von lebhaftem Blau ist dieser Dumortierit-Rohstein. Dieses Exemplar könnte zu äußerst attraktiven Cabochons verarbeitet werden.

Natürliche Bänderung

Quadratischer Querschnitt

Trommelpolierter Stein | Farbvarietät | Auch trommelpoliert ist dieser Dumortierit mit seiner kräftigen Farbe, intensiviert durch die glatte und glänzende Oberfläche, wertvoll.

Ovaler Cabochon | Geschliffen | Die zarten weißen Mineralbänder in diesem hoch gewölbten Dumortierit-Cabochon verleihen dem Stein Textur und machen ihn interessant.

Seltene Obelisken | Gemeißelt | Aus massivem brasilianischem Dumortierit besteht dieses eindrucksvolle, 71 cm hohe Obeliskenpaar, zwei Dekorstücke. Der Schliff bringt die gebänderte Farbvarietät des Rohsteins optimal zur Geltung.

Abgeschrägter Sockel

278 | FABERGÉ-OSTEREIER

Goldene Weinranken mit dunkelgrünen Smaragdblättern

Rosa Emailrosen im Zentrum der Gitterfelder

Diamanten im Rosenschliff bilden ein Gittermuster.

Verzierungen auf hellgrünen Emailhintergrund gesetzt

Rosen-Gitter-Ei | 1907 | 7,7 x 5,9 cm | Gold, Smaragde, Diamanten

Fabergé-Ostereier

△ **Krönungs-Ei,** das eine Replik von Zarin Alexandras Krönungskutsche enthielt

In der russisch-orthodoxen Kirche ist Ostern seit jeher das wichtigste Datum im Kalender. Nach wochenlanger Fastenzeit konnten die Gläubigen sich auf den Höhepunkt der Feierlichkeiten am Ostersonntag freuen, wenn man Eier – die zu den bis dahin versagten Lebensmitteln gehörten – tauschte. Diese waren echt und von Hand bemalt oder künstlich als Geschenke für Damen angefertigt. Am prachtvollsten waren die juwelenbesetzten Eier, die Carl Fabergé für die russischen Zarinnen schuf.

Fabergé entwarf sein erstes kaiserliches Ei 1885, als Zar Alexander III. bei ihm eines als Geschenk für seine Gemahlin bestellte. Von Anfang an war Fabergé entschlossen, mehr als nur eine ästhetische Ansammlung wertvoller Edelsteine zu schaffen. Er hoffte, seinen kaiserlichen Kunden zu erfreuen, indem er eine Überraschung in einer Überraschung versteckte. Im Inneren seines einfachen emaillierten Eies befand sich ein goldener Dotter, der eine winzige goldene Henne enthielt. Auch diese verbarg in ihrem Inneren zwei Überraschungen: eine diamantene Miniaturkrone und einen Rubinanhänger.

Maiglöckchen-Ei, Jugendstil, ein Geschenk von Zar Nikolaus an Zarin Alexandra

Das Hennen-Ei wurde ein riesiger Erfolg, und Fabergé erhielt nun den Auftrag, jedes Jahr ein solches Geschenk anzufertigen. So entstand die kaiserliche Tradition, die über 30 Jahre, bis zum Ausbruch der Revolution, währte. Das exquisiteste Exemplar ist vielleicht das Krönungs-Ei, bestellt für die frisch gekrönte Zarin Alexandra. Die »Überraschung« war eine perfekte Miniaturreplik der Kutsche, die bei der Zeremonie benutzt worden war, während das Farbschema der Eierschale den Krönungsmantel der Zarin reflektierte. Ein Jahrzehnt später, im April 1907, bekam die Zarin das Rosen-Gitter-Ei in Gedenken an die Geburt ihres ersten und einzigen Sohnes Alexej. Mit rosa Emailrosen und einem mit Diamanten im Rosenschliff besetzten Gitter verziert, enthielt das Ei eine Diamantkette und ein Porträt des jungen Zarewitsch Alexej.

Monsieur Fabergés Arbeit erreicht die Grenzen der Perfektion.

Kritik
Weltausstellung Paris, 1900

Carl Fabergés Werkstatt in St. Petersburg (Russland), um 1910, nachdem Carl und sein Bruder Agathon ihr Geschäft erweitert hatten, um ihre Kapazität zu erhöhen

Wichtige Daten
1793–2013

- **1793** Katharina die Große lässt die Kutsche bauen, die im Krönungs-Ei nachempfunden ist.
- **1885** Carl Fabergé fertigt sein erstes Osterei – das Hennen-Ei – für den russischen Zaren an.
- **1896** Die Krönung von Zar Nikolaus II. und Alexandra findet in Moskau statt.
- **1897** Zu Ostern schenkt Nikolaus II. Zarin Alexandra das Krönungs-Ei.
- **1907** Nikolaus schenkt Alexandra das Rosen-Gitter-Ei in Gedenken an die Geburt von Zarewitsch Alexej.
- **1918** Nikolaus und Alexandra werden von den Bolschewiken nach der Russischen Revolution ermordet.

Zarin Alexandra von Russland

- **1927** Joseph Stalin verkauft mehrere der Eier, um ausländische Devisen zu erhalten. Viele Eier gelangen in den Westen.

Bolschewistisches Plakat von der Russischen Revolution

- **2007** Die Fabergé-Familie erhält die Fabergé-Marke zurück, nachdem sie die Rechte an dem Namen 1920 verloren hatte.
- **2013** Wiktor Wekselberg, Besitzer der weltweit größten Sammlung von Fabergé-Eiern, eröffnet in St. Petersburg das Fabergé Museum.

Kyanit

△ **Roher Kyanit-Edelstein** von ungewöhnlicher Dicke

Kyanit ist oft blau oder blaugrau, gemischt oder zoniert innerhalb eines Kristalls. Er tritt aber auch in Grün, Orange oder farblos auf, vor allem als lang gezogene, oft gebogene, tafelige Kristalle, seltener als radialstrahlige, säulige Aggregate. Kyanit entsteht metamorph in aluminiumreichen Sedimenten und kommt in Glimmerschiefer, Gneisen und verbundenen hydrothermalen Quarzadern vor. Lange galt er nicht als Edelsteinmineral, doch in den letzten Jahrzehnten wurde auch transparentes Material entdeckt. Geschliffene Steine sind ähnlich farbintensiv wie blauer Saphir.

Eigenschaften

Chemischer Name Aluminium-Silikat | **Formel** Al_2SiO_5
Farben Blau, Grün, Orange, farblos | **Struktur** Triklin
Härte 4,5–7 | **Dichte** 3,5–3,7 | **BI** 1,71–1,73
Glanz Glasglanz | **Strichfarbe** Farblos | **Vorkommen** Brasilien, Schweiz, USA

Tiefblaue tafelige Kyanit-Kristalle | Roh | Diese Muttergestein-Mineralstufen aus Glimmerschiefer enthalten tafelige Kyanit-Kristalle in feinstem dunkelblauem Farbton.

- Tafelige Kristalle
- Glimmerschiefer
- Hochwertiges blaues Material

- Flacher Kristall

Tafelige Kyanit-Kristalle | Roh | Die klassischen Kyanit-Kristalle ähneln Klingen und sind relativ dünn und tafelig, wie diese Exemplare von Edelsteinqualität in Muttergestein.

- Calcitmatrix

Kyanitkugel | Gemeißelt | Diese gemeißelte Kugel zeugt von der Kunstfertigkeit ihres Edelsteinschleifers, da der blaue Kyanit in viel weicheren Calcit gebettet ist.

Feines Oval | Farbvarietät | Zwar hat dieser Edelstein im ovalen Brillantschliff nicht das tiefste Kyanitblau, doch seine Farbe kommt der von feinstem burmesischem Saphir nahe.

- Kleine Diamanten

Ohrclips | Schmuck | Dieses Paar blütenförmiger Ohrclips ist mit tiefblauen Kyaniten im Ovalschliff besetzt, die jeweils von winzigen Diamanten eingefasst sind.

Staurolith

△ **Staurolith in Glimmerschiefer** mit kreuzförmiger Zwillingsbildung aus Russland

Staurolith ist ein wasserhaltiges Magnesium-Eisen-Aluminium-Silikat. Es kommt mit Granat, Turmalin und Kyanit oder Sillimanit in Glimmerschiefer, Gneisen und anderen metamorphen, aluminiumhaltigen Gesteinen vor. Staurolith ist rötlich bzw. gelblich braun oder fast schwarz und tritt normalerweise als Prismen mit hexagonalem bis diamantförmigem Querschnitt auf. Der Name Staurolith vom griechischen *stauros* (Kreuz) und *lithos* (Stein) verweist auf seine kreuzförmige Zwillingsgestalt. Häufig werden die kreuzförmigen Kristalle als religiöser Schmuck in Silber gefasst.

Eigenschaften

Chemischer Name Aluminium-Silikat | **Formel** $(Fe,Mg)_4Al_{17}(Si,Al)_8O_{45}(OH)_3$ | **Farbe** Braun | **Struktur** Monoklin | **Härte** 7–7,5 | **Dichte** 3,7 | **BI** 1,74–1,75 | **Glanz** Glasglanz bis Harzglanz | **Strichfarbe** Weiß | **Vorkommen** USA, Frankreich, Brasilien

Staurolith- und Kyanitstufe | Roh | Oft sind Staurolith und Kyanit miteinander vergesellschaftet, wie bei diesem Exemplar mit Muttergestein aus Muskovit-Glimmerschiefer.

Staurolith-Schiefer | Roh | Staurolith entsteht häufig in einer Glimmerschiefer-Grundmasse. Bei diesem Exemplar sind die Kristalle tiefbraun und von Edelsteinqualität. (Edelsteinkristalle)

Staurolith-Zwillingskristalle | Roh | Dieses Exemplar mit kreuzförmigen Staurolith-Kristallen weist die typischen, durch Zwillingsbildung bedingten geometrischen Linien auf.

Einzelner Kristall | Roh | Dieser Staurolith-Zwilling wurde aus seinem Muttergestein entfernt. Solche Kristalle werden oft als Anhänger gefasst.

Kugel | Gemeißelt | Kleine Kristalle sind bei dieser seltenen Kugel in Feldspat-Glimmerschiefer-Muttergestein gebettet. Das Material stammt von der russischen Halbinsel Kola. (Kleine Kristalle)

Phenakit

△ **Große, schön geformte** Phenakit-Edelsteinkristalle auf Muttergestein

Der Name Phenakit leitet sich vom griechischen Wort für »Täuscher« ab – s. Kasten unten. Er kann farblos sein, ist aber häufiger durchscheinend grau oder gelb, gelegentlich auch blassrosa. Phenakit entsteht bei hohen Temperaturen in Pegmatiten und Glimmerschiefer und wird oft von Quarz, Chrysoberyll, Apatit und Topas begleitet. Seine Kristalle sind hauptsächlich Rhomboeder, manchmal kurze Prismen. Transparente Kristalle werden für Sammler facettiert. Sein Brechungsindex ist höher als der von Topas und er ist annähernd so brillant wie Diamant.

Eigenschaften

Chemischer Name Beryllium-Silikat | **Formel** Be_2SiO_4
Farben Farblos, Weiß | **Struktur** Hexagonal/trigonal | **Härte** 7,5–8
Dichte 3 | **BI** 1,65–1,67 | **Glanz** Glasglanz
Strichfarbe Weiß | **Vorkommen** Russland, Norwegen, Frankreich, USA

Großer Kristall | Roh | Dieser große, einzelne Phenakit-Kristall, an der Basis noch mit Muttergestein verbunden, besitzt die perfekte Phenakit-Kristallform.

Brasilianischer Phenakit | Geschliffen | Dieses herrliche Kissen aus Brasilien hat einen Fantasieschliff mit zahlreichen, einander überlagernden Facetten und wiegt 29,80 Karat.

Makelloses Inneres

Tafelfacette

Phenakit aus Birma | Geschliffen | Dieser extrem hochwertige, vollkommen farblose Phenakit von 25,57 Karat aus Myanmar im ovalen Brillantschliff ist fast 2,5 cm lang.

Phenakit und Quarz

Der große Täuscher

Phenakit gilt mit gutem Grund als Täuscher, was ihm auch seinen Namen einbrachte. Farblosem Quarz ist er sehr ähnlich, sowohl in puncto Aussehen als auch hinsichtlich seiner technischen Eigenschaften. Mineralogen setzen zur Unterscheidung verschiedene Methoden ein: Sie prüfen die spezifische Dichte (die von Quarz liegt mit 2,65 etwas unter der von Phenakit mit 3) oder Härte (Phenakit ist etwas härter). Letzere kann durch eine Kratzprobe an einem Stück Quarz ermittelt werden.

Transparente Quarzkristalle Dieser Bergkristall-Rohstein ist leicht mit Phenakit zu verwechseln.

Euklas

△ **Einzelner Euklas-Kristall** aus Chivor (Kolumbien), mit einem Gewicht von 46,20 Karat

Euklas ist **Beryllium**-Aluminium-Hydroxid-Silikat. In der Regel ist er weiß oder farblos, tritt aber auch in Blassgrün bzw. Blass- bis Tiefblau auf – eine Farbe, die besonders begehrt ist. Er bildet gerillte Prismen, häufig mit komplexen Endflächen, oft auch massige Formen oder Fasern. Für facettierte Edelsteine wird die blasse bis kräftige Aquamarinfarbe bevorzugt. Edelsteinmaterial ist relativ selten und wird hauptsächlich für Sammler geschliffen. Der Name Euklas setzt sich aus dem griechischen *eu* (gut) und *klasis* (Bruch) zusammen, weil er perfekte Bruchflächen bildet.

Eigenschaften

Chemischer Name Beryllium-Aluminium-Silikat | **Formel** $BeAlSiO_4(OH)$ | **Farben** Farblos, Weiß, Blau, Grün | **Struktur** Monoklin | **Härte** 7,5 | **Dichte** 3 | **BI** 1,65–1,67 | **Glanz** Glasglanz | **Strichfarbe** Weiß | **Vorkommen** Brasilien, USA

Prismatischer farbloser Euklas-Kristall | **Roh** | Dieser einzelne, perfekt geformte Euklas-Kristall hat eine schöne prismatische Form. Technisch ist er farblos, wenngleich er im Inneren einen gelblichen Farbton aufzuweisen scheint.

Pyramidales Ende

Muttergestein | **Roh** | Dieser blaue Euklas-Kristall hat Edelsteinqualität und bildet darüber hinaus mit seiner von Pyrit durchsetzten Quarzgrundmasse eine hochwertige Stufe.

Blauer Kristall

Oktagonaler Edelstein | **Geschliffen** | Voller dunkler Einschlüsse und dennoch ein attraktiver Stein – dieser farblose Euklas wurde im tiefen Treppenschliff facettiert.

Dunkle Einschlüsse

Brasilianischer Stein | **Geschliffen** | Aus der Region Minas Gerais in Brasilien stammt dieser Stein im Smaragdschliff von mittlerer blaugrüner Farbe.

Euklaskissen | **Geschliffen** | Ebenfalls in Brasilien fand man diesen 7,17-karätigen Edelstein im Kissenschliff. Er hat eine graublaue Farbe.

Napoleon-Diamantkette | 1811 in Auftrag gegeben | um 20 cm Durchmesser | 234 Diamanten von rund 263 Karat, hier auf einem Porträt der Kaiserin Marie-Louise

Napoleon-Diamantkette

△ **Kaiser Napoleon I.,** Porträt von François Gérard (Ausschnitt), um 1805–1815

Zur Geburt seines Sohnes ließ Napoleon I. diese Halskette mit 234 Diamanten als Geschenk für seine Gemahlin, Kaiserin Marie-Louise, anfertigen. Die Kette ist mit 28 Diamanten im Minenschliff (der frühesten Form des Brillantschliffs) besetzt, in zweiter Reihe hängen neun Pendeloquen und zehn Brioletten (tropfenförmigen Schliffe) herab.

Nach der Scheidung von Kaiserin Josephine, die ihm keinen Erben gebar, hatte Napoleon 1810 Erzherzogin Marie-Louise von Österreich geheiratet. Binnen Jahresfrist wurde ihm ein Sohn geboren, und pflichtgetreu beauftragte er den Pariser Juwelier Étienne Nitot et fils, die 376 274 Francs teure Kette anzufertigen – ein Preis, der dem Jahreshaushaltsbudget der Kaiserin entsprach. Marie-Louise trug die Kette auf mehreren Porträts und behielt sie bis zu ihrem Tod.

Schließlich erbte sie die portugiesische Prinzessin Maria Theresa und entschloss sich 1929 zum Verkauf. Zwei Agenten, »Colonel Townsend« und »Prinzessin Baronti«, sollten die Kette in ihrem Auftrag für 450 000 Dollar veräußern. So kurz nach dem Börsenkrach erwies sich dieser Betrag als unrealistisch. Die Agenten boten sie zunächst für 100 000 Dollar an. Erzherzog Leopold von Habsburg, verarmter Großneffe Maria Theresas, sollte für die Echtheit des Stücks garantieren. Letztlich wurde die Kette für 60 000 Dollar verkauft, doch die Agenten und Erzherzog Leopold verlangten 53 730 Dollar für ihre Auslagen. Maria Theresa brachte die Sache vor Gericht, erhielt die Kette zurück, und Leopold kam ins Gefängnis. Die »Townsends« flohen – ihre wahre Identität ist bis heute ungeklärt.

Maria Theresa von Portugal, die die Kette 1914 erbte

Napoleon-Diamantkette mit 47 Diamanten von signifikanter Größe

Mit 23 kleinen Diamanten besetztes Motiv über jedem der vier Pendeloquen

Einer von zehn Briolette-Diamanten

Einer von neun tropfenförmigen Pendeloquen

Wichtige Daten
1811–1962

- **12. Juni 1811** Napoleon bestellt die Kette anlässlich der Geburt seines Sohnes.
- **20. März 1811** Marie-Louise bringt Napoleons Sohn Napoléon François-Charles Joseph zur Welt.
- **1847** Marie-Louise stirbt. Die Kette geht an Erzherzogin Sophie von Österreich über. Zwei Diamanten werden für Ohrringe entfernt.
- **1872** Nach Sophies Tod erben ihre Söhne, die Erzherzöge Karl Ludwig, Ludwig Viktor und Franz Joseph von Österreich, die Kette.
- **1914** Das Schmuckstück geht nach Karl Ludwigs Tod an dessen dritte Frau, Maria Theresa von Portugal, über.
- **1929** Maria Theresa will die Kette verkaufen, erhält sie aber nach einem Betrugsversuch zurück.
- **1944** Maria Theresa stirbt.
- **1948** Die Familie Habsburg verkauft die Kette an den französischen Industriellen Paul-Louis Weiller.
- **1960** Harry Winston erwirbt die Kette von Weiller und verkauft sie später an Marjorie Merriweather Post weiter.
- **1962** Die Kette wird von Post der Smithsonian Institution geschenkt und im National Museum of Natural History in Washington, D.C. (USA) ausgestellt.

Paul-Louis Weiller und Gattin in der Akademie der Schönen Künste, Paris, 1965

Dreizehn … Diamanten vom Typ IIa [fast gänzlich rein] … passend zur kaiserlichen Herkunft des Juwels

Dr. E. Gaillou und **Dr. J. Post**
National Museum of Natural History, Smithsonian Institution

286 | GEBURTSSTEINE

Mai – Smaragd
Die westliche Tradition der Geburtssteine hat ihre Wurzeln in der Bibel, die Edelsteine, auch den Smaragd, mit Tierkreiszeichen verbindet.

April – Diamant
In der modernen Tradition dem April zugewiesen, soll der Diamant die Beziehungen der April-Geborenen verbessern.

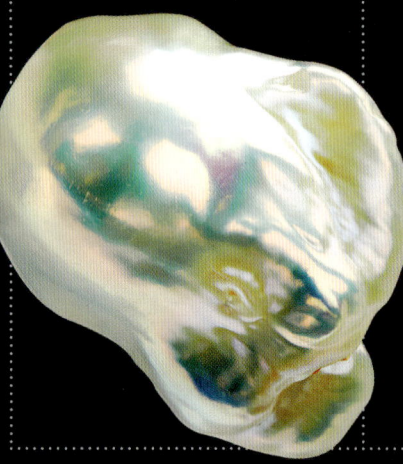

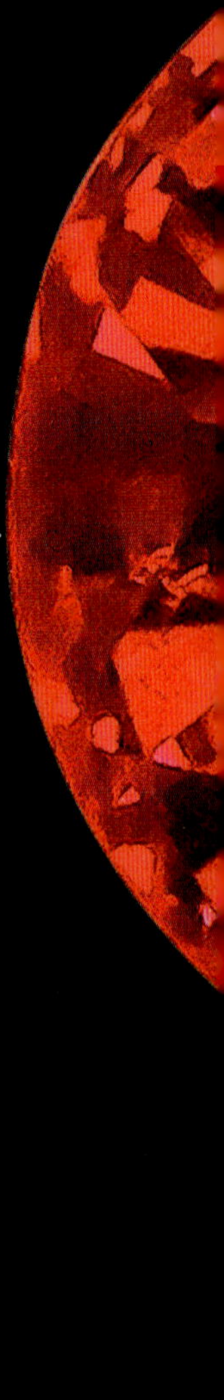

Februar – Amethyst
Amethyst, mit Königtum und Wein assoziiert, ist in modernen und alten Kulturen der Geburtsstein für Februar.

März – Aquamarin
1952 wurde Aquamarin zum Geburtsstein des Monats März deklariert. Er soll Ruhe schenken.

Juni – Perle
Die Perle steht für Reinheit und ist der traditionsreichste Edelstein für Juni. Mondstein und Alexandrit sind ebenfalls beliebt.

Januar – Granat
Granat wurde bereits in der alten ayurvedischen Tradition, wie heute im westlichen Kulturkreis, dem Januar zugeordnet.

Geburts-
steine

Jedem der zwölf Tierkreiszeichen wurde vor langer Zeit ein Edelstein zugeordnet, der dem Charakter eines unter diesem Tierkreiszeichen Geborenen entsprechen und ihm daher Glück bringen sollte. Später wurden die Edelsteine mit den Monaten statt den Tierkreiszeichen in Verbindung gebracht. Die wichtigen Steine spielen in den meisten Kulturen eine Rolle, doch ihre Zuordnung kann hier variieren. Im heutigen Europa wird der März auch mit Blutjaspis assoziiert, Mondstein ist eine Alternative für Perle im Juni. Sardonyx ist der Glücksstein des Augusts, Topas des Novembers, während Türkis auch der Geburtsstein für den Dezember sein kann.

Rubine schenken ihrem Besitzer **Gesundheit, Wohlstand** und ein **fröhliches Wesen.**

Alter Hindu-**Glaube**

Juli – Rubin
Rubin ist sowohl der moderne wie auch der traditionelle Geburtsstein für Juli. Er wird mit Leidenschaft assoziiert.

August – Peridot
Vor 1900 war der August-Geburtsstein entweder Sardonyx, Karneol, Mondstein oder Topas.

September – Saphir
Saphir soll geliebte Menschen vor Neid und Schaden schützen. Er ist der Tierkreisstein des Stiers.

Oktober – Opal
Opal wurde 1912 von der American National Association of Jewelers zum Oktober-Glücksstein bestimmt.

November – Citrin
Dieser Stein wurde 1952 von amerikanischen Juwelieren zum November-Glücksstein erwählt.

Dezember – Zirkon
Zirkon wurde 1952 als einer der Geburtssteine für Dezember anerkannt und ersetzte Lapislazuli.

288 | AGAMEMNONS GOLDMASKE

Feine Details ins Goldblech ziseliert

Löcher, um die Maske mit Faden vor dem Gesicht zu befestigen

Kinn tritt deutlich hervor, anders als bei anderen Masken der Zeit

Maske des Agamemnon | um 1500 v. Chr. | Goldmaske, getrieben | Entdeckt in einem Schachtgrab, bezeichnet als Grab V innerhalb des Gräberrunds A, Mykene (Griechenland)

Agamemnons Goldmaske

△ **Agamemnon,** dargestellt auf einem Gemälde, um 1633

Die Maske des Agamemnon, eine goldene Totenmaske, zählt zu den berühmtesten und umstrittensten archäologischen Artefakten der Welt. Bei ihrer Entdeckung im Jahr 1876 bedeckte sie das Gesicht eines Skeletts in einem Schachtgrab in Mykene (Griechenland).

Aus dickem Goldblech auf einer hölzernen Form gehämmert, zeigt sie das Gesicht eines bärtigen Mannes. Augenbrauen und Bart wurden mit einem scharfen Werkzeug eingeritzt. Heinrich Schliemann, der Archäologe, der sie fand, sagte, er habe Agamemnon, dem legendären König und Heerführer im Trojanischen Krieg, »ins Antlitz geschaut«. Dies wurde widerlegt, als sich herausstellte, dass die Gräber um 1500 v. Chr. angelegt worden waren, etwa 300 Jahre vor dem Angriff auf Troja. Der Name blieb jedoch an der Maske haften, und sie wird im Archäologischen Nationalmuseum von Athen als einer der Höhepunkte ausgestellt. Kritiker weisen jedoch auf ihre atypischen Merkmale hin – Gesichtshaar, separate Ohren, deutliche Augenbrauen –, die keine andere Maske derselben Zeit aufweist. Schliemann wurde verdächtigt, seine Funde mit Schätzen von anderen Ausgrabungsorten aufgebessert, eine Fälschung deponiert oder eine antike Maske umgearbeitet zu haben.

Typische antike Totenmaske aus Griechenland

Es gab Forderungen, das Alter der Maske zu untersuchen – antikes Gold ist unrein und enthält Mineralverbindungen, die mit der Zeit korrodieren, wodurch sich das Alter bestimmen lässt. Doch das Archäologische Museum in Athen hält diese Zweifel für unbegründet. Die Maske bleibt eines der faszinierendsten Werke aus Edelmetall und ein herausragendes, eigenständiges Artefakt.

> # Ich habe Agamemnon ins Antlitz geschaut.
>
> Heinrich **Schliemann**
> Im Telegramm an eine griechische Zeitung nach dem Fund der Maske

Szene aus dem Trojanischen Krieg auf einem italienischen Fresko aus dem 16. Jh. Vorne das Trojanische Pferd, mit dem Agamemnon die Trojaner in die Irre führte und ihre Stadt einnahm.

Wichtige Daten
Um 1500 v. Chr.–1983

Um 1550–1500 v. Chr. Die Maske wird angefertigt und in einem Schachtgrab mit ihrem Träger beerdigt.

Um 1260–1180 v. Chr. Nach modernen Berechnungen die Zeit des Trojanischen Kriegs und des mythischen Agamemnon – zu spät für die Maske.

Archäologe Heinrich Schliemann

1871 Heinrich Schliemann beginnt mit Ausgrabungen in Troja (heute Hisarlik, Türkei) auf Veranlassung des britischen Archäologen Frank Calvert.

1876 Schliemann entdeckt die Maske in Mykene und telegrafiert an den König von Griechenland.

1972 Archäologe David Calder kritisiert Schliemanns Arbeit. Andere folgen und bezweifeln seine Funde.

1983 Der Zentrale Archäologische Rat weist die Forderung, die Maske zu untersuchen, auf Anraten des Archäologischen Nationalmuseums in Athen zurück, das die Maske bis heute beherbergt.

3

Organische Edelsteine

292 | ORGANISCHE EDELSTEINE

Schwert mit Diamanten besetzt

Perlen bilden den Körper.

Barockperle

Das Canning-Juwel | Dieser italienische Renaissanceanhänger zeigt einen Meermann, der ein Gorgonenhaupt hält. Sein Körper ist eine große Blisterperle, gefasst in emailliertes Gold, mit Rubinen, Diamanten im Tafelschliff und Barockperlen.

In Japan suchen Perlentaucher seit etwa 2000 Jahren ohne Atemausrüstung nach Perlen.

Perle

△ **Irisierende**, kugelrunde Perle

Perlen sind natürliche Edelsteine, Produkte der Perlmuschel und der Flussperlmuschel. Zwar können auch andere Molluskenarten »Perlen« produzieren, doch sind diese von geringem Wert, da sie nicht aus Perlmutt bestehen. Dieses wird als Reaktion auf ein mikroskopisch kleines Störpartikel im Weichteilgewebe der Mollusken ausgeschieden. Die konzentrischen Perlmuttringe um das Partikel erzeugen durch die spezifische Lichtbrechung der überlappenden Schichten ein Irisieren. Bei der Farbe unterscheidet man zwischen der Körperfarbe und dem sogenannten Orient. Am häufigsten ist die Körperfarbe – neben zahlreichen weiteren Farben – Weiß. Der Orient ist der Schimmer, der über der Oberfläche der Perle zu schweben scheint.

Natürliche und gezüchtete Perlen

Natürliche Perlen sind selten – und daher wertvoll. Perlentaucher müssen Hunderte von Perlmuscheln öffnen, bevor sie auf eine Perle treffen. Zwar gibt es in Bahrain und vor der Küste Australiens bis heute Perlentaucher, doch die meisten Perlen stammen aus Kulturen und sind daher viel preisgünstiger: Ein Transplantat, z. B. ein Kugelkern aus Mantelgewebe, wird in die Perlmuschel eingeführt, die ihn mit Perlmutt umhüllt. Süßwasserperlen sind günstiger, weil Flussperlmuscheln etwa 20 Perlen gleichzeitig produzieren, während die kleinere Meerwasser-Perlmuschel nur eine bildet. Meerwasserperlen unterscheidet man nach Herkunftsregion: Südseeperlen sind aufgrund ihrer Größe am wertvollsten. An zweiter Stelle stehen wegen ihrer Farben Tahitiperlen (u. a. schwarz), während Akoyaperlen aus Japan am verbreitetsten und somit am preiswertesten sind.

Eigenschaften

Chemischer Name Calciumcarbonat | **Formel** $CaCO_3$
Farben Weiß, Rosa, Silber, Creme, Braun, Grün, Blau, Schwarz, Gelb | **Struktur** Amorph | **Härte** 2,5–4,5 | **Dichte** 2,60–2,85 | **BI** 1,52–1,69 | **Glanz** Perlmuttglanz

Vorkommen
1 Küstengewässer von Japan 2 Küstengewässer von China
3 Küstengewässer von Australien

Wichtige Stücke

Römische Ohrhänger | Aus dem 3. Jh. stammen diese römischen Ohrhänger in einem damals verbreiteten Stil, mit Granaten im Cabochonschliff und fünf Naturperlen an goldenen Abhängungen.

Goldener Rahmen

Die Hope-Perle | Einer der früheren Besitzer des Hope-Diamanten (s. S. 62–63), der Sammler Henry Hope, erwarb im 19. Jh. auch diese erstaunliche bronzefarbene bis weiße Barockperle mit einer Kappe aus Gold und Email.

Emaildekoration

Die Baroda-Kette | Die ursprünglich siebensträngige Kette aus dem Besitz des Maharajas Khanderao Gaekwad von Baroda (Indien) wurde Mitte des 20. Jh. verkleinert. Trotzdem ist sie nach wie vor die wertvollste Perlenkette der Welt.

Roh

Perlmutt | Die Innenfläche perlenproduzierender Mollusken besteht aus Perlmutt, demselben Material wie Perlen – eine Mischung aus Aragonit in Conchiolin. Das Perlmuttinnere dieser Muschel weist ein schönes irisierendes Schimmern auf.
(Beschriftungen: Gelenk, Irisieren)

Perle der Fechterschnecke | Die Fechterschnecke zählt zu den seltensten Perlen produzierenden Weichtieren. Ihre Perlen sind einzigartig, wie diese tiefrosafarbene zeigt.

Schmuck

Goldene Perlen-Anstecknadel | Diese goldene Nadel in Form eines achtstrahligen Sterns ist mit einer großen zentralen Perle und Perlen auf Strahlen und Spitzen verziert.

Barockperle | Während perfekt runde Perlen manchen am begehrenswertesten erscheinen, bieten Barockperlen wie diese dem Schmuckgestalter mehr kreative Möglichkeiten.
(Beschriftung: Unregelmäßige Form)

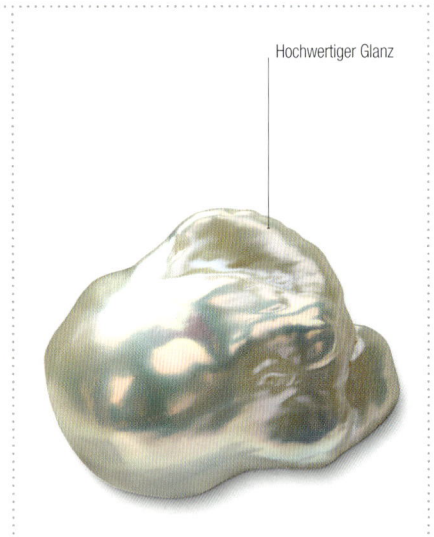

Weiße Süßwasser-Barockperle | Diese weiße Barockperle könnte den Mittelpunkt eines originell gestalteten Juwels mit einer Goldfassung bilden.
(Beschriftung: Hochwertiger Glanz)

Süßwasserperlen | Süßwasserperlen wie diese gleichen Meerwasserperlen in Substanz und Glanz exakt, waren den Menschen in der Vergangenheit aber leichter zugänglich.
(Beschriftung: Doppelperle)

Barocke Halskette | Diese Halskette von Van Cleef & Arpels verwendet Barockperlen – elf tropfenförmige Perlen, die von einer Kette mit diamantbesetzten Goldperlen herabhängen.
(Beschriftung: Diamanten)

»Palawan Princess«

Die zweitgröße Perle der Welt

Die »Prinzessin von Palawan« wurde in den Küstengewässern vor der Insel Palawan im Westen der Philippinen gefunden und ist mit einem Gewicht von 2,27 kg – dem Äquivalent von 11340 Karat – die zweitgrößte bekannte Perle der Welt. Das Produkt der Großen Riesenmuschel *Tridacna gigas* gilt nicht als echte Perle, weil sie weder aus Perlmutt besteht noch den Glanz echter Perlen aufweist. Dennoch wurde sie 2009 auf einen Wert von 300 000 bis 400 000 Dollar geschätzt.

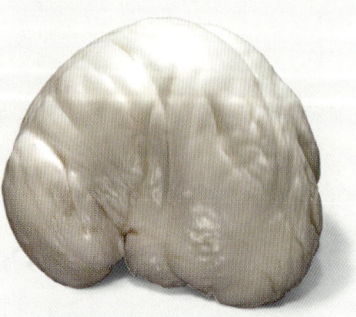

»Palawan Princess« Die Perle soll eine »unheimliche Ähnlichkeit« mit einem menschlichen Gehirn haben.

Zuchtperlen | Die hier gezeigten Perlen entstammen einer Zucht. Sie zeigen die vier möglichen Farbvarianten, die sich je nach Wachstumsumgebung ausbilden können.
(Beschriftung: »Rosa« Perle)

Vielfarbige Perlenohrringe | Diese Ohrhänger mit 18-karätiger Weißgoldfassung haben Perlentropfen in drei verschiedenen Farben, die an der diamantbesetzten Fassung hängen.
(Beschriftung: Diamant im Rosenschliff)

PERLE | 295

Die ägyptische Königin Kleopatra soll Perlen in Essig aufgelöst und die Mischung getrunken haben.

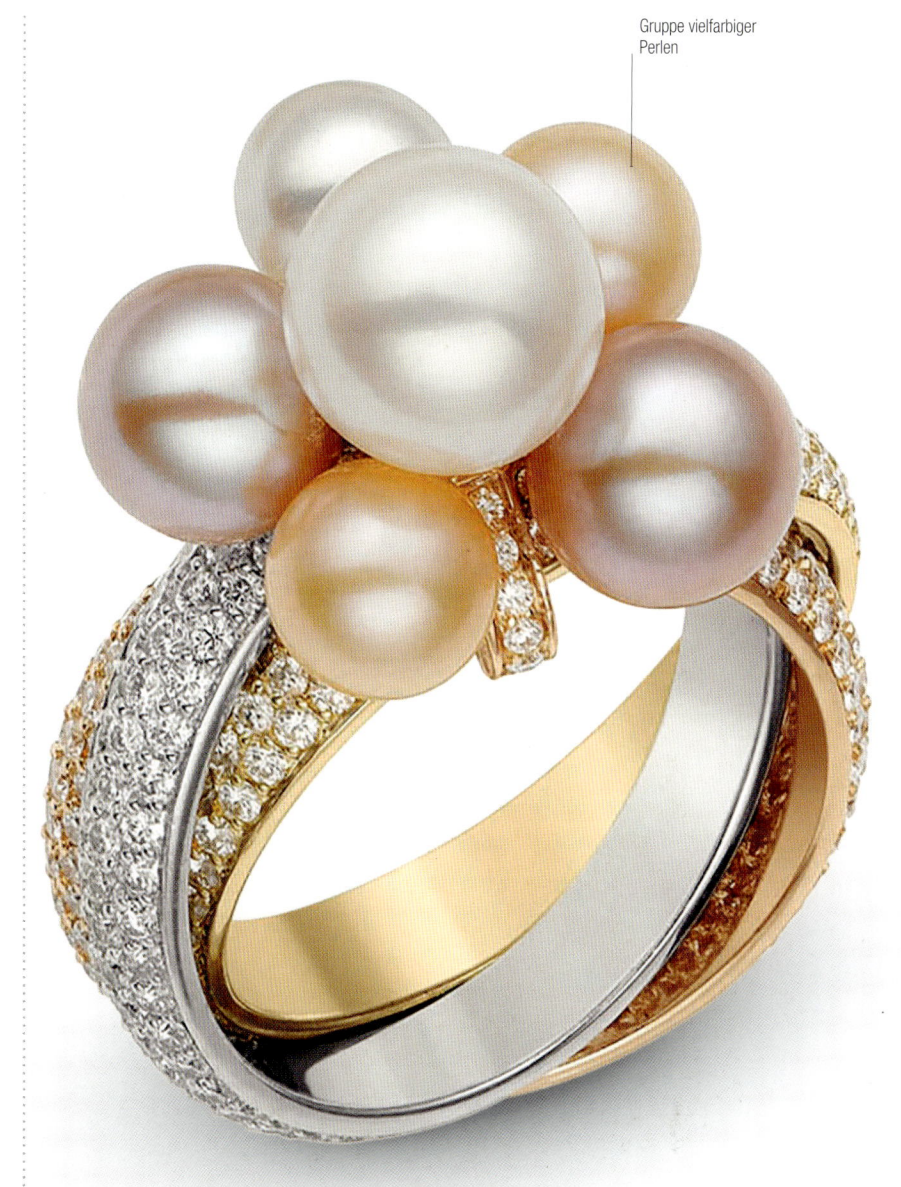

Gruppe vielfarbiger Perlen

Weiße und gelbe Diamanten

Tahitiperlen

Tansanit im Kissenschliff

Alessio Boschi, Armband-Ring | Tahitiperlen, zwei Tansanite im Kissenschliff sowie weiße und gelbe Diamanten zieren dieses Schmuckstück, das vom Handgelenk bis zum Finger reicht. Teil des Sets bestehend aus Perlen- und Armkette (rechts unten).

Trinityring von Cartier | Eine Gruppe von Süßwasserperlen in Weiß, Goldgelb und Rosé ziehen auf diesem Trinityring von Cartier alle Blicke auf sich. Der Ring besteht aus ineinander verschlungenen Ringschienen aus Weiß-, Gelb- und Rotgold mit Diamanten in Pavéfassung.

Diamantbesetzte »Blätter«

Zentrale Perle

Perlenbrosche | Von einer Weißgoldbrosche in Form diamantbesetzter Blätter hängt eine Gruppe aus drei tropfenförmigen Perlen herab.

Glücksring | Bei diesem 18-karätigen Weißgoldring von Mikimoto wird eine weiße Südsee-Zuchtperle von diamantbesetzten »Blättern« hervorgehoben.

Schwarze Perlenkette | YOKO in London fertigte diese Perlenkette mit einem Farbverlauf von dunklen Tahitiperlen über graue bis zu silbrigen australischen Südseeperlen.

Boschi Perlen- und Armkette | Gepaart mit dem Armband-Ring, (oben links) ein Tansanite und Diamanten akzentuiertes Set. Der zweite Perlenstrang ist separat als Armband tragbar.

ANNO DNI · 1 5 4 4 ·

LADI MARI DOVGHTER TO
THE MOST VERTVOVS PRINCE
KING HENRI THE EIGHT

THE AGE OF XXVIII YERES

La Peregrina | 25,5 x 17,9 mm | 50,56 Karat (55,95 Karat in originaler Form) | Als Anhänger an einer Kette, getragen von Königin Maria I. auf einem Porträt von 1544

Die Perle La Peregrina

△ **La Peregrina**, eine tropfenförmige, 50-karätige Naturperle

Zwar ist sie nicht die größte natürliche Perle der Welt (diese Ehre gebührte lange der Perle Allahs), doch dank ihrer fast perfekten Tropfenform und ihres leuchtend weißen Glanzes zählt La Peregrina zu den meistbewunderten Juwelen der vergangenen 500 Jahre. Ein weiterer Grund für ihren Ruhm ist ihre Provenienz: Im 16. Jh. trug sie Königin Maria I. von England, Napoleons Bruder Joseph stahl sie Anfang des 19. Jh., und später war sie im Besitz der Schauspielerin Elizabeth Taylor.

Glaubt man dem peruanischen Schriftsteller Inca Garcilaso de la Vega aus dem 16. Jh., Sohn eines spanischen Aristokraten und einer Inka-Adligen, wurde die Perle um 1550 von einem afrikanischen Sklaven entdeckt, der in Panama in einer Fischerei arbeitete und dafür seine Freiheit erhielt.

Als damals größte bekannte Perle wurde sie König Philipp II. von Spanien als Geschenk überbracht und Teil der Kronjuwelen. »Ihr Umfang entsprach an der dicksten Stelle dem eines Taubeneies«, schrieb de la Vega. La Peregrina (Die Pilgerin) ging durch die Hände vieler Besitzer. Philipp II. schenkte sie als Anhänger einer Kette Maria Tudor (später Königin Maria I.) zur Verlobung. Nach deren Tod kehrte La Peregrina nach Spanien zurück, wo sie über Generationen von Angehörigen des Königshauses getragen wurde, bis Joseph Bonaparte sie 1813 stahl. Später tauchte sie in England wieder auf, wo Richard Burton sie 1969 für seine Frau, Elizabeth Taylor, erwarb. Einmal soll ihr Hund auf der Perle herumgekaut haben – zum Glück kam sie ohne Schaden davon.

La Peregrina in dem von Elizabeth Taylor gewählten Design

Elizabeth Taylor mit La Peregrina in ihrer kleinen Nebenrolle am Set des Films *Königin für tausend Tage*

> *Ich träumte und glühte und wollte vor Freude schreien.*
>
> **Elizabeth Taylor** als sie La Peregrina geschenkt bekam

Wichtige Daten
1513–2011

1513 Ein Sklave entdeckt die Perle in einer Fischerei in Panama und lässt sie Philipp II. von Spanien zukommen.

1554 Maria Tudor von England bekommt die Perle von ihrem zukünftigen Gemahl Philipp II. geschenkt.

1558 Nach Marias Tod kehrt die Perle nach Spanien zurück.

1598–1621 Sie gehört Philipp III. und seiner Gemahlin Margarete von Österreich, deren Porträts von Diego Velázquez sie mit der Perle zeigen.

Königin Margarete von Spanien

1813 Joseph Bonaparte, 1808 von seinem Bruder Napoleon zum König von Spanien ernannt, nimmt La Peregrina mit, als er aus dem Land flieht.

1844 Bei Josephs Tod geht die Perle an seinen Neffen Louis über.

1848 Louis verkauft die Perle an den Herzog und die Herzogin von Abercorn.

1969 Richard Burton kauft die Perle bei einer Auktion als Geschenk für Elizabeth Taylor.

1972 Die Perle wird als Anhänger für eine Kette mit Diamanten und Rubinen gefasst, nach einem Entwurf von Taylor und Al Durrante von Cartier.

2011 La Peregrina wird bei einer Auktion von einem anonymen Käufer ersteigert.

Muschel

△ **Schale der** Gemeinen Spinnenschnecke

Muschelschalen sind die Exoskelette von Weichtieren, die, im Gegensatz zu lebenden Zellen, aus einer Mineralausscheidung bestehen. Bereits vor langer Zeit dienten sie als Körperschmuck, die der Kaurischnecke auch als Währung. Schildkrötenpanzer hingegen bestehen aus einer anderen Substanz. Die dekorativ genutzten Hornschuppen (Scuta) ihrer Panzer werden von dem Protein Keratin gebildet, aus dem auch Fingernägel und Haare bestehen. Sie stammen von der heute geschützten Karettschildkröte. Wie Plastik lässt sich das Material erhitzen und umformen.

Eigenschaften (Schale)

Chemischer Name Calciumcarbonat, Aragonit
Formel $CaCO_3$ | **Farben** Weiß, Rosa, Silber, Creme, Braun, Grün, Blau, Schwarz, Gelb | **Struktur** Amorph | **Härte** 3–4
Dichte 2,60–2,78 | **BI** 1,52–1,66 | **Glanz** Perlmuttglanz
Vorkommen Weltweit

Rosa Fechterschnecke | Roh | Ausgewachsene Fechterschnecken können bis zu 30 cm lang werden. Stämme in Nordamerika und der Karibik stellten daraus Werkzeuge her.

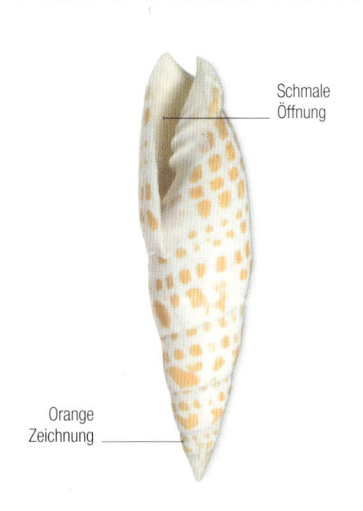

Schmale Öffnung

Nautilusgehäuse

Orange Zeichnung

Mitraschnecke | Roh | Dies ist die Muschel einer großen Meeresschnecke der Spezies *Mitra mitra*. Den Namen verdankt sie ihrer Ähnlichkeit mit der Kopfbedeckung eines Bischofs.

Dekorative Tülle

Gravierter silbervergoldeter Fuß

Organischer Krug | Tafelgeschirr | Für diesen herrlichen Krug aus dem Museo delgi Argenti in Florenz (Italien) wurden zwei Nautilusgehäuse verwendet. Diese sind mit Perlen, Rubinen und Türkisen besetzt und in vergoldetes Silber gefasst.

Griff aus Schildpatt

Schildpattkamm | Schmuck | Heute verboten, wurden Schildkrötenpanzer früher als organischer Schmuck verwendet. Diesen ornamentalen Schildpattkamm zieren Kunstperlen.

> In der Vergangenheit dienten **Muschelschalen** vielen Kulturen als eine Art **Währung.**

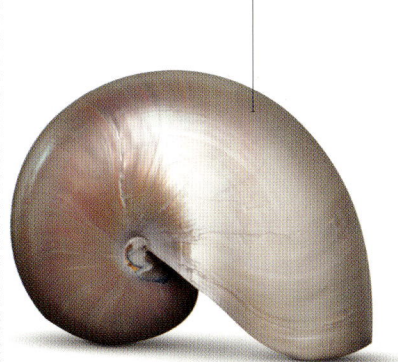

Perlmutt

△ **Schwarze Perle** in ihrer Perlmuttschale

Perlmutt bezeichnet die Substanz, mit der die Schalen mancher Weichtiere, vor allem Perlmuscheln und Flussperlmuscheln, innen beschichtet sind. Aus demselben Material entstehen Perlen. Das wegen seines Irisierens so kostbare Perlmutt wird für Schmuck, Bekleidung, in der Architektur und der Kunst verwendet. Aufgrund seiner mikroskopischen ziegelsteinartigen Schichtstruktur ist es auch für die Wissenschaft interessant, denn es absorbiert Stöße, indem es sie großflächig verteilt – eine Eigenschaft, die für die Fertigung stoßresistenter Materialien von Interesse ist.

Eigenschaften

Chemischer Name Calciumcarbonat, Calciumphosphat, amorphes Silikat | **Formel** $CaCO_3$, $Ca_3(PO_4)_2$, SiO_2 | **Farben** Alle | **Struktur** Amorph (prismatisch, mit Querlamellen, blattartig und homogen) | **Härte** 3,5 | **Dichte** 2,70–2,89 | **BI** 1,530–1,685 | **Glanz** Fett- bis Perlmuttglanz | **Vorkommen** Weltweit

Turbanschnecke | Roh | Südafrikanische Turbanschnecken wie diese werden seit Jahrtausenden in der Stammeskunst verwendet, gelegentlich auch als Zahlungsmittel.
— Gemusterte Schale

Nautilusgehäuse | Roh | Dieses wundervolle Exemplar eines Nautilusgehäuses ist mit einer feinen Schicht von irisierendem Perlmutt überzogen.
— Perlmuttschicht

Perlmuttscheiben | Geschliffen | Diese ovalen Perlmuttscheiben besitzen den natürlichen Schimmer und die zarte Oberfläche, die Perlmutt als dekoratives Material so beliebt machen.
— Natürliches Irisieren

Perlmuttanhänger | Schmuck | Dieser fantasievolle Anhänger in Form eines Fensters besteht aus Perlmutt, synthetischen Saphiren und Diamanten.
— Perlmutteinlage

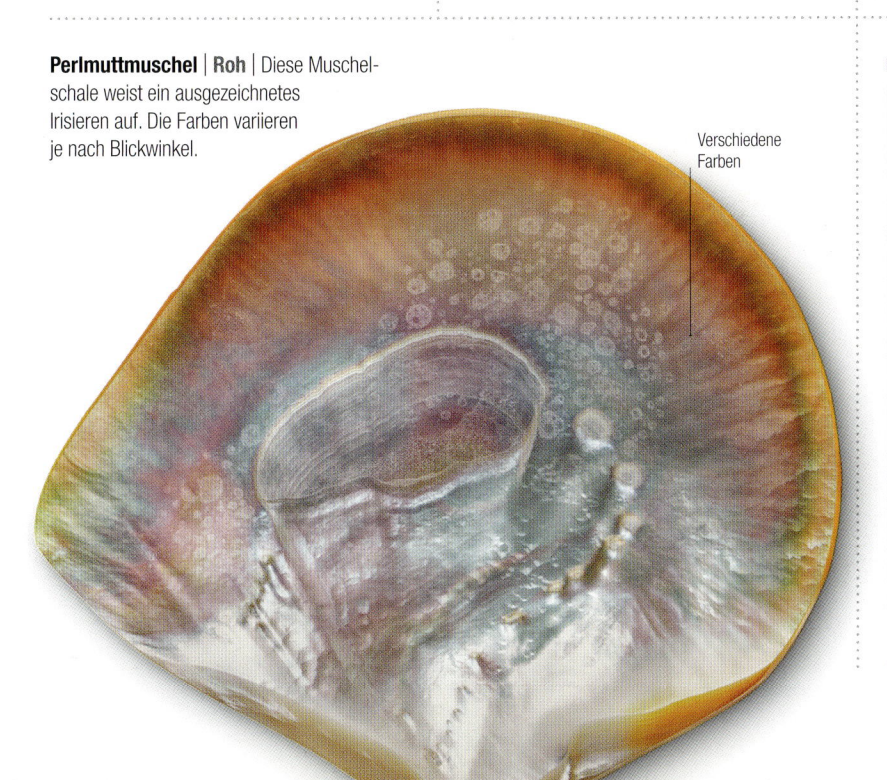

Perlmuttmuschel | Roh | Diese Muschelschale weist ein ausgezeichnetes Irisieren auf. Die Farben variieren je nach Blickwinkel.
— Verschiedene Farben

Kunst in Asien

Perlmutt und Lack

Vom 8. bis ins 19. Jh. fertigten Kunsthandwerker in verschiedenen asiatischen Kulturen exquisite dekorative Stücke aus Perlmutt und Lack, von kleinen Dosen bis zu großen Paravents, die mit religiösen oder kulturellen Themen illustriert wurden. Perlmutthaltige Schalen wurden gekocht, zerschnitten und zu Mustern gelegt. Anschließend wurden die so dekorierten Stücke mit vielen Schichten Lack, einer Art Baumharz, überzogen, der zu einer plastikähnlichen Schutzschicht aushärtete.

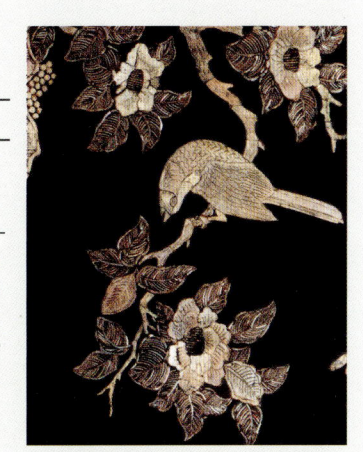

Lackpaneel Dieser Ausschnitt einer Shibayama-Lackeinlage zeigt einen Vogel auf Blütenzweigen aus Perlmutt.

NAUTILUSPOKAL

Gesicht des Seeungeheuers

Herkules als Kind

Maul bildet die Öffnung des Trinkgefäßes

Gravierte Silbervergoldung

Beschlagwerk

Gravierte chinesische Drachen und Vögel

Fruchtdekor

Fuß mit Adlerklauen

> **Der Sammler …** gleicht einem **Kind,** das etwas **Unmögliches** verlangt.
>
> Baron Ferdinand **Rothschild**

Nautiluspokal | Angefertigt um 1550 | 26,1 x 17 x 10,3 cm; 845 g Gewicht | Graviertes Nautilusgehäuse, silbervergoldete Einfassung

Nautilus-pokal

△ **Querschnitt** eines Nautilusgehäuses, der die inneren Kammern sichtbar macht

Dieses exquisite Objekt gehört zu den größten Schätzen des Waddesdon-Nachlasses, einer Sammlung von Artefakten aus dem Besitz des Barons Ferdinand Rothschild. Es handelt sich um ein wunderschönes Nautilusgehäuse aus Asien, das in Europa zu einem Pokal in Form eines grotesken Meeresungeheuers verarbeitet wurde. Möglicherweise stammt die Schale aus Guangzhou (China), wo sie bereits mit Drachen graviert worden war. In Europa gab es diese exotische Neuheit erst ab Anfang des 16. Jh., als Portugal mit Guangzhou Handel zu treiben begann. Die Identität des europäischen Künstlers, der dieses Trinkgefäß schuf, ist unbekannt. Experten glauben, dass das Werk aus Padua (Italien) stammt. Das Dekor spiegelt seine nautische Herkunft ebenso wider wie kulturelle Einflüsse: In der chinesischen Mythologie hausten Drachen in Meereshöhlen und wurden als Regenbringer verehrt. Ähnliche Wesen sind auf zeitgenössischen europäischen Landkarten dargestellt. Bei dem Jungen handelt es sich um Herkules – erkennbar an der Schlange, die er in seinem Bett tötete –, der später eine Königstochter vor einem Seeungeheuer rettete.

Beispiel für einen deutschen Nautiluspokal in Silbervergoldung, um 1700

Gegenstände dieser Art waren bei Sammlern der Renaissance, die sie in ihren »Kuriositätenkabinetten« zur Schau stellten, begehrt. Diese Wunderkammern enthielten opulente oder ungewöhnliche Objekte, die Wohlstand, Bildung und Weltläufigkeit ihres Sammlers bezeugten. Der Eigner dieses Pokals, Baron Rothschild, belebte diese Idee mit seinem Neuen Rauchzimmer in seinem Anwesen Waddesdon Manor neu. Hier brachte er seine Geschäftspartner gerne zum Staunen, indem er ihnen nach dem Diner seine Antiquitätensammlung zeigte. Später überließ Rothschild diese Sammlung dem British Museum, unter der Bedingung, dass sie vollständig bliebe.

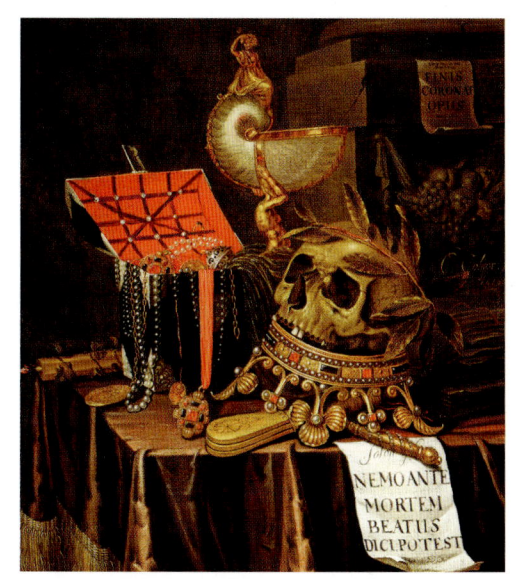

Vanitas-Stillleben von 1689 mit einem Nautiluspokal inmitten anderer luxuriöser Gegenstände. Das Bild symbolisiert die Vergänglichkeit des Reichtums.

> Dies ... ist eine außergewöhnliche Art, die Welt zu kartieren.
>
> Edmund **de Vaal**
> Künstler und Schriftsteller, die Objekte des Waddesdon-Nachlasses beschreibend

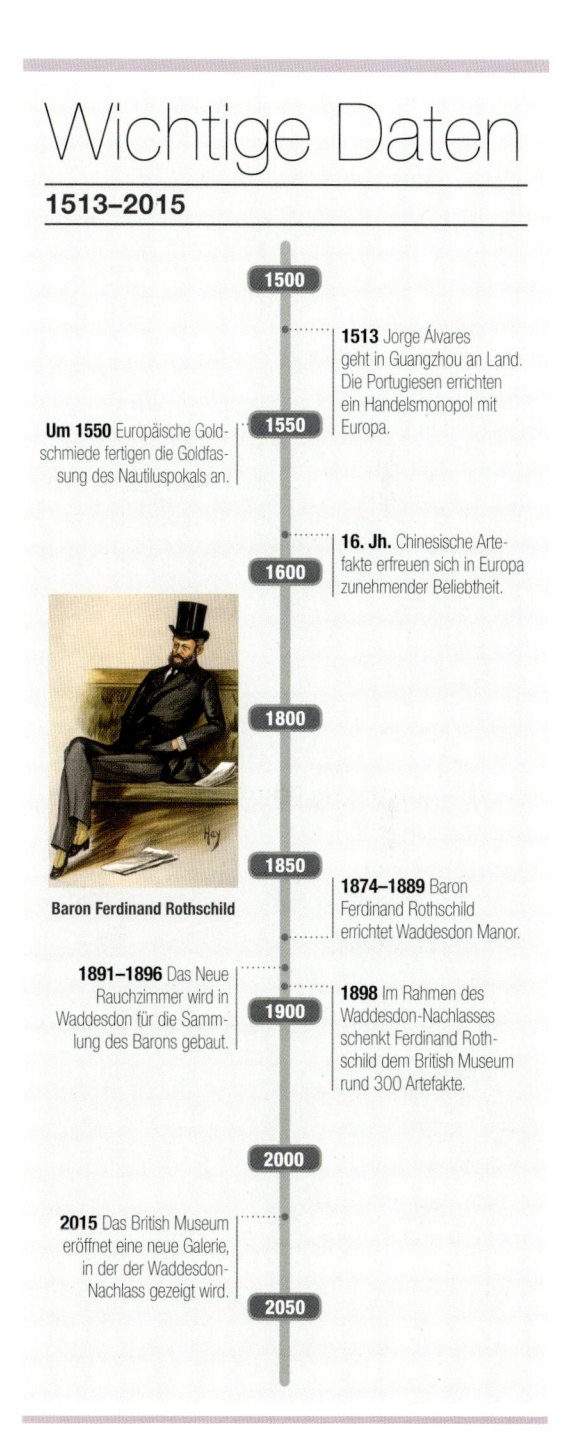

Wichtige Daten
1513–2015

Um 1550 Europäische Goldschmiede fertigen die Goldfassung des Nautiluspokals an.

1513 Jorge Álvares geht in Guangzhou an Land. Die Portugiesen errichten ein Handelsmonopol mit Europa.

16. Jh. Chinesische Artefakte erfreuen sich in Europa zunehmender Beliebtheit.

Baron Ferdinand Rothschild

1874–1889 Baron Ferdinand Rothschild errichtet Waddesdon Manor.

1891–1896 Das Neue Rauchzimmer wird in Waddesdon für die Sammlung des Barons gebaut.

1898 Im Rahmen des Waddesdon-Nachlasses schenkt Ferdinand Rothschild dem British Museum rund 300 Artefakte.

2015 Das British Museum eröffnet eine neue Galerie, in der der Waddesdon-Nachlass gezeigt wird.

HIGH SOCIETY

Die europäische Aristokratie war wichtigster Auftraggeber luxuriöser Juwelierhäuser gewesen, bis Europa im 20. Jh. von Kriegen und politischen Umbrüchen verwüstet wurde. Nun wandten sich die Juweliere einer anderen Schicht zu, bestehend aus Stars, Damen der höheren Gesellschaft und amerikanischen Erbinnen. Diese neue Kundschaft verfügte nicht nur über umfangreiche Budgets, sondern auch über kreative Visionen. Viele der superreichen Juwelenkäuferinnen setzten Modetrends. Jeanne Toussaint, ab 1933 Chefdesignerin von Luxusschmuck bei Cartier, zog Aufträge einiger führender Damen der Gesellschaft an Land: Wallis Simpson wurde eine treue Kundin (s. S. 224–225), ebenso Woolworth-Erbin Barbara Hutton.

Als Rivale von Cartier und anderen traditionsreichen Juwelieren eröffnete der Geologe Harry Winston 1932 in New York sein Juweliergeschäft. Bald machte er sich mit aufregenden Entwürfen einen Namen. 1944 stattete er als erster Juwelier eine Schauspielerin für die Oscar-Verleihung (Oscar-Gewinnerin Jennifer Jones) mit Diamanten aus und sicherte sich damit einen Namen unter den Hollywoodstars und der High Society. Richard Burton und Elizabeth Taylor (s. S. 297) sowie Jackie Kennedy kauften bei ihm ein.

> **Die Leute werden schauen. Das macht es die Sache wert.**
>
> Harry **Winston**
> Juwelier

König der Diamanten Harry Winston begeisterte die Frauen der amerikanischen High Society mit spektakulären Edelsteinen und Fassungen, die deren Glanz maximal steigerten. Seine Philosophie – die Edelsteine das Design bestimmen zu lassen – setzte in den 1930er-Jahren den Maßstab für Luxusschmuck.

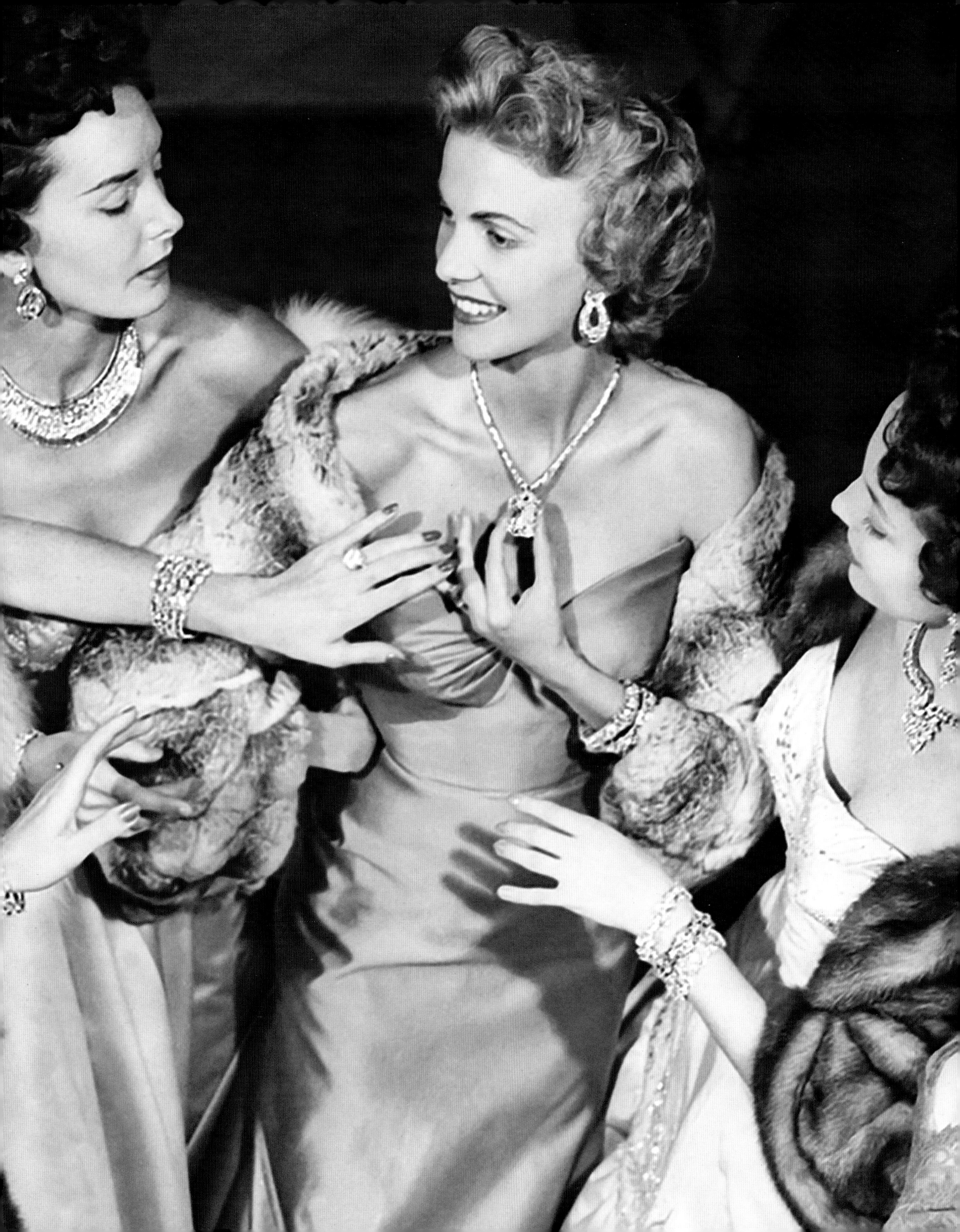

304 | PERLMUTT-KOJOTE

Geschnitzte Perlmutteinlagen

Bemaltes Kriegergesicht tritt hervor

Unterlage aus Plumbate-Keramik

Deckel eines Gefäßes in Tiergestalt, einen Toltekenkrieger des Kojote-Ordens darstellend | 10.–12. Jh. | 13,5 cm hoch | Plumbate-Keramik, Perlmutt, Knochen

Perlmutt-Kojote

△ **Quetzalcoatl,** der mesoamerikanische Gott des Windes und des Lernens

Dieses faszinierende Objekt aus der mesoamerikanischen Zivilisation der Tolteken (um 900 bis um 1150) ist der Deckel eines Gefäßes in Form eines stilisierten Menschen oder Tieres. Einer Theorie zufolge zeigt er den Gott Quetzalcoatl mit menschlichen Zügen, doch wahrscheinlicher handelt es sich um den Helm eines Toltekenkriegers in Form eines Kojotenkopfes, der zwischen den Kiefern eine Öffnung für das Gesicht des Mannes freilässt.

Es ist ein Zeugnis höchster Handwerkskunst: In Ton modelliert, wurde er mit geschnitzten Perlmutt- und Knocheneinlagen überzogen. Dargestellt ist der Helm des Kojote-Ordens, einer militärischen Klasse der Tolteken, zu der die Kriegerorden des Adlers und des Jaguars zählten. Solch ein Helm verwies auf einen militärischen Rang und drückte gleichzeitig einen Seinszustand zwischen der materiellen und der animalischen Geisterwelt aus. Auch die Kleidung der Krieger imitierte Tierkörper.

Gefunden wurde das Artefakt in Tula (im heutigen Mexiko), einst Hauptstadt des Toltekenreichs. Das kriegerische Volk beherrschte die Region mit Militärgewalt. Religion spielte eine wichtige Rolle, und Menschenopfer zur Besänftigung der Götter waren ein wesentlicher Bestandteil der Gottesverehrung. Davon zeugen in Tula ein *Tzompantli*, eine Art Regal, auf dem die Köpfe Geopferter präsentiert wurden, sowie drei *Chacmool*-Statuen – nach hinten geneigte Kriegerfiguren mit Schalen zwischen den Händen, die für menschliche Herzen und andere Opfergaben vorgesehen waren.

Porträt eines nordamerikanischen Indianers mit einem Kojote-Kopfschmuck – das Tier war in vielen Kulturen ein mächtiges Symbol.

Chacmool-Statue der Tolteken. Zur Religion der Tolteken gehörten Menschenopfer, wobei diese Statuen die Aufgabe hatten, den Göttern die menschlichen Organe zu präsentieren.

Die Tolteken besaßen der Überlieferung nach eine bemerkenswerte Liebe zur Kunst.

Lewis Spence, Schriftsteller

Wichtige Daten
250–1970

- **250–950** Periode der klassischen Maya-Zivilisation, vor der Zeit der Tolteken.
- **Um 900 bis um 1150** Die Tolteken beherrschen Mesoamerika. In dieser Zeit wird der Deckel in Kojoteform angefertigt.
- **935–947** Der legendäre Toltekenherrscher Ce Acatl Topiltzin wird geboren. Später verwendet er auch den Titel Quetzalcoatl.
- **Um 1150** Die Tolteken-Hauptstadt Tula wird verlassen und zerstört.
- **1156–1168** Die verbliebenen Tolteken fliehen aus Tula und siedeln in Chapultepec am Texcoco-See.
- **Um 1345–1521** Die Azteken, die die Tolteken als ihre Vorfahren verehren, sind die neue Macht in Mesoamerika.
- **1950–1970** Archäologen identifizieren Tula als Toltekenstadt.

Toltekenstatue in Tula

Ruinen der Toltekenstadt Tula

ORGANISCHE EDELSTEINE

Gagat

△ **Scheibe aus Gagatbrocken** mit sichtbaren Holzfasern

Gagat – auch Jett genannt – ist eine Art Braunkohle aus fossilem, komprimiertem Treibholz. Wie Kohle ist Gagat, als organische Materie, leicht entflammbar. Seine schwarze Farbe ist absolut lichtbeständig, und poliert lässt er sich als Spiegel benutzen, wie im Mittelalter üblich. Bei Reibung lädt sich Gagat wie Bernstein elektrisch auf. Diese Eigenschaft machte ihn als Talisman beliebt und trug ihm den Namen »schwarzer Bernstein« ein. Der beste Gagat stammt aus Whitby (Großbritannien).

Eigenschaften

Chemischer Name Carbon | **Formel** C | **Farben** Dunkelbraun, Schwarz, gelegentlich messingfarbene Pyriteinschlüsse | **Struktur** Amorph | **Härte** 2,5–4 | **Dichte** 1,30–1,34 | **BI** 1,66 | **Glanz** Wachsglanz | **Strichfarbe** Schwarz bis dunkelbraun | **Vorkommen** Großbritannien, Schweiz, Frankreich, USA, Kanada, Deutschland

Roh

Submetallischer Glanz

Natürlich texturierte Oberfläche

Gagatblock | Dieses hochwertige Stück Gagat weist den charakteristischen semimetallischen Glanz auf, den nur die besten und dichtesten Formen dieses Edelsteins haben. Der Glanz ist auf seiner natürlich texturierten Oberfläche mit Holzstruktur und an den beiden glatt gesägten Enden zu sehen.

Originale Holzfasern

Roher Gagat | Dieser wie häufig an einem Strand gefundene Gagat hat eine leicht bräunliche Färbung und lässt die originale Holzmaserung erkennen.

Geschliffen

Ovaler Cabochon | Mehrere flache Oberflächen, die dieser ovale Gagat-Cabochon beim Polieren erhielt, lassen ihn fast wie facettiert erscheinen.

Geheilter natürlicher Riss

Whitby-Gagat | Aus Whitby in Nordengland, einem wichtigen Gagat-Fundort, stammt dieses Stück Rohgagat, das geheilte natürliche Risse aufweist.

Spannungsriss

Gagatperle | Diese antike Gagatperle, ursprünglich von Hand facettiert und durchbohrt, ist aufgrund von durch den Schliff erzeugten inneren Spannungen zersprungen.

Trauermode

Gagat und Trauerschmuck

Gagat wurde bereits seit der Bronzezeit verwendet, doch nie war er so beliebt wie im Viktorianischen Zeitalter, als die um ihren Gemahl Albert trauernde englische Königin Victoria Gagat als Trauerschmuck populär machte. Whitby-Gagat war am Hof der einzige erlaubte Edelstein. Bald griff diese Mode auch auf andere Gesellschaftsschichten über und sorgte für eine große Popularität dieses Steins.

Königin Victoria Großbritanniens populäre Monarchin trug während ihrer Herrschaft wesentlich zur Beliebtheit von Gagat bei.

Schmuck

GAGAT | 307

Viktorianische Ohrringe | Die tief und detailliert gearbeiteten viktorianischen Gagatohrringe in Blütenform demonstrieren, wie gut sich Gagat zum Schnitzen eignet.

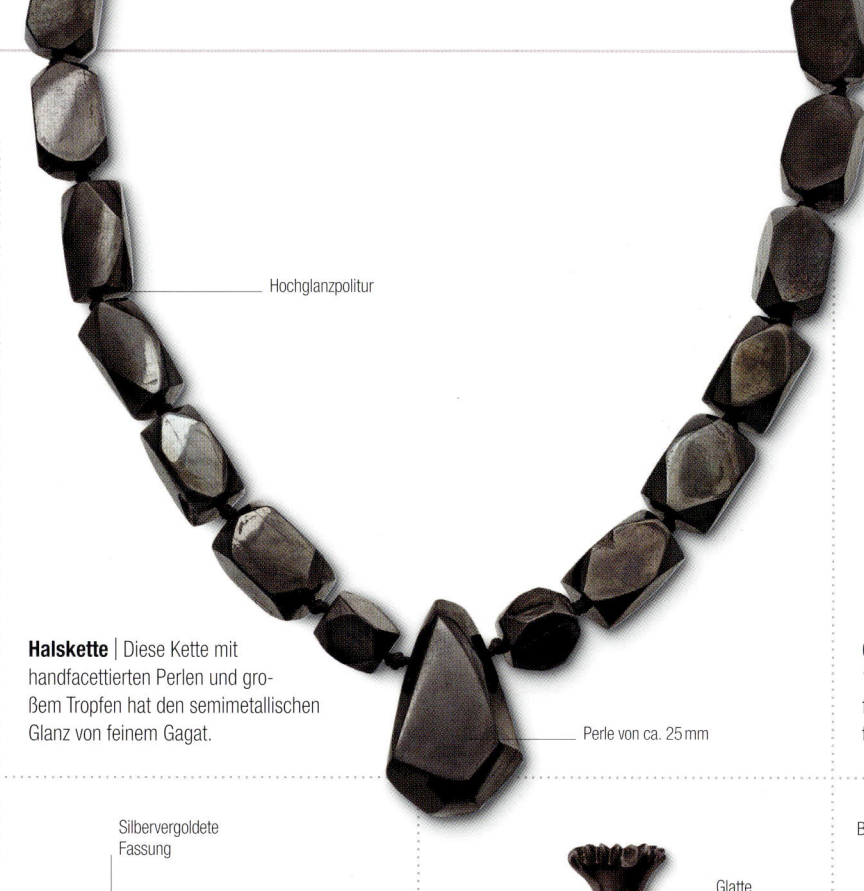

Aufwendig geschnitzt

Halskette | Diese Kette mit handfacettierten Perlen und großem Tropfen hat den semimetallischen Glanz von feinem Gagat.

Hochglanzpolitur

Perle von ca. 25 mm

Ohrhänger | Die fließende Form der in 15-karätiges Gold gefassten Tropfen dieser fabelhaften viktorianischen Ohrhänger illustriert, wie gut sich Gagat schnitzen lässt.

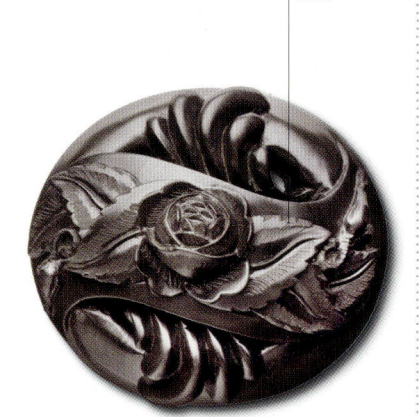

Geschnitzte Rose | Die komplexe Form dieser geschnitzten Gagat-Brosche beweist nicht nur die Kunstfertigkeit des Handwerkers, sondern auch die Schönheit des Minerals.

Tief eingeschnitztes Detail

Dreiblättrige Brosche | Das Design von Roger Jean Pierre zeigt facettierte Gagatrechtecke als Einfassung um glänzend und opak pinkfarbene Steine auf vergoldetem Silber.

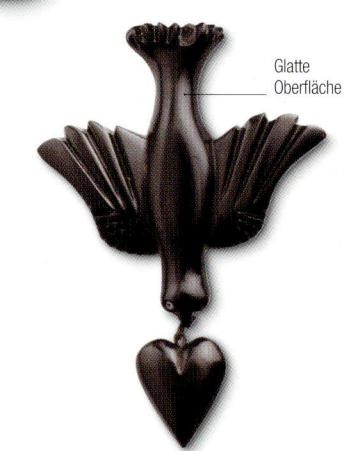

Silbervergoldete Fassung

Anhänger | Dieser dreidimensionale Gagat-Anhänger präsentiert eine Taube, die ein Herz im Schnabel trägt. Die schöne Oberfläche beweist, welch glatte Textur Gagat durch Polieren erhält.

Glatte Oberfläche

Perlenkette | Die Perlen dieser türkischen Gagatkette haben eine rundliche, bikonische Form, die ihren Brillantglanz zur Geltung bringt. Gagat wird oft für Ketten verwendet.

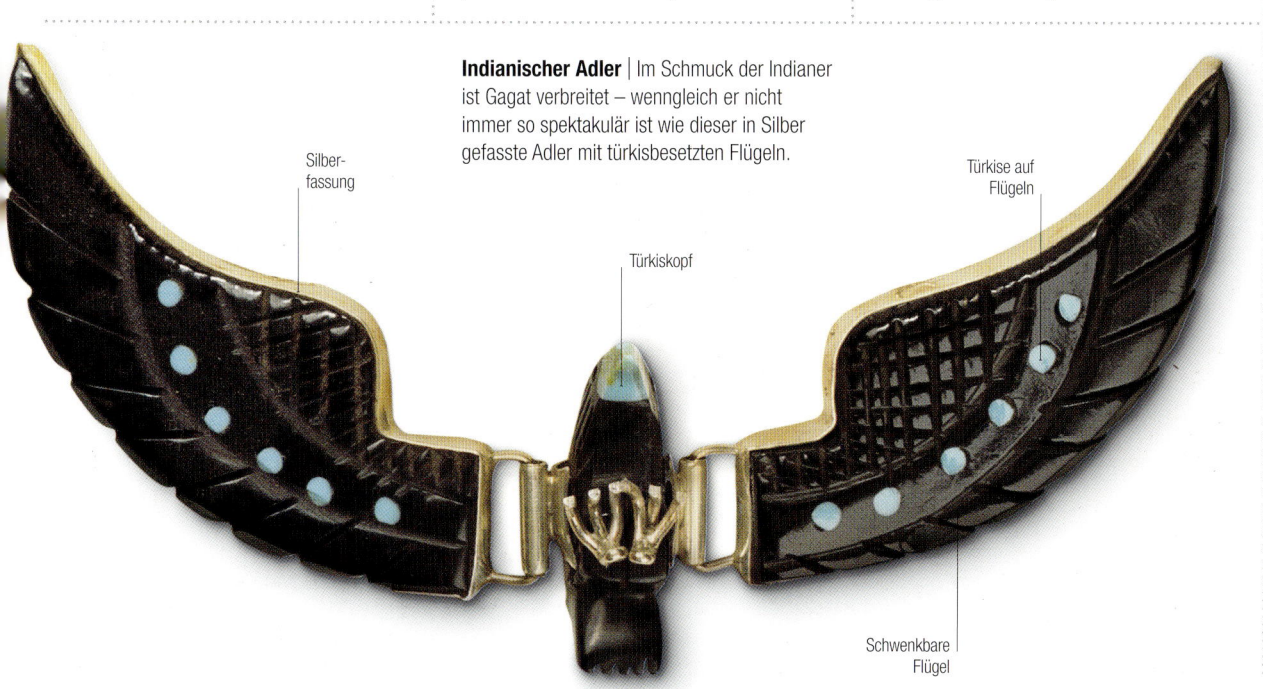

Bikonische Perlen

Indianischer Adler | Im Schmuck der Indianer ist Gagat verbreitet – wenngleich er nicht immer so spektakulär ist wie dieser in Silber gefasste Adler mit türkisbesetzten Flügeln.

Silberfassung

Türkiskopf

Türkise auf Flügeln

Schwenkbare Flügel

Gagat wurde bereits in der Jungsteinzeit vor 10 000 Jahren zur Anfertigung dekorativer Objekte verwendet.

Kopal

△ **Durchscheinender** goldener Kopalnugget aus Neuseeland

Kopal ist subfossiles Harz u. a. vom Baum *Protium copal* in Mexiko. Im Unterschied zu Bernstein, ebenfalls ein Baumharz, ist er viel jünger – Kopal ist weniger als 100 000 Jahre alt, während Bernstein über Jahrmillionen entsteht. Aus diesem Grund ist Kopal verbreiteter und preiswerter. Oft wird er als Bernsteinimitat verwendet. In der Vergangenheit wurde Kopal als Weihrauch verbrannt, so bei Opferungen an die Maya-Götter in Mesoamerika. Die Europäer schätzten ihn später als Bestandteil von Holzlack, insbesondere im 19. und 20. Jh.

Eigenschaften

Chemischer Name Copalharz | **Formel** $C_{10}H_{16}O$
Farben Hellzitronengelb bis Orange | **Struktur** Amorph
Härte 2–3 | **Dichte** 1,05–1,10 | **BI** 1,54 | **Glanz** Harzglanz
Strichfarbe -- | **Vorkommen** Malaysia, Philippinen, Afrika, Kolumbien, Neuseeland

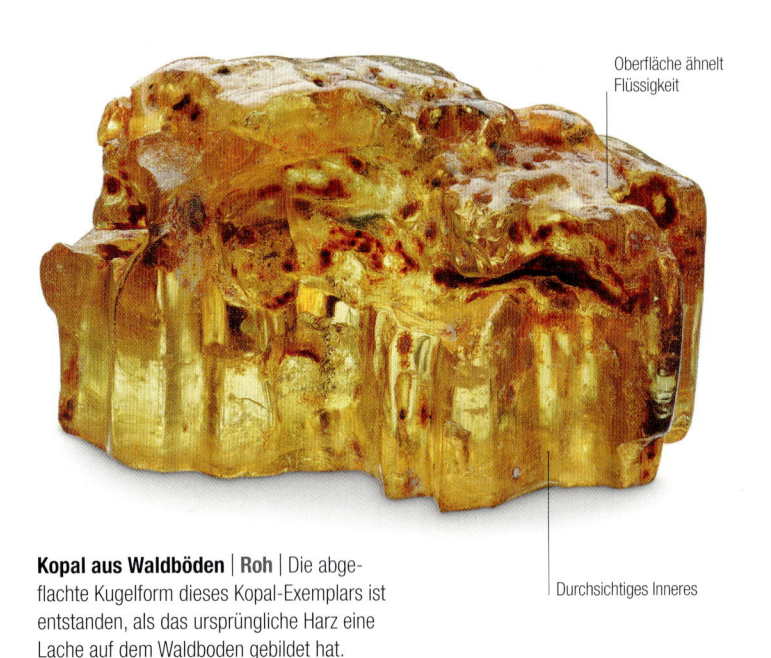

Kopal aus Waldböden | Roh | Die abgeflachte Kugelform dieses Kopal-Exemplars ist entstanden, als das ursprüngliche Harz eine Lache auf dem Waldboden gebildet hat.

Oberfläche ähnelt Flüssigkeit

Durchsichtiges Inneres

Schmucksteinkopal | Farbvarietät | Diese Gruppe heller bis dunkler honigfarbener Kopalschmucksteine weist eine Vielfalt unterschiedlicher Schattierungen und Farben auf.

> **Kopal** wird bis heute in **Mexiko** und **Zentralamerika** bei **Schwitzhüttenzeremonien** verbrannt.

Insektenflügel

Kopalscheibe | Roh | Diese dünne Kopalscheibe enthält mehrere gut erhaltene Insekten. Interessant ist sie auch aufgrund ihres Herkunftslandes Madagaskar.

Eingeschlossene Insekten | Geschliffen | Die Punkte in diesem polierten Kopal sind eingeschlossene Insekten, Pollen und Samen – wie man sie auch in Bernstein findet.

Dominikanischer Kopal | Geschliffen | In diesem herrlichen Stück Kopal aus der Dominikanischen Republik sind auch Fliegen, Spinnen und Stechmücken eingeschlossen.

Anthrazit

△ **Anthrazitstufe** mit dem typischen submetallischen Glanz

Anthrazit ist die reinste, härteste Kohlenart. Sie besteht fast vollständig aus Carbon und damit, wie Steinkohle, aus organischer Materie, ist aber älter und viel stärker komprimiert. Daher färbt sie bei Berührung nicht ab. Anthrazit wird zu Perlen und Objekten verarbeitet – dient aber hauptsächlich als Brennstoff. Zwar ist er schwer entflammbar, brennt er aber, produziert er starke Hitze und verbrennt nur langsam. Anthrazitfeuer hat eine kleine blaue Flamme ohne Rauch und ist daher für Innenräume geeignet, wird aber wegen der Kosten vorwiegend von der Industrie verwendet.

Eigenschaften

Chemischer Name Anthracit | **Formel** $C_{240}H_{90}O_4NS$
Farben Metallisches Schwarz | **Struktur** Amorph | **Härte** 2,75–3
Dichte 1,4 | **BI** 1,64–1,68 | **Glanz** Submetallglanz
Strichfarbe -- | **Vorkommen** Russland, Ukraine, Nordkorea, Südafrika, Vietnam, Großbritannien, Australien, USA

Submetallglanz

Kompakte Form | Roh | Die typische hohe Dichte und der charakteristische Submetallglanz von Anthrazit sind bei dieser Stufe gut zu erkennen.

Gesteinsgrundmasse

Heller Glanz | Roh | Die unregelmäßige Oberfläche dieses Anthrazit-Exemplars weist einen ungewöhnlich hellen Glanz sowie Einschlüsse von Gesteinsgrundmasse auf.

Blockförmiger Bruch | Roh | Weil Anthrazit hart und spröde ist, neigt es dazu, in Blöcken mit scharfen Winkeln zu brechen, wie es bei diesem Exemplar der Fall ist.

Steinkohle

Anthrazit

Kontrastierende Exemplare | Roh | Beim oberen Exemplar handelt es sich um Steinkohle bzw. gewöhnliche Haushaltskohle, beim unteren um Anthrazit.

Verwitterter Anthrazit | Roh | Wird Anthrazit der Witterung ausgesetzt, oxidieren seine äußeren Schichten und verlieren an Substanz, wie bei diesem Exemplar.

Starker Glanz

Polierter Anthrazit | Geschliffen | Dieses unregelmäßig geformte Stück Anthrazit wurde hochglanzpoliert und zeigt, dass dieser Stein sich durchaus als Gagat-Ersatz eignen kann.

Langsam brennendes Feuer

Das Kohlenfeuer in der Mine von Centralia

Seit Jahrzehnten brennt in einer Anthrazitmine in Centralia in Pennsylvania (USA) ein unterirdisches Feuer. Es brach 1962 aus, 1981 kam es zu einer Krise, als ein Zwölfjähriger in ein 46 m tiefes, vom Feuer verursachtes Loch fiel, das sich unter ihm öffnete (er wurde von seinem Cousin mit einem Seil herausgezogen und gerettet). Das Feuer brennt bis heute, Centralia wurde zur Geisterstadt.

Das Feuer von Centralia Der in der alten Mine brennende Anthrazit bricht hier durch die Erdoberfläche.

Bernstein

△ **Polierter Bernstein** mit eingeschlossener Spinne

Das fossile Baumharz einer im Baltikum verbreiteten Kiefernart wird auch an mehreren anderen Orten der Welt gefunden. Echter Bernstein ist ca. 25–60 Mio. Jahre alt und einzelne Stücke sind wie kleine Zeitkapseln, da sich darin schon lange ausgestorbene Pflanzen und Insekten erhalten haben – was sie entsprechend teuer macht. Bereits die Griechen stellten fest, dass Bernstein sich elektrisch auflädt, wenn man es mit Fell oder Wolle reibt. Weil Bernstein eine geringe Dichte hat und auf Salzwasser schwimmt, findet man ihn oft an Küsten.

Eigenschaften

Chemischer Name Kohlenstoff, Wasserstoff, Sauerstoff
Formel Organisch | **Farben** Weiß, Gelb, Orange, Rot, Braun, Blau, Schwarz, Grün | **Struktur** Amorph | **Härte** 2–2,5 | **Dichte** 1,05–1,09 | **BI** 1,54 | **Glanz** Harzglanz | **Strichfarbe** Weiß
Vorkommen Osteuropa, Dominikanische Republik, USA

Roh

Roher Bernstein | Wie oft bei rohem Bernstein ist auch bei diesem Exemplar das hell leuchtende, transparente Innere unter der opaken Oberfläche sichtbar.

Opake Oberfläche

Zerbrochener Rohstein | Bei diesem zerbrochenen Bernstein wird das hochwertige Material im Inneren unter der im Naturzustand meist matten, rauen Oberfläche sichtbar.

Poliertes Exemplar | Insekteneinschlüsse sind in diesem Bernstein aus Playa del Carmen (Mexiko) deutlich sichtbar. Die glatte Oberfläche lässt die innere Transparenz gut erkennen.

In Bernstein erhaltenes Insekt

Geschliffen

Eingeschlossene Ameise

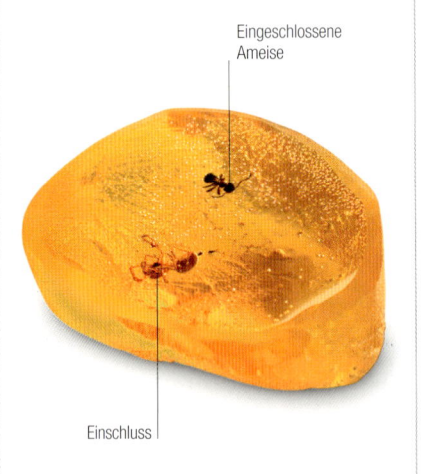

Klarer Bernstein | Dieser klare Bernstein enthält ein Insekt und andere Einschlüsse. Die Elemente haben ihm eine natürlich glatte Oberfläche verliehen.

Einschluss

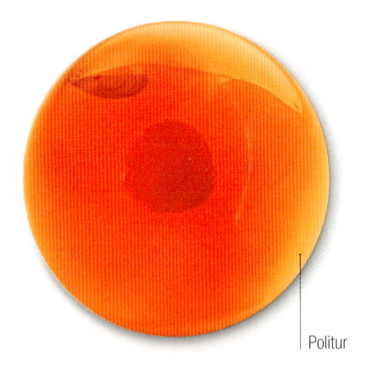

Bernsteinkugel | Diese hervorragend polierte Bernsteinkugel ist von kräftigem Orange und hat eine opake Textur. Das Rohmaterial stammt von einer Küste im südöstlichen Baltikum.

Politur

Transparente Oberfläche

Ungewöhnliche Färbung

Facettierter Bernstein | Wegen seiner extremen Fragilität wird Bernstein selten facettiert. Der Schleifer dieses 2,36-karätigen smaragdgrünen Steins bewies großes Können.

Schmuck

Abgerundete Kanten — *Verschiedene Schattierungen und Farben* — *Sichtbare Einschlüsse*

Bernsteinkette | Diese gewichtige Kette besteht aus polierten länglichen Gliedern mit zahlreichen kleinen Einschlüssen, die ein Fächermuster bilden. Weil Bernstein wenig wiegt, ist er für solche großen Schmuckstücke gut geeignet.

Silberfassung — *Einschlüsse*

Ohrhänger | Zwei tränenförmige Bernstein-Cabochons mit Einschlüssen wurden hier in Silber gefasst und hängen von einem Paar Ohrstecker herab.

Bernsteinring | Mittelpunkt dieses silbernen Rings ist ein exquisiter Bernstein mit zahlreichen eingeschlossenen Luftblasen sowie organischen Einschlüssen.

Bernstein-Cabochon

Meeresanhänger | Diesen Anhänger mit einem in Silber gefassten Bernstein-Cabochon fertigte der für seine Fischmotive bekannte Louis Vausch um 1930 in Deutschland.

Göttertränen

Bernstein in der Mythologie

Laut eines griechischen Mythos verlor der Halbgott Phaethon die Kontrolle über den Wagen seines Vaters, des Sonnengottes Helios, und setzte die Erde in Brand. Um ihn aufzuhalten, tötete Zeus ihn mit einem Blitz, sein Leichnam fiel in einen Fluss. Nymphen begruben Phaethon an der Küste, wo seine Schwestern, die drei Heliaden, Tag und Nacht weinten. Schließlich trieben ihre trauernden Körper Baumwurzeln und ihre Tränen verwandelten sich in Bernstein.

Phaethon in Apollos Wagen Diese griechische Vase zeigt die Geschichte von Phaethon und den Heliaden.

Bernsteinzimmer (Replik) | 1701–1716 (original) | Über 5,4 Tonnen (originale Wandvertäfelung) | Wandpaneele aus geschnitztem Bernstein, mit Blattgold hinterlegt, und Mosaiken aus Quarz, Jaspis, Jade und Onyx

Das russische Bernsteinzimmer

△ **Das preußische Wappen** an der Südwand

Das Schicksal des Bernsteinzimmers gehört zu den großen Mysterien der Gegenwart. Die spektakuläre Kammer wurde 1701 vom Preußenkönig Friedrich I. in Auftrag gegeben. Sie bestand aus reich dekorierten Bernstein-Wandvertäfelungen, die, mit Schmucksteinen und Florentiner Mosaiken verziert, die fünf Sinne darstellten. Der deutsche Bildhauer und Architekt Andreas Schlüter lieferte den Entwurf für das Werk. 1716 erhielt der russische Zar Peter der Große, der die Vertäfelungen bei einem Staatsbesuch bewundert hatte, sie als Geschenk, und so gelangten sie in seinen Palast in St. Petersburg. Seine Tochter, Zarin Elisabeth, ließ 1755 mit diesen Paneelen ein Zimmer in ihrem Katharinenpalast nahe St. Petersburg auskleiden.

Das Bernsteinzimmer blieb bis zum Zweiten Weltkrieg russischer Staatsschatz. Dann wurde es von deutschen Besatzern als Kriegsbeute gestohlen, in 27 Kisten gepackt und ins Königsberger Schloss an der Ostsee transportiert. Dort endet seine Spur. Eventuell wurden die Paneele durch Bomben der Alliierten oder einen Schlossbrand zerstört – jedenfalls waren sie bei Kriegsende verschwunden. Seit 2003 befindet sich im Katharinenpalast eine Replik.

Schatzjäger haben die Suche nach dem Original nie aufgegeben. Die Spekulationen über seinen Verbleib treiben wilde Blüten. Mal hieß es, die Nationalsozialisten hätten ihre Beute in einen unterirdischen Bunker verbracht, mal soll Hitler mit den Paneelen begraben worden sein. Regelmäßig wird verkündet, das Bernsteinzimmer sei aufgetaucht. 2015 glaubten polnische Schatzjäger, einen gepanzerten Zug mit Nazi-Beutegut in Tunneln bei Schloss Fürstenstein in Polen ausgemacht zu haben. Im selben Jahr erkundete eine deutsche Gruppe alte Kupferminen bei Deutschneudorf nahe der tschechischen Grenze. Alles ohne Erfolg. Die Jagd geht weiter.

Detail aus Bernstein in Form einer Krone

Rokoko-Uhr mit dekorativem Fuß auf einem Tisch mit Bernsteinintarsien im rekonstruierten Bernsteinzimmer

> **Das Bernsteinzimmer hat eine symbolische Bedeutung für die [...] deutsch-russischen Beziehungen.**
>
> Friedrich **Späth,** Vorstandsvorsitzender Ruhrgas AG, Sponsor der Rekonstruktion

Wichtige Daten
1701–2003

1701 König Friedrich I. von Preußen lässt das Bernsteinzimmer anfertigen.

1709 Die Wandvertäfelung wird in Schloss Charlottenburg in Berlin eingebaut.

1716 Der König von Preußen schenkt das Zimmer Zar Peter dem Großen von Russland, um ihre Allianz zu festigen.

1755 Zarin Elisabeth vergrößert das Zimmer und lässt es in den Katharinenpalast in der Nähe von St. Petersburg verlegen.

Friedrich I. von Preußen

1941 Nationalsozialistische Besatzer in Russland stehlen die Wandvertäfelung und verbringen sie ins Königsberger Schloss.

1944 Bomben der Alliierten zerstören das Schloss schwer. Womöglich wird das Bernsteinzimmer dadurch vernichtet.

1979 Im Katharinenpalast wird mit der Arbeit an einer originalgetreuen Replik des Zimmers begonnen.

1979 Die deutsche Polizei entdeckt ein Mosaik, das aus dem Bernsteinzimmer stammen könnte.

2003 Der deutsche Bundeskanzler Gerhard Schröder und der russische Präsident Wladimir Putin weihen gemeinsam das rekonstruierte Bernsteinzimmer ein.

Koralle

△ **Rote Koralle** aus dem Mittelmeer

Zur wertvollen (roten) Edelkoralle zählen Arten wie *Corallium rubrum* und *Corallium japonicum*, die in tropischen und subtropischen Gewässern zu Hause sind. Aufgrund ihrer Härte und attraktiven Rosa- und Rottöne ist die Edelkoralle wertvoller als andere Arten. Korallen sind das Exoskelett von Meerespolypen – kleinen Lebewesen, die durch Ablagerung von Calciumcarbonat astähnliche Strukturen bilden. Da die Äste meist fein und schmal sind, wird das Material in der Regel aus den dickeren Gabelungen gewonnen. Koralle wird seit prähistorischen Zeiten dekorativ verwendet.

Eigenschaften

Chemischer Name Calciumcarbonat | **Formel** $CaCO_3$ | **Farben** Blassrosa (Engelshaut), Orange, Rot | **Struktur** Rhomboedrisch | **Härte** 3,5 | **Dichte** 2,6–2,7 | **BI** 1,48–1,66 | **Glanz** Glasglanz, Wachsglanz | **Strichfarbe** Weiß | **Vorkommen** Warme Meere rund um Japan und Malaysia, Mittelmeer, afrikanische Küstengewässer

Roh

Natürliche Koralle | Die für Schmuckgestalter interessantesten Teile der Koralle sind die Astgabelungen oder die breiteste Stelle eines Astes. Die Größenordnungen sind meist gering – dieses Stück Rohkoralle ist etwa 6 cm breit.

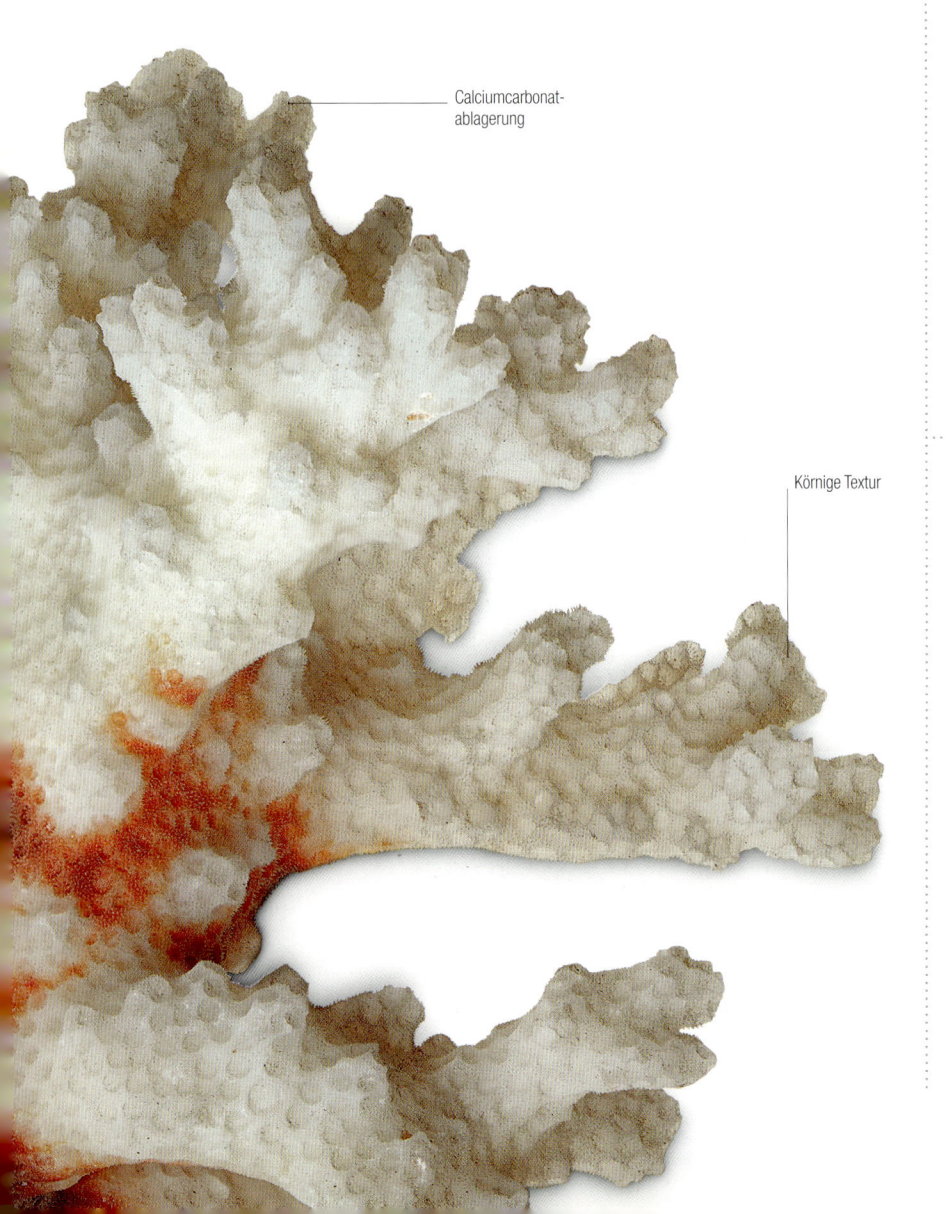

Calciumcarbonatablagerung

Körnige Textur

Polierte Oberfläche

Rote Korallenscheibe | Dieser Querschnitt macht die komplexe gebänderte Struktur der Koralle sichtbar. Von Natur aus matt, verleiht eine Politur der Koralle Glanz.

Muster erinnert an Holzmaserung

Roter Korallenzweig | Die Längsrillen verleihen diesem Stück Rohkoralle ein unverwechselbares Muster, das an eine natürliche Holzmaserung denken lässt.

Geschliffen

Glasglanz durch Politur

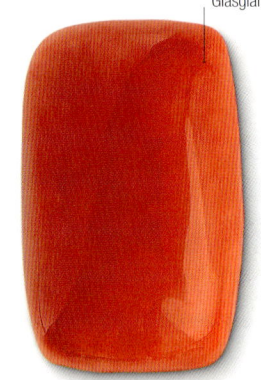

Länglicher Korallen-Cabochon | Weil Koralle leicht zu bearbeiten und opak ist, wird sie oft *en cabochon* geschliffen. Eine Politur bringt ihre Farbe optimal zur Geltung.

Weicher Schimmer hebt Farbe hervor.

Ovaler Cabochon | Form und Schliff sind einfach und betonen die Farbe dieses Cabochons. Blassrosa bis lachsfarbene Koralle wird oft als »Engelshaut« bezeichnet.

Schmuck

Korallenring | Den Mittelpunkt dieses goldenen Rings bilden aus Engelshaut-Koralle geschnitzte Blütenblätter einer Rose. Ihre Färbung ahmt die einer echten Rose nach.

Realistische Blütenblätter aus Koralle

Sich zart öffnende Blütenblätter

Korallenohrstecker | Tiefrote Koralle wurde zu zwei identischen, zarten Rosenblüten verarbeitet, die nun diese kleinen Ohrstecker zieren.

Goldener Kopf

Smaragdauge

Ausgebreitete Korallenflügel

In Gold gefasste Diamanten

Tränenförmiger Cabochon

Ahornblatt-Anstecknadel | Bei dieser vergoldeten Nadel sind ovale und tränenförmige Korallen-Cabochons unterschiedlicher Größen zwischen die gezackten Blattkanten gesetzt.

Aufwendig geschnitzter Kopf

Korallenkopf | Koralle wird mit dem Schutz für Kinder assoziiert. Diese Korallenminiatur kann daher als Geschenk gedacht gewesen sein, das seinen Träger schützen sollte.

Kolibribrosche | Dieser Kolibri mit im Flug gestreckten Flügeln und Schwanz aus Koralle wurde um 1975 von Schmuckhersteller Kutchinsky gefertigt. Darüber hinaus ist er mit Diamanten, Gold, Perlmutt und Smaragd besetzt.

> In der Antike wurde Koralle als Amulett zum Schutz vor dem bösen Blick getragen.

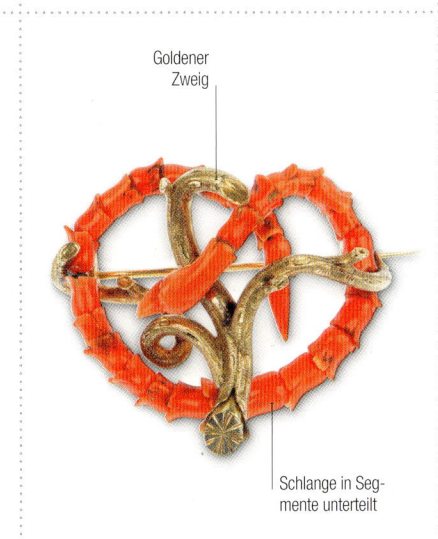

Goldener Zweig

Schlange in Segmente unterteilt

Schlangenbrosche | Vom Ende des 19. Jh. stammt diese Korallenbrosche in Form einer Schlange aus 30 abgestuften Segmenten, die sich um goldene Zweige windet.

Das Blut der Gorgone

Mörderischer Anfang

In der griechischen Mythologie enthauptete der Held Perseus die Gorgone Medusa, die Menschen mit ihrem Blick in Stein verwandelte. Mit dem abgetrennten Haupt versteinerte Perseus anschließend das Seeungeheuer Keto, denn selbst der Blick der toten Medusa war noch wirksam. Als er ihren Kopf danach an einem Fluss ablegte, floss ihr Blut ins Wasser und die Algen wurden zu roter Koralle. Daher heißt die Koralle auf Griechisch auch *Gorgeia*.

Tödliche Blicke Dieses Korallenbildnis aus Baktrien (heute Afghanistan und Tadschikistan) aus dem 2. oder 1. Jh. v. Chr. zeigt die Medusa.

316 | DIANA MIT DEM HIRSCH. TAFELAUFSATZ

Geweih aus roter Koralle

Abnehmbarer Hirschkopf ist gleichzeitig Trinkgefäß

Die Jagdgöttin Diana mit ihren Attributen Pfeil und Bogen

Silberstatuette ist teilweise vergoldet

Treibarbeit (das Material wird von innen gehämmert)

Jagdhunde begleiten Diana.

Sockel, heute leer, enthielt Räder und mechanisches Uhrwerk

Diana mit dem Hirsch | Anfang 17. Jh. | 32,5 cm hoch | Teilvergoldetes Silber, Koralle, Treibarbeit

Diana mit dem Hirsch Tafelaufsatz

△ **Flügelaltar** von Matthäus Walbaum aus Augsburg

Diese die Jagdgöttin Diana darstellende Statuette ist nicht einfach nur ein dekorativer Tafelaufsatz, sondern gleichzeitig auch Trinkgefäß und Automat, der Anfang des 17. Jh. für Trinkspiele diente.

Die 32,5 cm hohe Statuette besteht aus teilvergoldetem Silber mit Treibarbeit. Rote Korallen bilden das Hirschgeweih. Dargestellt ist die auf einem Hirsch reitende griechische Göttin in Begleitung zweier größerer Jagdhunde. Höchstwahrscheinlich stammt sie von dem Augsburger Goldschmied Matthäus Walbaum oder aus seinem Umkreis. Der Sockel der Statuette enthielt einst Räder, die durch ein mechanisches Uhrwerk, mit einem Schlüssel in einen seitlichen Schlitz gesteckt, aufgezogen, angetrieben wurden – diese sind heute nicht mehr vorhanden. Der Automat wurde bei Banketten auf der Tafel aufgezogen, sodass er losfuhr und mehrere Runden drehte, bis er vor einem der Gäste stehen blieb. Der Hirsch, tatsächlich ein Trinkgefäß mit abnehmbarem Kopf, war vom Gastgeber mit Wein gefüllt worden, den der entsprechende Gast nun austrank.

Derartige aufziehbare Skulpturen waren im 16. und 17. Jh. sehr beliebt, und »Diana auf dem Hirsch« war ein Lieblingsthema der renommierten Augsburger Goldschmiede. Rund 30 solcher Statuen sind erhalten, alle aus der Werkstatt dreier Goldschmiede dieser Stadt. Walbaum schuf das vermutlich früheste Exemplar. Bei Varianten der Diana-Darstellungen aus dieser Zeit, wie dem Trinkspiel aus der Burg Eltz, war der Hirsch den Männern vorbehalten, ein kleinerer Hund den Damen. Ketten an den beiden Trinkgefäßen hatten zur Folge, dass die Gäste einander beim Trinken näher kamen.

Ein weiteres Trinkspiel mit Diana, Burg Eltz, Deutschland

Statue der Diana in Madison Square Garden, New York (USA), bis 1925. Ihr Abtransport wurde zum Ereignis – es zog zahlreiche Betrachter an.

Wichtige Daten
1590–2000er

- **1590** Matthäus Walbaum wird Goldschmiedemeister in Augsburg.
- **Um 1600** Trinkspiel »Diana mit Hirsch« wird geschaffen.
- **Anfang 17. Jh.** Augsburger Goldschmiede fertigen zahlreiche weitere Trinkspiele mit demselben Thema.
- **1632** Matthäus Walbaum stirbt.
- **2000** »Diana auf dem Hirsch« wird in der Schatzkammer der Residenz von München aufbewahrt.

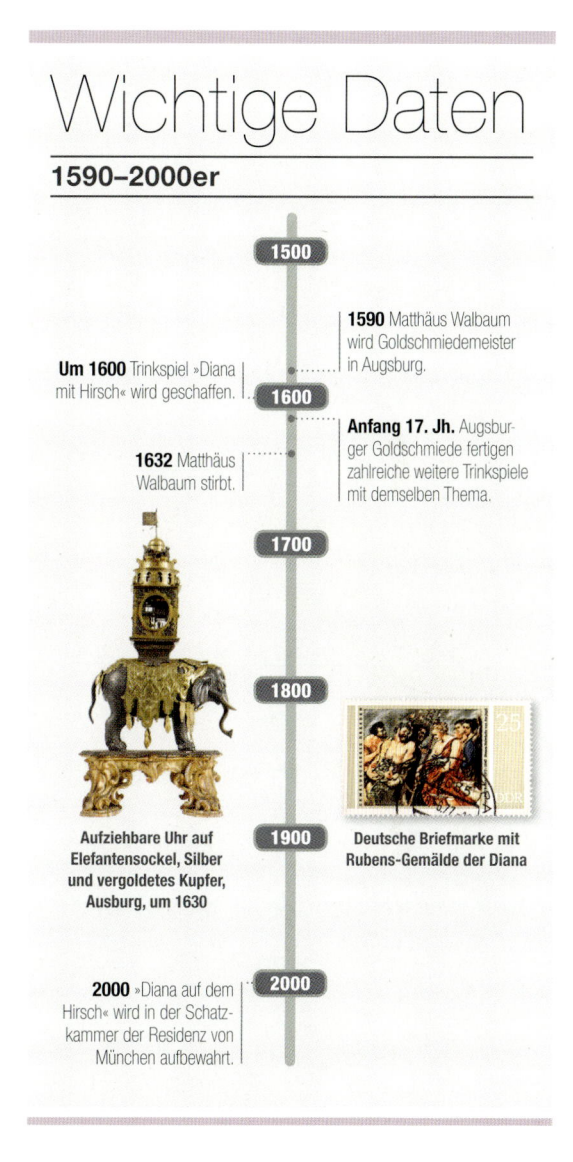

Aufziehbare Uhr auf Elefantensockel, Silber und vergoldetes Kupfer, Ausburg, um 1630

Deutsche Briefmarke mit Rubens-Gemälde der Diana

Eine der produktivsten Goldschmieden in Augsburg

Grove Encyclopedia of Decorative Arts über die Werkstatt von Matthäus Walbaum

Peanut Wood

△ **Scheibe Peanut Wood,** 30 cm lang

Peanut Wood ist versteinertes Holz mit weißen, oft eiförmigen Mustern, die auch an Kerne von Erdnüssen (Peanuts) erinnern. Es stammt von einer Konifere, die es vor rund 120 Mio. Jahren hauptsächlich in Australien gab. Sein interessantes Aussehen verdankt es Meereslebewesen: Die holzfressende Muschel *Teredo* bohrte sich in das Treibholz, das auf den Meeresboden sank. Dort lagerten sich weiße Sedimente aus den Muscheln winzigen Planktons in dem Holz ab, füllten die Bohrlöcher mit konzentriertem Silicium, wodurch die weißen Röhren in dem versteinernden Holz entstanden.

Eigenschaften

Chemischer Name Siliciumdioxid (weiße Stellen), Eisenoxid (farbige Stellen) | **Formel** SiO_2 | **Farben** Weiße Muster, Braun, Grau, Grün | **Struktur** Amorph | **Härte** 6,5–7 | **Dichte** 2,58–2,91 | **BZ** 1,54 | **Glanz** Glasglanz | **Vorkommen** Australien

Schön ausgewogene Farben

Rohes Peanut Wood | Roh | Dieses Stück Peanut Wood stammt aus der Region Gascoyne in Westaustralien. Helle und dunkle Stellen bilden ein gleichmäßiges Muster.

In dieselbe Richtung ausgerichtete »Erdnüsse«

Rechteckiger Cabochon | Geschliffen | Dieser Peanut-Wood-Cabochon mit abgerundeten Ecken wurde entlang des »Erdnussrands« geschliffen, um das Muster hervorzuheben.

Fossiles Holz

Runder Cabochon | Geschliffen | Der Schliff dieses kreisrunden Edelsteins arbeitet den ungewöhnlichen 3-D-Effekt des Musters heraus. Die »Erdnüsse« sind besonders deutlich.

»Erdnussmuster« dient als Schuppenzeichnung.

Dreidimensionale Skulptur

Muster des Holzes ergibt Eidechsenauge

Eidechsenskulptur | Gemeißelt | Als Künstlermaterial kann Peanut Wood es mit jedem anderen Material aufnehmen. Es ist hart und langlebig und lässt sich gut polieren.

Silberfassung

Rauchquarz

Armband | Schmuck | Bei diesem Armband werden in Silber gefasste Peanut-Wood-Cabochons durch einen farblich passenden, facettierten Rauchquarzstein akzentuiert.

PEANUT WOOD–AMMOLIT | **319**

Ammolit

△ **Ammonitfossilien** in einer ungewöhnlichen Gruppierung

Ammolit ist die Innenschicht der Gehäuse von Ammoniten – Mollusken, die vor etwa 66 Mio. Jahren, gleichzeitig mit den Dinosauriern, ausstarben. Seine irisierenden Farben entsprechen jenen des Farbspektrums, am häufigsten sind Grün und Rot, seltener treten auch Gold und Violett auf. Er wird an vielen Orten weltweit gefunden, doch die schönsten Exemplare stammen aus Alberta (Kanada), wo er abgebaut wird. Die in Alberta lebenden Blackfoot-Indianer nennen ihn Iniskim oder Büffelstein. Sie glaubten, er könne Büffel für ihre Jagd anlocken.

Eigenschaften

Chemischer Name Aragonit (Polymorph von Calcit) | **Formel** $CaCO_3$ | **Farben** Alle Spektralfarben – Rot, Orange, Gelb, Grün, Blau, Indigo, Violett | **Struktur** Orthorhombisch | **Härte** 3,5–4 | **Dichte** 2,75–2,85 | **BI** 1,52–1,68 | **Glanz** Glasglanz | **Vorkommen** Kanada, USA

Ausgeprägte Rippen

Ammonit in Spiralform | **Roh** | Dieses Fossil des Ammoniten *Dactyliosarus* weist die typische Spiralform mit Rippung auf. Es stammt aus dem Jura vor 200 Mio. Jahren.

Fossiles Weichgewebe zwischen Scheidewänden

Ungewöhnlicher Erhaltungszustand | **Roh** | Dieser fossile Ammonit *Kosmoceras duncani* mit Weichgewebe wurde in England im Juragestein »Oxford Clay« gefunden.

Mit Calcit gefüllte Kammern

Durchgesägter Ammonit | **Gesägt** | Dieser fossile *Oxinoticeras*-Ammonit wurde durchgesägt und poliert, um seine mit Calcit ausgefüllten Kammern freizulegen.

Farbenspiel in Regenbogenfarben

Ammolit | **Geschliffen** | Dieser Ammolit-Edelstein mit einem Gewicht von 23,70 Karat, ein Stück Schale eines Ammoniten, misst an der längsten Stelle 33 mm.

Geschnitzter Schlangenkopf

Schlangenstein | **Geschnitzt** | Nach der Legende der hl. Hilda, die Schlangen in Stein verwandelte, haben Kunsthandwerker Ammoniten wie hier mit Schlangenköpfen versehen.

Widderhorn

Ähnlichkeit in der Tierwelt

Der Name der Ammoniten spielt auf ihre Ähnlichkeit mit einem Widderhorn an. Plinius der Ältere, römischer Autor und Naturphilosoph des 1. Jh. n. Chr., bezeichnete fossile Mollusken als *Ammonis cornua* (»Hörner von Ammon«) nach dem ägyptischen Gott Ammon (Amun), der oft mit Widderhörnern dargestellt wurde. Im Europa des Mittelalters hießen die Fossilien Schlangensteine. Sie wurden für versteinerte Schlangen gehalten, das Werk Heiliger wie St. Patrick oder St. Hilda von Whitby.

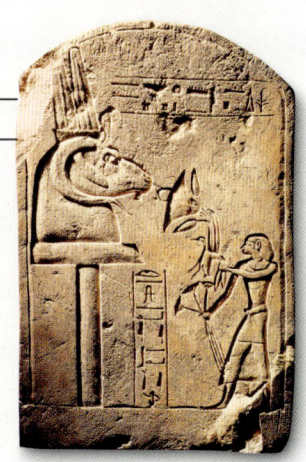

Der ägyptische Gott Amun als Widderkopf Diese Stele (Steinplatte) diente vermutlich als Grabstein.

4

Veredelte Gesteine

Moldavit

△ **Facettierter Moldavit** im ovalen Brillantschliff

Moldavite entstanden vor 15 Mio. Jahren im heutigen Ries in Bayern bei einem Meteoriteneinschlag, der Sandstein zum Schmelzen brachte. Das Material ist ein Tektit – also ein Mineral, das sich infolge eines Meteoriteneinschlags bildete, bei dem Gestein schmolz, in die Luft geschleudert wurde und schnell zu einer glasartigen Substanz abkühlte. Tektite gibt es auf fast allen Kontinenten, Moldavit aber nur im Ries. Typisch ist seine olivgrüne bis matt grüngelbe Farbe. Seine Größe reicht von unter einem Millimeter bis zu mehreren Zentimetern im Querschnitt.

Eigenschaften

Chemischer Name Siliciumdioxid | **Formel** $SiO_2(+Al_2O_3)$
Farbe Moosgrün, grünliches Gelb | **Struktur** Amorph
Härte 5,5 | **Dichte** 2,40 | **BI** 1,48–1,54 | **Glanz** Glasglanz | **Strichfarbe** -- | **Vorkommen** Deutschland, Tschechische Republik

Unregelmäßige Oberfläche

Farbschichten

Furchen als Ergebnis extrem schneller Abkühlung

Pavillon zeigt nach oben

Ungeschliffener Moldavit | Roh | Die große, klumpenartige Form dieses Moldavits legt nahe, dass er extrem schnell abgekühlt ist, nachdem er in die Luft geschleudert worden war.

Dramatische Form | Roh | Manche Moldavite waren noch flüssig, als sie aus dem Krater geschleudert wurden. Oft haben sie dann entsprechend »spritzerartige« Formen.

Facettierter Moldavit | Geschliffen | Dieser besonders dunkelgrüne Moldavit-Edelstein wurde in einem Fantasieschliff facettiert. Hier ist er mit dem Pavillon nach oben zu sehen.

Kronenfacetten

Moldavit ist nach der Stadt Moldauthein in Tschechien benannt.

Spindelform | Roh | Während Moldavit durch die Luft wirbelte, nahm es die unterschiedlichsten Formen an, darunter auch eine solche lang gezogene Spindelform.

Exzellente Reinheit | Geschliffen | Manche Moldavit-Edelsteine sind außergewöhnlich transparent, wie dieses Exemplar im Brillantschliff mit hohem Brechungsindex.

Pferdekopf | Geschnitzt | Der Künstler, der diesen Pferdekopf aus Moldavit fertigte, beließ das Material bei der Pferdemähne in seiner natürlichen Form.

Obsidian

△ **Trommelpolierter** Obsidian

Obsidian ist ein natürliches vulkanisches Gesteinsglas, das sich bildet, wenn Lava so schnell erkaltet, dass Mineralkristalle keine Zeit haben zu wachsen. Technisch kann Obsidian jede chemische Zusammensetzung haben, wenngleich er in der Regel das Produkt siliziumreicher Magma ist. Typisch ist seine tiefschwarze Farbe. Enthaltener Hämatit (Eisenoxid) kann zu roten und braunen Varietäten führen und winzige eingeschlossene Gasblasen können einen Goldschimmer erzeugen. Bei Schneeflockenobsidian haben helle Cristobalitkristalle auf Bruchflächen schneeartiges Aussehen.

Eigenschaften

Chemischer Name Siliciumdioxid | **Formel** Bestehend aus SiO_2, MgO und Fe_3O_4 | **Farben** Schwarz, Rot, Braun | **Struktur** Amorph | **Härte** 5–6 | **Dichte** 2,35–2,60 | **BI** 1,45–1,55 | **Glanz** Glasglanz | **Strichfarbe** Weiß | **Vorkommen** Europa, Nordamerika, Südamerika, Australasien, Japan

Muschelige Bruchfläche

Mexikanischer Obsidian | **Roh** | Dieser stark glänzende schwarze Obsidian in Edelsteinqualität stammt von der zentralen Hochebene Mexikos.

Schneeflockenobsidian | **Roh** | Beim Abkühlen entstehende schneeflockenartige weiße Cristobalitkristalle verleihen dieser Obsidianvarietät ihr typisches Erscheinungsbild.

Irisierende Farben

Regenbogenobsidian | **Geschliffen** | Wie Silberobsidian (s. rechts) enthält Regenbogenobsidian kleine, ausgerichtete Plättchen, die den polierten Stein irisieren lassen.

Schimmer

Silberobsidian | **Geschliffen** | Während seiner Entstehung bilden sich in seinem Inneren Plättchen anderer Minerale, die dem polierten Stein einen solchen Schimmer verleihen.

»Schneeflocken« aus Cristobalit

Katzenskulptur | **Gemeißelt** | Obsidian ist zwar brüchig und ähnelt Glas, doch durch sorgfältiges Arbeiten können attraktive Objekte aus dem Material geschaffen werden, wie diese sinnierende Katze aus Schneeflockenobsidian. Ihre Oberfläche wurde hochglanzpoliert.

Polierte Oberfläche

Obsidianklingen

Alte Schneidewerkzeuge

Wenn Obsidian bricht, können seine Kanten schärfer sein als die eines Stahlskalpells. In der Antike wurde er zur Herstellung von Schneidewerkzeugen und Waffen benutzt. Er war ein kostbares Material, mit dem über große Distanzen Handel getrieben wurde. Seit der Steinzeit war er u. a. im präkolumbianischen Mesoamerika, im alten Ägypten und bei den Indianern Nordamerikas in Gebrauch.

Speerspitze und Messer aus Obsidian Diese Waffen entstanden um 1900 auf den Admiralty Islands vor Neuguinea. Reste ihrer bemalten Griffe sind noch erhalten.

Kalkstein

△ **Pterodactylusfossil,** wunderschön in Kalkstein erhalten

Kalkstein besteht hauptsächlich aus Calciumcarbonat. Je nach Entstehung ist er klastisch, kristallin, körnig oder massig. Als Sedimentgestein bildet sich Kalkstein größtenteils in ruhigem Meerwasser, wenn sich Fragmente von toten Organismen – Muscheln, Skeletten und Korallen – auf dem Boden ablagern. Minerale zementieren das Sediment und verwandeln es in Kalkstein. In der Antike wurde er häufig für Skulpturen benutzt, heute dient er als Baumaterial, als Grundlage im Straßenbau, als weißes Pigment oder Füllmaterial in Farben, Plastik und Zahnpasta.

Eigenschaften

Gesteinsart Marines, chemisches Sediment | **Fossilien** Salz- und Süßwasserwirbellose | **Vorherrschendes Mineral** Calcit
Geringere Mineralanteile Aragonit, Dolomit, Siderit, Quarz, Pyrit
Farben Weiß, Grau, Rosa | **Textur** Fein bis mittel, eckig bis gerundet | **Vorkommen** Weltweit

Kalksteinstatue | Gemeißelt | Grabstatuen mit feinen Details wie diese aus dem Palmyra des 2. Jh. n.Chr. wurden im gesamten Römischen Reich angefertigt. Diese Frauenbüste im Hochrelief ist reich mit Halsketten, Armbändern, Broschen und Ringen verziert.

Dekorativ verzierte Kopfbedeckung

Schleier mit detaillierten Falten

Oberfläche enthält Fossilien

Fossilhaltiges Gestein | Roh | Fossilienführender Kalkstein wie dieses Exemplar mit Moostierchen wird oft zugesägt, poliert und als Gebäudeverkleidung verwendet.

Süßwasserkalkstein | Roh | Kalkstein bildet sich generell in Salzwasser, kann aber auch in Süßwasser entstehen, wie dieses fossilhaltige Exemplar zeigt.

Sphinx und Sockel aus einem einzigen Stein gemeißelt

Sphinx | Gemeißelt | Wie die Große Sphinx von Gizeh ist auch diese kleinere antike Version aus Kalkstein gemeißelt – in der Antike das bevorzugte Material für Skulpturen.

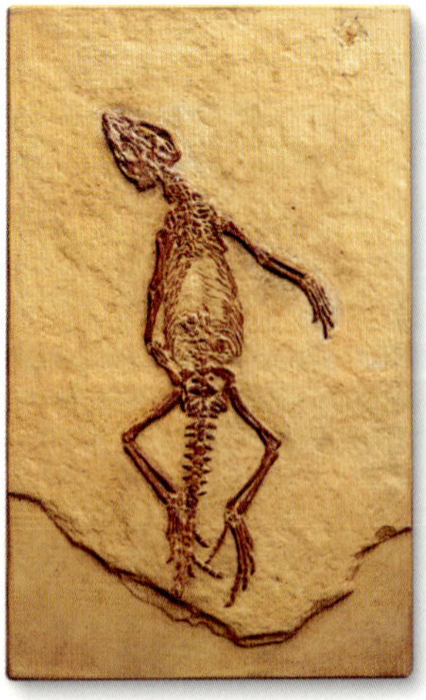

Homeosaurusfossil | Geschnitten | Feinkörniger Kalkstein ist das perfekte Medium für die Entstehung von Fossilien, wie dieser Homeosaurus aus dem Jurazeitalter beweist.

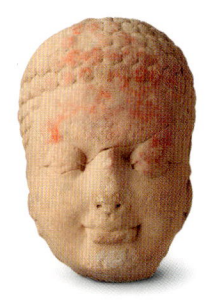

Sandstein

△ **Kopf einer liegenden** Buddhastatue aus Sandstein

Sandstein gibt es weltweit und zählt zu den häufigsten Sedimentgesteinsvarietäten. Seine winzigen, sandgroßen Körner aus Mineral, Gestein oder organischem Material wurden durch Witterung verkleinert und über lange Zeiträume komprimiert. Mineralkörner in Sandstein sind typischerweise Quarz oder Feldspat: Diese kristallisieren um die Sandkörper herum und zementieren sie. Sandstein kann jede Farbe haben, ist aber am häufigsten braun, gelb, rot, grau, rosa oder weiß. Seit Jahrhunderten wird er für Skulpturen und in der Architektur verwendet.

Eigenschaften

Gesteinsart Kontinentales, detritisches Sediment | **Fossilien** Wirbeltiere, Wirbellose, Pflanzen | **Vorherrschendes Mineral** Quarz, Feldspat | **Geringere Mineralanteile** Silicium, Calciumcarbonat | **Farben** Cremeweiß bis Rot | **Textur** Feine bis mittelgroße Körner, eckig bis gerundet | **Vorkommen** Weltweit

Körnige Oberfläche | **Roh** | Die rohe, texturierte Oberfläche dieses rostroten Sandstein-Exemplars ist mit winzigen Sandkörnern bedeckt.

Sandstein | **Roh** | Würde man diesen Felsbrocken aus Sandstein entlang seiner horizontalen Schichtflächen spalten, erhielte man hochwertiges Material für Skulpturen.

Mehrfarbige Schichten

Geschichteter Sandstein | **Roh** | Schneidet man verschiedenfarbigen Sandstein quer zu den Schichten durch, erhält man richtiggehende »Sandbilder«, wie bei diesem Exemplar.

Indische Statue | **Gemeißelt** | Diese fein detaillierte Skulptur aus rotem Sandstein, entstanden im Indien des 1.–2. Jh. n. Chr., wurde vor dem Bemalen mit Gips grundiert.

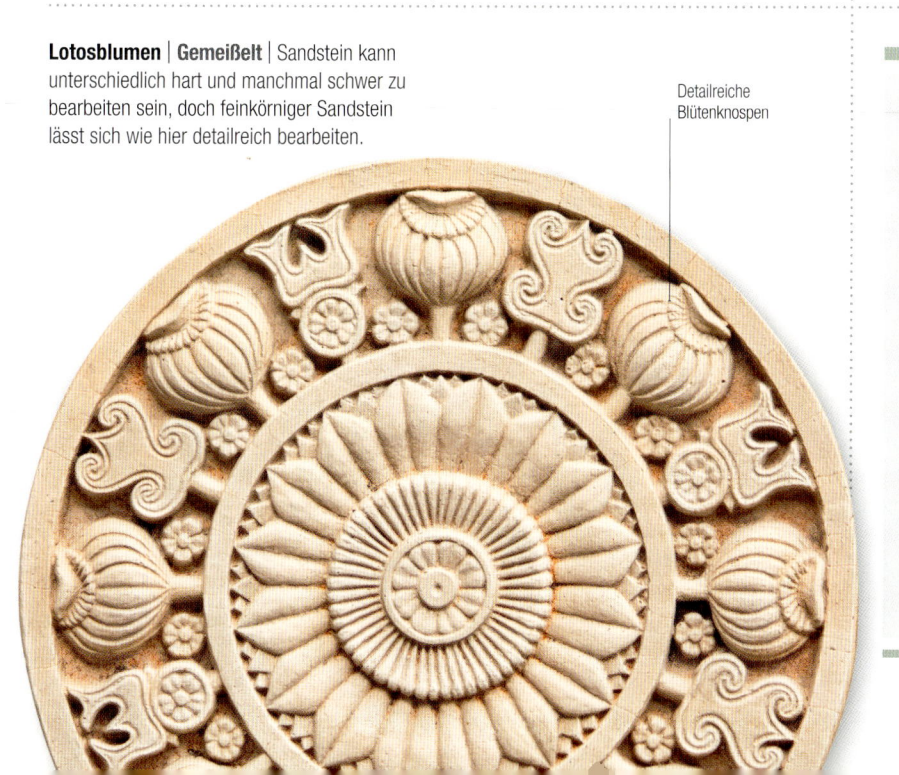

Lotosblumen | **Gemeißelt** | Sandstein kann unterschiedlich hart und manchmal schwer zu bearbeiten sein, doch feinkörniger Sandstein lässt sich wie hier detailreich bearbeiten.

Detailreiche Blütenknospen

Petra

Die rote Stadt

Petra ist eine berühmte archäologische Stätte im Südwesten von Jordanien, die in roten Sandstein gemeißelt und in der Antike aufgrund ihrer Farbe vermutlich »die Rote« genannt wurde. Ihre kunstvollen Gräber und Tempel entstanden um 300 v. Chr., als Petra die Hauptstadt des Nabatäerreichs war. Berühmtestes Gebäude ist das Mausoleum Khazne al-Firaun mit prachtvoller Fassade, das durch eine über 1 km lange Schlucht zugänglich und zu beiden Seiten von 80 m hohen Felswänden gesäumt ist.

Rote Säulen Die Fassade dieses Grabes mit seinen dekorativen Säulen ist in Sandstein gemeißelt.

Innenraum im Löwenpalast | 14. Jh. | Sandstein, Stuck, Holz | Nasridenpaläste in der Alhambra, Granada, Spanien

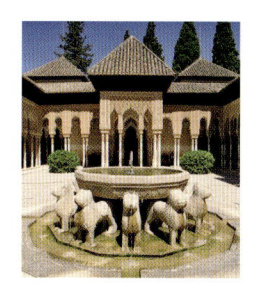

Die spanische Alhambra

▽ **Löwenhof**

Die Alhambra in Granada (Spanien) ist bereits von Weitem an ihrem einzigartigen Mauerwerk aus rotem Lehm erkennbar: Ihr Name bedeutet »roter Palast«. Im Inneren ist sie ein Wunderwerk aus Stein und Sandstein, Stuck und Holz. Sandstein war lange ein bedeutendes Baumaterial, denn seine Langlebigkeit bei Gebäuden und Skulpturen ist unter den Sedimentgesteinen unübertroffen. Stuck ist ein feiner Gips, der als Wandputz und Dekor verwendet wird. In der Alhambra erfüllt er in beiden Funktionen den Innenraum mit einem warmen Licht und reich texturierten Details.

In ihrer Glanzphase war die Alhambra Zitadelle und Palast. Später wurde sie als Kaserne, Gefängnis und Roma-Wohnstatt genutzt. Nutztiere streiften durch die heruntergekommenen Säle. Die Romantiker entdeckten sie im 19. Jh. neu und waren von ihrem früheren Glanz inspiriert. Ein berühmter Besucher war Washington Irving, Autor von *Rip Van Winkle*. Er erfand eine Geschichte über den Saal der Zwei Schwestern mit zwei muslimischen Prinzessinnen, die sich in christliche Gefangene verliebten. Die eine floh mit ihrem Freier, die andere blieb zurück, zur alten Jungfer bestimmt. Die Realität ist prosaischer – die »Schwestern« bezeichnen zwei große Bodenplatten aus Marmor. Dieser Saal war Teil der Wohnquartiere, in denen die *Sultana* (Herrscherin) mit ihren Kindern lebte. Herausragendes Merkmal ist die Muqarnas-Kuppel im Zentrum. Muqarnas ist eine komplizierte Form gestufter Kuppeln aus bemaltem Stuck. Tausende überlappende, stalaktitenartige »Zellen« sind geometrisch angeordnet – vielleicht eine visuelle Anspielung auf die Höhle, in der Mohammed der Koran offenbart wurde.

Kupferstich mit Darstellung der Alhambra, 1890

Decke des Saals der Zwei Schwestern Aus der Froschperspektive ist das zellenartige, in Stuck gearbeitete Muster der Kuppel im Saal der Zwei Schwestern überwältigend.

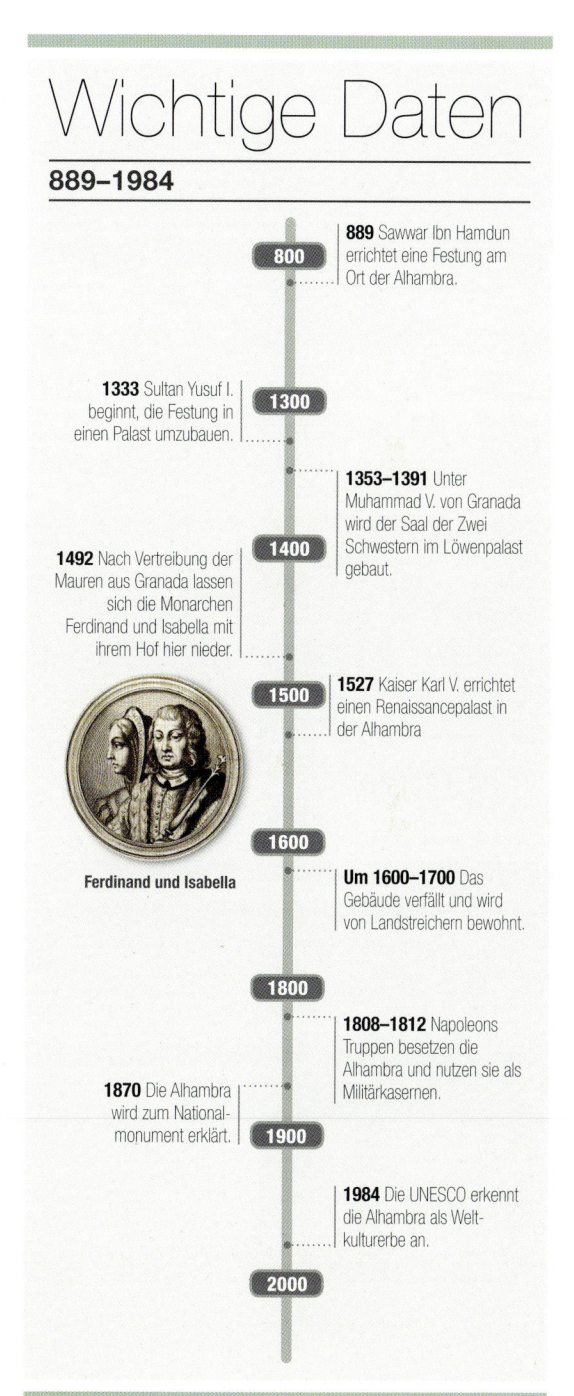

> # Sie erscheint mir wie ein absoluter Traum.
>
> Washington **Irving**
> Schriftsteller

Wichtige Daten
889–1984

- **889** Sawwar Ibn Hamdun errichtet eine Festung am Ort der Alhambra.
- **1333** Sultan Yusuf I. beginnt, die Festung in einen Palast umzubauen.
- **1353–1391** Unter Muhammad V. von Granada wird der Saal der Zwei Schwestern im Löwenpalast gebaut.
- **1492** Nach Vertreibung der Mauren aus Granada lassen sich die Monarchen Ferdinand und Isabella mit ihrem Hof hier nieder.
- **1527** Kaiser Karl V. errichtet einen Renaissancepalast in der Alhambra.
- **Um 1600–1700** Das Gebäude verfällt und wird von Landstreichern bewohnt.
- **1808–1812** Napoleons Truppen besetzen die Alhambra und nutzen sie als Militärkasernen.
- **1870** Die Alhambra wird zum Nationalmonument erklärt.
- **1984** Die UNESCO erkennt die Alhambra als Weltkulturerbe an.

Ferdinand und Isabella

Marmor

△ **Breccia-Marmor,** zertrümmert und neu zementiert

Marmor ist ein körniges Gestein, das aus Kalkstein oder Dolomit entsteht und aus einer Masse ineinander verschränkter Calcit- oder Dolomitfasern aufgebaut ist. Reiner Marmor ist weiß. Andere Arten sind nach ihrer Farbe oder nach Mineralverunreinigungen benannt. Letztere treten in der Regel als dünne, im originalen Kalkstein eingelagerte Mineralschichten auf, die oft Bänder oder Wirbel bilden. Geäderte und gemusterte Marmorarten entstehen auch, indem existierender Marmor zerbricht und Calcit oder andere Minerale die Zwischenräume füllen.

Eigenschaften

Gesteinsart Regional- oder kontaktmetamorph | **Temperatur** Hoch | **Druck** Niedrig bis hoch | **Struktur** Kristallin | **Vorherrschendes Mineral** Calcit | **Geringere Mineralanteile** Diopsid, Tremolit, Actinolit | **Farben** Weiß, Rosa | **Textur** Fein- bis grobkörnig | **Ausgangsgestein** Kalkstein, Dolomit

Marmorstufe | Roh | Dieses Exemplar besteht aus Mineralen – Hyalophankristall und Pyrit –, die in dolomitischem Marmor eingeschlossen sind.

- Hyalophankristall
- Pyrit

Marmorkugel | Gemeißelt | Die sorgfältige Politur dieser gemusterten Kugel bringt deren durch Einschlüsse verursachte »Tigerzeichnung« bestens zur Geltung.

- Einschlüsse erzeugen Muster

Marmorskulptur | Gemeißelt | Die fließenden Linien dieser Marmorskulptur betonen ihre einfache Form. Sie hat eine schöne, reinweiße Farbe.

Marmorstatue | Gemeißelt | Diese große Marmorstatue vom Anfang des 19. Jh. stellt Ringer auf einem felsigen Sockel dar. Große Kunstfertigkeit und eine glatt gearbeitete Oberfläche bringen das reine Weiß des Materials zum Schimmern. Das Werk ist von einer antiken römischen Bronze inspiriert.

- Gemeißelte Details
- Polierte Oberfläche
- Hoher Sockel gibt den Figuren optischen Halt.

Granit

△ **Klassischer rosa Granit** mit Quarz, Feldspat und Glimmer

Granit ist das häufigste Intrusivgestein in der Kontinentalkruste der Erde und als rosa-, weiß-, grau- und schwarzmarmorierter Stein wohlvertraut. Die drei Hauptminerale von Granit sind Feldspat, Quarz und Muscovit bzw. Biotit. Feldspat ist vorherrschend, Quarz (s. S. 132–139) macht in der Regel über 10 Prozent aus. Granit ist seit mindestens vier Jahrtausenden ein beliebtes Material für Objekte, Skulpturen und Gebäude. Wo immer er verfügbar war, war er aufgrund seiner Härte und Belastbarkeit erste Wahl für alle Artefakte, vom Tempel bis zum Mühlstein.

Eigenschaften

Gesteinsart Felsisch, plutonisch, magmatisch | **Vorherrschendes Mineral** Kalifeldspat, Quarz, Glimmer, Natrium | **Geringere Mineralanteile** Natrium-Plagioklas, Hornblende | **Farben** Weiß, Hellgrau, Grau, Rosa, Rot | **Textur** Mittel- bis grobkörnig

Granit-Wirtsgestein | Roh | Oft sind Granite Wirtsgestein für eine Vielzahl von Edelsteinen – diese Granitgrundmasse ist von Turmalin-Kristallen besiedelt.

Weißer Plagioklas

Granodiorit | Roh | Kommerzielle »Granite« haben eine Vielzahl von Farben und Texturen, abhängig von ihrer Zusammensetzung. Dieses Exemplar geht in Richtung Granodiorit.

Findling mit Mikroklin | Roh | Dieser Granitfindling verdankt seine rosa Farbe einem hohen Anteil des Feldspats Mikroklin, aus dem er u. a. zusammengesetzt ist.

Kommerzieller Granit | Zugeschnitten | Diese Küchenarbeitsplatte wird im Handel als weißer Granit angeboten, sie ähnelt jedoch eher Granodiorit.

Schwarze Hornblende

Granitperle | Gemeißelt | Die Granitmusterung faszinierte auch antike Zivilisationen, die daraus Artefakte wie dieses Kettenglied schufen. Der Schwarzanteil ist Hornblende.

»Schwarzer Granit« | Zugeschnitten | Diese Küchenarbeitsfläche wird im Handel als schwarzer Granit angeboten, doch ihre Zusammensetzung entspricht eher der von Diorit.

Grobkristalline Textur

Antiker Elefant | Gemeißelt | Trotz seiner Härte war Granit zu allen Zeiten ein beliebtes Material für Skulpturen und Objekte aller Art. Dieser Granit-Elefant stammt aus Indien.

330 | MICHELANGELOS DAVID-SKULPTUR

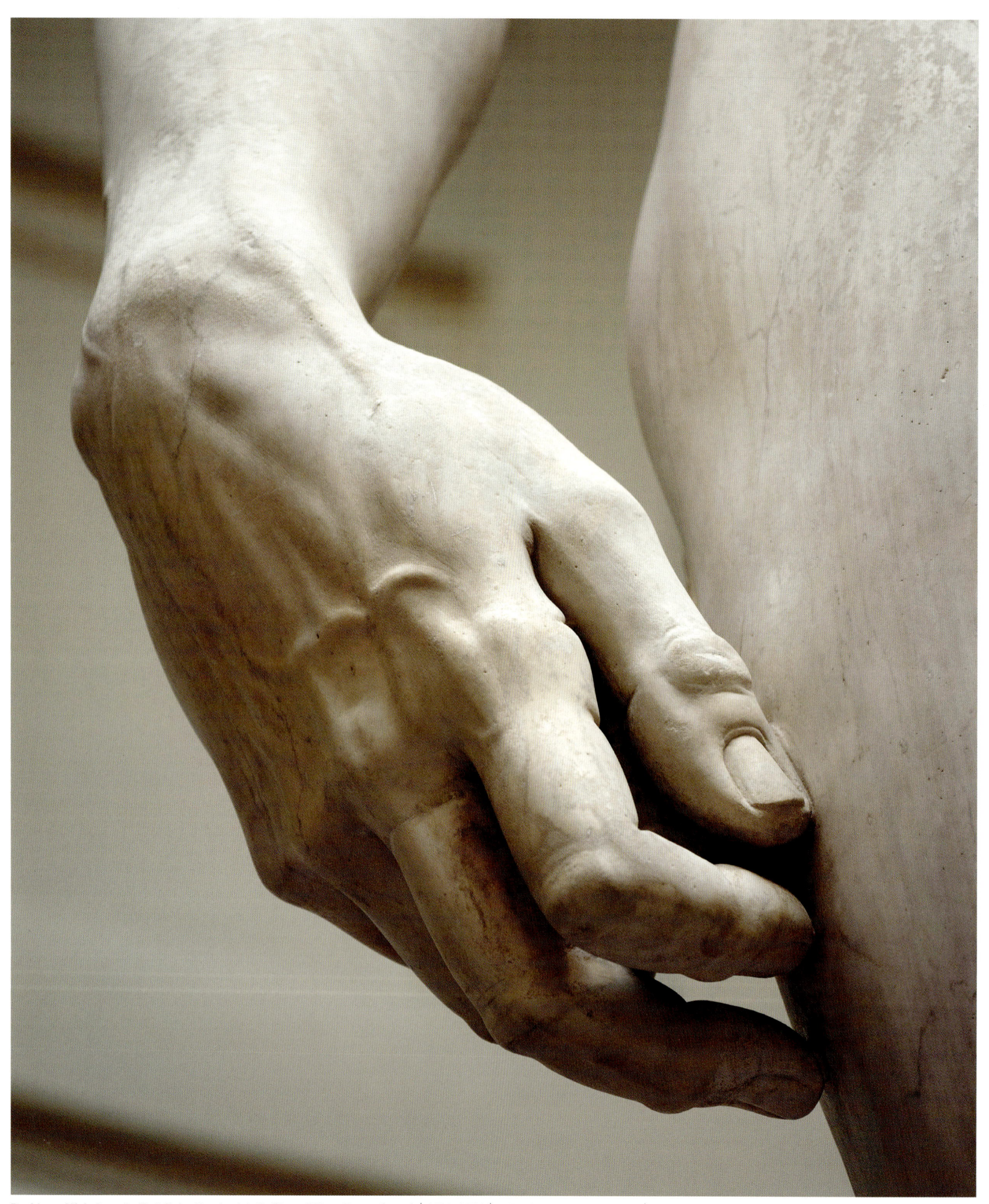

David von Michelangelo (Detail der Hand zeigt die übermäßigen Proportionen) | 1501–1504 | 5,17 m hoch, 5660 kg Gewicht | Carrara-Marmor

Michelangelos David-Skulptur

△ **Michelangelo** (1475–1564), nach einem Selbstporträt

Als eines der größten Meisterwerke der Renaissance, vielleicht sogar aller Epochen, ist Michelangelos *David* aufgrund seiner lebensechten Darstellung der männlichen Anatomie, seiner gewaltigen Dimensionen und der ungewöhnlichen Behandlung seines Themas einzigartig. Die Skulptur stellt den biblischen David dar, den israelitischen Bezwinger des riesenhaften Philisters Goliath. Aus solidem Marmor gemeißelt, ist sie über 5 m hoch und wiegt mehr als 5 Tonnen. In der einen Hand hält David eine Schleuder, in der anderen einen Stein. Michelangelos Skulptur ist ohnegleichen – Goliath fehlt, und statt David in Siegerpose ist er in den Augenblicken direkt vor dem Kampf gezeigt. Michelangelos große Leistung besteht darin, Davids Anspannung durch die heraustretenden Adern seiner Hände, den gestrafften Hals und den konzentrierten Blick in monumentalen Dimensionen auszudrücken. Die Zeitgenossen waren überwältigt, wenngleich einer, Piero Soderini, die Nase als zu breit empfand – woraufhin Michelangelo vorgab, sie zu ändern, indem er Marmorstaub vom Gerüst rieseln ließ.

Die Statue war für die Strebepfeiler der Kathedrale von Florenz vorgesehen, wo sie aus großer Untersicht betrachtet worden wäre – eine Erklärung für die ungewöhnliche Größe von Kopf und Händen. Eine Florentiner Kommission, darunter Leonardo da Vinci und Botticelli, befand das Werk als zu herausragend (und zu schwer) für diesen Platz, und so stellte man es vor den Palazzo Vecchio, Sitz der Regierung. Dieser Standort hatte politische Bedeutung, denn der David blickte Richtung Rom – als Wahrzeichen eines freien Florenz, das wenige Jahre zuvor erst die Medici verbannt hatte.

David mit dem Haupt Goliaths, Umkreis von Caravaggio, um 1600, wie üblich den Moment des Sieges zeigend

David-Skulptur heute, in Florenz

> **Wer Michelangelos David gesehen hat, muss kein Werk eines anderen Bildhauers, ob lebend oder tot, mehr sehen.**
>
> Giorgio **Vasari**
> Maler und Künstlerbiograf, 1511–1574

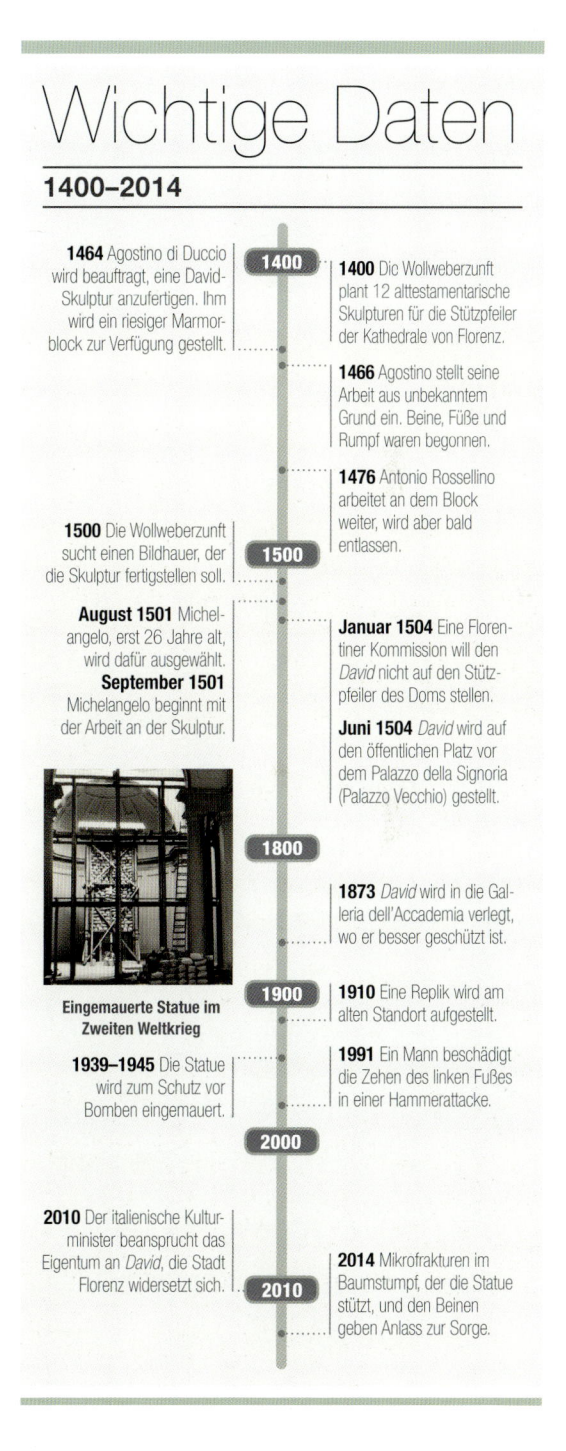

Wichtige Daten
1400–2014

- **1400** Die Wollweberzunft plant 12 alttestamentarische Skulpturen für die Stützpfeiler der Kathedrale von Florenz.
- **1464** Agostino di Duccio wird beauftragt, eine David-Skulptur anzufertigen. Ihm wird ein riesiger Marmorblock zur Verfügung gestellt.
- **1466** Agostino stellt seine Arbeit aus unbekanntem Grund ein. Beine, Füße und Rumpf waren begonnen.
- **1476** Antonio Rossellino arbeitet an dem Block weiter, wird aber bald entlassen.
- **1500** Die Wollweberzunft sucht einen Bildhauer, der die Skulptur fertigstellen soll.
- **August 1501** Michelangelo, erst 26 Jahre alt, wird dafür ausgewählt.
- **September 1501** Michelangelo beginnt mit der Arbeit an der Skulptur.
- **Januar 1504** Eine Florentiner Kommission will den *David* nicht auf den Stützpfeiler des Doms stellen.
- **Juni 1504** *David* wird auf den öffentlichen Platz vor dem Palazzo della Signoria (Palazzo Vecchio) gestellt.
- **1873** *David* wird in die Galleria dell'Accademia verlegt, wo er besser geschützt ist.
- **1910** Eine Replik wird am alten Standort aufgestellt.
- **1939–1945** Die Statue wird zum Schutz vor Bomben eingemauert.
- **1991** Ein Mann beschädigt die Zehen des linken Fußes in einer Hammerattacke.
- **2010** Der italienische Kulturminister beansprucht das Eigentum an *David*, die Stadt Florenz widersetzt sich.
- **2014** Mikrofrakturen im Baumstumpf, der die Statue stützt, und den Beinen geben Anlass zur Sorge.

Eingemauerte Statue im Zweiten Weltkrieg

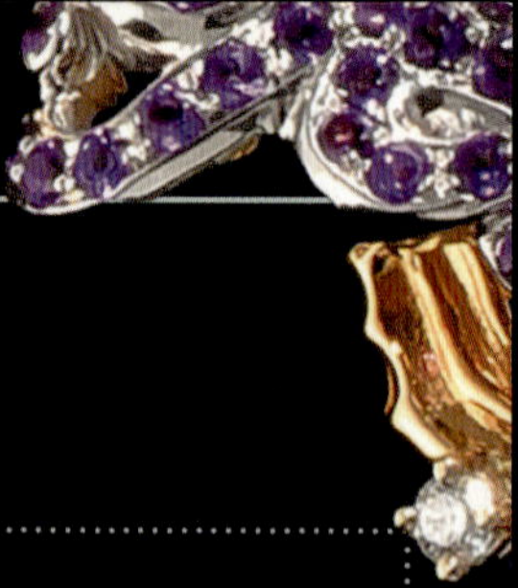

Rekord-brecher

Groß, schön und fast perfekt – das sind die Qualitäten, die die meisten Rekordedelsteine der Welt auszeichnen. Manche werden in den Gewölben königlicher Sammlungen oder besonderer Museen aufbewahrt, andere sind erst in jüngster Zeit in der Erde entdeckt worden. Diese Auswahl von Edelsteinen hat Größen- oder Qualitätsrekorde gesetzt – darunter Neuentdeckungen ebenso wie bekannte Schätze.

De-Beers-Diamant
Dieser gelbe Diamant bildete den Mittelpunkt der Patiala-Halskette (s. S. 90–91).

Lucapa-Diamant
Der seltene Status Typ IIa wurde diesem fast makellosen Rohdiamanten zuerkannt.

Carmen-Lucia-Rubin
Dieser 23,1-Karäter aus Birma ist von einzigartiger Farbe und Reinheit.

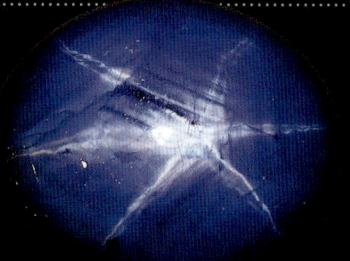

Gachala-Smaragd
Der Gachala ist mit 858 Karat einer der größten ungeschliffenen Smaragde der Welt.

»Sweet Josephine«
Als dieser 16,08-karätige Edelstein im Kissenschliff im Jahr 2015 für 28,5 Mio. Dollar verkauft wurde, brach er alle Rekorde für rosa Diamanten.

»Stern von Adam«
Dieser Edelstein, der größte blaue Sternsaphir der Welt, wurde 2015 in Ratnapura (Sri Lanka) entdeckt.

Olympic-Australis-Opal
Mit 99 Prozent reinem Edelsteinopal ist der Olympic Australis der wertvollste Opal der Welt.

REKORDBRECHER | **333**

Paraiba Star of the Ocean
Dieser größte Paraiba-Turmalin der Welt wurde 2013 von Kaufmann de Suisse gefasst.

Blauer Riese des Orients
Schon 1907 gefunden, hält dieser Edelstein immer noch den Rekord als größter Saphir der Welt.

Strawn-Wagner-Diamant
Als einziger perfekter Diamant, der je gefunden wurde, hat dieser die AGS-Zertifizierung 0/0/0.

Alexandrit
Von herausragender Qualität ist dieser Alexandrit-Edelstein aus dem Smithsonian Institute mit 17,08 Karat Gewicht.

MODERNE MARKEN

Ab Mitte des 19. Jh. haben Marketing und Werbung die Wahrnehmung von Juwelen verändert. Es waren keine Stücke mehr, deren Preis sich nur anhand von Edelsteinqualität, Metallgehalt und Seltenheit bemaß: Den Wert bestimmte nun auch die Marke. Schmuck wurde zum Symbol für einen bestimmten Lebensstil, der über Ringe und Uhren hinaus auch Duft und häusliches Dekor, Kultur und Künste, exklusive Sportveranstaltungen und Stars auf dem roten Teppich umfasste.

Tiffany & Co. eroberte sich 1845 in den USA durch die Veröffentlichung seines ersten Juwelenkatalogs *Blue Book* eine führende Position auf dem Markt. Es verfeinerte sein Farbthema, führte seine typische blaue Farbe auch bei Verpackung und Werbung ein und machte sie so zu einem festen Bestandteil des Markenimages. Cartier setzte währenddessen auf seine Verbindungen zu europäischen Königshäusern, um seinen Namen mit Prestige und verfeinertem Geschmack in Verbindung zu bringen. Es gab eine Lifestyle-Produktlinie heraus, Les Must de Cartier, und sponserte z. B. Polo, um sein exklusives Image zu festigen. Andere Marken, vom gehobenen Van Cleef & Arpels bis Pandora für den Massenmarkt, haben sich seither auf ähnliche Weise ein Image geschaffen.

> Ich habe meine **Juwelen** nie als Trophäen ... gesehen. Wir sind nur vorübergehende Wächter der Schönheit.
>
> Elizabeth **Taylor**
> Schauspielerin

Armbanduhr »Panthère de Cartier« Verspielt und kraftvoll, als Symbol für Eleganz, Macht und Luxus, taucht der Panther in vielen Luxusuhren von Cartier auf, wie bei diesem opulenten Exemplar und anderen reich verzierten Schmuckstücken der »Panthère«-Kollektion.

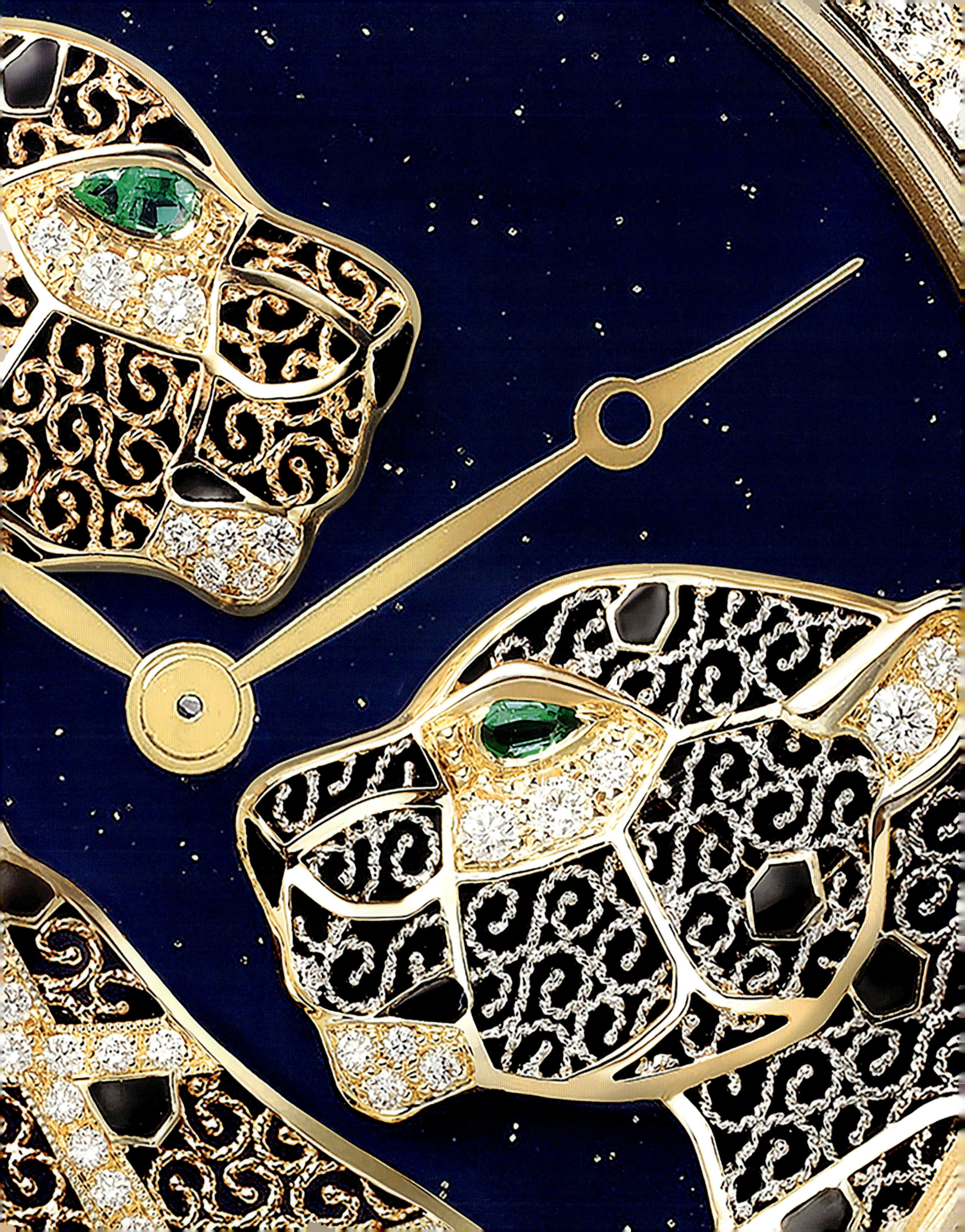

5

Farbführer

Farb- führer

Diese Farbtafeln gruppieren Minerale nach ihrer Hauptfarbe. Existieren sie in weiteren Farben, werden diese im Text genannt.

Diamant | siehe S. 52–57 | Diamant kann farblos, weiß oder schwarz, gelb, pink, rot, blau oder braun sein. Er ist transparent bis opak mit einem Diamantglanz.

Quarz (Namibia) | siehe S. 132–139 | Diese Quarzvarietät ist farblos, gelb, pink oder grün, ihr Erscheinungsbild ist transparent bis opak, mit einem Glasglanz.

Quarz (rutiliert) | siehe S. 132–139 | Rutilierter Quarz ist farblos mit eingeschlossenen Rutilnadeln in Gold, Rot oder Grün. Er hat einen Glasglanz und ist transparent.

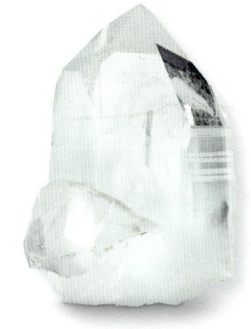

Bergkristall (Quarz) | siehe S. 132–139 | Bergkristall kommt in der Natur nur in farbloser Gestalt vor. Er hat einen Glasglanz und ist transparent.

Selenit | siehe S. 123 | Selenit kann farblos, weiß, gelb oder hellbraun gefärbt sein. Er ist transparent bis durchscheinend, mit einem Glas- oder Perlmuttglanz.

Pollucit | siehe S. 185 | Pollucit kann farblos oder grau, blau oder violett sein. Er ist transparent bis opak und besitzt einen Glasglanz.

Danburit | siehe S. 246 | Die Farbpalette von Danburit reicht von Gelb und Braun bis zu Pink. Er tritt auch farblos auf, ist transparent und hat einen Glasglanz.

Coelestin | siehe S. 121 | Coelestin tritt farblos und in den Farben Weiß, Rot, Grün, Blau oder Braun auf. Er ist transparent bis durchscheinend und besitzt einen Glasglanz.

Amblygonit | siehe S. 117 | Amblygonit ist farblos, weiß, gelb, pink, braun, grün oder blau, transparent mit einen Glas- oder Perlmuttglanz.

Phenakit | siehe S. 282 | Phenakit ist farblos, gelblich, rosa oder grünlich blau und entweder transparent oder durchscheinend, mit einem Glasglanz.

Turmalin (Achroit) | siehe S. 226–229 | Achroit, eine Varietät von Turmalin, ist farblos mit einem Glasglanz. Er ist transparent bis durchscheinend, bisweilen auch opak.

Albit | siehe S. 172 | Albit kann farblos, grünlich, bläulich oder schwarz sein, hat einen Glas- oder Perlmuttglanz und reicht von transparent bis opak.

Euklas | siehe S. 283 | Mit farblosen, weißen, blauen und grünen Varietäten ist Euklas transparent bis durchscheinend und hat einen Glasglanz.

Platin | siehe S. 44–45 | Dieses Edelmetall hat eine silberweiße Farbe. Platin hat einen metallischen Glanz und ist opak.

FARBFÜHRER | 339

Silber | siehe S. 42–43 | Dieses beliebte Edelmetall ist silberweiß und läuft schwarz an. Es hat einen Metallglanz und ist opak.

Pyrit | siehe S. 66 | Dieser Schmuckstein hat von Natur aus eine silbrige oder messinggelbe Farbe. Sein Glanz ist metallisch und er ist opak.

Perle | siehe S. 292–295 | Es gibt weiße, cremefarbene, schwarze, blaue, gelbe, grüne und rosafarbene Perlenvarietäten. Sie sind opak mit einem Perlmuttglanz.

Marmor | siehe S. 328 | Diesen opaken Stein gibt es in einer großen Farbvielfalt, mit violetten, roten, blauen oder weißen Adern. Er kann matt sein oder Perl- bzw. Subglasglanz haben.

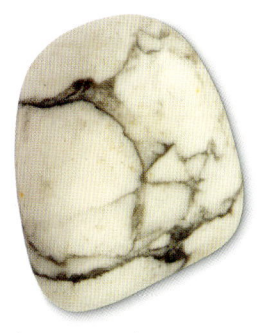

Howlith | siehe S. 127 | Howlith ist weiß, oft spinnenwebartig mit grauen bis schwarzen Adern durchzogen, opak und besitzt einen Glasglanz oder ist matt.

Petalit | siehe S. 197 | Mit einem Farbspektrum im Bereich farblos über Pink bis Gelblich hat Petalit einen Perlmuttglanz und ist transparent.

Quarz (Aventurin) | siehe S. 134 | Diese Quarzvarietät kann grau, grün, rotbraun oder goldbraun sein. Sie ist durchscheinend oder opak mit einem Glas-oder Wachsglanz.

Quarz (Katzenauge) | siehe S. 137 | Der Katzenaugenquarz ist von gräulicher Farbe mit einem schwachen Katzenaugeneffekt, durchscheinend und hat einen Fettglanz.

Bytownit | siehe S. 173 | Bytownit ist gelblich oder rötlich braun, transparent oder durchscheinend und kann einen Glasglanz oder eine matte Oberfläche haben.

Quarz (Rauchquarz) | siehe S. 137 | Rauchquarz ist eindeutig braun, von hell- bis dunkelbraun. Er hat einen Glasglanz und ist transparent bis opak.

Chrysoberyll (Alexandrit) | siehe S. 84–85 | Alexandrit kann transparent oder durchscheinend sein, mit Glasglanz. Als Edelstein ist er pleochroitisch.

Gagat | siehe S. 306–307 | Die Farbpalette des Gagats reicht von Dunkelbraun bis Tiefschwarz. Er ist opak mit einem wachsartigen Glanz oder auch matt.

Granat (Melanit) | siehe S. 258–263 | Diese Granatvarietät ist von tiefschwarzer Farbe, mit Glas- oder Subdiamantglanz. Sie ist durchscheinend oder opak.

Onyx | siehe S. 154–155 | Schwarzer Onyx ist schwarz mit weißen Schichten, die wie eine gerade Farbbänderung aussehen können. Er hat einen Wachsglanz und ist opak.

Turmalin (Schörl) | siehe S. 226–229 | Schörl ist schwarz, blauschwarz oder braunschwarz. Er kann durchscheinend oder opak sein, mit einem Glas- oder Harzglanz.

Obsidian | siehe S. 323 | Farblich ist Obsidian u. a. schwarz, bläulich und mahagonibraun über gold bis irisierend. Er ist durchscheinend und hat einen Glasglanz.

340 | FARBFÜHRER

Anthrazit | siehe S. 309 | Anthrazit ist opak, seine Farben reichen von Schwarz bis Stahlgrau. Er glänzt in einem submetallischen Glanz.

Peanut Wood | siehe S. 318 | Dieses opake fossile Holz ist dunkelbraun bis schwarz, mit weißen bis cremeweißen, erdnusskernförmigen Mustern. Es hat einen Glas- oder Fettglanz.

Enstatit | siehe S. 202 | Enstatit wird in Braun, Grau, Weiß, Grün oder Gelb gefunden und ist durchscheinend oder opak. Er hat einen Glasglanz und eine graue Strichfarbe.

Epidot | siehe S. 251 | Epidot kommt in Braun, Pistaziengrün, Gelb oder Schwarz mit Grünstich vor. Er hat einen Glas- bis Harzglanz und ist transparent bis annähernd opak.

Axinit | siehe S. 247 | Das braune, gelblich grüne, grüne, bläulich grüne oder blaue Material des Axinits ist transparent und hat einen Glasglanz.

Bronzit | siehe S. 205 | Bronzit hat einen braunen oder grünlichen Farbton, ist transparent, durchscheinend oder opak und hat einen Submetallglanz.

Hypersthen | siehe S. 204 | Der dunkle Edelstein von schwarzer bis schwarzbrauner oder schwarzgrüner Farbe besitzt Glas- oder Seidenglanz und ist transparent bis opak.

Kupfer | siehe S. 48–49 | Dieses Metall ist braun bis kupferrot und läuft schwarz oder grün an. Es hat ein opakes Aussehen und einen metallischen Glanz.

Achat | siehe S. 152–153 | Achat tritt in Rot, Gelb, Grün, Rotbraun, Weiß und Blauweiß auf, mit verschiedenen Bänderungen, hat einen Wachsglanz und ist durchscheinend bis opak.

Rutil | siehe S. 94 | Rutil mit seinem Subdiamant- bis Submetallglanz ist braun, rot, blassgelb, blassblau, violett oder schwarz, von transparent bis opak.

Chalcedon (Sarder) | siehe S. 146–147 | Dieser Edelstein ist bräunlich rot (Sarder) und durchscheinend bis opak, mit einem Wachsglanz.

Chalcedon (Karneol) | siehe S. 146–147 | Diese Chalcedonvarietät ist bräunlich rot bis orange und durchscheinend oder opak, mit einem Wachs- oder Harzglanz.

Feueropal | siehe S. 158–159 | Diese rote, orangefarbene oder gelbe Varietät von Opal hat einen Glasglanz und kann transparent, durchscheinend oder opak sein.

Chalcedon (Jaspis) | siehe S. 146–149 | Jaspis tritt in allen Farben auf, am häufigsten in Rottönen, meist gestreift oder gefleckt. Er ist opak mit einem Glasglanz.

Calcit | siehe S. 98 | Calcit ist transparent bis opak und kann orange, weiß, gelblich, rosa, bläulich oder farblos sein. Es besitzt einen Glas- oder Harzglanz.

Aragonit | siehe S. 99 | Dieser meist gebänderte Edelstein ist rötlich, gelblich, weiß, grünlich, bläulich oder violett. Er ist transparent bis opak und hat einen Glasglanz.

FARBFÜHRER | 341

Onyx (Sardonyx) | siehe S. 154–155 | Dieser Stein ist bräunlich rot mit weißen oder schwarzen parallelen Streifen. Er ist durchscheinend mit einem Glas- oder Seidenglanz.

Bernstein | siehe S. 310–311 | Bernstein kann gelb, weiß, rot, grün, blau, braun oder schwarz sein, ist transparent bis opak mit einem Harzglanz.

Turmalin (Dravit) | siehe S. 226–229 | Dravit ist dunkelgelb, gelbbraun oder braunschwarz. Er hat einen Glasglanz und ist transparent bis opak.

Cassiterit | siehe S. 88 | Cassiterit wird in der Regel in Braun- oder Schwarztönen mit Farbbänderung gefunden, hat einen Diamantglanz und ist transparent bis opak.

Quarz (Citrin) | siehe S. 137 | Diese Quarzvarietät ist hell- bis dunkelgelb oder goldbraun. Sie ist transparent bis durchscheinend mit einem Glasglanz.

Baryt | siehe S. 120 | Baryt ist gelb, farblos, weiß, braun, grau, schwarz oder mit roten, blauen oder grünen Schattierungen versehen, transparent bis opak und hat einen Glasglanz.

Kopal | siehe S. 308 | In Schattierungen von Gelb, Weiß, Rot, Grün, Blau, Braun oder Schwarz ist Kopal transparent bis opak mit einem Harzglanz.

Scheelit | siehe S. 126 | Scheelit kann gelb, gelblich weiß, farblos, grau, orange, oder braun sein. Er ist transparent und besitzt einen Diamantglanz.

Skapolith | siehe S. 184 | Skapolith tritt als gelbes, rosapinkfarbenes, violettes oder farbloses Material auf. Er ist transparent und besitzt einen Glasglanz.

Gold | siehe S. 36–39 | Mit seiner unverwechselbaren, satten gelben Farbe, die ins Weißlich-Gelbe aufhellen kann, ist Gold opak und hat einen metallischen Glanz.

Granat (Topazolith) | siehe S. 258–259 | Topazolith ist gelb bis gelbbraun und transparent bis durchscheinend mit einem Subdiamant- oder Glasglanz.

Andalusit | siehe S. 274 | Andalusit kann gelblich grün bis grün, braun, pink oder farblos sein, mit einem Glasglanz. Seine Palette reicht von transparent bis opak.

Titanit | siehe S. 275 | Titanit kann gelb, grün oder braun sein oder eine Mischung dieser Farben aufweisen. Er ist transparent bis opak und hat einen Diamantglanz.

Beryll (Heliodor/Goldberyll) | siehe S. 240–241 | Heliodor ist zitronen- bis goldgelb mit einem Stich ins Grünliche. Er ist transparent bis opak, mit einem Glasglanz.

Brasilianit | siehe S. 116 | Brasilianit ist transparent und tritt in den Farbtönen Gelblich bis Grün oder Golden auf. Er hat einen Glasglanz.

Apatit | siehe S. 118 | Apatit ist transparent und kann eine Vielzahl von Farben annehmen, von Gelb und Grün über Farblos bis zu Blau und Violett. Er besitzt einen Glasglanz.

Turmalin (Elbait) | siehe S. 228–229 | Dieser Stein ist grün, gelb, rot, orange, farblos oder blau, transparent oder durchscheinend, mit einem Glas- oder Harzglanz.

Chrysoberyll | siehe S. 84–85 | Dieser Edelstein hat einen Glasglanz und kann in Schattierungen von Grün, Gold, Gelb, Rot oder Braun auftreten. Er ist transparent bis opak.

Granat (Andradit) | siehe S. 258–263 | Von transparent bis durchscheinend, ist Andradit grün, gelb, schwarz oder farblos mit einem Subdiamant- oder Glasglanz.

Prehnit | siehe S. 198 | Prehnit tritt in einer grünlich oder ölig-gelblichen Farbe auf und ist durchscheinend, mit einem Glas- oder Perlmuttglanz.

Serpentin | siehe S. 190 | Serpentin tritt in den Farben Grün, gelbliches Grün, Weiß, Gelbbraun, Rotbraun oder Schwarz auf, mit einem Fettglanz. Er ist durchscheinend bis opak.

Mondstein | siehe S. 164–165 | Mondstein ist grün, farblos, weiß, schimmernd (milchig oder bläulich), braun oder rot, transparent oder durchscheinend, mit einem Glasglanz.

Jade | siehe S. 212–213 | In Grün ist sie am teuersten, doch Jade gibt es auch in anderen Farben. Sie besitzt einen Glasglanz und ist durchscheinend bis opak.

Chalcedon (Chrysopras) | siehe S. 146–149 | Chrysopras ist grün oder gelblich grün, mit durchscheinenden bis opaken Exemplaren und einem harzigen Glanz.

Fluorit | siehe S. 96–97 | Fluorit ist transparent bis opak und tritt farblos oder in Grün, Gelb, Rosa, Rot, Braun, Blau und Violett auf. Der Glanz ist ein Glasglanz.

Variscit | siehe S. 104 | Das Farbspektrum des Variscits reicht von Grün über Gelbgrün bis Blaugrün. Er ist durchscheinend oder opak und hat einen Glas- bis Wachsglanz.

Diopsid | siehe S. 203 | Diopsid gibt es farblos, in Grün, Gelb, Braun oder Schwarz. Er ist transparent bis opak und besitzt einen Glasglanz.

Peridot | siehe S. 254–255 | Peridot ist von grüner, gelbgrüner oder braungrüner Farbe, hat einen Glas- oder Fettglanz und ist von transparenter Erscheinung.

Hiddenit | siehe S. 208 | Dieser Edelstein besitzt einen Glasglanz und tritt in den Farbschattierungen Smaragdgrün, Gelbgrün und Grüngelb auf. Er ist transparent.

Gemeiner Opal | siehe S. 158–161 | Der Gemeine Opal tritt in zahlreichen Farben auf, am häufigsten in Grün. Er hat einen Wachs- bis Harzglanz und ist durchscheinend bis opak.

Williamsite | siehe S. 190 | Dieser Williamsite ist eine Antigoritvarietät, und zwar eine Serpentinart. Er hat eine ölig grüne Farbe.

Malachit | siehe S. 107 | Malachit ist blass- bis tiefgrün mit Bänderung. Sein Glanz reicht von Glas- über Seidenglanz bis matt, und er ist von opakem Aussehen.

FARBFÜHRER | 343

Granat (Demantoid) | siehe S. 258–263 | Diese grüne oder auch gelblich grüne Varietät von Granat ist transparent. Sie hat einen Diamantglanz.

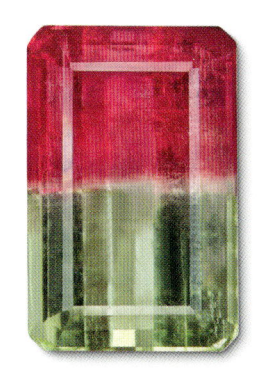

Turmalin (Wassermelone) | siehe S. 226–229 | Der Wassermelonenturmalin hat einen grünen Rand bei rotem oder rosa Kern. Er ist transparent mit einem Glasglanz.

Vesuvianit | siehe S. 250 | Der grüne, gelblich grüne, gelblich braune oder violette Edelstein Vesuvianit ist transparent bis durchscheinend mit einem Fettglanz.

Chrysoberyll (Katzenauge) | siehe S. 84–85 | Mit Katzenaugeneffekt ist dieser grünlich gelb bis gelbbraune Edelstein opak mit einem Glas- bis Harzglanz.

Moldavit | siehe S. 322 | Dieser Edelstein hat eine flaschengrüne bis braungrüne Farbe. Er ist durchscheinend bis opak und hat einen Glasglanz.

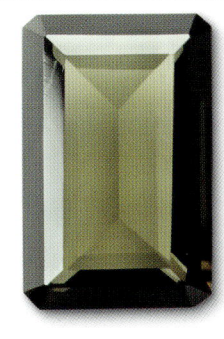

Kornerupin | siehe S. 252 | Dieser transparente Edelstein mit einem Glasglanz kann farblich von Grün und Blaugrün bis zu Mischungen aus Braun und Grün reichen.

Ammolit | siehe S. 319 | Mit einem meist grün-roten Farbenspiel in einem mosaikähnlichen Muster hat Ammolit einen Fettglanz und ist opak.

Edelopal | siehe S. 158–161 | Edelopal besitzt ein Farbenspiel in allen Schattierungen. Er hat einen Glasglanz und ist transparent bis opak.

Chalcedon (Blutjaspis/Heliotrop) | siehe S. 146–151 | Mit an Blut erinnernden roten Flecken auf Dunkelgrün ist Blutjaspis durchscheinend bis opak mit einem Wachs- bis Harzglanz.

Turmalin (Indigolith) | siehe S. 226–229 | Indigolith ist eine dunkelblaue bis blaue Varietät von Turmalin. Er ist transparent bis opak und hat einen Glasglanz.

Chrysokoll | siehe S. 196 | Chrysokoll ist grün bis blau, weist Adern und Muster auf und besitzt einen Glas- bis Wachsglanz. Das Mineral ist opak.

Dioptas | siehe S. 220 | Dioptas ist durchscheinend, hat einen Glasglanz und besitzt eine kräftige, aber dunkle smaragdgrüne oder bläulich grüne Farbe.

Smaragd | siehe S. 232–233 | Das Farbspektrum von Smaragd reicht von Smaragdgrün bis leicht gelblichem Grün. Er hat einen Glasglanz und ist transparent bis opak.

Mikroklin | siehe S. 171 | Mikroklin kann blau bis grün sein, ist meistens jedoch weiß bis blassgelb oder lachsfarben. Er hat einen Glasglanz und ist durchscheinend bis opak.

Smithsonit | siehe S. 105 | Smithsonit hat Glas- oder Perlmuttglanz und kann blau, weiß, gelb, orange, braun, grün, grau oder rosa sein. Er ist durchscheinend bis opak.

Türkis | siehe S. 110–111 | Der himmelblaue bis blaugrüne Türkis besitzt oft spinnenwebartige Einschlüsse. Er hat einen Wachsglanz oder ist matt und opak bis durchscheinend.

344 | FARBFÜHRER

Turmalin (Paraibaít) | siehe S. 226–229 | Paraibaít wird in Minzgrün bis Himmelblau, Saphirblau und Violett gefunden. Er ist transparent und hat einen Glasglanz.

Beryll (Goshenit) | siehe S. 236–241 | Goshenit ist eine farblose Varietät von Beryll. Er hat einen Glasglanz und ist transparent bis durchscheinend.

Chalcedon | siehe S. 146–149 | Die Quarzvarietät tritt in allen Farben auf, hat einen Wachsglanz und ist durchscheinend bis opak.

Quarz (Milchquarz) | siehe S. 136 | Von dieser trübweißen Quarzvarietät gibt es semitransparente, durchscheinende und opake Exemplare mit einem Fettglanz.

Phosphophyllit | siehe S. 199 | Von blaugrüner bis farbloser Erscheinung, ist Phosphophyllit durchscheinend und besitzt einen Glasglanz.

Pektolith | siehe S. 217 | Dieser Schmuckstein mit Seidenglanz kann in Hellblau, Hellgrün, Farblos oder Grau vorkommen. Er kann transparent oder auch durchscheinend sein.

Lazulith | siehe S. 119 | Lazulith ist blauweiß bis dunkelblau oder blaugrün und hat einen Glasglanz. Er kann transparent, durchscheinend oder opak sein.

Topas | siehe S. 272–273 | Topas tritt in Blau, Farblos, Gelb, Bräunlich, Grün, Pink, Rot, und Violett auf. Sein Glanz ist ein Glasglanz, und er ist transparent.

Beryll (Aquamarin) | siehe S. 236–241 | Diese blaue oder grünlich blaue Beryllvarietät hat einen Glas- bis Harzglanz und ist transparent bis durchscheinend.

Zirkon | siehe S. 268–269 | Zirkon kann blau, grün, gelb, braun, rot oder farblos sein, transparent bis durchscheinend. Das Mineral hat einen Glasglanz.

Turmalin (Indigolith) | siehe S. 228–229 | Indigolith ist eine blaue bis dunkelblaue Varietät von Turmalin. Er ist transparent bis opak und hat einen Glasglanz.

Azurit | siehe S. 106 | Azurit ist azurblau oder tiefblau. Er kann transparent, durchscheinend oder opak sein, und er besitzt einen Glas-, Wachs- oder Erdglanz.

Benitoit | siehe S. 223 | Benitoit is blau, violett, rosa oder farblos. Mit einem Glas-, Subdiamant- oder Diamantglanz ist er transparent oder durchscheinend.

Iolith (oder Cordierit) | siehe S. 222 | Iolith ist meist violettblau, hat einen Glas- bis Fettglanz und kann entweder transparent oder durchscheinend auftreten.

Haüyn | siehe S. 181 | Haüyn ist azurblau, grünblau oder blauweiß. Sein Glanz ist ein Glas- bis Fettglanz und er tritt in transparenter, durchscheinender oder opaker Gestalt auf.

Saphir | siehe S. 70–73 | Saphir tritt in verschiedenen Blautönen sowie den meisten anderen Farben auf. Er ist transparent bis opak und besitzt einen Diamant- bis Glasglanz.

FARBFÜHRER | 345

Kyanit | siehe S. 280 | Kyanit hat einen glasigen, perlmuttartigen Glanz und ist blau, grün, braun, gelb, rot oder farblos. Er rangiert von transparent bis durchscheinend.

Tansanit | siehe S. 253 | Tansanit tritt in Schattierungen von Saphirblau, Amethystblau oder Violett auf. Er ist transparent und hat einen Glasglanz.

Lapislazuli | siehe S. 174–177 | Dieser Edelstein ist intensiv blau, violett oder grünlich blau und kann goldene Pyriteinsprengsel enthalten. Er hat einen Glas- oder Fettglanz und ist opak.

Labradorit | siehe S. 169 | Dieser Edelstein ist dunkel über Schwarzgrau bis Labradoreszent (Goldgelb, Blaugrün, Violett, Bronze), hat einen Glasglanz und ist transparent bis opak.

Hämatit | siehe S. 86 | Hämatit wird in Schwarz, Stahlgrau oder teilweise rötlicher Färbung aufgefunden. Er hat einen metallischen Glanz und ist opak.

Dumortierit | siehe S. 277 | Dumortierit ist dunkelblau, violettblau, rotbraun oder farblos und rangiert von durchscheinend bis opak. Sein Glanz ist ein Glasglanz.

Sodalith | siehe S. 180 | Sodalith hat eine blaue oder blauviolette Farbe mit einem Glas- oder Fettglanz. Er ist transparent, durchscheinend oder opak.

Quarz (Amethyst) | siehe S. 136 | Amethyst ist ein purpurroter, violetter oder blass rotvioletter Quarz. Er hat einen Glasglanz und ist transparent bis opak.

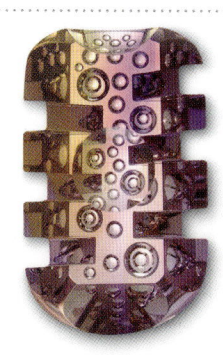

Quarz (Ametrin) | siehe S. 138 | Diese Amethystvarietät ist purpurrot oder violett. Wie Amethyst hat sie einen Glasglanz und ist transparent bis opak.

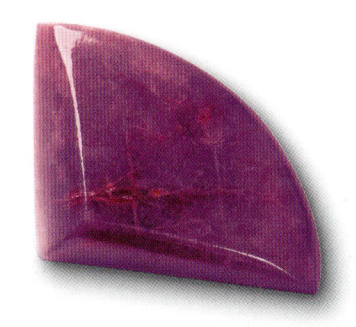

Sugilith | siehe S. 221 | Sugilith ist von violettem oder purpurrotem Farbton, hat einen Harzglanz und ist transparent, durchscheinend oder opak.

Thulit | siehe S. 253 | Diese pinkfarbene bis rote Zoisitvarietät ist oft mit Weiß und Grau marmoriert. Sie hat einen Glasglanz und ist opak.

Fluorit (Blue John) | siehe S. 96–97 | Dieser Edelstein weist eine violette und weiße Bänderung mit einem Glasglanz auf. Er variiert von transparent bis durchscheinend.

Beryll (Rot) | siehe S. 236–241 | Diese rote bis violettrote Varietät von Beryll kann transparent bis durchscheinend sein. Sie hat einen Glasglanz.

Turmalin (Rubellit) | siehe S. 226–229 | Rubellit ist von kräftig dunkelroter bis pinkroter Farbe. Er hat einen Glasglanz und ist transparent bis opak.

Rubin | siehe S. 76–77 | Der in Rot, Tiefrot und Pinktönen auftretende Rubin hat einen Perlmutt-, Subdiamant- oder Glasglanz und ist transparent bis opak.

Spinell | siehe S. 80–81 | Spinell tritt in Rot, Gelb, Orange, Violett, Blau, Grün, Schwarz und farblos auf, er ist transparent und sein Glanz ist ein Glasglanz.

Cuprit | siehe S. 89 | Cuprit ist von karminroter oder dunkelgrauer Farbe und hat eine durchscheinende Transparenz. Er schimmert in einem metallischen Glanz.

Sphalerit | siehe S. 67 | Sphalerit ist rotgelb, gelb, grün, braun oder schwarz, er hat einen Diamant- oder Fettglanz und seine Transparenz reicht von transparent bis opak.

Granat (Almandin) | siehe S. 258–263 | Almandin ist eine rote bis violettrote Varietät von Granat. Er ist transparent und hat einen Glasglanz.

Rhodochrosit | siehe S. 100 | Rhodochrosit ist von rosaroter bis roter Farbe und hat einen Glas- oder Perlmuttglanz. Er ist von durchscheinender Transparenz.

Koralle | siehe S. 314–315 | Koralle tritt in den Farben Rot, Rosa, Weiß, Orange, Blau oder Braun auf. Sie rangiert von durchscheinend bis opak und hat einen Glasglanz.

Rhodonit | siehe S. 216 | Rhodonit ist rot, graurot oder orangerot, hat einen Glasglanz oder ist matt und kann transparent, durchscheinend oder opak sein.

Sonnenstein | siehe S. 168 | Sonnenstein tritt in roten, braunen und goldbraunen Farben auf. Er besitzt Aventureszenz (metallisches Glitzern), ist durchscheinend bis opak, mit Glasglanz.

Orthoklas | siehe S. 170 | Orthoklas kann gelb oder farblos sein, hat einen Glas- oder Perlmuttglanz und ein transparentes Aussehen.

Diaspor | siehe S. 93 | Diaspor tritt in Pink, grünlichem Braun, Weiß, Gelb, Bläulich oder farblos auf, hat einen Glas- oder Perlmuttglanz und ist transparent bis durchscheinend.

Zoisit | siehe S. 253 | Zoisit ist rot bis violett, grün, braun oder von bläulichem Grün mit einem Glasglanz. Er kann transparent, durchscheinend oder opak sein.

Pezzottait | siehe S. 192 | Pezzottait ist rosarot bis pink und hat einen Glasglanz. Er rangiert von transparent bis durchscheinend.

Quarz (Rosenquarz) | siehe S. 136 | Mit einem Farbspektrum von kräftig bis blassrosa Farben hat Rosenquarz einen Glasglanz und ist durchscheinend.

Taaffeit | siehe S. 87 | Taaffeit kann pink, violett, farblos, blassgrün, bläulich oder rot gefärbt sein. Er hat einen Glasglanz und ist transparent.

Beryll (Morganit) | siehe S. 236–241 | Morganit ist sanft rosafarben bis violett oder lachsfarben und transparent mit einem Glasglanz.

Kunzit | siehe S. 209 | Kunzit ist rosa bis violettrosa und besitzt einen Glasglanz. Das Mineral hat ein transparentes Aussehen.

Sillimanit | siehe S. 276 | Sillimanit tritt in Schattierungen von Blau und Grün, Graugrün und Bräunlich sowie farblos auf. Er hat einen Glasglanz und ist transparent bis opak.

FARBFÜHRER | 347

Cerussit | siehe S. 101 | Cerussit hat einen Diamant- oder Glasglanz und kann gelb, bräunlich, farblos, weiß, blaugrün, grau oder schwarz sein. Es ist transparent bis opak.

Granit | siehe S. 329 | Granit kann in den Farben Rosa, Weiß oder Grau auftreten. Er hat einen matten Glanz und ein opakes Äußeres.

Muschel | siehe S. 298 | Muscheln gibt es in Weiß, Grau, Silber, Gelb, Blaugrün, Rosa, Rot, Braun, Bronze oder Schwarz, sie haben einen Perlmuttglanz und sind durchscheinend bis opak.

Perlmutt | siehe S. 299 | Perlmutt tritt in den meisten Farben sowie in irisierendem Purpur, Blau und Grün auf. Es hat einen Perlmuttglanz und ist durchscheinend bis opak.

Kalkstein | siehe S. 324 | Kalkstein ist meist weiß, kommt aber auch in Braun, Gelb, Rot, Blau, Schwarz oder Grau vor. Er hat einen matten Glanz und ist opak.

Alabaster | siehe S. 122 | Alabaster ist weiß und besitzt einen stumpfen Glanz. Seine Transparenz kann von durchscheinend bis opak variieren.

Staurolith | siehe S. 281 | Staurolith ist von rötlich brauner oder schwarzer Farbe und hat einen Glasglanz. Er ist durchscheinend und selten auch transparent.

Sandstein | siehe S. 325 | Sandstein kann hellbraun, braun, gelb, rot, grau, rosa, weiß, oder schwarz sein. Er hat einen Glasglanz und ist opak.

Die Farbe von Mineralen entsteht durch die Absorption oder Brechung von Licht bestimmter Wellenlängen.

6 Glossar und Register

Glossar

A

Adulareszenz
Das bläulich weiße Schimmern, das vorwiegend bei der Orthoklasvarietät Mondstein auftritt und im Cabochon-Schliff besonders deutlich hervortritt. Wird der Stein bewegt, scheinen die Lichtreflexionen über die Oberfläche des Steins zu wandern.

Aggregat
Verwachsungen von Kristallen einer oder mehrerer Mineralarten in verschiedene Richtungen

Allochromatisch
An sich farblose Edelsteine, deren Farbe auf Verunreinigung mit anderen Substanzen zurückgeht

Asterismus
Vier- oder sechsstrahliger Sterneffekt bestimmter Edelsteine, darunter einige Saphire und Rubine im Cabochon-Schliff. Der optische Effekt entsteht durch Reflexion von Licht auf eingeschlossenen Fasern oder Rutilnadeln.

B

Bänderung
Eine Reihe paralleler Farbstreifen in einem Mineral

Brechungsindex (BI)
Das Maß für das Licht, das gebremst und abgelenkt wird, wenn es in einen Edelstein eintritt. Es kann dazu dienen, geschliffene Edelsteine und manche Mineralarten zu identifizieren.

Brillantschliff
Ein runder Schliff, bestehend aus Facetten von mathematisch berechneten Proportionen in der Krone und im Pavillon, die das Feuer und den Glanz eines Diamanten maximieren

Bruch
Bruch oder Splittern eines Minerals, das nicht entlang von Spaltbarkeitsebenen erfolgt und daher oft ungleichmäßig ist

C

Cabochon
Ein polierter Schliff mit einer gewölbten Oberseite und einer flachen oder ebenfalls gewölbten Unterseite. Bei solchen Edelsteinen spricht man auch vom Schliff *en cabochon*.

Chatoyance, chatoyant
Der Katzenaugeneffekt mancher Edelsteine, der im Cabochon-Schliff sichtbar wird

D

Dendritisch
Baumartig; der verzweigte Habitus mancher Kristalle.

Dichroismus
Ein Edelstein, der zwei verschiedene Farben aufweist, wenn er aus verschiedenen Blickwinkeln betrachtet wird

Diffraktion
Das Aufteilen weißen Lichts in seine Farbbestandteile – die Regenbogenfarben –, wenn es durch ein Loch oder ein Gitter dringt; das Ablenken von Lichtwellen durch ein Hindernis

Dispersion
Die Aufgliederung weißen Lichts in seine Farbbestandteile – die Regenbogenfarben –, wenn es durch eine geneigte Fläche wie die eines Prismas oder eines facettierten Edelsteins fällt. Der Effekt wird beim Edelstein als Feuer bezeichnet.

Doppelbrechung
Doppelt brechende Edelsteine teilen das einfallende Lichtbündel in zwei senkrecht zueinander polarisierte Teilbündel auf. Jeder Lichtstrahl hat eine spezifische Geschwindigkeit und Brechungsindex, auch Birefringenz genannt.

E

Edelsteinschleifer
Die Person, die Edelsteine zuschneidet, schleift und poliert

Einschluss
Ein Kristall oder Fragment einer anderen Substanz innerhalb eines Edelsteins; manchmal dienen sie der Identifizierung von Edelsteinen.

Element
Ein chemisches Element, das in der Natur in Reinform vorkommt, ohne sich mit anderen Elementen zu verbinden

Erstarrungsgestein
Gestein, das aus erstarrtem geschmolzenem Gestein entstand

Erz
Ein Gestein oder Mineral, aus dem sich ein Metall kommerziell extrahieren lässt

Extrusiv
Gesteinsart, die sich aus Lava gebildet hat, die entweder auf die Erdoberfläche geflossen war oder bei einem Vulkanausbruch ausgeworfen wurde

F

Facetten
Die Flächen, die das Erscheinungsbild eines Edelsteins prägen

Facettieren
Das Schleifen und Polieren eines Edelsteins in eine Vielzahl von Facetten. Der Schliff erhält seinen Namen abhängig von der Anzahl und Form der Facetten.

Fantasieschliff
Ein unkonventionell geschliffener Edelstein, z. B. in Herzform. Auch *Fancy* genannt

Fassung
Das Schmuckstück, in das ein oder mehrere Edelsteine gesetzt sind

Feuer
siehe *Dispersion*

Fluoreszenz, fluoreszierend
Das Leuchten mancher Edelsteine unter ultraviolettem Licht, verursacht durch Verunreinigungen in ihrer Kristallstruktur

Freier Schliff
Ein Fantasieschliff, der keinem regelmäßigen geometrischen Muster folgt

G

Gemischter Schliff
Schliff mit unterschiedlichen Facetten in Krone und Pavillon, in der Regel in Form eines Brillantschliffs ober- und eines Treppenschliffs unterhalb der Rundiste

Gemme
siehe *Intaglio*

Geode
Ein oft runder, mit Kristallen gesäumter Hohlraum in Gestein

Gestein
Material aus einem oder mehreren Mineralen

Granular
Körnig oder in Form von Körnern

Grundmasse
Ein feinkörniges Gestein, in das größere Kristalle eingebettet sind oder auf dem sie sitzen. Siehe auch *Muttergestein*

H

Habitus
Die äußere Form, zu der ein Kristall, bedingt durch seine Molekularstruktur, heranwächst

I

Idiochromatisch
Eigengefärbter Edelstein, dessen Farbe durch seine chemische Struktur, nicht durch Verunreinigungen verursacht ist

Intaglio
Ein in einen Edelstein vertieft geschnittenes Motiv; das Gegenteil einer *Kamee*; auch Gemme genannt

Intrusivgestein
Magmatische Gesteine, die durch extrem langsames Abkühlen unter der Erdoberfläche entstehen

Irisieren
Die Regenbogenfarben, die auftreten, wenn Licht von Elementen innerhalb eines Edelsteins reflektiert wird

K

Kalette
Der unterste Teil eines geschliffenen Steins, entweder eine Spitze oder ein schmaler Steg

Kamee
Ein erhabenes Relief, das in einen aus mehreren Farbschichten bestehenden Stein oder eine Muschelschale geschnitten wurde

Karat
Maßeinheit für die Masse von Edelsteinen, wobei 1 Karat 0,2 g entspricht. Bei Gold misst Karat den Gewichtsanteil von reinem Gold an der Gesamtmasse der Goldlegierung, deren weitere Bestandteile meist Silber und Kupfer sind. Sie bezieht sich auf die Goldanteile von 24 Teilen einer Goldlegierung: 24-karätiges Gold ist reines Gold, 18-karätiges Gold besteht zu drei Vierteln aus Gold, 12-karätiges Gold zur Hälfte usw.

Kissen
Ein Schliff auf dem Grundriss zwischen Rechteck und Oval mit abgerundeten Seiten und Ecken

Klasten
Korn- bis blockgroße Bruchstücke von Gestein, die infolge von Verwitterung aus ihrem Ursprungsgestein herausgebrochen sind; klastische Sedimente bestehen aus Material, das der Zerstörung anderer Gesteine entstammt.

Kristall
Ein Festkörper mit einer geordneten Atomstruktur, die eine typische äußere Form hervorbringt und charakteristische physikalische und optische Eigenschaften besitzt

Kristallstruktur
Die Atomstruktur eines Kristalls. Alle kristallinen Edelsteine können entsprechend der Symmetrie ihrer Struktur klassifiziert werden: kubisch, tetragonal, hexagonal, trigonal, orthorhombisch, monoklin und triklin.

Krone
Der obere Teil eines geschliffenen Steins, oberhalb der Rundiste

Kryptokristallin
Eine extrem feinkörnige kristalline Mineralform, deren einzelne kristallisierte Komponenten unter einem Lichtmikroskop nicht mehr aufzulösen sind

L

Lichtbrechung
Das Ablenken von Lichtstrahlen, wenn sie von einem Medium in ein anderes eintreten

Lüster
Irisierender Glanz; auch Perlmuttglanz

M

Massig
Erscheinungsbild von Mineralen ohne definierte Form oder bestehend aus Massen kleiner Kristalle

Mehrfarbig
Einzelne Kristalle, die mehrere Farben aufweisen

Metamorphgestein
Ein Gestein, das sich von einer Gesteinsart in eine andere verwandelt hat, verursacht durch die Auswirkungen von Hitze oder Druck oder beidem

Mikrokristallin
Kristalline Mineralform, deren einzelne kristallisierte Komponenten nicht mehr mit dem bloßen Auge, wohl aber unter einem Lichtmikroskop erkennbar sind

Mineral
Ein inorganisches, natürlich vorkommendes Material mit einer festen chemischen Zusammensetzung und einer regelmäßigen Atomstruktur

Mohsskala
Maß der relativen Härte eines Edelsteins, basierend auf seiner Resistenz gegenüber Kratzern

Muttergestein
Das Gestein, in dem ein Edelstein aufgefunden wird. Auch Grundmasse, Wirtsgestein oder Matrix genannt

O

Opalisieren
Ein bläulich weißes Irisieren

Organischer Edelstein
Ein Edelstein aus Material, das von oder aus lebenden Organismen gebildet wurde

P

Pavillon
Der untere Teil eines facettierten Edelsteins, unterhalb der Rundiste

Pegmatit
Ein magmatisches Gestein, das typischerweise aus großen, oft wohlgeformten Kristallen besteht

Phänokrist
Ein relativ großer Kristall innerhalb der Matrix eines Erstarrungsgesteins, der diesem eine porphyrische Textur verleiht

Pleochroitisch
Ein Edelstein, der verschiedene Farben aufweist, wenn er aus verschiedenen Blickwinkeln betrachtet wird

Polymorph
Eine Substanz, die in zwei oder mehr kristallinen Formen auftreten kann; eine kristalline Form einer solchen Substanz

Porphyrisch
Ein Erstarrungsgestein, bei dem deutliche Größenunterschiede der Mineralkörner im Gestein sichtbar sind

Präzipitation
Die Kondensation eines festen Stoffes aus einer Flüssigkeit oder einem Gas. Auch Fällung genannt

Prismatisch
Ein Mineralhabitus, bei dem parallele rechteckige Flächen Prismen bilden

Pseudomorph
Ein Kristall mit der äußeren Form einer anderen Mineralart

R

Rhomboeder
Ein Kristall in der Form eines verdrehten Kubus

Rohedelstein
Ein ungeschliffener Edelsteinkristall

Rundiste
Der breiteste Teil eines geschliffenen Edelsteins, der die Krone vom Pavillon trennt

S

Skalenoeder
Ein Kristall, bestehend aus zwei hexagonalen Pyramiden, deren Basis in der Kristallmitte aneinanderliegt

Schiller, Schimmer
Ein brillantes Farbenspiel eines Kristalls, oft verursacht durch winzige, stäbchenförmige Einschlüsse. Eine Form des Irisierens

Schliff
Das Formen eines Edelsteins durch Schleifen und Polieren; die Form des fertigen Edelsteins, wie z. B. der Brillantschliff

Sedimentgestein
Gestein, das sich durch Konsolidierung und Härtung von Fragmenten anderen Gesteins, organischer Reste und anderem Material gebildet hat

Seifenlagerstätte
Sekundäre, durch Verwitterung bedingte Ablagerungsstätte von Mineralen, die aufgrund von deren hoher spezifischer Dichte konzentriert in Flussbetten oder an Stränden vorkommen

Spaltbarkeit
Die Art, in der manche Minerale entlang durch ihre Atomstruktur bedingter Ebenen brechen

Spezifische Dichte (Dichte)
Das Verhältnis der Masse eines Minerals zu der Masse desselben Volumens Wasser. Die spezifische Dichte ist äquivalent zur Dichte (Masse geteilt durch Volumen) in Gramm pro Kubikzentimeter

Stufe, Mineralstufe
Schön kristallisiertes Mineralaggregat, das für Sammler von besonderem Wert ist

T

Tafelfacette
Die zentrale Facette auf der Krone eines Edelsteins

Tafelig
Ein Habitus von Kristallen in Form einer dünnen Schachtel

Tetraeder
Ein Kristall mit vier dreieckigen Seitenflächen

Treppenschliff
Schliff mit rechteckiger Tafelfacette und Rundiste, mit parallelen rechteckigen Facetten

Trommelpolieren
Rundschleifen und Polieren von Schmucksteinen zusammen mit einem Schleifmittel in einer rotierenden Trommel

V

Varietät
Unterart von Edelsteinen mit Eigenschaften, die nicht spezifisch genug sind, um sie als eigene Edelsteinart zu klassifizieren

Zarge
Der schmale Streifen einer Edelmetallfassung, der einen Edelstein an der Rundiste geschlossen umfasst

Zwillingskristalle
Kristalle, die spiegelbildlich zusammenwachsen, mit einer gemeinsamen Fläche oder im Winkel bis zu 90 Grad zueinander

Register

A

Achat 22, 152–153, 167, 206–207
    St.-Georgs-Statuette 144–145
Adamit 187
Adler-Anhänger 33
Agamemnon, Maske des 288–289
Al Thani, Scheich Hamad bin Abdullah 93
Alabaster 98, 122
Albit 170, 172
Alexander, Darryl 168
Alexandra, Königin 58, 59, 218
Alexandrit 27, 71, 84, 85, 333
    Fabergé, Seepferdchenbrosche 259
Alhambra, Spanien 326–327
Allochromatische Edelsteine 23
altes Ägypten 44, 60–61, 106, 107
    Alabaster 98, 122
    Fluorit-Schnitzarbeiten 97
    Goldpektorale 32–33, 147, 175
    Katzengöttin aus Bronze 49
    königliche Grabkammern 178–179
    Mehurt-Büste 176
altes Griechenland 107, 311, 315
    Agamemnon, Maske des 288–289
    Castor und Pollux, und Pollucit 185
    goldene Fibel mit Hippocampus und Greif 32
    Gott vom Kap Artemision, Der 50–51
    Sphinx, Kalksteinskulptur 324
altes Rom 107, 164
    Amethyst-Kamee 138
    Blue John, Schnitzarbeiten 97
    Brosche aus Bronze 49
    goldener Armreif 37
    Kalkstein, Skulptur 324
    Ohrhänger 38, 293
Amblygonit 117
Amethyst 22, 114, 136, 142, 286
    ägyptischer Amulettanhänger 133
    Bergkristall-Flakon (Munsteiner) 244
    Bulgari, Armband 229
    Bulgari, Armbanduhr 226, 263
    Cartier, »Paris Nouvelle Vague«, Armband 81
    Cartier, »Paris Nouvelle Vague«, Halskette 229
    Citrin und Amethyst, Brosche 139
    Edwardianische Brosche 132
    Giardinetto-Brosche 149
    Jugendstil-Brosche 138
    römische Kamee 138
    »Sommerschnee«, Ohrringe (Cicolini) 244
    und Saatperlen, Brosche 138
    Westgotische Adlerfibel 258
Ametrin 138, 244–245
Ammolit 166, 319
Ammonit 22,
Amulett 49, 179
Anatolische Bronzefigurine 49
Andalusit 27, 274
Anden, Krone der 230–231
Anthrazit 309
Apatit 16, 22, 118, 206
Aquamarin 16–17, 27, 115, 166, 238, 286

Aquamarin *Forts.*
    blaue Quaste, Halskette 240
    Blumenstrauß-Brosche mit Diamanten 56
    Brosche 43
    Brosche (Donald) 237
    Bulgari-Uhr 263
    Cartier, »Paris Nouvelle Vague«, Halskette 229
    Cartier, »Paris Nouvelle Vague«, Ring 165, 262
    Dom Pedro (Munsteiner) 242–243
    Fabergé-Ei 237
    Ohrringe 240
    und Diamant, Ring 241
    verschiedene Edelsteine, Halskette 240
Aragonit 99, 186
Armbänder
    Bettelarmband aus Gold 39
    Boschi, mit Ring 295
    Bulgari 229
    Cartier 81, 295
    Chalcedon-Schlange 146
    durchbrochen aus Platin mit Diamanten 45
    Elizabeth Taylors Bettelarmband 33
    Koi (De Taxco) 42
    Mauboussin (Marlene Dietrich) 218
    Peanut Wood 318
    rosa Opal (Van Cleef & Arpels) 161
    Tiffany, Armreif mit Schachmuster 177
    Topas 273
Art déco 45, 90–91, 97, 211, 263
Arts and Crafts 85, 111, 161, 165, 229
Auge des Brahma (Schwarzer Orlow), Diamant 270–271
August II., Schatzkammern 140–141
Axinit 247
Aztekenmesser 147
Azurit 106

B

Babylonischer Goldanhänger 32
Baguette-Schliff 29
Barockperlen, Halskette (Van Cleef & Arpels) 294
Baroda-Halskette 293
Baryt 22, 67, 120, 206
Benitoit 186, 223
Bergkristall
    Anhänger 139
    Brosche 139
    Ei 139
    Flakon (Munsteiner) 244
    Ring 30
    Skapolith, Ohrhänger 184
    Skulptur (Munsteiner) 244
    »Sommerschnee«, Ohrringe (Cicolini) 244
    Wasserkrug 133
Bernadotte, Jean 75, 109
Bernstein 22, 143, 310–311
    Chinesischer Vogelkäfig 214–215
    Louis Vausch, Meeresanhänger 311
    Russisches Bernsteinzimmer 312–313
Beryll 27, 192, 236–241
    Aquamarin *siehe* Aquamarin
    Goldberyll *siehe* Goldberyll
    Morganit 27, 238, 240
    Smaragd *siehe* Smaragd
Beschichten 31
Bestrahlen 31
Bismarck-Saphir-Halskette 70

Blancas-Kamee 154
Blauer Riese des Orients, Saphir 333
Blue John 96, 97
Blutjaspis 130, 286
    Uhrengehäuse 149
Boehmer und Bassenge 47
Boivin, René 218
Boschi, Armband mit Ring 295
Bowenit, Anhänger 190
Brasilianit 116
Brechungsindex (BI) 23, 266–267
Brillantschliff 29
britische Kronjuwelen 53, 58–59, 78–79, 80, 188, 235
Bronze
    anatolische Figurine 49
    Edo-Kopf 49
    etrukisches Amulett 49
    Katzengöttin, altes Ägypten 49
    römische Brosche 49
    Rüstung 49
    Vierseitiger *Fanghu*-Krug 48
    Weinkrug 49
Bronzit 205
Broschen
    Amethyste und Saatperlen 138
    Anhänger (Van Cleef & Arpels) 92
    Anstecknadel mit Spinne 57
    Aquamarin (Donald) 237
    Art déco 45, 263
    Belle Époque 263
    Bergkristall 139
    Blume mit Saphiren 73
    Blumenstrauß mit Diamanten 56
    byzantinisch 32
    Cartier 57, 61, 93, 165, 240
    Chalcedon, Anhänger/Brosche 149
    Citrin und Amethyst 139
    Clip »Feuille Persane« (Van Cleef & Arpels) 92
    Cullinan III. und IV., Diamanten 57
    Diamant-»Band« 57
    Diamantbrosche mit Pendeloque 57
    Dioptas-Brosche/Anhänger 220
    Dresdner Grüner Diamant 53
    Edwardianische Amethystbrosche 132
    Flamingo (Cartier) 224–225
    Gagat 307
    Gold und Ametrin, Anstecknadel (Dyber) 244
    Gold und Perlen, Sternbrosche 294
    Gold, mykenische Brosche 37
    Goldberyll, Fächer 241
    Granat 262
    Hooker-Smaragd (Tiffany) 233
    keltischer Stil 153
    Königin Elisabeths Pelikan-Brosche 128–129
    Koralle, Kolibri (Kutchinsky) 315
    Koralle, Schlange 315
    Lapislazuli-Löwe 174
    Larimar-Lotosblume 217
    Libelle 43
    Logan-Saphir 71
    Mondlicht (Jensen) 42
    Nephrit (Jade) und Gold 213
    Onyx 155
    Perle 295
    Pfau 93
    Raupe, Peridot 255
    Rubin-Blumenstrauß 77
    Saphire und Diamanten 73
    Schmetterling 73, 223, 262, 275

Broschen *Forts.*
    Silber mit Aquamarin 43
    Silber und Chalcedon, Nadel (Jensen) 149
    silberne Hirsch-Brosche für Jensen (Malinowski) 43
    Smaragde, Ballerina-Clip (Van Cleef & Arpels) 233
    Türkis-Gedenkbrosche 111
    Viktorianischer Chrysoberyll 85
    Vogel mit Herz
    Zirkon, durchbrochen 269
Bruch 17
Bulgari 39, 177, 226, 229, 263
Bytownit 173
byzantinischer Schmuck 32, 41, 102–103

C

Cabochonschliff 29
Calcit 16, 22, 98, 187
    Manganocalcit 186
    und Sugilith, Reiher 221
Californit (Vesuvianit) 250
Canning-Juwel, Anhänger 292
Carbonate 14
Carmen Lucia, Rubin 332
Cartier 218, 302
    Amethyst-Kette 133
    Armband 85
    Armbanduhr aus Platin 45
    Bismarck-Saphir, Halskette 70
    Clipbrosche 71
    Drachenbrosche 158
    »Dragon Mystérieux«, Onyxuhr 155
    Eidechsenbrosche 229
    Étourdissant-Kollektion, Pushkar-Ring 245
    Flamingo-Brosche 224–225
    Indische Brosche 92
    La Peregrina, Perle 297
    Marie Antoinettes Ohrringe 47
    Mondsteinuhr und Brosche 165
    Opalring 161
    Orchideeohrhänger 227
    Panther-Armbanduhr 334–335
    Pantherbrosche 57
    Panther-Ring 37, 39, 233
    Papageienbrosche 241
    »Paris Nouvelle Vague«, Armband 81
    »Paris Nouvelle Vague«, Halskette 229, 240
    »Paris Nouvelle Vague«, Ring 165, 175, 177, 262
    Patiala-Halskette 90–91
    Perlen, Halskette mit Armband 295
    Solitärring aus Platin mit Diamant 45
    Stift 38
    Trinity-Ring 295
    »Tutti Frutti«-Stil 211
    »Tutti Frutti«, Halskette 210–211
Castor und Pollux, Statuetten 185
Cerussit 101
Chalcedon 19, 22, 146–149
    Achat *siehe* Achat
    Cartier, »Paris Nouvelle Vague«, Ring 165, 262
    Chrysopras *siehe* Chrysopras
    Jaspis *siehe* Jaspis
    Onyx *siehe* Onyx
    Pfauenskulpturen, Ladeninterieur (Fouquet) 249
    St.-Georgs-Statuette 144–145
Chalkopyrit 17

REGISTER | 353

Chao, Cindy 56
China
    Fluorit-Schnitzarbeiten 97
    Hirschanhänger aus Nephrit 32
    Jadeit, Bi-Scheibe 213
    Malachit 107
    Riechflasche aus turmalisiertem Quarz 139
    Vierseitiger *Fanghu*-Krug aus Bronze 48
    Vogelkäfig 214–215
    Weinkrug, Bronzeguss 49
Christentum
    heilige Steine 124–125
    St.-Georgs-Statuette 144–145
Chrysoberyll 22, 27, 84–85, 131
    Alexandrit *siehe* Alexandrit
Chrysokoll 196, 267
Chrysopras 148
    Bulgari-Uhr 263
    Cartier »Paris Nouvelle Vague«, Ring 175
    Schnupftabakdose, Friedrich der Große 150–151
Cicolini, Alice 244
Cipriani, Giovanni Battista 122
Citrin 115, 137, 287
    Almandin-Granat, Ring 262
    Bulgari, Ohrhänger »Cerchi« 229
    Flamingo-Brosche, Herzogin von Windsor (Cartier) 224–225
    Patiala-Halskette 90–91
    und Topas, Halskette, Set 273
Clary, Désirée 75, 109
Coelestin 121
Cordierit 23, 27, 29, 222
Cullinan-Diamanten 53, 57, 69
Cuprit 89

D

Danburit 246
David (Michelangelo) 330–331
De Beers 44, 90–91, 200–201
De Taxco, Margot 42
De Vroomen, Leo 45
dendritischer Kristall 19
Desideria von Schweden, Königin 75, 108–109
Deutschland
    Dreikönigenschrein, Köln, Peridote 255
    Münchner Residenz, Diana mit dem Hirsch, Tischaufsatz (Walbaum) 316–317
    Schatzkammern Augusts II. 140–141
Diadem, dänische Rubin-Parure 74–75
Diamanten 16, 27, 52–57, 130, 142, 201, 266
    Andalusit, Ring 274
    Anhänger / Brosche (Van Cleef & Arpels) 92
    Aquamarin, Ohrhänger 240
    Art déco, Patiala-Halskette 90–91
    Art-déco-Brosche aus Platin mit Diamanten und Saphiren 45
    Art déco, Rhodolit- und Diamantbrosche 263
    blau 62–63
    blaue Quaste, Halskette 240
    Bulgari, Armband 229
    Bulgari, Armbanduhr 226, 263
    Bulgari, Ohrhänger »Cerchi« 229
    Canning-Juwel, Anhänger 292
    Cartier *siehe* Cartier
    Chalcedon, Anhänger (Van Cleef & Arpels) 149
    Chalcedon-Schlange, Armreif 146
    Chandelier-Ohrhänger (Tiffany & Co.) 45

Diamanten *Forts*.
    Clip »Feuille Persane« (Van Cleef & Arpels) 92
    Cullinan 53, 57, 69
    Danburit, Ohrclips 246
    De Beers, Diamantenhandel 200–201
    Dioptas, Brosche / Anhänger 220
    durchbrochenes Armband 45
    edwardianische Amethystbrosche 132
    edwardianischer Peridot-Anhänger 255
    Ewigkeitsring, Platin und Diamanten (De Beers) 44
    Fabergé-Eier 237, 278–279
    Fabergé, Seepferdchenbrosche 259
    Fächerbrosche 241
    Geburtsstein 286
    Geburtstage 115
    Gehstockknauf 216
    gelb 90–91
    gelber Beryll und Diamant, Ring 241
    Giardinetto-Brosche 149
    Gold und Ametrin, Anstecknadel (Dyber) 244
    Gold und Peridot, Anhänger 255
    Goldberyll, Ohrringe 241
    Granat, antike Ohrhänger 262
    Granat, Trio-Brosche 262
    grüner Beryll, Ring 240
    Halskette (Nitot et fils) 284–285
    Hessonit, Granat und Platin, Ring 263
    Hofstaat zu Delhi, Miniaturmodell (Dinglinger) 140–141
    Hope-Diamant 62–63
    Kiani-Krone 182–183
    Knotenring aus Platin mit Diamanten 45
    Koh-i-Noor 58–59, 188, 235
    Königin Elisabeths Pelikan-Brosche 128–129
    Koralle, Kolibribrosche (Kutchinsky) 315
    Kosmische Venusmuschel, Jadeitring (Raible) 213
    Kunzit und Perlen, Halskette (Picasso) 209
    Kyanit, Ohrclips 280
    Larimar-Lotosblume, Brosche 217
    Libellenbrosche 43
    Logan-Saphir-Brosche 71
    Lucapa 332
    Marie-Louises Diadem 112–113
    Morganit, Ohrhänger 240
    Nasenring 92
    Ohrringe, Marie Antoinettes 46–47
    Opal, Ohrhänger 161
    Opal, Pfauenbrosche (Winston) 161
    Peridot, Ring 255
    Perlen, Brosche 295
    Perlen, Trinity-Ring 295
    Perlmutt, Anhänger 299
    Pfauenbrosche 93
    Quatra-Schlüsselanhänger (Tiffany) 45
    Raupe, Peridot-Brosche 255
    Royal Star of Paris 52
    Salamander-Brosche (Tiffany) 227
    Scheelit, synthetisch 126
    Schmetterlingsbrosche 56, 262
    Schwarzer Orlow 270–271
    Shwedagon-Pagode, Myanmar 256–257
    »Sommerschnee«, Ohrringe (Cicolini) 244
    Spessatit-Granat, Anhänger 263
    St.-Georgs-Statuette 144–145
    Stirnschmuck *(Tika)* 92–93
    Strawn-Wagner 333
    Sweet Josephine 332
    Tansanit, Cocktailring 253
    Taschenuhr, Ludwig II. von Bayern 194–195
    Tavernier Diamant 63

Diamanten *Forts*.
    Topkapi, Smaragd-Dolch 234–235
    Trinity-Ring 57
    Turbanschmuck 92–93
    Turmalin und Platin, Ohrringe 229
    Turmalin, Halskette 227
    und Chrysopras, Schnupftabakdose 150–151
    und Malachit, Anhänger 107
    und Nephritring 213
    und Onyx, Schmuck 155
    und Rubinparure, Dänemark 74–75
    und Rubinschmuck 77
    und Saphire, Ohrring (Van Cleef & Arpels) 92
    und Saphirschmuck 73
    und Smaragd, Ballerina-Clip (Van Cleef & Arpels) 233
    und Smaragde, Kreuz 233
    und Spinell, Ring 81
    und Zirkon, durchbrochene Brosche 269
    Verdura, geflügelte Brosche 36
    verflucht 63, 270–271
    verschiedene Edelsteine, Halskette 240
    vielfarbige Perlenohrhänger 294
Diana mit dem Hirsch, Tischaufsatz (Walbaum) 316–317
Diaspor 95
Dietrich, Marlene 218
Dinglinger, Melchior 140–141
Diopsid 203
Dioptas 220
Dirksen, Per 75
Dom-Pedro-Aquamarin (Munsteiner) 242–243
Donald, John 237
»Dragon Mystérieux«, Onyxuhr (Cartier) 155
Dresdner Grüner Diamant 53
Dulong, Marianne 75
Dumortierit 277
Duquette, Tony 100
Durrante, Taylor und Al 297
Dyber, Michael 244–245

E

Edelsteinqualitäten 30
Edelsteinschliffe 28–29, 30
Edo, Bronzekopf 49
Ei, Chrysokoll 196
Eier, Fabergé 237, 278–279
Einfärben, Bleichen und Abfärben 31
Einschlüsse 206–207, 220
Einstufen und Bewerten 26–27
Eisenblüte, Aragonit 99
Elisabeth I., Königin 128–129
Elisabeth II., Königin 78
Elizabeth Taylors Bettelarmband 33
Elizabeth, Königin, die Königinmutter 59
Enstatit 202
Epidot 251
etruskisches Bronzeamulett 49
Eugénie, Kaiserin 47
Euklas 283

F

Fabergé 237, 259, 278–279
Farbe und Licht 23, 30, 166–167
Farbpigmente 86, 106

Falkenkragen, Fayence, altes Ägypten 179
Falkenpektorale, altes Ägypten 32
Fantasieschliff 29
fluoreszierende Minerale 186–187
Fluorit 16, 17, 96–97, 187, 267
Fontaine, Joan 36
Fossilien
    Ammonit *siehe* Ammonit
    Kalkstein 324
Fouquet, Georges 159, 248–249
Freiheitsstatue 49
Friedrich der Große, Schnupftabakdose 150–151
Frosch, geschnitzt 86
Füllen, Beschichten und Rekonstruieren 31

G

Gachala-Smaragd 332
Gagat 147, 306–307
Gaillard, Lucien 43
Gaskin-Brüder 229
Geburtssteine 286–287
Geburtstage 114–115
Gefäße 48, 49, 100
    Vase aus Lapislazuli 177
    siehe auch Objekte
Gehstockknauf 216
Geierkragen, altes Ägypten 179
gemischter Schliff 29
georgianisches Onyx-Siegel 155
Gilson 176
Gipsspat 16, 123, 186
Glanz 23, 142–143
Gold 17, 19, 36–39, 114, 142
    Agamemnon, Maske des 288–289
    Ägypten, Mehurt-Büste 176
    ägyptische Pektorale 32–33, 147, 175
    Amethyste und Saatperlen, Brosche 138
    Amulett von Anhor 179
    Andalusit, Ring 274
    antike griechische Fibel mit Hippocampus und Greif 32
    antike Oktopusbrosche 37
    Aquamarin und Diamant, Ring 241
    Aquamarin, Brosche (Donald) 237
    Aquamarin, Ohrhänger 240
    Armreif (Tiffany) 177
    Arts and Crafts, Halbmond-Brosche (Nossiter) 85
    Arts and Crafts, Türkis-Ohrgehänge 111
    babylonischer Anhänger 32
    Benitoit, Brosche 223
    Bergkristall, Anhänger 139
    Bergkristall, Brosche 139
    Bergkristall-Flakon (Munsteiner) 244
    blaue Quaste, Halskette 240
    blauer Topas, Ring 273
    Blutjaspis, Uhrengehäuse 149
    Bulgari, Armbanduhr »Gemma« 226
    Bulgari, Ohrhänger »Cerchi« 229
    byzantinischer Schmuck 103
    Cartier Dragon Mystérieux, Onyxuhr 155
    Cartier, »Paris Nouvelle Vague«, Armband 81
    Cartier, »Paris Nouvelle Vague«, Halskette 240
    Cartier, Ringe 37, 39, 161, 175, 177, 233, 245, 262, 295
    Chalcedon, Anhänger (Van Cleef & Arpels) 149
    Chalcedon, Ring 149

Gold *Forts.*
   Chalcedon, Tasse, antik 147
   Chalcedon-Schlange, Armreif 146
   Chrysoberyll und Granat, Ring 85
   Citrin und Amethyst, Brosche 139
   Clip »Feuille Persane« (Van Cleef & Arpels) 92
   Demantoid-Granat, Krabbenbrosche 263
   Dioptas, Brosche/Anhänger 220
   Drachenanhänger mit Rubin und Diamanten 77
   edwardianischer Peridot-Anhänger 255
   Fabergé-Eier 237, 278–279
   Fächerbrosche 241
   Flamingo-Brosche 224–225
   Gagat, Ohrringe 307
   Geierkragen, altes Ägypten 178–179
   Goldberyll, Ohrhänger 241
   Granat, antike Haarnadel 259
   Hofstaat zu Delhi, Miniaturmodell (Dinglinger) 140–141
   Hope-Perle 293
   indischer Opal-Armreif 159
   Iolith, Ohrringe 222
   Jaderose, Anhänger (Nossiter) 213
   Königin Elisabeths Pelikan-Brosche 128–129
   Koralle, Kolibribrosche (Kutchinsky) 315
   Korallenring 315
   Kosmische Venusmuschel, Jadeitring (Raible) 213
   Krone der Anden 230–231
   Kunzit und Perlen, Halskette (Picasso) 209
   Lapislazuli, Löwe, Armreif 174
   Lapislazuli, Armreif (Tiffany) 177
   Lapislazuli, Kanne (Miseroni) 175
   Lapislazuli, Ring 176
   Lapislazuli, Vase 177
   Larimar-Lotosblume, Brosche 217
   Libellenbrosche 43
   Manschettenknöpfe (Bulgari) 177
   Morganit, Ohrhänger 240
   Nasenring 92
   Navette-Ring mit Rubinen und Diamanten 77
   Opal, Anhänger (Tiffany) 161
   Pfauenbrosche 93
   Pfauenbrosche (Fouquet) 159
   Pfauenskulpturen, Ladeninterieur (Fouquet) 249
   römischer Ohrhänger 293
   rosa Opal-Armband (Van Cleef & Arpels) 161
   Rubine und Diamanten auf sechseckigem Ring 77
   Rubine und Saphire auf Blumenbrosche 77
   Schatz von Staffordshire 264–265
   Schwenkring mit Sphinxamulett 178
   Shwedagon-Pagode, Myanmar 256–257
   Skarabäus-Pektorale, altes Ägypten 178
   Skythische Pektorale 38
   »Sommerschnee«, Ohrringe (Cicolini) 244
   St.-Georgs-Statuette 144–145
   Stierkopf, altes Ägypten 179
   Stirnschmuck *(Tika)* 92–93
   Storchenanhänger 259
   sumerischer Adler 176
   Taschenuhr, Ludwig II. von Bayern 194–195
   Tiffany, Armreif mit Schachbrettmuster 177
   Topkapi, Smaragd-Dolch 234–235
   Turbanschmuck 92–93
   Türkisschmuck 111
   Turmalinschmuck 227, 229
   Tutanchamun, Totenmaske 178
   Udjat-Pektorale, altes Ägypten 179
   und Ametrin, Anstecknadel (Dyber) 244
   und Chrysopras, Schnupftabakdose 150–151
   und Howlith, Anhänger 127

Gold *Forts.*
   und Kunzitring 209
   und Nephrit, Anhänger 213
   und Nephrit, Ring 213
   und Onyx, Anhänger 155
   und Peridot, Schmuck 255
   und Perlen, Sternbrosche 294
   und Skapolith, Ohrhänger 184
   und Smaragd, Kreuz 233
   und Spinell, Ring 81
   und Titanit, Schmuck 275
   verschiedene Edelsteine, Halskette 240
   Vogelnest, Dioptas, Anhänger 220
Goldberyll 27, 29, 238, 239, 240, 241
Goldener Sonnenstein (Bytownit) 173
Goldschmiedezunft 156–157
Goshenit 238, 239
Gott vom Kap Artemision, Der 50–51
Granate 23, 27, 29, 77, 142, 258–263, 266–267, 286
   Arts and Crafts, Halbmondbrosche (Nossiter) 85
   Bulgari, Ohrhänger »Cerchi« 229
   Cartier, Orchideeohrhänger 227
   Cartier, »Paris Nouvelle Vague«, Armband 81
   Cartier, Pushkar-Ring 245
   Cartier, Ring 39, 262, 263
   Geburtstage 114
   Hessonit 131, 259, 260, 261, 262, 263
   Lapislazuli, Vase 177
   Patiala-Halskette 90–91
   Pfauenbrosche (Fouquet) 159
   römischer Ohrhänger 293
   russischer Kovsh (Trinkgefäß) 149
   Schatz von Staffordshire 264–265
   Tsavolith 262
   und Smaragde, Kreuz 233
   Weißgold, Chrysoberyll und Granat, Ring 85
Granit 329

H

Haarnadel 259
Halleyscher Komet, Opal 162–163
Halogenide 14
Halsketten
   Achat 153
   ägyptische Halskette 61
   Baroda-Halskette 293
   Bernstein 311
   Bismarck-Saphir 70
   blaue Quaste 240
   Cartier 133, 210–211, 229, 240, 241, 295
   dänische Rubin-Parure 74–75
   Diamant (Nitot et fils) 284–285
   Fluoritperlen 97
   Gagat 307
   Kunzit und Perlen (Picasso) 209
   Larimar 217
   Meeresanhänger, Bernstein (Vausch) 311
   Meerschaumperlen 193
   Peridotperlen 255
   Platin (De Vroomen) 45
   Prehnit 198
   Pyrit 66
   Rhodochrosit (Duquette) 100
   Saphir-Schmetterling »Conchita« 73
   schwarze Perlen (YOKO) 295
   skythische Pektorale 38
   Topas 273

Halsketten *Forts.*
   Tsavorit-Granat 262
   Türkis und Gold 111
   Turmalin 227
   verschiedene Edelsteine 240
   Vesuvianit 250
   Barockperlen (Van Cleef & Arpels) 294
Halsketten, Anhänger
   Arts and Crafts (Gaskin) 229
   babylonisches Gold 32
   Bergkristall 139
   Bowenit 190
   Canning-Juwel 292
   Chalcedon (Van Cleef & Arpels) 149
   chinesischer Hirsch aus Nephrit 32
   Demantoid-Granat, Krabbe 263
   Dioptas, Brosche/Anhänger 220
   Drache aus Weißgold, Rubin und Diamanten 77
   edwardianischer Peridot 255
   Gold und Onyx 155
   Gold und Peridot 255
   Granat, Storchenanhänger 259
   Howlith 127
   Jaderose (Nossiter) 213
   Jugendstil, Türkis 111
   Katzenaugen-Chrysoberyll 85
   Malachit 107
   Onyx 155
   Opal (Tiffany) 161
   Perlmutt 299
   Quatra-Schlüssel, Platin und Diamanten (Tiffany) 45
   Renaissance-Adler 33
   spanische Karavelle 33
   spanischer Hippocampus 236
   Spessatit-Granat 263
   »Tutti Frutti« 210–211
   viktorianischer Lapislazuli 177
   Vogelnest, Dioptas 220
Hämatit 19, 86, 130
Harlow, Jean 72
Harrington, Sybil 113
Härte 16
Haüyn 181
Herbert, Terry 265
Hessonit 131, 259, 260, 261, 262, 263
Hiddenit 27, 208
Hitler, Adolf 40
Höhlenmalerei 86
Hope-Diamant 62–63
Hope-Perle 293
Howlith 127
Hutton, Barbara 302
Hypersthen 204

I

idiochromatische Edelsteine 23
Idokras (Vesuvianit) 250
Indianer-Adler 307
Indische Juwelen 92–93, 188–189
   Anhänger / Brosche (Van Cleef & Arpels) 92
   Granit-Elefant 329
   Hope-Diamant 62–63
   Koh-i-Noor-Diamant 58–59, 188, 235
   Mondstein 170
   Opal-Armreif 159
   Patiala-Halskette 90–91

indische Juwelen *Forts.*
   Sandsteinstatue 325
   Timur-Rubin 78–79
industrielle Verwendung
   Amblygonit und Lithium 117
   Baryt 120
   Granat 259
   Kupferleitungen 48
   Platin 44
   Rutil und Titan 94
   Scheelit und Wolfram 126
   Silber 42
Ingrid von Dänemark, Königin 74
Inka-Gold, Lama 39
Iolith *siehe auch* Cordierit 222

J

Jade 115, 212–213
   chinesischer Vogelkäfig 214–215
   indische Brosche (Cartier) 92
Jadeit 22, 142, 212, 213, 267
Jaspis 61, 148
   ägyptische Goldpektorale 147
   Udjat-Pektorale, altes Ägypten 179
   und Sugilith, Reiher 221
Jean Pierre, Roger 307
Jensen, Georg 42, 43, 149
Jett *siehe* Gagat
Jones, Jennifer 302
Jugendstil 42, 45, 57, 111, 159, 248–249

K

Kadscharenherrscher, Kiani-Krone 182–183
Kalamin (Smithsonit) 105
Kalkstein 324
Kameen 29
   Achat 153
   Labradorit 169
   Mondstein 164, 165
   römischer Onyx 154
   Sardonyx 155
Kamm, Schildpatt 298
Kämme 33, 43, 165
Karat 30
Karneol 61, 149, 178
»Katzengold« *siehe* Pyrit
Kassiterit 88, 266
keltischer Stil, Brosche 153
Kennedy, Jackie 302
Kiani-Krone 182–183
Kimberley, Diamantminen 53
Kissenschliff 29
Klimt, Gustav, *Porträt von Adele Bloch-Bauer I* 38
Koh-i-Noor-Diamant 58–59, 188, 235
Kojote, Perlmutt 304–305
Konservendose, aus Kassiterit 88
Kopal 22, 308
Koralle 131, 314–315
   Aztekenmesser 147
   Diana mit dem Hirsch, Tischaufsatz (Walbaum) 316–317
   »Dragon Mystérieux«, Onyxuhr (Cartier) 155
   Giardinetto-Brosche 149
   Raupe, Peridot-Brosche 255

Koralle *Forts.*
    und Onyx, Brosche 155
Kornerupin 252
Korund *siehe* Rubin; Saphir
Kosmetik, Cerussit in 101
Kreuz, Smaragd 233
Kristalle 18–19, 130–131, 181
Krone der Anden 230–231
Krone, Karl der Große 40–41
Krone von Stephan Bocskai von Siebenbürgen 33
Kunzit 27, 209
Kupfer 19, 42, 48–49, 107
    ägyptische Mehurt-Büste 176
    Bronze *siehe* Bronze
    sumerischer Adler 176
Kutchinsky 315
Kyanit 280

L

La Peregrina, Perle 296–297
Labradorit 169
Ladeninterieur (Fouquet) 248–249
Lalique, René 97, 218
Lapislazuli 106, 115, 119, 174–177, 180, 181
    altägyptische Pektorale 32–33, 147
    Cartier, »Paris Nouvelle Vague«, Armband 81
    Cartier, »Paris Nouvelle-Vague«-Ring, Mondstein 165
    Skarabäus-Pektorale 178
    Stierkopf, altes Ägypten 179
    Van Cleef & Arpels, Chalcedon-Anhänger 149
Larimar 217
Lazulith 119
Lazurit 22
Lithium 117, 208
Lucapa-Diamant 332
Ludwig II. von Bayern, Taschenuhr 194–195

M

Maharadscha Bhupinder Singh, Patiala-Halskette 90–91
Malachit 19, 48, 106, 107, 130–131
    Malachitsaal, Winterpalast, St. Petersburg 109
    Parure, Königin Desideria von Schweden 108–109
Malinowski, Arno 43
Manschettenknöpfe (Bulgari) 177
Maria I., Königin 296–297
Marie Antoinette 46–47, 63
Marie-Louises Diadem 112–113
»Markasit«-Schmuck 66
Marmor 328
    David (Michelangelo) 330–331
Marquise-Schliff 29
Mars, und Hämatit 86
Mary von Dänemark, Kronprinzessin 75
Maske des Agamemnon 288–289
massiger Kristall 19
Mauboussin 218
Maximilian-Smaragd 240
McLean, Evalyn Walsh 63
Medici-Juwelen 157
Meerschaum (Sepiolith) 193
Merriweather Post, Marjorie 47, 113, 285
mesolithische Muschelkette 32
Meteoriten 202, 322

Mexiko
    Olmeken, Jadeobjekt 212
    Tolteken, Perlmuttkojote 304–305
Michelangelo, *David* 330–331
Mikroklin 171
Mineralogie, und Theophrast 196
Miniaturmodell, Hofstaat zu Delhi (Dinglinger) 140–141
Miseroni, Werkstatt 175
Moldavit 322
Mondstein 164–165, 167, 170, 286
    Arts and Crafts, Halbmondbrosche (Nossiter) 85
    und Vesuvianit, Halskette 250
Morganit 27, 238, 240
Mucha, Alfons, Ladeninterieur (Fouquet) 248–249
Munsteiner, Bernd, Dom-Pedro-Aquamarin 242–243
Munsteiner, Tom 244
Muschel 207, 298
    Ammonit *siehe* Ammonit
    mesolithische Muschelkette 32
    Nautilusgefäß, Trinkgefäß 300–301
Muster, Textur und Einschlüsse 206–207

N

nadeliger Kristall 19
Nadir Schah 235
Naga-Armreif 33
Namen von Mineralen, Edelsteinen 204, 222
Naper, Ella 165
Napoleon 41, 109
    Diamantkette (Nitot et fils) 284–285
Nasenring 92
Nautiluspokal 300–301
Navajo, Türkis-Armband 111
Navette-Ring mit Rubinen und Diamanten 77
Neolithisches Serpentinobjekt 190
Nitot et fils, Diamantkette 284–285
Nitot, Francois-Regnault, Marie-Louises Diadem 112–113
Nossiter, Dorrie 85, 213

O

Objekte 29, 244–245
    Achatschale 153
    ägyptischer Alabaster 122
    Ammonit 319
    Aragonit 99
    Chrysokoll 196
    Dumortierit-Obelisken 277
    Gagat 307
    Granit 329
    Howlith 127
    Hypersthen 204
    Iolith, Hund 222
    Kalkstein 324
    Koralle 315
    Kyanitkugel 280
    Labradorit 169
    Marmor 328, 330–331
    Meerschaum 193
    Muschel, Serpentin 190
    Neolithikum, Serpentin 190
    Nephritschale 213
    Obsidiankatze 323

Objekte *Forts.*
    Pferdekopf aus Moldavit 322
    Reiher aus Calcit und Sugilith 221
    Rhodonit 216
    Sandstein 325, 326–327
    Smaragd, Blume 237
    Sodalith 180
    »Sommerschnee«, Ohrringe (Cicolini) 244
    Speckstein 191
    Staurolith 281
    Steatit 191
    Sugilith 221
    siehe auch Gefäße
Obsidian 17, 267, 323
    Tutanchamun, Totenmaske 178
Ohrringe
    Aquamarin 240
    Art déco, Jadeit 213
    Arts and Crafts, Türkis 111
    Benitoit 223
    Bernstein 311
    Bulgari, »Cerchi« 229
    Cordierit 222
    Danburit, Ohrclips 246
    Dänische Rubin-Parure 74–75
    Diamanten 57
    Diamanten, Marie Antoinettes 46–47
    Gagat 307
    Goldberyll 241
    Granat, antik 262
    Koralle 315
    Kyanit, Ohrclips 280
    Labradorit 169
    Morganit, Ohrhänger 240
    Ohrhänger aus Platin und Diamanten (Tiffany) 45
    Opal 161
    römisch 38, 293
    Rubine und Diamanten 77
    Skapolith 184
    »Sommerschnee« (Cicolini) 244
    Topas 273
    Turmalin und Platin 229
    Vesuvianit 250
    vielfarbige Perlenohrhänger 294
    Zirkon 269
Ölen 31
Olivin *siehe* Peridot
Olympic-Australis-Opal 332
Onyx 114, 154–155, 267
    Cartier-Armband 85
    Cartier, Panther-Brosche 57
    Cartier, Panther-Ring 37
    und Howlith, Anhänger 127
    und Howlith, Frosch 127
Opal 115, 158–161, 166, 267, 287
    Cartier, »Dragon Mystérieux«, Onyxuhr 155
    Cartier, »Paris Nouvelle Vague«, Armband 81
    Cartier-Armband 85
    Cartier, Pushkar-Ring 245
    Halleyscher Komet 162–163
    indischer Armreif 159
    Olympic Australis 332
    schwarzer Opal 160
    St.-Georgs-Statuette 144–145
Oppenheimer-Diamant 54
optische Eigenschaften 22–23
Orthoklas 16, 170
    Mondstein *siehe* Mondstein
österreichische Reichskleinodien 41
Oxide 15

P

Palawan Princess (Perle) 294
Pandora 334
Panther-Schmuck *siehe* Cartier 85
Paraiba Star of the Ocean, Turmalin 333
Parfümflasche 94
Parure
    Malachit, Königin Desideria von Schweden 108–109
    Marie-Louises Diadem 112–113
    Rubin, dänisch 74–75
Patiala-Halskette 90–91
Pauzié, Jérémie, russische Zarenkrone 82–83
Peanut Wood 318
Pektolith 217
Pektorale 32–33, 178, 179
Pendeloque-Schliff 29
Peridot 23, 27, 115, 254–255, 287
    Arts und Crafts, Halbmond-Brosche (Nossiter) 85
    Bulgari, Ohrhänger »Cerchi« 229
    Cartier, Panther-Ring 37
    und Topas 273
    verschiedene Edelsteine, Halskette 240
Perle 114, 130, 286, 292–295
    Amethyste und Saatperlen, Brosche 138
    Anhänger / Brosche (Van Cleef & Arpels) 92
    Arts-and-Crafts-Brosche (Gaskin) 229
    Blutjaspis, Uhrengehäuse 149
    Cartier, »Paris Nouvelle Vague«, Halskette 240
    Edwardianischer Peridot-Anhänger 255
    Eulenbrosche 56
    Hofstaat zu Delhi, Miniaturmodell (Dinglinger) 140–141
    Jaderose, Anhänger (Nossiter) 213
    Kiani-Krone 182–183
    Kosmische Venusmuschel, Jadeitring (Raible) 213
    La Peregrina 296–297
    Nasenring 92
    Nautiluspokal 298
    Pfauenbrosche (Fouquet) 159
    spanischer Hippocampus, Anhänger 236
    St.-Georgs-Statuette 144–145
    Stirnschmuck (*Tika*) 92–93
    Storchenanhänger 259
    Turbanschmuck 92–93
    und Kunzit, Halskette (Picasso) 209
    und Türkis, Jugendstil-Anhänger 111
    Viktorianischer Lapislazuli-Anhänger 177
    siehe auch Perlmutt
Perlmutt 143, 166–167, 294, 299
    Kojote 304–305
    Koralle, Kolibri-Brosche (Kutchinsky) 315
    Schnupftabakdose 151
    Topkapi, Smaragd-Dolch 234–235
Persien, Kiani-Krone 182–183
Persisch Blau, Türkis 110, 111
Petalit 197
Petimezas, J. Dennis 271
Petiteau, Simon, Königin Desideria von Schweden, Parure 108–109
Petra, »die Rote« 325
Pezzottait 192
Pfauenbrosche 93, 159, 161
Pfauenskulpturen, Ladeninterieur (Fouquet) 249
Pfeife, Meerschaum 193
Pham, Aivan 168
Phenakit 282
Phosphate 15
Phosphophyllit 199

physikalische Merkmale 16–17
Picasso, Paloma 209
Platin 44–45
    Anhänger / Brosche (Van Cleef & Arpels) 92
    Cartier, Drachenbrosche 158
    Cartier, Flamingo-Brosche 224–225
    Fabergé-Ei 237
    Hessonit-Granat und Platin, Ring 263
    Hooker-Smaragd, Brosche (Tiffany & Co.) 233
    Navette-Ring mit Rubinen und Diamanten 77
    Patiala-Halskette 90–91
    Ring mit Pendeloqe-Rubin und Diamanten 77
    Turmalin und Platin, Ohrringe 229
    und Onyxring 155
    und Onyx, Brosche 155
Pollucit 185
»Portugiesischer« Schliff 239
Prehnit 198
prismatischer Kristall 19
pyramidaler Kristall 19
Pyrit 66

Q

Quadratschliff 29
Quarz 16, 22, 27, 115, 132–139, 187
    Amethyst *siehe* Amethyst
    Ametrin 138, 244–245
    Bergkristall *siehe* Bergkristall
    Cartier, Orchideenohrhänger 227
    Chalcedon *siehe* Chalcedon
    Citrin *siehe* Citrin
    Gold in 38
    Keramik 178–179
    Patiala-Halskette 91
    Peanut Wood, Armband 318
    Rhodochrosit-Papagei 100
    Rosenquarz 137, 244, 245
    rutiliert 94, 137, 207
    Silber in 42
    Tutanchamun, Totenmaske 178
    und Albit 172
    und Dioptas 220
    und Pyrit 66

R

Raible, Kent 213
Reichskrone 40–41
Reinheit 30
Rekordbrecher 332–333
relative Dichte 17
Reliquienlade, St.-Georgs-Statuette 144–145
Renaissance-Anhänger in Adlerform 33
Rhodochrosit 100, 207
Rhodonit 216
Ringe
    Almandin-Granat 262
    Andalusit 274
    Aquamarin und Diamant 241
    Bergkristall 30
    Bernstein 311
    blauer Topas 273
    blauer Zirkon (Brez) 269
    Boschi, Ring mit Armband 295
    Bulgari drei Farben Gold 39

Ringe *Forts.*
    Cartier, Panther 37, 39
    Cartier-Solitär, Platin und Diamant 45
    Cartier, Mondstein 165
    Cartier, »Paris Nouvelle Vague« 165, 175, 177, 262
    Cartier, Pushkar 245
    Cartier, Trinity 295
    Chalcedon 149
    Diopsid 203
    Ewigkeitsring, Platin und Diamanten (De Beers) 44
    gelber Beryll und Diamant 241
    Gold und Spinell 81
    Gold, sechseckig mit Rubinen und Diamanten 77
    goldener Schwenkring mit Sphinxamulett 178
    Granat, Cocktailring 262
    grüner Beryll 240
    Hessonit-Granat und Platin 263
    Knotenring aus Platin und Diamanten 45
    Koralle, geschnitzt 315
    Kosmische Venusmuschel, Jadeit (Raible) 213
    Kunzit 209
    Lapislazuli 176
    Maximilian-Smaragd 240
    Nasenring 92
    Navette mit Rubinen und Diamanten 77
    Nephrit 213
    Onyx 155
    Peridot 255
    Perlen 295
    Platin, Pendeloque-Rubin und Diamanten 77
    Saphir 73, 262
    Schnallenring 57
    Spinell und Diamant 81
    Tansanit, Cocktailring 253
    Tsavorit-Granat und Saphir 262
    Türkis und Gold 111
    Turmalin und Gold 229
    Weißgold, Chrysoberyll und Granat 85
Ringer, Marmorskulptur 328
Roebling-Opal 159
Rothschild, Baron Ferdinand, Nautiluspokal 300–301
Rotkupfererz (Cuprit) 89
»Royal Star of Paris« 52
Rubin Carmen Lúcia 77
Rubin des Schwarzen Prinzen, Der (Spinell) 80
Rubin 22, 23, 27, 76–77, 115, 130, 253, 286–287
    als Talisman 130
    Anhänger / Brosche (Van Cleef & Arpels) 92
    Arts and Crafts, Halbmond-Brosche (Nossiter) 85
    Brechungsindex (BI) 266–267
    Bulgari, Armband 229
    Canning-Juwel, Anhänger 292
    Carmen Lucia 332
    Cartier-Stift 38
    Chalcedon-Schlange, Armreif 146
    Clip »Feuille Persane« (Van Cleef & Arpels) 92
    Fabergé, Ostereier 278–279
    Flamingo-Brosche, Herzogin von Windsor (Cartier) 224–225
    Geburtstage 115
    Granat, Trio-Brosche 262
    Hofstaat zu Delhi, Miniaturmodell (Dinglinger) 140–141
    indische Brosche (Indien) 93
    Kiani-Krone 182–183
    Königin Elisabeths Pelikan-Brosche 128–129
    Morganit, Ohrhänger 240
    Nasenring 92
    Nautiluspokal 298

Rubin *Forts.*
    Opal, Pfauenbrosche (Winston) 161
    Parure, Dänemark 74–75
    Patiala-Halskette 90–91
    Shwedagon-Pagode, Myanmar 256–257
    Spinell Katharinas der Großen 82–83
    St.-Georgs-Statuette 144–145
    synthetisch 77, 91
    Timur 78–79
    und Zirkon, durchbrochene Brosche 269
russische Zarenkrone, Spinell Katharinas der Großen 82–83
Russland
    Bernsteinzimmer 312–313
    Diamantenfonds 83
    Fabergé-Eier 237, 278–279
    Kovsh (Trinkgefäß) 149
    Malachitsaal, Winterpalast, St. Petersburg 111
    Pektoralkreuz 71
    Urne, Jaspis 149
Rüstung, Bronze 49
Rutil 94, 137, 192, 207

S

Sandstein 325
    Alhambra, Spanien 326–327
Saphir 16, 27, 69, 70–73, 130
    Anhänger / Brosche (Van Cleef & Arpels) 92
    Aquamarin, Ohrhänger 240
    Art-déco-Brosche, Platin, Diamanten und Saphire 45
    Arts and Crafts, Halbmond-Brosche (Nossiter) 85
    Belle Époque, Anhänger / Brosche 263
    Blauer Riese des Orients 333
    Cartier, Brosche 71, 229
    Cartier, Flamingo-Brosche 224–225
    Cartier, Opalring 161
    Cartier, Orchideenohrhänger 227
    Cartier, Panter-Ring 233
    Cartier, »Paris Nouvelle Vague«, Armband 81
    Cartier, »Paris Nouvelle Vague«, Mondsteinring 165
    Cartier, »Paris Nouvelle Vague«, Ring 263
    Fabergé, Seepferdchenbrosche 259
    Geburtsstein 287
    Geburtstage 114
    gelb 73, 81, 130, 269
    Hofstaat zu Delhi, Miniaturmodell (Dinglinger) 140–141
    Jaderose, Anhänger (Nossiter) 213
    Larimar-Lotosblume, Brosche 217
    Libellenbrosche 43
    Opal, Pfauenbrosche (Winston) 161
    Padparadscha 51
    Patiala-Halskette 91
    Pink 76, 81
    Rubine, Saphire, Diamanten auf Blumenbrosche 77
    Shwedagon-Pagode, Myanmar 256–257
    Sonnenblume aus Gold 39
    Stern von Adam 332
    Stuart 68–6
    Titanit, Schmetterlingsbrosche 275
    und Diamanten, Brosche 73
    und Diamanten, Ohrring (Van Cleef & Arpels) 92
    und Howlith, Anhänger 127
    und Tsavorit, Granat, Ring 262
    Verlobungsring (Jean Harlow) 72
    »Wassersaphir« (Iolith/Cordierit) 222
Sardonyx 286

Sarna, Naomi 168
Schädel, Bergkristall 139
Schatz von Staffordshire 264–265
Scheelit 126, 266
Scherenschliff 29
Schildpatt 298
Schiller 169
Schliemann, Heinrich 289
Schlumberger, Jean 227
Schlüter, Andreas, russisches Bernsteinzimmer 312–313
Schneeflocke, Sonnenstein (Alexander) 168
Schnupftabakdose, Friedrich der Große 150–151
Schwarzer Orlow-Diamant 270–271
Seidenspat (Selenit) 123, 143
Selenit 123
Seltenheit 30
Sepiolith 193
Serpentin 190
Shank, Sherris Cottier 245
Shwedagon-Pagode, Myanmar 256–257
Siegel, georgianisches, Onyx 155
Silber 19, 42–43
    Arts and Crafts, Halbmond-Brosche (Nossiter) 85
    Bernstein, Ohrhänger 311
    Bernstein, Ring 311
    Fabergé-Ei 237
    Hofstaat zu Delhi, Miniaturmodell (Dinglinger) 140–141
    Jade-Rose, Anhänger (Nossiter) 213
    Morganit, Ohrhänger 240
    Nautiluspokal 298
    Navajo, Türkisarmband 111
    Peanut Wood, Armband 318
    Rhodochrosit-Papagei 100
    russischer Kovsh (zeremonielles Trinkgefäß) 149
    Schatz von Staffordshire 264–265
    teilvergoldet, Diana mit dem Hirsch, Tischaufsatz (Walbaum) 316–317
    Turbanschmuck 92–93
    und Chalcedon-Nadel (Jensen) 149
    und Türkis, Gedenkbrosche 111
Silikate 15
Sillimanit 276
Skapolith 184, 186
Skarabäus, altes Ägypten 178–179
Smaragd 27, 115, 131, 207, 232–233, 238, 255, 286
    Anhänger / Brosche (Van Cleef & Arpels) 92
    Blume, graviert 237
    Bulgari, Armband 229
    Cartier, »Dragon Mystérieux«, Onyx-Uhr 155
    Cartier-Brosche 93
    Cartier-Ring 39
    Cartier-Stift 38
    Cartier, Armband 85
    Cartier, Drachenbrosche 158
    Cartier, Flamingo-Brosche 224–225
    Cartier, Opalring 161
    Cartier, Panther-Ring 233
    Cartier, Papageienbrosche 241
    Cartier, »Paris Nouvelle Vague«, Armband 81
    Gachala 332
    Giardinetto-Brosche 149
    Hofstaat zu Delhi, Miniaturmodell (Dinglinger) 140–141
    Hooker-Smaragd (Tiffany) 233
    Kiani-Krone 182–183
    Kleopatras Peridote 255
    Koralle, Kolibribrosche (Kutchinsky) 315
    Krone der Anden 230–231

Smaragde *Forts.*
  »Lithiumsmaragd« 208
  Marie-Louises Diadem 112–113
  Maximilian-Smaragd 240
  Opal, Pfauenbrosche (Winston) 161
  Pfauenskulpturen, Ladeninterieur (Fouquet) 249
  spanischer Hippocampus, Anhänger 236
  St.-Georgs-Statuette 144–145
  Stirnschmuck *(Tika)* 92–93
  Topkapi-Dolch 234–235
  Turbanschmuck 92–93
Smaragdschliff 29
Smithsonian Alexandrit 333
Smithsonit 105
Sodalith 180, 187, 267
Sonnenstein 167, 168, 170
  Goldener Sonnenstein (Bytownit) 173
  Wikinger 98
»Southwest Sunset« (Shank) 245
Spaltbarkeit 17
spanische Karavelle als Anhänger 33
Speckstein 191
Speerspitze und Messer, Obsidian 323
Spektroskopie 23
Sphalerit 67, 266
Sphen *siehe auch* Titanit 266
Spinell 22, 80–81
  Balasrubin 77
  Cartier, »Paris Nouvelle Vague«, Halskette 229, 240
  Katharinas der Großen 82–83
  Kiani-Krone 182–183
  Timur-Rubin 78–79
Spinell Katharinas der Großen 82–83
Spodumen 208, 209
St.-Georgs-Statuette 144–145
Staurolith 281
Steatit (Speckstein) 191
Steinheilite (Iolith/Cordierit) 222
Stern von Adam, Saphir 332
Stevens, Ronald 196
Stierkopf, altes Ägypten 179
Stirnschmuck *(Tika)* 92–93
Strawn-Wagner-Diamant 333
Strichfarbe 17
Stuart-Saphir 68–69
Stuck, Alhambra, Spanien 326–327
Sugilith 221
Sulfate 14
Sulfide 15
sumerischer Adler 176
Sweet Josephine, Diamant 332
Systematik der Minerale 14–15

T

Taaffeit 87
Talismane 130–131
Talk 16, 191
Tansanit 22, 26, 27
  Cartier, Perlenkette mit Armband 295
  Cartier, Pushkar-Ring 245
  Cocktailring 253
Tarzan-Film 56
Tavernier-Diamant 63
Taylor, Elizabeth 33, 296–297, 302, 334
The Orange, Diamant 57
Theophrast, und Chrysokoll 196
Tiffany & Co.
  Armreif mit Schachmuster 177
  Art-déco-Glas und Fluorit 97
  Blue Book, Kollektion 334
  Chandelier-Ohrhänger, Platin und Diamanten 45
  Lapislazuli, Armreif 177
  Quatra-Schlüsselanhänger, Platin und Diamanten 45
  Salamander-Brosche (Schlumberger) 227
Tigerauge 19
Timur-Rubin 78–79
Tischaufsatz, Diana mit dem Hirsch 316–317
Titan 94, 262
Titanit 275
Topas 16, 29, 114, 166, 272–273, 286
  Bulgari, Ohrhänger »Cerchi« 229
  Patiala-Halskette 91
  und Albit 172
  Verdura, geflügelte Brosche 36
Topkapi, Smaragd-Dolch 234–235
transsylvanische Krone 33
traubenförmiger Kristall 19
Travertin (Calcit) 98
Treppenschliff 29
Turbanjuwelen 92, 93, 210–211
Türkis 22, 61, 110–111, 115, 142–143, 286
  Arts and Crafts, Brosche (Gaskin) 229
  Aztekenmesser 147
  Cartier Amethystkette 133
  Cartier Paris, »Nouvelle Vague«, Mondstein-Ring 165
  Giardinetto-Brosche 149
  indischer Opal-Armreif 159
  »Matrix-Türkis« 104
  Marie-Louises Diadem 113
  Salamander-Brosche (Tiffany) 227
  Skarabäus-Pektorale, altes Ägypten 178
Turmalin 19, 23, 27, 114, 192, 226–229
  Bergkristall, Anhänger 139
  Bulgari-Uhr 263
  Cartier, Papageienbrosche 241
  Cartier, »Paris Nouvelle Vague«, Ring 262
  Danburit, Ohrclips 246
  Fabergé, Seepferdchenbrosche 259
  Jaderose, Anhänger (Nossiter) 213
  Paraiba Star of the Ocean 333
  turmalisierter Quarz, Riechflasche 139
  und Iolith-Ohrringe 222
Tutanchamun, Totenmaske 178
»Tutti Frutti«, Halskette (Cartier) 210–211
»Tutti Frutti«, Stil (Cartier) 211

U

Udjat-Amulett und Pektorale, altes Ägypten 179
Uhr
  Blutjaspis, Uhrengehäuse 149
  Bulgari 226, 263
  Cartier, »Dragon Mystérieux«, Onyx 155
  Cartier, Mondstein 165
  Cartier, Panther 334–335
  Cartier, Platin 45
  silberne Schweizer Taschenuhr 43
  Taschenuhr, Ludwig II. von Bayern 194–195
Unakit 251
Uschebti-Statuetten, altes Ägypten 179

V

Van Cleef & Arpels 334
  Anhänger / Brosche 92
  Barockperlen, Halskette 294
  Chalcedon, Anhänger 149
  Clip »Feuille Persane« 92
  Diamantbrosche mit Pendeloque 57
  Marie-Louises Diadem 112–113
  Ohrring 92
  Pelikan-Clip 129
  rosa Opalarmband 161
  Smaragde, Ballerina-Clip 233
van Eyck, Hubert und Jan, *Anbetung des mystischen Lammes* 124
Variscit 104
Verbessern von Edelsteinen 31
verfluchte Diamanten 63, 270–271
Vesuvianit 250
Victoria-Transvaal-Diamant 56
Victoria, Königin 59, 306
  Stuart-Saphir 68–69
  Timur-Rubin 78–79
viktorianische Chrysoberyllbrosche 85
viktorianisches Granat-Kreuz 263
Violan (Diopsid) 203
Vogelkäfig, chinesischer 214–215
Vogue, Werbung 218–219

W

Waddeston, Nautiluspokal 300–301
Walbaum, Matthäus, Diana mit dem Hirsch, Tischaufsatz 316–317
Weiller, Paul-Louis 285
Wekselberg, Wiktor 279
Werbung, Schmuck 218–219
westgotische Adlerfibel 258
Whitby-Gagat 306
Wikinger-Sonnenstein (Calcit) 98
Willemit 187
Windsor, Herzogin von (Wallis Simpson) 71, 133, 224–225, 302
Winson, Charles F., schwarzer Orlow-Diamant 271
Winston, Harry 63, 161, 285, 302–303
Wolfram, und Scheelit 126

Y

YOKO 295

Z

Zigarrenhalter, Meerschaum 193
Zinkerz 186
Zirkon 22, 27, 131, 268–269, 287
  Arts and Crafts, Halbmondbrosche (Nossiter) 85
  französische Halskette 33
  Karina Brez, Ring 269
Zoisit 26, 253
  Tansanit *siehe* Tansanit
Zultanit (Diaspor) 95

Danksagungen

Der Verlag dankt folgenden Personen und Institutionen für ihre Mitarbeit an diesem Buch:
Mitarbeiter: Ronald Bonewitz, Iain Zaczek, Alison Sturgeon, Alexandra Black. Beratung in Großbritannien: Andrew Fellows. Register: Margaret McCormack. Redaktionsassistenz: Fergus Day, Richard Gilbert, Georgina Palffy, Helen Ridge, Anna Limerick, Kate Taylor, Sam Atkinson, Kathryn Hennessy. Assistenz Design: Phil Gamble, Saffron Stocker, Phil Fitzgerald, Steve Crozier, Tom Morse, Ray Bryant, Paul Reid von cobalt id, Vanessa Hamilton. DTP: Syed Mohammad Farhan, Vijay Kandwal, Ashok Kumar, Mohammad Rizwan. Zusätzliche Fotografien: Gary Ombler, Richard Leeney.

Dorling Kindersley dankt für ihre Hilfe ganz besonders:
Robert Acker Holt, Samantha Lloyd und allen Mitarbeitern von **Holts Gems** für ihre freundliche Genehmigung, uns ihre Sammlung fotografieren zu lassen; **The Al Thani Collection**; Laura Behaegel und Harriet Mathias von **Cartier;** Judy Colbert von **GIA** (Gemological Institute of America); Benjamin Macklowe und Antonio Virardi von der **Macklowe Gallery**; Sonya Newell-Smith von der **Tadema Gallery**; Kealy Gordon und Ellen Nanney von der **Smithsonian Institution**; Megan Taylor von **Luped** für ihre Unterstützung bei der Bildrecherche.

Der Verlag dankt folgenden Personen und Institutionen für ihre Erlaubnis zum Abdruck ihrer Bilder:

(Legende: o-oben; u-unten/unterhalb; M-Mitte; a-außen; l-links; r-rechts; go-ganz oben)

Smithsonian Institution, Washington, DC: Cooper-Hewitt, National Design Museum 215Mr, 215ul, National Museum of Natural History / Chip Clark 5gor, 6agol, 27 (M), 46, 54gor, 54ur, 56gol, 70, 71uM, 72aur, 76aMr, 77gol, 113gol, 116M, 132, 152gol, 152Mr, 159ur, 161gor, 161aMr, 169ul, 170gol, 171ur, 206ul, 209ur, 216aMl, 233Mr, 240aur, 243Ml, 259ul, 285ul, 332M, 332Mru, 333Mru, National Museum of Natural History/Ken Larsen 95ul, 98aMr, 105ul, 117uM, 168Ml, 168Mr, 168ur, 168aMr, 197ur, 340ur, 346Mru, National Museum of Natural History / Paula Crevoshay 56Mr, 56uM, 73M, 105Mr, National Museum of Natural History / Sena Dyber 138l, 345Mli, Sherris Cottier Shank 245Mro

2 Courtesy of Sotheby's Picture Library, London: Private Collection. **4 Fellows Auctioneers. Sothebys Inc. 5 akg-images:** (gol). **Fellows Auctioneers. Getty Images:** Peter Macdiarmid (agol). **6 Bridgeman Images:** De Agostini Picture Library / E. Lessing (gol). **© Cartier. 7 The Al-Thani Collection:** Servette Overseas Ltd. 2012, all rights reserved. Photographs taken by Prudence Cuming Associates Ltd. (gor). **Alamy Stock Photo:** Ian Dagnall (gol); Adam Eastland Art + Architecture (agor). **Dorling Kindersley:** Holts (agol). **9 © Cartier. 11 Dorling Kindersley:** Holts. **12 Dorling Kindersley:** Natural History Museum, London (Mlu). **13 Dorling Kindersley:** Tim Parmente / Natural History Museum, London (Mr). **14 Dorling Kindersley:** Natural History Museum, London (Mlu). **15 Dorling Kindersley:** Holts (Ml, Mo, aul, uM/A, aur, ur); Ruth Jenkinson (ul). **Science Photo Library:** Dirk Wiersma (uM/B). **16 Dorling Kindersley:** Natural History Museum, London (Mlu, uM); Holts (Ml, ul, ur). **Science Photo Library. 16–17 Dorling Kindersley:** Holts (M, u). **17 Dorling Kindersley:** Natural History Museum, London (Mlu, ur); Oxford University Museum of Natural History (Mr). **19 Dorling Kindersley:** Natural History Museum, London (Mro). **20 Alamy Stock Photo:** Wildlife GmbH (Ml). **Dorling Kindersley:** Natural History Museum, London (ul, aMr, aur); Holts (M, ur). **Gemological Institute of America Reprinted by Permission:** Jian Xin (Jae) Liao (aMru); Robert Weldon / courtesy Dr. E. J. Gübelin Collection (aul). **Science Photo Library:** Alfred Pasieka (Mr). **21 Alamy Stock Photo:** Martin Baumgaertner (l). **Dorling Kindersley:** Natural History Museum, London (G, J, M, N, P); Holts (A, F, L, O, S Q); Richard Leeney (B); Richard Leeney (D); Richard Leeney (H); Richard Leeney (R). **Gemological Institute of America Reprinted by Permission:** Jian Xin (Jae) Liao (K). **Science Photo Library:** Joel Arem (E); Dorling Kindersley / UIG (C). **22 Dorling Kindersley:** Natural History Museum, London (C); Holts (A, B, D, E, F, H, I, J, K, L, M, N, O, P, Q); Ruth Jenkinson (S). **Science Photo Library:** Vaughan Fleming (R). **23 Dorling Kindersley:** Natural History Museum, London (gor, aul, uM); Holts (Mlo, Ml, M, Mr). **Science Photo Library:** Paul Biddle (aMl). **25 Getty Images:** samvaltenbergs (gor). **26 Alamy Stock Photo:** Alan Curtis (M). **Dorling Kindersley:** Natural History Museum, London (Mr, uM); Holts (ur). **27 123RF.com:** Ingemar Magnusson (H). **Dorling Kindersley:** Natural History Museum, London (I); Holts (A, D, E, F, G, J, L, M, N, O, P, Q, R, S, U, W, X, Y, Z, ZA); Natural History Museum, London / Tim Parmenter (K); Richard Leeney (V). **Gemological Institute of America Reprinted by Permission:** Robert Weldon / courtesy Minerales y Metales del Oriente, Bolivia, SA (T). **29 Dorling Kindersley:** Natural History Museum, London (gor); Holts (Mro, Mru, goM, Mo, Mu, uM). **Fellows Auctioneers. 30 Dorling Kindersley:** Holts (M, Mro, ul, ur). **31 Gemological Institute of America Reprinted by Permission:** Robert Weldon (ur, ul, M, Ml, gor); Robert Weldon (uM); Robert Weldon (Mr). **32 Bridgeman Images:** Birmingham Museums und Art Gallery (uM); Indianapolis Museum of Art, USA / Gift of Mr. und Mrs. Eli Lilly (Ml). **The Art Archive:** Ashmolean Museum (aMlo); Musee du Louvre Paris / Kharbine-Tapabor (aMl); Egyptian Museum Cairo / Araldo De Luca (Mr). **33 Bridgeman Images:** Christie's Images (agor); Museo Nazionale del Bargello, Florence, Italy (agol); State Hermitage Museum, St. Petersburg, Russland (aul); Weltliche und Geistliche Schatzkammer, Wien, Österreich (Ml); De Agostini Picture Library (ul); Fitzwilliam Museum, University of Cambridge, UK (gol); Fitzwilliam Museum, University of Cambridge, UK (gor). **Van Cleef & Arpels. 36 Verdura. 37 akg-images:** Bildarchiv Steffens (ul). **© Cartier:** (ur).**Dorling Kindersley:** Natural History Museum, London (gol). **Getty Images:** Araldo de Luca / Corbis (uM). **38 Bridgeman Images:** De Agostini Picture Library / E. Lessing (ul). **The Trustees of the British Museum. © Cartier. Corbis:** David Lees (agor). **39 The Trustees of the British Museum:** (ul, ul). **Bulgari:** (aur). **© Cartier. Dorling Kindersley:** The Trustees of the British Museum (ul). **Fellows Auctioneers. Antonio Virardi of Macklowe Gallery, New York. 39 The Trustees of the British Museum:** (ul, ul). **Bulgari:** (aur). **© Cartier. Dorling Kindersley:** The Trustees of the British Museum (ul). **Fellows Auctioneers. Antonio Virardi of Macklowe Gallery, New York. 40 akg-images:** Pictures From History. **41 akg-images:** Nimatallah (gol). **Bridgeman Images:** De Agostini Picture Library / Chantilly, Château, Musée Condé (Picture Gallery And Art Museum) (Mr); French School, (14th century) / Bibliotheque Municipale, Castres, France (ul). **Muenze Oesterreich AG:** (Ml). **42 1stdibs, Inc:** (gol); Macklowe Gallery / Anotonio Virardi (aur). **Alamy Stock Photo:** David J. Green - technology (ul). **Dorling Kindersley:** Colin Keates / Natural History Museum, London (aMl); Tim Parmenter / Natural History Museum, London (Ml). **Fellows Auctioneers. 43 1stdibs, Inc. Bonhams Auctioneers, London. Rijksmuseum Amsterdam:** (goM). **Sothebys Inc. 44 Alamy Stock Photo:** philipus (ul). **Dorling Kindersley:** Holts (aMr); Natural History Museum, London (gol); Natural History Museum, London (aMl); Natural History Museum, London (Mr). **Getty Images:** DEA / R.Appiani (Ml). **45 1stdibs, Inc. © Cartier. The Goldsmiths' Company:** Leo De Vroomen (goM). **Antonio Virardi of Macklowe Gallery, New York. 47 Bridgeman Images:** (ur); Christie's Images (gol). **Corbis:** Leemage (Mu). **48 Dorling Kindersley:** Canterbury City Council, Museums und Galleries (ur); Ruth Jenkinson (M); University of Pennsylvania Museum of Archaeology und Anthropology (Mr). **49 Dorling Kindersley:** Newcastle Great Northern Museum, Hancock (aMr); The Trustees of the British Museum (gol, Ml); University of Pennsylvania Museum of Archaeology und Anthropology (Mr); University of Pennsylvania Museum of Archaeology und Anthropology (ul). **Dreamstime.com:** Wojpra (ur). **50 Photo Scala, Florence:** Marie Mauzy. **51 akg-images:** Erich Lessing (Ml). **Getty Images:** Universal Images Group (gol). **Library of Congress, Washington, D.C.:** (Mr). **The Art Archive:** Musée du Louvre Paris / Gianni Dagli Orti (ul). **52 Graff Diamonds**. **53 Bridgeman Images:** Christie's Images (ur). **© Cartier. The Royal Collection Trust © Ihre Majestät Königin Elisabeth II.:** 2016 (uM). **Photo Scala, Florence:** bpk, Bildagentur für Kunst, Kultur und Geschichte, Berlin (ul). **54 Dorling Kindersley:** Natural History Museum, London (gol, Ml, ul); Holts (l, agor, aMr). **55 Dorling Kindersley:** Holts (go, aMl, aul, aMr, ur). **Science Photo Library:** Vaughan Fleming (Ml). **56 Bridgeman Images:** Christie's Images (ul). **Fellows Auctioneers:** (goM, gor). **57 Bridgeman Images:** Private Collection / Photo © Christie's Images (ur). **© Cartier. Dorling Kindersley:** Holts (aMl). **Fellows Auctioneers. Getty Images:** Peter Macdiarmid (uM). **Tadema Gallery:** (ul). **Van Cleef & Arpels:** (Mr). **58 The Royal Collection Trust © Ihre Majestät Königin Elisabeth II**. **59 Alamy Stock Photo:** V&A Images (Ml). **Bibliothèque nationale de France, Paris:** (Mr). **The Royal Collection Trust © Ihre Majestät Königin Elisabeth II.:** 2016 (gol, ul). **60–61 The Trustees of the British Museum. 61 Bridgeman Images:** Egyptian National Museum, Cairo, Egypt (ur). **62 Corbis:** Smithsonian Institution. **63 Corbis:** Smithsonian Institution (gol); Leemage (Ml). **Library of Congress, Washington, D.C.:** (uM). **Museum National d'Histoire Naturelle:** François Farges (Mr). **65 Dorling Kindersley:** Holts. **66 Dorling Kindersley:** Ruth Jenkinson / Holts (Ml, ur). **67 Dorling Kindersley:** Tim Parmenter / Natural History Museum, London (uM). **68 The Royal Collection Trust © Ihre Majestät Königin Elisabeth II.:** 2016. **69 Bridgeman Images:** Ihre Majestät Königin Elisabeth II., 2016 (uM); Chetham's Library, Manchester, UK (gol); Walker, Robert (1607-60) / Leeds Museums und Galleries (Leeds Art Gallery) U.K. (Mr).
71 Bridgeman Images: Kreml Museum, Moskau, Russland (ul). **© Cartier. 72 Alamy Stock Photo:** Rhea Eason (Ml); ZUMA Press, Inc (ul); Greg C Grace (agor). **Dorling Kindersley:** Natural History Museum, London (agol, M, Mr); Holts (gol, gor). **Science Photo Library:** Joel Arem (ur). **73 Dorling Kindersley:** Holts (ur, aur); Judith Miller / Sloane's (aul). **Fellows Auctioneers. 74 Getty Images:** STF. **75 Dulong Fine Jewellery:** Sara Lindbaek (gol, ul). **Getty Images:** Print Collector (M). **Rex by Shutterstock:** Tim Rooke (Mr). **76 Dorling Kindersley:** Holts (l, Ml, Mr).**Antonio Virardi of Macklowe Gallery, New York. 77 © Cartier. Dorling Kindersley:** Holts (uM); Tim Parmenter / Natural History Museum, London (ur). **Fellows Auctioneers.**. **Antonio Virardi of Macklowe Gallery, New York. 78 Alamy Stock Photo:** V&A Images. **79 Alamy Stock Photo:** Dinodia Photos (Mr). **The Royal Collection Trust © Ihre Majestät Königin Elisabeth II.:** 2016 (gol, Ml). **80 Dorling Kindersley:** Colin Keates / Natural History Museum, London (Mr); Tim Parmenter / Natural History Museum, London (gol, M); Holts (ul). **The Royal Collection Trust © Ihre Majestät Königin Elisabeth II.:** 2016 (ur). **81 1stdibs, Inc. © Cartier. Dorling Kindersley:** Holts (gol, uM); Tim Parmenter / Natural History Museum, London (aMl). **Gemological Institute of America Reprinted by Permission:** Robert Weldon / Ring courtesy of a Private Collector und Mona Lee Nesseth, Custom Estate Jewels (goM). **82 Alamy Stock Photo:** Granger, NYC. **83 Bridgeman Images:** Tretyakov Gallery, Moscow, Russland (ul); Kreml Museum, Moskau, Russland (M). **Getty Images:** Leemage (gol); Mondadori Portfolio (Mr). **84 Dorling Kindersley:** Natural History Museum, London (M, aul, Ml); Holts (Mr, uM, ur).
85 1stdibs, Inc. © Cartier. Dorling Kindersley: Natural History Museum, London (M, ul). **Gemological Institute of America Reprinted by Permission. Tadema Gallery. 86 Dorling Kindersley:** Natural History Museum, London (ur); Ruth Jenkinson (uM). **87 Bonhams Auctioneers, London:** (Mr). **Dorling Kindersley:** Natural History Museum, London (aMl, uM). **Gemological Institute of America Reprinted by Permission. 88 Alamy Stock Photo:** Annie Eagle (ul); Universal Images Group North America LLC / DeAgostini (gol). **Dorling Kindersley:** Tim Parmenter / Natural History Museum, London (uM, ur). **89 Dorling Kindersley:** Oxford University Museum of Natural History (ur). **Getty Images:** Matteo Chinellato - Chinellato Photo (gol, Mr). **90 © Cartier. 91 Bridgeman Images:** Archives Charmet (Mr); Christie's Images (Mlo, uM). **© Cartier. Getty Images:** Universal History Archicve / UIG (aMro). **92 The Al-Thani Collection:** Servette Overseas Ltd. 2012, all rights reserved. Photographs taken by Prudence Cuming Associates Ltd (gol, Mro, ul, Mlu). **Van Cleef & Arpels. 92–93 The Al-Thani Collection:** Servette Overseas Ltd 2012, all rights reserved. Photographs taken by Prudence Cuming Associates Ltd. (u). **93 The Al-Thani Collection:** Servette Overseas Ltd 2012, all rights reserved. Photographs taken by Prudence Cuming Associates Ltd. (M, go). **94 Alamy Stock Photo:** Eddie Gerald (ul). **Bonhams Auctioneers, London:** (aMr, ur). **Corbis. Dorling Kindersley:** Holts (aMl, Ml). **96 Dorling Kindersley:** Holts (ur).
97 Dorling Kindersley: Colin Keates / Natural History Museum, London (Ml); Tim Parmenter / Natural History Museum, London (uM). **98 Alamy Stock Photo:** imageBROKER (ul). **Corbis. Dorling Kindersley:** Natural History Museum, London (gol). **99 Alamy Stock Photo:** Goran Bogicevic (ul). **Dorling Kindersley:** Oxford University Museum of Natural History (Ml); Tim Parmenter / Natural History Museum, London (aul). **Dreamstime.com:** (aur). **100 Bonhams Auctioneers, London. Dorling Kindersley:** Ruth Jenkinson (Ml, aMr). **101 Dorling Kindersley:** Natural History Museum, London (Ml, uM). **Getty Images:** Print Collector (ur). **102–103 Alamy Stock Photo:** Susana Guzman. **104 Alamy Stock Photo:** The Natural History Museum (ul); Universal Images Group North America LLC / DeAgostini (M); Valery (Mr). **105 Alamy Stock Photo:** PjrStudio (Mr). **106 Dorling Kindersley:** Natural History Museum, London (uM). **Getty Images:** Universal History Archive (ul). **107 Dorling Kindersley:** Natural History Museum, London (uM); Ruth Jenkinson (Ml, ur/Anhänger, r).
108 Alamy Stock Photo: Heritage Image Partnership Ltd. **109 Alamy Stock Photo:** SilverScreen (Mru); Lilyana Vynogradova (Mo). **Nordiska Museet:** Mats Landin (gol, ul). **110 Dorling Kindersley:** Holts (ur, gol, Ml, uM, Mr); Tim

Parmenter / Natural History Museum, London (ul). **111 Dorling Kindersley:** Holts (goM, gol). **Fellows Auctioneers. Tadema Gallery. 112 akg-images. 113 Corbis:** Underwood & Underwood (ur). **RMN:** Gérard Blot (Mr); Jean-Gilles Berizzi (ul). **114 Bridgeman Images:** Natural History Museum, London, UK (G). **Dorling Kindersley:** Natural History Museum, London (F); Holts (H); Holts (C); Holts (E, D, K). **Dreamstime.com:** Nastya81 (A). **115 Alamy Stock Photo:** Jon Helgason (B). **Bridgeman Images:** Natural History Museum, London, UK (N). **Dorling Kindersley:** Natural History Museum, London (H, I, L); Natural History Museum, London (E); Holts (M); Holts (C, gor/D, K, A, F). **Getty Images:** go_kimura (G). **116 Alamy Stock Photo:** SPUTNIK (ul); Universal Images Group North America LLC / DeAgostini (gol, ur). **Dorling Kindersley:** Natural History Museum, London (Ml); Natural History Museum, London (Mr). **117 Dorling Kindersley:** Natural History Museum, London (Mr); Natural History Museum, London (ur). **118 Dorling Kindersley:** Natural History Museum, London (Mr, aul, ul, ur); Holts (aur). **119 Alamy Stock Photo:** John Cancalosi (uM); Valery Voennyy (ul). **Dorling Kindersley:** Natural History Museum, London (ur). **120 Alamy Stock Photo:** blickwinkel (M). **Dorling Kindersley:** Natural History Museum, London (ur, aur). **Science Photo Library:** Larry Berman (ul). **121 Alamy Stock Photo:** Karol Kozlowski (Mr); rep0rter (Ml); Universal Images Group North America LLC / DeAgostini (aMr); PjrStudio (ur). **Dorling Kindersley:** Natural History Museum, London (ul). **122 Alamy Stock Photo:** geoz (Ml, aMl); Andrew Holt (ul). **Bonhams Auctioneers, London. Corbis. Dorling Kindersley:** Durham University Oriental Museum (Mr); University of Pennsylvania Museum of Archaeology und Anthropology (uM). **123 Alamy Stock Photo:** Fabrizius Troy (ur). **Dorling Kindersley:** Natural History Museum, London (gol); Ruth Jenkinson (uM).**124–125 Bridgeman Images:** Lukas - Art in Flanders VZW / Photo: Hugo Maertens. **126 Alamy Stock Photo:** John Cancalosi (Ml); RF Company (gol); Corbin17 (uM). **Corbis:** (ul); Visuals Unlimited (Mr).**Dorling Kindersley:** Natural History Museum, London (ur). **127 1stdibs, Inc. Alamy Stock Photo:** Oleksiy Maksymenko (Mr); Steve Sant (Ml). **Dorling Kindersley:** Natural History Museum, London (aMl, aMr). **128 Bridgeman Images:** Walker Art Gallery, National Museums Liverpool. **129 Bridgeman Images:** Victoria & Albert Museum, London, UK / The Stapleton Collection (ul); Walker Art Gallery, National Museums Liverpool (gol). **Corbis:** Heritage Images (Mru). **Van Cleef & Arpels. 130 123RF.com:** Michał Barański (Mo); Laurent Renault (M). **Bridgeman Images:** Christie's Images (gol). **Dorling Kindersley:** Natural History Museum, London (ur); Holts (aMl, Mlu); Holts (ul). **130–131 Dorling Kindersley:** Ruth Jenkinson (Mu). **131 123RF.com:** Dipressionist (agol). **Bridgeman Images:** Natural History Museum, London, UK (gor). **Dorling Kindersley:** Holts (agor, Mr); Natural History Museum, London (Mu). **133 Bridgeman Images:** Purchase from the J. H. Wade Fund (ul). **© Cartier. V&A Images / Victoria und Albert Museum, London. 134 Bridgeman Images:** Natural History Museum, London, UK (ul). **Dorling Kindersley:** Natural History Museum, London (Mr); Holts (gol, goM). **135 Dorling Kindersley:** Natural History Museum, London (M, aul, ul); Holts (Mr, ur, aur). **Science Photo Library:** Mark A. Schneider (goM). **136 Dorling Kindersley:** Natural History Museum, London (agol, gor, agor, M); Holts (ul). **Science Photo Library:** Natural History Museum, London (ur). **137 Alamy Stock Photo:** Universal Images Group North America LLC / DeAgostini (Mr). **Dorling Kindersley:** Natural History Museum, London (goM, Ml, aur); Holts (gol, M, aul, ul, ur). **138 Bridgeman Images:** Heini Schneebeli (gor). **Fellows Auctioneers:** (ur). **Tadema Gallery:** (Mr). **139 Bridgeman Images:** Boltin Picture Library (ur). **Dorling Kindersley:** Natural History Museum, London (ul); Holts (Mr); Judith Miller / Private Collection (uM). **Fellows Auctioneers:** (gol, Ml, M). **140 Photo Scala, Florenz:** bpk, Bildagentur fuer Kunst, Kultur und Geschichte, Berlin. **141 akg-images:** (Mr); Erich Lessing (gol). **Alamy Stock Photo:** Prisma Bildagentur AG (ul). **Photo Scala, Florence:** bpk, Bildagentur für Kunst, Kultur und Geschichte, Berlin (Ml). **142 Dorling Kindersley:** Holts (ul, aMr, aul); Natural History Museum, London (aur). **RMN:** Droits réservés (Ml). **Science Photo Library:** Natural History Museum, London (ur, Mlu). **142–143 Dorling Kindersley:** Harry Taylor (go). **143 Alamy Stock Photo:** Mykola Davydenko (ur). **Dorling Kindersley:** Natural History Museum, London (Mo); Ruth Jenkinson (gor); Harry Taylor (Mr). **Dreamstime.com:** Ismael Tato Rodriguez (Mu). **144 Bayerische Schlösserverwaltung:** Maria Scherf / Rainer Herrmann, München. **145 Getty Images:** DEA / A. DeGregorio (Mr); Imagno (gol); Heritage Images (Ml); Print Collector (ul). **146 Bonhams Auctioneers, London**. **147 Alamy Stock Photo:** The Art Archive (ul); World History Archive (uM). **148 Alamy Stock Photo:** bilwissedition Ltd. & Co. KG (ul); Universal Images Group North America LLC / DeAgostini (ur). **Bonhams Auctioneers, London:** (Mr). **Dorling Kindersley:** Holts (uM); Natural History Museum, London / Tim Parmenter (Ml). **149 1stdibs, Inc. Bonhams Auctioneers, London. Dorling Kindersley:** Holts (gol, agol). **150 V&A Images / Victoria und Albert Museum, London:** (gol, goM, gor). **151 Dorling Kindersley:** Gary Ombler / Universität von Aberdeen: (Mru); Look and Learn (uM). **V&A Images / Victoria und Albert Museum, London. 153 Dorling Kindersley:** Natural History Museum, London (aMl, Ml, aur); University of Pennsylvania Museum of Archaeology und Anthropology (agol); Oxford University Museum of Natural History (gol); Holts (gor, Mr). **Fellows Auctioneers. 154 Dorling Kindersley:** Natural History Museum, London (gol, Ml, M, ur); Holts (Mr, aur). **155 © Cartier. Dorling Kindersley:** Natural History Museum, London (ul, aMr); Holts (uM). **Fellows Auctioneers. 156–157 Bridgeman Images**. **158 © Cartier. 159 Bridgeman Images:** (ul); Christie's Images (uM). **Gemological Institute of America Reprinted by Permission:** Thomas Cenki (gol). **160 Alamy Stock Photo:** Zoonar GmbH (agor). **Bonhams Auctioneers, London. Dorling Kindersley:** Natural History Museum, London (agol); Holts (gol, gor, aur). **161 1stdibs, Inc. © Cartier. Fellows Auctioneers. Tadema Gallery. Van Cleef & Arpels. 162 Bonhams Auctioneers, London. 163 Alamy Stock Photo:** AF Fotografie (Mr). **Gayle Beveridge:** (ul). **Bonhams Auctioneers, London. 164 Dorling Kindersley:** Colin Keates / Natural History Museum, London (aul); Tim Parmenter / Natural History Museum, London (gol, aMl); Holts (Mr, aMr, ur, aur). **Gemological Institute of America Reprinted by Permission. 165 © Cartier. Dorling Kindersley:** Holts (gol). **Fellows Auctioneers. Tadema Gallery. 166 Corbis:** Marc Dozier (Mlo). **Dorling Kindersley:** Holts (Mlu); Holts (ur). **Science Photo Library:** (uM). **167 Alamy Stock Photo:** John Cancalosi (ur). **Dorling Kindersley:** Natural History Museum, London (ul). **Gemological Institute of America Reprinted by Permission:** Jeff Scovil (Mo). **Science Photo Library. 168 Dorling Kindersley:** Natural History Museum, London (aMl); Ruth Jenkinson (ul). **169 Dorling Kindersley:** Holts (Ml, uM); Ruth Jenkinson (Mr). **170 Alamy Stock Photo:** The Natural History Museum (uM). **Dorling Kindersley:** Natural History Museum, London (Ml, ur, aMr); Holts (Mr/Cabochon). **171 Dorling Kindersley:** Natural History Museum, London (gol, ul, uM). **172 Dorling Kindersley:** Natural History Museum, London (ul, ur). **173 Alamy Stock Photo:** Susan E. Degginger (aul); Siim Sepp (Ml). **Getty Images:** Ron Evans (Mr). **iRocks.com/Rob Lavinsky Photos:** (aMr). **174 David Webb**. **175 Bridgeman Images:** Ashmolean Museum, University of Oxford, UK (uM); Ägyptisches Museum, Kairo, Ägypten (ul). **© Cartier. Dorling Kindersley:** Holts (gol). **176 Alamy Stock Photo:** The Art Archive (aur); Interfoto (aMr). **Dorling Kindersley:** Natural History Museum, London (Ml, Mr/Cabochon); Holts (gol, goM, gor, aMl). **Science Photo Library:** Joel Arem (ur). **177 1stdibs, Inc. Bulgari. Fellows Auctioneers. Getty Images:** DEA / A. Dagli Orti (gor); Mark Moffet / Minden Pictures (Ml).**178 Bridgeman Images:** Boltin Picture Library (Ml). **Dorling Kindersley. Getty Images:** DEA / S. Vannini (ur). **179 Bridgeman Images. The Trustees of the British Museum. Dorling Kindersley:** Durham University Oriental Museum (aMr); University of Pennsylvania Museum of Archaeology und Anthropology (Mru); University of Pennsylvania Museum of Archaeology und Anthropology (Mr). **180 Dorling Kindersley:** Natural History Museum, London (ul); The Science Museum, London (aMr); Ruth Jenkinson (aMl, ur); Natural History Museum, London / Tim Parmenter (gol). **181 Bonhams Auctioneers, London. Bridgeman Images:** De Agostini Picture Library (uM). **Dorling Kindersley:** Natural History Museum, London (gol, aMl). **iRocks.com/Rob Lavinsky Photos. 182 Bridgeman Images:** Louvre-Lens, France. **183 Alamy Stock Photo:** Everett Collection Historical (Mlo). **Bridgeman Images:** Christie's Images (gol); Tallandier (Mru). **TopFoto.co.uk:** Woodmansterne (ul). **184 Bonhams Auctioneers, London. Dorling Kindersley:** Natural History Museum, London (aMr, ul). **Gemological Institute of America Reprinted by Permission:** Robert Weldon (aul). **Science Photo Library:** Science Stock Photography (Mr). **185 Alamy Stock Photo:** Lanmas (ur); Universal Images Group North America LLC / DeAgostini (Ml). **Gemological Institute of America Reprinted by Permission. iRocks.com/Rob Lavinsky Photos. 186 Science Photo Library:** Mark a. Schneider (goM); Natural History Museum, London (Ml). **187 Science Photo Library:** Mark a. Schneider (Mr). **188-189 Bridgeman Images:** Werner Forman Archive. **190 Corbis:** Scientifica (gol). **Dorling Kindersley:** Natural History Museum, London (aul, Mr, aur); The University of Aberdeen (aMr); Ruth Jenkinson (ul).**191 Corbis:** Scientifica (Ml). **Dorling Kindersley:** Durham University Oriental Museum (gol); Pennsylvania Museum of Archaeology und Anthropology (Mr, aMr); Natural History Museum / Colin Keates (aMl). **192 Bonhams Auctioneers, London. Gemological Institute of America Reprinted by Permission:** Nathan Renfro (ul); Robert Weldon (aur); Kevin Schumacher (gol). **Getty Images:** Matteo Chinellato - ChinellatoPhoto (Mr). **193 Alamy Stock Photo:** Universal Images Group North America LLC / DeAgostini (gol). **Dorling Kindersley:** Natural History Museum, London (aul, Ml). **194 Bridgeman Images:** Christie's Images. **195 Alamy Stock Photo:** GL Archive (Ml). **Bridgeman Images:** Christie's Images (gol). **Corbis:** Chris Wallberg / dpa (Mru). **Getty Images:** Universal History Archive (ul). **196 Bonhams Auctioneers, London. Bridgeman Images:** Private Collection / Ken Welsh (uM). **Dorling Kindersley:** Ruth Jenkinson (Ml). **197 Bonhams Auctioneers, London. Dorling Kindersley:** Natural History Museum, London (Ml); Tim Parmenter / Natural History Museum, London (gol). **Getty Images:** Ron Evans (Mr). **198 Bridgeman Images:** Yale Center for British Art, Paul Mellon Collection, USA (Mlu). **Dorling Kindersley:** Natural History Museum, London (Mr); Tim Parmenter / Natural History Museum, London (gol); Ruth Jenkinson (Ml, ur); Harry Taylor (aMl). **199 Alamy Stock Photo:** Corbin17 (Mr).**Dorling Kindersley:** Natural History Museum, London (Ml, uM); Tim Parmenter / Natural History Museum, London (gol, M). **Gemological Institute of America Reprinted by Permission:** Robert Weldon (ul). **200–201 Getty Images:** Handout. **202 123RF.com:** Valentin Kosilov (Mr). **Alamy Stock Photo:** Alan Curtis / LGPL (M); Susan E. Degginger (ul). **Dorling Kindersley:** (Ml); Tim Parmenter / Natural History Museum, London (ur, uM); Harry Taylor (gol). **203 Dorling Kindersley:** Natural History Museum, London (Mr); Holts (aMr). **Fellows Auctioneers. 204 Alamy Stock Photo:** Blend Images (ul). **Corbis. Dorling Kindersley:** Natural History Museum, London (gol, ur, aur). **Getty Images:** Ron Evans (aMr). **205 123RF.com:** vvoennyy (gol, Ml). **Dorling Kindersley:** Oxford University Museum of Natural History (aMl). **Getty Images:** Arpad Benedek (ur); Ron Evans (ul). **206 Dorling Kindersley:** Natural History Museum, London (gol, Mlo). **207 Dorling Kindersley:** Holts (Mlo); Ruth Jenkinson (gol); Ruth Jenkinson (goM, Mro); Holts (M). **Science Photo Library:** Millard H. Sharp (ul). **208 Alamy Stock Photo:** Universal Images Group North America LLC / DeAgostini (ur). **Bonhams Auctioneers, London. Dorling Kindersley:** Natural History Museum, London (Ml); Ruth Jenkinson (ul). **209 Bonhams Auctioneers, London. Dorling Kindersley:** Holts (gol, Ml, Mr). **210 © Cartier. 211 © Cartier. Getty Images:** Cecil Beaton (ul); Alfred Eisenstaedt (Mr). **Van Cleef & Arpels. 212 Dorling Kindersley:** Holts (gol, aMr, aMl); Natural History Museum, London (ur); Holts (aur). **Getty Images:** UniversalImagesGroup (ul). **213 Dorling Kindersley:** Holts (Ml); Holts (uM). **Fellows Auctioneers. Kent Raible:** kentraible.com (M). **Tadema Gallery. 214 Bridgeman Images:** Pictures from History. **215 Bridgeman Images:** Pictures from History (gol). **images reproduced courtesy of Powerhouse Museum:** Gift of Mr Alastair Morrison, 1992 (Mo). **216 Alamy Stock Photo:** Valery Voennyy (gol). **Bonhams Auctioneers, London. Dorling Kindersley:** Natural History Museum, London (Mr, Ml). **217 Alamy Stock Photo:** Nika Lerman (gol). **Bonhams Auctioneers, London. Bridgeman Images:** Vorontsov Palace, Crimea, Ukraine (ur). **Corbis. Dorling Kindersley:** Ruth Jenkinson (ul). **218–219 Corbis. 220 Alamy Stock Photo:** Alan Curtis (gol); Greg C Grace (aMr). **Bonhams Auctioneers, London. 221 Alamy Stock Photo:** Universal Images Group North America LLC / DeAgostini (Ml). **Bonhams Auctioneers, London. Corbis. 222 Bonhams Auctioneers, London. Bridgeman Images:** Pictures from History (ul).**Dorling Kindersley:** Natural History Museum, London (gol, aMr); Holts (Ml). **223 Dorling Kindersley:** Natural History Museum, London (Ml, M). **Gemological Institute of America Reprinted by Permission. Science Photo Library:** Natural History Museum, London (ul). **224 Courtesy of Sotheby's Picture Library, London:** Private Collection. **225 Bridgeman Images:** British Royal Family (Mr). **Corbis:** Hulton-Deutsch Collection (gol). **Getty Images:** Peter Macdiarmid (goM); Ben Stansall / AFP (ul). **226 Bulgari. 227 Bonhams Auctioneers, London. © Cartier. Dorling Kindersley:** Holts (gol) **228 Alamy Stock Photo:** Arco Images GmbH (aur). **Dorling Kindersley:** Natural History Museum, London (Ml, Mr, aul); Holts (goM, goM/Turmalin-Schnitt, aMl, ul, ur). **229 Bulgari. © Cartier. Dorling Kindersley:** Holts (M). **Lang Antiques:** (Ml). **Tadema Gallery. 230 Photo Scala, Florenz:** The Metropolitan Museum of Art / Art Resource. **231 Bridgeman Images:** Bolivar Museum, Caracas, Venezuela (Mr). **Getty Images:** Universal History Archive (Mlo). **Photo Scala, Florenz:** (ul); The Metropolitan Museum of Art / Art Resource (gol). **232 Alamy Stock Photo:** Zoonar GmbH (gol). **Dorling Kindersley:** Natural History Museum, London (uM); Holts (M, ul). **233 Bonhams Auctioneers, London. © Cartier. Van Cleef & Arpels. 234 akg-images:** The British Library Board. **235 akg-images:** Album / Oronoz (ul). **Alamy Stock Photo:** Moviestore collection Ltd. (aMr). **Bridgeman Images:** Topkapi Palast Museum, Istanbul, Türkei (gol). **Corbis:** R. Hackenberg (Mru). **photographersdirect.com:** (M). **236 The Trustees of the British Museum**. **237 Bridgeman Images:** Christie's Images (ur); Kreml Museum, Moskau, Russland (ul). **The Trustees of the British Museum. Dorling Kindersley:** Natural History Museum, London (gol). **238 Dorling Kindersley:** Colin Keates (gor); Holts (gol, M); Natural History Museum, London (goM, Ml). **239 Dorling Kindersley:** Natural History Museum, London (Mr); Holts (gol, M, aul, ul, ur/Morganit).**iRocks.com/Rob Lavinsky Photos. 240 1stdibs, Inc. Bonhams Auctioneers, London:** (gol, ul). **Bridgeman Images:** Christie's Images (aMr). **© Cartier. Dorling Kindersley:** Holts (aul). **241 1stdibs, Inc. Bonhams Auctioneers, London:** (Ml). **© Cartier. 242 Getty Images:** Brendan Smialowski / AFP. **243 Atelier Munsteiner:** (gol). **Bridgeman Images:** Christie's Images (Mr). **244 Atelier Munsteiner. Alice Cicolini:** (uM). **Michael M. Dyber:** Sena Dyber (ur). **245 © Cartier. Michael M. Dyber:** Sena

Dyber (l, M, ur). **246 Bonhams Auctioneers, London:** (aMl, Ml, Mr, ur). **Dorling Kindersley:** Natural History Museum, London (uM). **Getty Images:** DEA / R. APPIANI (ul). **247 Alamy Stock Photo:** Universal Images Group North America LLC / DeAgostini (aur). **Bonhams Auctioneers, London:** (aMl). **Dorling Kindersley:** Natural History Museum, London (Mr, aul, ul). **Gemological Institute of America Reprinted by Permission:** Robert Weldon (gol, ur). **248–249 Alamy Stock Photo:** Hemis. **249 Photo Scala, Florence:** The Metropolitan Museum of Art / Art Resource (uM). **Courtesy of Sotheby's Picture Library, London:** Private Collection (ur). **250 Bonhams Auctioneers, London. Dorling Kindersley:** Natural History Museum, London (aMl); Ruth Jenkinson (ul). **Getty Images:** Corbis / Ron Evans / Ocean (Ml). **251 123RF.com:** Chatchai Chattranusorn (ul). **Alamy Stock Photo:** Aysegul Muhcu (ur). **Dorling Kindersley:** Natural History Museum, London (gol, uM). **Getty Images:** (Ml); Mark Schneider (Mr). **252 Bonhams Auctioneers, London. Dorling Kindersley:** Natural History Museum, London (gol, uM). **Gemological Institute of America Reprinted by Permission:** Robert Weldon (Mr); Robert Weldon (ur); Robert Weldon (aMr). **253 Alamy Stock Photo:** Nika Lerman (ur). **Dorling Kindersley:** Natural History Museum, London (aMl, Ml, Mr); Holts (aMr). **Fellows Auctioneers. 254 Dorling Kindersley:** Natural History Museum, London (M); Holts (gol, ur). **255 Alamy Stock Photo:**INTERFOTO (ur). **Bonhams Auctioneers, London. Dorling Kindersley:** Holts (aMl, aMr). **256 Getty Images:** JTB Photo. **257 Alamy Stock Photo:** Kumar Sriskandan (ul). **Bridgeman Images:** Pictures from History (M). **Corbis:** Melvyn Longhurst (gol). **Getty Images:** Keystone (Mr). **258 Bridgeman Images:** Walters Art Museum, Baltimore, USA. **259 Fabergé:** (ur). **Tadema Gallery:** (uM). **260 Dorling Kindersley:** Natural History Museum, London (gol, agor); Oxford University Museum of Natural History (aMl); Holts (gor, Mr, aMr, uM, ur). **261 Dorling Kindersley:** Natural History Museum, London (aul); Holts (Ml, gor, aur). **Science Photo Library:** Joel Arem (ur). **262 1stdibs, Inc. Bridgeman Images:** Christie's Images (ur); Private Collection / Photo © Christie's Images (aul). **The Trustees of the British Museum. © Cartier. Dorling Kindersley:** Holts (gol, Ml). **Fellows Auctioneers:** (ul). **263 1stdibs, Inc. Bridgeman Images:** Christie's Images (gor). **Bulgari. © Cartier. Dorling Kindersley:** Holts (agol, aMl, aul). **264 Universal News And Sport:** Birmingham Museums Trust. **265 Alamy Stock Photo:** World History Archive (gol, M, ul). **The Trustees of the British Museum. Getty Images:** George Munday / Design Pics / Corbis (Mr). **266 Dorling Kindersley:** Natural History Museum, London (M); Natural History Museum, London (Mlu); Natural History Museum, London (ul); Holts (gol, uM). **266–267 Dorling Kindersley:** Holts (M). **267 123RF.com:** Vvoennyy (uM). **Dorling Kindersley:** Holts (ul, gol); Ruth Jenkinson (goM, Mro); Holts (Mru). **268 Dorling Kindersley:** Natural History Museum, London (Ml, M); Holts (gol, ul, r). **1stdibs, Inc. Bonhams Auctioneers, London. Dorling Kindersley:** Holts (gol, aMl, ul, aMr). **270 Bridgeman Images:** J. Paul Getty Museum, Los Angeles, USA. **271 Alamy Stock Photo:** Oldtime (Mr); Universal Art Archive (gol). **Corbis:** Stapleton Collection (uM). **Rex by Shutterstock:** Nils Jorgensen (Ml). **272 Dorling Kindersley:** Natural History Museum, London (gol, r); Holts (uM).**Gemological Institute of America Reprinted by Permission:** Eric Welch (Ml). **273 Bonhams Auctioneers, London. Dorling Kindersley:** Holts (gol, Ml, ul, uM). **274 1stdibs, Inc. Alamy Stock Photo:** Stela Knezevic (Ml). **Dorling Kindersley:** Natural History Museum, London (gol, Mr, ul); Oxford University Museum of Natural History (aMl); Holts (aMr). **275 Gemological Institute of America Reprinted by Permission:** Robert Weldon (ur). **Science Photo Library:** Dorling Kindersley / UIG (gol). **276 Bonhams Auctioneers, London. Dorling Kindersley:** Natural History Museum, London (Ml, ul, ur).**Gemological Institute of America Reprinted by Permission. Science Photo Library:** Natural History Museum, London (Mr). **277 123RF.com:** Vvoennyy (ul, gol). **Bonhams Auctioneers, London. Dorling Kindersley:** Natural History Museum, London (M, uM). **278 The Walters Art Museum, Baltimore:** Acquired by Henry Walters, 1930 / Photographer Susan Tobin. **279 Corbis:** Historical Picture Archive (ul). **Getty Images:** DEA / G. Dagli Orti (Mru); Print Collector (Mr). **Press Association Images:** ABACA Press (gor, Mo). **280 Bonhams Auctioneers, London:** (Mr, ur). **Dorling Kindersley:** Ruth Jenkinson (gol, M). **Dreamstime.com:** David Porter (ul). **281 onhams Auctioneers, London:** (gol, ur). **Dorling Kindersley:** Natural History Museum, London (ul). **282 Bonhams Auctioneers, London:**(M). **Dorling Kindersley:** Natural History Museum, London (Ml, uM, r). **Science Photo Library:** Natural History Museum, London (gol). **283 Bonhams Auctioneers, London:** (gol, M). **Dorling Kindersley:** Natural History Museum, London (ul, Mr). **Gemological Institute of America Reprinted by Permission:** Robert Weldon (uM); Robert Weldon (ur). **284 Bridgeman Images:** De Agostini Picture Library / G. Cigolini. **285 Alamy Stock Photo:** AF Fotografie (M). **Corbis:** Marc Dozier (gol). **Getty Images:** Jean-Claude Deutsch / Paris Match (Mr). **286 Bridgeman Images:** Natural History Museum, London, UK (gor). **Dorling Kindersley:** Holts (Mlo, Mr, gor/Smaragd); Holts (Mo). **Science Photo Library:** (goM); Dorling Kindersley / UIG (Mlu). **286–287 Dorling Kindersley:** Holts (M). **288 Corbis:** Michele Falzone / JAI. **289 Alamy Stock Photo:** PRISMA ARCHIVO (Ml). **Bridgeman Images:** Abate, Niccolo dell' (M.1509-71) / Galleria Estense, Modena, Italien / Ghigo Roli (uM). **Corbis:** (gol). **Getty Images:** Bettmann / Corbis (Mr). **291 Dorling Kindersley:** Ruth Jenkinson (M). **292 V&A Images / Victoria und Albert Museum, London. 293 Bridgeman Images:** Christie's Images (uM, ur, ul). **Gemological Institute of America Reprinted by Permission. 294 Bonhams Auctioneers, London. Bridgeman Images:** Christie's Images (aMr, aur). **Dorling Kindersley:** Natural History Museum, London (Ml); Holts (M). **Fellows Auctioneers:** (gor). **295 AB JEWELS Ltd.:** (Ml). **© Cartier. Mikimoto:** (ul). **Antonio Virardi of Macklowe Gallery, New York. YOKO London:** (ur). **296 Alamy Stock Photo:** Ian Dagnall. **297 Bridgeman Images. Rex by Shutterstock:** SNAP (ul). **298 Mary Evans Picture Library:** Alinari Archives, Florenz – Reproduktion mit Genehmigung des Ministeriums für Kulturgüter und Tourismus Cu (M). **The Art Archive:** DeA Picture Library (Mr/r). **299 Alamy Stock Photo:** Graham Clarke (Ml). **Dorling Kindersley:** Jewellery design Maya Brenner (Mr); Ruth Jenkinson (ul). **Fellows Auctioneers. V&A Images / Victoria und Albert Museum, London. 300 The Trustees of the British Museum. 301 Bridgeman Images. Corbis:** 145 / Burazin / Ocean (gol). **Getty Images:** Time Life Pictures (Mr). **302–303 Harry Winston. 304 Dorling Kindersley:** CONACULTA-INAH-MEX. **305 Alamy Stock Photo:** Aurora Photos (M); Granger, NYC. (gol). **Corbis:** Robert Harding Productions (Mru). **Dorling Kindersley:** CONACULTA-INAH-MEX (ul). **Getty Images:** DEA / G. Dagli Orti (Mr). **306 Dorling Kindersley:** Natural History Museum, London (Mr, aur); Holts (Ml). **Getty Images:** Print Collector (ul). **307 1stdibs, Inc. Dorling Kindersley:** Natural History Museum, London (Ml, Mr, aMr); Holts (goM). **308 Alamy Stock Photo:** The Natural History Museum (ur); PjrStudio (ul). **Dorling Kindersley:** Ruth Jenkinson (Ml, uM). **309 Alamy Stock Photo:** Siim Sepp (Ml). **Dorling Kindersley:** Natural History Museum, London (gol). **Getty Images:** Don Emmert (ur); Ron Evans (uM). **310 Alamy Stock Photo:** Evgeny Parushin (aMr); David Sanger photography (ul). **Dorling Kindersley:** Holts (ur); Oxford University Museum of Natural History (Ml). **311 Alamy Stock Photo:** Editorial (ur). **Dorling Kindersley:** Holts (Mr). **iStockphoto.com:** desnik (goM). **Tadema Gallery. 312 akg-images:** Ruhrgas AG. **313 akg-images:** Ruhrgas AG (ul); Universal Images Group / Sovfoto (gol). **Photo Scala, Florenz:** Photo Josse (Mr). **TopFoto.co.uk:** RIA Novosti (Ml). **314 Dorling Kindersley:** Natural History Museum, London (M); Holts (ul, Mr, ur). **315 Bridgeman Images:** (ur). **Dorling Kindersley:** Holts (gol, goM, M); Judith Miller / Christbal (Ml). **Fellows Auctioneers. Getty Images:** Christie's Images (Mr). **316 Bayerische Schlösserverwaltung:** Maria Scherf / Rainer Herrmann, München. **317 Alamy Stock Photo:** DBI Studio (aMr). **Getty Images:** NY Daily News Archive (ul). **Photo Scala, Florenz:** 2016. Image copyright The Metropolitan (gol). **Courtesy of Sotheby's Picture Library, London. 318 Bonhams Auctioneers, London. Geology.com:**(gol). **Roland Smithies / luped.com. 319 Alamy Stock Photo:** Age Fotostock (ur). **Dorling Kindersley:** Natural History Museum, London (uM); Holts (ul). **321 Dreamstime.com:** Milahelp S.r.o.. **322 Alamy Stock Photo:** Universal Images Group North America LLC / DeAgostini (ul); WILDLIFE GmbH (aMr). **Dorling Kindersley:** Natural History Museum, London (gol, M). **Dreamstime.com:** Milahelp S.r.o. (Mr, uM, ur). **323 Dorling Kindersley:** Pitt Rivers Museum, Oxford (aur, ur); Natural History Museum, London (gol, aMl, Ml); Ruth Jenkinson (aMr, ul); Holts (Mr/Obsidian). **324 Dorling Kindersley:**Aberdeen (uM); Natural History Museum, London (gol, ur); Pennsylvania Museum of Archaeology und Anthropology (ul). **325 Dorling Kindersley:** Aberdeen (Ml); Pennsylvania Museum of Archaeology und Anthropology (gol, aMr); Ruth Jenkinson (Mr/Sandstein). **Dreamstime.com:** Srinakorn Tangwai (ul). **326 Corbis:** Christian Handl. **327 123RF.com:** Patrick Guenette (Ml). **Alamy Stock Photo:** PRISMA ARCHIVO (Mr). **Corbis:** Free Agents Limited (gol). **iStockphoto.com:** 169 Bjørn Gjelsten (uM). **328 1stdibs, Inc. Alamy Stock Photo:** Wladimir Bulgar (Ml). **Bridgeman Images. 329 Dorling Kindersley:** Natural History Museum, London (gol, aMl, Ml). **330 Alamy Stock Photo:** Adam Eastland Art + Architecture. **331 Bridgeman Images:** Bonhams, London, UK (Mlo). **Corbis:** (gol, ul). **ICCD – Fondo Ministero della Pubblica Istruzione Gabinetto fotografico della Regia Soprintendenza alle Gallerie:** (Mru). **332 Bridgeman Images:** Christie's Images (Ml). **Getty Images:** Ishara S. Kodikara (ul). **Rex by Shutterstock:** Universal History Archive / UIG (gor). **Science Photo Library:** Tom McHugh (ur). **333 Crater of Diamonds, State Park:** (aMru). **Kaufmann de Suisse:** (l). **Press Association Images:** AP Photo / Keystone, Laurent Gillieron (Mro). **334–335 © Cartier. 337 Dorling Kindersley:** Holts (M). **338 Alamy Stock Photo:** Fabrizius Troy (Mlo). **Bonhams Auctioneers, London:** (aMro).**Dorling Kindersley:** Natural History Museum, London (Mlu, aul, ul, ur); Holts (goM, gor, aMlo); Natural History Museum, London (Mru); Natural History Museum, London (aur). **iRocks.com/Rob Lavinsky Photos. 339 Alamy Stock Photo:** Arco Images GmbH (ur); Steve Sant (aMlo). **Bonhams Auctioneers, London. Dorling Kindersley:** Natural History Museum, London (Mro, aMro, Mru/Alexandrite, aMru, aul, aur); Ruth Jenkinson / Holts (gol); Holts (Mlu). **Getty Images:** Corbis / ION / amanaimages (agor). **iRocks.com/Rob Lavinsky Photos:** (aMlu). **340 Alamy Stock Photo:** Goran Bogicevic (aur). **Dorling Kindersley:** Natural History Museum, London (agor, aMlo, Mro, Mru); Ruth Jenkinson (aMro); Holts (Mlu). **Getty Images:** Arpad Benedek (Mlo); Ron Evans (agol). **Roland Smithies / luped.com:** (gol). **341 Bonhams Auctioneers, London. Dorling Kindersley:** Natural History Museum, London (agol, gol, gor, Mlo, aMro, Mru, ur); Tim Parmenter / Natural History Museum, London (agor); Ruth Jenkinson (Mro); Holts (aMlo, aMru, uM/Heliodor); Natural History Museum, London (ur). **V&A Images / Victoria und Albert Museum, London. 342 Dorling Kindersley:** Natural History Museum, London (gor, ur, aur); Holts (gol, Mlo, Mro, aMru); Ruth Jenkinson (aMlo). **343 Alamy Stock Photo:** Zoonar GmbH (aMro). **Dorling Kindersley:** Natural History Museum, London (aMlo/Moldavit, Mlo/Kornerupin, aul, ul/Microcline); Holts (gol, Mro/Ammolite, aMlu, Mlu, aur). **344 Dorling Kindersley:** Natural History Museum, London (agor, aMlo, Mro); Holts (gol, gor, aMlu, Mu, Mru, ur); Holts (aMro). **Getty Images:** Arpad Benedek (Mlu). **345 Dorling Kindersley:** Natural History Museum, London (agor, Mro, aMro); Holts (agol, gor, aMlo, aMlu, aMru, ur, aur). **346 Bonhams Auctioneers, London. Dorling Kindersley:** Natural History Museum, London (aMro, aMru); Holts (agol, gol, Mro, aur); Ruth Jenkinson (aMlu, Mlu). **347 Bonhams Auctioneers, London:** (Mlu). **Dorling Kindersley:** Natural History Museum, London (gor, aMlu); Holts (agol); Ruth Jenkinson (Mlo). **Science Photo Library:** Natural History Museum, London (gol)

Coverbilder:
Vorderseite Alamy Stock Photo: Tomislav Zivkovic
Rückseite Bonhams Auctioneers, London: Private Collection. **Corbis:** Spine. **Alamy Stock Photo:** Tomislav Zivkovic.

Nachweis der im Buch verwendeten Zitate:

Der Verlag hat sich bemüht, alle Rechteinhaber ausfindig zu machen. Eventuelle Auslassungen werden wir bei entsprechendem Hinweis gerne in einer späteren Auflage korrigieren.

36: William Shakespeare, *Timon von Athen. Ein Trauerspiel in fünf Aufzügen.* (Edition Holzinger) 2015 **39:** Publilius Syrus Sprüche, in: Sibylle Hallik, *Sententia und Proverbium: Begriffsgeschichte und Texttheorie in Antike und Mittelalter*, Köln (Böhlau Verlag) 2008 **73:** Oscar Wilde, *Der Glückliche Prinz und andere Mädchen*, Stuttgart (Reclam Verlag) 2016 **107:** Walt Whitman, *Grasblätter:* Gesamtausgabe. München (Hanser Verlag) 2009 **138:** John Keats, *Gedichte*, Leipzig (Insel Verlag) 1910 **158:** William Shakespeare, *Was ihr wollt*. Aus d. Engl. v. August Wilhelm Schlegel. Hrsg. v. Dietrich Klose. Stuttgart (Reclam) 1970 **194:** Angelika Schnell-Dürrast, *Ein ewig Rätsel will ich bleiben mir und anderen.* Ludwig II, (Schuler Verlagsgesellschaft) 1985 **235:** *Topkapi*. MGM Home Entertainment 2004 **313:** *Bernsteinzimmer. Wiederauferstehung für 6,5 Millionen*, in: Der Spiegel (1999) **334:** Tanja Rest, *Elizabeth Taylors legendärer Schmuck. Beste Freunde unter dem Hammer*, in: Süddeutsche Zeitung (16. September 2011)

Alle anderen Abbildungen © Dorling Kindersley
Weitere Informationen: **www.dkimages.com**

Noch mehr Wissen, Spaß und Lesefreude!

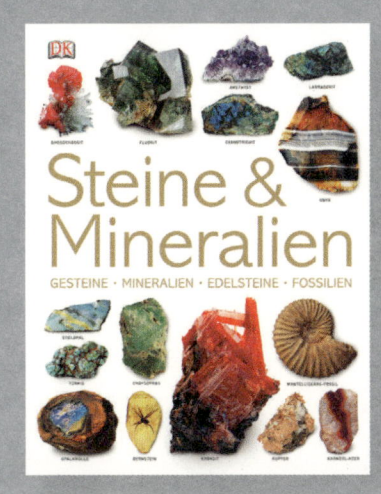

978-3-8310-1469-9
€ 19,95 [D] / € 20,60 [A]

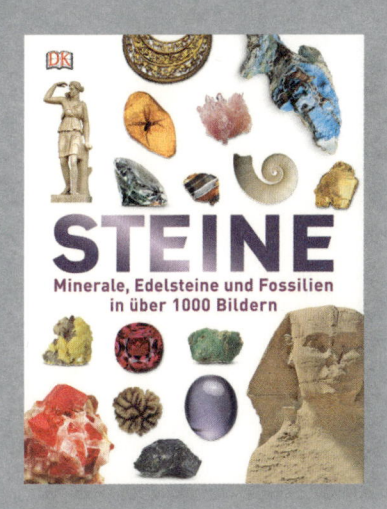

978-3-8310-3213-6
€ 16,95 [D] / € 17,50 [A]

978-3-8310-3034-7
€ 29,95 [D] / € 30,80 [A]

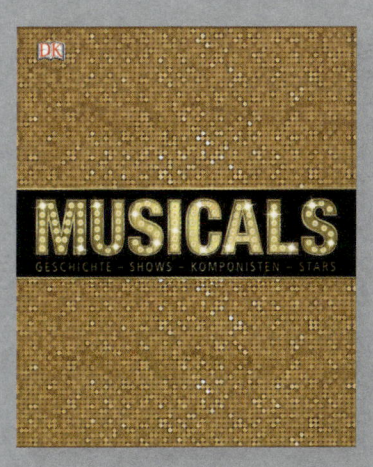

978-3-8310-3157-3
€ 34,95 [D] / € 36,00 [A]

Besuchen Sie uns im Internet
www.dorlingkindersley.de